大 学 数 学 同 步 辅 导 丛 书

概率论与数理统计
同步辅导

（适用浙大·第五版）

主 编 张天德 叶 宏
副主编 马芳芳 孙 涛

山东科学技术出版社
·济南·

图书在版编目（CIP）数据

概率论与数理统计同步辅导 / 张天德，叶宏主编. -- 济南：山东科学技术出版社，2023.8
（大学数学同步辅导丛书）
ISBN 978-7-5723-1696-8

Ⅰ. ①概… Ⅱ. ①张… ②叶… Ⅲ. ①概率论-高等学校-教学参考资料 ②数理统计-高等学校-教学参考资料 Ⅳ. ①O21

中国国家版本馆CIP数据核字（2023）第131978号

概率论与数理统计同步辅导

GAILÜLUN YU SHULITONGJI TONGBU FUDAO

责任编辑：段 琰
装帧设计：孙小杰

主管单位：山东出版传媒股份有限公司
出 版 者：山东科学技术出版社
地址：济南市市中区舜耕路517号
邮编：250003 电话：（0531）82098088
网址：www.lkj.com.cn
电子邮件：sdkj@sdcbcm.com
发 行 者：山东科学技术出版社
地址：济南市市中区舜耕路517号
邮编：250003 电话：（0531）82098067
印 刷 者：山东华立印务有限公司
地址：山东省济南市莱芜高新区钱塘江街019号
邮编：271100 电话：（0531）76216033

规格：16开（184 mm × 260 mm）
印张：22
版次：2023年8月第1版 **印次：**2023年8月第1次印刷
定价：38.00元

前言 QIANYAN

概率论与数理统计是理工类专业一门重要的基础课程，也是硕士研究生入学考试的重点科目。为帮助、指导广大读者学好概率论与数理统计，我们编写了《概率论与数理统计同步辅导》，本书适用于浙江大学主编的《概率论与数理统计》(第五版)。它汇集了编者几十年丰富的教学经验，将典型例题及解题方法与技巧融入书中，本书将会成为读者学习概率论与数理统计的良师益友。

本书的章节划分和内容设置与浙江大学《概率论与数理统计》(第五版)一致。每章体例结构分为主要内容归纳、经典例题解析及解题方法总结。每章最后还加入了本章习题解答以及自测题与参考答案。

主要内容归纳 该部分对每节必须掌握的概念、性质和公式进行了归纳，并对较易出错的地方作了适当的解析。

经典例题解析及解题方法总结 列举每节不同难度、不同类型的重点题目，给出详细解答，以帮助读者理清解题思路，掌握基本解题方法和技巧。解题前的分析和解题后的方法总结，可以使读者举一反三、融会贯通。

教材习题解答 每章后都给出了与教材内容同步的习题原题及其解答，读者可以参考解答来检查学习效果。

自测题 每章后都附有自测题，这是编者根据多年教学及考研辅导的经验，精心挑选的典型题目。目的是在读者对各章内容有了全面了解之后，给读者一个检测、巩固所学知识的机会，从而使读者对各种题型产生更深刻的理解，并进一步掌握所学知识点，做到灵活运用。

本书张天德、叶宏主编，马芳芳、孙涛副主编。由于编者水平有限，书中存在的不足之处敬请读者批判指正，以臻完善。

编　者

2023 年 8 月

目　录 MULU

第一章 概率论的基本概念

第一节 随机试验

一、主要内容归纳

1. 随机现象 在个别试验中其结果呈现不确定性，在大量重复试验中其结果又具有统计规律性的现象，称为随机现象.

2. 统计规律性 在大量重复试验或观察中所呈现出的固有规律性，称为统计规律性.

3. 随机试验 在概率论中将具备下列三个条件的试验称为随机试验，简称试验：

(1)在相同条件下可重复进行；

(2)每次试验的结果具有多种可能性；

(3)在每次试验之前不能准确预言该次试验将出现何种结果，但是所有结果明确可知.

第二节 样本空间、随机事件

一、主要内容归纳

1. 样本空间 随机试验的所有可能结果构成的集合，常用 Ω 表示.

2. 随机事件 随机试验的每一种可能的结果称为随机事件，常用 A,B,C,D 表示.

(1)**基本事件** 不能分解为其他事件组合的最简单的随机事件.

(2)**必然事件** 每次试验中一定发生的事件，常用 Ω 表示.

(3)**不可能事件** 每次试验中一定不发生的事件，常用 $\varnothing$ 表示.

3. 事件的关系及其运算

(1)**包含** A 发生必然导致 B 发生，则称 B 包含 A(或 A 包含于 B)，记为 $B\supset A$(或 $A\subset B$).

(2)**相等** 若 $A\supset B$ 且 $B\supset A$，则称 A 与 B 相等，记为 $A=B$.

(3)**事件的和** A 与 B 至少有一个发生，称为 A 与 B 的和事件，记为 $A\cup B$.

(4)**事件的积** A 与 B 同时发生，称为 A 与 B 的积事件，记为 $A\cap B$(或 AB).

(5)**事件的差** A 发生而 B 不发生，称为 A 与 B 的差事件，记为 $A-B$.

(6)**互斥事件** 在试验中,若事件 A 与 B 不能同时发生,即 $A\cap B=\varnothing$,则称 A、B 为互斥事件.

(7)**对立事件** 在每次试验中,"事件 A 不发生"的事件称为事件 A 的对立事件. A 的对立事件常记为 $\overline{A}$.

4. 事件的运算律

(1)**交换律** $A\cup B=B\cup A$, $AB=BA$.

(2)**结合律** $(A\cup B)\cup C=A\cup(B\cup C)$, $(A\cap B)\cap C=A\cap(B\cap C)$.

(3)**分配律** $(A\cup B)C=(AC)\cup(BC)$, $A\cup(BC)=(A\cup B)(A\cup C)$.

(4)**德摩根律** $\overline{A\cup B}=\overline{A}\cap\overline{B}$, $\overline{A\cap B}=\overline{A}\cup\overline{B}$.

二、经典例题解析及解题方法总结

【例 1】 一批产品中含有正品与次品,从中依次取三件,设 $A_i=$"第 i 件为正品"($i=1,2,3$),则

(1)事件"三件都是正品"可表示为 $A_1A_2A_3$.

(2)事件"三件都不是正品"可表示为 $\overline{A_1}\ \overline{A_2}\ \overline{A_3}$ 或 $\overline{A_1\cup A_2\cup A_3}$.

(3)事件"三件不都是正品"可表示为 $\overline{A_1A_2A_3}$ 或 $\overline{A_1}\cup\overline{A_2}\cup\overline{A_3}$.

(4)事件"三件中恰有一件是正品"可表示为 $A_1\overline{A_2}\,\overline{A_3}\cup\overline{A_1}\ A_2\overline{A_3}\cup\overline{A_1}\ \overline{A_2}\ A_3$.

(5)事件"三件中至少有一件是正品"可表示为 $A_1\cup A_2\cup A_3$ 或 $A_1\overline{A_2}\,\overline{A_3}\cup\overline{A_1}\ A_2\overline{A_3}\cup\overline{A_1}\ \overline{A_2}\ A_3\cup A_1A_2\overline{A_3}\cup A_1\overline{A_2}\ A_3\cup\overline{A_1}\ A_2\ A_3\cup A_1A_2A_3$.

(6)事件"三件中至少有两件是正品"可表示为 $A_1A_2\cup A_1A_3\cup A_2A_3$ 或 $A_1A_2\overline{A_3}\cup A_1\overline{A_2}\ A_3\cup\overline{A_1}\ A_2\ A_3\cup A_1A_2A_3$.

方法总结

任意一个随机事件均可以表示为一个或几个与其等价的形式. 在概率的计算中,可以根据条件的不同而选用不同的等价形式,大家在做关于随机事件的关系及运算的题目时,应该注意下面几个结论的应用:

(1)$A=AB+A\overline{B}$,AB 与 $A\overline{B}$ 互不相容;

(2)当 A,B 互不相容时,$A-B=A$;$AB=\varnothing$;$(A+B)-B=A$;

(3)当 $B\subset A$ 时,$A+B=A$;$AB=B$;$(A-B)+B=A$;

(4)$A-B=A-AB=A\overline{B}$.

【例 2】 设 A 和 B 是任意两个随机事件,则与 $A\cup B=B$ 不等价的是( ).

(A)$A\subset B$ (B)$\overline{B}\subset\overline{A}$ (C)$A\overline{B}=\varnothing$ (D)$\overline{A}B=\varnothing$

解 根据题干的信息,$A\cup B=B\Leftrightarrow A\subset B\Leftrightarrow\overline{B}\subset\overline{A}\Leftrightarrow A\overline{B}=\varnothing$.

所以选项(D)与 $A\cup B=B$ 不等价.

第三节　频率与概率

一、主要内容归纳

1. 概率的统计定义　在相同的条件下，重复进行 n 次试验，事件 A 发生的频率稳定地在某一常数 p 附近摆动. 且一般说来，n 越大，摆动幅度越小，则称常数 p 为事件 A 的概率，记作 $P(A)$.

2. 概率的公理化定义　设 Ω 是一样本空间，称满足下列三条公理的集函数 $P(\cdot)$ 为定义在 Ω 上的概率：

(1)**非负性**　对任意事件 A，$P(A)\geqslant 0$；

(2)**规范性**　$P(\Omega)=1$；

(3)**可列可加性**　若两两互不相容的事件列 $\{A_n\}$ 是可列的，则 $P(\sum\limits_{i=1}^{\infty}A_i)=\sum\limits_{i=1}^{\infty}P(A_i)$.

3. 概率的性质

(1)对任何事件 A，$0\leqslant P(A)\leqslant 1$；

(2)$P(\Omega)=1$，$P(\varnothing)=0$；

(3)设 A 为任一随机事件，则 $P(\overline{A})=1-P(A)$；

(4)设 $A\subset B$，则 $P(B-A)=P(B)-P(A)$；

(5)设事件 $A_1,A_2,\cdots,A_n$ 两两互斥，则 $P(A_1+A_2+\cdots+A_n)=P(A_1)+P(A_2)+\cdots+P(A_n)$；

(6)设 A,B 为任意两个随机事件，则 $P(A\cup B)=P(A)+P(B)-P(AB)$；

上式还能推广到多个事件的情况. 例如，设 A_1,A_2,A_3 为任意三个事件，则有

$$P(A_1\cup A_2\cup A_3)=P(A_1)+P(A_2)+P(A_3)-P(A_1A_2)-P(A_1A_3)-P(A_2A_3)+P(A_1A_2A_3);$$

一般，对于任意 n 个事件 $A_1,A_2,\cdots,A_n$，有

$$P(A_1\cup A_2\cup\cdots\cup A_n)$$

$$=\sum_{i=1}^{n}P(A_i)-\sum_{1\leqslant i\leqslant j\leqslant n}P(A_iA_j)+\sum_{1\leqslant i\leqslant j\leqslant k\leqslant n}P(A_iA_jA_k)+\cdots+(-1)^{n-1}P(A_1A_2\cdots A_n).$$

二、经典例题解析及解题方法总结

【例 1】 已知 $P(A)=P(B)=P(C)=\dfrac{1}{4}$，$P(AB)=0$，$P(AC)=P(BC)=\dfrac{1}{6}$，则事件 A,B,C 全不发生的概率为______.

分析　应用德摩根律，加法法则，对立事件的概念.

解　因为 $P(AB)=0$，所以 $P(ABC)=0$.

$$P(\overline{A}\,\overline{B}\,\overline{C})=P(\overline{A\cup B\cup C})=1-P(A\cup B\cup C)$$
$$=1-[P(A)+P(B)+P(C)-P(AB)-P(AC)-P(BC)+P(ABC)]$$
$$=1-\left(\frac{1}{4}+\frac{1}{4}+\frac{1}{4}-0-\frac{1}{6}-\frac{1}{6}+0\right)=\frac{7}{12}.$$

【例 2】 设当事件 A 与 B 同时发生时，事件 C 必发生，则(　　).

(A)$P(C)\leqslant P(A)+P(B)-1$　　(B)$P(C)\geqslant P(A)+P(B)-1$

(C)$P(C)=P(AB)$　　(D)$P(C)=P(A\cup B)$

解　由题意“当 A,B 发生时，C 必然发生”从而 $AB\subset C$，所以 $P(AB)\leqslant P(C)$，那么

$$P(C)\geqslant P(AB)=P(A)+P(B)-P(A\cup B)\geqslant P(A)+P(B)-1.$$

故应选(B).

方法总结

此题考查概率“单调性”，即若 $A\subset B$ 是两个随机事件，则

$$0\leqslant P(A)\leqslant P(B)\leqslant 1.$$

事实上，因为 $A\subset B$，所以 $B-A$ 与 A 互不相容，并且满足 $B=(B-A)+A$，由概率的非负性和加法公式得

$$P(B)=P(B-A)+P(A),$$

从而 $0\leqslant P(A)\leqslant P(B)$.

【例 3】 设 A,B 为随机事件，则 $P(A)=P(B)$ 的充分必要条件为(　　).

(A)$P(A\cup B)=P(A)+P(B)$　　(B)$P(AB)=P(A)P(B)$

(C)$P(A\overline{B})=P(B\overline{A})$　　(D)$P(AB)=P(\overline{A}\overline{B})$

解　由减法公式可知 $P(A\overline{B})=P(A)-P(AB)$，$P(B\overline{A})=P(B)-P(AB)$，
因此 $P(A\overline{B})=P(B\overline{A})$ 的充要条件是 $P(A)=P(B)$.
故应选(C).

方法总结

充分运用减法公式的各种变形. 特别注意以下方法在解决此类问题中的应用.

设 A,B 是任意两个随机事件，$A-B=A-AB=A(\Omega-B)=A\overline{B}$. 事实上，这是一个很容易理解的变形，不妨按下列方式理解：$A-B$ 表示事件“A 发生 B 不发生”，$A-AB$ 表示“在 A 发生的事件中除掉 AB 一起发生的事件”，$A\overline{B}$ 表示事件“A 发生 B 不发生”，很明显这三个事件是一样的.

【例 4】 设 A,B,C 为三个随机事件，且 $P(A)=P(B)=P(C)=\frac{1}{4}$，$P(AB)=0$，$P(AC)=P(BC)=\frac{1}{12}$，求 A,B,C 中恰好有一个事件发生的概率.

解　A,B,C 中恰好有一个事件发生可以表示为 $A\overline{B}\overline{C}\cup\overline{A}B\overline{C}\cup\overline{A}\overline{B}C$.

$P(A\overline{B}\overline{C})+P(\overline{A}B\overline{C})+P(\overline{A}\overline{B}C)=[P(A)-P(AB)-P(AC)+P(ABC)]+$
$[P(B)-P(AB)-P(BC)+P(ABC)]+[P(C)-P(AC)-P(BC)+P(ABC)]$
$=\left[\frac{1}{4}-0-\frac{1}{12}+0\right]+\left[\frac{1}{4}-0-\frac{1}{12}+0\right]+\left[\frac{1}{4}-\frac{1}{12}-\frac{1}{12}+0\right]=\frac{5}{12}$.

第四节　等可能概型(古典概型)

一、主要内容归纳

1. 古典概型　具有下列两个特点的试验称为古典概型:

(1)每次试验只有有限种可能的试验结果;

(2)每次试验中,各基本事件出现的可能性完全相同.

对于古典概型,事件 A 发生的概率为 $P(A)=\frac{A\text{ 中基本事件数}}{\Omega\text{ 中基本事件数}}=\frac{m}{n}$.

2. 几何概型　如果随机试验的样本空间是一个区域(例如直线上的区间、平面或空间中的区域),而且样本空间中每个试验结果的出现具有等可能性,那么规定事件 A 的概率为

$$P(A)=\frac{A\text{ 的测度(长度、面积、体积)}}{\text{样本空间的测度(长度、面积、体积)}}.$$

二、经典例题解析及解题方法总结

【例 1】 有 n 个人,每人都有同等的机会被分配到 $N(n\leqslant N)$ 间房中的任一间去,试求下列各事件的概率.

(1)A=“某指定的 n 间房中各有一人”;

(2)B=“恰有 n 间房各有一人”;

(3)C=“某指定的一间房中恰有 $m(m\leqslant n)$ 人”.

解　(1)基本事件总数为 N^n. 将 n 个人分到某指定的 n 间房中,相当于 n 个元素的全排列,所以事件 A 包含的基本事件数为 $n!$,故 $P(A)=\frac{n!}{N^n}$.

(2)n 间房中各有 1 人是指任意的 n 间房中各有 1 人,这共有 C_N^n 种情况,所以事件 B 包含的基本事件数为 $C_N^n n!$,故 $P(B)=\frac{C_N^n n!}{N^n}=\frac{N!}{N^n(N-n)!}$.

(3)从 n 个人中选 m 个分配到指定的一间房中,有 C_n^m 种选法;而其余的 $n-m$ 个人分到其余 $N-1$ 间房,有 $(N-1)^{n-m}$ 种方法,所以事件 C 包含的基本事件数为 $C_n^m(N-1)^{n-m}$,故

$$P(C)=\frac{C_n^m(N-1)^{n-m}}{N^n}=C_n^m\left(\frac{1}{N}\right)^m\left(\frac{N-1}{N}\right)^{n-m}.$$

这实际上是第二章将要介绍的二项分布的特殊情形.

方法总结

本题是典型的"分房问题",该模型应用较为广泛,例如"n 个人($n<365$)生日全不同"的概率就相当于本题(2),其概率为$\dfrac{C_{365}^{n}\cdot n!}{365^{n}}$.

【例 2】 设一个袋中装有 a 个黑球,b 个白球,现将球随机地一个个摸出,问第 k 次摸出黑球的概率是多少?($1\leqslant k\leqslant a+b$)

解 **方法一** 令 A 表示事件"第 k 次摸到黑球".

将这 $a+b$ 个球编号,并将球依摸出的先后次序排队,易知基本事件总数为$(a+b)!$. 事件 A 等价于在第 k 个位置上放一个黑球,在其余 $a+b-1$ 个位置上放余下的$(a+b-1)$个球,则 A 包含的基本事件数为$a(a+b-1)!$. 那么所求概率为

$$P(A)=\frac{a(a+b-1)!}{(a+b)!}=\frac{a}{a+b}.$$

方法二 本题也可以只考虑前 k 个位置,则 $P(A)=\dfrac{C_a^1\cdot A_{a+b-1}^{k-1}}{A_{a+b}^{k}}=\dfrac{a}{a+b}$.

方法总结

本题可视为"抽签理论"模型,即抽到黑球的概率与抽取顺序无关,该结论可应用于许多实际问题中.

【例 3】 有一根长 l 的木棒,任意折成三段,恰好能构成一个三角形的概率为______.

解 设折得的三段长度为 x,y 和 $l-x-y$,那么,样本空间 $\Omega=\{(x,y)\mid 0\leqslant x\leqslant l,0\leqslant y\leqslant l,0\leqslant x+y\leqslant l\}$,而随机事件 A:"三段构成三角形"相应的子区域 G 应满足"两边之和大于第三边"的原则,从而$\begin{cases}l-x-y<x+y\\x<(l-x-y)+y\\y<(l-x-y)+x\end{cases}$,即

$$G=\left\{(x,y)\mid 0<x<\frac{l}{2},0<y<\frac{l}{2},\frac{l}{2}<x+y<l\right\}.$$

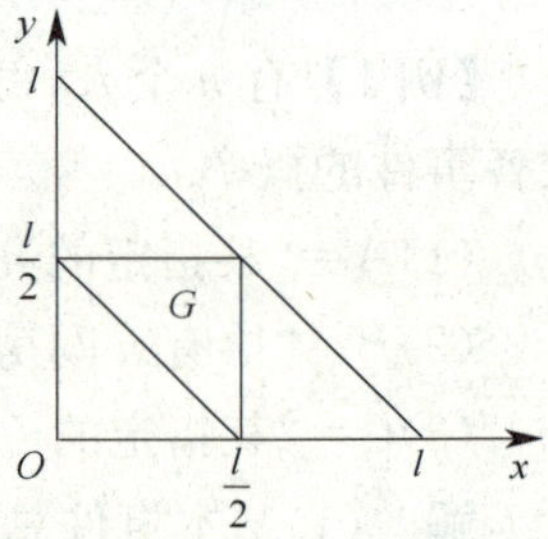

图 1-1

从图 1-1 中可以得到相应的几何概率:$P(A)=\dfrac{1}{4}$.

故应填$\dfrac{1}{4}$.

方法总结

对于几何概率的计算,根据题意建立正确的几何概型往往是解题的关键. 另外,几何概率的计算中往往需要利用定积分及重积分求面积或体积,因此要求考生对微积分知识要熟悉.

第五节　条件概率

一、主要内容归纳

1. 条件概率　在事件 A 已经发生的条件下，事件 B 发生的概率，称为事件 B 在给定条件 A 下的条件概率，记作 $P(B|A)$，且 $P(B|A)=\dfrac{P(AB)}{P(A)}$，$P(A)>0$.

2. 乘法公式　设 A,B 是任意两个随机事件，$P(A)>0$，$P(B)>0$，则

$$P(AB)=P(A|B)P(B)=P(B|A)P(A).$$

一般地，设 $A_1,\cdots,A_n$ 是 n 个随机事件，且 $P(A_1\cdots A_{n-1})>0$，则

$$P(A_1\cdots A_n)=P(A_n|A_1\cdots A_{n-1})\cdots P(A_3|A_1A_2)P(A_2|A_1)P(A_1).$$

3. 完备事件组　设 Ω 为试验的样本空间，$B_1,B_2,\cdots,B_n$ 为试验的一组事件，若有

(1) $B_iB_j=\varnothing$ $(i\neq j;\ i,j=1,2,\cdots,n)$；

(2) $\bigcup\limits_{i=1}^{n}B_i=\Omega$；

则称 $B_1,B_2,\cdots,B_n$ 为 Ω 的一个划分或完备事件组.

由定义可见，若 $B_1,B_2,\cdots,B_n$ 为 Ω 的一个划分，则在一次试验中，$B_1,B_2,\cdots,B_n$ 必有且仅有一个发生.

4. 全概率公式　设事件 $B_1,B_2,\cdots,B_n$ 是样本空间 Ω 的一个划分，$P(B_i)>0(i=1,2,\cdots,n)$，A 是试验的任一事件，则有 $P(A)=\sum\limits_{i=1}^{n}P(B_i)(A|B_i)$.

5. 贝叶斯公式　设事件 $B_1,B_2,\cdots,B_n$ 是样本空间 Ω 的一个划分，

$$P(B_i)>0(i=1,2,\cdots,n),$$

A 为试验的任一事件. 且 $P(A)>0$，则有

$$P(B_i|A)=\frac{P(B_i)P(A\mid B_i)}{\sum\limits_{j=1}^{n}P(B_j)P(A\mid B_j)}\quad(i=1,2,\cdots,n).$$

二、经典例题解析及解题方法总结

【例 1】 设某种动物由出生算起活 20 年以上的概率为 0.8，活 25 年以上的概率为 0.4. 如果现在有一只 20 岁的这种动物，问它能活到 25 岁以上的概率是多少？

解　设事件 B=“能活 20 年以上”，A=“能活 25 年以上”，则所求的概率为 $P(A|B)$.

按题意，$P(B)=0.8$，由于 $A\subset B$，所以 $BA=A$，因此 $P(AB)=P(A)=0.4$.

由条件概率的定义，得

$$P(A|B)=\frac{P(AB)}{P(B)}=\frac{0.4}{0.8}=0.5.$$

方法总结

计算条件概率 $P(B|A)$ 的方法有两种：(1)按条件概率的含义，直接求出 $P(B|A)$. 注意到，在求 $P(B|A)$ 时已知 A 已发生，样本空间 S 中所有不属于 A 的样本点都被排除，原有的样本空间 S 缩减成为 S'. 在 S' 中计算事件 B 的概率就得到 $P(B|A)$. (2)在 S 中计算 $P(AB)$ 及 $P(A)$，再按 $\frac{P(AB)}{P(A)}$ 式求得 $P(B|A)$.

【例 2】设 A,B 为随机事件，且 $P(B)>0$，$P(A|B)=1$，则必有（　　）.

(A) $P(A\cup B)>P(A)$　　(B) $P(A\cup B)>P(B)$

(C) $P(A\cup B)=P(A)$　　(D) $P(A\cup B)=P(B)$

解　因为 $P(A|B)=1$，故 $\frac{P(AB)}{P(B)}=1$，即 $P(AB)=P(B)$.

则 $P(A\cup B)=P(A)+P(B)-P(AB)=P(A)$.

故应选(C).

方法总结

例 2 是考研数学中的常见题型：利用条件概率公式将题设的条件进行变形，结合概率性质得到正确选项.

【例 3】100 件产品中有 10 件次品，用不放回的方式从中每次取一件，连取三次，求第三次才取得次品的概率.

解　设 A_i 表示第 i 次取得正品，其中 $i=1,2,3$.

由题意，所求概率应为 $P(A_1A_2\overline{A}_3)$，根据乘法公式，

$$P(A_1A_2\overline{A}_3)=P(A_1)P(A_2|A_1)P(\overline{A}_3|A_1A_2)=\frac{90}{100}\cdot\frac{89}{99}\cdot\frac{10}{98}=0.0826.$$

方法总结

例 3 利用的是乘法公式. 乘法公式适用的模型为：事件可视为多个阶段，每个阶段的结果都是已知的，则该事件可以表示成多个事件的积，利用乘法公式求概率.

【例 4】从数 1,2,3,4 中任取一个数，记为 X，再从 $1,\cdots,X$ 中任取一个数，记为 Y，则 $P\{Y=2\}=$______.

解　令 $A_i=\{X=i\}$，$i=1,2,3,4$，则 A_1,A_2,A_3,A_4 构成一个完备事件组，且 $P(A_i)=\frac{1}{4}$，$i=1,2,3,4$，而

$$P\{Y=2|A_1\}=0,\ P\{Y=2|A_i\}=\frac{1}{i},\quad i=2,3,4,$$

那么由全概率公式得 $P\{Y=2\}=\sum_{i=1}^{4}P(A_i)P\{Y=2|A_i\}=\frac{1}{4}\left(0+\frac{1}{2}+\frac{1}{3}+\frac{1}{4}\right)=\frac{13}{48}$.

【例 5】 已知 100 件产品中有 10 件正品，每次使用这些正品时肯定不会发生故障，而在每次使用非正品时均有 0.1 的可能性发生故障. 现从这 100 件产品中随机抽取一件，若使用了 n 次均未发生故障，问 n 为多大时，才能有 70% 的把握认为所得的产品为正品.

解 设 $A_1=\{$取出正品$\}$，$A_2=\{$取出非正品$\}$，$B=\{$使用 n 次均无故障$\}$，则 $P(A_1)=\frac{10}{100}$，$P(A_2)=\frac{90}{100}$，按题设应有 $P(A_1|B)\geqslant 0.70$，而

$$P(A_1|B)=\frac{P(A_1)P(B|A_1)}{P(A_1)P(B|A_1)+P(A_2)P(B|A_2)}=\frac{0.1\times 1}{0.1\times 1+0.9\times(0.9)^n},$$

所以应是 $\frac{0.1}{0.1+0.9^{n+1}}\geqslant 0.7$，得 $n\geqslant 29$.

【例 6】 玻璃杯成箱出售，每箱 20 只，假设各箱含 0,1,2 只残次品的概率相应为 0.8,0.1 和 0.1，一顾客欲购一箱玻璃杯，在购买时售货员随意取一箱，而顾客开箱随机地查看 4 只，若无残次品，则买下该箱玻璃杯，否则退回. 试求：

(1) 顾客买下该箱的概率 α；

(2) 在顾客买下的一箱中，确实没有残次品的概率 β.

解 令 A 表示事件“顾客买下所查看的一箱玻璃杯”，B_i 表示事件“箱中恰有 i 件残次品”，$i=0,1,2$.

根据题意

$$P(B_0)=0.8,\qquad P(B_1)=P(B_2)=0.1,$$

$$P(A|B_0)=1,\qquad P(A|B_1)=\frac{C_{19}^4}{C_{20}^4}=\frac{4}{5},\qquad P(A|B_2)=\frac{C_{18}^4}{C_{20}^4}=\frac{12}{19}.$$

(1) 由全概率公式 $\alpha=P(A)=\sum_{i=0}^{2}P(A|B_i)P(B_i)=0.8\times 1+0.1\times\frac{4}{5}+0.1\times\frac{12}{19}=0.94$.

(2) 由贝叶斯公式 $\beta=P(B_0|A)=\frac{P(A|B_0)P(B_0)}{P(A)}=\frac{1\times 0.8}{0.94}\approx 0.85$.

方法总结

对于全概率公式和贝叶斯公式，我们可以按如下方式理解：设 A 是一个随机事件，有 n 个因素 $B_1,B_2,\cdots,B_n$ 导致它发生，并假定 $P(B_i)$ 已知，$i=1,2,\cdots,n$，而且每个因素 B_i 对 A 的影响程度 $P(A|B_i)$ 也可知，$i=1,2,\cdots,n$，全概率公式是计算“结果”A 发生的概率 $P(A)$；而贝叶斯公式则是已知“结果”A 发生了，要计算这个“结果”受“第 i 个因素的影响”的概率 $P(B_i|A)$，$i=1,2,\cdots,n$，应用这两个公式的关键是找到一个完备事件组.

寻找完备事件组的两个常用方法：

(1)从第一个试验入手，分解其样本空间，找出完备事件组.

如果所求概率的事件与前后两个试验(两个工序)有关，且这两个试验(或工序)彼此关联，第一个试验(工序)的各种结果直接对第二个试验产生影响，而问第二个试验(工序)出现结果的概率.这类问题是属于使用全概率公式的问题.第一个试验的各种结果就是所求的一个完备事件组.

(2)从事件 A 发生的两两互不相容的诸原因找完备事件组.

如果事件能且只能在"原因"$B_1,B_2,\cdots,B_n$ 下发生，且 $B_1,B_2,\cdots,B_n$ 是两两互不相容，那么这些"原因"$B_1,B_2,\cdots,B_n$ 就是一个完备事件组.

第六节　独　立　性

一、主要内容归纳

1. 两事件相互独立　设 A、B 是两事件，如果 $P(AB)=P(A)P(B)$，那么就称事件 A 与事件 B 相互独立.

基本性质：

(1)若 A 与 B 独立，且 $P(A)>0$，则 $P(B|A)=P(B)$.

(2)若 A 与 B 独立，则 A 与 $\overline{B}$、$\overline{A}$ 与 B、$\overline{A}$ 与 $\overline{B}$ 中的每一对事件都相互独立.

2. n 个事件相互独立　如果事件 $A_1,\cdots,A_n$ 对于任意 $k(1<k\leqslant n)$ 和任意 $1\leqslant i_1<i_2<\cdots<i_k\leqslant n$，$P(A_{i_1}A_{i_2}\cdots A_{i_k})=P(A_{i_1})P(A_{i_2})\cdots P(A_{i_k})$成立，则称 $A_1,\cdots,A_n$ 相互独立.

基本性质：

(1)如果事件 $A_1,\cdots,A_n$ 相互独立，则将 $A_1,\cdots,A_n$ 中任意多个事件换成它们的逆事件，所得的 n 个事件仍相互独立.

(2)如果事件 $A_1,\cdots,A_n$ 相互独立，则 $P(\sum\limits_{i=1}^{n}A_i)=1-\prod\limits_{i=1}^{n}P(\overline{A}_i)$.

3. 重复独立试验

在 n 次试验中，若任意一次试验的诸结果是相互独立的，则称这 n 次试验为重复独立试验或独立试验序列.

(1)**伯努利概型**　假定一次试验中只有事件 A 发生或 $\overline{A}$ 发生，每次试验的结果与其他各次试验结果无关，这样的 n 次重复试验，称为 n 重伯努利试验或伯努利概型.

(2)**二项概率公式**　设一次试验中事件 A 发生的概率为 $p(0<p<1)$，则在 n 重伯努利试验中，事件 A 恰好发生 k 次的概率为 $p_k=C_n^kp^kq^{n-k}$，$k=0,1,\cdots,n$，其中 $q=1-p$.

二、经典例题解析及解题方法总结

【例 1】设 $0<P(A)<1$，$0<P(B)<1$，$P(A|B)+P(\overline{A}|\overline{B})=1$，那么下列正确的选项是(　　).

(A)A 与 B 相互独立　　(B)A 与 B 相互对立

(C)A 与 B 互不相容　　(D)A 与 B 互不独立

解　方法一　因为$P(A|B)=\dfrac{P(AB)}{P(B)}$，　$P(\overline{A}|\overline{B})=\dfrac{P(\overline{A}\,\overline{B})}{P(\overline{B})}=\dfrac{1-P(A\cup B)}{1-P(B)}$，所以

$$1=\frac{P(AB)}{P(B)}+\frac{1-P(A\cup B)}{1-P(B)},$$

整理得 $P(AB)[1-P(B)]=P(B)[P(A)-P(AB)]$，

从而 $P(AB)=P(B)[P(AB)+P(A\overline{B})]=P(B)P[A(B+\overline{B})]=P(B)P(A)$.

方法二　注意到$P(\overline{A}|\overline{B})=1-P(A|\overline{B})$，又 $P(A|\overline{B})=\dfrac{P(A\overline{B})}{P(\overline{B})}$，由题意知

$1=P(A|B)+P(\overline{A}|\overline{B})=P(A|B)+1-P(A|\overline{B})$，即 $P(A|B)=P(A|\overline{B})$，那么

$$\frac{P(AB)}{P(B)}=\frac{P(A\overline{B})}{P(\overline{B})}=\frac{P(A)-P(AB)}{1-P(B)}.$$

整理得 $P(AB)=P(A)P(B)$，即 A 与 B 相互独立.

故应选(A).

方法总结

(1)独立性的判断问题，一般利用定义解决，即当 $P(AB)=P(A)P(B)$ 时，A 与 B 相互独立.

(2)本题结论可以当作性质使用，当 $0<P(A)<1$，$0<P(B)<1$ 时，A 与 B 相互独立$\Leftrightarrow P(A|B)+P(\overline{A}|\overline{B})=1\Leftrightarrow P(A|B)=P(A|\overline{B})$.

【例 2】设 A,B,C 三个事件两两独立，则 A,B,C 相互独立的充分必要条件是(　　).

(A)A 与 BC 独立　　(B)AB 与 $A\cup C$ 独立

(C)AB 与 AC 独立　　(D)$A\cup B$ 与 $A\cup C$ 独立

分析　两两独立和相互独立是两个容易混淆的概念，相互独立则两两独立，反之不真，若 A,B,C 两两独立，则当还需满足条件 $P(ABC)=P(A)P(B)P(C)$时才相互独立.

解　由题意，$P(ABC)=P(A)P(B)P(C)=P(A)P(BC)$，即当 A 与 BC 独立时，A,B,C 相互独立.

故应选(A).

【例 3】将一枚硬币独立地掷两次，引进事件：$A_1=\{$掷第一次出现正面$\}$，$A_2=\{$掷第二次出现正面$\}$，$A_3=\{$正、反面各出现一次$\}$，$A_4=\{$正面出现两次$\}$，则事件(　　).

(A)A_1,A_2,A_3 相互独立　　(B)A_2,A_3,A_4 相互独立

(C) A_1, A_2, A_3 两两独立　　　　　　(D) A_2, A_3, A_4 两两独立

解　按照相互独立与两两独立的定义进行验证即可，注意应先检查是否两两独立，若成立，再检验是否相互独立.

因为 $P(A_1)=\frac{1}{2},\quad P(A_2)=\frac{1}{2},\quad P(A_3)=\frac{1}{2},\quad P(A_4)=\frac{1}{4},$

且 $P(A_1A_2)=\frac{1}{4}, P(A_1A_3)=\frac{1}{4}, P(A_2A_3)=\frac{1}{4}, P(A_2A_4)=\frac{1}{4}, P(A_1A_2A_3)=0,$

可见有

$$P(A_1A_2)=P(A_1)P(A_2),$$
$$P(A_1A_3)=P(A_1)P(A_3),$$
$$P(A_2A_3)=P(A_2)P(A_3),$$
$$P(A_1A_2A_3)\neq P(A_1)P(A_2)P(A_3),$$
$$P(A_2A_4)\neq P(A_2)P(A_4),$$

故 A_1, A_2, A_3 两两独立但不相互独立；A_2, A_3, A_4 不两两独立更不相互独立.

故应选(C).

方法总结

本题用排除法更简便：因为 A_3, A_4 互斥，故 A_3, A_4 不相互独立，从而(B)(D)排除. 如果(A)正确，则(C)也正确，作为单项选择题必选(C).

【例 4】 设两个相互独立的事件 A 和 B 都不发生的概率为 $\frac{1}{9}$，A 发生 B 不发生的概率与 B 发生 A 不发生的概率相等，则 $P(A)=$______.

解　只需计算 $P(\overline{A})$，注意到 A, B 相互独立，$P(A\overline{B})=P(\overline{A}B)$，$P(\overline{A}\,\overline{B})=\frac{1}{9}$，显然 $P(A)=P(AB)+P(A\overline{B})=P(AB)+P(\overline{A}B)=P(B)$，那么 $P(\overline{A})=P(\overline{B})$，又 $\overline{A}$ 与 $\overline{B}$ 相互独立，则

$$\frac{1}{9}=P(\overline{A}\,\overline{B})=P(\overline{A})P(\overline{B})=[P(\overline{A})]^2,$$

即

$$P(\overline{A})=\frac{1}{3},\qquad P(A)=\frac{2}{3}.$$

故应填 $\frac{2}{3}$.

方法总结

本题也可直接使用独立的性质，$\overline{A}$ 与 $\overline{B}$、A 与 $\overline{B}$、$\overline{A}$ 与 B 都独立，则得到

$$P(\overline{A}\,\overline{B})=P(\overline{A})P(\overline{B}),$$
$$P(A\overline{B})=P(A)P(\overline{B}),$$
$$P(\overline{A}B)=P(\overline{A})P(B).$$

【例 5】一实习生用一台机器接连独立地制造 3 个同种零件，第 i 个零件是不合格品的概率 $p_i=\frac{1}{1+i}(i=1,2,3)$，以 X 表示 3 个零件中合格品的个数，求 $P\{X=2\}$.

解　设 A_i 表示第 i 个零件是不合格品，则

$$P(A_i)=p_i=\frac{1}{i+1}\quad(i=1,2,3),$$

$$\begin{aligned}P\{X=2\}&=P(A_1\overline{A}_2\overline{A}_3+\overline{A}_1A_2\overline{A}_3+\overline{A}_1\overline{A}_2A_3)\\&=P(A_1)P(\overline{A}_2)P(\overline{A}_3)+P(\overline{A}_1)P(A_2)P(\overline{A}_3)+P(\overline{A}_1)P(\overline{A}_2)P(A_3)\\&=\frac{1}{2}(1-\frac{1}{3})(1-\frac{1}{4})+\frac{1}{2}\cdot\frac{1}{3}(1-\frac{1}{4})+\frac{1}{2}(1-\frac{1}{3})\frac{1}{4}=\frac{11}{24}.\end{aligned}$$

方法总结

例 5 使用了多个事件独立性的性质：若 $A_1,A_2,\cdots,A_n$ 相互独立，则将 $A_1,A_2,\cdots,A_n$ 中的任意事件换成其逆事件，所得的 n 个事件仍相互独立.

【例 6】加工某一零件共需经过四道工序，设第一、二、三、四道工序的次品率分别为 0.02，0.03，0.05 和 0.03. 假设各道工序是互不影响的，求加工出来的零件的次品率.

解　设 A_i＝“第 i 道工序出次品”，$i=1,2,3,4$；A＝“零件为次品”，则 $A=A_1\cup A_2\cup A_3\cup A_4$. 由题设，$A_1,A_2,A_3,A_4$ 相互独立，故 $\overline{A}_1,\overline{A}_2,\overline{A}_3,\overline{A}_4$ 也相互独立，从而

$$\begin{aligned}P(A)=P(A_1\cup A_2\cup A_3\cup A_4)&=1-P(\overline{A_1\cup A_2\cup A_3\cup A_4})\\&=1-P(\overline{A}_1\overline{A}_2\overline{A}_3\overline{A}_4)=1-P(\overline{A}_1)P(\overline{A}_2)P(\overline{A}_3)P(\overline{A}_4)\\&=1-0.98\times0.97\times0.95\times0.97\\&=0.124.\end{aligned}$$

方法总结

例 6 用到了独立性的重要结论：若 $A_1,A_2,\cdots,A_n$ 相互独立，则

$$P(\bigcup_{i=1}^{n}A_i)=1-P(\prod_{i=1}^{n}\overline{A}_i)=1-\prod_{i=1}^{n}P(\overline{A}_i).$$

【例 7】某人向同一目标独立重复射击，每次射击命中目标的概率为 $p(0<p<1)$，则此人第 4 次射击恰好第二次命中目标的概率为（　　）.

(A) $3p(1-p)^2$　　(B) $6p(1-p)^2$

(C) $3p^2(1-p)^2$　　(D) $6p^2(1-p)^2$

解　设 A＝“第 4 次射击恰好第二次命中目标”，则 A 表示共射击 4 次，其中前 3 次只有 1 次击中目标，且第 4 次击中目标. 因此 $P(A)=[C_3^1p(1-p)^2]\cdot p=3p^2(1-p)^2$.

故应选(C).

方法总结

本题属于重复独立试验问题，需要注意的是“第 4 次射击恰好第 2 次命中”与“4 次射击命中 2 次”的区别，所求概率不能直接使用二项概率公式.

【例 8】设 A,B,C 为三个随机事件，A 与 B 互不相容，A 与 C 互不相容，B 与 C 相互独立，且 $P(A)=P(B)=P(C)=\frac{1}{3}$，则 $P[(B\cup C)|(A\cup B\cup C)]=$______.

解　由题意知，$P(AB)=0,P(AC)=0,P(BC)=P(B)P(C)=\frac{1}{9}$.

由条件概率公式，得

$$P[(B\cup C)|(A\cup B\cup C)]$$

$$=\frac{P[(B\cup C)\cap(A\cup B\cup C)]}{P(A\cup B\cup C)}=\frac{P(B\cup C)}{P(A\cup B\cup C)}$$

$$=\frac{P(B)+P(C)-P(BC)}{P(A)+P(B)+P(C)-P(AB)-P(BC)-P(AC)+P(ABC)}$$

$$=\frac{P(B)+P(C)-P(BC)}{P(A)+P(B)+P(C)-P(BC)}=\frac{\frac{1}{3}+\frac{1}{3}-\frac{1}{9}}{\frac{1}{3}+\frac{1}{3}+\frac{1}{3}-\frac{1}{3}\cdot\frac{1}{3}}=\frac{5}{8}.$$

故应填$\frac{5}{8}$.

本章教材习题全解

1. 写出下列随机试验的样本空间 S：

(1)记录一个班一次数学考试的平均分数(设以百分制记分).

(2)生产产品直到有 10 件正品为止,记录生产产品的总件数.

(3)对某工厂出厂的产品进行检查,合格的记上"正品",不合格的记上"次品",如连续查出了 2 件次品就停止检查,或检查了 4 件产品就停止检查,记录检查的结果.

(4)在单位圆内任意取一点,记录它的坐标.

解　(1)$S=\{\frac{i}{n}\mid i=0,1,\cdots,100n\}$,其中 n 为该班人数.

(2)$S=\{10,11,12,\cdots\}$.

(3)$S=\{00,100,010\ 0,011\ 0,110\ 0,101\ 0,101\ 1,011\ 1,110\ 1,111\ 0,111\ 1,010\ 1\}$,其中 0 表示次品,1 表示正品.

(4)$S=\{(x,y)\mid x^2+y^2<1\}$.

2. 设 A,B,C 为三个事件,用 A,B,C 的运算关系表示下列各事件：

(1)A 发生,B 与 C 不发生.　　(2)A 与 B 都发生,而 C 不发生.

(3)A,B,C 中至少有一个发生.　　(4)A,B,C 都发生.

(5)A,B,C 都不发生.　　(6)A,B,C 中不多于一个发生.

(7)A,B,C 中不多于两个发生.　　(8)A,B,C 中至少有两个发生.

解　(1)$A\overline{B}\,\overline{C}$；　(2)$AB\overline{C}$；　(3)$A\cup B\cup C$；　(4)$ABC$；　(5)$\overline{A}\,\overline{B}\,\overline{C}$；

(6)$\overline{A}\,\overline{B}\,\overline{C}\cup A\overline{B}\,\overline{C}\cup\overline{A}B\overline{C}\cup\overline{A}\,\overline{B}C$ 或 $\overline{A}\,\overline{B}\cup\overline{A}\,\overline{C}\cup\overline{B}\,\overline{C}$；　(7)$\overline{ABC}$或 $\overline{A}\cup\overline{B}\cup\overline{C}$；

(8)$AB\cup BC\cup AC$.

3. (1)设 A,B,C 是三个事件,且 $P(A)=P(B)=P(C)=\frac{1}{4}$,$P(AB)=P(BC)=0$,$P(AC)=\frac{1}{8}$,求 A,B,C 至少有一个发生的概率.

(2)已知 $P(A)=\frac{1}{2}$,$P(B)=\frac{1}{3}$,$P(C)=\frac{1}{5}$,$P(AB)=\frac{1}{10}$,$P(AC)=\frac{1}{15}$,$P(BC)=\frac{1}{20}$,$P(ABC)=\frac{1}{30}$,求 $A\cup B$,$\overline{A}\,\overline{B}$,$A\cup B\cup C$,$\overline{A}\,\overline{B}\,\overline{C}$,$\overline{A}\,\overline{B}C$,$\overline{A}\,\overline{B}\cup C$ 的概率.

(3)已知 $P(A)=\frac{1}{2}$,(i)若 A,B 互不相容,求 $P(A\overline{B})$;(ii)若 $P(AB)=\frac{1}{8}$,求 $P(A\overline{B})$.

解　(1)$P(A\cup B\cup C)=P(A)+P(B)+P(C)-P(AB)-P(BC)-P(AC)+P(ABC)=\frac{5}{8}+P(ABC)$.

由 $ABC\subset AB$,已知 $P(AB)=0$,故 $0\leqslant P(ABC)\leqslant P(AB)=0$,得 $P(ABC)=0$.

所求概率为 $P(A\cup B\cup C)=\frac{5}{8}$.

(2)$P(A\cup B)=P(A)+P(B)-P(AB)=\frac{1}{2}+\frac{1}{3}-\frac{1}{10}=\frac{11}{15}$.

$P(\overline{A}\,\overline{B})=P(\overline{A\cup B})=1-P(A\cup B)=\frac{4}{15}$.

$$P(A\cup B\cup C)=P(A)+P(B)+P(C)-P(AB)-P(AC)-P(BC)+P(ABC)$$

$$=\frac{1}{2}+\frac{1}{3}+\frac{1}{5}-\frac{1}{10}-\frac{1}{15}-\frac{1}{20}+\frac{1}{30}=\frac{17}{20}.$$

$P(\overline{A}\,\overline{B}\,\overline{C})=P(\overline{A\cup B\cup C})=1-P(A\cup B\cup C)=\frac{3}{20}$.

$P(\overline{A}\,\overline{B}C)=P(\overline{A}\,\overline{B}-\overline{A}\,\overline{B}\,\overline{C})=P(\overline{A}\,\overline{B})-P(\overline{A}\,\overline{B}\,\overline{C})=\frac{4}{15}-\frac{3}{20}=\frac{7}{60}$.

$P(\overline{A}\,\overline{B}\cup C)=P(\overline{A}\,\overline{B})+P(C)-P(\overline{A}\,\overline{B}C)=\frac{4}{15}+\frac{1}{5}-\frac{7}{60}=\frac{7}{20}$.

(3)(i)$P(A\overline{B})=P[A(S-B)]=P(A-AB)=P(A)-P(AB)=\frac{1}{2}$.

(ii)$P(A\overline{B})=P[A(S-B)]=P(A-AB)=P(A)-P(AB)=\frac{1}{2}-\frac{1}{8}=\frac{3}{8}$.

4. 设 A,B 是两个事件.

(1)已知 $A\overline{B}=\overline{A}B$,验证 $A=B$.

(2)验证事件 A 和事件 B 恰有一个发生的概率为 $P(A)+P(B)-2P(AB)$.

证　(1)假设 $A\overline{B}=\overline{A}B$,故有 $(A\overline{B})\cup(AB)=(\overline{A}B)\cup(AB)$,从而 $A(\overline{B}\cup B)=(\overline{A}\cup A)B$,即 $AS=SB$,故有 $A=B$.

(2)A,B 恰好有一个发生的事件为 $A\overline{B}\cup\overline{A}B$,其概率为

$$\begin{aligned}P(A\overline{B}\cup\overline{A}B)&=P(A\overline{B})+P(\overline{A}B)=P[A(S-B)]+P[B(S-A)]\\&=P(A-AB)+P(B-AB)=P(A)+P(B)-2P(AB).\end{aligned}$$

5. 10 片药片中有 5 片是安慰剂.

(1)从中任意抽取 5 片,求其中至少有 2 片是安慰剂的概率.

(2)从中每次取一片,作不放回抽样,求前 3 次都取到安慰剂的概率.

解　(1)$p=1-P$(取到的 5 片药片均不是安慰剂)$-P$(取到的 5 片药片中只有 1 片是安慰剂)

$$=1-\frac{C_5^0C_{10-5}^5}{C_{10}^5}-\frac{C_5^1C_{10-5}^4}{C_{10}^5}=\frac{113}{126}.$$

(2)$p=\frac{5}{10}\cdot\frac{4}{9}\cdot\frac{3}{8}=\frac{1}{12}$.

6. 在房间里有 10 个人,分别配戴从 1 号到 10 号的纪念章,任选 3 人记录其纪念章的号码.

(1)求最小号码为 5 的概率.(2)求最大号码为 5 的概率.

解　(1),(2)有同一样本空间且所含元素个数为 C_{10}^3.

(1)记 A="最小号码为 5",A 的有利事件数为 C_5^2,故 $P(A)=\frac{C_5^2}{C_{10}^3}=\frac{1}{12}$.

(2)记 B="最大号码为 5",B 的有利事件数为 C_4^2,故 $P(B)=\frac{C_4^2}{C_{10}^3}=\frac{1}{20}$.

7. 某油漆公司发出 17 桶油漆,其中白漆 10 桶,黑漆 4 桶,红漆 3 桶,在搬运中所有标签脱落,交货人随意将这些油漆发给顾客.问一个订货为 4 桶白漆,3 桶黑漆和 2 桶红漆的顾客,能按所订颜色如数得到订货的概率是多少?

解　取发给顾客 9 桶油漆的所有可能情况为样本空间,其中含样本数为 C_{17}^9,记 A 为正确的发放,则 A 含有的样本数为 $C_{10}^4C_4^3C_3^2$,从而 $P(A)=\frac{C_{10}^4\cdot C_4^3\cdot C_3^2}{C_{17}^9}=\frac{252}{2\,431}$.

8. 在 1 500 件产品中有 400 件次品,1 100 件正品,任取 200 件.

(1)求恰有 90 件次品的概率.(2)求至少有 2 件次品的概率.

解　(1)产品的所有取法构成样本空间,其中所含的样本数为 $C_{1\,500}^{200}$,用 A 表示取出的产品中恰有 90 件次品,则 A 中的样本数为 $C_{400}^{90}\cdot C_{1\,100}^{110}$,因此 $P(A)=\frac{C_{400}^{90}\cdot C_{1\,100}^{110}}{C_{1\,500}^{200}}$.

(2)用 B 表示至少有 2 件次品,则 $\overline{B}$ 表示取出的产品中至多有一件次品,$\overline{B}$ 中的样本数为 $C_{400}^1C_{1\,100}^{199}+C_{1\,100}^{200}$,从而 $P(\overline{B})=\frac{C_{400}^1C_{1\,100}^{199}+C_{1\,100}^{200}}{C_{1\,500}^{200}}$,因此 $P(B)=1-P(\overline{B})=1-\frac{C_{400}^1C_{1\,100}^{199}+C_{1\,100}^{200}}{C_{1\,500}^{200}}$.

9. 从 5 双不同的鞋子中任取 4 只，问这 4 只鞋子中至少有两只配成一双的概率是多少？

解 由题意，样本空间所含的样本点数为 C_{10}^{4}，用 A 表示“4 只鞋子中至少有 2 只配成一双”，则 $\overline{A}$ 表示“4 只鞋中没有 2 只配成一双”，$\overline{A}$ 的样本点数为 $C_5^4\cdot 2^4$（先从 5 双鞋中任取 4 双，再从每双中任取一只）. 则 $P(\overline{A})=\dfrac{C_5^4\cdot 2^4}{C_{10}^4}=\dfrac{8}{21}$，从而 $P(A)=1-\dfrac{8}{21}=\dfrac{13}{21}$.

10. 在 11 张卡片上分别写上 probability 这 11 个字母，从中任意连抽 7 张，求其排列结果为 ability 的概率.

解 所有可能的排列构成样本空间，其中包含的样本点数为，用 A 表示“正确的排列”，则 A 包含的样本点数为 $C_1^1\cdot C_2^1\cdot C_2^1\cdot C_1^1\cdot C_1^1\cdot C_1^1\cdot C_1^1=4$，则

$$P(A)=\frac{4}{A_{11}^7}=2.4\times 10^{-6}.$$

11. 将 3 只球随机地放入 4 个杯子中去，求杯子中球的最大个数分别为 1,2,3 的概率.

解 把 3 个球放入 4 只杯中共有 4^3 种.

记 A=“杯中球的最大个数为 1”，事件 A 即为从 4 只杯中选出 3 只，然后将 3 个球放到 3 只杯中去，每只杯中一个球，则 A 所含的样本点数 $C_4^3\cdot A_3^3=24$，则 $P(A)=\dfrac{6}{16}=\dfrac{3}{8}$.

记 B=“杯中球的最大个数为 2”. 事件 B 即为从 4 只杯中选出 1 只，再从 3 个球中选中 2 个放到此杯中，剩余 1 球放到另外 3 只杯中的某一个中，则 B 所含的样本点数为 $C_4^1\cdot C_3^2\cdot C_3^1=36$，且

$$P(B)=\frac{36}{4^3}=\frac{9}{16}.$$

记 C=“杯中球的最大个数为 3”，类似地，C 所含的样本点数为 $C_4^1\cdot C_3^3=4$，从而 $P(C)=\dfrac{4}{4^3}=\dfrac{1}{16}$.

12. 50 只铆钉随机地取来用在 10 个部件上，其中有 3 只铆钉强度太弱，每个部件用 3 只铆钉，若将 3 只强度太弱的铆钉都装在一个部件上，则这个部件强度就太弱，问发生一个部件强度太弱的概率是多少？

解 从 50 个铆钉中任取 3 个，有 C_{50}^3 种取法，而发生“一个部件强度太弱”这一事件必须将三个强度太弱的铆钉同时取来，并放到一个部件上，共有 $C_3^3C_{10}^1$ 种情况，故

$$P(A)=\frac{C_3^3C_{10}^1}{C_{50}^3}=\frac{1}{1\ 960}.$$

13. 一俱乐部有 5 名一年级学生，2 名二年级学生，3 名三年级学生，2 名四年级学生.

(1)在其中任选 4 名学生，求一、二、三、四年级的学生各一名的概率.

(2)在其中任选 5 名学生，求一、二、三、四年级的学生均包含在内的概率.

解 (1)共有 5+2+3+2=12 名学生，在其中任选 4 名，共有 $C_{12}^4=495$ 种选法，其中每年级各选 1 名的选法有 $C_5^1C_2^1C_3^1C_2^1=60$ 种选法，因此，所求概率为 $p=\dfrac{60}{495}=\dfrac{4}{33}$.

(2)在 12 名学生中任选 5 名的选法共有 $C_{12}^5=792$ 种. 在每个年级中有一个年级取 2 名，而其他 3 个年级各取 1 名的取法共有 $C_5^2C_2^1C_3^1C_2^1+C_5^1C_2^2C_3^1C_2^1+C_5^1C_2^1C_3^2C_2^1+C_5^1C_2^1C_3^1C_2^2=240$（种）. 于是所求的概率为 $p=\dfrac{240}{792}=\dfrac{10}{33}$.

14. (1)已知 $P(\overline{A})=0.3$，$P(B)=0.4$，$P(A\overline{B})=0.5$，求条件概率 $P(B|A\cup\overline{B})$.

(2)已知 $P(A)=\dfrac{1}{4}$，$P(B|A)=\dfrac{1}{3}$，$P(A|B)=\dfrac{1}{2}$，求 $P(A\cup B)$.

解 (1)$P(B|A\cup\overline{B})=\dfrac{P[B(A\cup\overline{B})]}{P(A\cup\overline{B})}=\dfrac{P(AB)}{P(A)+P(\overline{B})-P(A\overline{B})}$.

由题设得 $P(A)=1-P(\overline{A})=0.7$，$P(\overline{B})=1-P(B)=0.6$，$P(AB)=P[A(S-\overline{B})]=P(A)-P(A\overline{B})=0.2$，故 $P(B|A\cup\overline{B})=\dfrac{0.2}{0.7+0.6-0.5}=0.25$.

(2)$P(AB)=P(B|A)P(A)=\frac{1}{12}$,

$$P(B)=\frac{P(AB)}{P(A|B)}=\frac{\frac{1}{12}}{\frac{1}{2}}=\frac{1}{6},$$

故 $P(A\cup B)=P(A)+P(B)-P(AB)=\frac{1}{4}+\frac{1}{6}-\frac{1}{12}=\frac{1}{3}$.

15. 掷两颗骰子,已知两颗骰子点数之和为7,求其中有一颗为1点的概率(用两种方法).

解 **方法一** 取两颗点数之和为7的所有可能情况的全体为样本空间Ω,则$\Omega=\{(1,6),(2,5),(3,4),(4,3),(5,2),(6,1)\}$;用$A$表示两颗骰子点数之和为7,其中有一颗为1点的事件,则$A=\{(1,6),(6,1)\}$,从而$P(A)=\frac{2}{6}=\frac{1}{3}$.

方法二 设X为第一颗骰子的点数,Y为第二颗骰子的点数,则$P\{X+Y=7\}=\frac{6}{36}$,

$$P\{X=1|X+Y=7\}=\frac{P\{X=1\}P\{X+Y=7|X=1\}}{\frac{6}{36}}=\frac{\frac{1}{6}\times\frac{1}{6}}{\frac{6}{36}}$$

$$=\frac{1}{6}=P\{Y=1|X+Y=7\},$$

故 $P(\{X=1\}\cup\{Y=1\}|X+Y=7)=\frac{1}{6}+\frac{1}{6}=\frac{1}{3}$.

16. 据以往资料表明,某一3口之家,患某种传染病的概率有以下规律:

$P\{$孩子得病$\}=0.6$,$P\{$母亲得病$|$孩子得病$\}=0.5$,

$P\{$父亲得病$|$母亲及孩子得病$\}=0.4$,

求母亲及孩子得病但父亲未得病的概率.

解 令$A=\{$孩子得病$\}$,$B=\{$母亲得病$\}$,$C=\{$父亲得病$\}$,则$P(A)=0.6$,$P(B|A)=0.5$,$P(C|AB)=0.4$,所以$P(\overline{C}|AB)=0.6$,由乘法公式得

$$P(AB\overline{C})=P(A)P(B|A)P(\overline{C}|AB)=0.6\times0.5\times0.6=0.18,$$

故母亲及孩子得病,但父亲未得病的概率为0.18.

17. 已知在10件产品中有2件次品,在其中取两次,每次任取一件,作不放回抽样,求下列事件的概率:

(1)两件都是正品. (2)两件都是次品.

(3)一件是正品,一件是次品. (4)第二次取出的是次品.

解 设$A_i=\{$第i次取出的是正品$\}$,$B_i=\{$第i次取出的是次品$\}(i=1,2)$.

(1)$P(A_1A_2)=P(A_1)\cdot P(A_2|A_1)=\frac{8}{10}\cdot\frac{7}{9}=\frac{28}{45}$.

(2)$P(B_1B_2)=P(B_1)\cdot P(B_2|B_1)=\frac{2}{10}\cdot\frac{1}{9}=\frac{1}{45}$.

(3)$P(A_1B_2\cup B_1A_2)=P(A_1B_2)+P(B_1A_2)=P(A_1)\cdot P(B_2|A_1)+P(B_1)\cdot P(A_2|B_1)$

$$=\frac{8}{10}\cdot\frac{2}{9}+\frac{2}{10}\cdot\frac{8}{9}=\frac{16}{45}.$$

(4)$P(B_2)=P(A_1B_2\cup B_1B_2)=P(A_1B_2)+P(B_1B_2)$

$$=P(A_1)\cdot P(B_2|A_1)+P(B_1)\cdot P(B_2|B_1)=\frac{8}{10}\cdot\frac{2}{9}+\frac{2}{10}\cdot\frac{1}{9}=\frac{9}{45}=\frac{1}{5}.$$

18. 某人忘记了电话号码的最后一个数字,因而他随意地拨号.求他拨号不超过三次而接通所需电话的概率.若已知最后一个数字是奇数,则此概率是多少?

解 **方法一** 设$A_i=\{$第i次拨号拨对$\}$,$i=1,2,3$,$A=\{$拨号不超过3次而拨对$\}$,则$A=A_1+\overline{A}_1A_2+$

$\overline{A}_1\overline{A}_2A_3$，且三者互斥，故有 $P(A)=P(A_1)+P(\overline{A}_1)P(A_2|\overline{A}_1)+P(\overline{A}_1)P(\overline{A}_2|\overline{A}_1)P(A_3|\overline{A}_1\overline{A}_2)$，于是

(1)$P(A)=\frac{1}{10}+\frac{9}{10}\times\frac{1}{9}+\frac{9}{10}\times\frac{8}{9}\times\frac{1}{8}=\frac{3}{10}$.

(2)$P(B)=\frac{1}{5}+\frac{1}{5}\times\frac{1}{4}+\frac{4}{5}\times\frac{3}{4}\times\frac{1}{3}=\frac{3}{5}$.

方法二 $\overline{A}$={拨号 3 次都未接通}. 故

$$P(A)=1-P(\overline{A})=1-P(\overline{A}_1\overline{A}_2\overline{A}_3)=1-P(\overline{A}_1)P(\overline{A}_2|\overline{A}_1)P(\overline{A}_3|\overline{A}_1\overline{A}_2)$$
$$=1-\frac{9}{10}\times\frac{8}{9}\times\frac{7}{8}=\frac{3}{10}.$$

同理 $P(B)=1-\frac{4}{5}\times\frac{3}{4}\times\frac{2}{3}=\frac{3}{5}$.

19. (1)设甲袋中装有 n 只白球，m 只红球，乙袋中装有 N 只白球、M 只红球. 今从甲袋中任意取一只球放入乙袋中，再从乙袋中任意取一只球. 问取到白球的概率是多少?

(2)第一只盒子装有 5 只红球，4 只白球；第二只盒子装有 4 只红球，5 只白球. 先从第一盒中任取 2 只球放入第二盒中去，然后从第二盒中任取一只球. 求取到白球的概率.

解 (1)A="从乙袋中取到白球"，B="从甲袋中取出的是白球"，则 $A=BA+\overline{B}A$，且

$$P(A)=P(B)P(A|B)+P(\overline{B})P(A|\overline{B})$$
$$=\frac{n}{m+n}\cdot\frac{N+1}{N+M+1}+\frac{m}{m+n}\cdot\frac{N}{M+N+1}.$$

(2)设 A="从第二盒中取得白球"，B_i="从第一盒中取出两球恰有 i 个白球"，$i=0,1,2$，则

$$P(A)=P(B_0)P(A|B_0)+P(B_1)P(A|B_1)+P(B_2)P(A|B_2)$$
$$=\frac{C_5^2}{C_9^2}\cdot\frac{5}{11}+\frac{C_5^1C_4^1}{C_9^2}\cdot\frac{6}{11}+\frac{C_4^2}{C_9^2}\cdot\frac{7}{11}=\frac{10}{36}\cdot\frac{5}{11}+\frac{20}{36}\cdot\frac{6}{11}+\frac{6}{36}\cdot\frac{7}{11}=\frac{53}{99}.$$

20. 某种产品的商标为"MAXAM"，其中有 2 个字母脱落，有人捡起随意放回，求放回后仍为"MAXAM"的概率.

解 设 A="放回后仍为'MAXAM'"，B_1="脱落的是 M,M"，

B_2="脱落的是 A,A"，B_3="脱落的是 M,A"，

B_4="脱落的是 M,X"，B_5="脱落的是 A,X"，

则 $P(B_1)=\frac{1}{C_5^2}$，$P(B_2)=\frac{1}{C_5^2}$，$P(B_3)=\frac{4}{C_5^2}$，$P(B_4)=\frac{2}{C_5^2}$，$P(B_5)=\frac{2}{C_5^2}$，

$P(A|B_1)=P(A|B_2)=1$，$P(A|B_3)=P(A|B_4)=P(A|B_5)=\frac{1}{2}$.

由 $A=B_1A+B_2A+B_3A+B_4A+B_5A$，得

$$P(A)=P(B_1)P(A|B_1)+P(B_2)P(A|B_2)+P(B_3)P(A|B_3)+P(B_4)P(A|B_4)+P(B_5)P(A|B_5)$$
$$=\frac{1}{10}[1+1+2+1+1]=\frac{3}{5}.$$

21. 已知男子有 5%是色盲患者，女子有 0.25%是色盲患者. 今从男女人数相等的人群中随机地挑选一人，恰好是色盲患者，问此人是男性的概率是多少?

解 令 A={抽到一名男性}；B={抽到一名女性}；C={抽到一名色盲患者}.

由全概率公式得

$$P(C)=P(C|A)\cdot P(A)+P(C|B)\cdot P(B)=5\%\times\frac{1}{2}+0.25\%\times\frac{1}{2}=2.625\%.$$

$$P(AC)=P(A)\cdot P(C|A)=\frac{1}{2}\times5\%=2.5\%.$$

由贝叶斯公式得 $P(A|C)=\frac{P(AC)}{P(C)}=\frac{2.5\%}{2.625\%}=\frac{20}{21}$.

22. 一学生接连参加同一课程的两次考试.第一次及格的概率为 p,若第一次及格则第二次及格的概率也为 p;若第一次不及格则第二次及格的概率为 $\frac{p}{2}$.

(1)若至少有一次及格则他能取得某种资格,求他取得该资格的概率.

(2)若已知他第二次已经及格,求他第一次及格的概率.

解 设 A="他取得该资格",B_i="第 i 次及格",$i=1,2$.

(1)$A=B_1+B_2$, $B_2=B_1B_2+\overline{B}_1B_2$,则

$$\begin{aligned}P(A)&=P(B_1)+P(B_2)-P(B_1B_2)\\&=p+P(B_1B_2)+P(\overline{B}_1B_2)-P(B_1B_2)\\&=p+P(\overline{B}_1)P(B_2|\overline{B}_1)=p+(1-p)\frac{p}{2}=\frac{1}{2}(3p-p^2).\end{aligned}$$

(2)所求概率为

$$\begin{aligned}P(B_1|B_2)&=\frac{P(B_1B_2)}{P(B_2)}=\frac{P(B_1)P(B_2|B_1)}{P(B_1)P(B_2|B_1)+P(\overline{B}_1)P(B_2|\overline{B}_1)}\\&=\frac{p^2}{p^2+(1-p)\frac{p}{2}}=\frac{2p^2}{p^2+p}=\frac{2p}{p+1}.\end{aligned}$$

23. 将两信息分别编码为 A 和 B 传送出去,接收站收到时,A 被误收作 B 的概率为0.02,而 B 被误收作 A 的概率为 0.01.信息 A 与信息 B 传送的频繁程度为 2∶1.若接收站收到的信息是 A,问原发信息是 A 的概率是多少?

解 设 B_1,B_2 分别表示发报台发出信号"A"及"B",又以 A_1,A_2 分别表示收报台收到信号"A"及"B".则有

$$P(B_1)=\frac{2}{3},\qquad P(B_2)=\frac{1}{3},$$
$$P(A_1|B_1)=0.98,\qquad P(A_2|B_1)=0.02,$$
$$P(A_1|B_2)=0.01,\qquad P(A_2|B_2)=0.99,$$

从而 $P(B_1|A_1)=\dfrac{P(B_1)\cdot P(A_1|B_1)}{P(B_1)P(A_1|B_1)+P(B_2)P(A_1|B_2)}=\dfrac{\frac{2}{3}\times0.98}{\frac{2}{3}\times0.98+\frac{1}{3}\times0.01}=\dfrac{196}{197}$.

24. 有两箱同种类的零件,第一箱装 50 只,其中 10 只一等品;第二箱装 30 只,其中 18 只一等品.今从两箱中任挑出一箱,然后从该箱中取零件两次,每次任取一只,作不放回抽样.求

(1)第一次取到的零件是一等品的概率.

(2)在第一次取到的零件是一等品的条件下,第二次取到的也是一等品的概率.

解 (1)记 A_i="在第 i 次中取到一等品", B_i="挑到第 i 箱",$i=1,2$.则有

$$P(A_1)=P(A_1|B_1)\cdot P(B_1)+P(A_1|B_2)\cdot P(B_2)=\frac{1}{5}\times\frac{1}{2}+\frac{18}{30}\times\frac{1}{2}=0.4.$$

(2)$$\begin{aligned}P(A_1A_2)&=P(A_1A_2|B_1)\cdot P(B_1)+P(A_1A_2|B_2)\cdot P(B_2)\\&=\frac{1}{2}\times\frac{1}{5}\times\frac{9}{49}+\frac{1}{2}\times\frac{18}{30}\times\frac{17}{29}=0.194\ 23.\end{aligned}$$

$$P(A_2|A_1)=\frac{P(A_1A_2)}{P(A_1)}=\frac{0.194\ 23}{0.4}=0.485\ 6.$$

25. 某人下午 5∶00 下班,他所积累的资料表明:

到家时间	5∶35～5∶39	5∶40～5∶44	5∶45～5∶49	5∶50～5∶54	迟于 5∶54
乘地铁的概率	0.10	0.25	0.45	0.15	0.05
乘汽车的概率	0.30	0.35	0.20	0.10	0.05

某日他抛一枚硬币决定乘地铁还是乘汽车，结果他是 5∶47 到家的. 试求他乘地铁回家的概率.

解　令 $A=\{$乘地铁回家$\}$，$B=\{$乘汽车回家$\}$，$C=\{$在 5∶47 回家$\}$. 由全概率公式知

$$P(C)=P(C|A)\cdot P(A)+P(C|B)\cdot P(B)=0.45\times\frac{1}{2}+0.20\times\frac{1}{2}=0.325.$$

故由贝叶斯公式 $P(A|C)=\dfrac{P(A)\cdot P(C|A)}{P(C)}=\dfrac{0.45\times\frac{1}{2}}{0.325}=\dfrac{9}{13}$.

26. 病树的主人外出，委托邻居浇水，设已知如果不浇水，树死去的概率为 0.8. 若浇水则树死去的概率为 0.15. 有 0.9 的把握确定邻居会记得浇水.

(1)求主人回来时树还活着的概率.

(2)若主人回来时树已死去，求邻居忘记浇水的概率.

解　记 A 为事件“树还活着”，记 W 为事件“邻居记得给树浇水”，即有

(1) $P(W)=0.9$，　$P(\overline{W})=0.1$，　$P(A|W)=0.85$，$P(A|\overline{W})=0.2$，

$$P(A)=P(A|W)P(W)+P(A|\overline{W})P(\overline{W})=0.85\times0.9+0.2\times0.1=0.785.$$

(2) $P(\overline{W}|\overline{A})=\dfrac{P(\overline{A}|\overline{W})P(\overline{W})}{P(\overline{A})}=\dfrac{[1-P(A|\overline{W})]P(\overline{W})}{1-P(A)}=\dfrac{0.8\times0.1}{0.215}=0.372.$

27. 设本题涉及的事件均有意义. 设 A,B 都是事件.

(1)已知 $P(A)>0$，证明 $P(AB|A)\geqslant P(AB|A\cup B)$.

(2)若 $P(A|B)=1$，证明 $P(\overline{B}|\overline{A})=1$.

(3)若设 C 也是事件，且有 $P(A|C)\geqslant P(B|C)$，$P(A|\overline{C})\geqslant P(B|\overline{C})$，证明 $P(A)\geqslant P(B)$.

证　(1)若 $P(A)>0$，要证 $P(AB|A)\geqslant P(AB|A\cup B)$.

上式左边等于 $\dfrac{P(AB)}{P(A)}$，上式右边等于 $\dfrac{P(AB)}{P(A\cup B)}$.

因为 $A\cup B\supset A$，$P(A\cup B)\geqslant P(A)$，故有 $\dfrac{P(AB)}{P(A)}\geqslant\dfrac{P(AB)}{P(A\cup B)}$，即 $P(AB|A)\geqslant P(AB|A\cup B)$.

(2)由 $P(A|B)=1$ 得 $\dfrac{P(AB)}{P(B)}=1$，即 $P(AB)=P(B)$. ①

于是 $P(\overline{B}|\overline{A})=\dfrac{P(\overline{A}\,\overline{B})}{P(\overline{A})}=\dfrac{P(\overline{A\cup B})}{P(\overline{A})}=\dfrac{1-P(A\cup B)}{1-P(A)}=\dfrac{1-P(A)-P(B)+P(AB)}{1-P(A)}$.

由①式得到 $P(\overline{B}|\overline{A})=\dfrac{1-P(A)}{1-P(A)}=1$.

(3)由假设 $P(A|C)\geqslant P(B|C)$，而 $P(A|C)=\dfrac{P(AC)}{P(C)}$，　$P(B|C)=\dfrac{P(BC)}{P(C)}$，因此

$$P(AC)\geqslant P(BC). \qquad ②$$

同样由 $P(A|\overline{C})\geqslant P(B|\overline{C})$ 就有

$$P(A\overline{C})\geqslant P(B\overline{C}). \qquad ③$$

由③式可知 $P[A(S-C)]\geqslant P[B(S-C)]$，

得　$P(A)-P(AC)\geqslant P(B)-P(BC)$，　或　$P(A)-P(B)\geqslant P(AC)-P(BC)$，

由②式，得知 $P(A)-P(B)\geqslant0$，　即　$P(A)\geqslant P(B)$.

28. 有两种花籽，发芽率分别为 0.8，0.9，从中各取一颗，设各花籽是否发芽相互独立. 求

(1)这两颗花籽都能发芽的概率.

(2)至少有一颗能发芽的概率.

(3)恰有一颗能发芽的概率.

解　以 A,B 表示事件第一、二颗花籽能发芽，即有 $P(A)=0.8$，$P(B)=0.9$.

(1)由 A,B 相互独立，得两颗花籽都能发芽的概率为

$$P(AB)=P(A)P(B)=0.8\times0.9=0.72.$$

(2)至少有一颗花籽能发芽的概率,即事件 $A\cup B$ 的概率为

$$P(A\cup B)=P(A)+P(B)-P(AB)=0.8+0.9-0.72=0.98.$$

(3)恰有一颗花籽能发芽的概率,即事件 $A\overline{B}\cup B\overline{A}$ 的概率为

$$P(A\overline{B}\cup\overline{A}B)=P(A)P(\overline{B})+P(\overline{A})P(B)=P(A)[1-P(B)]+[1-P(A)]P(B)$$
$$=0.8\times0.1+0.2\times0.9=0.26.$$

29. 根据报道美国人血型的分布近似地为:A 型为 37%,O 型为 44%,B 型为 13%,AB 型为 6%. 夫妻拥有的血型是相互独立的.

(1)B 型的人只有输入 B,O 两种血型才安全. 若妻为 B 型,夫为何种血型未知,求夫是妻的安全输血者的概率.

(2)随机地取一对夫妇,求妻为 B 型,夫为 A 型的概率.

(3)随机地取一对夫妇,求其中一人为 A 型,另一人为 B 型的概率.

(4)随机地取一对夫妇,求其中至少有一人是 O 型的概率.

解 (1)由题意知夫血型应为 B,O 才为安全输血者. 因两种血型互不相容,故所求概率为

$$p_1=0.44+0.13=0.57.$$

(2)因夫妻拥有血型相互独立,于是所求概率为 $p_2=0.13\times0.37=0.0481$.

(3)$p_3=2\times0.37\times0.13=0.0962$.

(4)有三种可能,即夫为 O,妻为非 O;妻为 O,夫为非 O;夫妻均为 O.

$$p_4=2\times0.44\times(1-0.44)+0.44\times0.44=0.6864.$$

30. (1)给出事件 A,B 的例子,使得

(i)$P(A|B)<P(A)$, (ii)$P(A|B)=P(A)$, (iii)$P(A|B)>P(A)$.

(2)设事件 A,B,C 相互独立,证明(i)C 与 AB 相互独立. (ii)C 与 $A\cup B$ 相互独立.

(3)设事件 A 的概率 $P(A)=0$,证明对于任意另一事件 B,有 A,B 相互独立.

(4)证明事件 A,B 相互独立的充要条件是 $P(A|B)=P(A|\overline{B})$.

解 (1)举例

(i)设试验为将骰子掷一次,事件 A 为"出现偶数点",B 为"出现奇数点",则 $P(A|B)=0$, $P(A)=\frac{1}{2}$,故 $P(A|B)<P(A)$.

(ii)设试验为将骰子掷一次,A 同上,B 为"掷出点数$\geqslant1$",则 $P(A|B)=\frac{1}{2}$,而 $P(A)=\frac{1}{2}$,故 $P(A|B)=P(A)$.

(iii)设试验为将骰子掷一次,A 同上,B 为"掷出点数$\geqslant4$",则 $P(A|B)=\frac{2}{3}$,而 $P(A)=\frac{1}{2}$,故 $P(A|B)>P(A)$.

(2)因 A,B,C 相互独立,故 $P(AB)=P(A)P(B)$,$P(BC)=P(B)P(C)$,$P(CA)=P(C)P(A)$,$P(ABC)=P(A)P(B)P(C)$,从而

(i)$P[C(AB)]=P(CAB)=P(C)P(A)P(B)=P(C)P(AB)$,这表示 C 与 AB 相互独立.

(ii)$P[C(A\cup B)]=P(CA\cup CB)=P(CA)+P(CB)-P(CAB)$

$$=P(C)P(A)+P(C)P(B)-P(C)P(A)P(B)$$
$$=P(C)[P(A)+P(B)-P(AB)]=P(C)P(A\cup B),$$

这表示 C 与 $A\cup B$ 相互独立.

(3)因 $AB\subset A$,故若 $P(A)=0$,则 $0\leqslant P(AB)\leqslant P(A)$. 从而 $P(AB)=0=P(B)\cdot0=P(B)\cdot P(A)$,按定义知 A,B 相互独立.

(4)必要性. 设 A,B 相互独立,则 $A,\overline{B}$ 也相互独立,从而知 $P(A|B)=P(A|\overline{B})$.

充分性. 设 $P(A|B)=P(A|\overline{B})$,按定义此式表示

$$\frac{P(AB)}{P(B)}=\frac{P(A\overline{B})}{P(\overline{B})} \quad 即 \quad \frac{P(AB)}{P(B)}=\frac{P(A)-P(AB)}{1-P(B)}.$$

故 $P(AB)=P(A)P(B)$，即 A,B 相互独立.

31. 设事件 A,B 的概率均大于零，说明以下的叙述(a)必然对，(b)必然错，(c)可能对，并说明理由.

(1)若 A 与 B 互不相容，则它们相互独立.　　(2)若 A 与 B 相互独立，则它们互不相容.

(3)$P(A)=P(B)=0.6$，且 A,B 互不相容.　　(4)$P(A)=P(B)=0.6$，且 A,B 相互独立.

解　(1)必然错. 因若 A,B 互不相容，则 $0=P(AB)\neq P(A)P(B)$.

(2)必然错. 因若 A,B 相互独立，则 $P(AB)=P(A)P(B)>0$.

(3)必然错. 因若 A,B 互不相容，则 $P(A\cup B)=P(A)+P(B)=1.2$，这是不对的.

(4)可能对.

32. 有一种检验艾滋病毒的检验法，其结果有概率 0.005 误认为假阳性(即不带艾滋病毒者，经此检验法有 0.005 的概率被认为带艾滋病毒). 今有 140 名不带艾滋病毒的正常人全部接受此种检验，被报道至少有一人带艾滋病毒的概率为多少?

解　在本题中，这 140 人检查结果是相互独立的，这一假定是合理的，将人编号，第 i 号人检验结果以 A_i 表示正常，则 $\overline{A_i}$ 表示被报道为带艾滋病毒者，由题意知，$P(\overline{A_i})=0.005$，从而 $P(A_i)=1-0.005=0.995$. 于是 140 人经检验至少有一人被报道呈阳性概率为

$$p=P(至少有一人呈阳性)=1-P(无人为阳性)=1-P(\bigcup_{i=1}^{140}A_i)=1-\prod_{i=1}^{140}P(A_i)=1-0.995^{140}.$$

由 $140\lg 0.995=\lg 0.4957$，得 $p=1-0.4957=0.5043$.

这说明，即使无人带艾滋病毒，这样的检验法认为 140 人至少有一人带艾滋病毒的概率大于 $\frac{1}{2}$.

33. 盒中有编号为 1,2,3,4 的 4 只球，随机地自盒中取一只球，事件 A 为"取得的是 1 号或 2 号球"，事件 B 为"取得的是 1 号或 3 号球"，事件 C 为"取得的是 1 号或 4 号球". 验证:

$$P(AB)=P(A)P(B),\ P(AC)=P(A)P(C),\ P(BC)=P(B)P(C),$$

但 $P(ABC)\neq P(A)P(B)P(C)$，即事件 A,B,C 两两独立，但 A,B,C 不是相互独立的.

证　以 $A_i(i=1,2,3,4)$ 表示取到第 i 号球，则 $P(A_1)=P(A_2)=P(A_3)=P(A_4)=\frac{1}{4}$，

又 $A=A_1\cup A_2$，$B=A_1\cup A_3$，$C=A_1\cup A_4$，且 A_1,A_2,A_3,A_4 两两互不相容，故有

$$P(A)=P(B)=P(C)=\frac{1}{2}.$$

另外，$AB=A_1$，$AC=A_1$，$BC=A_1$，$ABC=A_1$，故 $P(AB)=P(AC)=P(BC)=P(ABC)=P(A_1)=\frac{1}{4}$.

从而有

$$P(AB)=\frac{1}{4}=\frac{1}{2}\times\frac{1}{2}=P(A)P(B),$$

$$P(AC)=\frac{1}{4}=\frac{1}{2}\times\frac{1}{2}=P(A)P(C),$$

$$P(BC)=\frac{1}{4}=\frac{1}{2}\times\frac{1}{2}=P(B)P(C),$$

但 $P(ABC)=\frac{1}{4}\neq P(A)P(B)P(C)=\frac{1}{8}$.

34. 试分别求以下两个系统的可靠性:

(1)设有 4 个独立工作的元件 1,2,3,4. 它们的可靠性分别为 p_1,p_2,p_3,p_4，将它们按图1－2方式联接(称为并串联系统).

(2)设有 5 个独立工作的元件 1,2,3,4,5. 它们的可靠性均为 p，将它们按图 1－3 的方式联接(称为桥式系统).

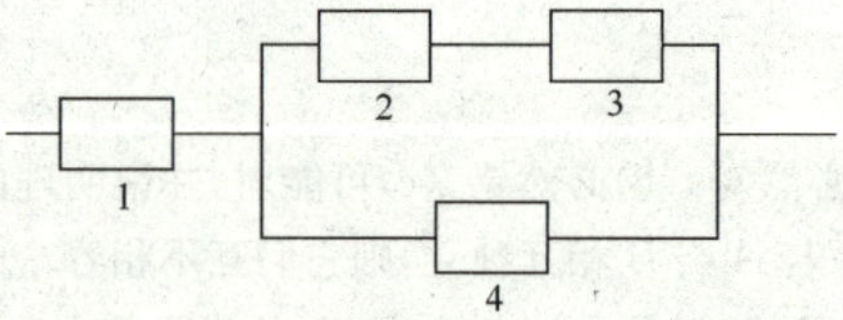

图 1－2

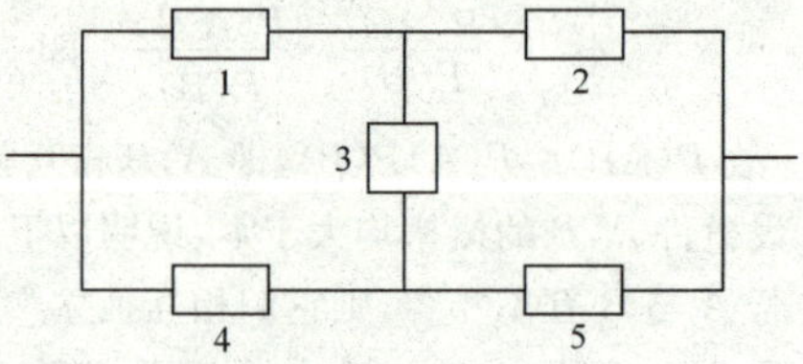

图 1－3

解 设系统正常工作为事件 A，B_i＝“第 i 个元件正常工作”，$i=1,2,3,4,5$.

(1)$A=B_1B_2B_3+B_1B_4$，则

$$P(A)=P(B_1B_2B_3)+P(B_1B_4)-P(B_1B_2B_3B_4)=p_1p_2p_3+p_1p_4-p_1p_2p_3p_4.$$

(2)$A=B_1B_2+B_1B_3B_5+B_4B_5+B_4B_3B_2$，则

$$\begin{aligned}P(A)=&P(B_1B_2)+P(B_1B_3B_5)+P(B_4B_5)+P(B_4B_3B_2)-P(B_1B_2B_3B_5)\\&-P(B_1B_2B_4B_5)-P(B_1B_2B_3B_4)-P(B_1B_2B_3B_4B_5)-P(B_1B_3B_4B_5)\\&-P(B_2B_3B_4B_5)+P(B_1B_2B_3B_4B_5)+P(B_1B_2B_3B_4B_5)+P(B_1B_2B_3B_4B_5)\\&+P(B_1B_2B_3B_4B_5)-P(B_1B_2B_3B_4B_5)\\=&2p^2+2p^3-5p^4+2p^5.\end{aligned}$$

35. 如果一危险情况 C 发生时，一电路闭合并发出警报，我们可以借用两个或多个开关并联以改善可靠性. 在 C 发生时这些开关每一个都应闭合，且若至少一个开关闭合了，警报就发出. 如果两个这样的开关并联连接，它们每个具有 0.96 的可靠性连接(即在情况 C 发生时闭合的概率)，问这时系统的可靠性(即电路闭合的概率)是多少？如果需要有一个可靠性至少为0.999 9的系统，则至少需要用多少只开关并联？设各开关闭合与否是相互独立的.

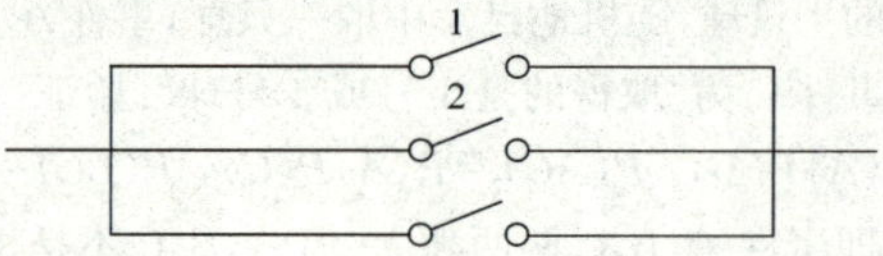

图 1－4

解 (1)设 A_i 表示第 i 个开关闭合，A 表示电路闭合，于是 $A=A_1\cup A_2$. 由题意知当两个开关并联时 $P(A_i)=0.96$. 再由 A_1，A_2 的独立性得

$$\begin{aligned}P(A)&=P(A_1\cup A_2)=P(A_1)+P(A_2)-P(A_1A_2)=P(A_1)+P(A_2)-P(A_1)\cdot P(A_2)\\&=2\times0.96-(0.96)^2=0.998\,4.\end{aligned}$$

或 $P(A)=1-P(\overline{A})=1-P(\overline{A_1}\,\overline{A_2})=1-(1-0.96)(1-0.96)=0.998\,4$.

(2)设至少需要 n 个开关并联，则

$$P(A)=P\left(\bigcup_{i=1}^{n}A_i\right)=1-\prod_{i=1}^{n}[1-P(A_i)]=1-0.04^n\geqslant0.999\,9,$$

$0.4^n\leqslant0.000\,1$,

所以 $n\geqslant\dfrac{\lg 0.000\,1}{\lg 0.04}\approx2.86$. 故至少需要 3 只开关并联.

36. 三人独立地去破译一份密码，已知各人能译出的概率分别为$\frac{1}{5}$，$\frac{1}{3}$，$\frac{1}{4}$. 问三人中至少有一人能将此密码译出的概率是多少？

解 **方法一** 设 A，B，C 分别表示三人各自能够译出密码，根据题意知 A，B，C 相互独立，且

$$P(A)=\frac{1}{5},\quad P(B)=\frac{1}{3},\quad P(C)=\frac{1}{4},$$

则所求概率为

$$P(A\cup B\cup C)=P(A)+P(B)+P(C)-P(AB)-P(AC)-P(BC)+P(ABC)$$
$$=P(A)+P(B)+P(C)-P(A)P(B)-P(A)P(C)-P(B)P(C)+P(A)P(B)P(C)$$
$$=\frac{1}{5}+\frac{1}{3}+\frac{1}{4}-\frac{1}{5}\times\frac{1}{3}-\frac{1}{5}\times\frac{1}{4}-\frac{1}{3}\times\frac{1}{4}+\frac{1}{5}\times\frac{1}{3}\times\frac{1}{4}=0.6.$$

方法二 $P(A\cup B\cup C)=1-P(\overline{A\cup B\cup C})=1-P(\overline{A}\,\overline{B}\,\overline{C})=1-P(\overline{A})P(\overline{B})P(\overline{C})$

$$=1-\frac{4}{5}\cdot\frac{2}{3}\cdot\frac{3}{4}=\frac{3}{5}.$$

37. 设第一只盒子中装有 3 只蓝色球、2 只绿色球、2 只白色球，第二只盒子中装有 2 只蓝色球、3 只绿色球、4 只白色球. 独立地分别在两只盒子中各取一只球.

(1)求至少有一只蓝色球的概率.

(2)求有一只蓝色球、一只白色球的概率.

(3)已知至少有一只蓝色球，求有一只蓝色球、一只白色球的概率.

解 设 B_i ＝“从第 i 盒中取得蓝球”，C_i ＝“从第 i 盒中取得白球”，D_i ＝“从第 i 盒中取得绿球”，$i=1,2$.

(1)设 A ＝“至少有一只蓝球”，则 $A=B_1\cup B_2$，有

$$P(A)=P(B_1)+P(B_2)-P(B_1B_2)=\frac{3}{7}+\frac{2}{9}-\frac{3}{7}\cdot\frac{2}{9}=\frac{5}{9}.$$

(2)设 B ＝“有一只蓝球一只白球”，则 $B=B_1C_2+B_2C_1$，有

$$P(B)=P(B_1C_2)+P(B_2C_1)=\frac{3}{7}\cdot\frac{4}{9}+\frac{2}{9}\cdot\frac{2}{7}=\frac{16}{63}.$$

(3)所求概率为 $P(B|A)=\dfrac{P(AB)}{P(A)}=\dfrac{P(B)}{P(A)}=\dfrac{\frac{16}{63}}{\frac{35}{63}}=\dfrac{16}{35}.$

38. 袋中装有 m 枚正品硬币、n 枚次品硬币(次品硬币的两面均印有国徽)，在袋中任取一枚，将它投掷 r 次，已知每次都得到国徽. 问这枚硬币是正品的概率为多少?

解 设 A ＝“投掷 r 次都得到国徽”，B ＝“为正品硬币”.

$$P(A)=P(A|B)\cdot P(B)+P(A|\overline{B})\cdot P(\overline{B})=\left(\frac{1}{2}\right)^r\frac{m}{m+n}+\frac{n}{m+n},$$

$$P(B|A)=\frac{P(A|B)P(B)}{P(A|B)P(B)+P(A|\overline{B})P(\overline{B})}=\frac{m}{m+n\cdot 2^r}.$$

39. 设根据以往记录的数据分析，某船只运输的某种物品损坏的情况共有三种：损坏 2%(这一事件记为 A_1)，损坏 10%(事件 A_2)，损坏 90%(事件 A_3)，且知 $P(A_1)=0.8$，$P(A_2)=0.15$，$P(A_3)=0.05$. 现在从已被运输的物品中随机地取 3 件，发现这 3 件都是好的(这一事件记为 B). 试求 $P(A_1|B)$，$P(A_2|B)$，$P(A_3|B)$(这里设物品件数多，取出一件后不影响取后一件是否为好品的概率).

解 从三种情况中取得一件产品为好产品的概率分别为 98%，90%，10%，于是有

$$P(B|A_1)=(0.98)^3,\qquad P(B|A_2)=(0.90)^3,\qquad P(B|A_3)=(0.1)^3.$$

又因为 A_1,A_2,A_3 是 S 的一个划分，且

$$P(A_1)=0.8,\qquad P(A_2)=0.15,\qquad P(A_3)=0.05,$$

由全概率公式

$$P(B)=P(B|A_1)P(A_1)+P(B|A_2)P(A_2)+P(B|A_3)P(A_3)$$
$$=(0.98)^3\times 0.8+(0.90)^3\times 0.15+(0.1)^3\times 0.05=0.862\,35,$$

由贝叶斯公式 $P(A_1\mid B)=\dfrac{P(B\mid A_1)P(A_1)}{\sum\limits_{i=1}^{3}P(B\mid A_i)P(A_i)}=\dfrac{0.752\,95}{0.862\,35}=0.873\,1.$

同理 $P(A_2|B)=0.126\,8$，$P(A_3|B)=0.000\,1$.

40. 将 A,B,C 三个字母之一输入信道，输出为原字母的概率为 α，而输出为其他某一字母的概率都是

$\frac{1-\alpha}{2}$. 今将字母串 AAAA,BBBB,CCCC 之一输入信道,输入 AAAA,BBBB,CCCC 的概率分别为 p_1,p_2,p_3 ($p_1+p_2+p_3=1$),已知输出为 ABCA,问输入的是 AAAA 的概率是多少?(设信道传输各个字母的工作是相互独立的)

解 用 A 表示输入 AAAA 的事件,用 B 表示输入 BBBB 的事件,用 C 表示输入 CCCC 的事件,用 H 表示输出 ABCA,由于每个字母的输出是相互独立的,于是有

$$P(H|A)=\alpha^2\left(\frac{1-\alpha}{2}\right)^2=\frac{\alpha^2(1-\alpha)^2}{4},\quad P(H|B)=\alpha\left(\frac{1-\alpha}{2}\right)^3=\frac{\alpha(1-\alpha)^3}{8},$$

$$P(H|C)=\alpha\left(\frac{1-\alpha}{2}\right)^3=\frac{\alpha(1-\alpha)^3}{8},$$

又 $P(A)=p_1$, $P(B)=p_2$, $P(C)=p_3$, 由贝叶斯公式得

$$P(A|H)=\frac{P(H|A)\cdot P(A)}{P(H|A)\cdot P(A)+P(H|B)\cdot P(B)+P(H|C)\cdot P(C)}$$

$$=\frac{\frac{\alpha^2(1-\alpha)^2}{4}\cdot p_1}{\frac{\alpha^2(1-\alpha)^2}{4}\cdot p_1+\frac{\alpha(1-\alpha)^3}{8}\cdot p_2+\frac{\alpha(1-\alpha)^3}{8}\cdot p_3}$$

$$=\frac{2\alpha p_1}{(3\alpha-1)p_1+1-\alpha}.$$

第一章自测题

一、填空题

1. 设 A,B 为随机事件,$P(A)=0.7$, $P(A-B)=0.3$,则 $P(\overline{AB})=$______.

2. 从 0,1,2,…,9 十个号码中随机取出四个号码,排成一个四位数,则这个四位数能被 5 整除的概率为______.

3. 在区间(0,1)上随机地取两个数,则事件"两数之和小于$\frac{6}{5}$"的概率为______.

4. 在一次考试中,某班学生数学和外语的及格率都是 0.7,且这两门课是否及格相互独立. 现从该班任取一名学生,则该生数学和外语只有一门及格的概率为______.

5. 设工厂 A 和工厂 B 的产品的次品率分别为 1% 和 2%,现从由 A 和 B 的产品分别占 60% 和 40% 的一批产品中随机抽取一件,发现是次品,则该次品属于 A 生产的概率是______.

二、选择题

1. 对于任意两个随机事件 A 与 B,其对立的充要条件为( ).

(A)A 与 B 至少有一个发生

(B)A 与 B 不同时发生

(C)A 与 B 至少必有一个发生,且 A 与 B 至少必有一个不发生

(D)A 与 B 至少必有一个不发生

2. 设 A,B 为任意两个事件且 $A\subset B$,$P(B)>0$,则下列选项必然成立的是( ).

(A)$P(A)<P(A|B)$ (B)$P(A)\leqslant P(A|B)$ (C)$P(A)>P(A|B)$ (D)$P(A)\geqslant P(A|B)$

3. 设 A,B,C 为随机事件,$P(ABC)=0$,且 $0<P(C)<1$,则一定有( ).

(A)$P(ABC)=P(A)P(B)P(C)$ (B)$P((A+B)|C)=P(A|C)+P(B|C)$

(C)$P(A+B+C)=P(A)+P(B)+P(C)$ (D)$P((A+B)|\overline{C})=P(A|\overline{C})+P(B|\overline{C})$

4. 设事件 A 与事件 B 互不相容,则(　　).

(A)$P(\overline{A}\,\overline{B})=0$　　(B)$P(AB)=P(A)P(B)$　　(C)$P(A)=1-P(B)$　　(D)$P(\overline{A}\cup\overline{B})=1$

5. 设 A,B,C 是三个相互独立的随机事件,且 $0<P(C)<1$. 则在下列给定的四对事件中不相互独立的是(　　).

(A)$\overline{A+B}$与 C　　(B)$\overline{AC}$与 $\overline{C}$　　(C)$\overline{A-B}$与 $\overline{C}$　　(D)$\overline{AB}$与 $\overline{C}$

三、解答题

1. 设 $P(A)=0.5$, $P(B)=0.6$, $P(B|\overline{A})=0.4$,求 $P(AB)$.

2. 一批产品共有 100 件,其中 3 件次品,现从这批产品中接连抽取两次,每次抽取一件,在下列两种情形下分别求 $A=$"第一次抽到正品,第二次取到次品"的概率:

(Ⅰ)无放回抽样;　(Ⅱ)有放回抽样.

3. 某仓库收到 25 台打印机,其中 10 台激光打印机,15 台喷墨打印机,随机抽取 6 台由工程师检查,求其中至少有 3 台喷墨打印机的概率.

4. 某出版社调查读者的阅读习惯,设 A 表示喜欢艺术类,B 表示喜欢文学类,C 表示喜欢科技类,相应比例如下:

事件	A	B	C	AB	AC	BC	ABC
比例	0.14	0.23	0.37	0.08	0.09	0.13	0.05

随机抽取一位读者,求下列概率:(Ⅰ)$P(A|B)$;　(Ⅱ)$P(A|B\cup C)$;　(Ⅲ)$P(A|A\cup B\cup C)$.

5. 甲、乙、丙三位同学同时独立参加《概率论与数理统计》考试,不及格的概率分别为 0.4,0.3,0.5.

(Ⅰ)求恰有两位同学不及格的概率;

(Ⅱ)如果已知有两位不及格,求其中一位是同学乙的概率.

6. 设有两种报警系统Ⅰ与Ⅱ,它们单独使用时,有效的概率分别为 0.92 与 0.93,且已知在系统Ⅰ失效的条件下,系统Ⅱ有效的概率为 0.85,试求:

(Ⅰ)系统Ⅰ与Ⅱ同时有效的概率;　(Ⅱ)至少有一个系统有效的概率.

7. 甲、乙、丙三门高射炮向同一架飞机射击,设甲、乙、丙炮射中飞机的概率分别是0.4,0.5,0.7. 又设若只有一门炮射中,飞机坠毁的概率为 0.2;若有两门炮射中,飞机坠毁的概率为 0.6;若三门炮都射中,飞机必坠毁. 试求飞机坠毁的概率.

8. 设有来自三个地区的各 10 名、15 名和 25 名考生的报名表,其中女生的报名表分别为 3 份、7 份和 5 份. 随机地取一个地区的报名表,从中先后抽出两份.

(1)求先抽到的一份是女生表的概率 p;

(2)已知后抽到的一份是男生表,求先抽到的一份是女生表的概率 q.

第一章自测题答案

一、填空题

1. 0.6　**解**　先求$\overline{AB}$的对立事件 AB 发生的概率 $P(AB)$.

由题意 $P(A-B)=P(A-AB)=P(A)-P(AB)=0.3$,则 $P(AB)=P(A)-0.3=0.7-0.3=0.4$,那么 $P(\overline{AB})=1-P(AB)=1-0.4=0.6$.

2. $\dfrac{17}{81}$　**解**　**方法一**　因为要构成四位数,故首位不能是零,而能被 5 整除,则末位数是 0 或 5,故 $P(A)=\dfrac{A_9^3+(A_9^3-A_8^2)}{A_{10}^4-A_9^3}=\dfrac{17}{81}$.

方法二　利用乘法原理 $P(A)=\dfrac{9\cdot8\cdot7+8\cdot8\cdot7}{9\cdot9\cdot8\cdot7}=\dfrac{17}{81}$.

3. $\dfrac{17}{25}$　**解**　这是一个几何概率问题,以 x,y 表示$(0,1)$中随机地取得两个数,则(x,y)点的全体是如图 1－5

所示的正方形,而事件$\{$两数之和小于$\frac{6}{5}\}$发生的充要条件为$(x+y)<\frac{6}{5}$,即落在图中阴影部分的点(x,y)的全体.根据几何概率的定义,所求的概率即为图中阴影部分面积与边长为1的正方形面积之比,即

$$P\left\{x+y<\frac{6}{5}\right\}=1-\frac{1}{2}\cdot\left(\frac{4}{5}\right)^2=\frac{17}{25}.$$

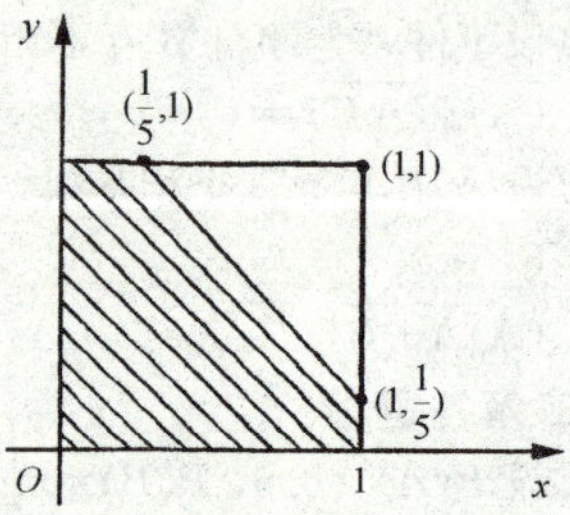

图1－5

4. 0.42　解　设A为数学及格,B为外语及格,则所求概率为$P(A\overline{B}+\overline{A}B)$,由$A,B$独立性以及$A\overline{B}$与$\overline{A}B$互不相容,可得

$$\begin{aligned}P(A\overline{B}+\overline{A}B)&=P(A\overline{B})+P(\overline{A}B)=P(A)P(\overline{B})+P(\overline{A})P(B)\\&=P(A)[1-P(B)]+[1-P(A)]P(B)=0.21+0.21=0.42.\end{aligned}$$

5. $\frac{3}{7}$　解　设A表示A厂产品,B表示B厂产品,C表示取到的是次品,则$P(A)=0.6$,$P(B)=0.4$,$P(C|A)=1\%$,$P(C|B)=2\%$,由贝叶斯公式知

$$P(A|C)=\frac{P(AC)}{P(C)}=\frac{P(A)P(C|A)}{P(A)P(C|A)+P(B)P(C|B)}=\frac{0.6\times\frac{1}{100}}{0.6\times\frac{1}{100}+0.4\times\frac{2}{100}}=\frac{3}{7}.$$

二、选择题

1. C　解　A与B对立$\Leftrightarrow A\cup B=\Omega$且$AB=\varnothing\Leftrightarrow\overline{A}\cup\overline{B}=\Omega$且$\overline{A}\,\overline{B}=\varnothing$,由此不难判定(C)正确.
2. B　解　因为$A\subset B$,$0<P(B)\leqslant1$,所以$A=AB$,那么$P(A)=P(AB)=P(B)P(A|B)\leqslant P(A|B)$.
3. B　解　$P((A+B)|C)=\frac{P(AC+BC)}{P(C)}=\frac{P(AC)+P(BC)}{P(C)}=P(A|C)+P(B|C)$.
4. D　解　因为A,B互不相容,所以$P(AB)=0$,则$P(\overline{A}\cup\overline{B})=1-P(AB)=1$.
5. B　解　A,B,C相互独立时,(A)(C)(D)显然独立,应选(B).

事实上,由$0<P(C)<1$知C并非必然事件与不可能事件,故$\overline{AC}$与$\overline{C}$不独立.

方法总结

利用多个事件相互独立的性质非常方便.例如:A,B,C,D相互独立时,A,B作任意运算得到的事件$\sigma_1(A,B)$与C,D作任意运算时得到的事件$\sigma_2(C,D)$相互独立.

三、解答题

1. 解　$P(B|\overline{A})=\frac{P(B\overline{A})}{P(\overline{A})}=\frac{P(B)-P(AB)}{1-P(A)}=0.4$,则$P(AB)=P(B)-0.4[1-P(A)]=0.4$.

2. 解　本题可用古典概率计算.

(Ⅰ)无放回抽样:基本事件总数$n=A_{100}^2$,A包含基本事件数$r=97\times3$,故

$$P(A)=\frac{r}{n}=\frac{97\times3}{A_{100}^2}=0.029\ 4.$$

(Ⅱ)有放回抽样:$n=100^2$,$r=93\times3$,故

$$P(A)=\frac{r}{n}=\frac{97\times3}{100^2}=0.029\ 1.$$

3. 解　设A_i表示抽取的6台中有i台喷墨打印机$(i=0,1,\cdots,6)$,由超几何公式

$$P(A_i)=\frac{C_{15}^i\cdot C_{10}^{6-i}}{C_{25}^6},\ i=0,1,\cdots,6.$$

则所求概率为$P(A_3+A_4+A_5+A_6)=P(A_3)+P(A_4)+P(A_5)+P(A_6)=0.853$.

或者$1-P(A_0)-P(A_1)-P(A_2)=0.853$.

4. **解** （Ⅰ）$P(A|B)=\frac{P(AB)}{P(B)}=\frac{0.08}{0.23}=0.348$；

（Ⅱ）$P(A|B\cup C)=\frac{P[A(B\cup C)]}{P(B\cup C)}=\frac{P(AB\cup AC)}{P(B\cup C)}=\frac{P(AB)+P(AC)-P(ABC)}{P(B)+P(C)-P(BC)}=\frac{0.08+0.09-0.05}{0.23+0.37-0.13}$ $=0.255$；

（Ⅲ）$P(A|A\cup B\cup C)=\frac{P[A(A\cup B\cup C)]}{P(A\cup B\cup C)}=\frac{P(A)}{P(A)+P(B)+P(C)-P(AB)-P(AC)-P(BC)+P(ABC)}$ $=0.286$.

5. **解** 设 A_1,A_2,A_3 分别表示"甲不及格"、"乙不及格"、"丙不及格"三事件，由题意知 A_1,A_2,A_3 相互独立，令 A 表示"恰有两位不及格"，则

（Ⅰ）$P(A)=P(A_1A_2\overline{A}_3)+P(A_1\overline{A}_2A_3)+P(\overline{A}_1A_2A_3)$

$=0.4\times0.3\times0.5+0.4\times0.7\times0.5+0.6\times0.3\times0.5=0.29$.

（Ⅱ）$P(A_1A_2\overline{A}_3\cup\overline{A}_1A_2A_3|A)=\frac{P(A_1A_2\overline{A}_3)+P(\overline{A}_1A_2A_3)}{P(A)}=\frac{0.4\times0.3\times0.5+0.6\times0.3\times0.5}{0.29}=\frac{15}{29}$.

6. **解** 设 A="系统Ⅰ有效"，B="系统Ⅱ有效"，$P(A)=0.92$，$P(B)=0.93$，$P(B|\overline{A})=0.85$，

（Ⅰ）$P(B|\overline{A})=\frac{P(\overline{A}B)}{P(\overline{A})}=\frac{P(B)-P(AB)}{1-P(A)}$，即 $0.85=\frac{0.93-P(AB)}{1-0.92}$，所以 $P(AB)=0.862\ 0$.

（Ⅱ）$P(A\cup B)=P(A)+P(B)-P(AB)=0.92+0.93-0.862\ 0=0.988$.

7. **解** 设 B="飞机坠毁"，A_i="i 门炮射中飞机"($i=1,2,3$). 显然 A_1,A_2,A_3 构成完备事件组. 三门高射炮各自射击飞机，射中与否相互独立，按加法公式及乘法公式，得

$P(A_1)=0.4\times(1-0.5)\times(1-0.7)+(1-0.4)\times0.5\times(1-0.7)+(1-0.4)\times(1-0.5)\times0.7=0.36$，

$P(A_2)=0.4\times0.5\times(1-0.7)+0.4\times(1-0.5)\times0.7+(1-0.4)\times0.5\times0.7=0.41$，

$P(A_3)=0.4\times0.5\times0.7=0.14$，

再由题意知 $P(B|A_1)=0.2$， $P(B|A_2)=0.6$， $P(B|A_3)=1$，

利用全概率公式，得 $P(B)=\sum_{i=1}^{3}P(A_i)P(B|A_i)=0.36\times0.2+0.41\times0.6+0.14\times1=0.458$.

8. **解** 令 A_i 表示事件"第 i 次取出的是女生表"，$i=1,2$. B_j 表示事件"报名表来自第 j 个地区的考生"，$j=1,2,3$.

根据题意

$$P(B_1)=\frac{1}{3},\quad P(B_2)=\frac{1}{3},\quad P(B_3)=\frac{1}{3},\quad P(A_1|B_1)=\frac{3}{10},\quad P(A_1|B_2)=\frac{7}{15},\quad P(A_1|B_3)=\frac{5}{25}.$$

(1)由全概率公式知 $p=P(A_1)=\sum_{i=1}^{3}P(B_i)P(A_1|B_i)=\frac{1}{3}\left(\frac{3}{10}+\frac{7}{15}+\frac{5}{25}\right)=\frac{29}{90}$.

(2)由条件概率公式知 $q=P(A_1|\overline{A}_2)=\frac{P(A_1\overline{A}_2)}{P(\overline{A}_2)}$，只需计算 $P(\overline{A}_2)$和 $P(A_1\overline{A}_2)$.

由题意知 $P(\overline{A}_2|B_1)=\frac{7}{10}$， $P(\overline{A}_2|B_2)=\frac{8}{15}$， $P(\overline{A}_2|B_3)=\frac{20}{25}$，

$$P(A_1\overline{A}_2|B_1)=\frac{C_3^1C_7^1}{P_{10}^2}=\frac{7}{30},\quad P(A_1\overline{A}_2|B_2)=\frac{C_7^1C_8^1}{P_{15}^2}=\frac{8}{30},\quad P(A_1\overline{A}_2|B_3)=\frac{C_5^1C_{20}^1}{P_{25}^2}=\frac{5}{30},$$

那么 $P(\overline{A}_2)=\sum_{i=1}^{3}P(B_i)P(\overline{A}_i|B_i)=\frac{1}{3}\left(\frac{7}{10}+\frac{8}{15}+\frac{20}{25}\right)=\frac{61}{90}$，

$$P(A_1\overline{A}_2)=\sum_{i=1}^{3}P(B_i)P(A_1\overline{A}_2|B_i)=\frac{1}{3}\left(\frac{7}{30}+\frac{8}{30}+\frac{5}{30}\right)=\frac{20}{90},$$

所以 $q=\frac{P(A_1\overline{A}_2)}{P(\overline{A}_2)}=\frac{\frac{20}{90}}{\frac{61}{90}}=\frac{20}{61}$.

第二章 随机变量及其分布

第一节 随机变量

一、主要内容归纳

随机变量 设 E 是一个随机试验，其样本空间为 $\Omega=\{\omega\}$，如果对于每一个样本点 $\omega\in\Omega$，都有唯一的一个实数 $X(\omega)$ 与之对应，则称 $X(\omega)$ 为一维随机变量. 通常用 $X,Y,Z,\cdots$ 表示随机变量.

第二节 离散型随机变量及其分布律

一、主要内容归纳

1. 离散型随机变量 若随机变量 X 的全部可能取值是有限个或无限可列个，则称 X 为离散型随机变量.

2. 分布律 离散型随机变量 X 所有可能取值为 $x_k(k=1,2,\cdots)$，事件 $\{X=x_k\}$ 的概率为 $P\{X=x_k\}=p_k(k=1,2,\cdots)$，则称 $P\{X=x_k\}=p_k(k=1,2,\cdots)$ 为 X 的分布律或分布列. 分布律也可以写成表格形式：

X	x_1	x_2	$\cdots$	x_k	$\cdots$
P	p_1	p_2	$\cdots$	p_k	$\cdots$

离散型随机变量的分布律的性质：

(1) $P\{X=x_k\}=p_k\geqslant 0,\ k=1,2,\cdots$;

(2) $\sum\limits_{k} p_k=1$.

3. 离散型随机变量 X 的分布律与事件概率的关系 如果已知 X 的分布律为 $P\{X=x_k\}=p_k(k=1,2,\cdots)$，则事件 $\{a<X\leqslant b\}$ 的概率为 $P\{a<X\leqslant b\}=\sum\limits_{a<x_k\leqslant b} p_k$.

4. 重要分布

(1)**(0−1)分布** 其分布律为

X	1	0
P	p	$1-p$

其中 p 为事件A 出现的概率，$0<p<1$.

(2)**二项分布** 设在 n 重伯努利试验中事件A 发生的次数为X，则

$$P\{X=k\}=C_n^k p^k q^{n-k},\quad k=0,1,2,\cdots\cdots,n,$$

其中 p 为事件A 在每次试验中出现的概率，$q=1-p$，称随机变量 X 服从二项分布，记为 $X\sim B(n,p)$.

(3)**泊松分布** 设随机变量 X 的分布律为：$P\{X=k\}=\dfrac{\lambda^k e^{-\lambda}}{k!}(k=0,1,2,\cdots)$，其中 $\lambda>0$ 是常数，则称 X 服从参数为λ 的泊松分布，记为 $X\sim\pi(\lambda)$或 $P(\lambda)$.

泊松定理：设随机变量 $X_n\sim B(n,p_n)$，若$\lim\limits_{n\to\infty} np_n=\lambda>0$，则有

$$\lim_{n\to\infty} C_n^i p_n^i (1-p_n)^{n-i}=\frac{\lambda^i}{i!}\ e^{-\lambda}(i=1,2,\cdots).$$

由泊松定理知，当 n 充分大时，二项分布可以用泊松分布作为近似.

(4)**超几何分布** 设随机变量 X 的分布列是 $P\{X=i\}=\dfrac{C_M^i C_{N-M}^{n-i}}{C_N^n}(i=0,1,2,\cdots,l;\ l=\min\{n,M\})$，其中 M,N,n 都是自然数，且 $n<N,M<N$，则称 X 服从参数为 N,M,n 的超几何分布，记作 $X\sim H(N,M,n)$.

(5)**几何分布** 设随机变量 X 的分布列为 $P\{X=i\}=(1-p)^{i-1}p,\quad i=1,2,3,\cdots$，其中 $0<p<1$，则称 X 服从参数为 p 的几何分布，记为 $X\sim G(p)$.

二、经典例题解析及解题方法总结

【例 1】当 $C=$______时，$P\{X=k\}=C\cdot\left(\dfrac{2}{3}\right)^k(k=1,2,3,\cdots)$才能成为随机变量 X 的分布列.

解 由分布列的性质 $\sum\limits_k p_k=1$，所以

$$\sum_{k=1}^{\infty} C\cdot\left(\frac{2}{3}\right)^k=1 \text{ 即 } C\left[\frac{2}{3}+\left(\frac{2}{3}\right)^2+\cdots+\left(\frac{2}{3}\right)^n+\cdots\right]=1,$$

所以

$$C\cdot\frac{\frac{2}{3}}{1-\frac{2}{3}}=1,\text{即 } C=\frac{1}{2}.$$

所以当 $C=\dfrac{1}{2}$时，$P\{X=k\}=C\cdot\left(\dfrac{2}{3}\right)^k$ 才能成为随机变量的分布列.

故应填$\frac{1}{2}$.

方法总结

离散型随机变量的分布律性质非常重要，利用性质可以判断分布律是否正确，也可以确定分布律中的未知参数.

【例 2】设 10 件产品中有 7 件正品，3 件次品，随机地从中抽取产品，每次取 1 件，直到取到正品为止.

(1)若有放回地抽取，求抽取次数 X 的概率分布；

(2)若不放回地抽取，求抽取次数 X 的概率分布.

解 (1)若有放回地抽取，则下一次抽取的情形与前一次完全相同，因此 X 的取值为 1，2，…，利用独立性可得

$$P\{X=1\}=\frac{7}{10},\qquad P\{X=2\}=\frac{3}{10}\cdot\frac{7}{10},\qquad P\{X=3\}=\left(\frac{3}{10}\right)^2\cdot\frac{7}{10},\qquad \cdots$$

即 X 的分布律为 $P\{X=k\}=\left(\frac{3}{10}\right)^{k-1}\frac{7}{10},\quad k=1,2,\cdots$，也就是说，$X$ 服从参数为$\frac{7}{10}$的几何分布.

(2)若不放回的抽取，由于共有 3 件次品，7 件正品，因此，X 的可能取值应为 1，2，3，4，令 A_k＝"第 k 次取到正品"，$k=1,2,3,4$，则利用乘法公式可得 X 的分布律为：

$$P\{X=1\}=P(A_1)=\frac{7}{10},$$

$$P\{X=2\}=P(\overline{A}_1A_2)=P(\overline{A}_1)P(A_2|\overline{A}_1)=\frac{3}{10}\times\frac{7}{9}=\frac{7}{30},$$

$$P\{X=3\}=P(\overline{A}_1\overline{A}_2A_3)=P(\overline{A}_1)P(\overline{A}_2|\overline{A}_1)P(A_3|\overline{A}_1\overline{A}_2)=\frac{3}{10}\times\frac{2}{9}\times\frac{7}{8}=\frac{7}{120},$$

$$P\{X=4\}=P(\overline{A}_1\overline{A}_2\overline{A}_3A_4)=P(\overline{A}_1)P(\overline{A}_2|\overline{A}_1)P(\overline{A}_3|\overline{A}_1\overline{A}_2)P(A_4|\overline{A}_1\overline{A}_2\overline{A}_3)$$
$$=\frac{3}{10}\times\frac{2}{9}\times\frac{1}{8}\times\frac{7}{7}=\frac{1}{120},$$

即

X	1	2	3	4
P	$\frac{7}{10}$	$\frac{7}{30}$	$\frac{7}{120}$	$\frac{1}{120}$

方法总结

(1)求离散型随机变量的分布律，先要搞清楚其所有可能的取值. 然后计算随机变量取各相应值的概率. 计算应结合求随机事件概率的各种方法和概率基本公式.

(2)本题第(1)问中 X 服从几何分布，几何分布的实际背景是重复独立试验下首次成功的概率，它可作为描述"独立射击，首次击中时的射击次数""有放回地抽取产品，首次抽到次品时的抽取次数"等概率分布的数学模型.

【例 3】某批零件的次品率为 0.1，从这批零件中任取 20 件，求：

(1)恰有 3 件次品的概率；

(2)至少有 3 件次品的概率；

(3)次品数的最可能值.

解　设次品数为 X，则 $X\sim B(20,0.1)$，由二项分布的分布律可知：

(1)$P\{X=3\}=C_{20}^{3}\cdot 0.1^{3}\cdot 0.9^{17}=0.019$.

(2)$P\{X\geqslant 3\}=1-P\{X=0\}-P\{X=1\}-P\{X=2\}$

$=1-0.9^{20}-C_{20}^{1}\cdot 0.1^{1}\cdot 0.9^{19}-C_{20}^{2}\cdot 0.1^{2}\cdot 0.9^{18}=0.3231$.

(3)次品数的最可能值为$[(n+1)p]=2$.

方法总结

(1)二项分布是离散型随机变量中的重要分布，利用二项分布解决问题的关键在于熟练地掌握伯努利概型的特点.

(2)设 $X\sim B(n,p)$，则使 $P\{X=k\}$ 达到最大的 k，称为二项分布的最可能值，记为 k_0，且

$$k_0=\begin{cases}(n+1)p\text{ 和 }(n+1)p-1, & \text{当}(n+1)p\text{ 是整数时},\\ [(n+1)p], & \text{其他}.\end{cases}$$

【例 4】现有 500 人检查身体，初步发现有 50 人患有某种病，从中任找出 10 人，求下列事件的概率：

(1)恰有 1 人患此病；

(2)最多有 1 人患此病；

(3)至少有 1 人患此病.

解　设任找的 10 人中患此病的人数为 X，据题意知 X 服从超几何分布，有

$$P\{X=k\}=\frac{C_{50}^{k}C_{450}^{10-k}}{C_{500}^{10}},\quad k=0,1,\cdots,10.$$

因为总数 N 很大，而抽取个数 n 相对较小，故可用二项分布近似代替超几何分布.

$$P\{X=k\}\approx C_{10}^{k}\left(\frac{50}{500}\right)^{k}\left(\frac{450}{500}\right)^{10-k}=C_{10}^{k}\cdot 0.1^{k}\cdot 0.9^{10-k}.$$

(1)$P\{X=1\}\approx 10\times 0.1\times 0.9^{9}\approx 0.3874$.

(2)$P\{X\leqslant 1\}=P\{X=0\}+P\{X=1\}\approx 0.9^{10}+0.3874\approx 0.7361$.

(3)$P\{X\geqslant 1\}=1-P\{X<1\}=1-P\{X=0\}=1-0.9^{10}\approx 0.6513$.

方法总结

可以证明，当 $N\to+\infty$ 时，超几何分布以二项分布为极限，即当 N 充分大，n 相对较小时，X 近似服从 $B\left(n,\frac{M}{N}\right)$.

【例 5】现有同型设备 300 台，各台设备的工作是相互独立的，发生故障的概率都是 0.01. 设一台设备的故障可由一名维修工人处理，问至少需配备多少名维修工人，才能保证设备发生故障但不能及时维修的概率小于 0.01?

解　设需配备 N 名工人，X 为同一时刻发生故障的设备的台数，则 $X\sim B(300,\ 0.01)$. 所需解决的问题是确定 N 最小值，使 $P\{X\leqslant N\}\geqslant 0.99$.

因 $np=\lambda=3$，由泊松定理 $P\{X\leqslant N\}\approx\sum\limits_{k=0}^{N}\dfrac{3^k}{k!}e^{-3}$，故问题转化为求 N 的最小值，

使 $\sum\limits_{k=0}^{N}\dfrac{3^k}{k!}e^{-3}\geqslant 0.99$，即 $1-\sum\limits_{k=0}^{N}\dfrac{3^k}{k!}e^{-3}=\sum\limits_{k=N+1}^{+\infty}\dfrac{3^k}{k!}e^{-3}\leqslant 0.01$.

查表可知，当 $N\geqslant 8$ 时，上式成立. 因此，为达到上述要求，至少需配备 8 名维修工人.

方法总结

利用二项分布求概率时，如果遇到多个概率的和式不易求，可以运用泊松定理或后面的中心极限定理求其近似值. 本题就是如此，设 $X\sim B(n,p)$，当 n 较大，p 较小时，X 近似服从 $P(np)$.

【例 6】若每只母鸡产 k 个蛋的概率服从参数为 λ 的泊松分布，而每个蛋能孵化成小鸡的概率为 p. 试证：每只母鸡有 n 只小鸡的概率服从参数为 λp 的泊松分布.

证　设 $X=\{$蛋数$\}$，$Y=\{$鸡数$\}$. 由全概率公式，

$$
\begin{aligned}
P\{Y=n\}&=P\{X=n\}P\{Y=n|X=n\}+P\{X=n+1\}P\{Y=n|X=n+1\}+\cdots\\
&=\frac{\lambda^n}{n!}e^{-\lambda}p^n+\frac{\lambda^{n+1}}{(n+1)!}e^{-\lambda}C_{n+1}^{n}p^nq+\cdots\\
&=\frac{(\lambda p)^n}{n!}e^{-\lambda(1-q)}=\frac{(\lambda p)^n}{n!}e^{-\lambda p},
\end{aligned}
$$

所以 $Y\sim P(\lambda p)$.

第三节　随机变量的分布函数

一、主要内容归纳

1. 分布函数　设 X 是一个随机变量，x 是任意实数，则函数 $F(x)=P\{X\leqslant x\}$ 称为 X 的分布函数.

基本性质：

(1)**单调性**　$F(x)$ 是一个单调不减的函数，即当 $x_1<x_2$ 时，有 $F(x_1)\leqslant F(x_2)$；

(2)**有界性**　$0\leqslant F(x)\leqslant 1$，且 $F(+\infty)=\lim\limits_{x\to+\infty}F(x)=1$，$F(-\infty)=\lim\limits_{x\to-\infty}F(x)=0$；

(3)**连续性**　$F(x+0)=F(x)$，即 $F(x)$ 是右连续函数.

2. 由分布函数求概率 $P\{a<X\leqslant b\}=P\{X\leqslant b\}-P\{X\leqslant a\}=F(b)-F(a)$.

二、经典例题解析及解题方法总结

【例 1】设 $F_1(x)$ 与 $F_2(x)$ 分别为随机变量 X_1 与 X_2 的分布函数. 为使 $F(x)=aF_1(x)-bF_2(x)$ 是某一随机变量的分布函数，下列给定各组数值中应取(　　).

(A)$a=\frac{3}{5}$, $b=-\frac{2}{5}$　　(B)$a=\frac{2}{3}$, $b=\frac{2}{3}$

(C)$a=-\frac{1}{2}$, $b=\frac{3}{2}$　　(D)$a=\frac{1}{2}$, $b=-\frac{3}{2}$

分析　本题是考查对分布函数性质 $\lim\limits_{x\to+\infty}F(x)=1$ 的掌握.

解　由 $\lim\limits_{x\to+\infty}F(x)=1$，结合已知条件得

$$\lim_{x\to+\infty}F(x)=F(+\infty)=aF_1(+\infty)-bF_2(+\infty).$$

因为 $\lim\limits_{x\to+\infty}F(x)=F(+\infty)=aF_1(+\infty)-bF_2(+\infty)=1$，且分布函数非负不减，则必有

$$a>0,\ b<0,\ a-b=1.$$

经验证，答案为(A)，

故应选(A).

【例 2】下列函数中，可以做随机变量的分布函数的是(　　).

(A)$F(x)=\frac{1}{1+x^2}$　　(B)$F(x)=\frac{3}{4}+\frac{1}{2\pi}\arctan x$

(C)$F(x)=\begin{cases}0, & x\leqslant 0,\\ \frac{x}{1+x}, & x>0\end{cases}$　　(D)$F(x)=\frac{2}{\pi}\arctan x+1$

解　(A)$F(+\infty)=0$, (B)$F(-\infty)\neq 0$, (D) $F(+\infty)\neq 1$.

对于(C)满足：

(1)$0\leqslant F(x)\leqslant 1$, $F(-\infty)=0$, $F(+\infty)=1$;　(2)$F'(x)>0$;　(3)$F(x)$连续.

故应选(C).

方法总结

分布函数 $F(x)$ 的性质非常重要，用性质可以判断函数是否为某随机变量的分布函数，也可以确定分布函数中的未知参数.

【例 3】设随机变量 X 的分布函数为 $F(x)=\begin{cases}0, & x<0,\\ \frac{x}{3}, & 0\leqslant x<1,\\ \frac{x}{2}, & 1\leqslant x<2,\\ 1, & x\geqslant 2.\end{cases}$

求：(1) $P\left\{\frac{1}{2}<X\leqslant\frac{3}{2}\right\}$； (2) $P\left\{X>\frac{1}{2}\right\}$； (3) $P\left\{X>\frac{3}{2}\right\}$.

解 (1) $P\left\{\frac{1}{2}<X\leqslant\frac{3}{2}\right\}=F(\frac{3}{2})-F(\frac{1}{2})=\frac{3}{4}-\frac{1}{6}=\frac{7}{12}$；

(2) $P\left\{X>\frac{1}{2}\right\}=1-P\left\{X\leqslant\frac{1}{2}\right\}=1-F(\frac{1}{2})=1-\frac{1}{6}=\frac{5}{6}$；

(3) $P\left\{X>\frac{3}{2}\right\}=1-F(\frac{3}{2})=1-\frac{3}{4}=\frac{1}{4}$.

方法总结

分布函数可以完整、准确地描述随机变量的取值规律. 利用 X 的分布函数可求如下概率：
(1) $P\{X\leqslant b\}=F(b)$； (2) $P\{X>b\}=1-F(b)$； (3) $P\{a<X\leqslant b\}=F(b)-F(a)$.
其他情形的概率需根据随机变量的类型——离散型或连续型分别讨论归纳.

【例 4】设随机变量的分布函数为

$$F(x)=P\{X\leqslant x\}=\begin{cases}0, & x<-1,\\ 0.4, & -1\leqslant x<1,\\ 0.8, & 1\leqslant x<3,\\ 1, & x\geqslant 3.\end{cases}$$

则 X 的概率分布为______.

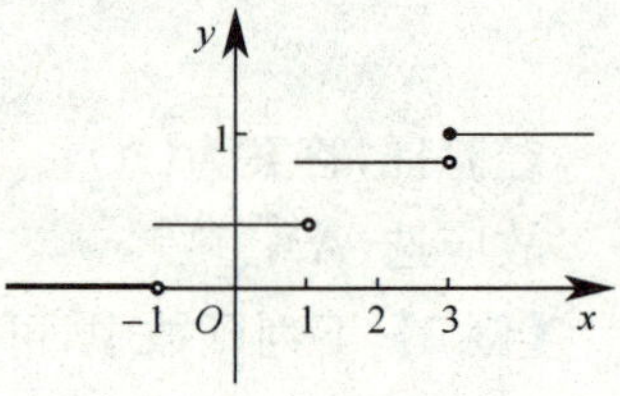

图 2—1

解 **方法一** 作图法

根据题意作出 X 的分布函数 $F(x)$ 的图像(如图 2—1).

因为离散型随机变量的分布函数为阶梯型而且随机变量在间断点处取值概率不为零而是跳跃幅度大小，所以易得到 $P\{X=-1\}=0.4$，$P\{X=1\}=0.4$，$P\{X=3\}=0.2$.

方法二 公式法

由 $P\{X=x\}=P\{X\leqslant x\}-P\{X<x\}=F(x)-F(x-0)$，则

$$P\{X=-1\}=F(-1)-F(-1-0)=0.4,$$
$$P\{X=1\}=F(1)-F(1-0)=0.8-0.4=0.4,$$
$$P\{X=3\}=F(3)-F(3-0)=1-0.8=0.2.$$

即 X 的概率分布为

X	-1	1	3
P	0.4	0.4	0.2

方法总结

利用分布函数求解离散型随机变量的概率分布一般采用作图法或公式法.

离散型随机变量的统计规律一般用分布律来描述，离散型随机变量的分布函数是阶梯函数，也是研究随机变量的统计规律的重要工具，但不如分布律直观简单.

第四节　连续型随机变量及其概率密度

一、主要内容归纳

1. 连续型随机变量的概率密度　如果对于随机变量 X 的分布函数 $F(x)$，存在非负可积函数 $f(x)$，使得对任意实数 x，有 $F(x)=\int_{-\infty}^{x} f(t)\mathrm{d}t$ 成立，则称 X 为连续型随机变量，函数 $f(x)$ 称为 X 的概率密度（或分布密度）.

2. 连续型随机变量的概率密度函数 $f(x)$ 的性质

(1) $f(x)\geqslant 0$；

(2) $\int_{-\infty}^{+\infty} f(x)\mathrm{d}x=1$.

3. 连续型随机变量的概率密度与分布函数以及事件概率的关系

(1)若 X 的概率密度为 $f(x)$，则 X 的分布函数为 $F(x)=\int_{-\infty}^{x} f(t)\mathrm{d}t$，当 $f(x)$ 为分段函数时其分布函数 $F(x)$ 要做分段讨论；

(2)若 $f(x)$ 在点 x 处连续，则有 $F'(x)=f(x)$；

(3) $$P\{a<X\leqslant b\}=P\{a<X<b\}=P\{a\leqslant X<b\}=P\{a\leqslant X\leqslant b\}=F(b)-F(a)=\int_a^b f(x)\mathrm{d}x；$$

(4) $P\{X=a\}=0\ (-\infty<a<+\infty)$.

4. 重要分布

(1) **均匀分布**　若连续型随机变量 X 的概率密度函数为 $f(x)=\begin{cases}\dfrac{1}{b-a}, & a\leqslant x\leqslant b,\\ 0, & 其他,\end{cases}$（如图 2－2）则称 X 在区间 (a,b) 上服从均匀分布，记为 $x\sim U(a,b)$.

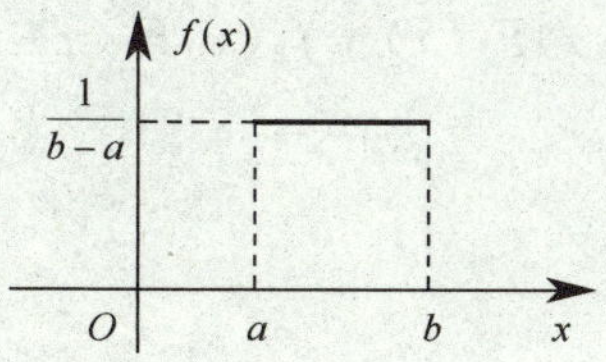

图 2－2

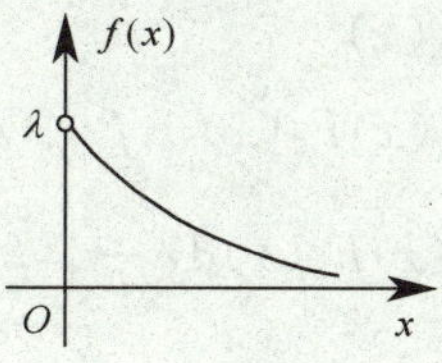

图 2－3

(2) **指数分布**　若连续型随机变量 X 的概率密度函数为 $f(x)=\begin{cases}\lambda e^{-\lambda x}, & x>0,\\ 0, & 其他,\end{cases}$（如图 2－3）其中 $\lambda>0$，则称 X 服从参数为 λ 的指数分布.

性质(无记忆性)　对于任意 $s,t>0$，有 $P\{X>s+t|X>s\}=P\{X>t\}$.

(3)**正态分布**　若连续型随机变量 X 的概率密度函数为

$$f(x)=\frac{1}{\sqrt{2\pi}\sigma}e^{-\frac{(x-\mu)^2}{2\sigma^2}}\quad(-\infty<x<+\infty)\text{(如图 2—4)}.$$

其中 μ 与 $\sigma>0$ 都是常数，则称 X 服从参数为 μ 和 σ 的正态分布，简记为 $X\sim N(\mu,\sigma^2)$.

性质　$P\{X\leqslant\mu\}=P\{X>\mu\}=\frac{1}{2}$.

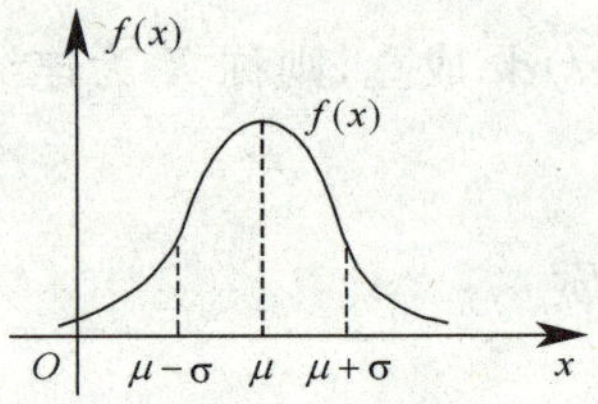

图 2—4

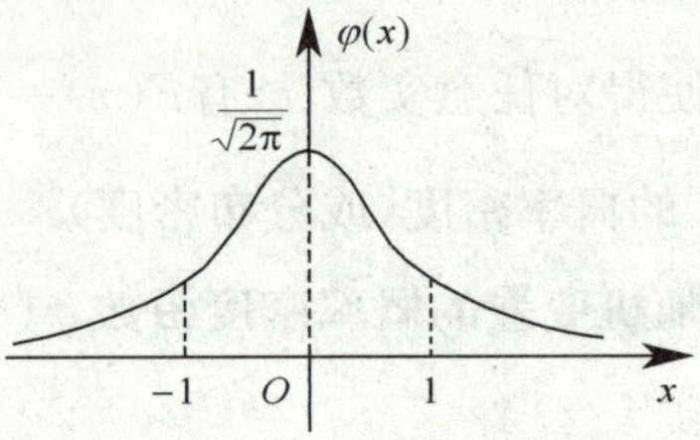

图 2—5

(4)**标准正态分布**　当 $\mu=0,\ \sigma=1$ 时称 X 服从标准正态分布，简记为 $X\sim N(0,1)$，其概率密度函数和分布函数分别用 $\varphi(x),\Phi(x)$ 表示，即有

$$\varphi(x)=\frac{1}{\sqrt{2\pi}}e^{-\frac{x^2}{2}}\text{(如图 2—5)},$$

$$\Phi(x)=\frac{1}{\sqrt{2\pi}}\int_{-\infty}^{x}e^{-\frac{t^2}{2}}dt.$$

性质 1　$\Phi(-x)=1-\Phi(x)$.

性质 2　当 $X\sim N(\mu,\sigma^2)$ 时，$U=\frac{X-\mu}{\sigma}\sim N(0,1)$，即 $F(x)=\Phi\left(\frac{x-\mu}{\sigma}\right)$.

二、经典例题解析及解题方法总结

【例 1】 设 $F_1(x)$ 与 $F_2(x)$ 为两个分布函数，其相应的概率密度 $f_1(x)$ 与 $f_2(x)$ 是连续函数，则必为概率密度的是(　　).

(A) $f_1(x)f_2(x)$　　(B) $2f_2(x)F_1(x)$

(C) $f_1(x)F_2(x)$　　(D) $f_1(x)F_2(x)+f_2(x)F_1(x)$

解　因为 $f_1(x)F_2(x)+f_2(x)F_1(x)\geqslant 0$，而

$$\int_{-\infty}^{+\infty}f_1(x)F_2(x)dx+\int_{-\infty}^{+\infty}f_2(x)F_1(x)dx$$

$$=\int_{-\infty}^{+\infty}F_2(x)dF_1(x)+\int_{-\infty}^{+\infty}F_1(x)dF_2(x)$$

$$=F_1(x)F_2(x)\Big|_{-\infty}^{+\infty}-\int_{-\infty}^{+\infty}F_1(x)dF_2(x)+\int_{-\infty}^{+\infty}F_1(x)dF_2(x)=1,$$

所以 $f_1(x)F_2(x)+f_2(x)F_1(x)$ 满足概率密度的两条性质.

故应选(D).

方法总结

本题具有较强的综合性，考查学生的多项知识点. 首先将概率知识与分部积分法结合在一起，其次考查了

(1)概率密度的性质：$f(x)\geqslant 0,\int_{-\infty}^{+\infty}f(x)\mathrm{d}x=1$；

(2)分布函数的性质：$0\leqslant F(x)\leqslant 1,\ F(-\infty)=0,\ F(+\infty)=1$.

【例 2】设随机变量 X 的密度函数为 $\varphi(x)$，且 $\varphi(-x)=\varphi(x)$，$F(x)$ 是 X 的分布函数，则对任意实数 a，有(　　).

(A)$F(-a)=1-\int_0^a\varphi(x)\mathrm{d}x$　　(B)$F(-a)=\frac{1}{2}-\int_0^a\varphi(x)\mathrm{d}x$

(C)$F(-a)=F(a)$　　(D)$F(-a)=2F(a)-1$

分析　在对随机变量求密度函数与分布函数问题中多用到高等数学中微积分方面的知识，本题中需要对积分变量做换元法.

解　由分布函数与密度函数关系可知 $F(-a)=\int_{-\infty}^{-a}\varphi(x)\mathrm{d}x$.

令 $x=-t$，得到 $F(-a)=-\int_{+\infty}^{a}\varphi(t)\mathrm{d}t=\int_a^{+\infty}\varphi(x)\mathrm{d}x$.

又因为 $\int_{-\infty}^{+\infty}\varphi(x)\mathrm{d}x=1$，且有 $\varphi(-x)=\varphi(x)$，故

$$\int_{-\infty}^{-a}\varphi(x)\mathrm{d}x+\int_{-a}^{0}\varphi(x)\mathrm{d}x=\int_0^a\varphi(x)\mathrm{d}x+\int_a^{\infty}\varphi(x)\mathrm{d}x=\frac{1}{2}\int_{-\infty}^{+\infty}\varphi(x)\mathrm{d}x=\frac{1}{2},$$

得 $\int_0^a\varphi(x)\mathrm{d}x+F(-a)=\frac{1}{2}$，所以 $F(-a)=\frac{1}{2}-\int_0^a\varphi(x)\mathrm{d}x$.

故应选(B).

方法总结

另外还可以根据随机变量 X 的密度函数图形来判定.

由于密度函数 $\varphi(x)$ 满足 $\varphi(x)=\varphi(-x)$ 是关于 y 轴对称的，如图 2－6 所示. S_1,D_1,D_2,S_2 表示图中对应部分的面积. 根据密度函数的性质及 $\varphi(-x)=\varphi(x)$ 知

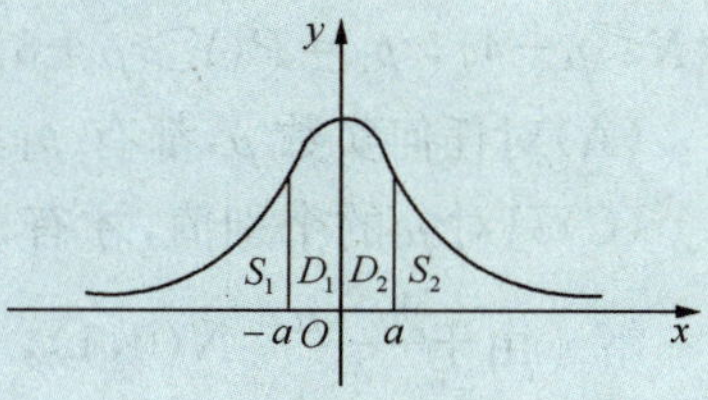

图 2－6

$$S_1=S_2,\quad D_1=D_2,\quad S_1+D_1=D_2+S_2=\frac{1}{2},$$

因此 $F(-a)=S_1=S_2=\frac{1}{2}-D_2=\frac{1}{2}-\int_0^a\varphi(x)\mathrm{d}x$.

故应选(B).

【例 3】设随机变量 X 的密度函数为 $f(x)=\begin{cases}\dfrac{x}{2},0<x<2,\\0,\text{其他},\end{cases}$,求 $P\left\{F(X)>\dfrac{1}{3}\right\}$.

解　先求出 X 的分布函数为 $F(x)=\int_{-\infty}^{x}f(t)\mathrm{d}t=\begin{cases}0, & x<0,\\ \dfrac{x^2}{4}, & 0\leqslant x<2,\\ 1, & x\geqslant 2,\end{cases}$ 则

$$P\left\{F(X)>\frac{1}{3}\right\}=P\left\{\frac{X^2}{4}>\frac{1}{3}\right\}=P\left\{X>\frac{2}{\sqrt{3}}\right\}=1-F\left(\frac{2}{\sqrt{3}}\right)=\frac{2}{3}.$$

方法总结

利用概率密度 $f(x)$ 求分布函数 $F(x)$，公式为 $F(x)=\int_{-\infty}^{x}f(t)\mathrm{d}t$，此时若 $f(x)$ 为分段函数，需要对积分上限 x 的范围分段讨论.

【例 4】设随机变量 X 的分布函数为 $F(x)=A+B\arctan x(-\infty<x<\infty)$. 试求：

(1)系数 A 与 B；　(2)X 落在$(-1,1)$内的概率；　(3)X 的分布密度.

解　(1)由于 $F(-\infty)=0$, $F(+\infty)=1$,可知 $\begin{cases}A+B\left(-\dfrac{\pi}{2}\right)=0,\\ A+B\left(\dfrac{\pi}{2}\right)=1\end{cases}\Rightarrow A=\dfrac{1}{2},\ B=\dfrac{1}{\pi}.$

于是 $F(x)=\dfrac{1}{2}+\dfrac{1}{\pi}\arctan x(-\infty<x<+\infty)$.

(2)$P\{-1<X<1\}=F(1)-F(-1)=\left(\dfrac{1}{2}+\dfrac{1}{\pi}\arctan 1\right)-\left(\dfrac{1}{2}+\dfrac{1}{\pi}\arctan(-1)\right)$

$$=\frac{1}{2}+\frac{1}{\pi}\times\frac{\pi}{4}-\frac{1}{2}-\frac{1}{\pi}\left(-\frac{\pi}{4}\right)=\frac{1}{2}.$$

(3)$f(x)=F'(x)=\left(\dfrac{1}{2}+\dfrac{1}{\pi}\arctan x\right)'=\dfrac{1}{\pi(1+x^2)}(-\infty<x<+\infty)$.

【例 5】设随机变量 X 与 Y 均服从正态分布，$X\sim N(\mu,4^2)$，$Y\sim N(\mu,5^2)$；记 $p_1=P\{X\leqslant\mu-4\}$，$p_2=P\{Y\geqslant\mu+5\}$，则(　　).

(A)对任何实数 μ,都有 $p_1=p_2$　　(B)对任何实数 μ,都有 $p_1<p_2$

(C)只对 μ 的个别值,才有 $p_1=p_2$　　(D)对任何实数 μ,都有 $p_1>p_2$

解　由于 $\dfrac{X-\mu}{4}\sim N(0,1)$，　$\dfrac{Y-\mu}{5}\sim N(0,1)$,所以

$$p_1=P\left\{\frac{X-\mu}{4}\leqslant -1\right\}=\Phi(-1)=1-\Phi(1),\ p_2=P\left\{\frac{Y-\mu}{5}\geqslant 1\right\}=1-\Phi(1).$$

故 $p_1=p_2$，而且与 μ 的取值无关.

故应选(A).

【例 6】设 $f_1(x)$ 为标准正态分布的概率密度，$f_2(x)$ 为 $[-1,3]$ 上均匀分布的概率密度，若

$$f(x)=\begin{cases} af_1(x), & x\leqslant 0, \\ bf_2(x), & x>0 \end{cases} \quad (a>0,\ b>0)$$

为概率密度，则 a,b 应满足（　　）.

(A) $2a+3b=4$　(B) $3a+2b=4$　(C) $a+b=1$　(D) $a+b=2$

解 由概率密度的性质：$\int_{-\infty}^{+\infty} f(x)\mathrm{d}x=1$，而

$$\int_{-\infty}^{+\infty} f(x)\mathrm{d}x=a\int_{-\infty}^{0} f_1(x)\mathrm{d}x+b\int_{0}^{+\infty} f_2(x)\mathrm{d}x,$$

其中
$$\int_{-\infty}^{0} f_1(x)\mathrm{d}x=\frac{1}{2}\int_{-\infty}^{+\infty} f_1(x)\mathrm{d}x=\frac{1}{2} \quad (f_1(x)\text{偶函数}),$$

$$\int_{0}^{+\infty} f_2(x)\mathrm{d}x=\int_{0}^{3}\frac{1}{4}\mathrm{d}x=\frac{3}{4} \quad \left(f_2(x)=\begin{cases}\frac{1}{4}, & x\in[-1,3], \\ 0, & \text{其他}\end{cases}\right),$$

故 $\frac{a}{2}+\frac{3b}{4}=1$，即 $2a+3b=4$.

故应选(A).

【例 7】设一大型设备在任何长为 t 的时间内发生故障的次数 $N(t)$ 服从参数为 λt 的泊松分布.

(1)求在相继两次故障之间时间间隔 T 的概率分布；

(2)求在设备已经无故障工作 8 小时的情况下，再无故障运行 8 小时的概率 Q.

解 (1)由于 T 是非负随机变量，可见

当 $t<0$ 时，$F(t)=P\{T\leqslant t\}=0$；

设 $t\geqslant 0$ 时，则事件 $\{T>t\}$ 与 $\{N(t)=0\}$ 等价. 因此，当 $t\geqslant 0$ 时，有

$$F(t)=P\{T\leqslant t\}=1-P\{T>t\}=1-P\{N(t)=0\}=1-\mathrm{e}^{-\lambda t}.$$

于是，T 服从参数为 λ 的指数分布.

(2) $Q=P\{T\geqslant 16\mid T\geqslant 8\}=\dfrac{P\{T\geqslant 16,\ T\geqslant 8\}}{P\{T\geqslant 8\}}=\dfrac{P\{T\geqslant 16\}}{P\{T\geqslant 8\}}=\dfrac{\mathrm{e}^{-16\lambda}}{\mathrm{e}^{-8\lambda}}=\mathrm{e}^{-8\lambda}$.

方法总结

本题第二问也可以利用指数分布的“无记忆性”直接求 Q. 设 X 服从指数分布，则 $P\{X>s+t\mid X>s\}=P\{X>t\}$，由此 $Q=P\{T\geqslant 8\}=\mathrm{e}^{-8\lambda}$.

【例 8】假设测量的随机误差 $X\sim N(0,10^2)$，试求在 100 次独立重复测量中，至少有三次测量误差的绝对值大于 19.6 的概率 α，并利用泊松分布求出 α 的近似值.

解 设在 100 次测量中，有 Y 次的测量误差的绝对值大于 19.6，则 $Y\sim B(100,p)$. 其中

$$\begin{aligned} p&=P\{|X|>19.6\}=1-P\{-19.6\leqslant X\leqslant 19.6\} \\ &=1-[\Phi(1.96)-\Phi(-1.96)]=2-2\Phi(1.96)=2-2\times 0.975=0.05. \end{aligned}$$

故 $\alpha=P\{Y\geqslant 3\}=\sum_{k=3}^{100}C_{100}^{k}\times 0.05^{k}\times 0.95^{100-k}$.

若用泊松近似，则 $\lambda=100\times 0.05=5$，即 $Y\sim B(100,0.05)$ 近似于 $P(5)$，故 $\alpha\approx 0.87$.

方法总结

本题将正态分布、二项分布以及泊松分布结合在一起，属于典型的综合应用题.

第五节　随机变量的函数的分布

一、主要内容归纳

1. 离散型随机变量函数的分布　设随机变量 X 的分布律为 $P\{X=x_k\}=p_k$，$k=1,2,3\cdots$，则当 $Y=g(X)$ 的所有取值为 y_j $(j=1,2,\cdots)$ 时，随机变量 Y 有分布律 $P\{Y=y_j\}=\sum\limits_{g(x_k)=y_j}P\{X=x_k\}$.

2. 连续型随机变量函数的分布

方法一　设随机变量 X 的概率密度函数为 $f_X(x)(-\infty<x<+\infty)$，那么 $Y=g(X)$ 的分布函数为

$$F_Y(y)=P\{Y\leqslant y\}=P\{g(X)\leqslant y\}=\int_{g(x)\leqslant y}f_X(x)\mathrm{d}x,$$

其概率密度为 $f_Y(y)=F_Y{'}(y)$.

方法二　设随机变量 X 具有概率密度函数 $f_X(x)(-\infty<x<+\infty)$，$g(x)$ 为 $(-\infty,+\infty)$ 内的严格单调的可导函数，则随机变量 $Y=g(X)$ 的概率密度为

$$f_Y(y)=\begin{cases}f_X[h(y)]|h'(y)|, & \alpha<y<\beta,\\ 0, & \text{其他},\end{cases}$$

其中 $h(y)$ 是 $g(x)$ 的反函数，$\alpha=\min\{g(-\infty),g(+\infty)\}$，$\beta=\max\{g(-\infty),g(+\infty)\}$.

二、经典例题解析及解题方法总结

【例 1】设随机变量 X 的概率分布为 $P\{X=k\}=\frac{1}{2^k}$，$k=1,2,3,\cdots$. 试求随机变量 $Y=\sin\left(\frac{\pi}{2}X\right)$ 的分布律.

解　$P\{Y=0\}=P\{X=2\}+P\{X=4\}+P\{X=6\}+\cdots=\frac{1}{2^2}+\frac{1}{2^4}+\frac{1}{2^6}+\cdots=\frac{1}{3}$.

$P\{Y=-1\}=P\{X=3\}+P\{X=7\}+P\{X=11\}+\cdots=\frac{1}{2^3}+\frac{1}{2^7}+\frac{1}{2^{11}}+\cdots=\frac{2}{15}$.

$P\{Y=1\}=1-P\{Y=0\}-P\{Y=-1\}=\frac{8}{15}$.

故 $Y=\sin\left(\frac{\pi}{2}X\right)$ 的分布律为

Y	-1	0	1
P	$\frac{2}{15}$	$\frac{1}{3}$	$\frac{8}{15}$

【例 2】设随机变量 X 的概率密度为 $f_X(x)=\begin{cases}e^{-x}, & x\geqslant 0;\\ 0, & x<0.\end{cases}$ 试求随机变量 $Y=e^X$ 的概率密度 $f_Y(y)$.

解 **方法一** 分段考查 Y 的分布函数.

①当 $y\leqslant 1$ 时，$f_X(x)=0$，$F_Y(y)=0$；

②当 $y>1$ 时，$F_Y(y)=P\{Y\leqslant y\}=P\{e^X\leqslant y\}=P\{X\leqslant \ln y\}=\int_0^{\ln y} e^{-x}dx=1-y^{-1}$；

则 $f_Y(y)=F_Y'(y)=\begin{cases}\frac{1}{y^2}, & y>1,\\ 0, & y\leqslant 1.\end{cases}$

方法二 因为 $y=e^x$ 在$(0,+\infty)$内是单调的，其反函数 $x=\ln y$ 在$(1,+\infty)$内是可导的，且 $x'=\frac{1}{y}>0$，所以根据公式有，$f_Y(y)=\frac{1}{y^2}$.

所以 $f_Y(y)=\begin{cases}\frac{1}{y^2}, & y>1,\\ 0, & y\leqslant 1.\end{cases}$

方法总结

连续型随机变量函数的分布有两种求法，一是先通过随机变量的概率密度或分布函数求出随机变量函数的分布函数，再求其概率密度；二是如果随机变量函数是严格单调可导函数，先求其反函数，再根据公式算出其概率密度.

【例 3】设随机变量 X 的概率密度为 $f(x)=\begin{cases}\frac{1}{3\sqrt[3]{x^2}}, & x\in[1,8],\\ 0, & 其他,\end{cases}$ $F(x)$是 X 的分布函数. 求随机变量 $Y=F(X)$的分布函数.

分析 随机变量函数 $Y=F(X)$隐含的条件是：因为 $F(x)$是 X 的分布函数的表达式，故 Y 的值域为$[0,1]$.

解 当 $x<1$ 时，$F(x)=0$；当 $x>8$ 时，有 $F(x)=1$；当 $x\in[1,8]$时，$F(x)=\int_1^x \frac{1}{3\sqrt[3]{t^2}}dt=\sqrt[3]{x}-1$.

令 $G(y)$为 $Y=F(X)$的分布函数.

当 $y\leqslant 0$ 时，$G(y)=0$；当 $y\geqslant 1$ 时，$G(y)=1$；当 $y\in(0,1)$ 时，

$$G(y)=P\{Y\leqslant y\}=P\{F(X)\leqslant y\}=P\{\sqrt[3]{X}-1\leqslant y\}=P\{X\leqslant(y+1)^3\}=F((y+1)^3)=y.$$

因此 $Y=F(X)$ 的分布函数为 $G(y)=\begin{cases}0, & y<0,\\ y, & 0\leqslant y<1,\\ 1, & y\geqslant 1.\end{cases}$

方法总结

本题也可以不求 $F(x)$ 的具体表达式.

因为 $Y=F(X)$ 的分布函数为 $G(y)=P\{Y\leqslant y\}=P\{F(X)\leqslant y\}$，注意到 $F(x)$ 为分布函数，于是 $0\leqslant F(x)\leqslant 1$. 因此当 $y<0$ 时，$G(y)=0$；当 $y\geqslant 1$ 时，$G(y)=1$；

当 $0\leqslant y<1$ 时，因为 $F(x)$ 为单调增加函数，故

$$G(y)=P\{Y\leqslant y\}=P\{F(X)\leqslant y\}=P\{X\leqslant F^{-1}(y)\}=F[F^{-1}(y)]=y.$$

则 $G(y)=\begin{cases}0, & y<0,\\ y, & 0\leqslant y<1,\\ 1, & y\geqslant 1.\end{cases}$

实际上，$Y=F(X)$ 的分布与 X 服从什么分布无关.

结论：若连续型随机变量 X 的分布函数是 $F(x)$，则 $Y=F(X)$ 服从 $(0,1)$ 上的均匀分布.

【例 4】 在区间 $(0,2)$ 上随机取一点，将该区间分成两段，较短一段的长度计为 X，较长一段的长度计为 Y. 令 $Z=\dfrac{Y}{X}$. (1)求 X 的概率密度；(2)求 Z 的概率密度.

解 (1)因为 X 服从 $(0,1)$ 上的均匀分布，所以 $f_X(x)=\begin{cases}1, & 0<x<1,\\ 0, & \text{其他}.\end{cases}$

(2)$Z=\dfrac{Y}{X}=\dfrac{2-X}{X}=\dfrac{2}{X}-1$.

方法一 $$F_Z(z)=P\{Z\leqslant z\}=P\left\{\frac{2-X}{X}\leqslant z\right\}.$$

①$z<1$ 时，$F_Z(z)=0$； ②$z\geqslant 1$ 时，$F_Z(z)=P\left\{X\geqslant\dfrac{2}{z+1}\right\}=1-\dfrac{2}{z+1}$.

总之 $F_Z(z)=\begin{cases}0, & z<1,\\ 1-\dfrac{2}{z+1}, & z\geqslant 1,\end{cases}$ $f_Z(z)=F'_Z(z)=\begin{cases}\dfrac{2}{(z+1)^2}, & z\geqslant 1,\\ 0, & z<1.\end{cases}$

方法二 因为 $x=h(z)=\dfrac{2}{z+1}$，所以利用公式 $f_Z(z)=f_X[h(z)]|h'(z)|$ 得

$$f_Z(z)=\begin{cases}\dfrac{2}{(z+1)^2}, z>1,\\ 0, \quad\text{其他}.\end{cases}$$

本章教材习题全解

1. 考虑为期一年的一张保险单，若投保人在投保后一年内因意外死亡，则公司赔付 20 万元；若投保人因其他原因死亡，则公司赔付 5 万元；若投保人在投保期末生存，则公司无需付给任何费用. 若投保人在一年内因意外死亡的概率为0.000 2，因其他原因死亡的概率为 0.001 0，求公司赔付金额的分布律.

解 设赔付金额为 X(以万元计)，由条件知 X 取值为 20，5，0，且已知 $P\{X=20\}=0.000\ 2$，$P\{X=5\}=0.001\ 0$，故 $P\{X=0\}=1-P\{X=20\}-P\{X=5\}=0.998\ 8$，即有分配律

X	20	5	0
P	0.000 2	0.001 0	0.998 8

2. (1)一袋中装有 5 只球，编号为 1，2，3，4，5. 在袋中同时取 3 只，以 X 表示取出的 3 只球中的最大号码，写出随机变量 X 的分布律.

(2)将一颗骰子抛掷两次，以 X 表示两次中得到的小的点数，试求 X 的分布律.

解 (1)从 1～5 五个正整数中随机取 3 个，以 X 表示 3 个数中的最大值. X 的可能值为 3，4，5. 在五个数中任取 3 个共有 $C_5^3=10$ 种取法.

$\{X=3\}$表示取出的 3 个数以 3 为最大值，其余两个数是 1，2，仅有这一种情况，故

$$P\{X=3\}=\frac{1}{C_5^3}=\frac{1}{10}.$$

$\{X=4\}$表示取出的 3 个数以 4 为最大值，其余两个数可在 1，2，3 任取 2 个，共有 C_3^2 种取法，故

$$P\{X=4\}=\frac{C_3^2}{C_5^3}=\frac{3}{10}.$$

$\{X=5\}$表示取出的 3 个数以 5 为最大值，其余两个数可在 1，2，3，4 任取 2 个，共有 C_4^2 种取法，故

$$P\{X=5\}=\frac{C_4^2}{C_5^3}=\frac{3}{5}.$$

$P\{X=5\}$也可由 $1-P\{X=3\}-P\{X=4\}$得到.

故 X 的分布律为

X	3	4	5
p_k	$\frac{1}{10}$	$\frac{3}{10}$	$\frac{3}{5}$

(2)样本空间 $S=\{(1,1),(1,2),\cdots,(1,6),(2,1),(2,2),\cdots,(2,6),\cdots,(6,1),(6,2),\cdots,(6,6)\}$，随机变量 X 的所有可能值为 1，2，3，4，5，6，其分布律为

X	1	2	3	4	5	6
p_k	$\frac{11}{36}$	$\frac{1}{4}$	$\frac{7}{36}$	$\frac{5}{36}$	$\frac{1}{12}$	$\frac{1}{36}$

3. 设在 15 只同类型的零件中有 2 只是次品，在其中取 3 次，每次任取 1 只，作不放回抽样. 以 X 表示取出次品的只数.

(1)求 X 的分布律.

(2)画出分布律的图形.

解 随机变量 X 的可能取值为 0，1，2.

当 $X=0$ 时，即取出的 3 只都是合格品，故 $P\{X=0\}=\frac{13}{15}\times\frac{12}{14}\times\frac{11}{13}=\frac{22}{35}$.

当 $X=1$ 时，即取出的 3 只中有一只次品，该次品可能在第一次，第二次或第三次被取出，故

$$P\{X=1\}=P\{次,正,正\}+P\{正,次,正\}+P\{正,正,次\}$$
$$=\frac{2}{15}\times\frac{13}{14}\times\frac{12}{13}+\frac{13}{15}\times\frac{2}{14}\times\frac{12}{13}+\frac{13}{15}\times\frac{12}{14}\times\frac{2}{13}=\frac{12}{35}.$$

类似地可得 $P\{X=2\}=\frac{1}{35}$. 因此，X 的分布律为

X	0	1	2
p_k	$\frac{22}{35}$	$\frac{12}{35}$	$\frac{1}{35}$

方法总结

本题中抽取方式为不放回抽样，且 X 表示次品的个数，与抽取次序无关，故可视为服从超几何分布，计算更加简便，如 $P\{X=1\}=\frac{C_2^1\cdot C_{13}^2}{C_{15}^3}=\frac{12}{35}$.

(2)分布律图形如图 2-7 所示.

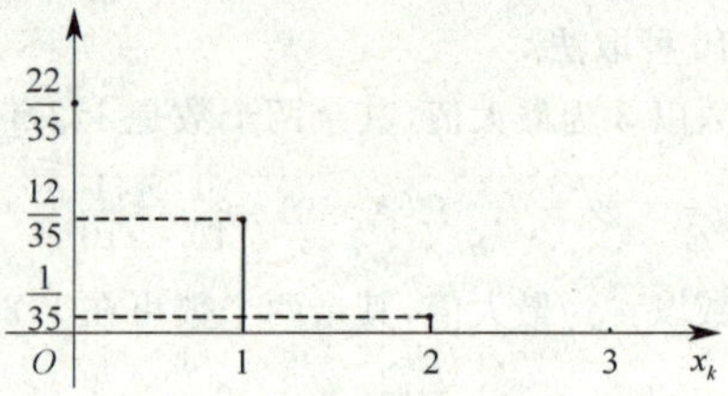

图 2-7

4. 进行重复独立试验，设每次试验的成功概率为 p，失败概率为 $q=1-p\ (0<p<1)$.

(1)将试验进行到出现一次成功为止，以 X 表示所需的试验次数，求 X 的分布律.（此时称 X 服从以 p 为参数的**几何分布**）

(2)将试验进行到出现 r 次成功为止，以 Y 表示所需的试验次数，求 Y 的分布律.（此时称 Y 服从以 r,p 为参数的**帕斯卡分布或负二项分布**）

(3)一篮球运动员的投篮命中率为 45%，以 X 表示他首次投中时累计已投篮的次数，写出 X 的分布律，并计算 X 取偶数的概率.

解 (1)随机变量 X 的所有可能取值为 $1,2,\cdots,n,\cdots$，若第 k 次成功，则前 $k-1$ 次必失败，则分布律是

X	1	2	3	$\cdots$	k	$\cdots$
p_k	p	$(1-p)p$	$(1-p)^2p$	$\cdots$	$(1-p)^{k-1}p$	$\cdots$

或 $P\{X=k\}=p(1-p)^{k-1}=pq^{k-1},\ k=1,2,3,\cdots,n,\cdots$.

(2)随机变量 Y 的所有可能取值 $r,r+1,\cdots$，Y 取值为 k，是指第 k 次试验成功，而前 $k-1$ 次试验中恰有 $r-1$ 次试验成功，故 Y 的分布律是

X	r	$r+1$	$r+2$	$\cdots$
p_k	p^r	$C_r^{r-1}(1-p)p^r$	$C_{r+1}^{r-1}(1-p)^2p^r$	$\cdots$

或 $P\{Y=k\}=C_{k-1}^{r-1}p^r(1-p)^{k-r}$, $k=r,r+1,\cdots$.

(3)是(1)题 $p=0.45$ 的情形.

事件$\{X=k\}$表示前 $k-1$ 次投篮失败,第 k 次投篮成功,则 X 的分布律

$P\{X=k\}=pq^{k-1}=p(1-p)^{k-1}=45\%\times(55\%)^{k-1}=0.45\times(0.55)^{k-1}$, $k=1,2,\cdots$.

X 取偶数时的概率为

$$p=\sum_{k=1}^{\infty}P\{X=2k\}=0.55\times0.45+(0.55)^3\times0.45+(0.55)^5\times0.45+\cdots=\frac{11}{31}.$$

5. 一房间有 3 扇同样大小的窗子,其中只有一扇是打开的.有一只鸟自开着的窗子飞入了房间,它只能从开着的窗子飞出去.鸟在房子里飞来飞去,试图飞出房间.假定鸟是没有记忆的,它飞向各扇窗子是随机的.

(1)以 X 表示鸟为了飞出房间试飞的次数,求 X 的分布律.

(2)户主声称,他养的一只鸟是有记忆的,它飞向任一窗子的尝试不多于一次.以 Y 表示这只聪明的鸟为了飞出房间试飞的次数.如户主所说是确实的,试求 Y 的分布律.

(3)求试飞次数 X 小于 Y 的概率和试飞次数 Y 小于 X 的概率.

解 (1)X 的可能取值为 $1,2,3,\cdots$,X 服从几何分布,故 X 的分布律为

$$P\{X=k\}=\left(\frac{2}{3}\right)^{k-1}\cdot\frac{1}{3},\ k=1,2,\cdots.$$

(2)Y 的可能取值为 1,2,3,则由题意有 Y 的分布律为

Y	1	2	3
P	$\frac{1}{3}$	$\frac{1}{3}$	$\frac{1}{3}$

(3)(i)$\{X<Y\}$可分解为下列 3 个两两不相容的事件之和,即

$\{X<Y\}=\{(X=1)\cap(Y=2)\}\cup\{(X=1)\cap(Y=3)\}\cup\{(X=2)\cap(Y=3)\}$,

故 $P\{X<Y\}=P\{(X=1)\cap(Y=2)\}+P\{(X=1)\cap(Y=3)\}+P\{(X=2)\cap(Y=3)\}$.

因为两只鸟儿的行动是相互独立的,从而

$$P\{X>Y\}=P\{X=1\}P\{Y=2\}+P\{X=1\}P\{Y=3\}+P\{X=2\}P\{Y=3\}$$
$$=\frac{1}{3}\times\frac{1}{3}+\frac{1}{3}\times\frac{1}{3}+\frac{2}{9}\times\frac{1}{3}=\frac{8}{27}.$$

(ii)$P\{Y<X\}=1-P\{X<Y\}-P\{X=Y\}=1-\frac{8}{27}-\sum_{k=1}^{3}P\{(X=k)\cap(Y=k)\}$

$$=1-\frac{8}{27}-\sum_{k=1}^{3}P\{X=k\}P\{Y=k\}=1-\frac{8}{27}-\frac{1}{3}\times\frac{1}{3}-\frac{2}{9}\times\frac{1}{3}-\frac{4}{27}\times\frac{1}{3}$$
$$=\frac{38}{81}.$$

6. 一大楼装有 5 台同类型的供水设备.设各台设备是否被使用相互独立.调查表明在任一时刻 t 每台设备被使用的概率为 0.1,问在同一时刻,

(1)恰有 2 台设备被使用的概率是多少?

(2)至少有 3 台设备被使用的概率是多少?

(3)至多有 3 台设备被使用的概率是多少?

(4)至少有 1 台设备被使用的概率是多少?

解 设被使用的设备数为 X,则 X 的可能值为 $0,1,2,\cdots,5$,则

(1)$P\{X=2\}=C_5^2(0.1)^2(0.9)^3=0.0729$.

(2)$P\{X\geqslant3\}=\sum_{k=3}^{5}C_5^k(0.1)^k(0.9)^{5-k}=0.00856$.

(3) $P\{X\leqslant 3\}=\sum\limits_{k=1}^{3}C_5^k(0.1)^k(0.9)^{5-k}=0.999\,54.$

(4) $P\{X\geqslant 1\}=1-C_5^0(0.1)^0(0.9)^5=1-(0.9)^5=0.409\,51.$

7. 设事件 A 在每次试验发生的概率为 0.3. 当 A 发生不少于 3 次时，指示灯发出信号.

(1)进行了 5 次重复独立试验，求指示灯发出信号的概率.

(2)进行了 7 次重复独立试验，求指示灯发出信号的概率.

解 记 A 发生的次数为 X，则 $X\sim B(n,\ 0.3)$，$n=5,\ 7$. 记 B 为指示灯发出信号.

(1) $P(B)=P\{X\geqslant 3\}=\sum\limits_{k=3}^{5}C_5^k(0.3)^k(0.7)^{5-k}\approx 0.163,$

或 $P(B)=1-\sum\limits_{k=0}^{2}P\{X=k\}=1-(0.7)^5-C_5^1(0.3)(0.7)^4-C_5^2(0.3)^2(0.7)^3\approx 0.163.$

(2) $P(B)=\sum\limits_{k=3}^{7}P\{X=k\}=\sum\limits_{k=3}^{7}C_7^k(0.3)^k(0.7)^{7-k}\approx 0.353,$

或 $P(B)=1-\sum\limits_{k=0}^{2}P\{X=k\}=1-(0.7)^7-C_7^1(0.3)(0.7)^6-C_7^2(0.3)^2(0.7)^5\approx 0.353.$

8. 甲、乙两人投篮，投中的概率分别为 0.6，0.7. 今各投 3 次. 求

(1)两人投中次数相等的概率.

(2)甲比乙投中次数多的概率.

解 记甲投中的次数为 X，乙投中的次数为 Y，则 $X\sim B(3,0.6)$，$Y\sim B(3,0.7)$.

$P\{X=0\}=(0.4)^3=0.064,\qquad P\{X=1\}=C_3^1(0.6)(0.4)^2=0.288,$

$P\{X=2\}=C_3^2(0.6)^2(0.4)=0.432,\qquad P\{X=3\}=(0.6)^3=0.216,$

$P\{Y=0\}=(0.3)^3=0.027,\qquad P\{Y=1\}=C_3^1(0.7)(0.3)^2=0.189,$

$P\{Y=2\}=C_3^2(0.7)^2(0.3)=0.441,\qquad P\{Y=3\}=(0.7)^3=0.343.$

若记 A 为事件“两人投中次数相等”，B 为“甲比乙投中次数多”，则

$$\begin{aligned}(1)\ P(A)&=\sum_{i=0}^{3}P\{X=i,Y=i\}=\sum_{i=0}^{3}P\{X=i\}P\{Y=i\}\\&=0.027\times 0.064+0.189\times 0.288+0.441\times 0.432+0.343\times 0.216\approx 0.321.\end{aligned}$$

$$\begin{aligned}(2)\ P(B)=P\{X>Y\}&=P\{X=1,Y=0\}+P\{X=2,Y=0\}+P\{X=2,Y=1\}\\&\quad+P\{X=3,Y=0\}+P\{X=3,Y=1\}+P\{X=3,Y=2\}\\&=0.288\times 0.027+0.432\times(0.027+0.189)\\&\quad+0.216\times(0.027+0.139+0.441)\\&\approx 0.243.\end{aligned}$$

9. 有一大批产品，其验收方案如下，先作第一次检验：从中任取 10 件，经检验无次品时接受这批产品，次品数大于 2 时拒收；否则作第二次检验，其做法是从中再任取 5 件，仅当 5 件中无次品时接受这批产品. 若产品的次品率为 10%，求

(1)这批产品经第一次检验就能接受的概率.

(2)需作第二次检验的概率.

(3)这批产品按第二次检验的标准被接受的概率.

(4)这批产品在第一次检验未能作决定且第二次检验时被通过的概率.

(5)这批产品被接受的概率.

解 第一次检验相当于 10 重伯努利试验. 设 X 为第一次检验中次品数，则 $X\sim B(10,10\%)$，第二次检验为 5 重伯努利试验. 设 Y 为第二次检验中次品数，则 $Y\sim B(5,10\%)$.

(1) $P\{X=0\}=C_{10}^0(0.1)^0\times(0.9)^{10}=(0.9)^{10}\approx 0.349.$

(2) $P\{0<X\leqslant 2\}=P\{X=1\}+P\{X=2\}=10\times 0.1\times(0.9)^9+\dfrac{10\times 9}{2}\times 0.1^2\times(0.9)^8$

$\approx 0.387+0.194=0.581.$

(3) $P\{Y=0\}=C_5^0(0.1)^0(0.9)^5=(0.9)^5\approx 0.590.$

(4) $P\{0<X\leqslant 2,\ Y=0\}=P\{0<X\leqslant 2\}\cdot P\{Y=0\}\approx 0.581\times 0.590\approx 0.343.$

(5) $P\{X=0\}+P\{0<X\leqslant 2,Y=0\}=0.349+0.343=0.692.$

10. 有甲、乙两种味道和颜色都极为相似的名酒各4杯. 如果从中挑4杯，能将甲种酒全部挑出来，算是试验成功一次.

(1)某人随机地去挑，问他试验成功一次的概率是多少？

(2)某人声称他通过品尝能区分两种酒. 他连续试验10次，成功3次. 试推断他是猜对的，还是他确有区分的能力(设各次试验是相互独立的).

解 (1)随机试验是从8杯酒中任选4杯，从而样本空间的样本点总数为C_8^4，故试验成功一次的概率为

$$p=\frac{1}{C_8^4}=\frac{1}{70}.$$

(2)连续试验10次，成功3次，如果他是猜对的，则猜对的次数$X\sim B(10,\frac{1}{70})$，猜对3次的概率为

$$P\{X=3\}=C_{10}^3\left(\frac{1}{70}\right)^3\left(\frac{69}{70}\right)^7\approx\frac{\left(\frac{1}{7}\right)^3}{3!}e^{-\frac{1}{7}}\approx 3\times 10^{-4},$$

这个概率很小，根据实际推断原理，可以认为他确有区分能力.

11. 尽管在几何教科书中已经讲过仅用圆规和直尺三等分一个任意角是不可能的，但每一年总是有一些“发明者”撰写关于仅用圆规和直尺将角三等分的文章. 设某地区每年撰写此类文章的篇数X服从参数为6的泊松分布. 求明年没有此类文章的概率.

解 由题意知 $P\{X=k\}=\frac{\lambda^k}{k!}e^{-\lambda}$，$\lambda=6$，$k=0,1,2,\cdots$，故

$$P\{X=0\}=e^{-6}\approx 0.0025.$$

12. 一电话总机每分钟收到呼唤的次数服从参数为4的泊松分布. 求

(1)某一分钟恰有8次呼唤的概率.

(2)某一分钟的呼唤次数大于3的概率.

解 用X表示每分钟收到呼唤的次数，则

$$P\{X=k\}=\frac{4^k}{k!}e^{-4},\quad k=0,1,2,\cdots.$$

(1) $P\{X=8\}=\frac{4^8}{8!}e^{-4}=0.0298.$ (2) $P\{X>3\}=1-\sum_{k=0}^{3}\frac{4^k}{k!}e^{-4}\approx 0.5665.$

13. 某一公安局在长度为t的时间间隔内收到的紧急呼救的次数X服从参数为$\frac{t}{2}$的泊松分布，而与时间间隔的起点无关(时间以h计). 求

(1)某一天中午12时至下午3时未收到紧急呼救的概率.

(2)某一天中午12时至下午5时至少收到1次紧急呼救的概率.

解 由题意知 $P\{X=k\}=\frac{\left(\frac{t}{2}\right)^k}{k!}e^{-\frac{t}{2}}.$

(1) $\lambda=\frac{3}{2}$，$P\{X=0\}=e^{-\frac{3}{2}}\approx 0.2231.$

(2) $\lambda=\frac{5}{2}$，$P\{X\geqslant 1\}=1-P\{X=0\}=1-e^{-\frac{5}{2}}\approx 0.9179.$

14. 某人家中在时间间隔t(以h计)内接到电话的次数X服从参数为$2t$的泊松分布.

(1)若他外出计划用时10min，问其间有电话铃响一次的概率是多少？

(2)若他希望外出时没有电话的概率至少为0.5，问他外出应控制的最长时间是多少？

解　以 X 表示此人外出时电话铃响的次数，则 $X\sim\pi(2t)$，其中 t 表示外出的总时间，即 X 的分布律为

$$P\{X=k\}=\frac{(2t)^k\mathrm{e}^{-2t}}{k!},\quad k=0,1,2,\cdots.$$

(1) $t=\frac{10}{60}=\frac{1}{6}$ 时，$X\sim\pi(2\times\frac{1}{6})$，故所求概率为 $P\{X=1\}=\frac{1}{3}\mathrm{e}^{-\frac{1}{3}}\approx0.2388$.

(2)设外出最长时间为 t(小时)，因 $X\sim\pi(2t)$，无电话打进的概率为 $P\{X=0\}=\mathrm{e}^{-2t}$，要使 $P\{X=0\}=\mathrm{e}^{-2t}\geqslant0.5$，即要使 $\mathrm{e}^{2t}\leqslant2$，由此得

$$t\leqslant\frac{1}{2}\ln 2\approx0.3466(\text{小时})=20.79(\text{分钟}),$$

即外出时间应控制小于 20.79 分.

15. 保险公司在一天内承保了 5 000 张相同年龄、为期一年的寿险保单，每人一份. 在合同有效期内若投保人死亡，则公司需赔付 3 万元. 设在一年内，该年龄段的死亡率为 0.001 5，且各投保人是否死亡相互独立. 求该公司对于这批投保人的赔付总额不超过 30 万元的概率(利用泊松定理计算).

解　设这批投保人在一年内死亡人数为 X，则 $X\sim B(5000,0.0015)$，因每死亡一人公司需赔付 3 万元，故公司赔付不超过 30 万元意味着在投保期内死亡人数不超过 $\frac{30}{3}=10$(人)，从而所求概率为

$$P\{X\leqslant10\}=\sum_{k=0}^{10}C_{5000}^{k}(0.0015)^k(1-0.0015)^{5000-k}.$$

若用泊松近似可以认为 $X\sim\pi(7.5)$，于是

$$P\{X\leqslant10\}\approx\sum_{k=0}^{10}\frac{7.5^k\mathrm{e}^{-7.5}}{k!}\overset{\text{查表}}{=\!=}0.8622.$$

16. 有一个繁忙的汽车站，每天有大量汽车通过，设一辆汽车在一天的某段时间内出事故的概率为 0.000 1. 在某天的该时间段内有 1 000 辆汽车通过. 问出事故的车辆数不小于 2 的概率是多少？(利用泊松定理计算)

解　以 X 表示汽车站某天该时间内汽车出事故的辆数，由题设 $X\sim B(1000,0.0001)$，因 $n=1000>100$，且 $np=0.1<10$，故可利用泊松定理计算 $P\{X\geqslant2\}$，即令 $\lambda=np=0.1$，有

$$P\{X=k\}=C_n^kp^k(1-p)^{n-k}\approx\frac{\lambda^k\mathrm{e}^{-\lambda}}{k!},$$

从而 $P\{X\geqslant2\}=1-P\{X=0\}-P\{X=1\}\approx1-\mathrm{e}^{-0.1}-\mathrm{e}^{-0.1}\times0.1=0.0047$.

17. (1)设 X 服从(0－1)分布，其分布律为 $P\{X=k\}=p^k(1-p)^{1-k}$，$k=0,1$，求 X 的分布函数，并作出其图形.

(2)求第 2 题(1)中的随机变量的分布函数.

解　(1)按分布函数定义，有 $F(x)=P\{X\leqslant x\}=\sum\limits_{x_k\leqslant x}P\{X=x_k\}$.

当 $x<0$ 时，$F(x)=0$；当 $0\leqslant x<1$ 时，$F(x)=1-p$；当 $x\geqslant1$ 时，$F(x)=1$，即

$$F(x)=\begin{cases}0, & x<0,\\ 1-p, & 0\leqslant x<1,\\ 1, & x\geqslant1.\end{cases}$$

其图形如图 2－8.

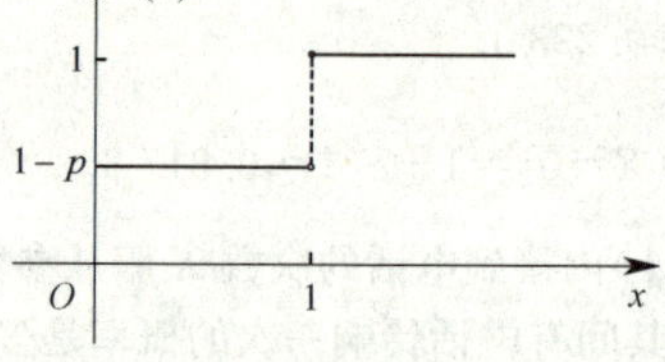

图 2－8

(2)按分布函数定义，有 $F(x)=P\{X\leqslant x\}=\sum\limits_{x_k\leqslant x}P\{X=x_k\}$. 而 X 的分布律为

X	3	4	5
P	$\frac{1}{10}$	$\frac{3}{10}$	$\frac{3}{5}$

当 $x<3$ 时，$F(x)=0$；当 $3\leqslant x<4$ 时，$F(x)=\frac{1}{10}$；

当 $4\leqslant x<5$ 时，$F(x)=\frac{1}{10}+\frac{3}{10}=\frac{4}{10}$；当 $x\geqslant 5$ 时，$F(x)=\frac{1}{10}+\frac{3}{10}+\frac{6}{10}=1$.

故 $$F(x)=\begin{cases}0, & x<5,\\ \frac{1}{10}, & 3\leqslant x<4,\\ \frac{4}{10}, & 4\leqslant x<5,\\ 1, & x\geqslant 5.\end{cases}$$

18. 在区间$[0,a]$上任意投掷一个质点，以 X 表示这个质点的坐标. 设这个质点落在$[0,a]$中任意小区间内的概率与这个小区间的长度成正比例. 试求 X 的分布函数.

解 由分布函数的定义，有 $F_X(x)=P\{X\leqslant x\}$.

当 $x<0$ 时，$\{X\leqslant x\}$是不可能事件，$F(x)=P\{X\leqslant x\}=0$.

当 $0\leqslant x\leqslant a$ 时，依题意 $P\{0\leqslant X\leqslant a\}=kx$，$k$ 是某一常数. 而$\{0\leqslant X\leqslant a\}$是必然事件，故$P\{0\leqslant X\leqslant a\}=ka=1$，所以 $k=\frac{1}{a}$，从而 $P\{0\leqslant X\leqslant a\}=\frac{x}{a}$，于是

$$F(x)=P\{X\leqslant x\}=P\{X<0\}+P\{0\leqslant X\leqslant x\}=0+\frac{x}{a}=\frac{x}{a}.$$

当 $x>a$ 时，$P\{X\leqslant x\}$是必然事件，有 $F(x)=P\{X\leqslant x\}=1$，故有

$$F(x)=\begin{cases}0, & x<0,\\ \frac{x}{a}, & 0\leqslant x<a,\\ 1, & x\geqslant a.\end{cases}$$

19. 以 X 表示某商店从早晨开始营业起直到第一个顾客到达的等待时间(以 min 计)，X 的分布函数是

$$F_X(x)=\begin{cases}1-e^{-0.4x}, & x>0,\\ 0, & x\leqslant 0.\end{cases}$$

求下述概率：

(1)$P\{$至多 3min$\}$.

(2)$P\{$至少 4min$\}$.

(3)$P\{$3min 至 4min 之间$\}$.

(4)$P\{$至多 3min 或至少 4min$\}$.

(5)$P\{$恰好 2.5min$\}$.

解 (1)$P\{X\leqslant 3\}=F(3)=1-e^{-1.2}$.

(2)$P\{X\geqslant 4\}=1-P\{X<4\}=1-F(4)=1-(1-e^{-1.6})=e^{-1.6}$.

(3)$P\{3\leqslant X\leqslant 4\}=F(4)-F(3)=1-e^{-1.6}-(1-e^{-1.2})=e^{-1.2}-e^{-1.6}$.

(4)$P\{(X\leqslant 3)\cup(x\geqslant 4)\}=P\{X\leqslant 3\}+P\{X\geqslant 4\}=1-e^{-1.2}+e^{-1.6}$.

(5)$P\{X=2.5\}=0$.

20. 设随机变量 X 的分布函数为

$$F_X(x)=\begin{cases}0, & x<1,\\ \ln x, & 1\leqslant x<\mathrm{e},\\ 1, & x\geqslant \mathrm{e}.\end{cases}$$

(1)求 $P\{X<2\}$，　$P\{0<X\leqslant 3\}$，　$P\{2<X<\frac{5}{2}\}$.

(2)求概率密度 $f_X(x)$.

解　(1)$P\{X<2\}=F_X(2)=\ln 2$，

$P\{0<X\leqslant 3\}=F_X(3)-F_X(0)=1-0=1$，

$P\left\{2<X<\frac{5}{2}\right\}=F_X\left(\frac{5}{2}\right)-F_X(2)=\ln\frac{5}{2}-\ln 2=\ln\frac{5}{4}$.

(2)$f_X(x)=F_X{}'(x)=\begin{cases}\frac{1}{x}, & 1<x<\mathrm{e},\\ 0, & \text{其他}.\end{cases}$

21. 设随机变量 X 的概率密度为

(1)$f(x)=\begin{cases}2\left(1-\frac{1}{x^2}\right), & 1\leqslant x\leqslant 2,\\ 0, & \text{其他}.\end{cases}$　　(2)$f(x)=\begin{cases}x, & 0\leqslant x<1,\\ 2-x, & 1\leqslant x<2,\\ 0, & \text{其他}.\end{cases}$

求 X 的分布函数 $F(x)$，并画出(2)中的 $f(x)$ 及 $F(x)$ 的图形.

解　(1)当 $x<1$ 时，$F(x)=\int_{-\infty}^{x}f(t)\mathrm{d}t=0$；

当 $1\leqslant x<2$ 时，$F(x)=\int_{1}^{x}2\left(1-\frac{1}{t^2}\right)\mathrm{d}t=2x+\frac{2}{x}-4$；

当 $x\geqslant 2$ 时，$F(x)=\int_{-\infty}^{x}f(t)\mathrm{d}t=\int_{1}^{2}2\left(1-\frac{1}{x^2}\right)\mathrm{d}x=1$.

故 X 的分布函数为 $F(x)=\begin{cases}0, & x<1,\\ 2x+\frac{2}{x}-4, & 1\leqslant x<2,\\ 1, & x\geqslant 2.\end{cases}$

(2)当 $x<0$ 时，$F(x)=\int_{-\infty}^{x}f(t)\mathrm{d}t=0$；

当 $0\leqslant x<1$ 时，$F(x)=\int_{0}^{x}t\mathrm{d}t=\frac{x^2}{2}$；

当 $1\leqslant x<2$ 时，$F(x)=\int_{0}^{1}t\mathrm{d}t-\int_{1}^{x}(2-t)\mathrm{d}t=-\frac{x^2}{2}+2x-1$；

当 $x\geqslant 2$ 时，$F(x)=\int_{-\infty}^{x}f(t)\mathrm{d}t=\int_{0}^{1}t\mathrm{d}t+\int_{1}^{2}(2-t)\mathrm{d}t=1$.

故得 X 的分布函数为

$$F(x)=\begin{cases}0, & x<0,\\ \frac{x^2}{2}, & 0\leqslant x<1,\\ -\frac{x^2}{2}+2x-1, & 1\leqslant x<2,\\ 1, & x\geqslant 2.\end{cases}$$

$f(x)$ 及 $F(x)$ 的图形如图 2－9，2－10 所示.

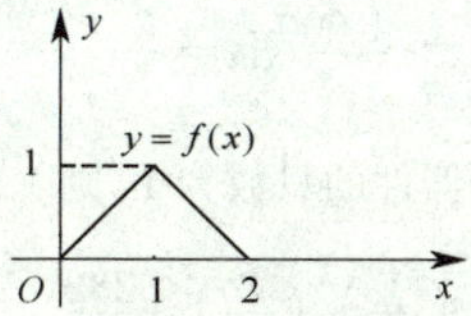

图 2—9

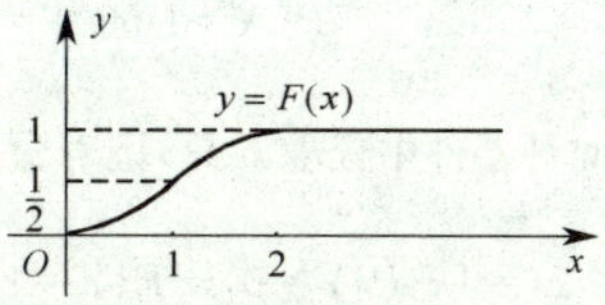

图 2—10

22. (1)分子运动速度的绝对值 X 服从麦克斯韦(Maxwell)分布,其概率密度为

$$f(x)=\begin{cases}Ax^2 e^{-\frac{x^2}{b}}, & x>0,\\ 0, & \text{其他},\end{cases}$$

其中 $b=\dfrac{m}{2kT}$,k 为波耳兹曼(Boltzmann)常数,T 为绝对温度,m 是分子的质量,试确定常数 A.

(2)某人研究了英格兰在 1875—1951 年间,在矿山发生导致不少于 10 人死亡的事故的频繁程度,得知相继两次事故之间的时间 T(以日计)服从指数分布,其概率密度为

$$f_T(t)=\begin{cases}\dfrac{1}{241}e^{-\frac{t}{241}}, & t>0,\\ 0, & \text{其他}.\end{cases}$$

求分布函数 $F_T(t)$,并求概率 $P\{50<T<100\}$.

解 (1)由密度函数的性质 $\int_{-\infty}^{+\infty} f(x)\mathrm{d}x=1$ 有

$$\begin{aligned}\int_{-\infty}^{+\infty} f(x)\mathrm{d}x &= \int_0^{+\infty} Ax^2 e^{-\frac{x^2}{b}}\mathrm{d}x=-\frac{Ab}{2}\int_0^{+\infty} x\mathrm{d}e^{-\frac{x^2}{b}}=\frac{Ab}{2}\int_0^{+\infty} e^{-\frac{x^2}{b}}\mathrm{d}x\\ &=\frac{Ab}{2}\cdot\sqrt{2\pi}\cdot\frac{\sqrt{b}}{\sqrt{2}}\int_0^{+\infty}\frac{1}{\sqrt{2\pi}}e^{-\frac{1}{2}\left(\frac{\sqrt{2}}{\sqrt{b}}x\right)^2}\mathrm{d}\left(\frac{\sqrt{2}}{\sqrt{b}}x\right)\\ &=\frac{Ab}{2}\cdot\sqrt{2\pi}\cdot\frac{\sqrt{b}}{\sqrt{2}}\cdot\frac{1}{2}=1.\end{aligned}$$

注意到 $\int_0^{+\infty}\dfrac{1}{\sqrt{2\pi}}e^{-\frac{u^2}{2}}\mathrm{d}u=\dfrac{1}{2}$,故 $A=\dfrac{4}{b\sqrt{b\pi}}$.

(2)当 $t<0$ 时,$F_T(t)=\int_{-\infty}^{t} 0\mathrm{d}t=0$;

当 $t\geqslant 0$ 时 $F_T(t)=\int_{-\infty}^{t} f(t)\mathrm{d}t=\int_0^t \dfrac{1}{241}e^{-\frac{t}{241}}\mathrm{d}t=1-e^{-\frac{t}{241}}$;

故 $F_T(t)=\begin{cases}1-e^{-\frac{t}{241}}, & t\geqslant 0,\\ 0, & \text{其他}.\end{cases}$

$P\{50<T<100\}=F(100)-F(50)=e^{-\frac{50}{241}}-e^{-\frac{100}{241}}$,

或 $P\{50<T<100\}=\int_{50}^{100} f(t)\mathrm{d}t=\int_{50}^{100}\dfrac{1}{241}e^{-\frac{t}{241}}\mathrm{d}t=e^{-\frac{50}{241}}-e^{-\frac{100}{241}}$.

23. 某种型号器件的寿命 X(以 h 计)具有概率密度

$$f(x)=\begin{cases}\dfrac{1\,000}{x^2}, & x>1\,000,\\ 0, & \text{其他}.\end{cases}$$

现有一大批此种器件(设各器件损坏与否相互独立),任取 5 只,问其中至少有 2 只寿命大于 1 500h 的概率是多少?

解 某一器件的寿命大于 1 500 小时的概率为

$$P\{X>1\,500\}=\int_{1\,500}^{+\infty}f(x)\mathrm{d}x=\int_{1\,500}^{+\infty}\frac{1\,000}{x^2}\mathrm{d}x=\frac{2}{3}.$$

在一大批此种器件中任取 5 只，记寿命大于 1 500 小时的器件的只数为 Y，则 $Y\sim B(5,\frac{2}{3})$，从而

$$P\{Y\geqslant 2\}=1-P\{Y=0\}-P\{Y=1\}=1-\left(\frac{1}{3}\right)^5-C_5^1\left(\frac{1}{3}\right)^4\left(\frac{2}{3}\right)\approx\frac{232}{243}.$$

24. 设顾客在某银行的窗口等待服务的时间 X(以 min 计)服从指数分布，其概率密度为

$$f_X(x)=\begin{cases}\frac{1}{5}\mathrm{e}^{-\frac{x}{5}}, & x>0,\\ 0, & 其他.\end{cases}$$

某顾客在窗口等待服务，若超过 10min，他就离开. 他一个月要到银行 5 次. 以 Y 表示一个月内他未等到服务而离开窗口的次数. 写出 Y 的分布律，并求 $P\{Y\geqslant 1\}$.

解 该顾客在窗口未等到服务而离开的概率为

$$p=\int_{10}^{+\infty}f_X(x)\mathrm{d}x=\int_{10}^{+\infty}\frac{1}{5}\mathrm{e}^{-\frac{x}{5}}\mathrm{d}x=-\mathrm{e}^{-\frac{x}{5}}\Big|_{10}^{+\infty}=\mathrm{e}^{-2}.$$

显然 $Y\sim B(5,\mathrm{e}^{-2})$，故

$$P\{Y=k\}=C_5^k\mathrm{e}^{-2k}(1-\mathrm{e}^{-2})^{5-k},\quad k=0,1,2,3,4,5.$$

$$P\{Y\geqslant 1\}=1-P\{Y=0\}=1-(1-\mathrm{e}^{-2})^5\approx 0.5167.$$

25. 设 K 在 $(0,5)$ 内服从均匀分布，求 x 的方程 $4x^2+4Kx+K+2=0$ 有实根的概率.

解 方程 $4x^2+4Kx+K+2=0$ 有实根的充要条件为

$$(4K)^2-4\times 4\times(K+2)=16K^2-16(K+2)=16(K+1)(K-2)\geqslant 0,$$

得 $K\leqslant -1$ 或 $K\geqslant 2$.

由题设知 K 具有概率密度 $f(x)=\begin{cases}\frac{1}{5}, & 0<x<5,\\ 0, & 其他,\end{cases}$ 从而

$$P\{K\leqslant -1\}=\int_{-\infty}^{-1}f(x)\mathrm{d}x=0,\ P\{K\geqslant 2\}=\int_2^{+\infty}f(x)\mathrm{d}x=\int_2^5\frac{1}{5}\mathrm{d}x=\frac{3}{5}.$$

故有实根的概率 $P=P\{K\geqslant 2\}+P\{K\leqslant -1\}=\frac{3}{5}+0=\frac{3}{5}$.

26. 设 $X\sim N(3,2^2)$.

(1)求 $P\{2<X\leqslant 5\}$，$P\{-4<X\leqslant 10\}$，$P\{|X|>2\}$，$P\{X>3\}$.

(2)确定 c，使得 $P\{X>c\}=P\{X\leqslant c\}$.

(3)设 d 满足 $P(X>d)\geqslant 0.9$，问 d 至多为多少?

解 因为 $X\sim N(3,2^2)$，故 $\frac{X-3}{2}\sim N(0,1)$.

$$(1)P\{2<X\leqslant 5\}=P\{\frac{2-3}{2}<\frac{X-3}{2}\leqslant\frac{5-3}{2}\}=\Phi(1)-\Phi(-\frac{1}{2})$$

$$=\Phi(1)-(1-\Phi(\frac{1}{2}))\approx 0.841\,3-1+0.691\,5=0.532\,8.$$

$$P\{-4<X\leqslant 10\}=P\{\frac{-4-3}{2}<\frac{X-3}{2}\leqslant\frac{10-3}{2}\}=\Phi(\frac{7}{2})-\Phi(-\frac{7}{2})=2\Phi(\frac{7}{2})-1\approx 0.999\,6.$$

$$P\{|X|>2\}=P\{X>2 或 X<-2\}=P\{X>2\}+P\{X<-2\}$$

$$=1-P\{X\leqslant 2\}+P\{X<-2\}=1-P\{\frac{X-3}{2}\leqslant\frac{2-3}{2}\}+P\{\frac{X-3}{2}<\frac{-2-3}{2}\}$$

$$=1-\Phi(-\frac{1}{2})+\Phi(-\frac{5}{2})\approx 0.697\,7.$$

$P\{X>3\}=1-P\{X\leqslant 3\}=1-P\{\frac{X-3}{2}\leqslant\frac{3-3}{2}\}=1-\Phi(0)=1-0.5=0.5.$

(2)由 $P\{X>c\}=P\{X\leqslant c\}$，则 $1-P\{X\leqslant c\}=P\{X\leqslant c\}$，

$$P\{X\leqslant c\}=P\{\frac{X-3}{2}\leqslant\frac{c-3}{2}\}=\Phi(\frac{c-3}{2})=\frac{1}{2},$$

查表得 $\frac{c-3}{2}=0$，故 $c=3$.

(3) $P\{X>d\}=1-P\{X\leqslant d\}=1-P\{\frac{X-3}{2}\leqslant\frac{d-3}{2}\}=1-\Phi(\frac{d-3}{2})\geqslant 0.9$，

则 $\Phi(\frac{d-3}{2})\leqslant 0.1$，所以 $\frac{d-3}{2}<0$. 那么 $\Phi(\frac{3-d}{2})\geqslant 0.9$.

查标准正态分布表知 $\Phi(1.29)=0.901\,5$，取 $\frac{3-d}{2}\geqslant 1.29$，得到 $d\leqslant 0.42$.

27. 某地区 18 岁的女青年的血压(收缩压，以 mmHg 计，1mmHg=133.322 4Pa)服从 $N(110,12^2)$ 分布. 在该地区任选一 18 岁的女青年，测量她的血压 X.

(1)求 $P\{X\leqslant 105\}$，$P\{100<X\leqslant 120\}$.

(2)确定最小的 x，使 $P\{X>x\}\leqslant 0.05$.

解 (1)由 $X\sim N(110,12^2)$，则

$$P\{X\leqslant 105\}=P\left\{\frac{X-110}{12}\leqslant\frac{105-110}{12}\right\}=\Phi(-\frac{5}{12})=1-\Phi(\frac{5}{12})=1-0.662\,8=0.338\,3.$$

$$P\{100<X\leqslant 120\}=P\left\{\frac{100-110}{12}<\frac{X-110}{12}\leqslant\frac{120-110}{12}\right\}=\Phi(\frac{5}{6})-\Phi(-\frac{5}{6})=2\Phi(\frac{5}{6})-1$$
$$=2\times 0.796\,7-1=0.593\,4.$$

(2) $P\{X>x\}=1-P\{X\leqslant x\}=1-P\left\{\frac{X-110}{12}\leqslant\frac{x-110}{12}\right\}=1-\Phi(\frac{x-110}{12})\leqslant 0.05$，

则 $\Phi(\frac{x-110}{12})\geqslant 0.95$. 为确定 x 的最小值，查表得 $\frac{x-110}{12}=1.65$，所以 $x=129.8$.

故 x 的最小值为 129.8.

28. 由某机器生产的螺栓的长度(以 cm 计)服从参数为 $\mu=10.05$，$\sigma=0.06$ 的正态分布. 规定长度在范围 10.05 ± 0.12 内为合格品，求一螺栓为不合格品的概率.

解 设螺栓的长度为 X，$X\sim N(10.05,0.06^2)$，则一螺栓为不合格品的概率为

$$p=1-P\{10.05-0.12<X<10.05+0.12\}$$
$$=1-\Phi\left(\frac{10.17-10.05}{0.06}\right)+\Phi\left(\frac{10.05-0.12-10.05}{0.06}\right)$$
$$=1-\Phi(2)-\Phi(-2)=2-2\Phi(2)=0.0456.$$

29. 一工厂生产的某种元件的寿命 X(以 h 计) 服从参数为 $\mu=160$，$\sigma(\sigma>0)$ 的正态分布. 若要求 $P\{120<X\leqslant 200\}\geqslant 0.80$，允许 σ 最大为多少?

解 若要求 $P\{120<X\leqslant 200\}\geqslant 0.80$，即

$$\Phi\left(\frac{200-160}{\sigma}\right)-\Phi\left(\frac{120-160}{\sigma}\right)=\Phi\left(\frac{40}{\sigma}\right)-\Phi\left(-\frac{40}{\sigma}\right)=2\Phi\left(\frac{40}{\sigma}\right)-1\geqslant 0.80,$$

$$\Phi\left(\frac{40}{\sigma}\right)\geqslant 0.9,$$

从而 $\frac{40}{\sigma}\geqslant 1.28$，$\sigma\leqslant 31.25$，即允许 σ 最大为 31.25.

30. 设在一电路中，电阻两端的电压(以 V 计)服从 $N(120,2^2)$ 分布，今独立测量了 5 次，试确定有 2 次测定值落在区间[118,122]之外的概率.

解 设第 i 次测定值为 X_i，$i=1,2,3,4,5$，则 $X_i\sim N(120,4)$.

$$P\{118\leqslant X_i\leqslant 122\}=\Phi\left(\frac{122-120}{2}\right)-\Phi\left(\frac{118-120}{2}\right)=\Phi(1)-\Phi(-1)=2\Phi(1)-1=0.6826.$$

$$P\{X_i\notin[118,122]\}=1-P\{118\leqslant X\leqslant 122\}=0.3174,i=1,2,3,4,5.$$

因诸 X_i 相互独立,故若以 Y 表示 5 次测量其测定值 X_i 落在[118,120]之外的个数,则 $Y\sim B(5,0.3174)$,故所求概率为 $P\{Y=2\}=C_5^2(0.3174)^2(0.6826)^3=0.3204$.

31. 某人上班,自家里去办公楼要经过一交通指示灯,这一指示灯有 80%时间亮红灯,此时他在指示灯旁等待直至绿灯亮. 等待时间在区间[0,30](以 s 计)上服从均匀分布. 以 X 表示他的等待时间,求 X 的分布函数 $F(x)$. 画出 $F(x)$的图形,并问 X 是否为连续型随机变量,是否为离散型的?(要说明理由)

解 当他到达交通指示灯处时,若是亮绿灯,则等待时间 X 为零,亮红灯则等待时间 X 服从均匀分布. 记 A 为事件"指示灯亮绿灯",对于固定的 $x\geqslant 0$,由全概率公式有

$$P\{X\leqslant x\}=P\{X\leqslant x|A\}P(A)+P\{X\leqslant x|\overline{A}\}P(\overline{A}),$$

其中 $P\{X\leqslant x|A\}=1,\quad P\{X\leqslant x|\overline{A}\}=\begin{cases}\dfrac{x}{30}, & 0\leqslant x\leqslant 30,\\ 1, & x>30.\end{cases}$

由 $P(A)=0.2$ 得到

$$P\{X\leqslant x\}=1\times 0.2+\frac{x}{30}\times 0.8=0.2+\frac{0.8x}{30}(\text{当 }0\leqslant x\leqslant 30);$$

$$P\{X\leqslant x\}=1\times 0.2+1\times 0.8=1(\text{当 }x>30).$$

于是得 X 的分布函数为

$$F(x)=P\{X\leqslant x\}=\begin{cases}0, & x<0,\\ 0.2+\dfrac{0.8x}{30}, & 0\leqslant x<30,\\ 1, & x\geqslant 30.\end{cases}$$

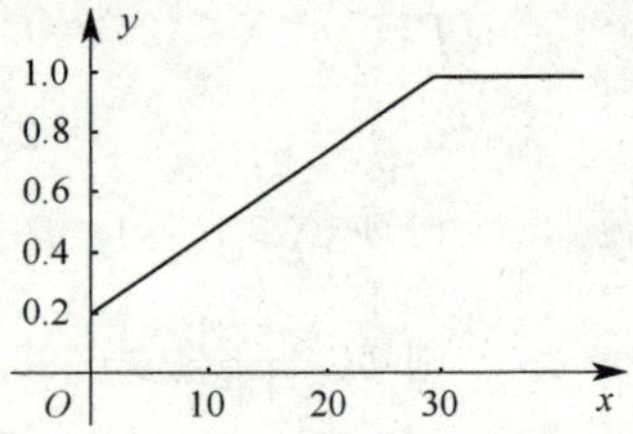

图 2-11

因 $F(x)$在 $x=0$ 处有不连续点,故随机变量 X 不是连续型的,又因不存在一个可列的点集,使得在这个点集上 X 取值的概率为 1,故随机变量 X 也不是离散型的,X 是混合型随机变量.

32. 设 $f(x),g(x)$都是概率密度函数,求证

$$h(x)=\alpha f(x)+(1-\alpha)g(x),\ 0\leqslant\alpha\leqslant 1$$

也是一个概率密度函数.

解 因 f,g 都是概率密度函数,故有

$$f(x)\geqslant 0,\ g(x)\geqslant 0, \quad ①$$

$$\int_{-\infty}^{\infty}f(x)\mathrm{d}x=1,\quad \int_{-\infty}^{\infty}g(x)\mathrm{d}x=1. \quad ②$$

现在 $0\leqslant\alpha\leqslant 1$,故 $1-\alpha\geqslant 0$,由①有 $\alpha f(x)\geqslant 0,\ (1-\alpha)g(x)\geqslant 0$,于是 $h(x)\geqslant 0$.

又由②知 $\int_{-\infty}^{\infty}h(x)\mathrm{d}x=\alpha\int_{-\infty}^{\infty}f(x)\mathrm{d}x+(1-\alpha)\int_{-\infty}^{\infty}g(x)\mathrm{d}x=\alpha+(1-\alpha)=1$,

所以 $h(x)$是一个概率密度函数.

33. 设随机变量 X 的分布律为

X	-2	-1	0	1	3
p_k	$\frac{1}{5}$	$\frac{1}{6}$	$\frac{1}{5}$	$\frac{1}{15}$	$\frac{11}{30}$

求 $Y=X^2$ 的分布律.

解 $Y=X^2$ 的所有可能取值为 0,1,4,9,

$$P\{Y=0\}=P\{X=0\}=\frac{1}{5};$$

$P\{Y=1\}=P\{X^2=1\}=P\{X=1\}+P\{X=-1\}=\frac{1}{15}+\frac{1}{6}=\frac{7}{30}$；

$P\{Y=4\}=P\{X=-2\}=\frac{1}{5}$；

$P\{Y=9\}=P\{X=3\}=\frac{11}{30}$；

故 Y 的分布律为

Y	0	1	4	9
p_k	$\frac{1}{5}$	$\frac{7}{30}$	$\frac{1}{5}$	$\frac{11}{30}$

34. 设随机变量 X 在区间 $(0,1)$ 内服从均匀分布.

(1)求 $Y=e^X$ 的概率密度. (2)求 $Y=-2\ln X$ 的概率密度.

解　由题设知，X 的概率密度为 $f_X(x)=\begin{cases}1, & 0<x<1,\\ 0, & \text{其他}.\end{cases}$

(1) $F_Y(y)=P\{Y\leqslant y\}=P\{e^X\leqslant y\}=P\{X\leqslant \ln y\}=\int_0^{\ln y} f_X(x)dx=\begin{cases}0, & \ln y<0,\\ \ln y, & 0<\ln y\leqslant 1,\\ 1, & \ln y>1,\end{cases}$

故 $f_Y(y)=F_Y'(y)=\frac{1}{y}$，$0<\ln y<1$，所以 $f_Y(y)=\begin{cases}\frac{1}{y}, & 1<y<e,\\ 0, & \text{其他}.\end{cases}$

(2)由 $y=-2\ln x$ 得 $x=h(y)=e^{-\frac{y}{2}}$，$h'(y)=-\frac{1}{2}e^{-\frac{y}{2}}$，由定理得 $Y=-2\ln X$ 的概率密度为

$$f_Y(y)=\begin{cases}\frac{1}{2}e^{-\frac{y}{2}}, & y>0,\\ 0, & y\leqslant 0,\end{cases}$$

或由 $Y=-2\ln X$ 知，Y 的取值必为非负，故当 $y\leqslant 0$ 时，$\{Y\leqslant y\}$ 是不可能事件，所以

$$F_Y(y)=P\{Y\leqslant y\}=0,\quad f_Y(y)=0.$$

当 $y>0$ 时，

$$F_Y(x)=P\{Y\leqslant y\}=P\{-2\ln X\leqslant y\}=P\{\ln X\geqslant -\frac{y}{2}\}=P\{X\geqslant e^{-\frac{y}{2}}\}$$

$$=\int_{e^{-\frac{y}{2}}}^1 f_X(x)dx=\int_{e^{-\frac{y}{2}}}^1 dx=-\int_1^{e^{-\frac{y}{2}}} dx=1-e^{-\frac{y}{2}}.$$

从而 $f_Y(y)=F_Y'(y)=\frac{1}{2}e^{-\frac{y}{2}}$.

故 $f_Y(y)=\begin{cases}\frac{1}{2}e^{-\frac{y}{2}}, & y>0,\\ 0, & y\leqslant 0.\end{cases}$

35. 设随机变量 $X\sim N(0,1)$.

(1)求 $Y=e^X$ 的概率密度. (2)求 $Y=2X^2+1$ 的概率密度. (3)求 $Y=|X|$ 的概率密度.

解　(1) X 的概率密度为 $f(x)=\frac{1}{\sqrt{2\pi}}e^{-\frac{x^2}{2}}$，$-\infty<x<+\infty$.

因为 $Y=e^X$，故 $Y>0$，所以当 $y\leqslant 0$ 时，$\{Y\leqslant y\}$ 为不可能事件，

$$F_Y(y)=P\{Y\leqslant y\}=0,\qquad f_Y(y)=F_Y'(y)=0.$$

当 $y>0$ 时，由 $y=e^x$ 得 $x=\ln y=h(y)$，$h'(y)=\frac{1}{y}$，由定理得 $Y=e^X$ 的概率密度为

$$f_Y(y)=\frac{1}{\sqrt{2\pi}}e^{-\frac{1}{2}(\ln y)^2}\cdot\frac{1}{y},$$

故 $f_Y(y)=\begin{cases}\dfrac{1}{\sqrt{2\pi}y}e^{-\frac{1}{2}(\ln y)^2}, & y>0,\\ 0, & y\leqslant 0,\end{cases}$

或 $F_Y(y)=P\{Y\leqslant y\}=P\{e^X\leqslant y\}=P\{X\leqslant \ln y\}=\int_{-\infty}^{\ln y}f(x)dx=\int_{-\infty}^{\ln y}\frac{1}{\sqrt{2\pi}}e^{-\frac{x^2}{2}}dx,$

从而 $f_Y(y)=F_Y'(y)=\frac{1}{\sqrt{2\pi}}e^{-\frac{(\ln y)^2}{2}}\cdot\frac{1}{y}\quad(y>0).$

(2)由 $Y=2X^2+1$ 知 $Y\geqslant 1$,故当 $y<1$ 时,$\{Y\leqslant y\}$ 是不可能事件,所以 $F_Y(y)=P\{Y\leqslant y\}=0$,从而 $f_Y(y)=0$.

当 $y\geqslant 1$ 时,

$$F_Y(y)=P\{Y\leqslant y\}=P\{2X^2+1\leqslant y\}=P\left\{-\sqrt{\frac{y-1}{2}}\leqslant X\leqslant\sqrt{\frac{y-1}{2}}\right\}$$

$$=\int_{-\sqrt{\frac{y-1}{2}}}^{\sqrt{\frac{y-1}{2}}}f(x)dx=\int_{-\sqrt{\frac{y-1}{2}}}^{\sqrt{\frac{y-1}{2}}}\frac{1}{\sqrt{2\pi}}e^{-\frac{x^2}{2}}dx,$$

$$f_Y(y)=F_Y'(y)=\frac{1}{\sqrt{2\pi}}e^{-\frac{1}{2}\cdot\frac{y-1}{2}}\times\left(\sqrt{\frac{y-1}{2}}\right)'-\frac{1}{\sqrt{2\pi}}e^{-\frac{1}{2}\cdot\frac{y-1}{2}}\times\left(-\sqrt{\frac{y-1}{2}}\right)'$$

$$=\frac{1}{2\sqrt{\pi(y-1)}}e^{-\frac{y-1}{4}},$$

即 $f_Y(y)=\begin{cases}\dfrac{1}{2\sqrt{\pi(y-1)}}e^{-\frac{y-1}{4}}, & y>1,\\ 0, & y\leqslant 1.\end{cases}$

(3)由 $Y=|X|$ 知 $Y\geqslant 0$,所以当 $y<0$ 时,$\{Y\leqslant y\}$ 为不可能事件,$F_Y(y)=P\{Y\leqslant y\}=0$,故 $f_Y(y)=0$.

当 $y\geqslant 0$ 时, $F_Y(y)=P\{Y\leqslant y\}=P\{|X|\leqslant y\}=P\{-y\leqslant X\leqslant y\}$

$$=\int_{-y}^{y}f(x)dx=\int_{-y}^{y}\frac{1}{\sqrt{2\pi}}e^{-\frac{x^2}{2}}dx=2\int_0^y\frac{1}{\sqrt{2\pi}}e^{-\frac{x^2}{2}}dx,$$

$$f_Y(y)=F_Y'(y)=2\frac{1}{\sqrt{2\pi}}e^{-\frac{y^2}{2}},$$

所以 $f_Y(y)=\begin{cases}\sqrt{\dfrac{2}{\pi}}e^{-\frac{y^2}{2}}, & y\geqslant 0,\\ 0, & y<0.\end{cases}$

36. (1)设随机变量 X 的概率密度为 $f(x)$,$-\infty<x<+\infty$. 求 $Y=X^3$ 的概率密度.

(2)设随机变量 X 的概率密度为 $f(x)=\begin{cases}e^{-x}, & x>0,\\ 0, & \text{其他}.\end{cases}$ 求 $Y=X^2$ 的概率密度.

解 (1)由 $y=x^3$ 得 $x=h(y)=\sqrt[3]{y}$,且 $h'(y)=\frac{1}{3\sqrt[3]{y^2}}$,由定理得 $Y=X^3$ 的概率密度为

$$f_Y(y)=\frac{1}{3\sqrt[3]{y^2}}f(\sqrt[3]{y}),\ y\neq 0.$$

(2)显然当 $y\leqslant 0$ 时,$f_Y(y)=0$;

当 $y>0$ 时,

$$F_Y(y)=P\{Y\leqslant y\}=P\{X^2\leqslant y\}=P\{0<X\leqslant\sqrt{y}\}=\int_0^{\sqrt{y}}f(x)dx=\int_0^{\sqrt{y}}e^{-x}dx,$$

$$f_Y(y)=F'_Y(y)=e^{-\sqrt{y}}\cdot\frac{1}{2\sqrt{y}},$$

所以 $f_Y(y)=\begin{cases}\dfrac{1}{2\sqrt{y}}e^{-\sqrt{y}}, & y>0,\\ 0, & y\leqslant 0.\end{cases}$

37. 设随机变量 X 的概率密度为 $f(x)=\begin{cases}\dfrac{2x}{\pi^2}, & 0<x<\pi,\\ 0, & 其他.\end{cases}$ 求 $Y=\sin X$ 的概率密度.

解 由 $Y=\sin X$ 知 $0<Y<1$，当 $y\leqslant 0$ 时，$F_Y(y)=0$，故 $f_Y(y)=0$；

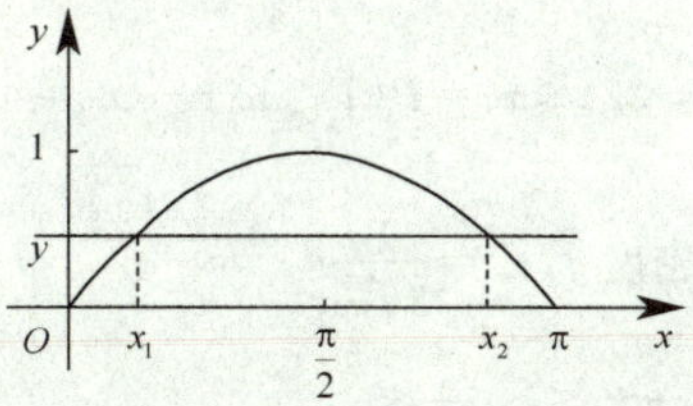

图 2—12

当 $0<y<1$ 时，$F_Y(y)=P\{Y\leqslant y\}=P\{\sin X\leqslant y\}=P\{[0<X\leqslant x_1]\cup[x_2\leqslant X<\pi]\}$.

其中，$x_1=\arcsin y, x_2=\pi-\arcsin y$，即

$$F_Y(y)=\int_0^{x_1}f(x)\mathrm{d}x+\int_{x_2}^{\pi}f(x)\mathrm{d}x=\int_0^{\arcsin y}\frac{2x}{\pi^2}\mathrm{d}x+\int_{\pi-\arcsin y}^{\pi}\frac{2x}{\pi^2}\mathrm{d}x.$$

所以 $f_Y(y)=\dfrac{2\arcsin y}{\pi^2}\times\dfrac{1}{\sqrt{1-y^2}}-\dfrac{2(\pi-\arcsin y)}{\pi^2}\times\left(-\dfrac{1}{\sqrt{1-y^2}}\right)=\dfrac{2}{\pi\sqrt{1-y^2}}$.

当 $y\geqslant 1$ 时，$F_Y(y)=1$，　$f_Y(y)=0$.

故 $f_Y(y)=\begin{cases}\dfrac{2}{\pi\sqrt{1-y^2}}, & 0<y<1,\\ 0, & 其他.\end{cases}$

38. 设电流 I 是一个随机变量，它均匀分布在 $9A\sim 11A$ 之间. 若此电流通过 2Ω 的电阻，在其上消耗的功率 $W=2I^2$. 求 W 的概率密度.

解 $f_I(i)=\begin{cases}\dfrac{1}{11-9}, & 9<i<11,\\ 0, & 其他,\end{cases}$　　$W=2I^2, F_W(w)=P\{W\leqslant w\}=P\{2I^2\leqslant w\}=P\{I^2\leqslant\dfrac{w}{2}\}$.

当 $w<0$ 时，$F_W(w)=0$.

当 $w\geqslant 0$ 时，$F_W(w)=P\{I^2\leqslant\dfrac{w}{2}\}=P\{-\sqrt{\dfrac{w}{2}}\leqslant I\leqslant\sqrt{\dfrac{w}{2}}\}=\displaystyle\int_{-\sqrt{\frac{w}{2}}}^{\sqrt{\frac{w}{2}}}f_I(i)\mathrm{d}i$

$$=\int_{-\sqrt{\frac{w}{2}}}^{9}f_I(i)\mathrm{d}i+\int_9^{\sqrt{\frac{w}{2}}}f_I(i)\mathrm{d}i=\int_9^{\sqrt{\frac{w}{2}}}f_I(i)\mathrm{d}i.$$

当 $9<i<11$，即 $162<w<242$ 时，

$$F_W(w)=P\{9<I<\sqrt{\frac{w}{2}}\}=\int_9^{\sqrt{\frac{w}{2}}}\frac{1}{2}\mathrm{d}i=\frac{1}{2}\left(\sqrt{\frac{w}{2}}-9\right).$$

故 $f_W(w)=F'_W(w)=\dfrac{1}{4\sqrt{2w}}$；

当 $w\leqslant 162$ 时，$F_W(w)=0, f_W(w)=0$；

当 $w\geqslant 242$ 时，$F_W(w)=1, f_W(w)=0$；

于是 $f_W(w)=\begin{cases}\dfrac{1}{4\sqrt{2w}}, & 162<w<242,\\ 0, & 其他.\end{cases}$

39. 某物体的温度 T(以℉计)是随机变量,且有 $T\sim N(98.6,2)$,已知 $\Theta=\dfrac{5}{9}(T-32)$,试求$\Theta$(以℃计)的概率密度.

解　因 $T\sim N(98.6,2)$,T 的概率密度函数为 $f_T(t)=\dfrac{1}{\sqrt{2}\sqrt{2\pi}}e^{-\frac{(t-98.6)^2}{4}}$, $-\infty<t<+\infty$.

$\Theta=\dfrac{5}{9}(T-32)$的分布函数为

$F(x)=P\{\Theta\leqslant x\}=P\{\dfrac{5}{9}(T-32)\leqslant x\}=P\{T\leqslant 32+\dfrac{9}{5}x\}=\displaystyle\int_{-\infty}^{32+\frac{9}{5}x}\dfrac{1}{2\sqrt{\pi}}e^{-\frac{(t-98.6)^2}{4}}dt.$

所以 $\Theta=\dfrac{5}{9}(T-32)$的概率密度 $f(x)=\dfrac{1}{2\sqrt{\pi}}e^{-\frac{(32+\frac{9}{5}x-98.6)^2}{4}}\cdot\dfrac{9}{5}=\dfrac{9}{10\sqrt{\pi}}e^{-\frac{81(x-37)^2}{100}}$.

故 $f(x)=\dfrac{9}{10\sqrt{\pi}}e^{-\frac{81(x-37)^2}{100}}$, $-\infty<x<+\infty$.

第二章自测题

一、填空题

1. 设有随机变量 $X\sim\begin{bmatrix}-1 & 0 & 1\\ \frac{1}{3} & \frac{1}{6} & \frac{1}{2}\end{bmatrix}$,则 X 的分布函数为______.

2. 设随机变量 X 服从参数为$(2,p)$的二项分布,随机变量 Y 服从参数为$(3,p)$的二项分布,若$P\{X\geqslant 1\}=\dfrac{5}{9}$,则 $P\{Y\geqslant 1\}=$______.

3. 随机变量 X 服从泊松分布,并且已知 $P\{X=1\}=P\{X=2\}$,则 $P\{X=4\}=$______.

4. 设随机变量 X 服从正态分布 $N(\mu,\sigma^2)(\sigma>0)$,且二次方程 $y^2+4y+X=0$ 无实根的概率为$\dfrac{1}{2}$,则 $\mu=$______.

5. 设随机变量 X 在区间$(2,5)$上服从均匀分布,现对 X 进行三次独立观测,则至少有两次观测值大于 3 的概率为______.

6. 设随机变量 X 服从$(0,2)$上的均匀分布,则随机变量 $Y=X^2$ 的概率密度 $f_Y(y)=$______.

二、选择题

1. 已知离散型随机变量 X 的所有可能取值为 $-2,0,2,\sqrt{5}$,相应的概率依次为$\dfrac{1}{a},\dfrac{3}{2a},\dfrac{5}{4a},\dfrac{7}{8a}$,则 $P\{|X|\leqslant 2|X\geqslant 0\}$为(　　).

(A)$\dfrac{21}{29}$　　(B)$\dfrac{22}{29}$　　(C)$\dfrac{2}{3}$　　(D)$\dfrac{1}{3}$

2. 下列选项中,能作为连续型随机变量密度函数的是(　　).

(A)$f(x)=\begin{cases}\dfrac{1}{\sqrt{2\pi}}e^{-\frac{x^2}{2}}, & x>0\\ 0, & x\leqslant 0\end{cases}$　　(B)$f(x)=\begin{cases}1, & |x|<1\\ 0, & 其他\end{cases}$

(C) $f(x)=\begin{cases}\dfrac{x}{2}, & 0<x<1\\ 0, & 其他\end{cases}$　　(D) $f(x)=\dfrac{1}{2}e^{-|x|}$

3. 设随机变量 X 的密度函数为 $f_X(x)$，则 $Y=3-2X$ 的密度函数为(　　).

(A) $-\dfrac{1}{2}f_X\left(-\dfrac{y-3}{2}\right)$　　(B) $\dfrac{1}{2}f_X\left(-\dfrac{y-3}{2}\right)$　　(C) $-\dfrac{1}{2}f_X\left(-\dfrac{y+3}{2}\right)$　　(D) $\dfrac{1}{2}f_X\left(-\dfrac{y+3}{2}\right)$

4. 设随机变量 X 具有对称的概率密度，即 $f(-x)=f(x)$，则对任意 $a>0$，$P\{|X|>a\}$是(　　).

(A) $1-2F(a)$　　(B) $2F(a)-1$　　(C) $2-F(a)$　　(D) $2[1-F(a)]$

5. 设 $X\sim N(\mu_1,\sigma_1^2)$，$Y\sim N(\mu_2,\sigma_2^2)$，且$P\{|X-\mu_1|<1\}>P\{|Y-\mu_2|<1\}$，则必有(　　).

(A) $\sigma_1<\sigma_2$　　(B) $\sigma_1>\sigma_2$　　(C) $\mu_1<\mu_2$　　(D) $\mu_1>\mu_2$

6. 设随机变量 X 的分布函数 $F(x)=\begin{cases}0, & x<0,\\ \dfrac{1}{2}, & 0\leqslant x<1,\\ 1-e^{-x}, & x\geqslant 1,\end{cases}$ 则 $P\{X=1\}=$(　　).

(A) 0　　(B) $\dfrac{1}{2}$　　(C) $\dfrac{1}{2}-e^{-1}$　　(D) $1-e^{-1}$

三、解答题

1. 设连续型随机变量 X 的分布函数为 $F(x)=\begin{cases}0, & x<0,\\ Ax^2, & 0\leqslant x<1,\\ 1, & x\geqslant 1.\end{cases}$ 求：

(1)常数 A；

(2) X 落在 $\left(-1,\dfrac{1}{2}\right)$ 及 $\left(\dfrac{1}{3},2\right)$ 内的概率；

(3) X 的概率密度.

2. 设随机变量 X 的密度为 $f(x)=\begin{cases}cx, & 0\leqslant x\leqslant 1,\\ 0, & 其他.\end{cases}$ 求：

(1)常数 c；

(2) $P\{0.3<X<0.7\}$；

(3)常数 a，使 $P\{X>a\}=P\{X<a\}$；

(4) X 的分布函数 $F(x)$.

3. 假设随机变量 X 的概率密度为 $f(x)=\begin{cases}2x, & 0<x<1,\\ 0, & 其他.\end{cases}$ 现在对 X 进行 n 次独立重复观测，以 V_n 表示观测值不大于 0.1 的次数. 试求随机变量 V_n 的概率分布.

4. 已知随机变量 X 的分布律如下：

X	-2	-1	0	1	2	3
P	$4a$	$\dfrac{1}{12}$	$3a$	a	$10a$	$4a$

$Y=X^2$，求 Y 的分布律.

5. 某单位招聘 155 人，按考试成绩录用，共有 526 人报名，假设报名者的考试成绩 $X\sim N(\mu,\sigma^2)$. 已知 90 分以上的 12 人，60 分以下的 83 人，若从高分到低分依次录取，某人成绩为 78 分，问此人能否被录取?

6. 设随机变量 X 服从参数为 2 的指数分布，证明 $Y=1-e^{-2X}$ 在区间(0,1)上服从均匀分布.

第二章自测题答案

一、填空题

1. $F(x)=\begin{cases}0, & x<-1,\\ \dfrac{1}{3}, & -1\leqslant x<0,\\ \dfrac{1}{2}, & 0\leqslant x<1,\\ 1, & x\geqslant 1.\end{cases}$

解 当 $x<-1$ 时，$F(x)=P\{X\leqslant x\}=0$；当 $-1\leqslant x<0$ 时，$F(x)=P\{X\leqslant x\}=\dfrac{1}{3}$；

当 $0\leqslant x<1$ 时，$F(x)=P\{X\leqslant x\}=\dfrac{1}{3}+\dfrac{1}{6}=\dfrac{1}{2}$；当 $x\geqslant 1$ 时，$F(x)=P\{X\leqslant x\}=\dfrac{1}{3}+\dfrac{1}{6}+\dfrac{1}{2}=1$.

2. $\dfrac{19}{27}$ 解 $\dfrac{5}{9}=P\{X\geqslant 1\}=1-P\{X<1\}=1-C_2^0p^0(1-p)^2=1-(1-p)^2$，得 $1-p=\dfrac{2}{3}$.

则 $P\{Y\geqslant 1\}=1-P\{Y<1\}=1-C_3^0p^0(1-p)^3=1-\left(\dfrac{2}{3}\right)^3=\dfrac{19}{27}$.

3. $\dfrac{2}{3}e^{-2}$ 解 由题设，X 的分布律为：$P\{X=k\}=\dfrac{\lambda^k}{k!}e^{-\lambda}$，$k=0,1,2,\cdots$.

本题的关键是先求出参数 λ 的值. 由 $P\{X=1\}=P\{X=2\}$ 得 $\lambda e^{-\lambda}=\dfrac{\lambda^2}{2}e^{-\lambda}$，即 $\lambda^2-2\lambda=0$.

因为 $\lambda>0$，得 $\lambda=2$. 于是 $P\{X=4\}=\dfrac{2^4}{4!}e^{-2}=\dfrac{2}{3}e^{-2}$.

4. 4 解 二次方程 $y^2+4y+X=0$ 无实根，则 $\Delta=4^2-4X<0$， 即 $4<X$.

因为 $P\{4<X\}=\dfrac{1}{2}$，故 $\mu=4$.

5. $\dfrac{20}{27}$ 解 由题意"对 X 进行三次独立观测"即是在相同条件下进行三次独立重复试验，因此所求概率属于伯努利概型的概率计算问题.

以 A 表示事件"对 X 的观测值大于 3"，即 $A=\{X>3\}$，由题设知 X 的概率密度为

$$f(x)=\begin{cases}\dfrac{1}{3}, & 2<x<5,\\ 0, & \text{其他}.\end{cases}$$

因此 $P(A)=P\{X>3\}=\int_3^5\dfrac{1}{3}dx=\dfrac{2}{3}$.

以 Y 表示三次独立观测中观测值大于 3 的次数，则 Y 的可能值为 0，1，2，3，且据伯努利概型的计算公式，Y 取各可能值的概率为 $P\{Y=k\}=C_3^kp^kq^{3-k}=C_3^k\left(\dfrac{2}{3}\right)^k\left(\dfrac{1}{3}\right)^{3-k}$ $(k=0,1,2,3)$，即 $Y\sim B\left(3,\dfrac{2}{3}\right)$.

从而，所求概率为 $P\{Y\geqslant 2\}=C_3^2\left(\dfrac{2}{3}\right)^2\left(\dfrac{1}{3}\right)+C_3^3\left(\dfrac{2}{3}\right)^3=\dfrac{20}{27}$.

6. $f_Y(y)=\begin{cases}\dfrac{1}{4\sqrt{y}}, & 0<y<4,\\ 0, & \text{其他}.\end{cases}$

解 **方法一** 分布函数法(或定义法)

由已知条件可知，①当 $y\leqslant 0$ 时，$F_Y(y)=0$；②当 $y\geqslant 4$ 时，$F_Y(y)=1$；③当 $0<y<4$ 时，$F_Y(y)=P\{Y\leqslant y\}=P\{X^2\leqslant y\}=P\{X\leqslant\sqrt{y}\}=F_X(\sqrt{y})$.

由于 X 服从(0，2)上的均匀分布，所以 $F_Y(y)=F_X(\sqrt{y})=\dfrac{\sqrt{y}}{2}$.

因此 $f_Y(y)=F_Y{}'(y)=\begin{cases}\dfrac{1}{4\sqrt{y}}, & 0<y<4,\\ 0, & 其他.\end{cases}$

方法二 公式法(或复合函数求导法)

因为 $y=x^2$ 在(0,4)内单调,其反函数 $x=\sqrt{y}$ 在(0,2)内可导,那么

$$f_Y(y)=f_X(\sqrt{y})(\sqrt{y})'=\frac{1}{2\sqrt{y}}\times\frac{1}{2}=\frac{1}{4\sqrt{y}}(0<y<4).$$

此处对 $\sqrt{y}$ 求导得 $\dfrac{1}{2\sqrt{y}}>0$,因 $f_Y(y)\geqslant0$,从而符合概率密度非负的性质. 若对反函数求导为负值时,需要取其绝对值. 因此随机变量 Y 的概率密度为 $f_Y(y)=\begin{cases}\dfrac{1}{4\sqrt{y}}, & 0<y<4,\\ 0, & 其他.\end{cases}$

二、选择题

1. B 解 首先根据概率分布的性质求出常数 a 的值,其次确定概率分布的具体形式,然后计算条件概率.

由 $\sum\limits_{i=1}^{4}P\{X=x_i\}=\dfrac{1}{a}+\dfrac{3}{2a}+\dfrac{5}{4a}+\dfrac{7}{8a}=\dfrac{37}{8a}=1$,解得 $a=\dfrac{37}{8}$,故 $X\sim\begin{bmatrix}-2 & 0 & 2 & \sqrt{5}\\ \dfrac{8}{37} & \dfrac{12}{37} & \dfrac{10}{37} & \dfrac{7}{37}\end{bmatrix}$.

$$P\{|X|\leqslant2|X\geqslant0\}=\frac{P\{|X|\leqslant2,X\geqslant0\}}{P\{X\geqslant0\}}=\frac{P\{X=0\}+P\{X=2\}}{P\{X=0\}+P\{X=2\}+P\{X=\sqrt{5}\}}=\frac{22}{29}.$$

2. D 解 只有(D)中 $f(x)$ 满足概率密度的性质:(1) $f(x)\geqslant0$;(2) $\int_{-\infty}^{+\infty}f(x)\mathrm{d}x=1$.

3. B 解 本题是求连续型随机变量函数的概率密度,因为 $Y=g(X)$ 是单调函数,由公式法可知(B)正确.

4. D 解 因为 $f(-x)=f(x)$,所以 $F(-a)=\int_{-\infty}^{-a}f(x)\mathrm{d}x=\int_{a}^{+\infty}f(x)\mathrm{d}x$. 故

$$\begin{aligned}F(a)+F(-a)=\int_{-\infty}^{+\infty}f(x)\mathrm{d}x=1&\Rightarrow F(-a)=1-F(a)\\&\Rightarrow P\{|X|>a\}=1-P\{|X|<a\}\\&=1-P\{-a<X<a\}=1-[F(a)-F(-a)]\\&=1-\{F(a)-[1-F(a)]\}=2[1-F(a)].\end{aligned}$$

5. A 解 $P\{|X-\mu_1|<1\}>P\{|Y-\mu_2|<1\}$,即 $P\left\{\dfrac{-1}{\sigma_1}<\dfrac{X-\mu_1}{\sigma_1}<\dfrac{1}{\sigma_1}\right\}>P\left\{\dfrac{-1}{\sigma_2}<\dfrac{Y-\mu_2}{\sigma_2}<\dfrac{1}{\sigma_2}\right\}$,

从而 $2\Phi\left(\dfrac{1}{\sigma_1}\right)-1>2\Phi\left(\dfrac{1}{\sigma_2}\right)-1$,故 $\Phi\left(\dfrac{1}{\sigma_1}\right)>\Phi\left(\dfrac{1}{\sigma_2}\right)$, $\dfrac{1}{\sigma_1}>\dfrac{1}{\sigma_2}$,得 $\sigma_2>\sigma_1$.

6. C 解 $P\{X=1\}=P\{X\leqslant1\}-P\{X<1\}=F(1)-F(1-0)=(1-\mathrm{e}^{-1})-\dfrac{1}{2}=\dfrac{1}{2}-\mathrm{e}^{-1}$.

三、解答题

1. 解 (1)由 $F(x)$ 的连续性,可知 $\lim\limits_{x\to1^-}F(x)=F(1)$,则 $\lim\limits_{x\to1^-}Ax^2=1$,可得 $A=1$,那么分布函数

$$F(x)=\begin{cases}0, & x<0,\\ x^2 & 0\leqslant x<1,\\ 1, & x\geqslant1.\end{cases}$$

(2)由于 X 落在 $\left(-1,\dfrac{1}{2}\right)$ 内,则 $P\left\{-1<X<\dfrac{1}{2}\right\}=F\left(\dfrac{1}{2}\right)-F(-1)=\left(\dfrac{1}{2}\right)^2-0=\dfrac{1}{4}$.

同理可知 $P\left\{\dfrac{1}{3}<X<2\right\}=F(2)-F\left(\dfrac{1}{3}\right)=1-\left(\dfrac{1}{3}\right)^2=\dfrac{8}{9}$.

(3)因为 $f(x)=F'(x)$. 当 $0\leqslant x<1$ 时,$f(x)=(x^2)'=2x$;其他情况时,$f(x)=0$.

所以 $f(x)=\begin{cases}2x, & 0\leqslant x<1,\\ 0, & \text{其他}.\end{cases}$

2. **解** (1)由性质 $\int_{-\infty}^{+\infty}f(x)\mathrm{d}x=\int_0^1 cx\mathrm{d}x=\frac{c}{2}=1$，可得 $c=2$.

(2)$P\{0.3<X<0.7\}=\int_{0.3}^{0.7}f(x)\mathrm{d}x=\int_{0.3}^{0.7}2x\mathrm{d}x=x^2\Big|_{0.3}^{0.7}=0.4$.

(3)因为 $P\{X>a\}+P\{X<a\}=1$ $(P\{X=a\}=0)$，而 $P\{X>a\}=P\{X<a\}$，故 $P\{X>a\}=P\{X<a\}=\frac{1}{2}$，

即 $\int_{-\infty}^{a}f(x)\mathrm{d}x=\int_0^a 2x\mathrm{d}x=a^2=\frac{1}{2}$，得 $a=\frac{1}{\sqrt{2}}$.

(4)$F(x)=\int_{-\infty}^{x}f(t)\mathrm{d}t=\begin{cases}0, & x<0,\\ \int_0^x 2t\mathrm{d}t, & 0\leqslant x<1,\\ 1, & x\geqslant 1\end{cases}=\begin{cases}0, & x<0,\\ x^2, & 0\leqslant x<1,\\ 1, & x\geqslant 1.\end{cases}$

3. **解** 事件“观测值不大于 0.1”，即事件 $\{X\leqslant 0.1\}$ 的概率为

$$p=P\{X\leqslant 0.1\}=\int_{-\infty}^{0.1}f(x)\mathrm{d}x=2\int_0^{0.1}x\mathrm{d}x=0.01.$$

每次观测所得观测值不大于 0.1 为成功，则 V_n 作为 n 次独立重复试验成功的次数，服从参数为 $(n,0.01)$ 的二项分布，故 V_n 的分布律为 $P\{V_n=m\}=C_n^m(0.01)^m(0.99)^{n-m}$ $(m=0,1,2,\cdots,n)$

4. **解** Y 的分布律可表示为

Y	0	1	4	9
P	$3a$	$\frac{1}{12}+a$	$14a$	$4a$

由性质确定 $a=\frac{1}{24}$，则 Y 的分布律为

Y	0	1	4	9
P	$\frac{1}{8}$	$\frac{1}{8}$	$\frac{7}{12}$	$\frac{1}{6}$

5. **解** 本题中只知成绩 $X\sim N(\mu,\sigma^2)$，但不知 μ,σ 的值是多少，所以首先需求出 μ 和 σ. 根据已知条件有

$P\{X>90\}=\frac{12}{526}\approx 0.022\ 8$，$P\{X\leqslant 90\}=1-P\{X>90\}\approx 1-0.022\ 8=0.977\ 2$.

又因为 $P\{X\leqslant 90\}\xlongequal{\text{标准化}}P\left\{\frac{X-\mu}{\sigma}\leqslant\frac{90-\mu}{\sigma}\right\}=\Phi\left(\frac{90-\mu}{\sigma}\right)$，所以 $\Phi\left(\frac{90-\mu}{\sigma}\right)=0.977\ 2$.

反查标准正态分布表得 $\frac{90-\mu}{\sigma}\approx 2.0.$ ①

又 $P\{X<60\}=\frac{83}{526}\approx 0.158\ 8$，$P\{X<60\}\xlongequal{\text{标准化}}P\left\{\frac{X-\mu}{\sigma}<\frac{60-\mu}{\sigma}\right\}=\Phi\left(\frac{60-\mu}{\sigma}\right)$，

所以 $\Phi\left(\frac{60-\mu}{\sigma}\right)\approx 0.158\ 8$，$\Phi\left(\frac{\mu-60}{\sigma}\right)\approx 1-0.158\ 8=0.841\ 2$.

反查标准正态分布表得 $\frac{\mu-60}{\sigma}\approx 1.0.$ ②

由①，②联立解出 $\sigma=10,\mu=70$. 所以 $X\sim N(70,10^2)$.

某人成绩 78 分，能否被录取，关键在于录取率. 已知录取率为 $\frac{155}{526}\approx 0.294\ 7$. 看是否能被录取，解法有二.

方法一 看 $P\{X>78\}=?$

$$P\{X>78\}=1-P\{X\leqslant 78\}=1-P\left\{\frac{X-70}{10}\leqslant\frac{78-70}{10}\right\}=1-P\{X^*\leqslant 0.8\}$$

$=1-\Phi(0.8)\approx 1-0.7881=0.2119$.

因为 $0.2119<0.2947$(录取率),所以此人能被录取.

方法二 看录取分数限.设被录用者的最低分为 x_0,则 $P\{X\geqslant x_0\}=0.2947$(录取率),

$P\{X\leqslant x_0\}=1-P\{X>x_0\}\approx 1-0.2947=0.7053$,

而 $P\{X\leqslant x_0\}=P\left\{\frac{X-70}{10}\leqslant\frac{x_0-70}{10}\right\}=P\left\{X^*\leqslant\frac{x_0-70}{10}\right\}=\Phi\left(\frac{x_0-70}{10}\right)$,所以 $\Phi\left(\frac{x_0-70}{10}\right)=0.7053$.

反查标准正态分布表得 $\frac{x_0-70}{10}\approx 0.54$,解出 $x_0=75$.

某人成绩 78 分,在 75 分以上,所以能被录取.

6. **证** X 的分布函数 $F(x)=\begin{cases}1-e^{-2x}, & x>0,\\ 0, & x\leqslant 0,\end{cases}$ $y=1-e^{-2x}$.是单调增函数,其反函数为 $x=-\frac{\ln(1-y)}{2}$.

设 $G(y)$ 是 Y 的分布函数,则

$$G(y)=P\{Y\leqslant y\}=P\{1-e^{-2X}\leqslant y\}=\begin{cases}0, & y\leqslant 0,\\ P\left\{X\leqslant -\frac{1}{2}\ln(1-y)\right\}, & 0<y<1,\\ 1, & y\geqslant 1\end{cases}=\begin{cases}0, & y\leqslant 0,\\ y, & 0<y<1,\\ 1, & y\geqslant 1.\end{cases}$$

于是,Y 在(0,1)服从均匀分布.另外,本题也可以用公式计算 Y 的分布.

第三章 多维随机变量及其分布

第一节 二维随机变量

一、主要内容归纳

1. 二维随机变量 设E是随机试验，样本空间$\Omega=\{\omega\}$，由$X=X(\omega)$，$Y=Y(\omega)$构成的向量(X,Y)称为二维随机变量.

2. 联合分布函数 设(X,Y)是二维随机变量，x,y是两个任意实数，则称定义在平面上的二元函数$P\{X\leqslant x,Y\leqslant y\}$为$(X,Y)$的分布函数，或称为$X$和$Y$的联合分布函数，记作$F(x,y)$，即

$$F(x,y)=P\{X\leqslant x,Y\leqslant y\}.$$

$F(x,y)$的性质：

(1)$0\leqslant F(x,y)\leqslant 1$，且$F(-\infty,y)=F(x,-\infty)=F(-\infty,-\infty)=0$，$F(+\infty,+\infty)=1$.

(2)$F(x,y)$是变量x或y的单调不减函数.

(3)$F(x,y)=F(x+0,y)$，$F(x,y)=F(x,y+0)$，$F(x,y)$关于x或y都是右连续的.

(4)对任意的(x_1,y_1)，(x_2,y_2)：当$x_1<x_2$，$y_1<y_2$时有

$$P\{x_1<X\leqslant x_2,\ y_1<Y\leqslant y_2\}=F(x_2,y_2)-F(x_1,y_2)-F(x_2,y_1)+F(x_1,y_1).$$

3. 二维离散型随机变量 若(X,Y)所有可能取值为(x_i,y_j)，$i,j=1,2,\cdots$，则$P\{X=x_i,Y=y_j\}=p_{ij}$称为联合分布律，联合分布律可列表如下：

X \ Y	y_1	$\cdots$	y_j	$\cdots$
x_1	p_{11}	$\cdots$	p_{1j}	$\cdots$
$\vdots$	$\vdots$		$\vdots$	
x_i	p_{i1}	$\cdots$	p_{ij}	$\cdots$
$\vdots$	$\vdots$		$\vdots$	

联合分布律的性质：$p_{ij}\geqslant 0$，$\sum\limits_{i=1}^{\infty}\sum\limits_{j=1}^{\infty}p_{ij}=1$.

4. 二维连续型随机变量 若分布函数$F(x,y)=\int_{-\infty}^{x}\int_{-\infty}^{y}f(u,v)\mathrm{d}u\mathrm{d}v$，则称$(X,Y)$

是连续型随机变量. $f(x,y)$称为(X,Y)的联合概率密度.

联合概率密度的性质:

(1)$f(x,y)\geqslant 0$; $\int_{-\infty}^{+\infty}\int_{-\infty}^{+\infty}f(x,y)\mathrm{d}x\mathrm{d}y=1$.

(2)若 $f(x,y)$在点(x,y)处连续,则$\frac{\partial^2 F(x,y)}{\partial x\partial y}=f(x,y)$.

(3)设 G 是 xOy 平面上一个区域,则 $P\{(X,Y)\in G\}=\iint\limits_{G}f(x,y)\mathrm{d}x\mathrm{d}y$.

二、经典例题解析及解题方法总结

【例 1】袋中有一个红色球,两个黑色球,三个白色球,现有放回的从袋中取两次,每次取一球,以 X,Y,Z 分别表示两次取球的红、黑、白球的个数.

(1)求 $P\{X=1|Z=0\}$;

(2)求二维随机变量(X,Y)的概率分布.

解 (1)在没有取白球的情况下取了一次红球,利用样本空间的缩减法,相当于只有 1 个红球,2 个黑球有放回摸两次,其中摸一个红球的概率,所以 $P\{X=1|Z=0\}=\frac{C_2^1\times 2}{3^2}=\frac{4}{9}$.

(2)X,Y 取值范围为 0,1,2,故

$P\{X=0,Y=0\}=\frac{C_3^1\times C_3^2}{6^2}=\frac{1}{4}$, $P\{X=1,Y=0\}=\frac{C_2^1\times C_3^1}{6^2}=\frac{1}{6}$,

$P\{X=2,Y=0\}=\frac{1}{6^2}=\frac{1}{36}$, $P\{X=0,Y=1\}=\frac{C_2^1\times C_2^1\times C_3^1}{6^2}=\frac{1}{3}$,

$P\{X=1,Y=1\}=\frac{C_2^1\times C_2^1}{6^2}=\frac{1}{9}$, $P\{X=2,Y=1\}=0$,

$P\{X=0,Y=2\}=\frac{C_2^1\times C_2^1}{6^2}=\frac{1}{9}$, $P\{X=1,Y=2\}=0$,

$P\{X=2,Y=2\}=0$.

Y \ X	0	1	2
0	$\frac{1}{4}$	$\frac{1}{6}$	$\frac{1}{36}$
1	$\frac{1}{3}$	$\frac{1}{9}$	0
2	$\frac{1}{9}$	0	0

方法总结

本题第(2)问为求二维随机变量(X,Y)的联合分布律,一般方法有两种:

(1)利用乘法公式求 $P\{X=x_i,Y=y_j\}=p_{ij}$,即

$$P\{X=x_i,Y=y_j\}=P\{X=x_i\}P\{Y=y_j|X=x_i\}.$$

(2)利用古典概型公式计算,本解法就是用此公式.

【例 2】设随机变量(X,Y)的分布函数为：$F(x,y)=A\left(B+\arctan\frac{x}{2}\right)\left(C+\arctan\frac{y}{3}\right)$，求$A$，$B$，$C$及$(X,Y)$的联合密度函数.

解 (1)由联合分布函数的性质知

$$F(+\infty,+\infty)=A\left(B+\frac{\pi}{2}\right)\left(C+\frac{\pi}{2}\right)=1,$$

$$F(-\infty,+\infty)=A\left(B-\frac{\pi}{2}\right)\left(C+\frac{\pi}{2}\right)=0,$$

$$F(+\infty,-\infty)=A\left(B+\frac{\pi}{2}\right)\left(C-\frac{\pi}{2}\right)=0,$$

得$A=\frac{1}{\pi^2}$，$B=\frac{\pi}{2}$，$C=\frac{\pi}{2}$.

(2)$f(x,y)=\frac{\partial^2 F}{\partial x\partial y}=\frac{6}{\pi^2(4+x^2)(9+y^2)}$.

【例 3】已知随机变量X和Y的联合概率密度为$\varphi(x,y)=\begin{cases}4xy, & 0\leqslant x\leqslant 1,\ 0\leqslant y\leqslant 1,\\ 0, & 其他.\end{cases}$求$X$和$Y$的联合分布函数$F(x,y)$.

解 (1)对于$x<0$或$y<0$，有$F(x,y)=P\{X\leqslant x,Y\leqslant y\}=0$.

(2)对于$0\leqslant x\leqslant 1$，$0\leqslant y\leqslant 1$，有$F(x,y)=4\int_0^x\int_0^y uv\,\mathrm{d}u\mathrm{d}v=x^2y^2$.

(3)对于$x>1$，$y>1$，有$F(x,y)=1$.

(4)对于$x>1$，$0\leqslant y\leqslant 1$，有$F(x,y)=P\{X\leqslant 1,Y\leqslant y\}=y^2$.

(5)对于$y>1$，$0\leqslant x\leqslant 1$，有$F(x,y)=P\{X\leqslant x,Y\leqslant 1\}=x^2$.

故X和Y的联合分布函数

$$F(x,y)=\begin{cases}0, & x<0\text{ 或 }y<0,\\ x^2y^2, & 0\leqslant x\leqslant 1,\ 0\leqslant y\leqslant 1,\\ x^2, & 0\leqslant x\leqslant 1,\ 1<y,\\ y^2, & 1<x,\ 0\leqslant y\leqslant 1,\\ 1, & 1<x,\ 1<y.\end{cases}$$

【例 4】设二维随机变量(X,Y)的概率密度为

$$f(x,y)=\begin{cases}6x, & 0\leqslant x\leqslant y\leqslant 1,\\ 0, & 其他.\end{cases}$$

则$P\{X+Y\leqslant 1\}=$______.

解 由题意作图 3－1 所示.

$$P\{X+Y\leqslant 1\}=\iint\limits_{x+y\leqslant 1}f(x,y)\mathrm{d}x\mathrm{d}y=\int_0^{\frac{1}{2}}\mathrm{d}x\int_x^{1-x}6x\mathrm{d}y$$

$$=\int_0^{\frac{1}{2}}6x(1-2x)\mathrm{d}x=\frac{1}{4}.$$

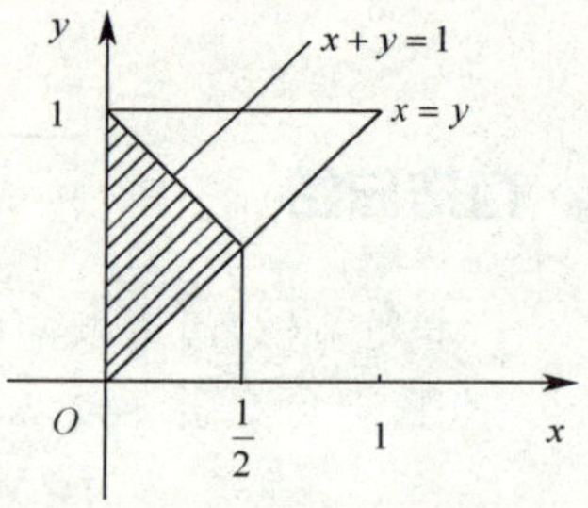

图 3－1

方法总结

利用(X,Y)的联合密度$f(x,y)$求$P\{(X,Y)\in G\}$属于基本题型，其中$P\{(X,Y)\in G\}=\iint\limits_G f(x,y)\mathrm{d}x\mathrm{d}y$．计算二重积分时，应找出$G$与$f(x,y)$的非零区域的公共部分$D$，然后在$D$上积分．

第二节　边缘分布

一、主要内容归纳

1. 边缘分布函数　设二维随机变量(X,Y)的分布函数为$F(x,y)$，分别称函数

$$F_X(x)=\lim_{y\to+\infty}F(x,y)=F(x,+\infty)\quad 和\quad F_Y(y)=\lim_{x\to+\infty}F(x,y)=F(+\infty,y)$$

为(X,Y)关于X和Y的边缘分布函数．

2. 边缘分布律　设二维离散型随机变量(X,Y)的联合分布律为$P\{X=x_i,\ Y=y_j\}=p_{ij}$，则分别称

$$p_{i\cdot}=\sum_{j=1}^{\infty}p_{ij}=P\{X=x_i\}\quad(i=1,2,3,\cdots),$$

$$p_{\cdot j}=\sum_{i=1}^{\infty}p_{ij}=P\{Y=y_j\}\quad(j=1,2,3,\cdots)$$

为(X,Y)关于X和Y的边缘分布律．

3. 边缘概率密度　设二维连续型随机变量(X,Y)的概率密度为$f(x,y)$，则$f_X(x)=\int_{-\infty}^{+\infty}f(x,y)\mathrm{d}y$和$f_Y(y)=\int_{-\infty}^{+\infty}f(x,y)\mathrm{d}x$分别称为$(X,Y)$关于$X$和$Y$的边缘概率密度．

4. 常用的二维分布

(1)**二维均匀分布**　如果二维随机变量(X,Y)的概率密度为

$$f(x,y)=\begin{cases}\dfrac{1}{A}, & (x,y)\in G,\\ 0, & 其他,\end{cases}$$

其中G为平面有界区域，A为其面积，则称(X,Y)在G上服从二维均匀分布．

(2)**二维正态分布**　如果二维随机变量(X,Y)的概率密度为

$$f(x,y)=\frac{1}{2\pi\sigma_1\sigma_2\sqrt{1-\rho^2}}\exp\left\{-\frac{1}{2(1-\rho^2)}\left[\frac{(x-\mu_1)^2}{\sigma_1^2}-2\rho\frac{(x-\mu_1)(y-\mu_2)}{\sigma_1\sigma_2}+\frac{(y-\mu_2)^2}{\sigma_2^2}\right]\right\}$$

$(-\infty<x,y<+\infty)$，其中$\mu_1,\mu_2,\sigma_1,\sigma_2,\rho$均为常数，且$\sigma_1>0,\ \sigma_2>0,\ -1<\rho<1$，则称$(X,Y)$服从参数为$\mu_1,\mu_2,\sigma_1,\sigma_2,\rho$的二维正态分布，记作$(X,Y)\sim N(\mu_1,\sigma_1^2;\mu_2,\sigma_2^2;\rho)$．

特别地，当 $\mu_1=\mu_2=0$，$\sigma_1=\sigma_2=1$ 时，则称(X,Y)服从标准正态分布.

性质 $(X,Y)\sim N(\mu_1,\sigma_1^2;\mu_2,\sigma_2^2;\rho)\Rightarrow X\sim N(\mu_1,\sigma_1^2)$，$Y\sim N(\mu_2,\sigma_2^2)$. 逆命题不成立.

二、经典例题解析及解题方法总结

【例 1】已知二维随机变量(X,Y)的分布函数为

$$F(x,y)=\frac{1}{\pi^2}\left(\frac{\pi}{2}+\arctan\frac{x}{2}\right)\left(\frac{\pi}{2}+\arctan\frac{y}{2}\right)$$

$$(-\infty<x<+\infty,\ -\infty<y<+\infty).$$

试求(X,Y)关于 X,Y 的边缘分布函数.

解 分别运用公式得

$$F_X(x)=F(x,+\infty)=\frac{1}{\pi}\left(\frac{\pi}{2}+\arctan\frac{x}{2}\right)\quad(-\infty<x<+\infty),$$

$$F_Y(y)=F(+\infty,y)=\frac{1}{\pi}\left(\frac{\pi}{2}+\arctan\frac{y}{2}\right)\quad(-\infty<y<+\infty).$$

【例 2】求第一节例 3 中二维随机变量(X,Y)的边缘分布律.

解 因为 $p_{i\cdot}=\sum\limits_j p_{ij}$，$p_{\cdot j}=\sum\limits_i p_{ij}$，所以由$(X,Y)$的联合分布律可得边缘分布律

Y \ X	0	1	2	$p_{\cdot j}$
0	$\frac{1}{4}$	$\frac{1}{6}$	$\frac{1}{36}$	$\frac{4}{9}$
1	$\frac{1}{3}$	$\frac{1}{9}$	0	$\frac{4}{9}$
2	$\frac{1}{9}$	0	0	$\frac{1}{9}$
$p_{i\cdot}$	$\frac{25}{36}$	$\frac{5}{18}$	$\frac{1}{36}$	1

即

X	0	1	2
$p_{i\cdot}$	$\frac{25}{36}$	$\frac{5}{18}$	$\frac{1}{36}$

Y	0	1	2
$p_{\cdot j}$	$\frac{4}{9}$	$\frac{4}{9}$	$\frac{1}{9}$

【例 3】设二维随机变量(X,Y)的概率密度为

$$f(x,y)=\begin{cases}1, & 0<x<1,\ 0<y<2x,\\ 0, & \text{其他}.\end{cases}$$

求(X,Y)的边缘概率密度 $f_X(x)$，$f_Y(y)$.

解 当 $0<x<1$ 时，$f_X(x)=\int_{-\infty}^{+\infty}f(x,y)\mathrm{d}y=\int_0^{2x}\mathrm{d}y=2x$；

当 $x\leqslant 0$ 或 $x\geqslant 1$ 时，$f_X(x)=0$，　即 $f_X(x)=\begin{cases}2x, & 0<x<1,\\ 0, & 其他.\end{cases}$

当 $0<y<2$ 时，　$f_Y(y)=\int_{-\infty}^{+\infty}f(x,y)\mathrm{d}x=\int_{\frac{y}{2}}^{1}\mathrm{d}x=1-\frac{y}{2}$；

当 $y\leqslant 0$ 或 $y\geqslant 2$ 时，$f_Y(y)=0$，　即 $f_Y(y)=\begin{cases}1-\frac{y}{2}, & 0<y<2,\\ 0, & 其他.\end{cases}$

方法总结

由联合概率密度求边缘概率密度时，需用公式

$$f_X(x)=\int_{-\infty}^{+\infty}f(x,y)\mathrm{d}y,\quad f_Y(y)=\int_{-\infty}^{+\infty}f(x,y)\mathrm{d}x,$$

此时若 $f(x,y)$ 为分段函数，则要注意讨论范围及积分定限，必要时将 $f(x,y)$ 的非零区域用图形表示，便于讨论分析.

第三节　条件分布

一、主要内容归纳

1. 条件分布律　设 (X,Y) 是二维离散型随机变量，若 $p_{\cdot j}>0$，则称

$$p_{X|Y}(i|j)=P\{X=x_i|Y=y_j\}=\frac{p_{ij}}{p_{\cdot j}}\quad(i=1,2,\cdots)$$

为在 $\{Y=y_j\}$ 条件下随机变量 X 的条件分布律.

若 $p_{i\cdot}>0$，则称

$$p_{Y|X}(j|i)=P\{Y=y_j|X=x_i\}=\frac{p_{ij}}{p_{i\cdot}}\quad(j=1,2,\cdots)$$

为在 $\{X=x_i\}$ 条件下随机变量 Y 的条件分布律.

2. 条件概率密度　设 (X,Y) 是二维连续型随机变量，若 $f_Y(y)>0$，则称

$$f_{X|Y}(x|y)=\frac{f(x,y)}{f_Y(y)}\quad(-\infty<x<+\infty)$$

为在 $\{Y=y\}$ 条件下 X 的条件概率密度.

若 $f_X(x)>0$，则称

$$f_{Y|X}(y|x)=\frac{f(x,y)}{f_X(x)}\quad(-\infty<y<+\infty)$$

为在 $\{X=x\}$ 条件下 Y 的条件概率密度.

二、经典例题解析及解题方法总结

【例 1】设(X,Y)的分布律为

$X \backslash Y$	0	1	2
0	$\frac{1}{4}$	$\frac{1}{6}$	$\frac{1}{8}$
1	$\frac{1}{4}$	$\frac{1}{8}$	$\frac{1}{12}$

求Y的条件分布律.

解 (X,Y)的联合分布律与边缘分布律如下

$X \backslash Y$	0	1	2	$P_{i\cdot}$
0	$\frac{1}{4}$	$\frac{1}{6}$	$\frac{1}{8}$	$\frac{13}{24}$
1	$\frac{1}{4}$	$\frac{1}{8}$	$\frac{1}{12}$	$\frac{11}{24}$
$P_{\cdot j}$	$\frac{1}{2}$	$\frac{7}{24}$	$\frac{5}{24}$	1

由 $p_{Y|X}(j|i)=P\{Y=y_i|X=x_i\}=\frac{p_{ij}}{p_{i\cdot}}$可得:

当$X=0$时,Y的条件分布律为

Y	0	1	2
$p_{Y\|X}$	$\frac{6}{13}$	$\frac{4}{13}$	$\frac{3}{13}$

当$X=1$时,Y的条件分布律为

Y	0	1	2
$p_{Y\|X}$	$\frac{6}{11}$	$\frac{3}{11}$	$\frac{2}{11}$

【例 2】设二维随机变量(X,Y)服从区域D: $x^2+y^2\leqslant 1$上的均匀分布,求条件概率$P\left\{X>\frac{1}{2}\middle|Y=0\right\}$.

解 由于(X,Y)服从均匀分布,易知 $f(x,y)=\begin{cases}\frac{1}{\pi}, & x^2+y^2\leqslant 1,\\ 0, & 其他.\end{cases}$

由 $f_Y(y)=\int_{-\infty}^{+\infty} f(x,y)\mathrm{d}x$，求得 $f_X(x)=\begin{cases}\dfrac{2\sqrt{1-x^2}}{\pi}, & -1\leqslant x\leqslant 1,\\ 0, & \text{其他}.\end{cases}$

当 $-1<y<1$ 时 $f_{X|Y}(x|y)=\dfrac{f(x,y)}{f_Y(y)}=\begin{cases}\dfrac{1}{2\sqrt{1-y^2}}, & -\sqrt{1-y^2}\leqslant x\leqslant\sqrt{1-y^2},\\ 0, & \text{其他}.\end{cases}$

当 $y=0$ 时，$f_{X|Y}(x|0)=\begin{cases}\dfrac{1}{2}, & -1\leqslant x\leqslant 1,\\ 0, & \text{其他}.\end{cases}$

$$P\left\{X>\frac{1}{2}\,\middle|\,Y=0\right\}=\int_{\frac{1}{2}}^{+\infty} f_{X|Y}(x|0)\mathrm{d}x=\int_{\frac{1}{2}}^{1}\frac{1}{2}\mathrm{d}x=\frac{1}{4}.$$

方法总结

二维连续型随机变量 (X,Y) 求条件概率 $P\{X\leqslant x|Y=y\}$ 时，不能使用条件概率公式

$$P\{X\leqslant x|Y=y\}=\frac{P\{X\leqslant x,Y=y\}}{P\{Y=y\}}\quad(\text{因为 } P\{Y=y\}=0).$$

针对该类型的条件概率，应先求出条件概率密度 $f_{X|Y}(x|y)$，再利用积分计算其概率.

【例 3】 设随机变量 X 在区间 $(0,1)$ 上服从均匀分布，在 $X=x(0<x<1)$ 的条件下，随机变量 Y 在区间 $(0,x)$ 上服从均匀分布，求：

(1)随机变量 X 和 Y 的联合概率密度；(2)Y 的概率密度；(3)概率 $P\{X+Y>1\}$.

解 (1)X 的概率密度为 $f_X(x)=\begin{cases}1, & 0<x<1,\\ 0, & \text{其他}.\end{cases}$

在 $X=x(0<x<1)$ 条件下，Y 的条件密度为 $f_{Y|X}(y|x)=\begin{cases}\dfrac{1}{x}, & 0<y<x,\\ 0, & \text{其他}.\end{cases}$

$0<y<x<1$ 时，随机变量 X 和 Y 的联合概率密度为 $f(x,y)=f_X(x)f_{Y|X}(y|x)=\dfrac{1}{x}$；

在其他点 (x,y) 处，有 $f(x,y)=0$，即 $f(x,y)=\begin{cases}\dfrac{1}{x}, & 0<y<x<1,\\ 0, & \text{其他}.\end{cases}$

(2)当 $0<y<1$ 时，Y 的概率密度为 $f_Y(y)=\int_{-\infty}^{+\infty} f(x,y)\mathrm{d}x=\int_y^1\dfrac{1}{x}\mathrm{d}x=-\ln y$；

当 $y\leqslant 0$ 或 $y\geqslant 1$ 时，$f_Y(y)=0$，因此 $f_Y(y)=\begin{cases}-\ln y, & 0<y<1,\\ 0, & \text{其他}.\end{cases}$

(3)所求概率

$$P\{X+Y>1\}=\iint\limits_{x+y>1} f(x,y)\mathrm{d}x\mathrm{d}y=\int_{\frac{1}{2}}^{1}\mathrm{d}x\int_{1-x}^{x}\frac{1}{x}\mathrm{d}y=\int_{\frac{1}{2}}^{1}\left(2-\frac{1}{x}\right)\mathrm{d}x=1-\ln 2.$$

第四节　相互独立的随机变量

一、主要内容归纳

1. 随机变量的独立性　若二维随机变量(X,Y)对任意实数均有

$$P\{X\leqslant x,Y\leqslant y\}=P\{X\leqslant x\}P\{Y\leqslant y\},即\ F(x,y)=F_X(x)\cdot F_Y(y),$$

则 X 与 Y 相互独立.

2. 离散型随机变量相互独立的充要条件

$$p_{ij}=p_{i\cdot}\,p_{\cdot j},\quad i,j=1,2,\cdots.$$

3. 连续型随机变量相互独立的充要条件

$$f(x,y)=f_X(x)\cdot f_Y(y),\quad x,y\ 为任意实数.$$

二、经典例题解析及解题方法总结

【例 1】设随机变量 X_1 和 X_2 的概率分布为

$$X_1\sim\begin{bmatrix}-1 & 0 & 1\\ \frac{1}{4} & \frac{1}{2} & \frac{1}{4}\end{bmatrix},\quad X_2\sim\begin{bmatrix}0 & 1\\ \frac{1}{2} & \frac{1}{2}\end{bmatrix},$$

而且 $P\{X_1X_2=0\}=1$.

试求:(1)X_1 和 X_2 的联合分布;

(2)X_1 和 X_2 是否独立?

解　(1)因为 $P\{X_1X_2=0\}=1$,所以有 $P\{X_1X_2\neq 0\}=0$,因此

$$P\{X_1=-1,X_2=1\}=P\{X_1=1,X_2=1\}=0.$$

那么

$$P\{X_1=-1,X_2=0\}=P\{X_1=-1\}=\frac{1}{4},$$

$$P\{X_1=0,X_2=1\}=P\{X_2=1\}=\frac{1}{2},$$

$$P\{X_1=1,X_2=0\}=P\{X_1=1\}=\frac{1}{4},$$

$$P\{X_1=0,X_2=0\}=1-\left(\frac{1}{4}+\frac{1}{2}+\frac{1}{4}\right)=0.$$

X_1 和 X_2 的联合分布列表为

X_2 \ X_1	-1	0	1	$P\{X_2=j\}$
0	$\frac{1}{4}$	0	$\frac{1}{4}$	$\frac{1}{2}$
1	0	$\frac{1}{2}$	0	$\frac{1}{2}$
$P\{X_1=i\}$	$\frac{1}{4}$	$\frac{1}{2}$	$\frac{1}{4}$	1

(2)由于 $P\{X_1=0,X_2=0\}=0\neq P\{X_1=0\}P\{X_2=0\}=\frac{1}{2}\times\frac{1}{2}=\frac{1}{4}$，所以 X_1 与 X_2 不相互独立.

【例 2】 设随机变量 (X,Y) 的概率密度为 $f(x,y)=\begin{cases}6xy^2, & 0<x<1,\ 0<y<1,\\ 0, & \text{其他}.\end{cases}$

证明 X 与 Y 相互独立.

证 边缘密度为

$$f_X(x)=\int_{-\infty}^{+\infty}f(x,y)\mathrm{d}y=\begin{cases}2x, & 0<x<1,\\ 0, & \text{其他},\end{cases}$$

$$f_Y(y)=\int_{-\infty}^{+\infty}f(x,y)\mathrm{d}x=\begin{cases}3y^2, & 0<y<1,\\ 0, & \text{其他}.\end{cases}$$

显然，$f(x,y)=f_X(x)\cdot f_Y(y)$.

故 X,Y 相互独立.

【例 3】 设随机变量 X 与 Y 相互独立，且 $X\sim B\left(1,\frac{1}{3}\right)$，$Y\sim B\left(2,\frac{1}{2}\right)$，则 $P\{X=Y\}=$ ________.

解 因为 $X\sim B\left(1,\frac{1}{3}\right)$，所以 $X=0,1$；$Y\sim B\left(2,\frac{1}{2}\right)$，所以 $Y=0,1,2$.

又因为 X 与 Y 相互独立，所以

$$\begin{aligned}P\{X=Y\}&=P\{X=0,Y=0\}+P\{X=1,Y=1\}\\&=P\{X=0\}P(Y=0)+P\{X=1\}P\{Y=1\}\\&=\frac{2}{3}C_2^0\left(\frac{1}{2}\right)^2+\frac{1}{3}C_2^1\left(\frac{1}{2}\right)^2=\frac{1}{3}.\end{aligned}$$

【例 4】 设随机变量 X 与 Y 相互独立，X 服从参数为 1 的指数分布，Y 的概率分布为 $P\{Y=-1\}=p$，$P\{Y=1\}=1-p$，$0<p<1$. 令 $Z=XY$.

(1) 求 Z 的概率密度；

(2) 判断 X 与 Z 是否相互独立.

解 (1) 因为 $X\sim E(1)$，故 X 的概率密度函数为 $f_X(x)=\begin{cases}\mathrm{e}^{-x}, x>0,\\ 0, \text{其它}.\end{cases}$

设 Z 的分布函数为 $F_Z(z)$，则由分布函数的定义可知 $F_Z(z)=P\{Z\leqslant z\}=P\{XY\leqslant z\}$. 因为 Y 是离散型随机变量，则由全概率公式可得

$$F_Z(z) = P\{Y=-1\}P\{XY \leqslant z \mid Y=-1\} + P\{Y=1\}P\{XY \leqslant z \mid Y=1\}$$
$$= pP\{X \geqslant -z\} + (1-p)P\{X \leqslant z\}.$$

当 $z<0$ 时，$F_Z(z) = p\int_{-z}^{+\infty} e^{-x}dx = pe^z$；

当 $z \geqslant 0$ 时，$F_Z(z) = p + (1-p)\int_0^z e^{-x}dx = p + (1-p)(1-e^{-z})$.

从而

$$F_Z(z) = \begin{cases} pe^z, & z<0, \\ p+(1-p)(1-e^{-z}), & z \geqslant 0. \end{cases}$$

因此，Z 的概率密度为 $f_Z(z) = \begin{cases} pe^z, & z<0, \\ (1-p)e^{-z}, & z \geqslant 0. \end{cases}$

(2) 由于

$$P\{X \leqslant 1, Z \leqslant 1\} = P\{X \leqslant 1, XY \leqslant 1\}$$
$$= P\{X \leqslant 1, Y=1\} + P\{X \leqslant 1, Y=-1\}$$
$$= 1-e^{-1}.$$

而 $P\{X \leqslant 1\} = 1-e^{-1}$，$P\{Z \leqslant 1\} \neq 1$.

从而 $P\{X \leqslant 1\} \cdot P\{Z \leqslant 1\} \neq P\{X \leqslant 1, Z \leqslant 1\}$.

故 X 与 Z 不独立.

第五节　两个随机变量的函数的分布

一、主要内容归纳

1. 二维随机变量函数的分布

(1)已知离散型随机变量(X,Y)的分布律 $P\{X=x_i, Y=y_j\}=p_{ij}$，则 $Z=g(X,Y)$的分布为

$$P\{Z=z_k\}=P\{g(X,Y)=z_k\}=\sum_{g(x_i,y_j)=z_k} p_{ij}.$$

(2)设连续型随机变量(X,Y)的概率密度为 $f(x,y)$，则 $Z=g(X,Y)$的分布函数为

$$F_Z(z)=P\{Z \leqslant z\}=\iint_{g(x,y) \leqslant z} f(x,y)dxdy.$$

概率密度 $f_Z(z)=F_Z'(z)$.

特殊类型：

①$Z=X+Y$ 密度函数为

$$f_Z(z)=\int_{-\infty}^{+\infty} f(x,z-x)dx=\int_{-\infty}^{+\infty} f(z-y,y)dy.$$

特别地，当 X 与 Y 相互独立时，有

$$f_Z(z)=f_X * f_Y=\int_{-\infty}^{+\infty} f_X(x)f_Y(z-x)dx=\int_{-\infty}^{+\infty} f_X(z-y)f_Y(y)dy.$$

②设 $X\sim N(\mu_1,\sigma_1^2)$，$Y\sim N(\mu_2,\sigma_2^2)$，且 X,Y 相互独立，则

$$aX+bY\sim N(a\mu_1+b\mu_2,a^2\sigma_1^2+b^2\sigma_2^2).$$

③设 X,Y 相互独立，分布函数分别为 $F_X(x)$ 和 $F_Y(y)$，$M=\max(X,Y)$，$N=\min(X,Y)$，则

$$F_M(z)=F_X(z)F_Y(z),F_N(z)=1-[1-F_X(z)][1-F_Y(z)].$$

④$Z=\dfrac{X}{Y}$的密度函数为 $f_Z(z)=\int_{-\infty}^{+\infty}|y|f(yz,y)\mathrm{d}y$.

当 X,Y 相互独立时，$f_Z(z)=\int_{-\infty}^{+\infty}|y|f_X(yz)f_Y(y)\mathrm{d}y$.

⑤$Z=\dfrac{Y}{X}$的密度函数为 $f_Z(z)=\int_{-\infty}^{+\infty}|x|f(x,xz)\mathrm{d}x$.

当 X,Y 相互独立时，$f_Z(z)=\int_{-\infty}^{+\infty}|x|f_X(x)f_Y(xz)\mathrm{d}x$.

⑥$Z=XY$ 的密度函数为 $f_Z(z)=\int_{-\infty}^{+\infty}\dfrac{1}{|x|}f(x,\dfrac{z}{x})\mathrm{d}x$.

当 X,Y 相互独立时，$f_Z(z)=\int_{-\infty}^{+\infty}\dfrac{1}{|x|}f_X(x)f_Y(\dfrac{z}{x})\mathrm{d}x$.

2. 多维随机变量函数的分布 对于相互独立的多维随机变量所构成的简单函数，可利用二维随机变量的结果加以推广. 常用结论及公式如下：

(1)设 $X_1,X_2,\cdots,X_n$ 相互独立，且 $X_i\sim N(\mu_i,\sigma_i^2)$，$k_i$ 为任意常数$(i=1,2,\cdots,n)$，则

$$Z=\sum_{i=1}^{n}k_iX_i\sim N\left(\sum_{i=1}^{n}k_i\mu_i,\sum_{i=1}^{n}k_i^2\sigma_i^2\right).$$

(2)设 $X_1,X_2,\cdots,X_n$ 相互独立，且 X_i 的分布函数为 $F_{X_i}(x_i)(i=1,2,\cdots,n)$，则
$Z=\max\{X_1,X_2,\cdots,X_n\}$的分布函数为 $F_{\max}(z)=F_{X_1}(z)F_{X_2}(z)\cdots F_{X_n}(z)$，
$Z=\min\{X_1,X_2,\cdots,X_n\}$的分布函数为 $F_{\min}(z)=1-[1-F_{X_1}(z)][1-F_{X_2}(z)]\cdots[1-F_{X_n}(z)]$.

二、经典例题解析及解题方法总结

【例 1】已知随机变量(X,Y)的联合分布律为

Y \ X	1	2	3
1	$\frac{1}{5}$	0	$\frac{1}{5}$
2	$\frac{1}{5}$	$\frac{1}{5}$	$\frac{1}{5}$

试求 $Z_1=X+Y$，$Z_2=\max(X,Y)$的分布律.

解 Z_1 的所有可能取值为 2,3,4,5,而

$$P\{Z_1=2\}=P\{X+Y=2\}=P\{X=1,Y=1\}=\frac{1}{5},$$

$$P\{Z_1=3\}=P\{X=1,Y=2\}+P\{X=2,Y=1\}=\frac{1}{5},$$

$$P\{Z_1=4\}=P\{X=2,Y=2\}+P\{X=3,Y=1\}=\frac{2}{5},$$

$$P\{Z_1=5\}=P\{X=3,Y=2\}=\frac{1}{5},$$

因此，Z_1 的分布律为

Z_1	2	3	4	5
p_k	$\frac{1}{5}$	$\frac{1}{5}$	$\frac{2}{5}$	$\frac{1}{5}$

Z_2 的所有可能取值为 1,2,3，而

$$P\{Z_2=1\}=P\{X=1,Y=1\}=\frac{1}{5},$$

$$P\{Z_2=2\}=P\{X=2,Y=1\}+P\{X=2,Y=2\}+P\{X=1,Y=2\}=\frac{2}{5},$$

$$P\{Z_2=3\}=P\{X=3,Y=1\}+P\{X=3,Y=2\}=\frac{2}{5},$$

因此，Z_2 的分布律为

Z_2	1	2	3
p_k	$\frac{1}{5}$	$\frac{2}{5}$	$\frac{2}{5}$

【例 2】设随机变量 X 与 Y 独立同分布，且 X 的概率分布为

X	1	2
P	$\frac{2}{3}$	$\frac{1}{3}$

记 $U=\max\{X,Y\}$，$V=\min\{X,Y\}$，求 (U,V) 的概率分布.

解　(U,V) 有三个可能值：(1,1)，(2,1)，(2,2)，而

$$P\{U=1,V=1\}=P\{X=1,Y=1\}=P\{X=1\}P\{Y=1\}=\frac{4}{9},$$

$$P\{U=2,V=1\}=P\{X=1,Y=2\}+P\{X=2,Y=1\}=\frac{4}{9},$$

$$P\{U=2,V=2\}=P\{X=2,Y=2\}=P\{X=2\}P\{Y=2\}=\frac{1}{9},$$

故 (U,V) 的概率分布为

U \ V	1	2
1	$\frac{4}{9}$	0
2	$\frac{4}{9}$	$\frac{1}{9}$

方法总结

例1,例2属于典型的"多维离散型随机变量的函数的分布"问题,虽然类型不同,但是无论求$Z=g(X,Y)$的分布,还是求(U,V)[其中$U=u(X,Y)$,$V=v(X,Y)$]的分布,所使用的思路是一致的,都是先定新随机变量的取值,再通过事件的转换求概率.

【例3】设二维随机变量(X,Y)的概率密度为$f(x,y)=\begin{cases}1, & 0<x<1,0<y<2x,\\ 0, & \text{其他}.\end{cases}$

求$Z=2X-Y$的概率密度$f_Z(z)$.

解 **方法一** 当$z\leqslant 0$时,$F_Z(z)=0$;

当$0<z<2$时,$F_Z(z)=P\{2X-Y\leqslant z\}=\iint\limits_{2x-y\leqslant z} f(x,y)\mathrm{d}x\mathrm{d}y=z-\dfrac{z^2}{4}$;

当$z\geqslant 2$时,$F_Z(z)=1$,所以$f_Z(z)=\begin{cases}1-\dfrac{z}{2}, & 0<z<2,\\ 0, & \text{其他}.\end{cases}$

方法二 $f_Z(z)=\int_{-\infty}^{+\infty} f(x,2x-z)\mathrm{d}x$,其中$f(x,2x-z)=\begin{cases}1, & 0<x<1,0<z<2x,\\ 0, & \text{其他}.\end{cases}$

当$z\leqslant 0$或$z\geqslant 2$时,$f_Z(z)=0$;

当$0<z<2$时,$f_Z(z)=\int_{\frac{z}{2}}^{1}\mathrm{d}x=1-\dfrac{z}{2}$,即$f_Z(z)=\begin{cases}1-\dfrac{z}{2}, & 0<z<2,\\ 0, & \text{其他}.\end{cases}$

方法总结

例3属于求二维随机变量函数的分布的常见类型:已知(X,Y)的分布,求$Z=g(X,Y)=aX+bY$的分布.一般有两种方法:

方法一(分布函数法)

先求$F_Z(z)=P\{Z\leqslant z\}=P\{aX+bY\leqslant z\}=\iint\limits_{ax+by\leqslant z} f(x,y)\mathrm{d}x\mathrm{d}y$;

再求$f_Z(z)=F'_Z(z)$.

方法二(公式法)

$$f_Z(z)=\int_{-\infty}^{+\infty}\frac{1}{|b|}f\left(x,\frac{z-ax}{b}\right)\mathrm{d}x \quad 或 \quad \int_{-\infty}^{+\infty}\frac{1}{|a|}f\left(\frac{z-by}{a},y\right)\mathrm{d}y.$$

当X与Y相互独立且边缘密度分别为$f_X(x)$,$f_Y(y)$时,

$$f_Z(z)=\int_{-\infty}^{+\infty}\frac{1}{|b|}f_X(x)f_Y\left(\frac{z-ax}{b}\right)\mathrm{d}x \quad 或 \quad \int_{-\infty}^{+\infty}\frac{1}{|a|}f_X\left(\frac{z-by}{a}\right)f_Y(y)\mathrm{d}y.$$

【例 4】设随机变量 X_1,X_2,X_3 相互独立，其中 X_1 与 X_2 均服从标准正态分布，X_3 的概率分布为

$$P\{X_3=0\}=P\{X_3=1\}=\frac{1}{2},Y=X_3X_1+(1-X_3)X_2.$$

(1)求二维随机变量 (X_1,Y) 的分布函数，结果用标准正态分布函数 $\Phi(x)$ 表示.

(2)证明随机变量 Y 服从标准正态分布.

解 (1)由二维随机变量的分布函数的定义，可得

$$F(x_1,y)=P\{X_1\leqslant x_1,Y\leqslant y\}=P\{X_1\leqslant x_1,X_3X_1+(1-X_3)X_2\leqslant y\}.$$

因为 $P\{X_3=0\}=P\{X_3=1\}=\frac{1}{2}$，则可将离散型随机变量不同取值分情况代入，即

$$\begin{aligned}F(x_1,y)&=P\{X_3=0,X_1\leqslant x_1,X_3X_1+(1-X_3)X_2\leqslant y\}+P\{X_3=1,X_1\leqslant x_1,X_3X_1+(1\\&\quad-X_3)X_2\leqslant y\}\\&=P\{X_3=0,X_1\leqslant x_1,X_2\leqslant y\}+P\{X_3=1,X_1\leqslant x_1,X_1\leqslant y\}.\end{aligned}$$

又因为 X_1,X_2,X_3 相互独立，故

$$\begin{aligned}F(x_1,y)&=P\{X_3=0\}\cdot P\{X_1\leqslant x_1\}\cdot P\{X_2\leqslant y\}+P\{X_3=1\}\cdot P\{X_1\leqslant \min(x_1,y)\}\\&=\frac{1}{2}\cdot P\{X_1\leqslant x_1\}\cdot P\{X_2\leqslant y\}+\frac{1}{2}\cdot P\{X_1\leqslant \min(x_1,y)\}\\&=\begin{cases}\frac{1}{2}\Phi(x_1)\Phi(y)+\frac{1}{2}\Phi(y),x_1\geqslant y,\\ \frac{1}{2}\Phi(x_1)\Phi(y)+\frac{1}{2}\Phi(x_1),x_1<y.\end{cases}\end{aligned}$$

(2)**证**
$$\begin{aligned}F(y)&=P\{X_3X_1+(1-X_3)X_2\leqslant y\}\\&=P\{X_3=0,X_3X_1+(1-X_3)X_2\leqslant y\}+P\{X_3=1,X_3X_1+(1-X_3)X_2\leqslant y\}\\&=P\{X_3=0,X_2\leqslant y\}+P\{X_3=1,X_1\leqslant y\}\\&=P\{X_3=0\}\cdot P\{X_2\leqslant y\}+P\{X_3=1\}\cdot P\{X_1\leqslant y\}\\&=\frac{1}{2}\cdot\Phi(y)+\frac{1}{2}\cdot\Phi(y)=\Phi(y).\end{aligned}$$

因此，Y 服从标准正态分布.

【例 5】假设一电路装有 3 个同种电气元件，其工作状态相互独立，且无故障工作时间都服从参数为 $\lambda>0$ 的指数分布. 当 3 个元件都无故障时，电路正常工作，否则整个电路不能正常工作. 试求电路正常工作的时间 T 的概率分布.

解 **方法一** 以 $X_i(i=1,2,3)$ 表示第 i 个电气元件无故障工作的时间，则 X_1,X_2,X_3 相互独立且同分布，其分布函数为

$$F(x)=\begin{cases}1-\mathrm{e}^{-\lambda x}, & x>0,\\0, & x\leqslant 0.\end{cases}$$

设 $G(t)$ 是 T 的分布函数. 当 $t\leqslant 0$ 时，$G(t)=0$. 当 $t>0$ 时，有

$$\begin{aligned}G(t)&=P\{T\leqslant t\}=1-P\{T>t\}=1-P\{X_1>t,X_2>t,X_3>t\}\\&=1-P\{X_1>t\}P\{X_2>t\}P\{X_3>t\}=1-[1-F(t)]^3=1-\mathrm{e}^{-3\lambda t}.\end{aligned}$$

故 $G(t)=\begin{cases}1-\mathrm{e}^{-3\lambda t}, & t>0,\\ 0, & t\leqslant 0.\end{cases}$

于是，T 服从参数为 3λ 的指数分布.

方法二 本题也可直接利用公式计算：因 X_1,X_2,X_3 独立同分布，$T=\min(X_1,X_2,X_3)$，故

$$G(t)=1-[1-F(t)]^3=\begin{cases}1-\mathrm{e}^{-3\lambda t}, & t>0,\\ 0, & t\leqslant 0.\end{cases}$$

【例 6】设随机变量 X 与 Y 独立，其中 X 的概率分布为 $X\sim\begin{pmatrix}1 & 2\\ 0.3 & 0.7\end{pmatrix}$，而 Y 的概率密度为 $f(y)$，求随机变量 $U=X+Y$ 的概率密度 $g(u)$.

解 设 $F(y)$ 是 Y 的分布函数，则由全概率公式知，$U=X+Y$ 的分布函数为

$$\begin{aligned}G(u)&=P\{X+Y\leqslant u\}\\&=P\{X=1\}P\{X+Y\leqslant u\mid X=1\}+P\{X=2\}P\{X+Y\leqslant u\mid X=2\}\\&=0.3P\{X+Y\leqslant u\mid X=1\}+0.7P\{X+Y\leqslant u\mid X=2\}\\&=0.3P\{Y\leqslant u-1\mid X=1\}+0.7P\{Y\leqslant u-2\mid X=2\}.\end{aligned}$$

由于 X 和 Y 独立，可见

$$G(u)=0.3P\{Y\leqslant u-1\}+0.7P\{Y\leqslant u-2\}=0.3F(u-1)+0.7F(u-2).$$

由此，得 U 的概率密度为

$$g(u)=G'(u)=0.3F'(u-1)+0.7F'(u-2)=0.3f(u-1)+0.7f(u-2).$$

方法总结

本题属于新题型，求两个随机变量和的分布，其中一个是连续型，一个是离散型，需用全概率公式计算，有一定难度.

另外，也可写成 $G(u)=0.3\int_{-\infty}^{u-1}f(y)\mathrm{d}y+0.7\int_{-\infty}^{u-2}f(y)\mathrm{d}y$，同样可求出 $g(u)$.

【例 7】设两个相互独立的随机变量 X 和 Y 分别服从正态分布 $N(0,1)$ 和 $N(1,1)$，则(　　).

(A) $P\{X+Y\leqslant 0\}=\frac{1}{2}$　　(B) $P\{X+Y\leqslant 1\}=\frac{1}{2}$

(C) $P\{X-Y\leqslant 0\}=\frac{1}{2}$　　(D) $P\{X-Y\leqslant 1\}=\frac{1}{2}$

解 因为 $X+Y\sim N(1,2)$，　$X-Y\sim N(-1,2)$，利用正态分布几何意义或者结论：当 $X\sim N(\mu,\sigma^2)$ 时，$P\{X\leqslant\mu\}=\frac{1}{2}$，则 $P\{X+Y\leqslant 1\}=\frac{1}{2}$.

故应选(B).

本章教材习题全解

1. 在一箱子中装有 12 只开关,其中 2 只是次品,在其中取两次,每次任取一只,考虑两种试验:(1)放回抽样;(2)不放回抽样.我们定义随机变量 X,Y 如下:

$$X=\begin{cases}0, & \text{若第一次取出的是正品},\\ 1, & \text{若第一次取出的是次品};\end{cases}\quad Y=\begin{cases}0, & \text{若第二次取出的是正品},\\ 1, & \text{若第二次取出的是次品}.\end{cases}$$

试分别就(1)、(2)两种情况,写出 X 和 Y 的联合分布律.

解 (1)(X,Y)所有可能取的值为$(0,0),(0,1),(1,0),(1,1)$,按古典概型,显然有

$$P\{X=0,Y=1\}=\frac{C_{10}^1}{C_{12}^1}\cdot\frac{C_2^1}{C_{12}^1}=\frac{10}{12}\times\frac{2}{12}=\frac{5}{36},\qquad P\{X=0,Y=0\}=\frac{C_{10}^1}{C_{12}^1}\cdot\frac{C_{10}^1}{C_{12}^1}=\frac{10}{12}\times\frac{10}{12}=\frac{25}{36},$$

$$P\{X=1,Y=0\}=\frac{C_2^1}{C_{12}^1}\cdot\frac{C_{10}^1}{C_{12}^1}=\frac{2}{12}\times\frac{10}{12}=\frac{5}{36},\qquad P\{X=1,Y=1\}=\frac{C_2^1}{C_{12}^1}\cdot\frac{C_2^1}{C_{12}^1}=\frac{2}{12}\times\frac{2}{12}=\frac{1}{36}.$$

列出表格便是 X 和 Y 的联合分布律

Y \ X	0	1
0	$\frac{25}{36}$	$\frac{5}{36}$
1	$\frac{5}{36}$	$\frac{1}{36}$

(2)(X,Y)所有可能取的值为$(0,1),(0,1),(1,0),(1,1)$,按古典概型,显然有

$$P\{X=0,Y=0\}=\frac{C_{10}^1}{C_{12}^1}\cdot\frac{C_9^1}{C_{11}^1}=\frac{10}{12}\times\frac{9}{11}=\frac{15}{22},\qquad P\{X=0,Y=1\}=\frac{C_{10}^1}{C_{12}^1}\cdot\frac{C_2^1}{C_{11}^1}=\frac{10}{12}\times\frac{2}{11}=\frac{5}{33},$$

$$P\{X=1,Y=0\}=\frac{C_2^1}{C_{12}^1}\cdot\frac{C_{10}^1}{C_{11}^1}=\frac{2}{12}\times\frac{10}{12}=\frac{5}{33},\qquad P\{X=1,Y=1\}=\frac{C_2^1}{C_{12}^1}\cdot\frac{C_1^1}{C_{11}^1}=\frac{2}{12}\times\frac{1}{11}=\frac{1}{66}.$$

列出表格便得 X 和 Y 的联合分布律

Y \ X	0	1
0	$\frac{15}{22}$	$\frac{5}{33}$
1	$\frac{5}{33}$	$\frac{1}{66}$

2. (1)盒子里装有 3 只黑球、2 只红球、2 只白球,在其中任取 4 只球.以 X 表示取到黑球的只数,以 Y 表示取到红球的只数.求 X 和 Y 的联合分布律.

(2)在(1)中求 $P\{X>Y\},P\{Y=2X\},P\{X+Y=3\},P\{X<3-Y\}$.

解 (1)(X,Y)的所有可能取值为$(0,0),(0,1),(0,2),(1,0),(1,1),(1,2),(2,0),(2,1),(2,2),(3,0),(3,1),(3,2)$.

按古典概型,显然有

$$P\{X=0,\ Y=2\}=\frac{C_3^0\times C_2^2\times C_2^2}{C_7^4}=\frac{1}{35},\qquad P\{X=1,\ Y=1\}=\frac{C_3^1\times C_2^1\times C_2^2}{C_7^4}=\frac{6}{35},$$

$$P\{X=1,\ Y=2\}=\frac{C_3^1\times C_2^2\times C_2^1}{C_7^4}=\frac{6}{35},\qquad P\{X=2,\ Y=1\}=\frac{C_3^2\times C_2^1\times C_2^1}{C_7^4}=\frac{12}{35},$$

$P\{X=2, Y=0\}=\frac{C_3^2\times C_2^0\times C_2^2}{C_7^4}=\frac{3}{35}$，　　$P\{X=2, Y=2\}=\frac{C_3^2\times C_2^2\times C_2^0}{C_7^4}=\frac{3}{35}$，

$P\{X=3, Y=0\}=\frac{C_3^3\times C_2^0\times C_2^1}{C_7^4}=\frac{2}{35}$，　　$P\{X=3, Y=1\}=\frac{C_3^3\times C_2^1\times C_2^0}{C_7^4}=\frac{2}{35}$.

则 X 和 Y 的联合分布律为：

Y \ X	0	1	2	3
0	0	0	$\frac{3}{35}$	$\frac{2}{35}$
1	0	$\frac{6}{35}$	$\frac{12}{35}$	$\frac{2}{35}$
2	$\frac{1}{35}$	$\frac{6}{35}$	$\frac{3}{35}$	0

(2) $P\{X>Y\}=P\{X=2,Y=0\}+P\{X=2,Y=1\}+P\{X=3,Y=0\}+P\{X=3,Y=1\}$

$$=\frac{3}{35}+\frac{12}{35}+\frac{2}{35}+\frac{2}{35}=\frac{19}{35}.$$

$P\{Y=2X\}=P\{X=1,X=2\}=\frac{6}{35}$.

$P\{X+Y=3\}=P\{X=1,Y=2\}+P\{X=2,Y=1\}+P\{X=3,Y=0\}=\frac{6}{35}+\frac{12}{35}+\frac{2}{35}=\frac{4}{7}$.

$P\{X<3-Y\}=P\{X+Y<3\}=P\{X=0,Y=2\}+P\{X=1,Y=1\}+P\{X=2,Y=0\}$

$$=\frac{1}{35}+\frac{6}{35}+\frac{3}{35}=\frac{2}{7}.$$

3. 设随机变量(X,Y)的概率密度为

$$f(x,y)=\begin{cases}k(6-x-y), & 0<x<2,\ 2<y<4,\\ 0, & \text{其他}.\end{cases}$$

(1)确定常数 k.　(2)求 $P\{X<1, Y<3\}$.　(3)求 $P\{X<1.5\}$.　(4)求 $P\{X+Y\leqslant 4\}$.

解　(1)因为 $\int_{-\infty}^{+\infty}\int_{-\infty}^{+\infty} f(x,y)\mathrm{d}x\mathrm{d}y=\int_0^2 \mathrm{d}x\int_2^4 k(6-x-y)\mathrm{d}y=k\int_0^2(6-2x)\mathrm{d}x$

$$=k(12-4)=8k=1,$$

所以 $k=\frac{1}{8}$.

(2) $P\{X<1,Y<3\}=\int_0^1 \mathrm{d}x\int_2^3\frac{1}{8}(6-x-y)\mathrm{d}y=\frac{1}{8}\int_0^1\left[(6-x)-\frac{5}{2}\right]\mathrm{d}x=\frac{1}{8}\left(\frac{7}{2}-\frac{1}{2}\right)=\frac{3}{8}$.

(3) $P\{X<1.5\}=\int_{-\infty}^{1.5}\int_{-\infty}^{+\infty} f(x,y)\mathrm{d}y\mathrm{d}x=\int_0^{1.5}\left[\int_2^4\frac{1}{8}(6-x-y)\mathrm{d}y\right]\mathrm{d}x$

$$=\frac{1}{8}\int_0^{1.5}[2(6-x)-6]\mathrm{d}x=\frac{1}{8}\int_0^{1.5}(6-2x)\mathrm{d}x$$

$$=\frac{1}{8}[6\times 1.5-(1.5)^2]=\frac{1}{8}\left[9-\frac{9}{4}\right]=\frac{27}{32}.$$

(4)将(X,Y)看作是平面上随机点的坐标，即有$\{X+Y\leqslant 4\}=\{(X,Y)\in G\}$，其中 G 为 XOY 平面上直线 $x+y=4$ 下方的部分(参阅图 3−2).

$P\{X+Y\leqslant 4\}=P\{(X,Y)\in G\}=\iint\limits_G f(x,y)\mathrm{d}x\mathrm{d}y$

$$=\int_0^2 \mathrm{d}x\int_2^{4-x}\frac{1}{8}(6-x-y)\mathrm{d}y$$

$$=\frac{1}{8}\int_0^2\left[(6-x)(2-x)-\frac{(6-x)(2-x)}{2}\right]\mathrm{d}x$$

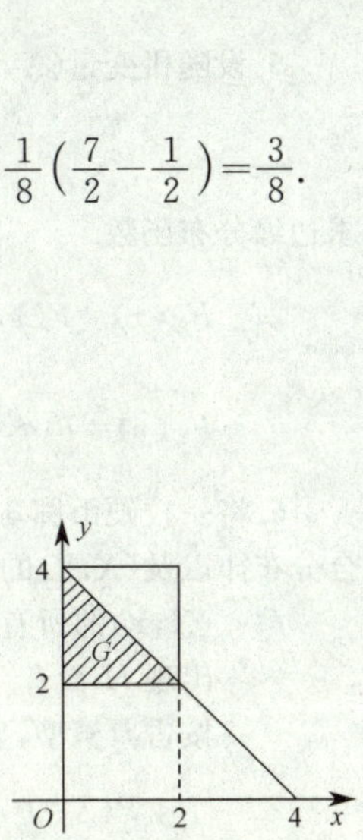

图 3−2

$$=\frac{1}{16}\int_0^2(12-8x+x^2)\mathrm{d}x$$

$$=\frac{1}{16}\left[24-16-\frac{8}{3}\right]=\frac{1}{2}\times\frac{4}{3}=\frac{2}{3}.$$

4. 设 X,Y 都是非负的连续型随机变量，它们相互独立.

(1)证明 $P\{X<Y\}=\int_0^{\infty}F_X(x)f_Y(x)\mathrm{d}x$，其中 $F_X(x)$ 是 X 的分布函数，$f_Y(y)$ 是 Y 的概率密度.

(2)设 X,Y 相互独立，其概率密度分别为

$$f_X(x)=\begin{cases}\lambda_1\mathrm{e}^{-\lambda_1 x}, & x>0,\\ 0, & \text{其他},\end{cases}\qquad f_Y(y)=\begin{cases}\lambda_2\mathrm{e}^{-\lambda_2 y}, & y>0,\\ 0, & \text{其他},\end{cases}$$

求 $P\{X<Y\}$.

解　(1)因 X,Y 为非负的相互独立的随机变量，故其概率密度为

$$f(x,y)=\begin{cases}f_X(x)f_Y(y), & x>0,y>0,\\ 0, & \text{其他}.\end{cases}$$

从而 $P\{X<Y\}=\iint\limits_G f_X(x)f_Y(y)\mathrm{d}x\mathrm{d}y$，

其中 G 为 $x\geqslant0,y\geqslant x$ 界定的区域(如图 3-3 所示)，从而

$$P\{X<Y\}=\int_0^{\infty}\int_0^{y}f_X(x)f_Y(y)\mathrm{d}x\mathrm{d}y=\int_0^{\infty}f_Y(y)\left[\int_0^{y}f_X(x)\mathrm{d}x\right]\mathrm{d}y$$

$$=\int_0^{\infty}f_Y(y)F_X(y)\mathrm{d}y=\int_0^{\infty}F_X(y)f_Y(y)\mathrm{d}y$$

$$=\int_0^{\infty}F_X(x)f_Y(x)\mathrm{d}x.$$

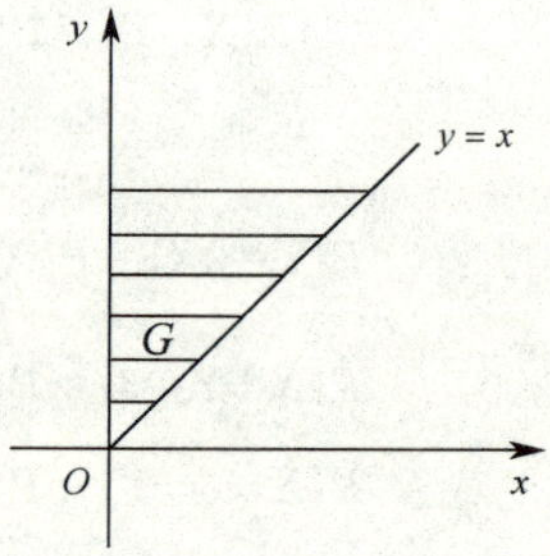

图 3-3

(2)由(1)知

$$P\{X<Y\}=\int_0^{\infty}(1-\mathrm{e}^{-\lambda_1 x})(\lambda_2\mathrm{e}^{-\lambda_2 x})\mathrm{d}x=\int_0^{\infty}\left[\lambda_2\mathrm{e}^{-\lambda_2 x}-\lambda_2\mathrm{e}^{-(\lambda_1+\lambda_2)x}\right]\mathrm{d}x$$

$$=\left[-\mathrm{e}^{-\lambda_2 x}+\frac{\lambda_2}{\lambda_1+\lambda_2}\mathrm{e}^{-(\lambda_1+\lambda_2)x}\right]_0^{\infty}$$

$$=1-\frac{\lambda_2}{\lambda_1+\lambda_2}=\frac{\lambda_1}{\lambda_1+\lambda_2}.$$

5. 设随机变量 (X,Y) 具有分布函数

$$F(x,y)=\begin{cases}1-\mathrm{e}^{-x}-\mathrm{e}^{-y}+\mathrm{e}^{-x-y}, & x>0,y>0,\\ 0, & \text{其他}.\end{cases}$$

求边缘分布函数.

解　$$F_X(x)=F(x,\infty)=\begin{cases}1-\mathrm{e}^{-x}, & x>0,\\ 0, & \text{其他},\end{cases}$$

$$F_Y(y)=F(\infty,y)=\begin{cases}1-\mathrm{e}^{-y}, & y>0,\\ 0, & \text{其他}.\end{cases}$$

6. 将一枚硬币掷 3 次，以 X 表示前 2 次中出现 H 的次数，以 Y 表示 3 次中出现 H 的次数. 求 X,Y 的联合分布律以及 (X,Y) 的边缘分布律.

解　(X,Y) 的所有情形为 HHH, HHT, HTH, THH, HTT, THT, TTH, TTT.(其中 T 表示不出现 H 面)

按古典概型，显然有

$$P\{X=0,Y=0\}=\frac{1}{8},\quad P\{X=0,Y=1\}=\frac{1}{8},$$

$$P\{X=1,Y=1\}=\frac{2}{8},\quad P\{X=1,Y=2\}=\frac{2}{8},$$

$P\{X=2,Y=2\}=\frac{1}{8}$， $P\{X=2,Y=3\}=\frac{1}{8}$.

那么把(X,Y)的联合分布律及边缘分布律列成表格：

Y \ X	0	1	2	$p_{\cdot j}$
0	$\frac{1}{8}$	0	0	$\frac{1}{8}$
1	$\frac{1}{8}$	$\frac{1}{4}$	0	$\frac{3}{8}$
2	0	$\frac{1}{4}$	$\frac{1}{8}$	$\frac{3}{8}$
3	0	0	$\frac{1}{8}$	$\frac{1}{8}$
$p_{i\cdot}$	$\frac{1}{4}$	$\frac{1}{2}$	$\frac{1}{4}$	1

7. 设二维随机变量(X,Y)的概率密度为

$$f(x,y)=\begin{cases}4.8y(2-x), & 0\leqslant x\leqslant 1,0\leqslant y\leqslant x,\\ 0, & \text{其他}.\end{cases}$$

求边缘概率密度.

解 因为(X,Y)的联合概率密度(参阅图3-4)为

$$f(x,y)=\begin{cases}4.8y(2-x), & 0\leqslant x\leqslant 1,0\leqslant y\leqslant x,\\ 0, & \text{其他},\end{cases}$$

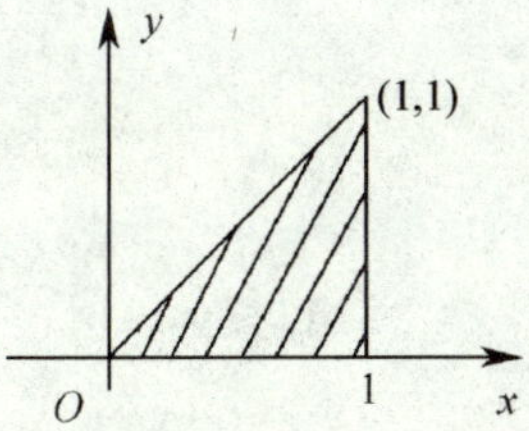

图3-4

于是当$0\leqslant x\leqslant 1$时，

$$f_X(x)=\int_{-\infty}^{+\infty}f(x,y)\mathrm{d}y=\int_0^x 4.8y(2-x)\mathrm{d}y=2.4x^2(2-x).$$

故 $f_X(x)=\begin{cases}2.4x^2(2-x), & 0\leqslant x\leqslant 1,\\ 0, & \text{其他}.\end{cases}$

同样，当$0\leqslant y\leqslant 1$时，

$$f_Y(y)=\int_{-\infty}^{+\infty}f(x,y)\mathrm{d}x=\int_y^1 4.8y(2-x)\mathrm{d}x=2.4y(3-4y+y^2),$$

故 $f_Y(y)=\begin{cases}2.4y(3-4y+y^2), & 0\leqslant y\leqslant 1,\\ 0, & \text{其他}.\end{cases}$

8. 设二维随机变量(X,Y)的概率密度为

$$f(x,y)=\begin{cases}\mathrm{e}^{-y}, & 0<x<y,\\ 0, & \text{其他}.\end{cases}$$

求边缘概率密度.

解 因为概率密度$f(x,y)$仅在图3-5中阴影部分的区域内才具有非零值.

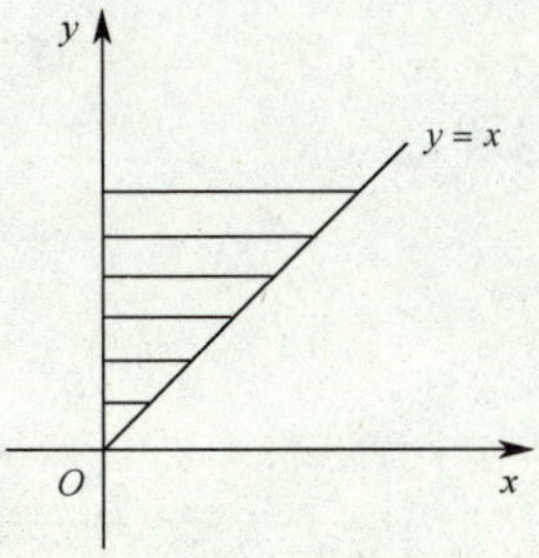

图3-5

当$x>0$时，

$$f_X(x)=\int_{-\infty}^{+\infty}f(x,y)\mathrm{d}y=\int_x^{+\infty}\mathrm{e}^{-y}\mathrm{d}y=\mathrm{e}^{-x},$$

故X的边缘概率密度为

$$f_X(x)=\begin{cases}\mathrm{e}^{-x}, & x>0,\\ 0, & \text{其他}.\end{cases}$$

另一方面，当$y>0$时，

$$f_Y(y)=\int_{-\infty}^{+\infty}f(x,y)\mathrm{d}x=\int_0^y \mathrm{e}^{-y}\mathrm{d}x=y\mathrm{e}^{-y},$$

故 Y 的边缘概率密度为

$$f_Y(y)=\begin{cases}y\mathrm{e}^{-y}, & y>0,\\ 0, & 其他.\end{cases}$$

9. 设二维随机变量 (X,Y) 的概率密度为

$$f(x,y)=\begin{cases}cx^2y, & x^2\leqslant y\leqslant 1,\\ 0, & 其他.\end{cases}$$

(1)确定常数 c. (2)求边缘概率密度.

解 (1)因为概率密度 $f(x,y)$ 仅在图 3-6 中阴影部分的区域内具有非零值.

由 $\int_{-\infty}^{+\infty}\int_{-\infty}^{+\infty}f(x,y)\mathrm{d}x\mathrm{d}y=1$，有

$$\int_{-1}^{1}\mathrm{d}x\int_{x^2}^{1}cx^2y\mathrm{d}y=\int_{-1}^{1}\frac{1}{2}cx^2(1-x^4)\mathrm{d}x=\frac{4}{21}c,$$

故 $c=\dfrac{21}{4}$.

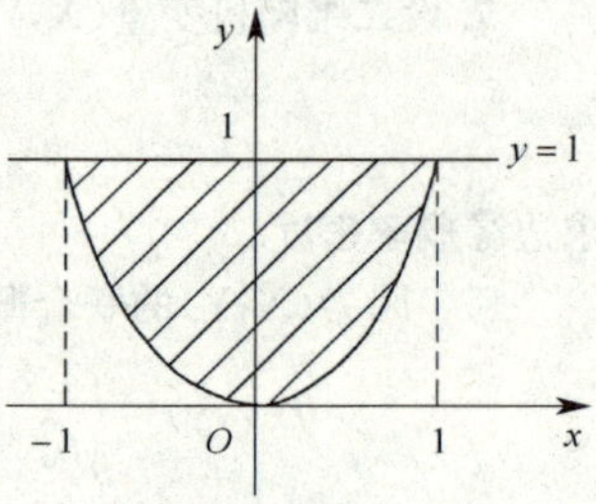

图 3-6

(2)当 $-1\leqslant x\leqslant 1$ 时，

$$f_X(x)=\int_{-\infty}^{+\infty}f(x,y)\mathrm{d}y=\int_{x^2}^{1}\frac{21}{4}x^2y\mathrm{d}y$$
$$=\frac{21}{4}x^2\cdot\frac{1}{2}(1-x^4),$$

故 $f_X(x)=\begin{cases}\dfrac{21}{8}x^2(1-x^4), & -1\leqslant x\leqslant 1,\\ 0, & 其他.\end{cases}$

当 $0\leqslant y\leqslant 1$ 时，

$$f_Y(y)=\int_{-\infty}^{+\infty}f(x,y)\mathrm{d}x=\int_{-\sqrt{y}}^{\sqrt{y}}\frac{21}{4}x^2y\mathrm{d}x=\frac{21}{2}y\cdot\frac{1}{3}(\sqrt{y})^3,$$

故 $f_Y(y)=\begin{cases}\dfrac{7}{2}y^{\frac{5}{2}}, & 0\leqslant y\leqslant 1,\\ 0, & 其他.\end{cases}$

10. 将某医药公司 8 月份和 9 月份收到的青霉素针剂的订货单数分别记为 X 和 Y. 据以往积累的资料知 X 和 Y 的联合分布律为

Y \ X	51	52	53	54	55
51	0.06	0.05	0.05	0.01	0.01
52	0.07	0.05	0.01	0.01	0.01
53	0.05	0.10	0.10	0.05	0.05
54	0.05	0.02	0.01	0.01	0.03
55	0.05	0.06	0.05	0.01	0.03

(1)求边缘分布律.

(2)求 8 月份的订单数为 51 时，9 月份订单数的条件分布律.

解 (1)因为 $p_{i\cdot}=\sum\limits_{j=1}^{\infty}p_{ij}=P\{X=x_i\}$，$p_{\cdot j}=\sum\limits_{i=1}^{\infty}p_{ij}=P\{Y=y_j\}$，所以

$$P\{Y=51\}=0.06+0.05+0.05+0.01+0.01=0.18,$$
$$P\{Y=52\}=0.07+0.05+0.01+0.01+0.01=0.15,$$

$P\{Y=53\}=0.05+0.10+0.10+0.05+0.05=0.35,$
$P\{Y=54\}=0.05+0.02+0.01+0.01+0.03=0.12,$
$P\{Y=55\}=0.05+0.06+0.05+0.01+0.03=0.20,$
$P\{X=51\}=0.06+0.07+0.05+0.05+0.05=0.28,$
$P\{X=52\}=0.05+0.05+0.10+0.02+0.06=0.28,$
$P\{X=53\}=0.05+0.01+0.10+0.01+0.05=0.22,$
$P\{X=54\}=0.01+0.01+0.05+0.01+0.01=0.09,$
$P\{X=55\}=0.01+0.01+0.05+0.03+0.03=0.13,$

则 Y 的边缘分布律为

Y	51	52	53	54	55
P	0.18	0.15	0.35	0.12	0.20

X 的边缘分布律为

X	51	52	53	54	55
P	0.28	0.28	0.22	0.09	0.13

(2)因为 $P\{Y=y_j|X=51\}=\dfrac{P\{X=51,Y=y_j\}}{P\{X=51\}}$,并且 $P\{X=51\}=0.28$,所以

$$P\{Y=51|X=51\}=\frac{0.06}{0.28}=\frac{3}{14},\qquad P\{Y=52|X=51\}=\frac{0.07}{0.28}=\frac{1}{4},$$

$$P\{Y=53|X=51\}=\frac{0.05}{0.28}=\frac{5}{28},\qquad P\{Y=54|X=51\}=\frac{0.05}{0.28}=\frac{5}{28},$$

$$P\{Y=55|X=51\}=\frac{0.05}{0.28}=\frac{5}{28},$$

故当 8 月份的订单数为 51 时,9 月份订单数的条件分布律为

k	51	52	53	54	55
$P\{Y=k\|X=51\}$	$\frac{3}{14}$	$\frac{1}{4}$	$\frac{5}{28}$	$\frac{5}{28}$	$\frac{5}{28}$

11. 以 X 记某医院一天出生的婴儿的个数,Y 记其中男婴的个数,设 X 和 Y 的联合分布律为

$$P\{X=n,Y=m\}=\frac{e^{-14}(7.14)^m(6.86)^{n-m}}{m!\,(n-m)!},\ m=0,1,2,\cdots,n;n=0,1,2,\cdots.$$

(1)求边缘分布律.

(2)求条件分布律.

(3)特别,写出当 $X=20$ 时,Y 的条件分布律.

解 (1)$P\{X=n\}=\sum\limits_{m=0}^{n}P\{X=n,Y=m\}=\sum\limits_{m=0}^{n}\dfrac{e^{-14}(7.14)^m(6.86)^{n-m}}{m!\,(n-m)!}$

$$=\sum_{m=0}^{n}\frac{e^{-14}}{n!}\cdot\frac{n!}{m!\,(n-m)!}(7.14)^m(6.86)^{n-m}$$

$$=\frac{e^{-14}}{n!}\sum_{m=1}^{n}C_n^m(7.14)^m(6.86)^{n-m}$$

$$=\frac{e^{-14}}{n!}(7.14+6.86)^n=\frac{e^{-14}}{n!}(14)^n,\ n=0,1,2,\cdots.$$

$$P\{Y=m\}=\sum_{n=m}^{\infty}P\{X=n,Y=m\}=\sum_{n=m}^{\infty}\frac{e^{-14}(7.14)^m(6.86)^{n-m}}{m!\,(n-m)!}$$

$$=\sum_{n=m}^{\infty}\frac{e^{-14}(7.14)^m}{m!}\cdot\frac{m(6.86)^{n-m}}{(n-m)!}$$

$$=\frac{e^{-14}(7.14)^m}{m!}\sum_{j=0}^{\infty}\frac{(6.86)^j}{j!}\quad (令\ j=n-m)$$

$$=\frac{e^{-14}(7.14)^m}{m!}e^{6.86}=\frac{e^{-7.14}(7.14)^m}{m!},\ m=0,1,2,\cdots.$$

注意到 $e^x=\sum_{k=0}^{\infty}\frac{x^k}{k!}$,这里 $x=6.86$.

(2)当 $m=0,1,2,\cdots$时,

$$P\{X=n|Y=m\}=\frac{P\{X=n,Y=m\}}{P\{Y=m\}}=\frac{e^{-14}(7.14)^m(6.86)^{n-m}}{m!\ (n-m)!}\cdot\frac{m!}{e^{-7.14}(7.14)^m}$$

$$=\frac{e^{-6.86}(6.86)^{n-m}}{(n-m)!},\ n=m,m+1,\cdots.$$

当 $n=0,1,2,\cdots$时,

$$P\{Y=m|X=n\}=\frac{P\{X=n,Y=m\}}{P\{X=n\}}=\frac{e^{-14}(7.14)^m(6.86)^{n-m}}{m!\ (n-m)!}\cdot\frac{n!}{e^{-14}(14)^n}$$

$$=C_n^m\left(\frac{7.14}{4}\right)^m\left(\frac{6.86}{14}\right)^{n-m}=C_n^m(0.51)^m(0.49)^{n-m},\ m=0,1,2,\cdots,n.$$

(3)$P\{Y=m|X=20\}=C_{20}^m(0.51)^m(0.49)^{20-m}$, $m=0,1,2,\cdots,20.$

12. 求例 1 中的条件分布律:$P\{Y=k|X=i\}$.

解　$P\{Y=k|X=i\}=\frac{P\{Y=k,X=i\}}{P\{X=i\}}$.

而 $P\{Y=k,X=i\}=\frac{1}{i}\cdot\frac{1}{4}$, $i=1,2,3,4$, $k\leqslant i$,　$P\{X=i\}=\frac{1}{4}$,

所以 $P\{Y=k|X=i\}=\frac{1}{i}$,$i=1,2,3,4,k\leqslant i$. 即

k	1
$P\{Y=k\|X=1\}$	1

k	1	2
$P\{Y=K\|X=2\}$	$\frac{1}{2}$	$\frac{1}{2}$

k	1	2	3
$P\{Y=k\|X=3\}$	$\frac{1}{3}$	$\frac{1}{3}$	$\frac{1}{3}$

k	1	2	3	4
$P\{Y=K\|X=4\}$	$\frac{1}{4}$	$\frac{1}{4}$	$\frac{1}{4}$	$\frac{1}{4}$

13. 在第 9 题中:

(1)求条件概率密度 $f_{X|Y}(x|y)$,特别,写出当 $Y=\frac{1}{2}$时 X 的条件概率密度.

(2)求条件概率密度 $f_{Y|X}(y|x)$,特别,分别写出当 $X=\frac{1}{3}$,$X=\frac{1}{2}$时 Y 的条件概率密度.

(3)求条件概率 $P\{Y\geqslant\frac{1}{4}|X=\frac{1}{2}\}$,$P\{Y\geqslant\frac{3}{4}|X=\frac{1}{2}\}$.

解　由第 9 题知

$$f(x,y)=\begin{cases}\frac{21}{4}x^2y, & x^2\leqslant y\leqslant 1,\\ 0, & 其他,\end{cases}$$

$$f_X(x)=\begin{cases}\frac{21}{8}x^2(1-x^4), & -1\leqslant x\leqslant 1,\\ 0, & 其他,\end{cases}$$

$$f_Y(y)=\begin{cases}\frac{7}{2}y^{\frac{5}{2}}, & 0\leqslant y\leqslant 1,\\ 0, & 其他.\end{cases}$$

(1) $f_{X|Y}(x|y)=\dfrac{f(x,y)}{f_Y(y)}=\begin{cases}\dfrac{3}{2}x^2y^{-\frac{3}{2}}, & -\sqrt{y}\leqslant x\leqslant\sqrt{y},0<y\leqslant 1,\\ 0, & \text{其他}.\end{cases}$

$f_{Y|X}(x|y=\dfrac{1}{2})=\begin{cases}3\sqrt{2}x^2, & -\dfrac{1}{\sqrt{2}}\leqslant x\leqslant\dfrac{1}{\sqrt{2}},\\ 0, & \text{其他}.\end{cases}$

(2) $f_{Y|X}(y|x)=\dfrac{f(x,y)}{f_X(x)}=\begin{cases}\dfrac{2y}{1-x^4}, & x^2<y<1,-1<x<1,\\ 0, & \text{其他}.\end{cases}$

$f_{Y|X}(y|x=\dfrac{1}{3})=\begin{cases}\dfrac{81}{40}y, & \dfrac{1}{9}<y<1,\\ 0, & \text{其他}.\end{cases}$

$f_{Y|X}(y|x=\dfrac{1}{2})=\begin{cases}\dfrac{32}{15}y, & \dfrac{1}{4}<y<1,\\ 0, & \text{其他}.\end{cases}$

(3) $P\{Y\geqslant\dfrac{1}{4}|X=\dfrac{1}{2}\}=\int_{\frac{1}{4}}^{+\infty}f_{Y|X}(y|x=\dfrac{1}{2})\mathrm{d}y=1.$

$P\{Y\geqslant\dfrac{3}{4}|X=\dfrac{1}{2}\}=\int_{\frac{3}{4}}^{+\infty}f_{Y|X}(y|x=\dfrac{1}{2})\mathrm{d}y=\int_{\frac{3}{4}}^{1}\dfrac{32}{15}y\mathrm{d}y=\dfrac{7}{15}.$

14. 设随机变量(X,Y)的概率密度为 $f(x,y)=\begin{cases}1, & |y|<x,\ 0<x<1,\\ 0, & \text{其他}.\end{cases}$

求条件概率密度 $f_{Y|X}(y|x)$，$f_{X|Y}(x|y)$.

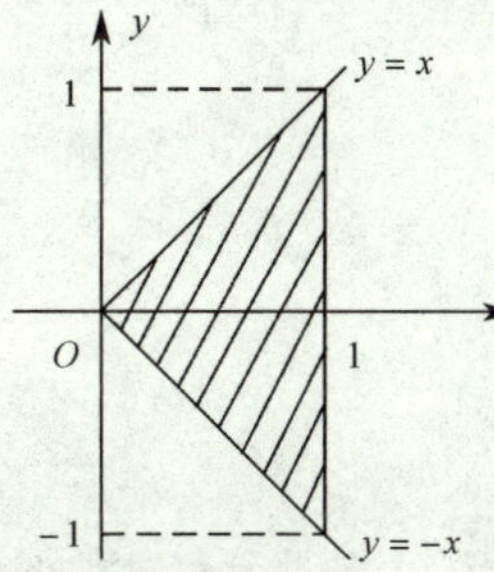

图 3−7

解　由于概率密度 $f(x,y)$仅在图 3−7 中阴影部分为非零值，故 $f(x,y)$的边缘密度为

$f_X(x)=\begin{cases}\int_{-x}^{x}1\mathrm{d}y, & 0<x<1,\\ 0, & \text{其他}\end{cases}=\begin{cases}2x, & 0<x<1,\\ 0, & \text{其他}.\end{cases}$

$f_Y(y)=\begin{cases}\int_{|y|}^{1}1\mathrm{d}x, & -1<y<1,\\ 0, & \text{其他}\end{cases}=\begin{cases}1-|y|, & -1<y<1,\\ 0, & \text{其他}.\end{cases}$

所以当 $0<x<1$ 时，$f_{Y|X}(y|x)=\dfrac{f(x,y)}{f_X(x)}=\begin{cases}\dfrac{1}{2x}, & |y|<x,\\ 0, & \text{其他}.\end{cases}$

当$|y|<1$时，$f_{X|Y}(x|y)=\dfrac{f(x,y)}{f_Y(y)}=\begin{cases}\dfrac{1}{1-|y|}, & |y|<x<1,\\ 0, & \text{其他}.\end{cases}$

15. 设随机变量 $X\sim U(0,1)$，当给定 $X=x$ 时，随机变量 Y 的条件概率密度为

$$f_{Y|X}(y|x)=\begin{cases}x, & 0<y<\dfrac{1}{x},\\ 0, & \text{其他}.\end{cases}$$

(1)求 X 和 Y 的联合概率密度 $f(x,y)$.

(2)求边缘概率密度 $f_Y(y)$，并画出它的图形.

(3)求 $P\{X>Y\}$.

解　(1)因 $f(x,y)=f_{Y|X}(y|x)f_X(x)$，

由于 $f_X(x)=\begin{cases}1, & 0<x<1,\\ 0, & \text{其他}.\end{cases}$　故 $f(x,y)=\begin{cases}x, & 0<y<\dfrac{1}{x},0<x<1,\\ 0, & \text{其他}.\end{cases}$

$f(x,y)$仅在区域$D:\{(x,y)\mid 0<x<1,0<y<\frac{1}{x}\}$上不等于零,如图 3-8.

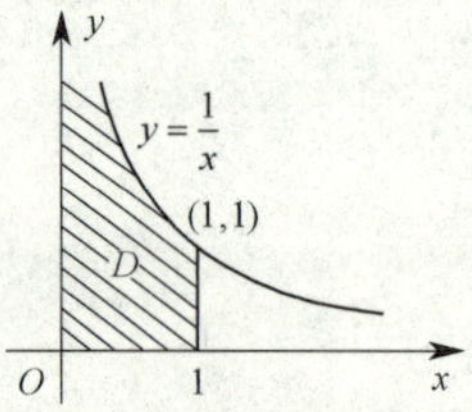

图 3-8

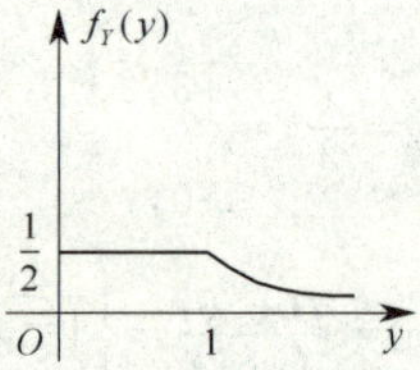

图 3-9

$$(2)f_Y(y)=\int_{-\infty}^{+\infty}f(x,y)\mathrm{d}x=\begin{cases}\int_0^1 x\mathrm{d}x=\frac{1}{2}, & 0<y<1,\\ \int_0^{\frac{1}{y}}x\mathrm{d}x=\frac{1}{2y^2}, & 1\leqslant y<\infty,\\ 0,\text{其他}.\end{cases}\text{即 } f_Y(y)=\begin{cases}\frac{1}{2}, & 0<y<1,\\ \frac{1}{2y^2}, & 1\leqslant y<\infty,\\ 0, & \text{其他},\end{cases}$$

$f_Y(y)$的图形见图 3-9.

$$(3)P\{X>Y\}=\iint_D f(x,y)\mathrm{d}x\mathrm{d}y=\int_0^1\mathrm{d}y\int_y^1 x\mathrm{d}x=\int_0^1\frac{1}{2}(1-y^2)\mathrm{d}y=\frac{1}{3}.$$

16. (1)问第 1 题中的随机变量 X 和 Y 是否相互独立?

(2)问第 14 题中的随机变量 X 和 Y 是否相互独立(需说明理由)?

解 (1)放回抽样时,由于

Y \ X	0	1	$p_{\cdot j}$
0	$\frac{25}{36}$	$\frac{5}{36}$	$\frac{5}{6}$
1	$\frac{5}{36}$	$\frac{1}{36}$	$\frac{1}{6}$
$p_{i\cdot}$	$\frac{5}{6}$	$\frac{1}{6}$	1

故此分布列满足 $p_{ij}=p_{i\cdot}\cdot p_{\cdot j}$,所以 X 和 Y 独立.

不放回抽样时,由于

Y \ X	0	1	$p_{\cdot j}$
0	$\frac{15}{22}$	$\frac{5}{33}$	$\frac{5}{6}$
1	$\frac{5}{33}$	$\frac{1}{66}$	$\frac{1}{6}$
$p_{i\cdot}$	$\frac{5}{6}$	$\frac{1}{6}$	1

此分布列不满足 $p_{ij}=p_{i\cdot}\cdot p_{\cdot j}$,故 X 和 Y 不独立.

(2)由于当$|y|<x,0<x<1$时,$f_X(x)\cdot f_Y(y)=2x(1-|y|)\neq f(x,y)=1$,故 X 和 Y 不独立.

17. (1)设随机变量(X,Y)具有分布函数

$$F(x,y)=\begin{cases}(1-\mathrm{e}^{-\alpha x})y, & x\geqslant 0,0\leqslant y\leqslant 1,\\ 1-\mathrm{e}^{-\alpha x}, & x\geqslant 0,y>1,\quad \alpha>0,\\ 0, & \text{其他}.\end{cases}$$

证明 X,Y 相互独立.

(2)设随机变量(X,Y)具有分布律

$$P\{X=x,Y=y\}=p^2(1-p)^{x+y-2},\ 0<p<1,\ x,y \text{ 均为正整数},$$

问 X,Y 是否相互独立.

解 (1)$F_X(x)=F(x,\infty)=\begin{cases}1-\mathrm{e}^{-\alpha x}, & x\geqslant 0,\\ 0, & \text{其他}.\end{cases}$

$F_Y(y)=F(\infty,y)=\begin{cases}y, & 0\leqslant y\leqslant 1,\\ 1, & y>1,\\ 0, & \text{其他}.\end{cases}$

因为对于所有的 x,y 都有 $F(x,y)=F_X(x)F_Y(y)$,故 X,Y 相互独立.

(2)$P\{X=x\}=\sum\limits_{y=1}^{\infty}p^2(1-p)^{x+y-2}=p^2(1-p)^{x-1}\sum\limits_{y=1}^{\infty}(1-p)^{y-1}$

$=p^2(1-p)^{x-1}\dfrac{1}{1-(1-p)}=p(1-p)^{x-1},\quad x=1,2,\cdots,\quad$ 其中 $0<p<1$.

同理 $P\{Y=y\}=p(1-p)^{y-1},\quad y=1,2,\cdots,\quad$ 其中 $0<p<1$.

因为对于所有正整数 x,y 都有 $P\{X=x,Y=y\}=P\{X=x\}P\{Y=y\}$,故 X,Y 相互独立.

18. 设 X 和 Y 是两个相互独立的随机变量,X 在区间(0,1)上服从均匀分布,Y 的概率密度为

$$f_Y(y)=\begin{cases}\dfrac{1}{2}\mathrm{e}^{-\frac{y}{2}}, & y>0,\\ 0, & y\leqslant 0.\end{cases}$$

(1)求 X 和 Y 的联合概率密度.

(2)设有 a 的二次方程为 $a^2+2Xa+Y=0$,试求 a 有实根的概率.

解 (1)因为 X 在(0,1)上服从均匀分布,所以 X 的概率密度为

$$f_X(x)=\begin{cases}1, & 0<x<1,\\ 0, & \text{其他}.\end{cases}$$

由于 X 和 Y 相互独立,故(X,Y)的概率密度为

$$f(x,y)=f_X(x)f_Y(y)=\begin{cases}\dfrac{1}{2}\mathrm{e}^{-\frac{y}{2}}, & 0<x<1,\ y>0,\\ 0, & \text{其他}.\end{cases}$$

(2)要使 a 有实根,必须方程 $a^2+2Xa+Y=0$ 的判别式 $\Delta=4X^2-4Y\geqslant 0$,故

$$P\{X^2-Y\geqslant 0\}=\int_0^1\mathrm{d}x\int_0^{x^2}\frac{1}{2}\mathrm{e}^{-\frac{y}{2}}\mathrm{d}y=\int_0^1(1-\mathrm{e}^{-\frac{x^2}{2}})\mathrm{d}x=1-\int_0^1\mathrm{e}^{-\frac{x^2}{2}}\mathrm{d}x$$

$$=1-\sqrt{2\pi}\left[\int_{-\infty}^1\frac{1}{\sqrt{2\pi}}\mathrm{e}^{-\frac{x^2}{2}}\mathrm{d}x-\int_{-\infty}^0\frac{1}{\sqrt{2\pi}}\mathrm{e}^{-\frac{x^2}{2}}\mathrm{d}x\right]$$

$$=1-\sqrt{2\pi}[\Phi(1)-\Phi(0)]=0.1445.$$

$\left(\text{由于 }\Phi(x)=\dfrac{1}{\sqrt{2\pi}}\displaystyle\int_{-\infty}^{x}\mathrm{e}^{-\frac{t^2}{2}}\mathrm{d}t\right)$

19. 进行打靶,设弹着点 $A(X,Y)$ 的坐标 X 和 Y 相互独立,且都服从 $N(0,1)$ 分布,规定

点 A 落在区域 $D_1=\{(x,y)\mid x^2+y^2\leqslant 1\}$ 得 2 分;

点 A 落在 $D_2=\{(x,y)\mid 1<x^2+y^2\leqslant 4\}$ 得 1 分;

点 A 落在 $D_3=\{(x,y)\mid x^2+y^2>4\}$ 得 0 分.

以 Z 记打靶的得分. 写出 X,Y 的联合概率密度,并求 Z 的分布律.

解 由题意知 $X\sim N(0,1)$,$Y\sim N(0,1)$,即 X,Y 的概率密度分别为

$$f_X(x)=\frac{1}{\sqrt{2\pi}}\mathrm{e}^{-\frac{x^2}{2}},\ -\infty<x<+\infty,$$

$$f_Y(y)=\frac{1}{\sqrt{2\pi}}\mathrm{e}^{-\frac{y^2}{2}},\ -\infty<y<+\infty.$$

又 X,Y 相互独立,故 X,Y 的联合概率密度为

$$f(x,y)=f_X(x)\cdot f_Y(y)=\frac{1}{2\pi}e^{-\frac{x^2+y^2}{2}}.$$

而 $P\{Z=2\}=\iint\limits_{D_1} f(x,y)\mathrm{d}x\mathrm{d}y=\int_0^{2\pi}\mathrm{d}\theta\int_0^1\frac{1}{2\pi}e^{-\frac{r^2}{2}}r\mathrm{d}r=1-e^{-\frac{1}{2}}$;

$P\{Z=1\}=\iint\limits_{D_2} f(x,y)\mathrm{d}x\mathrm{d}y=\int_0^{2\pi}\mathrm{d}\theta\int_1^2\frac{1}{2\pi}e^{-\frac{r^2}{2}}r\mathrm{d}r=e^{-\frac{1}{2}}-e^{-2}$;

$P\{Z=0\}=\iint\limits_{D_3} f(x,y)\mathrm{d}x\mathrm{d}y=\int_0^{2\pi}\mathrm{d}\theta\int_0^{+\infty}\frac{1}{2\pi}e^{-\frac{r^2}{2}}r\mathrm{d}r=e^{-2}$.

把 Z 的分布律列表得:

Z	0	1	2
P	e^{-2}	$e^{-\frac{1}{2}}-e^{-2}$	$1-e^{-\frac{1}{2}}$

20. 设 X 和 Y 是相互独立的随机变量,其概率密度分别为

$$f_X(x)=\begin{cases}\lambda e^{-\lambda x} & x>0,\\ 0, & x\leqslant 0,\end{cases}\quad f_Y(y)=\begin{cases}\mu e^{-\mu y}, & y>0,\\ 0, & y\leqslant 0,\end{cases}$$

其中 $\lambda>0$, $\mu>0$ 是常数. 引入随机变量

$$Z=\begin{cases}1, & X\leqslant Y,\\ 0, & X>Y.\end{cases}$$

(1)求条件概率密度 $f_{X|Y}(x|y)$.

(2)求 Z 的分布律和分布函数.

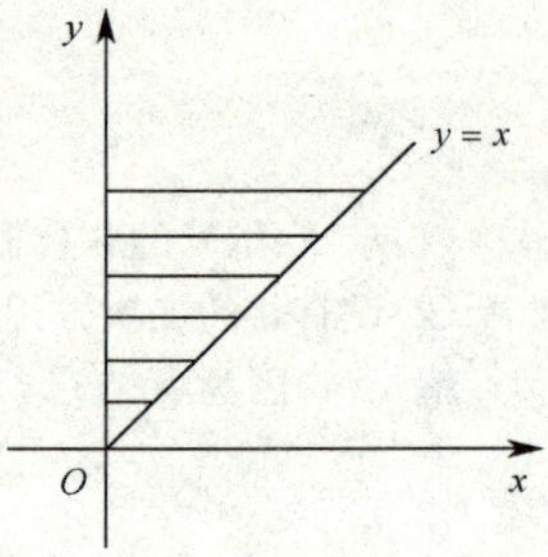

图 3—10

解 (1)由 X 和 Y 相互独立,故

$$f(x,y)=f_X(x)\cdot f_Y(y)=\begin{cases}\lambda\mu e^{-(\lambda x+\mu y)}, & x>0,y>0,\\ 0, & \text{其他},\end{cases}$$

当 $y>0$ 时, $f_{X|Y}(x|y)=\dfrac{f(x,y)}{f_Y(y)}=f_X(x)=\begin{cases}\lambda e^{-\lambda x}, & x>0,\\ 0, & x\leqslant 0.\end{cases}$

(2)由于 $Z=\begin{cases}1, & X\leqslant Y,\\ 0, & X>Y,\end{cases}$ (如图 3—10)

且 $P\{Z=1\}=P\{X\leqslant Y\}=\int_0^{+\infty}\int_x^{+\infty}\lambda\mu e^{-(\lambda x+\mu y)}\mathrm{d}y\mathrm{d}x=\int_0^{+\infty}\lambda e^{-(\lambda+\mu)x}\mathrm{d}x$

$$=-\frac{\lambda}{\lambda+\mu}e^{-(\lambda+\mu)x}\Big|_0^{+\infty}=\frac{\lambda}{\lambda+\mu},$$

$$P\{Z=0\}=P\{X>Y\}=1-P\{X\leqslant Y\}=1-\frac{\lambda}{\lambda+\mu}=\frac{\mu}{\lambda+\mu},$$

故 Z 的分布律为

Z	0	1
P	$\frac{\mu}{\lambda+\mu}$	$\frac{\lambda}{\lambda+\mu}$

Z 的分布函数为

$$F_Z(z)=\begin{cases}0, & z<0,\\ \dfrac{\mu}{\lambda+\mu}, & 0\leqslant z<1,\\ 1, & z\geqslant 1.\end{cases}$$

21. 设随机变量(X,Y)的概率密度为 $f(x,y)=\begin{cases}x+y, & 0<x<1,0<y<1,\\ 0, & \text{其他}.\end{cases}$

分别求(1)$Z=X+Y$.　(2)$Z=XY$的概率密度.

解　记所需求的概率密度函数为 $f_Z(z)$.

(1)$Z=X+Y$,且 $f_Z(z)=\int_{-\infty}^{\infty} f(x,z-x)\mathrm{d}x$.　　　　(＊)

仅当被积函数 $f(x,z-x)\neq 0$ 时,$f_Z(z)\neq 0$. 我们先找出使 $f_Z(z)\neq 0$ 的 x,z 的变化范围. 从而可定出(＊)中积分(相于不同 z 的值)的积分限,算出这一积分就可以了.

易知,仅当$\begin{cases}0<x<1,\\ 0<z-x<1,\end{cases}$ 即$\begin{cases}0<x<1,\\ z-1<x<z\end{cases}$ 时,(＊)的被积函数不等于零,参考图3－11,即得

$$f_Z(z)=\int_{-\infty}^{\infty} f(x,z-x)\mathrm{d}x$$

$$=\begin{cases}\int_0^z [x+(z-x)]\mathrm{d}x, & 0<z<1,\\ \int_{z-1}^1 [x+(z-x)]\mathrm{d}x, & 1\leqslant z<2,\\ 0, & \text{其他},\end{cases}$$

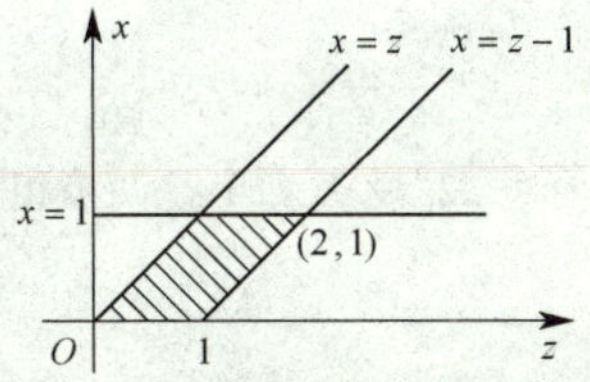

图 3－11

即　$f_Z(z)=\begin{cases}z^2, & 0<z<1,\\ 2z-z^2, & 1\leqslant z<2,\\ 0, & \text{其他}.\end{cases}$

本题也可利用分布函数来求 $f_Z(z)$,如下所示.

记 $Z=X+Y$ 的分布函数为 $F_Z(z)$,参考图 3－12 知

当 $z\leqslant 0$ 时,$F_Z(z)=0$.

当 $0<z<1$ 时,

$$F_Z(z)=P\{Z\leqslant z\}=P\{X+Y\leqslant z\}=\iint_{D_1}(x+y)\mathrm{d}x\mathrm{d}y$$

$$=\int_0^z \mathrm{d}y\int_0^{z-y}(x+y)\mathrm{d}x=\frac{1}{3}z^3.$$

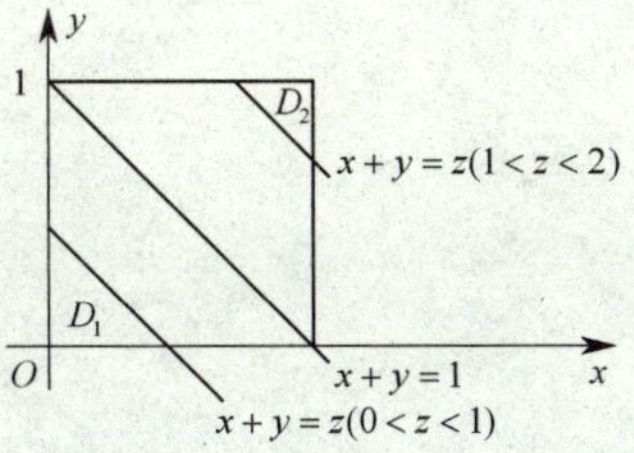

图 3－12

当 $1\leqslant z<2$ 时,因 $f(x,y)$只在矩形域上不等于 0,故

$$F_Z(z)=P\{Z\leqslant z\}=1-\iint_{D_2} f(x,y)\mathrm{d}x\mathrm{d}y$$

$$=1-\int_{z-1}^1 \mathrm{d}y\int_{z-y}^1 (x+y)\mathrm{d}x=-\frac{1}{3}+z^2-\frac{1}{3}z^3.$$

当 $z\geqslant 2$ 时,$F_Z(z)=1$.

故 $Z=X+Y$ 的分布函数为

$$F_Z(z)=\begin{cases}0, & z\leqslant 0,\\ \frac{1}{3}z^3, & 0<z<1,\\ -\frac{1}{3}+z^2-\frac{1}{3}z^3, & 1\leqslant z<2,\\ 1, & z\geqslant 2.\end{cases}$$

由此知 $Z=X+Y$ 的概率密度函数为

$$F_Z(z)=\begin{cases}z^2, & 0<z<1,\\ 2z-z^2, & 1\leqslant z<2,\\ 0, & \text{其他}.\end{cases}$$

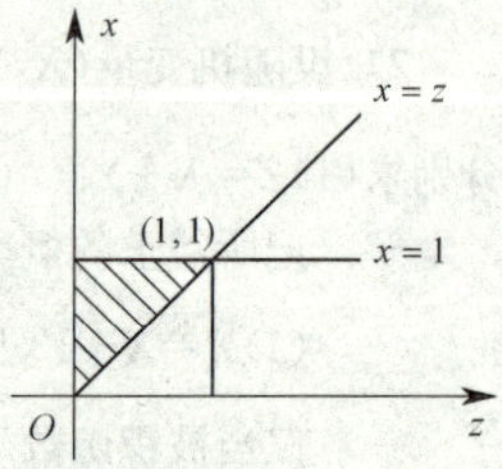

图 3—13

(2)$Z=XY$,且 $f_Z(z)=\int_{-\infty}^{\infty}\frac{1}{|x|}f(x,\frac{z}{x})\mathrm{d}x$.

易知仅当$\begin{cases}0<x<1,\\0<\frac{z}{x}<1,\end{cases}$ 即 $\begin{cases}0<x<1,\\0<z<x\end{cases}$时,上述积分的被积函数不等于零,如图 3—13,即得

$$f_Z(z)=\int_{-\infty}^{\infty}\frac{1}{|x|}f(x,\frac{z}{x})\mathrm{d}x=\begin{cases}\int_z^1\frac{1}{x}(x+\frac{z}{x})\mathrm{d}x, & 0<z<1,\\0, & \text{其他}.\end{cases}$$

得 $f_Z(z)=\begin{cases}2(1-z), & 0<z<1,\\0, & \text{其他}.\end{cases}$

22. 设 X 和 Y 是两个相互独立的随机变量,其概率密度分别为

$$f_X(x)=\begin{cases}1, & 0\leqslant x\leqslant 1,\\0, & \text{其他},\end{cases}\qquad f_Y(y)=\begin{cases}\mathrm{e}^{-y}, & y>0,\\0, & \text{其他}.\end{cases}$$

求随机变量 $Z=X+Y$ 的概率密度.

解 由于 X 和 Y 是相互独立的,故由卷积公式知,$Z=X+Y$ 的概率密度为

$$f_Z(z)=\int_{-\infty}^{+\infty}f_X(x)f_Y(z-x)\mathrm{d}x.$$

易知仅当$\begin{cases}0\leqslant x\leqslant 1,\\z-x>0\end{cases}$ 即$\begin{cases}0\leqslant x\leqslant 1,\\x<z\end{cases}$ 时,上述积分的被积函数不为零(参阅图 3—14).

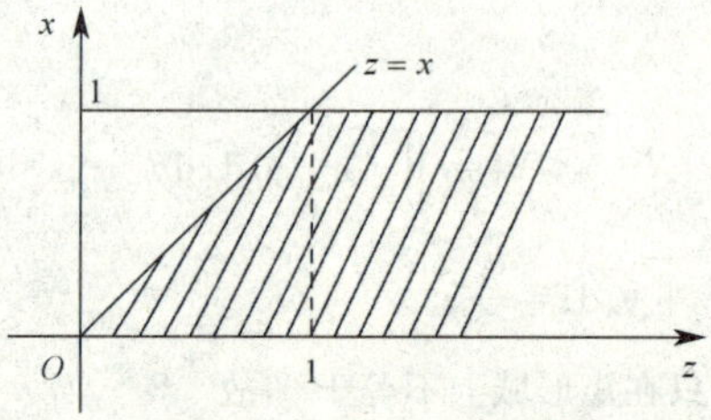

图 3—14

所以

$$f_Z(z)=\begin{cases}\int_0^x f_X(x)f_Y(z-x)\mathrm{d}x, & 0\leqslant z\leqslant 1,\\\int_0^1 f_X(x)f_Y(z-x)\mathrm{d}x, & z>1,\\0, & \text{其他}\end{cases}=\begin{cases}\int_0^x \mathrm{e}^{-(z-x)}\mathrm{d}x, & 0\leqslant z\leqslant 1,\\\int_0^1 \mathrm{e}^{-(z-x)}\mathrm{d}x, & z>1,\\0, & \text{其他}\end{cases}$$

$$=\begin{cases}1-\mathrm{e}^{-z}, & 0\leqslant z\leqslant 1,\\(\mathrm{e}-1)\mathrm{e}^{-z}, & z>1,\\0, & \text{其他}.\end{cases}$$

23. 某种商品一周的需求量是一个随机变量,其概率密度为 $f(t)=\begin{cases}t\mathrm{e}^{-t}, & t>0,\\0, & t\leqslant 0.\end{cases}$

设各周的需求量是相互独立的.求(1)两周,(2)三周的需求量的概率密度.

解 设第 i 周的需求量为 $T_i(i=1,2,3)$,由题设知它们是独立同分布的随机变量.

(1)两周的需求量为 T_1+T_2,其概率密度为

$$f_{T_1+T_2}(t)=\int_{-\infty}^{+\infty}f(u)f(t-u)\mathrm{d}u=\int_0^t u\mathrm{e}^{-u}(t-u)\mathrm{e}^{-(t-u)}\mathrm{d}u=\frac{t^3}{6}\mathrm{e}^{-t}(t>0),$$

即 $f_{T_1+T_2}(t)=\begin{cases}\frac{1}{6}t^3\mathrm{e}^{-t}, & t>0,\\ 0, & t\leqslant 0.\end{cases}$

(2)三周的需求量为$(T_1+T_2)+T_3$，其概率密度为

$$f_{T_1+T_2+T_3}(t)=\int_{-\infty}^{+\infty}f_{T_1+T_2}(u)f(t-u)\mathrm{d}u=\int_0^t\frac{1}{6}u^3\mathrm{e}^{-u}(t-u)\mathrm{e}^{-(t-u)}\mathrm{d}u=\frac{1}{5!}t^5\mathrm{e}^{-t}\quad(t>0),$$

即 $f_{T_1+T_2+T_3}(t)=\begin{cases}\frac{1}{5!}t^5\mathrm{e}^{-t}, & t>0,\\ 0, & t\leqslant 0.\end{cases}$

24. 设随机变量(X,Y)的概率密度为

$$f(x,y)=\begin{cases}\frac{1}{2}(x+y)\mathrm{e}^{-(x+y)}, & x>0,\ y>0,\\ 0, & \text{其他}.\end{cases}$$

(1)问X和Y是否相互独立？

(2)求$Z=X+Y$的概率密度.

解 (1)(X,Y)关于X的边缘概率密度为

$$f_X(x)=\int_{-\infty}^{+\infty}f(x,y)\mathrm{d}y=\begin{cases}\int_0^{+\infty}\frac{1}{2}(x+y)\mathrm{e}^{-(x+y)}\mathrm{d}y, & x>0,\\ 0, & x\leqslant 0,\end{cases}$$

$$=\begin{cases}\frac{1}{2}(x+1)\mathrm{e}^{-x}, & x>0,\\ 0, & x\leqslant 0.\end{cases}$$

(X,Y)关于Y的边缘概率密度为

$$f_Y(y)=\int_{-\infty}^{+\infty}f(x,y)\mathrm{d}x=\begin{cases}\int_0^{+\infty}\frac{1}{2}(x+y)\mathrm{e}^{-(x+y)}\mathrm{d}x, & y>0,\\ 0, & y\leqslant 0,\end{cases}$$

$$=\begin{cases}\frac{1}{2}(y+1)\mathrm{e}^{-y}, & y>0,\\ 0, & y\leqslant 0.\end{cases}$$

而 $f_X(x)f_Y(y)=\begin{cases}\frac{1}{4}(x+1)(y+1)\mathrm{e}^{-(x+y)}, & x>0,\ y>0,\\ 0, & \text{其他}.\end{cases}$

显然$f_X(x)f_Y(y)\neq f(x,y)$，故X和Y不独立.

(2)$Z=X+Y$的概率密度为$f_Z(z)=\int_{-\infty}^{+\infty}f(x,z-x)\mathrm{d}x$，若使$f_Z(z)>0$必有$f(x,z-x)>0$则有

$$\begin{cases}x>0,\\ z-x>0\end{cases}\Leftrightarrow\begin{cases}x>0,\\ x<z.\end{cases}$$

当$z\leqslant 0$时，$f_Z(z)=0$；

当$z>0$时 $f_Z(z)=\int_0^z\frac{1}{2}(x+z-x)\cdot\mathrm{e}^{-(x+z-x)}\mathrm{d}x=\int_0^z\frac{1}{2}z\mathrm{e}^{-z}\mathrm{d}x=\frac{1}{2}z^2\mathrm{e}^{-z}$.

所以 $f_Z(z)=\begin{cases}\frac{1}{2}z^2\mathrm{e}^{-z}, & z>0,\\ 0, & z\leqslant 0.\end{cases}$

25. 设随机变量 X,Y 相互独立，且具有相同的分布，它们的概率密度均为

$$f(x)=\begin{cases}e^{1-x}, & x>1,\\ 0, & \text{其他}.\end{cases}$$

求 $Z=X+Y$ 的概率密度.

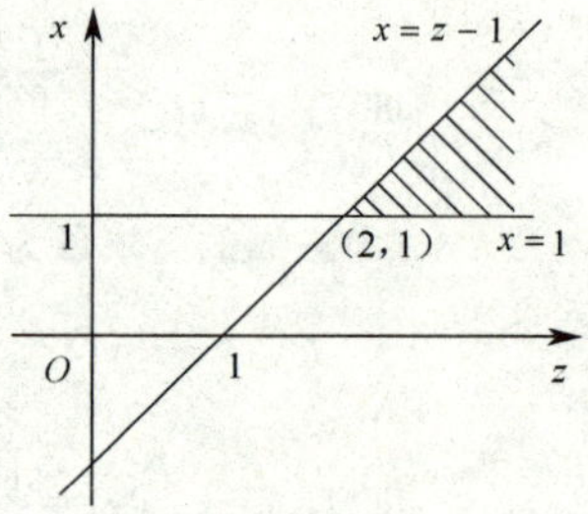

图 3－15

解 由卷积公式 $f_Z(z)=\int_{-\infty}^{\infty}f_X(x)f_Y(z-x)\mathrm{d}x$，现在

$$f_X(x)=\begin{cases}e^{1-x}, & x>1,\\ 0, & \text{其他},\end{cases}\quad f_Y(y)=\begin{cases}e^{1-y}, & y>1,\\ 0, & \text{其他}.\end{cases}$$

仅当 $\begin{cases}x>1,\\ z-x>1,\end{cases}$ 即 $\begin{cases}x>1,\\ x<z-1\end{cases}$ 时，上述积分的被积函数不等于零，由图 3－15 即得

$$f_Z(z)=\begin{cases}\int_1^{z-1}e^{1-x}e^{1-(z-x)}\mathrm{d}x=\int_1^{z-1}e^{2-z}\mathrm{d}x, & z>2,\\ 0, & \text{其他}.\end{cases}$$

得 $f_Z(z)=\begin{cases}e^{2-z}(z-2), & z>2,\\ 0, & \text{其他}.\end{cases}$

26. 设随机变量 X,Y 相互独立，它们的概率密度均为 $f(x)=\begin{cases}e^{-x}, & x>0,\\ 0, & \text{其他}.\end{cases}$

求 $Z=\dfrac{Y}{X}$ 的概率密度.

解 $f_X(x)=\begin{cases}e^{-x}, & x>0,\\ 0, & \text{其他},\end{cases}\quad f_Y(y)=\begin{cases}e^{-y}, & y>0,\\ 0, & \text{其他}.\end{cases}$

由公式 $f_Z(z)=\int_{-\infty}^{+\infty}|x|f_X(x)f_Y(xz)\mathrm{d}x$，

仅当 $\begin{cases}x>0,\\ xz>0,\end{cases}$ 即 $\begin{cases}x>0,\\ z>0\end{cases}$ 时，上述积分的被积函数不等于零，于是

当 $z>0$ 时，$f_Z(z)=\int_0^{\infty}xe^{-x}e^{-xz}\mathrm{d}x=\int_0^{\infty}xe^{-x(z+1)}\mathrm{d}x=\dfrac{1}{(z+1)^2}$.

当 $z\leqslant 0$ 时，$f_Z(z)=0$，即 $f_Z(z)=\begin{cases}\dfrac{1}{(z+1)^2}, & z>0,\\ 0, & z\leqslant 0.\end{cases}$

27. 设随机变量 X,Y 相互独立，它们都在区间 $(0,1)$ 上服从均匀分布. A 是以 X,Y 为边长的矩形的面积，求 A 的概率密度.

解 X,Y 的概率密度分别为 $f_X(x)=\begin{cases}1, & 0<x<1,\\ 0, & \text{其他},\end{cases}\quad f_Y(y)=\begin{cases}1, & 0<y<1,\\ 0, & \text{其他}.\end{cases}$

面积 $A=XY$ 的概率密度为

$$f_Z(z)=\int_{-\infty}^{\infty}\frac{1}{|x|}f_X(x)f_Y\left(\frac{z}{x}\right)\mathrm{d}x,$$

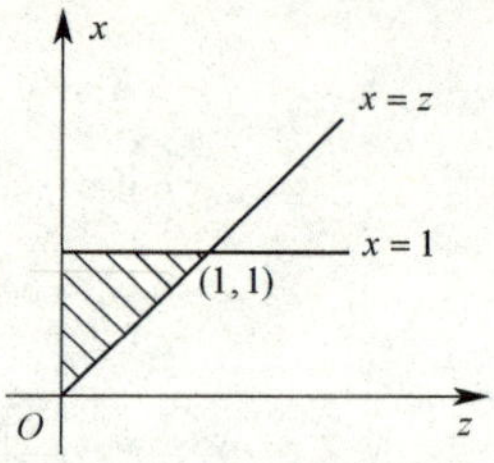

图 3－16

仅当 $\begin{cases}0<x<1,\\ 0<\dfrac{z}{x}<1,\end{cases}$ 即 $\begin{cases}0<x<1,\\ x>z>0\end{cases}$ 时上述积分的被积函数不等于零，由图 3－16 得

$$f_Z(z)=\begin{cases}\int_z^1\dfrac{1}{x}\mathrm{d}x=-\ln z, & 0<z<1,\\ 0, & \text{其他}.\end{cases}$$

28. 设 X,Y 是相互独立的随机变量，它们都服从正态分布 $N(0,\sigma^2)$. 试验证随机变量 $Z=\sqrt{X^2+Y^2}$ 的概率密度为

$$f_Z(z)=\begin{cases}\dfrac{z}{\sigma^2}\ \mathrm{e}^{-\frac{z^2}{2\sigma^2}}, & z>0,\\ 0, & \text{其他}.\end{cases}$$

我们称 Z 服从参数为 $\sigma(\sigma>0)$ 的瑞利(Rayleigh)分布.

证　由 X,Y 独立同分布有

$$f(x,y)=f_X(x)f_Y(y)=\frac{1}{\sqrt{2\pi}\ \sigma}\mathrm{e}^{\frac{-x^2}{2\sigma^2}}\cdot\frac{1}{\sqrt{2\pi}\ \sigma}\mathrm{e}^{\frac{-y^2}{2\sigma^2}}=\frac{1}{2\pi\sigma^2}\ \mathrm{e}^{-\frac{1}{2\sigma^2}(x^2+y^2)}.$$

而 $Z=\sqrt{X^2+Y^2}$.

当 $z<0$ 时，$\{Z\leqslant z\}$ 是不可能事件，$F_Z(z)=P\{Z\leqslant z\}=0$，从而 $f_Z(z)=0$；

当 $z\geqslant 0$ 时，记 $D=\{(x+y)\,|\,x^2+y^2\leqslant z\}$，则

$$F_Z(z)=P\{Z\leqslant z\}=P\{\sqrt{X^2+Y^2}\leqslant z\}=P\{X^2+Y^2\leqslant z^2\}$$

$$=\iint_D f(x,y)\mathrm{d}x\mathrm{d}y=\iint_D \frac{1}{2\pi\sigma^2}\mathrm{e}^{-\frac{1}{2\sigma^2}(x^2+y^2)}\mathrm{d}x\mathrm{d}y=\int_0^{2\pi}\mathrm{d}\theta\int_0^z\frac{1}{2\pi\sigma^2}\ \mathrm{e}^{-\frac{r^2}{2\sigma^2}}\cdot r\mathrm{d}r=1-\ \mathrm{e}^{-\frac{z^2}{2\sigma^2}}.$$

从而　$f_Z(z)=F_Z{}'(z)=\dfrac{z}{\sigma^2}\mathrm{e}^{\frac{-z^2}{2\sigma^2}}$.

故 $f_Z(z)=\begin{cases}\dfrac{z}{\sigma^2}\mathrm{e}^{-\frac{z^2}{2\sigma^2}}, & z\geqslant 0,\\ 0, & \text{其他}.\end{cases}$

29. 设随机变量 (X,Y) 的概率密度为 $f(x,y)=\begin{cases}b\mathrm{e}^{-(x+y)}, & 0<x<1,\ 0<y<+\infty,\\ 0, & \text{其他}.\end{cases}$

(1)试确定常数 b.

(2)求边缘概率密度 $f_X(x)$，$f_Y(y)$.

(3)求函数 $U=\max\{X,Y\}$ 的分布函数.

解　(1)由联合概率密度性质知

$$1=\int_{-\infty}^{+\infty}\int_{-\infty}^{+\infty}f(x,y)\mathrm{d}x\mathrm{d}y=\int_0^1\left[\int_0^{+\infty}b\mathrm{e}^{-(x+y)}\mathrm{d}y\right]\mathrm{d}x=b\int_0^1\mathrm{e}^{-x}\mathrm{d}x\int_0^{+\infty}\mathrm{e}^{-y}\mathrm{d}y=(1-\mathrm{e}^{-1})b,$$

所以 $b=\dfrac{1}{1-\mathrm{e}^{-1}}$.

(2) $f_X(x)=\displaystyle\int_{-\infty}^{+\infty}f(x,y)\mathrm{d}y=\begin{cases}\displaystyle\int_0^{+\infty}\frac{1}{1-\mathrm{e}^{-1}}\ \mathrm{e}^{-(x+y)}\mathrm{d}y, & 0<x<1,\\ 0, & \text{其他}\end{cases}=\begin{cases}\dfrac{\mathrm{e}^{-x}}{1-\mathrm{e}^{-1}}, & 0<x<1,\\ 0, & \text{其他}.\end{cases}$

$f_Y(y)=\displaystyle\int_{-\infty}^{+\infty}f(x,y)\mathrm{d}x=\begin{cases}\displaystyle\int_0^1\frac{1}{1-\mathrm{e}^{-1}}\ \mathrm{e}^{-(x+y)}\mathrm{d}x, & y>0,\\ 0, & y\leqslant 0\end{cases}=\begin{cases}\mathrm{e}^{-y}, & y>0,\\ 0, & y\leqslant 0.\end{cases}$

(3) $U=\max(X,Y)$ 的分布函数

$$F_U(u)=P\{U\leqslant u\}=P\{X\leqslant u,Y\leqslant u\}=F(u,u)=\int_{-\infty}^u\int_{-\infty}^u f(x,y)\mathrm{d}x\mathrm{d}y$$

$$=\begin{cases}0, & u\leqslant 0,\\ \displaystyle\int_0^u\int_0^u\frac{1}{1-\mathrm{e}^{-1}}\mathrm{e}^{-(x+y)}\mathrm{d}x\mathrm{d}y, & 0<u<1,\\ \displaystyle\int_0^1\int_0^u\frac{1}{1-\mathrm{e}^{-1}}\mathrm{e}^{-(x+y)}\mathrm{d}x\mathrm{d}y, & u\geqslant 1\end{cases}$$

$$
=\begin{cases}0, & u\leqslant 0,\\ \dfrac{1}{1-\mathrm{e}^{-1}}\displaystyle\int_0^u \mathrm{e}^{-x}\mathrm{d}x\int_0^u \mathrm{e}^{-y}\mathrm{d}y, & 0<u<1,\\ \dfrac{1}{1-\mathrm{e}^{-1}}\displaystyle\int_0^1 \mathrm{e}^{-x}\mathrm{d}x\int_0^u \mathrm{e}^{-y}\mathrm{d}y, & u\geqslant 1\end{cases}=\begin{cases}0, & u\leqslant 0,\\ \dfrac{(1-\mathrm{e}^{-u})^2}{1-\mathrm{e}^{-1}} & 0<u<1,\\ 1-\mathrm{e}^{-u}, & u\geqslant 1.\end{cases}
$$

方法总结

本题第(3)问求 U 的分布函数时，可先利用第(2)问的结果判断出 X 与 Y 的独立性，再利用公式 $F_U(u)=F_X(u)F_Y(u)$ 求出分布函数.

30. 设某种型号的电子元件的寿命(以 h 计)近似地服从正态分布 $N(160,20^2)$. 随机地选取 4 只，求其中没有一只寿命小于 180 的概率.

解 随机地取 4 只，记其寿命分别为 X_1,X_2,X_3,X_4，由题设知，它们独立同分布，且

$$X_i\sim N(160,20^2),\quad i=1,2,3,4.$$

记 $X=\min(X_1,X_2,X_2,X_4)$，事件“没有一只寿命小于 180”就是 $\{X\geqslant 180\}$，从而

$$P\{X\geqslant 180\}=1-P\{X<180\}=[1-F(180)]^4=\left[1-\Phi\left(\frac{180-160}{20}\right)\right]^4$$

$$=(1-0.841\,3)^4=0.000\,63.$$

31. 对某种电子装置的输出测量了 5 次，得到结果为 X_1,X_2,X_3,X_4,X_5. 设它们是相互独立的随机变量且都服从参数 $\sigma=2$ 的瑞利分布.

(1)求 $Z=\max\{X_1,X_2,X_3,X_4,X_5\}$ 的分布函数.　　(2)求 $P\{Z>4\}$.

解 由题设知 X_1,X_2,X_3,X_4,X_5 相互独立，且具有相同的密度函数 $f(x)=\begin{cases}\dfrac{x}{4}\mathrm{e}^{-\frac{x^2}{8}}, & x\geqslant 0,\\ 0, & x<0,\end{cases}$

由此得到分布函数为 $F(x)=\begin{cases}1-\mathrm{e}^{-\frac{x^2}{8}}, & x\geqslant 0,\\ 0, & x<0.\end{cases}$

(1)$Z=\max(X_1,X_2,X_3,X_4,X_5)$，则

$$F_{\max}(z)=[F(z)]^5=(1-\mathrm{e}^{-\frac{z^2}{8}})^5,\quad 即\quad F_{\max}(z)=\begin{cases}(1-\mathrm{e}^{-\frac{z^2}{8}})^5, & z\geqslant 0,\\ 0, & z<0.\end{cases}$$

(2)$P\{Z>4\}=1-P\{Z\leqslant 4\}=1-F_{\max}(4)=1-(1-\mathrm{e}^{-2})^5=0.5167.$

32. 设随机变量 X,Y 相互独立，且服从同一分布，试证明

$$P\{a<\min\{X,Y\}\leqslant b\}=(P\{X>a\})^2-(P\{X>b\})^2\ (a\leqslant b).$$

解 设 $Z=\min(X,Y)$，X,Y 服从同一分布的分布函数为 $F(\cdot)$，则 Z 的分布函数为

$$F_Z(z)=P\{\min(X,Y)\leqslant z\}=1-P\{\min(X,Y)>z\}=1-P\{X>z,Y>z\}.$$

由于 X,Y 相互独立同分布，故 $F_Z(z)=1-[1-F(z)]^2$，

$$P\{a<\min(X,Y)\leqslant b\}=F_Z(b)-F_Z(a)=1-[1-F(b)]^2-\{1-[1-F(a)]^2\}$$

$$=[1-F(a)]^2-[1-F(b)]^2=[1-P\{X\leqslant a\}]^2-[1-P\{X\leqslant b\}]^2$$

$$=[P\{X>a\}]^2-[P\{X>b\}]^2.$$

33. 设 X,Y 是相互独立的随机变量，其分布律分别为

$$P\{X=k\}=p(k),k=0,1,2,\cdots,\qquad P\{Y=r\}=q(r),r=0,1,2,\cdots.$$

证明随机变量 $Z=X+Y$ 的分布律为 $P\{Z=i\}=\sum\limits_{k=0}^{i}p(k)q(i-k),\quad i=0,1,2\cdots.$

证 由于 $Z=X+Y$ 的可能取值为 $0,1,2,\cdots$，且 X,Y 相互独立，它们的分布律分别为

$$P\{X=k\}=p(k),k=0,1,2,\cdots,\qquad P\{Y=r\}=q(r),r=0,1,2,\cdots,$$

故随机变量 $Z=X+Y$ 的分布律为

$$P\{Z=i\}=\sum_{k=0}^{i}P\{X=k,X+Y=i\}=\sum_{k=0}^{i}P\{X=k,Y=i-k\}$$

$$(\text{由 }X,Y\text{ 独立})=\sum_{k=0}^{i}P\{X=k\}\cdot P\{Y=i-k\}=\sum_{k=0}^{i}p(k)\cdot q(i-k)\quad i=0,1,2\cdots.$$

34. 设 X,Y 是相互独立的随机变量，$X\sim\pi(\lambda_1)$，$Y\sim\pi(\lambda_2)$. 证明 $Z=X+Y\sim\pi(\lambda_1+\lambda_2)$.

证 因为 X,Y 分别服从参数 λ_1,λ_2 的泊松分布，故 X,Y 的分布律为

$$P\{X=k\}=\frac{\lambda_1^k}{k!}e^{-\lambda_1},\ \lambda_1>0,\quad P\{Y=r\}=\frac{\lambda_2^r}{r!}e^{-\lambda_2},\ \lambda_2>0.$$

由 33 题的结论知：$Z=X+Y$ 的分布律为

$$P\{Z=i\}=\sum_{k=0}^{i}P\{X=k\}\cdot P\{Y=i-k\}=\sum_{k=0}^{i}\frac{\lambda_1^k}{k!}e^{-\lambda_1}\cdot\frac{\lambda_2^{i-k}}{(i-k)!}e^{-\lambda_2}$$

$$=\frac{e^{-(\lambda_1+\lambda_2)}}{i!}\sum_{k=0}^{i}\frac{i!}{k!\,(i-k)!}\lambda_1^k\lambda_2^{i-k}=\frac{e^{-(\lambda_1+\lambda_2)}}{i!}(\lambda_1+\lambda_2)^i,\quad i=0,1,2,\cdots,$$

即 $Z=X+Y$ 服从参数为 $\lambda_1+\lambda_2$ 的泊松分布.

35. 设 X,Y 是相互独立的随机变量，$X\sim b(n_1,p)$，$Y\sim b(n_2,p)$. 证明 $Z=X+Y\sim b(n_1+n_2,p)$.

证 Z 的可能值为 $0,1,2,\cdots,n_1+n_2$，且

$$\{Z=i\}=\{X+Y=i\}=\{X=0,Y=i\}\cup\{X=1,Y=i-1\}\cup\cdots\cup\{X=i,Y=0\}.$$

由于上述并各事件互不相容，且 X,Y 独立，则

$$P\{Z=i\}=\sum_{k=0}^{i}P\{X=k,Y=i-k\}=\sum_{k=0}^{i}P\{X=k\}P\{Y=i-k\}$$

$$=\sum_{k=0}^{i}C_{n_1}^k p^k(1-p)^{n_1-k}\cdot C_{n_2}^{i-k}p^{i-k}(1-p)^{n_2-i+k}=p^i(1-p)^{n_1+n_2-i}\sum_{k=0}^{i}C_{n_1}^kC_{n_2}^{i-k}$$

$$=p^i(1-p)^{n_1+n_2-i}\cdot C_{n_1+n_2}^i,\quad i=0,1,2,\cdots,n_1+n_2.$$

其中上述计算过程中用到了公式 $\sum\limits_{k=0}^{i}C_{n_1}^k\cdot C_{n_2}^{i-k}=C_{n_1+n_2}^i$.

所以 $Z=X+Y\sim B(n_1+n_2,p)$，即 $Z=X+Y$ 服从参数 n_1+n_2,p 的二项分布.

36. 设随机变量 (X,Y) 的分布律为

Y \ X	0	1	2	3	4	5
0	0.00	0.01	0.03	0.05	0.07	0.09
1	0.01	0.02	0.04	0.05	0.06	0.08
2	0.01	0.03	0.05	0.05	0.05	0.06
3	0.01	0.02	0.04	0.06	0.06	0.05

(1)求 $P\{X=2|Y=2\}$，$P\{Y=3|X=0\}$. (2)求 $V=\max\{X,Y\}$ 的分布律.

(3)求 $U=\min\{X,Y\}$ 的分布律. (4)求 $W=X+Y$ 的分布律.

解 (1)因为 $P\{X=2|Y=2\}=\dfrac{P\{X=2,Y=2\}}{P\{Y=2\}}$，由上表可知

$$P\{X=2,Y=2\}=0.05,$$

$$P\{Y=2\}=0.01+0.03+0.05+0.05+0.05+0.06=0.25,$$

所以 $P\{X=2|Y=2\}=\dfrac{0.05}{0.25}=\dfrac{1}{5}$.

同理 $P\{X=0,Y=3\}=0.01$,

$P\{X=0\}=0.01+0.01+0.01=0.03$,

故 $P\{Y=3|X=0\}=\dfrac{P\{X=0,Y=3\}}{P\{X=0\}}=\dfrac{0.01}{0.03}=\dfrac{1}{3}$.

(2) $P\{V=i\}=P\{\max(X,Y)=i\}=P\{X=i,Y\leqslant i\}+P\{X<i,Y=i\}$

$$=\sum_{k=0}^{i}P\{X=i,Y=k\}+\sum_{k=0}^{i-1}P\{X=k,Y=i\},\ i=1,2,\cdots,5,$$

由此 $P\{V=0\}=P\{X=0,Y=0\}=0$,

$P\{V=1\}=P\{X=1,Y=0\}+P\{X=1,Y=1\}+P\{X=0,Y=1\}=0.04$,

$P\{V=2\}=0.16$, $P\{V=3\}=0.28$, $P\{V=4\}=0.24$, $P\{V=5\}=0.28$,

因此

V	0	1	2	3	4	5
p_k	0	0.04	0.16	0.28	0.24	0.28

(3) $P\{U=i\}=P\{\min(X,Y)=i\}=P\{X=i,Y\geqslant i\}+P\{X>i,Y=i\}$

$$=\sum_{k=i}^{3}P\{X=i,Y=k\}+\sum_{k=i+1}^{5}P\{X=k,Y=i\},\ (i=0,1,2,3)$$

$$P\{U=0\}=\sum_{k=0}^{3}P\{X=0,Y=k\}+\sum_{k=1}^{5}P\{X=k,Y=0\}=0.28,$$

$$P\{U=1\}=\sum_{k=1}^{3}P\{X=1,Y=k\}+\sum_{k=2}^{5}P\{X=k,Y=1\}=0.30,$$

$$P\{U=2\}=\sum_{k=2}^{3}P\{X=2,Y=k\}+\sum_{k=3}^{5}P\{X=k,Y=2\}=0.25,$$

$$P\{U=3\}=P\{X=3,Y=3\}+\sum_{k=4}^{5}P\{X=k,Y=3\}=0.17,$$

因此

U	0	1	2	3
p_k	0.28	0.30	0.25	0.17

(4) $P\{W=0\}=P\{X+Y=0\}=\{X=0,Y=0\}=0$,

$P\{W=1\}=P\{X+Y=1\}=P\{X=1,Y=0\}+P\{X=0,Y=1\}=0.02$,

$$P\{W=2\}=\sum_{k=0}^{2}P\{X=2-k,Y=k\}=0.06,$$

$P\{W=3\}=P\{X=3,Y=0\}+P\{X=2,Y=1\}+P\{X=1,Y=2\}+P\{X=0,Y=3\}=0.13$,

$$P\{W=4\}=\sum_{k=0}^{3}P\{X=4-k,Y=k\}=0.19,$$

$$P\{W=5\}=\sum_{k=0}^{3}P\{X=5-k,Y=k\}=0.24,$$

$$P\{W=6\}=\sum_{k=1}^{3}P\{X=6-k,Y=k\}=0.19,$$

$P\{W=7\}=P\{X=5,Y=2\}+P\{X=4,Y=3\}=0.12$,

$P\{W=8\}=P\{X=5,Y=3\}=0.05$,

因此

W	0	1	2	3	4	5	6	7	8
p_k	0	0.02	0.06	0.13	0.19	0.24	0.19	0.12	0.05

第三章自测题

一、填空题

1. 设二维随机变量(X,Y)的联合分布函数为$F(x,y)=\begin{cases}1-3^{-x}-3^{-y}+3^{-x-y}, & x\geqslant 0,\ y\geqslant 0,\\ 0, & 其他,\end{cases}$

则二维随机变量(X,Y)的联合密度$\varphi(x,y)$为______.

2. 设平面区域D由曲线$y=\dfrac{1}{x}$及直线$y=0$，$x=1$，$x=e^2$所围成. 二维随机变量(X,Y)在区域D上服从均匀分布，则(X,Y)关于X的边缘概率密度在$x=2$处的值为______.

3. 设相互独立的两个随机变量X,Y具有同一分布律，且X的分布律为

X	0	1
P	$\frac{1}{2}$	$\frac{1}{2}$

则随机变量$Z=\max\{X,Y\}$的分布律为______.

4. 设随机变量$(X,Y)\sim N(0,\ 2^2;\ 1,\ 3^2;\ 0)$，则$P\{|2X-Y|\geqslant 1\}=$______.

5. 设随机变量X与Y相互独立，且均服从区间$[0,3]$上的均匀分布，则$P\{\max\{X,Y\}\leqslant 1\}=$______.

6. 设随机变量$X_i\sim\begin{bmatrix}-1 & 0 & 1\\ \frac{1}{4} & \frac{1}{2} & \frac{1}{4}\end{bmatrix}$ $(i=1,2)$，且满足$P\{X_1X_2=0\}=1$，则$P\{X_1=X_2\}$等于______.

二、选择题

1. 设X_1和X_2是任意两个相互独立的连续型随机变量，它们的概率密度分别为$f_1(x)$和$f_2(x)$，分布函数分别为$F_1(x)$和$F_2(x)$，则(　　).

(A)$f_1(x)+f_2(x)$必为某一随机变量的概率密度　　(B)$F_1(x)F_2(x)$必为某一随机变量的分布函数

(C)$F_1(x)+F_2(x)$必为某一随机变量的分布函数　　(D)$f_1(x)f_2(x)$必为某一随机变量的概率密度

2. 设随机变量X,Y独立同分布，且X的分布函数为$F(x)$，则$Z=\max\{X,Y\}$的分布函数为(　　).

(A)$F^2(x)$　　(B)$F(x)F(y)$　　(C)$1-[1-F(x)]^2$　　(D)$[1-F(x)][1-F(y)]$

3. 设随机变量X与Y相互独立，且$X\sim N(0,1)$，Y的概率分布为$P\{Y=0\}=P\{Y=1\}=\dfrac{1}{2}$，记$F_Z(z)$为随机变量$Z=XY$的分布函数，则函数$F_Z(z)$的间断点个数为(　　).

(A)0　　(B)1　　(C)2　　(D)3

4. 设二维随机变量(X,Y)的概率分布为

X \ Y	0	1
0	0.4	a
1	b	0.1

已知随机事件$\{X=0\}$与$\{X+Y=1\}$相互独立，则(　　).

(A)$a=0.2$，$b=0.3$　　(B)$a=0.4$，$b=0.1$　　(C)$a=0.3$，$b=0.2$　　(D)$a=0.1$，$b=0.4$

5. 设随机变量(X,Y)服从二维正态分布，且X与Y不相关，$f_X(x)$，$f_Y(y)$分别表示X,Y的概率密度，则在$Y=y$的条件下，X的条件概率密度$f_{X|Y}(x|y)$为(　　).

(A)$f_X(x)$　　(B)$f_Y(y)$　　(C)$f_X(x)f_Y(y)$　　(D)$\dfrac{f_X(x)}{f_Y(y)}$

6. 设随机变量 X,Y 相互独立，且都服从正态分布 $N(\mu,\sigma^2)$，则 $P\{|X-Y|<1\}$ 的值（　　）.

(A)与 μ 无关，与 σ^2 有关　　(B)与 μ 有关，与 σ^2 无关

(C)与 μ,σ^2 都有关　　(D)与 μ,σ^2 都无关

三、解答题

1. 设随机变量 (X,Y) 的概率密度为 $f(x,y)=\begin{cases}Ae^{-(3x+4y)}, & x>0,\ y>0,\\ 0, & \text{其他}.\end{cases}$

求：(1) A 的值；　(2) (X,Y) 的联合分布函数 $F(x,y)$；

(3) (X,Y) 落在 $G=\{(x,y)\mid 0<x\leqslant 1,0<y\leqslant 2\}$ 中的概率.

2. 设某班车起点站上客人数 X 服从参数为 $\lambda(\lambda>0)$ 的泊松分布，每位乘客中途下车的概率为 $p(0<p<1)$，且中途下车与否相互独立. 以 Y 表示在中途下车的人数，求：

(1)在发车时有 n 个乘客的条件下，中途有 m 人下车的概率；

(2)二维随机变量 (X,Y) 的概率分布.

3. 设二维随机变量 (X,Y) 的概率密度为 $f(x,y)=\begin{cases}e^{-x}, & 0<y<x,\\ 0, & \text{其他}.\end{cases}$

(1)求条件概率密度 $f_{Y|X}(y|x)$；

(2)求条件概率 $P\{X\leqslant 1|Y\leqslant 1\}$.

4. 设 (X,Y) 的联合密度函数为 $f(x,y)=\begin{cases}2e^{-(2x+y)}, & x>0,\ y>0,\\ 0, & \text{其他}.\end{cases}$

(1)判断 X,Y 的独立性；　(2)求 $P\{X\leqslant 2|Y\leqslant 1\}$；　(3)求 $P\{X\leqslant 2|Y=1\}$.

5. 设 A,B 为随机事件，且 $P(A)=\frac{1}{4}$，$P(B|A)=\frac{1}{3}$，$P(A|B)=\frac{1}{2}$，令

$$X=\begin{cases}1, & A\text{发生},\\ 0, & A\text{不发生};\end{cases}\qquad Y=\begin{cases}1, & B\text{发生},\\ 0, & B\text{不发生},\end{cases}$$

求(1)二维随机变量 (X,Y) 的概率分布；　(2) $Z=X^2+Y^2$ 的概率分布.

6. 设二维随机变量 (X,Y) 的概率密度为

$$f(x,y)=\begin{cases}2-x-y, & 0<x<1,0<y<1,\\ 0, & \text{其他}.\end{cases}$$

(1)求 $P\{X>2Y\}$；

(2)求 $Z=X+Y$ 的概率密度 $f_Z(Z)$.

第三章自测题答案

一、填空题

1. $\varphi(x,y)=\begin{cases}3^{-x-y}(\ln 3)^2, & x\geqslant 0,\ y\geqslant 0,\\ 0, & \text{其他}.\end{cases}$

解　由公式：$\varphi(x,y)=\frac{\partial^2 F}{\partial x\partial y}$ 有 $\frac{\partial F}{\partial x}=3^{-x}\ln 3-3^{-x-y}\ln 3$，$\frac{\partial^2 F}{\partial x\partial y}=3^{-x-y}(\ln 3)^2$，

故 $\varphi(x,y)=\begin{cases}3^{-x-y}(\ln 3)^2, & x\geqslant 0,\ y\geqslant 0,\\ 0, & \text{其他}.\end{cases}$

2. $\frac{1}{4}$　**解**　区域 D 的面积 $S_D=\int_1^{e^2}\frac{1}{x}dx=\ln x\Big|_1^{e^2}=2$，故二维随机变量 (X,Y) 的联合分布密度为

$$f(x,y)=\begin{cases}\frac{1}{2}, & \text{当}(x,y)\in D,\\ 0, & \text{其他}.\end{cases}$$

则 (X,Y) 关于 X 的边缘概率密度 $f_X(x)=\int_{-\infty}^{+\infty}f(x,y)dy=\int_0^{\frac{1}{x}}\frac{1}{2}dy=\frac{1}{2x}$，$f_X(x)\Big|_{x=2}=\frac{1}{4}$.

3.

Z	0	1
P	$\frac{1}{4}$	$\frac{3}{4}$

解 由于 X 与 Y 相互独立,所以 $P\{X=i,Y=j\}=P\{X=i\}P\{X=j\}$.

于是$P\{Z=0\}=P\{\max(X,Y)=0\}=P\{X=0,Y=0\}=\frac{1}{2^2}$,$P\{Z=1\}=1-P\{Z=0\}=\frac{3}{2^2}$.

故 $Z=\max\{X,Y\}$的分布律为

Z	0	1
P	$\frac{1}{4}$	$\frac{3}{4}$

4. 0.844 6　**解**　因为$\rho=0$,所以 X,Y 独立,且 $X\sim N(0,2^2)$, $Y\sim N(1,3^2)$, 则 $2X-Y\sim N(-1,5^2)$.

故 $P\{|2X-Y|\geqslant1\}=1-P\{-1\leqslant 2X-Y\leqslant1\}=1-\Phi\left(\frac{2}{5}\right)+\Phi(0)=1-0.655\ 4+0.5=0.844\ 6$.

5. $\frac{1}{9}$　**解**　**方法一**　X 与 Y 具有相同的概率密度

$$f(x)=\begin{cases}\frac{1}{3}, & 0\leqslant x\leqslant 3,\\ 0, & 其他,\end{cases}$$ 则 $P\{X\leqslant1\}=P\{Y\leqslant1\}=\frac{1}{3}$.

由 X,Y 独立性可知

$$P\{\max\{X,Y\}\leqslant1\}=P\{X\leqslant1,\ Y\leqslant1\}=P\{X\leqslant1\}P\{Y\leqslant1\}=\frac{1}{9}.$$

方法二　本题也可运用几何概率计算(图 3-17):

$$P\{\max\{X,Y\}\leqslant1\}=P\{X\leqslant1,Y\leqslant1\}=\frac{S阴影}{S}=\frac{1}{9}.$$

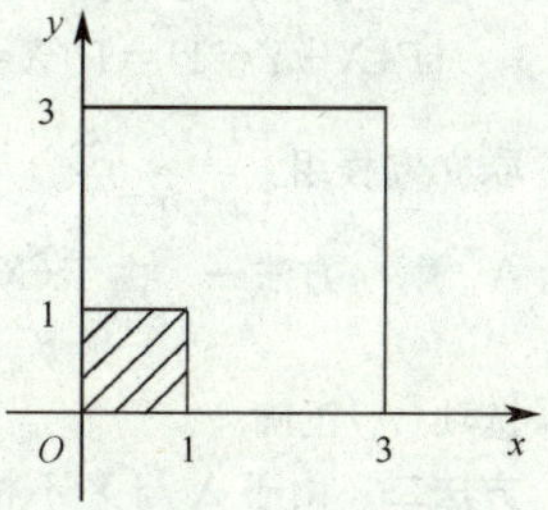

图 3-17

6. 0　**分析**　$P\{X_1X_2=0\}=1$ 是解决本题的关键,隐含了 $P\{X_1X_2\neq0\}=0$. 由此条件再根据联合分布及边缘分布的关系进行计算.

解　由 $P\{X_1X_2=0\}=1\Rightarrow P\{X_1X_2\neq0\}=0$, 即

$P\{X_1=-1,X_2=-1\}$,$P\{X_1=-1,X_2=1\}$,

$P\{X_1=1,X_2=-1\}$,$P\{X_1=1,X_2=1\}$

均为 0.

由以上条件求出,X_1,X_2 的联合概率分布如下表所示

X_1 \\ X_2	-1	0	1	$p_{i\cdot}$
-1	0	$\frac{1}{4}$	0	$\frac{1}{4}$
0	$\frac{1}{4}$	0	$\frac{1}{4}$	$\frac{1}{2}$
1	0	$\frac{1}{4}$	0	$\frac{1}{4}$
$p_{\cdot j}$	$\frac{1}{4}$	$\frac{1}{2}$	$\frac{1}{4}$	1

那么 $P\{X_1=X_2\}=P\{X_1=-1,X_2=-1\}+P\{X_1=0,X_2=0\}+P\{X_1=1,X_2=1\}=0$.

二、选择题

1. B　**解**　由密度函数及分布函数性质可知(B)正确,(A)(C)(D)不满足性质.

2. A　**解**　$F_Z(z)=P\{Z\leqslant z\}=P\{\max\{X,Y\}\leqslant z\}=P\{X\leqslant z,Y\leqslant z\}$

$=P\{X\leqslant z\}P\{Y\leqslant z\}=F(z)F(z)=F^2(z).$

3. B 解 $F_Z(z)=P\{XY\leqslant z\}=P\{XY\leqslant z|Y=0\}P\{Y=0\}+P\{XY\leqslant z|Y=1\}P\{Y=1\}$

$$=\frac{1}{2}[P\{XY\leqslant z|Y=0\}+P\{XY\leqslant z|Y=1\}]=\frac{1}{2}[P\{X\cdot 0\leqslant z|Y=0\}+P\{X\leqslant z|Y=1\}].$$

由于 X,Y 独立，$F_Z(z)=\frac{1}{2}[P\{X\cdot 0\leqslant z\}+P\{X\leqslant z\}]$.

(1)若 $z<0$，则 $F_Z(z)=\frac{1}{2}\Phi(z)$； (2)若 $z\geqslant 0$，则 $F_Z(z)=\frac{1}{2}[1+\Phi(z)]$，所以 $z=0$ 为间断点.

4. B 分析 由 $\sum\limits_i\sum\limits_j p_{ij}=1$ 可得 a 和 b 的关系，再由事件 $\{X=0\}$ 与 $\{X+Y=1\}$ 相互独立得到另外一个关系，由方程组解出 a,b 的值.

解 由 $\sum\limits_i\sum\limits_j p_{ij}=0.4+a+b+0.1=1$，得到 $a+b=0.5$.

由 $\{X=0\}$ 与 $\{X+Y=1\}$ 相互独立，得到 $P\{X=0\}P\{X+Y=1\}=P\{X=0,X+Y=1\}$.

由已知条件可得

$P\{X=0,X+Y=1\}=P\{X=0,Y=1\}=a$,

$P\{X=0\}=P\{X=0,Y=0\}+P\{X=0,Y=1\}=a+0.4$,

$P\{X+Y=1\}=P\{X=0,Y=1\}+P\{X=1,Y=0\}=a+b=0.5$,

联立方程组 $\begin{cases}0.5\times(a+0.4)=a,\\ a+b=0.5,\end{cases}$ 解之得 $\begin{cases}a=0.4,\\ b=0.1.\end{cases}$

5. A 解 **方法一** 由于 (X,Y) 服从二维正态分布，因此 X 与 Y 不相关，可知 X 与 Y 相互独立. 于是有

$$f_{X|Y}(x|y)=f_X(x).$$

选项(A)正确.

方法二 由于 X 与 Y 不相关，即 $\rho=0$，因此 (X,Y) 的联合密度为

$$f(x,y)=\frac{1}{2\pi\sigma_1\sigma_2}e^{-\frac{1}{2}\left[\left(\frac{x-\mu_1}{\sigma_1}\right)^2+\left(\frac{y-\mu_2}{\sigma_2}\right)^2\right]}.$$

而 X,Y 的边缘概率密度分别为

$$f_X(x)=\frac{1}{\sqrt{2\pi}\sigma_1}e^{-\frac{(x-\mu_1)^2}{2\sigma_1^2}},\quad f_Y(y)=\frac{1}{\sqrt{2\pi}\sigma_2}e^{-\frac{(y-\mu_2)^2}{2\sigma_2^2}},$$

$$f_{X|Y}(x|y)=\frac{f(x,y)}{f_Y(y)}=\frac{1}{\sqrt{2\pi}\sigma_1}e^{-\frac{(x-\mu_1)^2}{2\sigma_1^2}}=f_X(x).$$

方法总结

本题主要考查二维正态分布的性质，我们知道对于任意两个随机变量 X,Y 不相关仅仅是 X 与 Y 独立的必要条件. 但是对于二维正态分布，X 与 Y 不相关是 X,Y 独立的充分必要条件.

6. A 解 由正态分布的性质可知 $X-Y$ 服从正态分布，即 $X-Y\sim N(0,2\sigma^2)$，故

$$P\{|X-Y|<1\}=P\left\{\frac{|X-Y|}{\sqrt{2}\sigma}<\frac{1}{\sqrt{2}\sigma}\right\}=\Phi\left(\frac{1}{\sqrt{2}\sigma}\right)-\Phi\left(-\frac{1}{\sqrt{2}\sigma}\right),$$

可知，概率与 μ 无关，与 σ^2 有关.

三、解答题

1. 解 (1)由 $\int_{-\infty}^{+\infty}\int_{-\infty}^{+\infty}f(x,y)\mathrm{d}x\mathrm{d}y=1$，可得 $\frac{A}{12}=1$，故 $A=12$.

(2)分情况讨论分布函数 $F(x,y)$.

①当 $x>0$，$y>0$ 时，

$$F(x,y)=\int_{-\infty}^{x}\int_{-\infty}^{y}f(x,y)\mathrm{d}x\mathrm{d}y=\int_{0}^{x}\int_{0}^{y}12\mathrm{e}^{-(3x+4y)}\mathrm{d}x\mathrm{d}y=(1-\mathrm{e}^{-3x})(1-\mathrm{e}^{-4y}).$$

②当 x,y 属于其他范围时，$f(x,y)=0$，$F(x,y)=\int_{-\infty}^{x}\int_{-\infty}^{y}0\mathrm{d}x\mathrm{d}y=0$.

所以 $F(x,y)=\begin{cases}(1-\mathrm{e}^{-3x})(1-\mathrm{e}^{-4y}), & x>0,\ y>0,\\ 0, & 其他.\end{cases}$

(3)**方法一**　利用概率密度：

$$P\{0<X\leqslant 1,\ 0<Y\leqslant 2\}=\int_{0}^{1}\int_{0}^{2}12\mathrm{e}^{-(3x+4y)}\mathrm{d}x\mathrm{d}y=\int_{0}^{1}\mathrm{e}^{-3x}\mathrm{d}x\int_{0}^{2}12\mathrm{e}^{-4y}\mathrm{d}y=(1-\mathrm{e}^{-3})(1-\mathrm{e}^{-8}).$$

方法二　利用分布函数：

由 $F(x,y)$ 的性质可知

$$P\{0<X\leqslant 1,\ 0<Y\leqslant 2\}=F(1,2)-F(1,0)-F(0,2)+F(0,0)=(1-\mathrm{e}^{-3})(1-\mathrm{e}^{-8}).$$

方法总结

在求解二维随机变量在某矩形域的概率时可采用直接计算概率密度函数在矩形域的积分，也可采用分布函数计算，根据具体问题选择不同方法. 注意：非矩形域只能用方法一.

2. **解**　(1) $P\{Y=m|X=n\}=C_n^m p^m(1-p)^{n-m}$，　$0\leqslant m\leqslant n,\ n=0,1,2,\cdots$.

(2) $P\{X=n,Y=m\}=P\{Y=m|X=n\}P\{X=n\}=C_n^m p^m(1-p)^{n-m}\cdot\dfrac{\mathrm{e}^{-\lambda}}{n!}\lambda^n$，

$$0\leqslant m\leqslant n,\quad n=0,1,2,\cdots.$$

方法总结

本题将许多基本内容综合在一起：(1)二项分布；(2)泊松分布；(3)乘法公式；(4)二维离散型随机变量的分布律. 很有参考价值.

3. **解**　(1) X 的概率密度 $f_X(x)=\int_{-\infty}^{+\infty}f(x,y)\mathrm{d}y=\begin{cases}\int_0^x \mathrm{e}^{-x}\mathrm{d}y, & x>0,\\ 0, & x\leqslant 0\end{cases}=\begin{cases}x\mathrm{e}^{-x}, & x>0,\\ 0, & x\leqslant 0.\end{cases}$

当 $x>0$ 时，Y 的条件概率密度 $f_{Y|X}(y|x)=\dfrac{f(x,y)}{f_X(x)}=\begin{cases}\dfrac{1}{x}, & 0<y<x,\\ 0, & 其他.\end{cases}$

(2) Y 的概率密度 $f_Y(y)=\int_{-\infty}^{+\infty}f(x,y)\mathrm{d}x=\begin{cases}\mathrm{e}^{-y}, & y>0,\\ 0, & y\leqslant 0.\end{cases}$

$$P\{X\leqslant 1\mid Y\leqslant 1\}=\frac{P\{X\leqslant 1,Y\leqslant 1\}}{P\{Y\leqslant 1\}}=\frac{\int_{-\infty}^{1}\int_{-\infty}^{1}f(x,y)\mathrm{d}x\mathrm{d}y}{\int_0^1 \mathrm{e}^{-y}\mathrm{d}y}=\frac{\int_0^1\mathrm{d}x\int_0^x \mathrm{e}^{-x}\mathrm{d}y}{1-\mathrm{e}^{-1}}=\frac{\mathrm{e}-2}{\mathrm{e}-1}.$$

4. **解**　(1) $f_X(x)=\int_{-\infty}^{+\infty}f(x,y)\mathrm{d}y$，　$f_Y(y)=\int_{-\infty}^{+\infty}f(x,y)\mathrm{d}x$.

由于 $y\leqslant 0$ 时，$f_Y(y)=0$，　$y>0$ 时，$f_Y(y)=\int_0^{+\infty}2\mathrm{e}^{-(2x+y)}\mathrm{d}x=\mathrm{e}^{-y}$，所以 $f_Y(y)=\begin{cases}\mathrm{e}^{-y}, & y>0,\\ 0, & y\leqslant 0.\end{cases}$

又由于 $x\leqslant 0$ 时，$f_X(x)=0$，　$x>0$ 时，$f_X(x)=\int_0^{+\infty}2\mathrm{e}^{-(2x+y)}\mathrm{d}y=2\mathrm{e}^{-2x}$，所以

$$f_X(x)=\begin{cases}2\mathrm{e}^{-2x}, & x>0,\\ 0, & x\leqslant 0.\end{cases}$$

从以上所解的结果看出，$f(x,y)=f_X(x)\cdot f_Y(y)$，这说明 X 与 Y 是相互独立的.

(2)求 $P\{X\leqslant 2|Y\leqslant 1\}$.

由(1)中已判断出 X,Y 相互独立，则

$$P\{X\leqslant 2|Y\leqslant 1\}=P\{X\leqslant 2\}=\int_{-\infty}^{2}f_X(x)\mathrm{d}x=\int_0^2 2\mathrm{e}^{-2x}\mathrm{d}x=1-\mathrm{e}^{-4}\approx 0.9817.$$

(3)求 $P\{X\leqslant 2|Y=1\}$.

因为 X,Y 相互独立，这个概率与条件 $Y=1$ 无关，不必使用条件密度.

$$P\{X\leqslant 2|Y=1\}=P\{X\leqslant 2|Y\leqslant 1\}=P\{X\leqslant 2\}\approx 0.9817.$$

5. **解** (1)由于 $P(AB)=P(A)P(B|A)=\dfrac{1}{12}$， $P(B)=\dfrac{P(AB)}{P(A|B)}=\dfrac{1}{6}$， 所以

$$P\{X=1,Y=1\}=P(AB)=\frac{1}{12},\quad P\{X=1,Y=0\}=P(A\overline{B})=P(A)-P(AB)=\frac{1}{6},$$

$$P\{X=0,Y=1\}=P(\overline{A}B)=P(B)-P(AB)=\frac{1}{12},$$

$$P\{X=0,Y=0\}=P(\overline{A}\,\overline{B})=P(\overline{A\cup B})=1-P(A\cup B)=1-[P(A)+P(B)-P(AB)]=\frac{2}{3}.$$

$$\left(\text{或 } P\{X=0,Y=0\}=1-\frac{1}{12}-\frac{1}{6}-\frac{1}{12}=\frac{2}{3}\right)$$

故(X,Y)的概率分布为

X \ Y	0	1
0	$\frac{2}{3}$	$\frac{1}{12}$
1	$\frac{1}{6}$	$\frac{1}{12}$

(2)Z 的可能取值为 0,1,2,故

$$P\{Z=0\}=P\{X=0,Y=0\}=\frac{2}{3},P\{Z=1\}=P\{X=0,Y=1\}+P\{X=1,Y=0\}=\frac{1}{4},$$

$$P\{Z=2\}=P\{X=1,Y=1\}=\frac{1}{12},$$

即 Z 的概率分布为

Z	0	1	2
p	$\frac{2}{3}$	$\frac{1}{4}$	$\frac{1}{12}$

6. **解** (1)$P\{X>2Y\}=\iint\limits_{x>2y}f(x,y)\mathrm{d}x\mathrm{d}y=\int_0^1\mathrm{d}x\int_0^{\frac{x}{2}}(2-x-y)\mathrm{d}y=\int_0^1\left(x-\dfrac{5}{8}x^2\right)\mathrm{d}x=\dfrac{7}{24}$.

(2)$f_Z(z)=\int_{-\infty}^{+\infty}f(x,z-x)\mathrm{d}x$，其中

$$f(x,z-x)=\begin{cases}2-x-(z-x), & 0<x<1,0<z-x<1,\\ 0, & \text{其他}\end{cases}=\begin{cases}2-z, & 0<x<1,0<z-x<1,\\ 0, & \text{其他},\end{cases}$$

当 $z\leqslant 0$ 或 $z\geqslant 2$ 时，$f_Z(z)=0$；

当 $0<z<1$ 时，$f_Z(z)=\int_0^z(2-z)\mathrm{d}x=z(2-z)$；

当 $1\leqslant z<2$ 时，$f_Z(z)=\int_{z-1}^{1}(2-z)\mathrm{d}x=(2-z)^2$，

即 Z 的概率密度为

$$f_Z(z)=\begin{cases}z(2-z), & 0<z<1,\\ (2-z)^2, & 1\leqslant z<2,\\ 0, & \text{其他}.\end{cases}$$

第四章 随机变量的数字特征

第一节 数学期望

一、主要内容归纳

1. 离散型随机变量的数学期望 设随机变量 X 的分布律为 $P\{X=x_k\}=p_k(k=1,2,3,\cdots)$，若级数 $\sum\limits_k x_k p_k$ 绝对收敛，则称它的和为 X 的数学期望，记作 $E(X)$，即

$$E(X)=\sum_k x_k p_k.$$

2. 连续型随机变量的数学期望 设随机变量 X 的概率密度为 $f(x)$，若积分 $\int_{-\infty}^{+\infty} x f(x)\mathrm{d}x$ 绝对收敛，则称其值为 X 的数学期望，记作 $E(X)$，即 $E(X)=\int_{-\infty}^{+\infty} xf(x)\mathrm{d}x$.

3. 离散型随机变量函数的数学期望

(1)**一维随机变量函数的期望** 设 X 的分布律为 $P\{X=x_k\}=p_k$，又 $Y=g(X)$，则

$$E(Y)=\sum_k g(x_k)p_k;$$

(2)**二维随机变量函数的期望** 设 (X,Y) 的联合分布律为 $P\{X=x_i,Y=y_j\}=p_{ij}$，又 $Z=g(X,Y)$，则 $E(Z)=\sum\limits_i\sum\limits_j g(x_i,y_j)p_{ij}$.

4. 连续型随机变量函数的数学期望

(1)**一维随机变量函数的数学期望** 设连续型随机变量 X 的概率密度为 $f(x)$，又 $Y=g(X)$，则 $E(Y)=\int_{-\infty}^{+\infty} g(x)\cdot f(x)\mathrm{d}x$;

(2)二维随机变量函数的数学期望 设连续型二维随机变量 (X,Y) 的联合概率密度为 $f(x,y)$，又 $Z=g(X,Y)$，则 $E(Z)=\int_{-\infty}^{+\infty}\int_{-\infty}^{+\infty} g(x,y)\cdot f(x,y)\mathrm{d}x\mathrm{d}y$.

5. 数学期望的性质

(1)$E(c)=c$(c 为任意常数).

(2)$E(cX)=cE(X)$(c 为任意常数).

(3)$E(X+Y)=E(X)+E(Y)$.

(4)若 X 与 Y 相互独立，则有 $E(XY)=E(X)\cdot E(Y)$.

(5) $[E(XY)]^2 \leqslant E(X^2)\cdot E(Y^2)$.

二、经典例题解析及解题方法总结

【例 1】一批零件中有 9 个合格品及 3 个废品，从中每次任取一个，如果是废品不再放回，求取得合格品以前已取出的废品数的数学期望.

解　设废品数为 X，可求出 X 的分布律为

X	0	1	2	3
P	$\frac{3}{4}$	$\frac{9}{44}$	$\frac{9}{220}$	$\frac{1}{220}$

则 $E(X)=\sum\limits_i x_i p_i = 0\times\frac{3}{4}+1\times\frac{9}{44}+2\times\frac{9}{220}+3\times\frac{1}{220}=0.3$.

【例 2】设随机变量 X 的分布函数为 $F(x)=\begin{cases}1-\dfrac{4}{x^2}, & x\geqslant 2,\\ 0, & x<2,\end{cases}$ 求 X 的期望.

解　因为 X 的概率密度为

$$f(x)=F'(x)=\begin{cases}\dfrac{8}{x^3}, & x\geqslant 2,\\ 0, & x<2,\end{cases}$$

所以

$$E(X)=\int_{-\infty}^{+\infty} xf(x)\mathrm{d}x=\int_2^{+\infty}\frac{8}{x^2}\mathrm{d}x=4.$$

【例 3】设随机变量 X 服从参数为 1 的指数分布，则数学期望 $E(X+\mathrm{e}^{-2X})=$______.

解　X 服从参数为 1 的指数分布，即知 X 的概率密度为

$$f(x)=\begin{cases}\mathrm{e}^{-x}, & x>0,\\ 0, & x\leqslant 0,\end{cases}$$

所以

$$E(X+\mathrm{e}^{-2X})=\int_{-\infty}^{+\infty}(x+\mathrm{e}^{-2x})f(x)\mathrm{d}x=\int_0^{+\infty}(x+\mathrm{e}^{-2x})\mathrm{e}^{-x}\mathrm{d}x$$

$$=\int_0^{+\infty}x\mathrm{e}^{-x}\mathrm{d}x+\int_0^{+\infty}\mathrm{e}^{-3x}\mathrm{d}x=1+\frac{1}{3}=\frac{4}{3}.$$

【例 4】设二维随机变量 (X,Y) 的联合分布密度为

$$f(x,y)=\begin{cases}x+y, & 0\leqslant x\leqslant 1,\ 0\leqslant y\leqslant 1,\\ 0, & \text{其他},\end{cases}$$

求 $E(XY)$，$E(X)$，$E(Y)$.

解　由公式 $E[g(X,Y)]=\int_{-\infty}^{+\infty}\int_{-\infty}^{+\infty}g(x,y)f(x,y)\mathrm{d}x\mathrm{d}y$，

$$E(XY)=\int_{-\infty}^{+\infty}\int_{-\infty}^{+\infty}xyf(x,y)\mathrm{d}x\mathrm{d}y=\int_0^1\int_0^1 xy(x+y)\mathrm{d}x\mathrm{d}y=\frac{1}{3}.$$

求 $E(X)$ 与 $E(Y)$ 有两种方法：

方法一 先求出 $f_X(x), f_Y(y)$，利用公式 $E(X)=\int_{-\infty}^{+\infty} x f_X(x)\mathrm{d}x$ 求出结论

$$f_X(x)=\int_{-\infty}^{+\infty} f(x,y)\mathrm{d}y=\begin{cases} x+\frac{1}{2}, & 0\leqslant x\leqslant 1, \\ 0, & \text{其他}, \end{cases}$$

$$E(X)=\int_{-\infty}^{+\infty} x f_X(x)\mathrm{d}x=\int_0^1 x\left(x+\frac{1}{2}\right)\mathrm{d}x=\frac{7}{12}.$$

同理可求 $E(Y)=\frac{7}{12}$.

方法二 直接使用 $E[g(X,Y)]$ 公式

$$E(X)=\int_{-\infty}^{+\infty}\int_{-\infty}^{+\infty} x f(x,y)\mathrm{d}x\mathrm{d}y=\frac{7}{12}E(Y)=\int_{-\infty}^{+\infty}\int_{-\infty}^{+\infty} y f(x,y)\mathrm{d}x\mathrm{d}y=\frac{7}{12}.$$

当已知 (X,Y) 的概率密度 $f(x,y)$，求 $E(X),E(Y)$ 时方法二更简便.

方法总结

例 1～例 4 属于利用公式计算数学期望的题型，包括求 $E(X)$，$E[g(X)]$，$E[g(X,Y)]$ 三种类型. 计算过程中，一方面要牢记公式并灵活运用，另一方面要熟悉微积分中级数与积分的计算方法.

【例 5】设随机变量 X 的分布函数为 $F(x)=0.3\Phi(x)+0.7\Phi(\frac{x-1}{2})$，其中 $\Phi(x)$ 为标准正态分布的分布函数，则 $E(X)=$______.

(A)0 (B)0.3 (C)0.7 (D)1

解

$$f(x)=F'(x)=0.3\Phi'(x)+\frac{0.7}{2}\Phi'(\frac{x-1}{2}),$$

$$E(X)=\int_{-\infty}^{+\infty} x f(x)\mathrm{d}x=0.3\int_{-\infty}^{+\infty} x\Phi'(x)\mathrm{d}x+0.35\int_{+\infty}^{-\infty} x\Phi'(\frac{x-1}{2})\mathrm{d}x.$$

由于 $\Phi(x)$ 为标准正态分布函数，所以

$$\int_{-\infty}^{+\infty} x\Phi'(x)\mathrm{d}x=0,\quad \int_{-\infty}^{+\infty} x\Phi'(\frac{x-1}{2})\mathrm{d}x \xlongequal{\frac{x-1}{2}=u} 2\int_{-\infty}^{+\infty}(2u+1)\Phi'(u)\mathrm{d}u=2.$$

则 $E(X)=0+0.35\times 2=0.7$.

故应选(C).

方法总结

对于重要分布的数字特征一定要熟记，本题用到了正态分布，当 $X\sim N(\mu,\sigma^2)$ 时，$E(X)=\mu$.

【例 6】设随机变量 X 服从参数为 1 的泊松分布，则 $E[|X-E(X)|]=($ $)$.

A. $\frac{1}{e}$　　B. $\frac{1}{2}$　　C. $\frac{2}{e}$　　D. 1

解　由题可知 $E(X)=1$，所以 $|X-E(X)|=\begin{cases}1, & X=0,\\ X-1, & X=1,2,\cdots,\end{cases}$

$$\begin{aligned}故 E[|X-E(X)|] &= 1\cdot P\{X=0\}+\sum_{k=1}^{\infty}(k-1)P\{X=k\}\\ &=\frac{1}{e}+\sum_{k=1}^{\infty}(k-1)P\{X=k\}-(0-1)P\{X=0\}\\ &=\frac{1}{e}+E(X-1)-(0-1)\frac{1}{e}=\frac{2}{e}.\end{aligned}$$

故应选(C).

【例 7】设随机变量 X 的概率密度为 $f(x)=\frac{e^x}{(1+e^x)^2}$，$-\infty<x<+\infty$，令 $Y=e^x$.

(1) 求 X 的分布函数；　(2) 求 Y 的概率密度；　(3) Y 的期望是否存在？

解　(1)$F(x)=\int_{-\infty}^{x}\frac{e^x}{(1+e^x)^2}dx=-\frac{1}{1+e^x}\Big|_{-\infty}^{x}=\frac{e^x}{1+e^x}$，$x\in\mathbf{R}$.

(2) **方法一**　分布函数法

$F_Y(y)=P\{Y\leqslant y\}=P\{e^X\leqslant y\}$.

当 $y<0$ 时，$F_Y(y)=0$；

当 $y\geqslant 0$ 时，$F_Y(y)=P\{X\leqslant \ln y\}=F(\ln y)=\frac{y}{1+y}$；

所以 Y 的概率密度为 $f_Y(y)=\begin{cases}\frac{1}{(1+y)^2}, & y>0,\\ 0, & 其他.\end{cases}$

方法二　公式法

因为 $y=e^x$ 在 $(-\infty,+\infty)$ 上单调且处处可导，当 $x\in(-\infty,+\infty)$ 时，$y>0$，此时 $x=\ln y$，所以 Y 的概率密度为

$$f_Y(y)=\begin{cases}f(\ln y)(\ln y)', & y>0,\\ 0, & 其他\end{cases}=\begin{cases}\frac{e^{\ln y}}{(1+e^{\ln y})^2}\cdot\frac{1}{y}, & y>0,\\ 0, & 其他\end{cases}=\begin{cases}\frac{1}{(1+y)^2}, & y>0,\\ 0, & 其他.\end{cases}$$

(3)$E(Y)=\int_0^{+\infty}\frac{y}{(1+y)^2}dy=\left(\ln(1+y)+\frac{1}{1+y}\right)\Big|_0^{+\infty}=\infty$，所以不存在.

【例 8】已知甲、乙两箱中装有同种产品，其中甲箱中装有 3 件合格品和 3 件次品，乙箱中仅装有 3 件合格品. 从甲箱中任取 3 件产品放入乙箱后，求

(1)乙箱中次品件数 X 的数学期望；

(2)从乙箱中任取一件产品是次品的概率.

解　**方法一**　(1)X 的可能取值为 0,1,2,3，X 的概率分布为

$$P\{X=k\}=\frac{C_3^k C_3^{3-k}}{C_6^3},\quad k=0,1,2,3,\quad 即$$

X	0	1	2	3
P	$\frac{1}{20}$	$\frac{9}{20}$	$\frac{9}{20}$	$\frac{1}{20}$

因此 $$E(X)=0\times\frac{1}{20}+1\times\frac{9}{20}+2\times\frac{9}{20}+3\times\frac{1}{20}=\frac{3}{2}.$$

(2)设 A 表示事件“从乙箱中任意取出的一件产品是次品”，根据全概率公式，有

$$P(A)=\sum_{k=0}^{3}P\{X=k\}P\{A|X=k\}=\frac{1}{20}\times 0+\frac{9}{20}\times\frac{1}{6}+\frac{9}{20}\times\frac{2}{6}+\frac{1}{20}\times\frac{3}{6}=\frac{1}{4}.$$

方法二 (1)设 $X_i=\begin{cases}0, & 从甲箱中取出的第\ i\ 件产品是合格品,\\ 1, & 从甲箱中取出的第\ i\ 件产品是次品,\end{cases}$ 则 X_i 的概率分布为

X_i	0	1
P	$\frac{1}{2}$	$\frac{1}{2}$

且 $E(X_i)=\frac{1}{2}\ (i=1,2,3)$.

因为 $X=X_1+X_2+X_3$，所以 $E(X)=E(X_1+X_2+X_3)=E(X_1)+E(X_2)+E(X_3)=\frac{3}{2}$.

(2)设 A 表示事件“从乙箱中任意取出的一件产品是次品”，由于$\{X=0\}$，$\{X=1\}$，$\{X=2\}$和$\{X=3\}$构成完全事件组，因此根据全概率公式，有

$$\begin{aligned}P(A)&=\sum_{k=0}^{3}P\{X=k\}P\{A|X=k\}=\sum_{k=0}^{3}P\{X=k\}\cdot\frac{k}{6}\\&=\frac{1}{6}\sum_{k=0}^{3}kP\{X=k\}=\frac{1}{6}E(X)=\frac{1}{6}\cdot\frac{3}{2}=\frac{1}{4}.\end{aligned}$$

方法总结

解法二中求 $E(X)$ 的方法很有价值：将 X 分解成数个随机变量之和，然后利用数学期望的性质求 $E(X)$，这种方法对于不易求分布律的随机变量计算数学期望有很大作用.

【例 9】游客乘电梯从底层到电视塔顶层观光. 电梯于每个整点的第 5 分钟、25 分钟和 55 分钟从底层起行，假设一游客在早八点的第 X 分钟到达底层候梯处，且 X 在$[0,60]$上均匀分布，求该游客等候时间的数学期望.

解 已知 X 在$[0,60]$上服从均匀分布，其密度为

$$f(x)=\begin{cases}\frac{1}{60}, & 若\ 0\leqslant x\leqslant 60,\\ 0, & 其他.\end{cases}$$

设 Y 为游客等候电梯的时间(单位：分)，则

$$Y=g(X)=\begin{cases}5-X, & 0<X\leqslant 5,\\ 25-X, & 5<X\leqslant 25,\\ 55-X, & 25<X\leqslant 55,\\ 60-X+5, & 55<X\leqslant 60.\end{cases}$$

因此

$$E(Y)=E[g(X)]=\int_{-\infty}^{+\infty}g(x)f(x)\mathrm{d}x=\frac{1}{60}\int_0^{60}g(x)\mathrm{d}x$$
$$=\frac{1}{60}\left[\int_0^5(5-x)\mathrm{d}x+\int_5^{25}(25-x)\mathrm{d}x+\int_{25}^{55}(55-x)\mathrm{d}x+\int_{55}^{60}(65-x)\mathrm{d}x\right]$$
$$=\frac{1}{60}[12.5+200+450+37.5]=11.67.$$

【例 10】 一商店经销某种商品，每周进货的数量 X 与顾客对该种商品的需求量 Y 是相互独立的随机变量，且都服从区间[10,20]上的均匀分布. 商店每售出一单位商品可得利润 1 000 元；若需求量超过了进货量，商店可从其他商店调剂供应，这时每单位商品获利润 500 元. 试计算此商店经销该种商品每周所得利润的期望值.

解　设 Z 表示商店每周所得的利润，则

$$Z=\begin{cases}1\,000Y, & Y\leqslant X,\\ 1\,000X+500(Y-X)=500(X+Y), & Y>X.\end{cases}$$

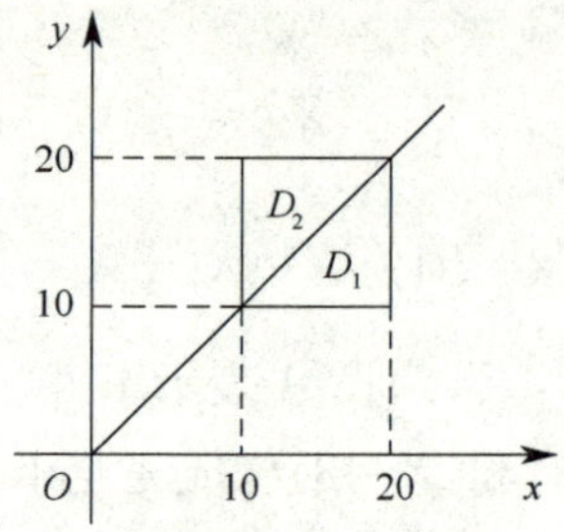

图 4—1

由于 X 与 Y 的联合概率密度为：

$$\varphi(x,y)=\begin{cases}\frac{1}{100}, & 10\leqslant x\leqslant 20,\ 10\leqslant y\leqslant 20,\\ 0, & 其他.\end{cases}$$

$$E(Z)=\iint_{D_1}1\,000y\times\frac{1}{100}\mathrm{d}x\mathrm{d}y+\iint_{D_2}500(x+y)\times\frac{1}{100}\mathrm{d}x\mathrm{d}y$$
$$=10\int_{10}^{20}\mathrm{d}y\int_y^{20}y\mathrm{d}x+5\int_{10}^{20}\mathrm{d}y\int_{10}^{y}(x+y)\mathrm{d}x$$
$$=10\int_{10}^{20}y(20-y)\mathrm{d}y+5\int_{10}^{20}\left(\frac{3}{2}y^2-10y-50\right)\mathrm{d}y$$
$$=\frac{20\,000}{3}+5\times 1\,500\approx 14\,166.67(元).$$

方法总结

关于数学期望的实际应用题，一般有两种类型：

(1)需要先求出随机变量的概率分布，然后利用公式求 $E(X)$，如例 8.

(2)需要先构造随机变量的函数关系，然后利用随机变量函数的期望公式求 $E[g(X)]$ 或 $E[g(X,Y)]$，如例 9 与例 10.

第二节　方　　差

一、主要内容归纳

1. 方差定义　若随机变量 X 的数学期望 $E(X)$ 存在，则 X 的方差定义为：$D(X)=E[X-E(X)]^2$，$\sqrt{D(X)}$ 称为标准差或均方差.

2. 方差计算公式　$D(X)=E(X^2)-[E(X)]^2$.

3. 方差的性质

(1)$D(c)=0$(c 为任意常数).

(2)$D(cX)=c^2D(X)$(c 为任意常数).

(3)若 X 与 Y 相互独立，则有 $D(X\pm Y)=D(X)+D(Y)$.

4. 常见离散型分布的数字特征

(1)若 $X\sim B(n,p)$，则 $E(X)=np$，$D(X)=npq$ $(0<p<1,\ p+q=1)$.

(2)若 X 服从参数为 λ 的泊松分布，则 $E(X)=\lambda$，$D(X)=\lambda(\lambda>0)$.

(3)若 X 服从参数为 p 的几何分布，则 $E(X)=\frac{1}{p}$，$D(X)=\frac{1-p}{p^2}$.

5. 常见连续型分布的数字特征

(1)若 $X\sim N(\mu,\sigma^2)$，则 $E(X)=\mu$，$D(X)=\sigma^2$.

(2)若 X 服从参数为 λ 的指数分布，则 $E(X)=\frac{1}{\lambda}$，$D(X)=\frac{1}{\lambda^2}$ $(\lambda>0)$.

(3)若 X 服从 $[a,b]$ 上的均匀分布，则 $E(X)=\frac{a+b}{2}$，$D(X)=\frac{(b-a)^2}{12}$.

二、经典例题解析及解题方法总结

【例 1】计算第一节【例 1】中的方差及标准差.

解　因为

X	0	1	2	3
P	$\frac{3}{4}$	$\frac{9}{44}$	$\frac{9}{220}$	$\frac{1}{220}$

且 $E(X)=0.3$. 而 $E(X^2)=\sum_i x_i^2p_i=1^2\times\frac{9}{44}+2^2\times\frac{9}{220}+3^2\times\frac{1}{220}=0.41$，

则 $D(X)=E(X^2)-[E(X)]^2=0.32$.

标准差为 $\sqrt{D(X)}=0.57$.

【例 2】设随机变量 X 的分布密度为 $f(x)=\begin{cases}\dfrac{1}{\pi\sqrt{1-x^2}}, & |x|<1,\\ 0, & |x|\geqslant 1,\end{cases}$ 则数学期望 $E(X)$ 和方差 $D(X)$ 分别为______，______.

解　因为 $f(x)$ 是偶函数，$xf(x)$ 是奇函数，所以

$$E(X)=\int_{-\infty}^{+\infty}xf(x)\mathrm{d}x=0,$$

$$D(X)=E(X)^2-[E(X)]^2=\int_{-\infty}^{+\infty}x^2f(x)\mathrm{d}x=2\int_0^1 x^2\frac{1}{\pi\sqrt{1-x^2}}\mathrm{d}x$$

$$=\frac{1}{\pi}\left(-\frac{x}{2}\sqrt{1-x^2}+\frac{1}{2}\arcsin x\right)\Big|_0^1=\frac{1}{2}.$$

【例 3】设二维随机变量 (X,Y) 在 $0<x<1$，$|y|<x$ 上服从均匀分布，求 $Z=2X+1$ 的方差.

解　由 (X,Y) 的联合分布密度

$$\varphi(x,y)=\begin{cases}1, & 0<x<1,\ |y|<x,\\ 0, & \text{其他},\end{cases}$$

可得到

$$\varphi_X(x)=\int_{-\infty}^{+\infty}\varphi(x,y)\mathrm{d}y=\int_{-x}^{x}1\cdot\mathrm{d}y=2x(0<x<1).$$

所以

$$D(Z)=D(2X+1)=2^2D(X)=4D(X)=4\{E(X^2)-[E(X)]^2\}$$

$$=4\left[\int_{-\infty}^{+\infty}x^2\varphi_X(x)\mathrm{d}x-\left(\int_{-\infty}^{+\infty}x\varphi_X(x)\mathrm{d}x\right)^2\right]$$

$$=4\left[\int_0^1 x^2\cdot 2x\mathrm{d}x-\left(\int_0^1 x2x\mathrm{d}x\right)^2\right]$$

$$=4\left(\frac{1}{2}x^4-\frac{4x^6}{9}\right)\Big|_0^1=4\left(\frac{1}{2}-\frac{4}{9}\right)=\frac{2}{9}.$$

方法总结

$E(X)$ 及 $E(X^2)$ 也可利用 $E[g(X,Y)]$ 公式计算：

$$E(X)=\int_{-\infty}^{+\infty}\int_{-\infty}^{+\infty}x\varphi(x,y)\mathrm{d}x\mathrm{d}y.$$

$$E(X^2)=\int_{-\infty}^{+\infty}\int_{-\infty}^{+\infty}x^2\varphi(x,y)\mathrm{d}x\mathrm{d}y.$$

这种解法无需求边缘密度 $\varphi_X(x)$.

【例 4】设两个随机变量相互独立，且都服从均值为 0，方差为 $\frac{1}{2}$ 的正态分布，求随机变量 $|X-Y|$ 的期望与方差.

解 **方法一** 按照一维变量的函数处理.

令 $Z=X-Y$,由于 $X\sim N(0,\frac{1}{2})$,$Y\sim N(0,\frac{1}{2})$,且 X 和 Y 相互独立,故 $Z\sim N(0,1)$.

$$E(|X-Y|)=E(|Z|)=\int_{-\infty}^{+\infty}|z|\frac{1}{\sqrt{2\pi}}e^{-\frac{z^2}{2}}dz=\frac{2}{\sqrt{2\pi}}\int_{0}^{+\infty}ze^{-\frac{z^2}{2}}dz=\sqrt{\frac{2}{\pi}}.$$

因为 $D(|X-Y|)=D(|Z|)=E(|Z|^2)-[E(|Z|)]^2=E(Z^2)-[E(|Z|)]^2$,

而 $E(Z^2)=D(Z)=1$,所以 $D(|X-Y|)=1-\frac{2}{\pi}$.

方法二 按照二维随机变量的函数处理.

利用公式

$$E[g(X,Y)]=\int_{-\infty}^{+\infty}\int_{-\infty}^{+\infty}g(x,y)f(x,y)dxdy,$$

$$E(|X-Y|)=\int_{-\infty}^{+\infty}\int_{-\infty}^{+\infty}|x-y|f(x,y)dxdy=\int_{-\infty}^{+\infty}\int_{-\infty}^{+\infty}|x-y|\cdot\frac{1}{\pi}e^{-(x^2+y^2)}dxdy$$

$$=\sqrt{\frac{2}{\pi}}\text{(利用极坐标计算)},$$

$$E(|X-Y|^2)=E[(X-Y)^2]=D(X-Y)+[E(X-Y)]^2=1,$$

故 $D(|X-Y|)=1-\frac{2}{\pi}$.

两种方法相比较,方法一比方法二更简便.

方法总结

例 1~例 4 属于利用计算公式求方差的类型,它们呈现以下两个特点:

(1)只要会求数学期望,就能利用公式 $D(X)=E(X^2)-[E(X)]^2$ 求出方差;

(2)对于二维随机变量(X,Y)来讲,求期望与方差的方法多样,需要根据已知条件的不同灵活地选择,尽量采用简便的解法.

【例 5】 设随机变量 $X\sim N(0,4)$,随机变量 $Y\sim B\left(3,\frac{1}{3}\right)$,且 X,Y 不相关,则 $D(X-3Y+1)=($　　$)$.

(A)2　　(B)4　　(C)6　　(D)10

解 $D(X-3Y+1)=D(X-3Y)=D(X)+9D(Y)=4+9\times3\times\frac{1}{3}\times\frac{2}{3}=10.$

故应选(D).

【例 6】 一台设备由三大部件构成,在设备的运转中各部件需要调整的概率相应为 0.10,0.20 和 0.30,假设各部件的状态相互独立,以 X 表示需要同时调整的部件数,试求 X 的数学期望 $E(X)$和方差 $D(X)$.

解 **方法一** 先求 X 的分布律,根据分布律再求期望.

根据 X 的意义，显然有 $X=0,1,2,3$，事件 A_i 表示"第 i 件需要调整"，$i=1,2,3$，并注意到事件之间的独立性.

$$P\{X=0\}=P(\overline{A}_1\,\overline{A}_2\,\overline{A}_3)=0.9\times0.8\times0.7=0.504,$$

$$\begin{aligned}P\{X=1\}&=P(A_1\,\overline{A}_2\,\overline{A}_3)+P(\overline{A}_1\,A_2\,\overline{A}_3)+P(\overline{A}_1\,\overline{A}_2\,A_3)\\&=P(A_1)P(\overline{A}_2)P(\overline{A}_3)+P(\overline{A}_1)P(A_2)P(\overline{A}_3)+P(\overline{A}_1)P(\overline{A}_2)P(A_3)\\&=0.1\times0.8\times0.7+0.9\times0.2\times0.7+0.9\times0.8\times0.3=0.398,\end{aligned}$$

$$\begin{aligned}P\{X=2\}&=P(A_1A_2\,\overline{A}_3)+P(A_1\,\overline{A}_2\,A_3)+P(\overline{A}_1\,A_2A_3)\\&=P(A_1)P(A_2)P(\overline{A}_3)+P(A_1)P(\overline{A}_2)P(A_3)+P(\overline{A}_1)P(A_2)P(A_3)\\&=0.1\times0.2\times0.7+0.1\times0.8\times0.3+0.9\times0.2\times0.3=0.092,\end{aligned}$$

$$P\{X=3\}=P(A_1A_2A_3)=P(A_1)P(A_2)P(A_3)=0.1\times0.2\times0.3=0.006,$$

所以

X	0	1	2	3
P	0.504	0.398	0.092	0.006

$$E(X)=0\times0.504+1\times0.398+2\times0.092+3\times0.006=0.6,$$

$$D(X)=E(X^2)-[E(X)]^2=1^2\times0.398+2^2\times0.092+3^2\times0.006-(0.6)^2=0.46.$$

方法二 不求 X 的分布律，引进新的随机变量，利用期望、方差的运算性质求 $E(X)$，$D(X)$.

现引进新随机变量 X_i，定义如下：$X_i=\begin{cases}1, & \text{第 } i \text{ 个部件要调整，即事件 } A_i \text{ 发生，}\\0, & \text{第 } i \text{ 个部件不要调整.}\end{cases}$ 故

$$X=\sum_{i=1}^{3}X_i,\ E(X)=\sum_{i=1}^{3}E(X_i).$$

而 $X_i\sim(0-1)$ 分布，则 $E(X_i)=P\{X_i=1\}=P(A_i)$.

所以

$$E(X)=\sum_{i=1}^{3}E(X_i)=P(A_1)+P(A_2)+P(A_3)=0.1+0.2+0.3=0.6,$$

$$D(X_i)=P\{X_i=1\}P\{X_i=0\}=P(A_i)P(\overline{A}_i),\qquad X_i \text{ 之间相互独立}$$

所以

$$D(X)=\sum_{i=1}^{3}D(X_i)=\sum_{i=1}^{3}P(A_i)P(\overline{A}_i)=0.1\times0.9+0.2\times0.8+0.3\times0.7=0.46.$$

方法总结

(1)本题中解法二比解法一简单得多，这就是利用性质求 $E(X)$ 和 $D(X)$ 的好处，但如何引进新随机变量是问题的一个难点. 一般地，总是引入 $X_i\sim(0-1)$ 分布，用 $\sum X_i$ 来解决问题.

(2)例 5，例 6 属于典型的利用性质求数字特征的题目.

【例 7】设 X 服从参数为 $\lambda>0$ 的泊松分布，且已知 $E[(X-1)(X-2)]=1$，则 $\lambda=$______.

解　由 $X\sim P(\lambda)$ 有 $E(X)=D(X)=\lambda$ 且 $E(X^2)=[E(X)]^2+D(X)=\lambda^2+\lambda$. 而 $E[(X-1)(X-2)]=E(X^2-3X+2)=E(X^2)-3E(X)+2=1$，得

$$\lambda^2+\lambda-3\lambda+2=1 \text{ 即 } \lambda^2-2\lambda+1=0 \text{ 即 } \lambda=1.$$

【例 8】已知连续型随机变量 X 的概率密度函数为 $f(x)=\frac{1}{\sqrt{\pi}}\mathrm{e}^{-x^2+2x-1}$，则 $E(X)=$______，$D(X)=$______.

解　最简便的方法是利用均值为 μ，方差为 σ^2 的正态分布的密度函数为 $\frac{1}{\sigma\sqrt{2\pi}}\mathrm{e}^{-\frac{(x-\mu)^2}{2\sigma^2}}$，

$$f(x)=\frac{1}{\sqrt{\pi}}\mathrm{e}^{-x^2+2x-1}=\frac{1}{\sqrt{2\pi}\cdot\frac{1}{\sqrt{2}}}\mathrm{e}^{-\frac{(x-1)^2}{2\cdot\frac{1}{2}}},$$

则 $X\sim N(1,\frac{1}{2})$，所以 $E(X)=1, D(X)=\frac{1}{2}$.

另外也可由数学期望和方差的定义直接求 $E(X)$ 和 $D(X)$.

【例 9】两台同样的自动记录仪，每台无故障工作的时间服从参数为 5 的指数分布；首先开动其中一台，当其发生故障时停用而另一台自动开动，试求两台记录仪无故障工作的总时间 T 的概率密度 $f(t)$，数学期望和方差.

解　以 X_1 和 X_2 表示先后开动的记录仪无故障工作的时间，则 $T=X_1+X_2$，由条件知 $X_i(i=1,2)$ 的概率密度为

$$p_i(x)=\begin{cases}5\mathrm{e}^{-5x}, & x>0,\\ 0, & x\leqslant 0,\end{cases}$$

两台仪器无故障工作时间 X_1 和 X_2 显然相互独立.

利用两独立随机变量和的密度公式求 T 的概率密度，对于 $t>0$，有

$$f(t)=\int_{-\infty}^{+\infty}p_1(x)p_2(t-x)\mathrm{d}x=25\int_0^t \mathrm{e}^{-5x}\mathrm{e}^{-5(t-x)}\mathrm{d}x=25\mathrm{e}^{-5t}\int_0^t\mathrm{d}x=25t\mathrm{e}^{-5t}.$$

当 $t\leqslant 0$ 时，显然 $f(t)=0$，于是，得 $f(t)=\begin{cases}25t\mathrm{e}^{-5t}, & \text{若 } t>0,\\ 0, & \text{若 } t\leqslant 0.\end{cases}$

由于 X_i 服从参数为 $\lambda=5$ 的指数分布，知 $E(X_i)=\frac{1}{5}, D(X_i)=\frac{1}{25}(i=1,2)$.

因此，有

$$E(T)=E(X_1+X_2)=E(X_1)+E(X_2)=\frac{2}{5}.$$

由于 X_1 和 X_2 独立，可见 $D(T)=D(X_1+X_2)=D(X_1)+D(X_2)=\frac{2}{25}$.

方法总结

$E(T)$ 和 $D(T)$ 也可由 T 的密度 $f(t)$ 求得：

$$E(T)=\int_{-\infty}^{+\infty}tf(t)\mathrm{d}t, E(T^2)=\int_{-\infty}^{+\infty}t^2f(t)\mathrm{d}t, D(T)=E(T^2)-[E(T)]^2.$$

第三节　协方差及相关系数

一、主要内容归纳

1. 协方差　对于二维随机变量(X,Y)，$\mathrm{Cov}(X,Y)=E\{[X-E(X)][Y-E(Y)]\}$是其协方差，或用$\mathrm{Cov}(X,Y)=E(XY)-E(X)\cdot E(Y)$表示.

协方差的性质

(1)$\mathrm{Cov}(X,X)=D(X)$.　　(2)$\mathrm{Cov}(X,Y)=\mathrm{Cov}(Y,X)$.

(3)$\mathrm{Cov}(aX,bY)=ab\mathrm{Cov}(X,Y)$.

(4)$\mathrm{Cov}(X_1+X_2,Y)=\mathrm{Cov}(X_1,Y)+\mathrm{Cov}(X_2,Y)$

(5)$D(X\pm Y)=D(X)+D(Y)\pm 2\mathrm{Cov}(X,Y)$.

2. 相关系数　$\rho_{XY}=\dfrac{\mathrm{Cov}(X,Y)}{\sqrt{D(X)}\sqrt{D(Y)}}$　$(D(X)>0,\ D(Y)>0)$.

当$\rho_{XY}=0$时，X与Y是不相关的.

相关系数反映了两个随机变量的线性相关程度，当其绝对值越接近1时，X与Y的线性相关程度就越强，反之，越接近0时，X与Y线性相关程度就越弱.

相关系数的性质

(1)$-1\leqslant\rho_{XY}\leqslant 1$.

(2)若X与Y相互独立，则$\rho_{XY}=0$，即X,Y不相关. 反之不一定成立.

(3)若X,Y之间有线性关系，即$Y=aX+b$(a,b为常数，$a\neq 0$)，则$|\rho_{XY}|=1$，且$a>0$时，$\rho_{XY}=1$；$a<0$时，$\rho_{XY}=-1$.

3. 二维正态分布的参数意义　当$(X,Y)\sim N(\mu_1,\sigma_1^2;\ \mu_2,\sigma_2^2;\ \rho)$时，$E(X)=\mu_1$，$E(Y)=\mu_2$，　$D(X)=\sigma_1^2$，　$D(Y)=\sigma_2^2$，　$\rho_{XY}=\rho$. 且X,Y相互独立$\Leftrightarrow X,Y$不相关.

二、经典例题解析及解题方法总结

【例1】 设二维随机变量(X,Y)的概率分布为

X \ Y	0	1	2
-1	0.1	0.1	b
1	a	0.1	0.1

若事件$\{\max\{X,Y\}=2\}$与事件$\{\min\{X,Y\}=1\}$相互独立，则$\mathrm{Cov}(X,Y)=$(　　).

(A)0.6　　(B)-0.36　　(C)0　　(D)0.48

解　$P\{\max\{X,Y\}=2\}=P\{Y=2\}=b+0.1$.

$P\{\min\{X,Y\}=1\}=P\{X=1,Y=1\}+P\{X=1,Y=2\}=0.1+0.1=0.2.$

$P\{\max\{X,Y\}=2,\min\{X,Y\}=1\}=P\{X=1,Y=2\}=0.1.$

由已知条件中的相互独立可得

$$P\{\max\{X,Y\}=2,\min\{X,Y\}=1\}=P\{\max\{X,Y\}=2\}P\{\min\{X,Y\}=1\},$$

即 $0.1=(b+0.1)\times 0.2$,解得 $b=0.4,a=0.2$.

X \ Y	0	1	2	$p_X(x)$
-1	0.1	0.1	0.4	0.6
1	0.2	0.1	0.1	0.4
$p_Y(y)$	0.3	0.2	0.5	

$$E(X)=-1\times 0.6+0.4=-0.2,E(Y)=0.2+2\times 0.5=1.2,$$

$$E(XY)=-1\times 0.1+1\times 0.1-2\times 0.4+2\times 0.1=-0.6,$$

$$\mathrm{Cov}(X,Y)=E(XY)-E(X)E(Y)=-0.6+0.24=-0.36.$$

故应选(B).

【例 2】 设 X 服从区间 $\left(-\frac{\pi}{2},\frac{\pi}{2}\right)$ 上的均匀分布,$Y=\sin X$,求 $\mathrm{Cov}(X,Y)$.

解 由题意知,X 的概率密度函数为

$$f(x)=\begin{cases}\frac{1}{\pi}, & -\frac{\pi}{2}<x<\frac{\pi}{2},\\ 0, & \text{其他}.\end{cases}$$

则

$$\begin{aligned}\mathrm{Cov}(X,Y)&=E(XY)-E(X)\cdot E(Y)\\&=E(X\cdot\sin X)-E(X)\cdot E(\sin X)\\&=\int_{-\frac{\pi}{2}}^{\frac{\pi}{2}}\left(x\sin x\cdot\frac{1}{\pi}\right)\mathrm{d}x-\int_{-\frac{\pi}{2}}^{\frac{\pi}{2}}x\cdot\frac{1}{\pi}\mathrm{d}x\cdot\int_{-\frac{\pi}{2}}^{\frac{\pi}{2}}\sin x\cdot\frac{1}{\pi}\mathrm{d}x\\&=\frac{2}{\pi}\int_0^{\frac{\pi}{2}}x\sin x\mathrm{d}x-0=\frac{2}{\pi}.\end{aligned}$$

【例 3】 设随机变量 $X\sim N(0,1)$,在 $X=x$ 条件下,随机变量 $Y\sim N(x,1)$,则 X 与 Y 的相关系数为(　　).

(A) $\frac{1}{4}$　　(B) $\frac{1}{2}$　　(C) $\frac{\sqrt{3}}{3}$　　(D) $\frac{\sqrt{2}}{2}$

解 $X\sim N(0,1),f_X(x)=\frac{1}{\sqrt{2\pi}}\mathrm{e}^{-\frac{x^2}{2}},-\infty<x<+\infty.$

当 $X=x$ 时,$f_{Y|X}(y\mid x)\sim N(x,1)$,即有 $-\infty<x<+\infty$ 时,

$$f_{Y|X}(y\mid x)=\frac{1}{\sqrt{2\pi}}\mathrm{e}^{-\frac{(y-x)^2}{2}},-\infty<y<+\infty.$$

所以(X,Y)的概率密度为

$$f(x,y)=f_X(x)f_{Y|X}(y\mid x)=\frac{1}{\sqrt{2\pi}}\mathrm{e}^{-\frac{x^2}{2}}\cdot\frac{1}{\sqrt{2\pi}}\mathrm{e}^{-\frac{(y-x)^2}{2}}=\frac{1}{2\pi}\mathrm{e}^{-\frac{1}{2}(2x^2-2xy+y^2)},$$
$$-\infty<x<+\infty,-\infty<y<+\infty.$$

由二维正态分布的概率密度

$$f(x,y)=\frac{1}{2\pi\sigma_1\sigma_2\sqrt{1-\rho^2}}\mathrm{e}^{\left\{-\frac{1}{2(1-\rho^2)}\left[\frac{(x-\mu_1)^2}{\sigma_1^2}-\frac{2\rho(x-\mu_1)(y-\mu_2)}{\sigma_1\sigma_2}+\frac{(y-\mu_2)^2}{\sigma_2^2}\right]\right\}},$$
$$-\infty<x<+\infty,-\infty<y<+\infty.$$

可知$(X,Y)\sim N\left(0,0;1,2;\frac{\sqrt{2}}{2}\right)$,故$\rho_{XY}=\rho=\frac{\sqrt{2}}{2}$.

故应选(D).

【例4】已知随机变量X和Y分别服从正态分布$N(1,3^2)$和$N(0,4^2)$,且X与Y的相关系数$\rho_{XY}=-\frac{1}{2}$. 设$Z=\frac{X}{3}+\frac{Y}{2}$.

(1)求Z的数学期望$E(Z)$和方差$D(Z)$;

(2)求X与Z的相关系数ρ_{XZ}.

解 (1)$E(Z)=\frac{1}{3}E(X)+\frac{1}{2}E(Y)=\frac{1}{3}+\frac{0}{2}=\frac{1}{3}$,

$$D(Z)=\frac{1}{3^2}D(X)+\frac{1}{2^2}D(Y)+2\mathrm{Cov}\left(\frac{X}{3},\frac{Y}{2}\right)=\frac{3^2}{3^2}+\frac{4^2}{2^2}+2\left(-\frac{1}{2}\right)\cdot\frac{3}{3}\cdot\frac{4}{2}=3.$$

(2)$\mathrm{Cov}(X,Z)=\frac{1}{3}\mathrm{Cov}(X,X)+\frac{1}{2}\mathrm{Cov}(X,Y)=\frac{1}{3}\cdot 3^2+\frac{1}{2}\left(-\frac{1}{2}\right)\cdot 3\cdot 4=0.$

$$\rho_{XZ}=\frac{\mathrm{Cov}(X,Z)}{\sqrt{D(X)}\cdot\sqrt{D(Z)}}=0.$$

【例5】设随机变量$X_1,X_2,\cdots,X_n(n>1)$独立同分布,且其方差为$\sigma^2>0$. 令$Y=\frac{1}{n}\sum_{i=1}^{n}X_i$,则______.

(A)$\mathrm{Cov}(X_1,Y)=\frac{\sigma^2}{n}$　　(B)$\mathrm{Cov}(X_1,Y)=\sigma^2$

(C)$D(X_1+Y)=\frac{n+2}{n}\sigma^2$　　(D)$D(X_1-Y)=\frac{n+1}{n}\sigma^2$

解 本题用方差和协方差的运算性质直接计算即可,注意利用独立性有:

$$\mathrm{Cov}(X_1,X_i)=0,\quad i=2,3,\cdots,n.$$

$$\mathrm{Cov}(X_1,Y)=\mathrm{Cov}\left(X_1,\frac{1}{n}\sum_{i=1}^{n}X_i\right)=\frac{1}{n}\mathrm{Cov}(X_1,X_1)+\frac{1}{n}\sum_{i=2}^{n}\mathrm{Cov}(X_1,X_i)$$
$$=\frac{1}{n}D(X_1)=\frac{1}{n}\sigma^2.$$

本题(C)(D)两个选项的方差也直接计算得到,如

$$D(X_1+Y)=D\left(\frac{1+n}{n}X_1+\frac{1}{n}X_2+\cdots+\frac{1}{n}X_n\right)=\frac{(1+n)^2}{n^2}\sigma^2+\frac{n-1}{n^2}\sigma^2=\frac{n^2+3n}{n^2}\sigma^2=\frac{n+3}{n}\sigma^2,$$

$$D(X_1-Y)=D\left(\frac{n-1}{n}X_1-\frac{1}{n}X_2-\cdots-\frac{1}{n}X_n\right)=\frac{(n-1)^2}{n^2}\sigma^2+\frac{n-1}{n^2}\sigma^2=\frac{n^2-n}{n^2}\sigma^2=\frac{n-1}{n}\sigma^2.$$

故应选(A).

【例 6】将一枚硬币重复掷 n 次,以 X 和 Y 分别表示正面向上和反面向上的次数,则 X 和 Y 的相关系数等于______.

(A)-1　　(B)0　　(C)$\frac{1}{2}$　　(D)1

分析　根据本题的特点可通过相关系数的性质"$Y=aX+b\Rightarrow|\rho_{XY}|=1$"求相关系数,亦可利用公式来求.

解　**方法一**　由题意可知 X 和 Y 的函数关系,即 $X+Y=n$,又可表示为 $Y=-X+n$.

易知 Y 与 X 之间存在线性关系且为负相关,故 $\rho_{XY}=-1$.

方法二　利用相关系数公式计算.

$$\mathrm{Cov}(X,Y)=\mathrm{Cov}(X,n-X)=\mathrm{Cov}(X,n)-\mathrm{Cov}(X,X),$$

由 $\mathrm{Cov}(X,n)=0$,得 $\mathrm{Cov}(X,Y)=-\mathrm{Cov}(X,X)=-D(X)$.

又由方差性质知 $D(Y)=D(-X+n)=D(X)$,所以

$$\rho_{XY}=\frac{\mathrm{Cov}(X,Y)}{\sqrt{D(X)}\sqrt{D(Y)}}=\frac{-D(X)}{D(X)}=-1.$$

故应选(A).

【例 7】设随机变量 X 和 Y 的相关系数为 0.9,若 $Z=X-0.4$,则 Y 与 Z 的相关系数为______.

解　由于 $D(Z)=D(X-0.4)=D(X)$,而

$$\mathrm{Cov}(Y,Z)=\mathrm{Cov}(Y,X-0.4)=\mathrm{Cov}(Y,X),$$

因此 $\rho_{YZ}=\frac{\mathrm{Cov}(Y,Z)}{\sqrt{D(Y)}\sqrt{D(Z)}}=\frac{\mathrm{Cov}(Y,X)}{\sqrt{D(Y)}\sqrt{D(X)}}=\rho_{YX}=0.9$.

本题也可利用重要结论直接得出:由于 $\rho_{aX+b,\,cY+d}=\rho_{X,Y}$(当 a,c 同号时),故

$$\rho_{Y,Z}=\rho_{Y,X-0.4}=\rho_{Y,X}=0.9.$$

方法总结

协方差及相关系数的性质非常重要,应该熟练掌握.利用性质计算协方差与相关系数是考研数学中的常见题型,例 4~例 7 充分体现出这一特点.

【例 8】设随机变量 $X\sim U(0,3)$,随机变量 Y 服从参数为 2 的泊松分布,且 X 与 Y 的协方差为-1,则 $D(2X-Y+1)=($　　$)$.

(A)1　　(B)5　　(C)9　　(D)12

解　由 $X\sim U(0,3)$,$Y\sim P(2)$知,$D(X)=\frac{(3-0)^2}{12}=\frac{3}{4}$,$D(Y)=2$,故

$$D(2X-Y+1)=D(2X-Y)=4D(X)+D(Y)-4\mathrm{Cov}(X,Y)=4\cdot\frac{3}{4}+2+4=9.$$

故应选(C).

方法总结

本题解题技巧有两个：

(1)相关系数公式逆向使用

$$\rho_{XY}=\frac{\mathrm{Cov}(X,Y)}{\sqrt{D(X)}\cdot\sqrt{D(Y)}}\Rightarrow\mathrm{Cov}(X,Y)=\rho_{XY}\cdot\sqrt{D(X)}\cdot\sqrt{D(Y)}.$$

(2)方差性质公式的推广使用

$$D(\sum_{i=1}^{n}X_i)=\sum_{i,j=1}^{n}\mathrm{Cov}(X_i,X_j).$$

【例 9】 设随机变量 X 和 Y 都服从正态分布，且它们不相关，则______.

(A) X 与 Y 一定独立　　(B) (X,Y) 服从二维正态分布

(C) X 与 Y 未必独立　　(D) $X+Y$ 服从一维正态分布

解　只有当 (X,Y) 服从二维正态分布时，不相关与独立才等价. 而本题仅知 X 和 Y 服从正态分布，故(A)不正确. 从而(B)(D)也不正确.

故应选(C).

【例 10】 设随机变量 (X,Y) 服从二维正态分布 $N(0,0;1,4;-\frac{1}{2})$，则下列随机变量中服从标准正态分布且与 X 独立的是(　　).

(A) $\frac{\sqrt{5}}{5}(X+Y)$　　(B) $\frac{\sqrt{5}}{5}(X-Y)$　　(C) $\frac{\sqrt{3}}{3}(X+Y)$　　(D) $\frac{\sqrt{3}}{3}(X-Y)$

解　由题意可得 $X\sim N(0,1)$，$Y\sim N(0,1)$，$\rho_{XY}=-\frac{1}{2}$.

由公式

$$E(aX+bY)=aE(X)+bE(Y),$$

$$D(aX+bY)=a^2D(X)+b^2D(Y)+2ab\rho_{XY}\sqrt{DX}\sqrt{DY},$$

可求出

$$E\left[\frac{\sqrt{3}}{3}(X+Y)\right]=0.$$

$$D\left[\frac{\sqrt{3}}{3}(X+Y)\right]=\frac{1}{3}[D(X)+D(Y)+2\rho_{XY}\sqrt{D(X)}\sqrt{D(Y)}]=\frac{1}{3}\left[1+4+2\left(-\frac{1}{2}\right)\cdot1\cdot2\right]=1.$$

所以 $\frac{\sqrt{3}}{3}(X+Y)\sim N(0,1)$.

又因为 $\mathrm{Cov}(X,X+Y)=\mathrm{Cov}(X,X)+\mathrm{Cov}(X,Y)=D(X)+\rho_{XY}\sqrt{DX}\sqrt{DY}$

$$=1+\left(-\frac{1}{2}\right)\cdot1\cdot2=0,$$

所以 X 与 $\frac{\sqrt{3}}{3}(X+Y)$ 相互独立.

故应选(C).

【例 11】假设二维随机变量 (X,Y) 在矩形 $G=\{(x,y)\mid 0\leqslant x\leqslant 2,\ 0\leqslant y\leqslant 1\}$ 上服从均匀分布,记

$$U=\begin{cases}0, & 若\ X\leqslant Y,\\ 1, & 若\ X>Y,\end{cases}\quad V=\begin{cases}0, & 若\ X\leqslant 2Y,\\ 1, & 若\ X>2Y.\end{cases}$$

(1)求 U 和 V 的联合分布;

(2)求 U 和 V 的相关系数 ρ.

解 由题设及图 4-2,可得

$$P\{X\leqslant Y\}=\frac{1}{4},\qquad P\{X>2Y\}=\frac{1}{2},\qquad P\{Y<X\leqslant 2Y\}=\frac{1}{4}.$$

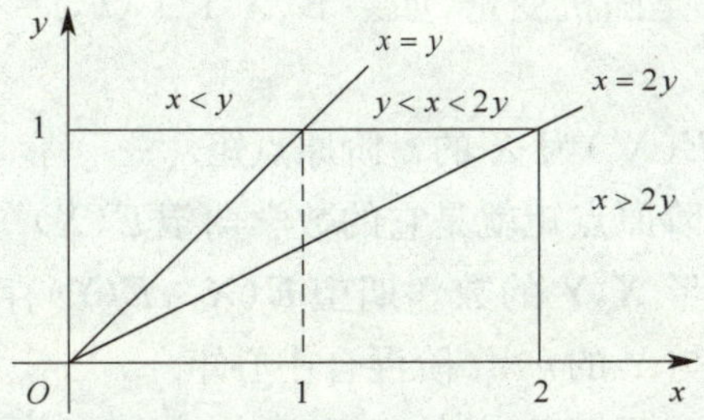

图 4-2

(1) (U,V) 有四个可能值:$(0,0)$,$(0,1)$,$(1,0)$,$(1,1)$.

$$P\{U=0,V=0\}=P\{X\leqslant Y,X\leqslant 2Y\}=P\{X\leqslant Y\}=\frac{1}{4};$$

$$P\{U=0,V=1\}=P\{X\leqslant Y,X>2Y\}=0;$$

$$P\{U=1,V=0\}=P\{X>Y,X\leqslant 2Y\}=P\{Y<X\leqslant 2Y\}=\frac{1}{4};$$

$$P\{U=1,V=1\}=1-\left(\frac{1}{4}+\frac{1}{4}\right)=\frac{1}{2}.$$

(2)由以上可见 UV 以及 U 和 V 的分布为

$$UV\sim\begin{bmatrix}0 & 1\\ \frac{1}{2} & \frac{1}{2}\end{bmatrix},\qquad U\sim\begin{bmatrix}0 & 1\\ \frac{1}{4} & \frac{3}{4}\end{bmatrix},\qquad V\sim\begin{bmatrix}0 & 1\\ \frac{1}{2} & \frac{1}{2}\end{bmatrix}.$$

于是,有

$$E(U)=\frac{3}{4},\qquad D(U)=\frac{3}{16},\qquad E(V)=\frac{1}{2},\qquad D(V)=\frac{1}{4},\qquad E(UV)=\frac{1}{2};$$

$$\mathrm{Cov}(U,V)=E(UV)-E(U)\cdot E(V)=\frac{1}{8};$$

$$\rho=\frac{\mathrm{Cov}(U,V)}{\sqrt{D(U)\cdot D(V)}}=\frac{1}{\sqrt{3}}.$$

方法总结

例 11 是考研数学中常见的综合题型，它们的特点是：先利用已知条件求出(X,Y)的联合分布，再利用公式求协方差或相关系数.

第四节　矩、协方差矩阵

主要内容归纳

1. 矩

(1)**原点矩**　设 X 与 Y 是随机变量，如果 $E(X^kY^l)$ $(k,l=0,1,2,\cdots)$存在，则称它为 X 与 Y 的 $k+l$ 阶混合原点矩.

特别地，当 $l=0$ 时，称 $E(X^k)$为 X 的 k 阶原点矩.

显然，随机变量 X 的一阶原点矩就是它的数学期望 $E(X)$.

(2)**中心矩**　设随机变量 X,Y 的数学期望 $E(X),E(Y)$存在，且 $E\{[X-E(X)]^k[Y-E(Y)]\}^l$ 存在，则称它为 X 与 Y 的 $k+l$ 阶混合中心矩.

特别地，当 $k=l=1$ 时，就是 X,Y 的协方差 $E\{[X-E(X)][Y-E(Y)]\}$，当 $l=0$ 时，称 $E\{[X-E(X)]^k\}$为 X 的 k 阶中心矩.

显然，随机变量 X 的二阶中心矩就是它的方差 $D(X)=E\{[X-E(X)]^2\}$.

2. 协方差矩阵　设$(X_1,X_2,\cdots,X_n)$为 n 维随机变量，记 $C_{ij}=\mathrm{Cov}(X_i,X_j)$，$i,j=1,2,\cdots,n$，称

$$\begin{bmatrix} C_{11} & C_{12} & \cdots & C_{1n} \\ C_{21} & C_{22} & \cdots & C_{2n} \\ \cdots & \cdots & \cdots & \cdots \\ C_{n1} & C_{n2} & \cdots & C_{nn} \end{bmatrix}$$

为$(X_1,X_2,\cdots,X_n)$的协方差矩阵.

本章教材习题全解

1. (1)在下列句子中随机地取一个单词，以 X 表示取到的单词所包含的字母个数，写出 X 的分布律并求 $E(X)$.

"THE GIRL PUT ON HER BEAUTIFUL RED HAT".

(2)在上述句子的 30 个字母中随机地取一个字母，以 Y 表示取到的字母所在单词所包含的字母数，写出 Y 的分布律并求 $E(Y)$.

(3)一人掷骰子，如得 6 点则掷第 2 次，此时得分为 6+第二次得到的点数；否则得分为他第一次掷得的点数，且不能再掷，求得分 X 的分布律及 $E(X)$.

解 (1)句子中共有 8 个单词，在句子中随机取一单词共 8 种取法，而句子所含单词所包括的字母数分别是 2,3,4,9，这四个数即为 X 的取值，而字母数为 2 的只有一个单词，字母数为 3 的有 5 个单词，字母数为 4 和 9 的分别有一个单词，故 X 的分布律为

X	2	3	4	9
p_k	$\frac{1}{8}$	$\frac{5}{8}$	$\frac{1}{8}$	$\frac{1}{8}$

$$E(X)=2\times\frac{1}{8}+3\times\frac{5}{8}+4\times\frac{1}{8}+9\times\frac{1}{8}=\frac{15}{4}.$$

(2)因 Y 表示取到的字母所在的单词所包含的字母数，故 Y 的取值仍为 2,3,4,9. 在句子的 30 个字母中任取一字母，共有 30 种取法. 字母数为 2 的单词有一个，两个字母有两种取法；字母数为 3 的单词有 5 个，包含了 15 个字母；字母数为 4 和 9 的单词分别有一个，分别包含 4 和 9 个字母，从而

X	2	3	4	9
p_k	$\frac{1}{15}$	$\frac{1}{2}$	$\frac{2}{15}$	$\frac{3}{10}$

$$E(X)=2\times\frac{1}{15}+3\times\frac{1}{2}+4\times\frac{2}{15}+9\times\frac{3}{10}=\frac{73}{15}.$$

(3)分布律为

X	1	2	3	4	5	7	8	9	10	11	12
p_k	$\frac{1}{6}$	$\frac{1}{6}$	$\frac{1}{6}$	$\frac{1}{6}$	$\frac{1}{6}$	$\frac{1}{36}$	$\frac{1}{36}$	$\frac{1}{36}$	$\frac{1}{36}$	$\frac{1}{36}$	$\frac{1}{36}$

$$\begin{aligned}E(X)&=1\times\frac{1}{6}+2\times\frac{1}{6}+3\times\frac{1}{6}+4\times\frac{1}{6}+5\times\frac{1}{6}+7\times\frac{1}{36}+8\times\frac{1}{36}+9\times\frac{1}{36}\\&\quad+10\times\frac{1}{36}+11\times\frac{1}{36}+12\times\frac{1}{36}\\&=\frac{49}{12}.\end{aligned}$$

2. 某产品的次品率为 0.1，检验员每天检验 4 次. 每次随机地取 10 件产品进行检验，如发现其中的次品数多于 1，就去调整设备. 以 X 表示一天中调整设备的次数，试求 $E(X)$.（设诸产品是否为次品是相互独立的）

解 记随机地取 10 件产品，其中的次品数为 Y，则 $Y\sim B(10,0.1)$. 则不必调整设备的概率为

$$p=P\{Y=0\}+P\{Y=1\}=(0.9)^{10}+C_{10}^{1}(0.9)^{9}\times0.1=0.736\ 1.$$

从而需调整设备的概率为 1－0.736 1＝0.263 9.

$X \sim B(4, 0.2639)$，由二项分布的期望结论：

$$E(X)=np=1.0556.$$

3. 有 3 只球、4 个盒子，盒子的编号为 1，2，3，4. 将球逐个独立地，随机地放入 4 个盒子中去. 以 X 表示其中至少有一只球的盒子的最小号码(例如 $X=3$ 表示第 1 号、第 2 号盒子是空的，第 3 个盒子至少有一只球)，试求 $E(X)$.

解 X 的可能取值为：1，2，3，4. 若 $X=1$，则 1 号盒中至少有一球，而 3 只球放到 4 只盒子中共有 4^3 种放法，故 $P\{X=1\}=\frac{4^4-3^3}{4^3}$.

若 $X=2$，则 2 号盒子至少有一球，1 号盒是空的，故 $P\{X=2\}=\frac{3^3-2^3}{4^3}$.

若 $X=3$，则 3 号盒中至少有一球，1，2 号盒子是空的，故 $P\{X=3\}=\frac{2^3-1}{4^3}$.

若 $X=4$，则 1，2，3 号盒子是空的，4 号中有 3 只球，故 $P\{X=4\}=\frac{1}{4^3}$.

$$\begin{aligned}E(X)&=1\times P\{X=1\}+2\times P\{X=2\}+3\times P\{X=3\}+4\times P\{X=4\}\\&=\frac{(4^3-3^3)+2\cdot(3^3-2^3)+3\cdot(2^3-1)+4}{4^3}=\frac{25}{16}.\end{aligned}$$

4. (1)设随机变量 X 的分布律 $P\left\{X=(-1)^{j+1}\cdot\frac{3^j}{j}\right\}=\frac{2}{3^j}$，$j=1,2,\cdots$，说明 X 的数学期望不存在.

(2)一盒中装有一只黑球、一只白球，作摸球游戏，规则如下：一次从盒中随机摸一只球，若摸到白球，则游戏结束；若摸到黑球，放回再放入一只黑球，然后再从盒中随机地摸一只球. 试说明要游戏结束的摸球次数 X 的数学期望不存在.

解 (1)由于 $\sum\limits_{j=1}^{\infty}\left|(-1)^{j+1}\cdot\frac{3^j}{j}\cdot\frac{2}{3^j}\right|=\sum\limits_{z=1}^{\infty}\frac{2}{j}$不收敛，由数学期望的定义知，$X$ 的数学期望不存在.

(2)以 A_k 记事件"第 k 次摸球摸到黑球"，以 $\overline{A}_k$ 记事件"第 k 次摸球摸到白球"，以 C_k 表示事件"游戏在第 k 次摸球时结束"，$k=1,2,\cdots$. 按题意

$$C_k=A_1A_2\cdots A_{k-1}\overline{A}_k,$$

$$P(C_k)=P(\overline{A}_k|A_1A_2\cdots A_{k-1})P(A_{k-1}|A_1A_2\cdots A_{k-2})\cdots P(A_2|A_1)P(A_1).$$

$$P\{X=1\}=P(\overline{A}_1)=\frac{1}{2},$$

$$P\{X=2\}=P\{A_1\overline{A}_2\}=P(\overline{A}_2|A_1)P(A_1)=\frac{1}{3}\cdot\frac{1}{2},$$

$$P\{X=3\}=P(A_1A_2\overline{A}_3)=P(\overline{A}_3|A_1A_2)P(A_2|A_1)P(A_1)=\frac{1}{4}\cdot\frac{2}{3}\cdot\frac{1}{2}=\frac{1}{4}\cdot\frac{1}{3},$$

$X=k$ 时，盒中共 $k+1$ 只球，其中只有一只是白球，故

$$\begin{aligned}P\{X=k\}&=P(A_1\cdots A_{k-1}\overline{A}_k)=P(\overline{A}_k|A_1A_2\cdots A_{k-1})P(A_{k-1}|A_1A_2\cdots A_{k-2})\cdots P(A_2|A_1)P(A_1)\\&=\frac{1}{k+1}\cdot\frac{k-1}{k}\cdot\frac{k-2}{k-1}\cdot\cdots\cdot\frac{2}{3}\cdot\frac{1}{2}=\frac{1}{k+1}\cdot\frac{1}{k}.\end{aligned}$$

若 $E(X)$存在，则它应等于 $\sum\limits_{k=1}^{\infty}kP\{X=k\}$. 但 $\sum\limits_{k=1}^{\infty}kP\{X=k\}=\sum\limits_{k=1}^{\infty}k\cdot\frac{1}{k+1}\cdot\frac{1}{k}=\sum\limits_{k=1}^{\infty}\frac{1}{k+1}$ 发散，故 X 的数学期望不存在.

5. 设在某一规定的时间间隔里，某电气设备用于最大负荷的时间 X(以 min 计)是一个随机变量，其概率密度为

$$f(x)=\begin{cases}\dfrac{1}{1\,500^2}x, & 0\leqslant x\leqslant 1\,500,\\ \dfrac{-1}{1\,500^2}(x-3\,000), & 1\,500<x\leqslant 3\,000,\\ 0, & \text{其他}.\end{cases}$$

求 $E(X)$.

解 $E(X)=\int_{-\infty}^{+\infty}xf(x)\mathrm{d}x=\int_0^{1\,500}\dfrac{x^2}{1\,500^2}\mathrm{d}x+\int_{1\,500}^{3\,000}\dfrac{-x}{1\,500^2}(x-3\,000)\mathrm{d}x=1\,500(\text{min})$.

6. (1)设随机变量 X 的分布律为

X	-2	0	2
p_k	0.4	0.3	0.3

求 $E(X)$，$E(X^2)$，$E(3X^2+5)$.

(2)设 $X\sim\pi(\lambda)$，求 $E\left(\dfrac{1}{x+1}\right)$.

解 $E(X)=(-2)\times0.4+0\times0.3+2\times0.3=-0.2$.

$E(X^2)=(-2)^2\times0.4+0^2\times0.3+2^2\times0.3=2.8$.

$E(3X^2+5)=[3\times(-2)^2+5]\times0.4+[3\times0^2+5]\times0.3+[3\times2^2+5]\times0.3=13.4$.

或由期望的性质

$E(3X^2+5)=3E(X^2)+5=3\times2.8+5=13.4$.

(2)因 $X\sim\pi(\lambda)$，故 $P\{X=k\}=\dfrac{\lambda^k\mathrm{e}^{-\lambda}}{k!}$.

$$\begin{aligned}E\left(\frac{1}{x+1}\right)&=\sum_{k=0}^{\infty}\frac{1}{k+1}P\{X=k\}=\sum_{k=0}^{\infty}\frac{1}{k+1}\frac{\lambda^k\mathrm{e}^{-\lambda}}{k!}=\sum_{k=0}^{\infty}\frac{\lambda^k\mathrm{e}^{-\lambda}}{(k+1)!}\\&=\frac{\mathrm{e}^{-\lambda}}{\lambda}\sum_{k=0}^{\infty}\frac{\lambda^{k+1}}{(k+1)!}=\frac{\mathrm{e}^{-\lambda}}{\lambda}\left(\sum_{j=1}^{\infty}\frac{\lambda^j}{j!}\right)=\frac{\mathrm{e}^{-\lambda}}{\lambda}\left(\sum_{j=0}^{\infty}\frac{\lambda^j}{j!}-1\right)\\&=\frac{\mathrm{e}^{-\lambda}}{\lambda}(\mathrm{e}^{\lambda}-1)=\frac{1}{\lambda}(1-\mathrm{e}^{-\lambda}).\end{aligned}$$

7. (1)设随机变量 X 的概率密度为 $f(x)=\begin{cases}\mathrm{e}^{-x}, & x>0,\\ 0, & x\leqslant 0.\end{cases}$ 求(i)$Y=2X$，(ii)$Y=\mathrm{e}^{-2X}$ 的数学期望.

(2)设随机变量 $X_1,X_2,\cdots,X_n$ 相互独立，且都服从(0,1)上的均匀分布. 求(i)$U=\max\{X_1,X_2,\cdots,X_n\}$的数学期望，(ii)$V=\min\{X_1,X_2,\cdots,X_n\}$的数学期望.

解 (1)(i)$E(Y)=E(2X)=\int_{-\infty}^{+\infty}2xf(x)\mathrm{d}x=\int_0^{+\infty}2x\mathrm{e}^{-x}\mathrm{d}x=2$；

(ii)$E(Y)=E(\mathrm{e}^{-2X})=\int_{-\infty}^{+\infty}\mathrm{e}^{-2x}f(x)\mathrm{d}x=\int_0^{+\infty}\mathrm{e}^{-2x}\mathrm{e}^{-x}\mathrm{d}x=\dfrac{1}{3}$.

(2)(i)因 $X_i\sim U(0,1)$，$i=1,2,\cdots,n$，故 X_i 的分布函数为

$$F(x)=\begin{cases}0, & x<0,\\ x, & 0\leqslant x<1,\\ 1, & x\geqslant 1.\end{cases}$$

因 $X_1,X_2,\cdots,X_n$ 相互独立，故 $U=\max\{X_1,X_2,\cdots,X_n\}$的分布函数为

$$F_U(u)=\begin{cases}0, & u<0,\\ u^n, & 0\leqslant u<1,\\ 1, & u\geqslant 1.\end{cases}$$

U 的概率密度为

$$f_U(u)=\begin{cases} nu^{n-1}, & 0<u<1, \\ 0, & \text{其他}. \end{cases}$$

$$E(U)=\int_{-\infty}^{\infty} uf_U(u)\mathrm{d}u=\int_0^1 u\cdot nu^{n-1}\mathrm{d}u=n\int_0^1 u^n\mathrm{d}u=\frac{n}{n+1}.$$

(ii) $V=\min\{X_1,X_2,\cdots,X_n\}$ 的分布函数为

$$F_V(v)=\begin{cases} 0, & v<0, \\ 1-(1-v)^n, & 0\leqslant v<1, \\ 1, & v\geqslant 1. \end{cases}$$

V 的概率密度为

$$f_V(v)=\begin{cases} n(1-v)^{n-1}, & 0<v<1, \\ 0, & \text{其他}. \end{cases}$$

$$E(V)=\int_{-\infty}^{\infty} vf_V(v)\mathrm{d}v=\int_0^1 vn(1-v)^{n-1}\mathrm{d}v$$

$$=-v(1-v)^n\Big|_0^1+\int_0^1(1-v)^n\mathrm{d}v=-\frac{(1-v)^{n+1}}{n+1}\Big|_0^1=\frac{1}{n+1}.$$

8. 设随机变量 (X,Y) 的分布律为

Y \ X	1	2	3
−1	0.2	0.1	0.0
0	0.1	0.0	0.3
1	0.1	0.1	0.1

(1) 求 $E(X)$, $E(Y)$. (2) 设 $Z=\frac{Y}{X}$, 求 $E(Z)$. (3) 设 $Z=(X-Y)^2$, 求 $E(Z)$.

解　(1) 由分布律得 X 和 Y 的边缘分布分别为

X	1	2	3
p	0.4	0.2	0.4

Y	−1	0	1
p	0.3	0.4	0.3

$$E(X)=1\times0.4+2\times0.2+3\times0.4=2,$$
$$E(Y)=-1\times0.3+0\times0.4+1\times0.3=0.$$

(2) $Z=\frac{Y}{X}$ 的分布律为

Z	-1	$-\frac{1}{2}$	$-\frac{1}{3}$	0	1	$\frac{1}{2}$	$\frac{1}{3}$
p_k	0.2	0.1	0	0.4	0.1	0.1	0.1

$$E(Z)=(-1)\times0.2-\frac{1}{2}\times0.1-\frac{1}{3}\times0+0\times0.4+1\times0.1+\frac{1}{2}\times0.1+\frac{1}{3}\times0.1=-\frac{1}{15}.$$

(3) $Z=(X-Y)^2$ 的分布律为

Z	0	1	4	9	16
(X,Y)	(1,1)	(1,0),(2,1)	(1,−1),(3,1)	(2,−1),(3,0)	(3,−1)
p	0.1	0.1+0.1	0.2+0.1	0.1+0.3	0

从而 $E(Z)=0\times0.1+1\times0.2+4\times0.3+9\times0.4+16\times0=5$.

方法总结

第(2)(3)小题可以直接利用 $E(Z)=E[g(X,Y)]=\sum\limits_i\sum\limits_j g(x_i,y_j)p_{ij}$ 计算,更为简洁.

9. (1)设随机变量(X,Y)的概率密度为

$$f(x,y)=\begin{cases}12y^2, & 0\leqslant y\leqslant x\leqslant 1,\\ 0, & \text{其他}.\end{cases}$$

求 $E(X)$, $E(Y)$, $E(XY)$, $E(X^2+Y^2)$.

(2)设随机变量 X,Y 的联合密度为

$$f(x,y)=\begin{cases}\dfrac{1}{y}e^{-(y+\frac{x}{y})}, & x>0,y>0,\\ 0, & \text{其他}.\end{cases}$$

求 $E(X),E(Y),E(XY)$.

解 (1)X 的概率密度为

$$f_X(x)=\begin{cases}\int_0^x 12y^2\,dy=4x^3, & 0\leqslant x\leqslant 1,\\ 0, & \text{其他}.\end{cases}$$

Y 的概率密度为

$$f_Y(y)=\begin{cases}12y^2(1-y), & 0\leqslant y\leqslant 1,\\ 0, & \text{其他}.\end{cases}$$

$$E(X)=\int_{-\infty}^{+\infty}xf_X(x)dx=\int_0^1 x\cdot 4x^3dx=\int_0^1 4x^4dx=\frac{4}{5},$$

$$E(Y)=\int_{-\infty}^{+\infty}yf_Y(y)dy=\int_0^1 y\cdot 12y^2(1-y)dy=\int_0^1 12y^3(1-y)dy=\frac{3}{5},$$

$$E(XY)=\int_{-\infty}^{+\infty}\int_{-\infty}^{+\infty}xyf(x,y)dxdy=\int_0^1\int_0^x xy\cdot 12y^2dydx=\int_0^1 3x^5dx=\frac{1}{2},$$

$$E(X^2+Y^2)=\int_{-\infty}^{+\infty}\int_{-\infty}^{+\infty}(x^2+y^2)f(x,y)dxdy=\int_0^1\int_0^x(x^2+y^2)\cdot 12y^2dydx$$

$$=\int_0^1\frac{32}{5}x^5dx=\frac{32}{5}\times\frac{1}{6}=\frac{16}{15}.$$

(2) $$E(X)=\int_{-\infty}^{\infty}\int_{-\infty}^{\infty}xf(x,y)dxdy=\int_0^{\infty}\int_0^{\infty}\frac{x}{y}e^{-(y+\frac{x}{y})}dxdy$$

$$=-\int_0^{\infty}e^{-y}\left[\int_0^{\infty}xe^{-\frac{x}{y}}d\left(\frac{-x}{y}\right)\right]dy=-\int_0^{\infty}e^{-y}\left[xe^{-\frac{x}{y}}\Big|_0^{\infty}-\int_0^{\infty}e^{-\frac{x}{y}}dx\right]dy$$

$$=\int_0^{\infty}e^{-y}ydy=1.$$

$$E(Y)=\int_0^{\infty}\int_0^{\infty}e^{-(y+\frac{x}{y})}dxdy=\int_0^{\infty}e^{-y}\int_0^{\infty}e^{-\frac{x}{y}}dxdy=-\int_0^{\infty}e^{-y}\left[-ye^{-\frac{x}{y}}\right]_0^{\infty}dy=\int_0^{\infty}e^{-y}ydy=1.$$

$$E(XY)=\int_{-\infty}^{\infty}\int_{-\infty}^{\infty}xyf(x,y)dxdy=\int_0^{\infty}\int_0^{\infty}xe^{-(y+\frac{x}{y})}dxdy=\int_0^{\infty}e^{-y}\left[\int_0^{\infty}xe^{-\frac{x}{y}}dx\right]dy.$$

而 $\int_0^{\infty}xe^{-\frac{x}{y}}dx=-y\int_0^{\infty}xe^{-\frac{x}{y}}d\left(-\frac{x}{y}\right)=y^2$,故 $E(XY)=\int_0^{\infty}y^2e^{-y}dy=2$.

10. (1)设随机变量 $X\sim N(0,1)$,$Y\sim N(0,1)$且 X,Y 相互独立.求 $E\left(\dfrac{X^2}{X^2+Y^2}\right)$.

(2)一飞机进行空投物资作业,设目标点为原点 $O(0,0)$,物资着陆点为(X,Y),X,Y 相互独立,且设 $X\sim$

$N(0,\sigma^2)$，$Y\sim N(0,\sigma^2)$，求原点到点(X,Y)间距离的数学期望.

解　(1)由对称性知 $E\left(\frac{X^2}{X^2+Y^2}\right)=E\left(\frac{Y^2}{X^2+Y^2}\right)$.

而 $E\left(\frac{X^2}{X^2+Y^2}\right)+E\left(\frac{Y^2}{X^2+Y^2}\right)=E(1)=1$，故 $E\left(\frac{X^2}{X^2+Y^2}\right)=\frac{1}{2}$.

(2)记原点到点(X,Y)的距离为R，$R=\sqrt{X^2+Y^2}$，由题设知(X,Y)的密度函数为

$$f(x,y)=\frac{1}{\sqrt{2\pi}\sigma}e^{-\frac{x^2}{2\sigma^2}}\cdot\frac{1}{\sqrt{2\pi}\sigma}e^{-\frac{y^2}{2\sigma^2}}=\frac{1}{2\pi\sigma^2}e^{-\frac{x^2+y^2}{2\sigma^2}},$$

$$-\infty<x<+\infty,-\infty<y<+\infty.$$

$$E(R)=E(\sqrt{X^2+Y^2})=\int_{-\infty}^{\infty}\int_{-\infty}^{\infty}\sqrt{x^2+y^2}\frac{1}{2\pi\sigma^2}e^{-\frac{x^2+y^2}{2\sigma^2}}dxdy.$$

采用极坐标

$$E(R)=\int_0^{2\pi}d\theta\int_0^{\infty}\frac{r}{2\pi\sigma^2}e^{-\frac{r^2}{2\sigma^2}}rdr=2\pi\int_0^{\infty}\frac{1}{2\pi\sigma^2}r^2e^{-\frac{r^2}{2\sigma^2}}dr=\frac{1}{\sigma^2}\int_0^{\infty}r^2e^{-\frac{r^2}{2\sigma^2}}dr$$

$$=-\int_0^{\infty}rd\left(e^{-\frac{r^2}{2\sigma^2}}\right)=-re^{-\frac{r^2}{2\sigma^2}}\Big|_0^{\infty}+\int_0^{\infty}e^{-\frac{r^2}{2\sigma^2}}dr$$

$$=\frac{1}{2}\int_{-\infty}^{\infty}e^{-\frac{r^2}{2\sigma^2}}dr=\frac{1}{2}\left(\frac{1}{\sqrt{2\pi}\sigma}\int_{-\infty}^{\infty}e^{-\frac{r^2}{2\sigma^2}}dr\right)\sqrt{2\pi}\sigma$$

$$=\frac{1}{2}\times1\times\sqrt{2\pi}\sigma=\sigma\sqrt{\frac{\pi}{2}}.$$

11. 一工厂生产的某种设备的寿命X(以年计)服从指数分布，概率密度为

$$f(x)=\begin{cases}\frac{1}{4}e^{-\frac{x}{4}}, & x>0,\\ 0, & x\leqslant0.\end{cases}$$

工厂规定，出售的设备若在售出一年之内损坏可予以调换. 若工厂售出一台设备赢利100元，调换一台设备厂方需花费300元. 试求厂方出售一台设备净赢利的数学期望.

解　出售的设备在售出一年之内调换的概率为 $p_1=P\{X\leqslant1\}=\int_0^1f(x)dx=\int_0^1\frac{1}{4}e^{-\frac{x}{4}}dx=1-e^{-\frac{1}{4}}$，

不需调换的概率为 $p_2=1-p_1=e^{-\frac{1}{4}}$.

记Y为工厂出售一台设备的净赢利，则Y的分布律为

Y	100	$-300+100$
p_k	$e^{-\frac{1}{4}}$	$1-e^{-\frac{1}{4}}$

从而厂方出售一台设备净赢利的数学期望 $E(Y)=100e^{-\frac{1}{4}}-200(1-e^{-\frac{1}{4}})=33.64$(元).

12. 某车间生产的圆盘直径在区间(a,b)上服从均匀分布，试求圆盘面积的数学期望.

解　假设圆盘直径为X，则其概率密度为

$$f(x)=\begin{cases}\frac{1}{b-a}, & a<x<b,\\ 0, & \text{其他}.\end{cases}$$

圆盘的面积为 $S=\pi\left(\frac{X}{2}\right)^2=\frac{\pi}{4}X^2$，从而

$$E(S)=\int_{-\infty}^{+\infty}\frac{\pi}{4}x^2f(x)dx=\int_a^b\frac{\pi}{4}x^2\cdot\frac{1}{b-a}dx=\frac{\pi}{12}(a^2+ab+b^2).$$

13. 设电压(以 V 计)$X\sim N(0,9)$，将电压施加于一检波器，其输出电压为 $Y=5X^2$，求输出电压 Y 的均值.

解 由 $X\sim N(0,9)$ 知 $E(X)=0$，$D(X)=9$，又 $Y=5X^2$，

故 $E(Y)=E(5X^2)=5E(X^2)=5\{[D(X)+[E(X)]^2\}=5(9+0)=45(\mathrm{V})$.

14. 设随机变量 X_1，X_2 的概率密度分别为

$$f_1(x)=\begin{cases}2\mathrm{e}^{-2x}, & x>0,\\ 0, & x\leqslant 0,\end{cases}\qquad f_2(x)=\begin{cases}4\mathrm{e}^{-4x}, & x>0,\\ 0, & x\leqslant 0.\end{cases}$$

(1)求 $E(X_1+X_2)$，$E(2X_1-3X_2^2)$.

(2)又设 X_1，X_2 相互独立，求 $E(X_1X_2)$.

解 (1)$E(X_1)=\int_{-\infty}^{+\infty}x\cdot f_1(x)\mathrm{d}x=\int_0^{+\infty}2x\mathrm{e}^{-2x}\mathrm{d}x=x\mathrm{e}^{-2x}\Big|_0^{+\infty}+\int_0^{+\infty}\mathrm{e}^{-2x}\mathrm{d}x=\frac{1}{2}$，

$$E(X_2)=\int_{-\infty}^{+\infty}x\cdot f_2(x)\mathrm{d}x=\int_0^{+\infty}4x\mathrm{e}^{-4x}\mathrm{d}x=-x\mathrm{e}^{-4x}\Big|_0^{+\infty}+\int_0^{+\infty}\mathrm{e}^{-4x}\mathrm{d}x=\frac{1}{4},$$

$$E(X_2^2)=\int_{-\infty}^{+\infty}x^2\cdot f_2(x)\mathrm{d}x=\int_0^{+\infty}4x^2\mathrm{e}^{-4x}\mathrm{d}x=-x^2\mathrm{e}^{-4x}\Big|_0^{+\infty}+\int_0^{+\infty}2x\mathrm{e}^{-4x}\mathrm{d}x.$$

$$=-\frac{1}{2}x\mathrm{e}^{-4x}\Big|_0^{+\infty}+\int_0^{+\infty}\frac{1}{2}\mathrm{e}^{-4x}\mathrm{d}x=\frac{1}{8},$$

所以

$$E(X_1+X_2)=E(X_1)+E(X_2)=\frac{1}{2}+\frac{1}{4}=\frac{3}{4},$$

$$E(2X_1-3X_2^2)=2E(X_1)-3E(X_2^2)=2\times\frac{1}{2}-3\times\frac{1}{8}=\frac{5}{8}.$$

(2)由 X_1，X_2 相互独立，则

$$E(X_1X_2)=E(X_1)\cdot E(X_2)=\frac{1}{2}\times\frac{1}{4}=\frac{1}{8}.$$

15. 将 n 只球(1～n 号)随机地放进 n 个盒子(1～n 号)中去，一个盒子装一只球. 若一只球装入与球同号的盒子中，则称为一个配对. 记 X 为总的配对数，求 $E(X)$.

解 引进随机变量

$$X_i=\begin{cases}1, & \text{第 } i \text{ 号球恰装入第 } i \text{ 号盒子},\\ 0, & \text{第 } i \text{ 号球不是装入第 } i \text{ 号盒子},\end{cases}\qquad i=1,2,\cdots,n.$$

则 $X=\sum\limits_{i=1}^{n}X_i$，$E(X)=\sum\limits_{i=1}^{n}E(X_i)$，而 X_i 显然服从(0—1)分布，故

$$P(X_i=1)=\frac{1}{n},\qquad P\{X_i=0\}=\frac{n-1}{n},\qquad E(X_i)=1\times\frac{1}{n}=\frac{1}{n},$$

从而 $E(X)=\sum\limits_{i=1}^{n}\frac{1}{n}=1$.

16. 若有 n 把看上去样子相同的钥匙，其中只有一把能打开门上的锁，用它们去试开门上的锁. 设取到每只钥匙是等可能的. 若每把钥匙试开一次后除去，试用下面两种方法求试开次数 X 的期望.

(1)写出 X 的分布律.

(2)不写出 X 的分布律.

解 (1)因为是不重复抽样，而取到每只钥匙是等可能的，故试开次数 X 的分布律为

X	1	2	…	i	…	n
p	$\frac{1}{n}$	$\frac{1}{n}$	…	$\frac{1}{n}$	…	$\frac{1}{n}$

从而

$$E(X)=\frac{1}{n}+\frac{2}{n}+\cdots+\frac{i}{n}+\cdots+\frac{n}{n}=\frac{1}{n}(1+\cdots+n)=\frac{1}{2}(n+1).$$

(2)引进随机变量 $X_i=\begin{cases} i, & \text{第 } i \text{ 把钥匙把门打开,} \\ 0, & \text{第 } i \text{ 把钥匙未把门打开,} \end{cases} \quad i=1,2,\cdots,n,$

则试开次数 $X=\sum_{i=1}^{n} X_i,\qquad E(X)=\sum_{i=1}^{n} E(X_i)$

而

X_i	i	0
P	$\frac{1}{n}$	$1-\frac{1}{n}$

故 $E(X_i)=\frac{i}{n}$，$E(X)=\sum_{i=1}^{n}\frac{i}{n}=\frac{n+1}{2}$.

17. 设 X 为随机变量，C 是常数，证明 $D(X)<E[(X-C)^2]$，对于 $C\neq E(X)$.（由于 $D(X)=E[X-E(X)]^2$，上式表明 $E[(X-C)^2]$ 当 $C=E(X)$ 时取到最小值）

证
$$\begin{aligned} E[(X-C)^2]&=E(X^2-2CX+C^2)=E(X^2)-2CE(X)+C^2 \\ &=E(X^2)-[E(X)]^2+[E(X)]^2-2CE(X)+C^2 \\ &=D(X)+[E(X)-C]^2>D(X),\quad \text{当 } E(X)\neq C. \end{aligned}$$

故当 $C=E(X)$ 时，$E(X-C)^2$ 取到最小值 $D(X)$.

18. 设随机变量 X 服从瑞利分布，其概率密度为

$$f(x)=\begin{cases} \frac{x}{\sigma^2}e^{-\frac{x^2}{2\sigma^2}}, & x>0, \\ 0, & x\leqslant 0, \end{cases}$$

其中 $\sigma>0$ 是常数. 求 $E(X)$，$D(X)$.

解 $E(X)=\int_{-\infty}^{+\infty} xf(x)\mathrm{d}x=\int_0^{+\infty}\frac{x^2}{\sigma^2}e^{-\frac{x^2}{2\sigma^2}}\mathrm{d}x=\int_0^{+\infty}\sqrt{2\pi}\sigma\cdot\frac{1}{\sqrt{2\pi}\sigma}e^{-\frac{x^2}{2\sigma^2}}\mathrm{d}x=\sqrt{2\pi}\sigma\cdot\frac{1}{2}=\sqrt{\frac{\pi}{2}}\sigma$，

这里注意到 $\frac{1}{\sqrt{2\pi}\sigma}e^{-\frac{x^2}{2\sigma^2}}$ 是服从正态分布 $N(0,\sigma^2)$ 的随机变量的概率密度，从而在 $(0,+\infty)$ 上的广义积分为 $\frac{1}{2}$.

$$\begin{aligned} E(X^2)&=\int_{-\infty}^{+\infty}x^2f(x)\mathrm{d}x=\int_0^{+\infty}\frac{x^3}{\sigma^2}e^{-\frac{x^2}{2\sigma^2}}\mathrm{d}x=2\int_0^{+\infty}xe^{-\frac{x^2}{2\sigma^2}}\mathrm{d}x \\ &=2\sigma^2\int_0^{+\infty}\frac{x}{\sigma^2}e^{\frac{-x^2}{2\sigma^2}}\mathrm{d}x=2\sigma^2\cdot 1=2\sigma^2. \end{aligned}$$

这里注意到 $\frac{x}{\sigma^2}e^{-\frac{x^2}{2\sigma^2}}$ $(x>0)$ 是服从瑞利分布的随机变量的概率密度，从而

$$D(X)=E(X^2)-[E(X)]^2=2\sigma^2-\frac{\pi}{2}\sigma^2=\frac{4-\pi}{2}\sigma^2.$$

19. 设随机变量 X 服从 Γ 分布，其概率密度为

$$f(x)=\begin{cases} \frac{1}{\beta^\alpha\Gamma(\alpha)}x^{\alpha-1}e^{-\frac{x}{\beta}}, & x>0, \\ 0, & x\leqslant 0, \end{cases}$$

其中 $\alpha>0$，$\beta>0$ 是常数. 求 $E(X)$，$D(X)$.

解 已知 X 的概率密度 $f(x)$，则有

$$E(X)=\int_{-\infty}^{+\infty}xf(x)\mathrm{d}x=\int_0^{+\infty}x\cdot\frac{1}{\beta^\alpha\Gamma(\alpha)}x^{\alpha-1}e^{-\frac{x}{\beta}}\mathrm{d}x$$

$$\xlongequal{令 u=\frac{x}{\beta}}\frac{\beta}{\Gamma(\alpha)}\int_0^{+\infty}u^{\alpha}e^{-u}du=\frac{\beta}{\Gamma(\alpha)}\Gamma(\alpha+1)=\frac{\beta}{\alpha}\alpha\Gamma(\alpha)=\alpha\beta.$$

又可以求得

$$E(X^2)=\int_{-\infty}^{+\infty}x^2f(x)dx=\int_0^{+\infty}\frac{x^2}{\beta^{\alpha}\Gamma(\alpha)}x^{\alpha-1}e^{-\frac{x}{\beta}}dx$$

$$\xlongequal{令 u=\frac{x}{\beta}}\frac{\beta^2}{\Gamma(\alpha)}\int_0^{+\infty}(\alpha+1)e^{-u}du=\frac{\beta^2}{\Gamma(\alpha)}\Gamma(\alpha+2)=\alpha(\alpha+1)\beta^2.$$

故 X 的方差 $D(X)=E(X^2)-[E(X)]^2=\alpha(\alpha+1)\beta^2-(\alpha\beta)^2=\alpha\beta^2$.

20. 设随机变量 X 服从几何分布，其分布律为 $P\{X=k\}=p(1-p)^{k-1},\quad k=1,2,\cdots$，其中 $0<p<1$ 是常数. 求 $E(X),D(X)$.

解 $E(X)=\sum\limits_{k=1}^{\infty}k\cdot p(1-p)^{k-1}=-p[\sum\limits_{k=1}^{\infty}(1-p)^k]_p'$

$$=-p\cdot\left(\frac{1-p}{p}\right)_p'=-p\cdot\frac{-p-(1-p)}{p^2}=p\cdot\frac{1}{p^2}=\frac{1}{p}.$$

$$E(X^2)=\sum_{k=1}^{\infty}k^2\cdot P\{X=k\}=\sum_{k=1}^{\infty}k^2\cdot p(1-p)^{k-1}$$

$$=p\cdot[\sum_{k=1}^{\infty}k(k+1)(1-p)^{k-1}-\sum_{k=1}^{\infty}k(1-p)^{k-1}]$$

$$=p\cdot(\sum_{k=1}^{\infty}(1-p)^{k+1})_p''-\frac{1}{p}=p\cdot\frac{2}{p^3}-\frac{1}{p}=\frac{2-p}{p^2}.$$

故 X 的方差 $D(X)=E(X^2)-[E(X)]^2=\frac{2-p}{p^2}-\frac{1}{p^2}=\frac{1-p}{p^2}$.

21. 设长方形的长(以 m 记)$X\sim U(0,2)$，已知长方形的周长(以 m 记)为 20. 求长方形面积 A 的数学期望和方差.

解 由题意知，长方形的高为 X，那么长方形的底为 $\frac{20-2X}{2}=10-X$，面积 $A=X\cdot(10-X)=10X-X^2$. 而 $X\sim U(0,2)$，则

$$E(X)=\frac{2+0}{2}=1,\qquad D(X)=\frac{(2-0)^2}{12}=\frac{1}{3}.$$

$E(A)=E(10X-X^2)=10E(X)-E(X^2)=10E(X)-\{D(X)+[E(X)]^2\}=10-\left(\frac{1}{3}+1\right)=\frac{26}{3}\approx 8.67$,

$$D(A)=D(10X-X^2)=10^2D(X)+D(X^2)-2\mathrm{Cov}(10X,X^2)$$
$$=100D(X)+E(X^4)-(E(X^2))^2-20[(E(X^3))-E(X)\cdot E(X^2)]$$
$$=100D(X)+E(X^4)-\{D(X)+[E(X)]^2\}^2-20E(X^3)+20E(X)\cdot\{D(X)+[E(X)]^2\}$$
$$=100\times\frac{1}{3}+\int_0^2\frac{1}{2}x^4dx-\left(\frac{1}{3}+1\right)^2-20\int_0^2\frac{1}{2}x^3dx+20\left(\frac{1}{3}+1\right)$$
$$=\frac{100}{3}+\frac{16}{5}-\frac{16}{9}-40+\frac{80}{3}\approx 21.42.$$

22. (1)设随机变量 X_1,X_2,X_3,X_4 相互独立，且有 $E(X_i)=i$，$D(X_i)=5-i$，$i=1,2,3,4$. 设 $Y=2X_1-X_2+3X_3-\frac{1}{2}X_4$. 求 $E(Y)$，$D(Y)$.

(2)设随机变量 X,Y 相互独立，且 $X\sim N(720,30^2)$，$Y\sim N(640,25^2)$，求 $Z_1=2X+Y$，$Z_2=X-Y$ 的分布，并求概率 $P\{X>Y\}$，$P\{X+Y>1\,400\}$.

解 (1)$E(Y)=E(2X_1-X_2+3X_3-\frac{1}{2}X_4)=2E(X_1)-E(X_2)+3E(X_3)-\frac{1}{2}E(X_4)$

$=2\times1-2+3\times3-\frac{1}{2}\times4=7.$

由于 X_1,X_2,X_3,X_4 相互独立，所以 $2X_1$，$-X_2$，$3X_3$，$-\frac{1}{2}X_4$ 也相互独立，那么

$$D(Y)=D(2X_1)+D(X_2)+D(3X_3)+D(\frac{1}{2}X_4)$$
$$=2^2D(X_1)+D(X_2)+3^2D(X_3)+\left(\frac{1}{2}\right)^2D(X_4)$$
$$=4\times(5-1)+(5-2)+9\times(5-3)+\frac{1}{4}\times(5-4)=37\frac{1}{4}.$$

(2)根据 X,Y 相互独立，$X\sim N(\mu_1,\sigma_1^2)$，$Y\sim N(\mu_1,\sigma_2^2)$，则 $aX+bY\sim N(a\mu_1+b\mu_2,a^2\sigma_1^2+b^2\sigma_2^2)$．那么 $Z_1=2X+Y\sim N(2\ 080,4\ 225)$，$Z_2=X-Y\sim N(80,1\ 525)$．

$$P\{X>Y\}=P\{Z_2>0\}=1-P\{Z_2\leqslant0\}=1-P\left\{\frac{Z_2-80}{\sqrt{1\ 525}}\leqslant\frac{0-80}{\sqrt{1\ 525}}\right\}$$
$$=1-\Phi\left(-\frac{80}{\sqrt{1\ 525}}\right)\approx1-[1-\Phi(2.05)]=0.979\ 8.$$

而 $X+Y\sim N(1\ 360,1\ 525)$，故

$$P\{X+Y>1\ 400\}=P\{X+Y-1\ 360>40\}=1-P\left\{\frac{X+Y-1\ 360}{\sqrt{1\ 525}}\leqslant\frac{40}{\sqrt{1\ 525}}\right\}$$
$$\approx1-\Phi(1.024)=1-0.846\ 1=0.153\ 9.$$

23. 五家商店联营，它们每两周售出的某种农产品的数量(以 kg 计)分别为 X_1,X_2,X_3,X_4,X_5．已知 $X_1\sim N(200,225)$，$X_2\sim N(240,240)$，$X_3\sim N(180,225)$，$X_4\sim N(260,265)$，$X_5\sim N(320,270)$，X_1,X_2,X_3,X_4,X_5 相互独立．

(1)求五家商店两周的总销售量的均值和方差．

(2)商店每隔两周进货一次，为了使新的供货到达前商店不会脱销的概率大于 0.99，问商店的仓库应至少储存多少千克该产品？

解 (1)设五家商店两周的总销售量为 Y，则 $Y=X_1+X_2+X_3+X_4+X_5$．

由题意知

$$E(Y)=E(X_1)+E(X_2)+E(X_3)+E(X_4)+E(X_5)=200+240+180+260+320=1\ 200,$$
$$D(Y)=D(X_1)+D(X_2)+D(X_3)+D(X_4)+D(X_5)=225+240+225+265+270=1\ 225,$$

且 $Y\sim N(1\ 200,1\ 225)$．

(2)设仓库储存 x 千克该产品．

不脱销的概率为 $P\{Y\leqslant x\}=P\left\{\frac{Y-1\ 200}{\sqrt{1\ 225}}\leqslant\frac{x-1\ 200}{\sqrt{1\ 225}}\right\}=\Phi\left(\frac{x-1\ 200}{35}\right)$．

由题意知，若 $P\{Y\leqslant x\}\geqslant0.99$，即 $\Phi\left(\frac{x-1\ 200}{35}\right)\geqslant0.99$，

查表知 $\Phi(2.33)=0.990\ 1\geqslant0.99$，必须有 $\frac{x-1\ 200}{35}\geqslant2.33\Rightarrow x\geqslant1\ 281.55$．

故仓库中至少应储存 1 282 千克该产品．

24. 卡车装运水泥，设每袋水泥重量 X(以 kg 计)服从 $N(50,2.5^2)$，问至多装多少袋水泥使总重量超过 2 000 的概率不大于 0.05？

解 设装 n 袋水泥可符合要求，并设 $X_1,X_2,\cdots,X_n$ 分别是这 n 袋水泥的重量，由题设知 $X_i\sim N(50,2.5^2)$，$i=1,2,\cdots,n$，则 $\sum\limits_{i=1}^{n}X_i\sim N(50n,2.5^2n)$．

要使 $0.05\geqslant P\{\sum\limits_{i=1}^{n}X_i>2\ 000\}=1-\Phi\left(\frac{2\ 000-50n}{2.5\sqrt{n}}\right)$，即 $\Phi\left(\frac{4\ 000-100n}{5\sqrt{n}}\right)\geqslant0.95$．

查表得$\frac{4\,000-100n}{5\sqrt{n}}\geqslant 1.645$，解得 $n=39.48$.

即最多装 39 袋水泥使总重量超过 2 000 的概率不大于 0.05.

25. 设随机变量 X,Y 相互独立，且都服从$(0,1)$上的均匀分布.

(1)求 $E(XY)$，$E\left(\frac{X}{Y}\right)$，$E[\ln(XY)]$，$E(|Y-X|)$.

(2)以 X,Y 为边长作一长方形，以 A,C 分别表示长方形的面积和周长，求 A 和 C 的相关系数.

解 (1) X,Y 的概率密度都是 $f(x)=\begin{cases}1, & 0<x<1,\\ 0, & \text{其他}.\end{cases}$

$E(XY)=E(X)E(Y)=\frac{1}{2}\times\frac{1}{2}=\frac{1}{4}$.

$E\left(\frac{X}{Y}\right)$不存在(因 $\int_0^1\int_0^1\frac{x}{y}\mathrm{d}x\mathrm{d}y$ 发散).

$E[\ln(XY)]=\int_0^1\int_0^1(\ln x+\ln y)\mathrm{d}x\mathrm{d}y=2\int_0^1\int_0^1(\ln x)\mathrm{d}x\mathrm{d}y=-2$.

$E(|Y-X|)=\iint\limits_D|y-x|\mathrm{d}x\mathrm{d}y$ (如图 4—3，$D=D_1\cup D_2$)

$=2\iint\limits_{D_1}(y-x)\mathrm{d}x\mathrm{d}y=2\int_0^1\int_x^1(y-x)\mathrm{d}y\mathrm{d}x=\frac{1}{3}$.

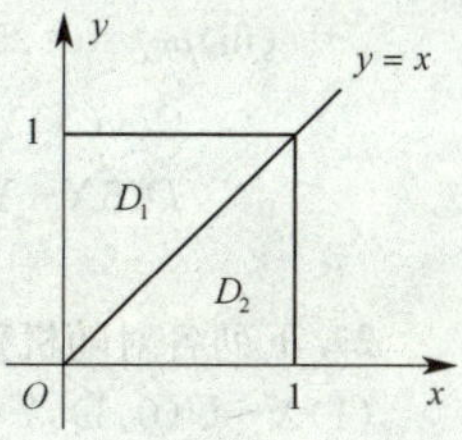

图 4—3

(2) $A=XY$，$C=2(X+Y)$，

$\mathrm{Cov}(A,C)=E(AC)-E(A)E(C)$.

$AC=2X^2Y+2XY^2$，

$E(X^2)=E(Y^2)=D(X)+[E(X)]^2=\frac{1}{12}+\frac{1}{4}=\frac{1}{3}$.

$E(AC)=2E(X^2Y)+2E(XY^2)=2E(X^2)E(Y)+2E(X)E(Y^2)$

$=2\times\frac{1}{3}\times\frac{1}{2}+2\times\frac{1}{2}\times\frac{1}{3}=\frac{2}{3}$.

$\mathrm{Cov}(A,C)=E(AC)-E(A)E(C)=\frac{2}{3}-\{E(X)E(Y)\times 2[E(X)+E(Y)]\}$

$=\frac{2}{3}-\left[\frac{1}{2}\times\frac{1}{2}\times 2\left(\frac{1}{2}+\frac{1}{2}\right)\right]=\frac{1}{6}$.

$D(A)=E(X^2Y^2)-[E(X)E(Y)]^2=E(X^2)E(Y^2)-\left(\frac{1}{2}\times\frac{1}{2}\right)^2=\left(\frac{1}{3}\right)^2-\left(\frac{1}{4}\right)^2=\frac{7}{144}$.

$D(C)=D(2X+2Y)=D(2X)+D(2Y)=4\times\frac{1}{12}+4\times\frac{1}{12}=\frac{2}{3}$.

故

$$\rho_{AC}=\frac{\mathrm{Cov}(A,C)}{\sqrt{D(A)D(C)}}=\frac{\frac{1}{6}}{\sqrt{\frac{7}{144}\times\frac{2}{3}}}=\sqrt{\frac{6}{7}}.$$

26. (1)设随机变量 X_1,X_2,X_3 相互独立，且有 $X_1\sim b\left(4,\frac{1}{2}\right)$，$X_2\sim b\left(6,\frac{1}{3}\right)$，$X_3\sim b\left(6,\frac{1}{3}\right)$，求 $P\{X_1=2,X_2=2,X_3=5\}$，$E(X_1X_2X_3)$，$E(X_1-X_2)$，$E(X_1-2X_2)$.

(2)设 X,Y 是随机变量，且有 $E(X)=3$，$E(Y)=1$，$D(X)=4$，$D(Y)=9$，令 $Z=5X-Y+15$，分别在下列 3 种情况下求 $E(Z)$和 $D(Z)$.

(i)X,Y 相互独立， (ii)X,Y 不相关， (iii)X 与 Y 的相关系数为 0.25.

解 (1)$P\{X_1=2,X_2=2,X_3=5\}=P\{X_1=2\}P\{X_2=2\}P\{X_3=5\}$.

因
$$P\{X_1=2\}=C_4^2\left(\frac{1}{2}\right)^2\left(1-\frac{1}{2}\right)^{4-2}=C_4^2\left(\frac{1}{2}\right)^4,$$
$$P\{X_2=2\}=C_6^2\left(\frac{1}{3}\right)^2\left(1-\frac{1}{3}\right)^{6-2}=C_6^2\left(\frac{1}{3}\right)^2\left(\frac{2}{3}\right)^4,$$
$$P\{X_3=5\}=C_6^5\left(\frac{1}{3}\right)^5\left(1-\frac{1}{3}\right)^{6-5}=C_6^5\left(\frac{1}{3}\right)^5\left(\frac{2}{3}\right),$$
故$P\{X_1=2,X_2=2,X_3=5\}=P\{X_1=2\}P\{X_2=2\}P\{X_3=5\}=0.002\,03$.

$$E(X_1X_2X_3)=E(X_1)E(X_2)E(X_3)=\left(4\times\frac{1}{2}\right)\left(6\times\frac{1}{3}\right)\left(6\times\frac{1}{3}\right)=8.$$
$$E(X_1-X_2)=E(X_1)-E(X_2)=2-2=0.$$
$$E(X_1-2X_2)=E(X_1)-2E(X_2)=-2.$$

(2)对于 $E(Z)$:在(i),(ii),(iii)三种情形下都有
$$E(Z)=E(5X-Y+15)=5E(X)-E(Y)+15=15-1+15=29.$$
对于 $D(Z)$:

(i)X,Y 独立,则
$$D(5X-Y+15)=D(5X-Y)=D(5X)+D(-Y)=25D(X)+D(Y)=25\times4+9=109.$$
(ii)X,Y 不相关,即 $\mathrm{Cov}(X,Y)=0$, $D(Z)=109$.

(iii)$\rho_{XY}=0.25$,则
$$\mathrm{Cov}(X,Y)=\sqrt{D(X)}\sqrt{D(Y)}\rho_{XY}=2\times3\times0.25=1.5,$$
$$D(5X-Y+15)=D(5X-Y)=25D(X)+D(Y)-10\mathrm{Cov}(X,Y)$$
$$=100+9-10\times1.5=94.$$

27. 下列各对随机变量 X 和 Y,问哪几对是相互独立的?哪几对是不相关的?

(1)$X\sim U(0,1),Y=X^2$.

(2)$X\sim U(-1,1),Y=X^2$.

(3)$X=\cos V,Y=\sin V,V\sim U(0,2\pi)$.

若(X,Y)的概率密度为 $f(x,y)$,

(4)$f(x,y)=\begin{cases}x+y, & 0<x<1,0<y<1,\\ 0, & \text{其他}.\end{cases}$

(5)$f(x,y)=\begin{cases}2y, & 0<x<1,0<y<1,\\ 0, & \text{其他}.\end{cases}$

解 (1)$E(X)=\dfrac{1}{2}$, $E(Y)=E(X^2)=\displaystyle\int_0^1 x^2\,\mathrm{d}x=\frac{1}{3}$,
$$E(XY)=E(X^3)=\int_0^1 x^3\,\mathrm{d}x=\frac{1}{4}.$$
$$\mathrm{Cov}(X,Y)=E(XY)-E(X)E(Y)=\frac{1}{4}-\frac{1}{2}\times\frac{1}{3}\neq0.$$
故 X,Y 不相互独立,也不是不相关的.

(2)$E(X)=0$, $E(Y)=E(X^2)=\displaystyle\int_{-1}^1 \frac{1}{2}x^2\,\mathrm{d}x=\frac{1}{3}$,
$$E(XY)=E(X^3)=\int_{-1}^1 \frac{1}{2}x^3\,\mathrm{d}x=0.$$
$$\mathrm{Cov}(X,Y)=E(XY)-E(X)E(Y)=0-0=0.$$
故 X,Y 不相互独立,但不相关.

(3)$E(X)=\displaystyle\int_0^{2\pi}\frac{1}{2\pi}\cos v\,\mathrm{d}v=0$, $E(Y)=\displaystyle\int_0^{2\pi}\frac{1}{2\pi}\sin v\,\mathrm{d}v=0$,
$$E(XY)=E(\sin V\cos V)=\frac{1}{2}E(\sin 2V)=\frac{1}{2}\int_0^{2\pi}\frac{1}{2\pi}\sin 2v\,\mathrm{d}v=0.$$

$\text{Cov}(X,Y)=E(XY)-E(X)E(Y)=0-0\times0=0.$

故 X,Y 不相互独立，但不相关.

(4) $f(x,y)=\begin{cases}x+y, & 0<x<1,0<y<1,\\ 0, & \text{其他},\end{cases}$ $\quad f_X(x)=\begin{cases}\int_0^1(x+y)\mathrm{d}y=x+\frac{1}{2}, & 0<x<1,\\ 0, & \text{其他}.\end{cases}$

$f_Y(y)=\begin{cases}y+\frac{1}{2}, & 0<y<1,\\ 0, & \text{其他}.\end{cases}$

$f(x,y)$ 与 $f_X(x)f_Y(y)$ 在平面上不能处处相等，X,Y 不相互独立.

$E(X)=\int_0^1 x\left(x+\frac{1}{2}\right)\mathrm{d}x=\frac{7}{12},\quad E(Y)=\frac{7}{12}, E(XY)=\int_0^1\int_0^1 xy(x+y)\mathrm{d}x\mathrm{d}y=\frac{1}{3}.$

$\text{Cov}(X,Y)=E(XY)-E(X)E(Y)\neq0.$

故 X,Y 不是不相关的，因而一定也是不相互独立的.

(5) $f(x,y)=\begin{cases}2y, & 0<x<1,0<y<1,\\ 0, & \text{其他},\end{cases}$ $\quad f_X(x)=\begin{cases}1, & 0<x<1,\\ 0, & \text{其他},\end{cases}$ $\quad f_Y(y)=\begin{cases}2y, & 0<y<1,\\ 0, & \text{其他},\end{cases}$

$f(x,y)$ 与 $f_X(x)f_Y(y)$ 对于任意 x,y 成立.

故 X,Y 相互独立，因此 X,Y 也是不相关的.

28. 设二维随机变量 (X,Y) 的概率密度为

$$f(x,y)=\begin{cases}\frac{1}{\pi}, & x^2+y^2\leqslant1,\\ 0, & \text{其他}.\end{cases}$$

试验证 X 和 Y 是不相关的，但 X 和 Y 不是相互独立的.

解 由于 $f_X(x)=\int_{-\infty}^{+\infty}f(x,y)\mathrm{d}y=\begin{cases}\frac{1}{\pi}\int_{-\sqrt{1-x^2}}^{\sqrt{1-x^2}}\mathrm{d}y=\frac{2}{\pi}\sqrt{1-x^2}, & -1\leqslant x\leqslant1,\\ 0, & \text{其他},\end{cases}$

由 X 和 Y 的对称性，同理可得

$$f_Y(y)=\begin{cases}\frac{2}{\pi}\sqrt{1-y^2}, & -1\leqslant y\leqslant1,\\ 0, & \text{其他}.\end{cases}$$

显然，$f(x,y)\neq f_X(x)f_Y(y)$，故 X 和 Y 不是相互独立的.

又 $E(X)=\int_{-\infty}^{+\infty}xf_X(x)\mathrm{d}x=\int_{-1}^{1}\frac{2}{\pi}x\sqrt{1-x^2}\mathrm{d}x=0$，同理 $E(Y)=0.$

$$E(XY)=\int_{-\infty}^{+\infty}\int_{-\infty}^{+\infty}xyf(x,y)\mathrm{d}x\mathrm{d}y=\frac{1}{\pi}\int_{-1}^{1}\mathrm{d}x\int_{-\sqrt{1-x^2}}^{\sqrt{1-x^2}}xy\mathrm{d}y=0,$$

从而 $\rho_{XY}=\frac{\text{Cov}(X,Y)}{\sqrt{D(X)}\sqrt{D(Y)}}=\frac{E(XY)-E(X)E(Y)}{\sqrt{D(X)}\sqrt{D(Y)}}=0.$

故 X 与 Y 是不相关的.

29. 设随机变量 (X,Y) 的分布律为

Y \ X	-1	0	1
-1	$\frac{1}{8}$	$\frac{1}{8}$	$\frac{1}{8}$
0	$\frac{1}{8}$	0	$\frac{1}{8}$
1	$\frac{1}{8}$	$\frac{1}{8}$	$\frac{1}{8}$

验证 X 和 Y 是不相关的，但 X 和 Y 不是相互独立的.

证　由 (X,Y) 的分布律得 X 和 Y 的边缘分布分别为

X	-1	0	1
p	$\frac{3}{8}$	$\frac{2}{8}$	$\frac{3}{8}$

Y	-1	0	1
p	$\frac{3}{8}$	$\frac{2}{8}$	$\frac{3}{8}$

显然 $0=P\{X=0,Y=0\}\neq P\{X=0\}P\{Y=0\}=\frac{2}{8}\times\frac{2}{8}$，故 X 和 Y 不是相互独立的.

而 $E(X)=-1\times\frac{3}{8}+0\times\frac{2}{8}+1\times\frac{3}{8}=0$，

$E(Y)=-1\times\frac{3}{8}+0\times\frac{2}{8}+1\times\frac{3}{8}=0$，

$E(XY)=(-1)\times(-1)\times\frac{1}{8}+(-1)\times1\times\frac{1}{8}+1\times(-1)\times\frac{1}{8}+1\times1\times\frac{1}{8}=0$，

所以 $\rho_{XY}=\frac{E(XY)-E(X)E(Y)}{\sqrt{D(X)}\sqrt{D(Y)}}=0$，从而 X 与 Y 是不相关的.

30. 设 A 和 B 是试验 E 的两个事件，且 $P(A)>0$，$P(B)>0$，并定义随机变量 X,Y 如下：

$$X=\begin{cases}1, & 若 A 发生,\\ 0, & 若 A 不发生,\end{cases}\qquad Y=\begin{cases}1, & 若 B 发生,\\ 0, & 若 B 不发生.\end{cases}$$

证明若 $\rho_{XY}=0$，则 X 和 Y 必定相互独立.

证　X 和 Y 的分布律分别为

X	1	0
p	$P(A)$	$P(\overline{A})$

Y	1	0
p	$P(B)$	$P(\overline{B})$

则 XY 的分布律为

XY	1	0
p	$P(AB)$	$1-P(AB)$

从而 $E(X)=P(A)$，　$E(Y)=P(B)$，　$E(XY)=P(AB)$.

如果 $\rho_{XY}=0$，有

$E(XY)=E(X)E(Y)$，　$P(AB)=P(A)P(B)$.

所以事件 A 与 B 是相互独立的. 由此事件 A 与 $\overline{B}$，$\overline{A}$ 与 $\overline{B}$，$\overline{A}$ 与 B 都是相互独立. 故得

$P\{X=1,Y=1\}=P(AB)=P(A)P(B)=P\{X=1\}P\{Y=1\}$，

$P\{X=1,Y=0\}=P(A\overline{B})=P(A)P(\overline{B})=P\{X=1\}P\{Y=0\}$，

$P\{X=0,Y=1\}=P(\overline{A}B)=P(\overline{A})P(B)=P\{X=0\}P\{Y=1\}$，

$P\{X=0,Y=0\}=P(\overline{A}\,\overline{B})=P(\overline{A})P(\overline{B})=P\{X=0\}P\{Y=0\}$，

因此 X 与 Y 是相互独立的.

31. 设随机变量(X,Y)具有概率密度

$$f(x,y)=\begin{cases}1, & |y|<x,0<x<1,\\ 0, & 其他.\end{cases}$$

求$E(X)$,$E(Y)$,$\mathrm{Cov}(X,Y)$.

解 $E(X)=\int_{-\infty}^{+\infty}\int_{-\infty}^{+\infty}xf(x,y)\mathrm{d}x\mathrm{d}y=\int_0^1\mathrm{d}x\int_{-x}^{x}x\mathrm{d}y=\int_0^1 2x^2\mathrm{d}x=\frac{2}{3}$,

$E(Y)=\int_{-\infty}^{+\infty}\int_{-\infty}^{+\infty}yf(x,y)\mathrm{d}x\mathrm{d}y=\int_0^1\mathrm{d}x\int_{-x}^{x}y\mathrm{d}y=0$,

$E(XY)=\int_{-\infty}^{+\infty}\int_{-\infty}^{+\infty}xyf(x,y)\mathrm{d}x\mathrm{d}y=\int_0^1\mathrm{d}x\int_{-x}^{x}xy\mathrm{d}y=0$,

所以$\mathrm{Cov}(X,Y)=E(XY)-E(X)E(Y)=0$.

32. 设随机变量(X,Y)具有概率密度

$$f(x,y)=\begin{cases}\frac{1}{8}(x+y), & 0\leqslant x\leqslant 2,\ 0\leqslant y\leqslant 2,\\ 0, & 其他.\end{cases}$$

求$E(X)$, $E(Y)$, $\mathrm{Cov}(X,Y)$, ρ_{XY}, $D(X+Y)$.

解 由于$E(X)=\int_{-\infty}^{+\infty}\int_{-\infty}^{+\infty}xf(x,y)\mathrm{d}x\mathrm{d}y=\int_0^2\mathrm{d}x\int_0^2\frac{1}{8}x(x+y)\mathrm{d}y=\frac{7}{6}$,

$E(Y)=\int_{-\infty}^{+\infty}\int_{-\infty}^{+\infty}yf(x,y)\mathrm{d}x\mathrm{d}y=\int_0^2\mathrm{d}x\int_0^2\frac{1}{8}y(x+y)\mathrm{d}y=\frac{7}{6}$,

$E(X^2)=\int_{-\infty}^{+\infty}\int_{-\infty}^{+\infty}x^2f(x,y)\mathrm{d}x\mathrm{d}y=\int_0^2\mathrm{d}x\int_0^2\frac{1}{8}x^2(x+y)\mathrm{d}y=\frac{10}{6}$,

同理$E(Y^2)=\frac{10}{6}$,故

$$D(X)=E(X^2)-[E(X)]^2=\frac{10}{6}-\frac{49}{36}=\frac{11}{36}.$$

同理$D(Y)=\frac{11}{36}$.

又$E(XY)=\int_{-\infty}^{+\infty}\int_{-\infty}^{+\infty}xyf(x,y)\mathrm{d}x\mathrm{d}y=\int_0^2\mathrm{d}x\int_0^2\frac{1}{8}xy(x+y)\mathrm{d}y=\frac{4}{3}$,

故$\mathrm{Cov}(X,Y)=E(XY)-E(X)\cdot E(Y)=\frac{8}{6}-\frac{49}{36}=-\frac{1}{36}$,

$$\rho_{XY}=\frac{\mathrm{Cov}(X,Y)}{\sqrt{D(X)}\cdot\sqrt{D(Y)}}=-\frac{\frac{1}{36}}{\sqrt{\frac{11}{36}\cdot\frac{11}{36}}}=-\frac{1}{11},$$

$$D(X+Y)=D(X)+D(Y)+2\mathrm{Cov}(X,Y)=\frac{11}{36}+\frac{11}{36}-\frac{2}{36}=\frac{5}{9}.$$

33. 设随机变量$X\sim N(\mu,\sigma^2)$,$Y\sim N(\mu,\sigma^2)$,且设X,Y相互独立,试求$Z_1=\alpha X+\beta Y$和$Z_2=\alpha X-\beta Y$的相关系数(其中α,β是不为零的常数).

解 由于$X,Y\sim N(\mu,\sigma^2)$,可得$E(X)=E(Y)=\mu$, $D(X)=D(Y)=\sigma^2$.

Z_1和Z_2的相关系数:

$$\rho_{Z_1Z_2}=\frac{E(Z_1Z_2)-E(Z_1)\cdot E(Z_2)}{\sqrt{D(Z_1)}\cdot\sqrt{D(Z_2)}}.$$

由 $E(Z_1)=E(\alpha X+\beta Y)=\alpha E(X)+\beta E(Y)=(\alpha+\beta)\mu$,

$E(Z_2)=E(\alpha X-\beta Y)=\alpha E(X)-\beta E(Y)=(\alpha-\beta)\mu$,

又

$$E(Z_1Z_2)=E(\alpha X+\beta Y)(\alpha X-\beta Y)=E(\alpha^2X^2-\beta^2Y^2)=\alpha^2E(X^2)-\beta^2E(Y^2)=(\alpha^2-\beta^2)(\sigma^2+\mu^2),$$

$D(Z_1)=D(\alpha X+\beta Y)=\alpha^2 D(X)+\beta^2 D(Y)=(\alpha^2+\beta^2)\sigma^2$,

$D(Z_2)=D(\alpha X-\beta Y)=(\alpha^2+\beta^2)\sigma^2$,

于是

$$\rho_{Z_1Z_2}=\frac{(\alpha^2-\beta^2)(\sigma^2+\mu^2)-(\alpha+\beta)\mu(\alpha-\beta)\mu}{\sqrt{(\alpha^2+\beta^2)\sigma^2}\cdot\sqrt{(\alpha^2+\beta^2)\sigma^2}}=\frac{(\alpha^2-\beta^2)\sigma^2}{(\alpha^2+\beta^2)\sigma^2}=\frac{\alpha^2-\beta^2}{\alpha^2+\beta^2}.$$

34. (1)设随机变量 $W=(aX+3Y)^2$, $E(X)=E(Y)=0$, $D(X)=4$, $D(Y)=16$, $\rho_{XY}=-0.5$. 求常数 a 使 $E(W)$ 为最小. 并求 $E(W)$ 的最小值.

(2)设随机变量 (X,Y) 服从二维正态分布,且有 $D(X)=\sigma_X^2$,$D(Y)=\sigma_Y^2$. 证明当 $a^2=\frac{\sigma_X^2}{\sigma_Y^2}$ 时,随机变量 $W=X-aY$ 与 $V=X+aY$ 相互独立.

解 (1)根据 $D(X)=E(X^2)-[E(X)]^2$, $D(Y)=E(Y^2)-[E(Y)]^2$,

$\mathrm{Cov}(X,Y)=E(XY)-E(X)\cdot E(Y)$,

$\rho_{XY}=\frac{\mathrm{Cov}(X,Y)}{\sqrt{D(X)}\sqrt{D(Y)}}$,

有

$$\begin{aligned}E(W)&=E(aX+3Y)^2=D(aX+3Y)+[E(aX+3Y)]^2\\&=a^2D(X)+9D(Y)+2\mathrm{Cov}(aX,3Y)+[aE(X)+3E(Y)]^2\\&=a^2D(X)+9D(Y)+6a\rho_{XY}\sqrt{D(X)\cdot D(Y)}\\&=4a^2+9\times16+6a(-0.5)\sqrt{4\times16}=4a^2-24a+144\\&=(2a-6)^2+108\geqslant108.\end{aligned}$$

因此当 $a=3$ 时,$E(W)$ 最小值为 108.

(2) $E(W)=E(X)-aE(Y)=\mu_X-a\mu_Y$,

$E(V)=E(X)+aE(Y)=\mu_X+a\mu_Y$,

$D(W)=D(X)+a^2D(Y)-2a\mathrm{Cov}(X,Y)=\sigma_X^2+a^2\sigma_Y^2-2a\rho_{XY}\sigma_X\sigma_Y$,

$D(V)=D(X)+a^2D(Y)+2a\mathrm{Cov}(X,Y)=\sigma_X^2+a^2\sigma_Y^2+2a\rho_{XY}\sigma_X\sigma_Y$,

$$\begin{aligned}E(WV)&=E[X^2-a^2Y^2]=E(X^2)-a^2E(Y^2)=D(X)+\mu_X^2-a^2[D(Y)+\mu_Y^2]\\&=\sigma_X^2+\mu_X^2-a^2\sigma_Y^2-a^2\mu_Y^2,\end{aligned}$$

$$\begin{aligned}\mathrm{Cov}(W,V)&=E(WV)-E(W)E(V)\\&=\sigma_X^2+\mu_X^2-a^2\sigma_Y^2-a^2\mu_Y^2-(\mu_X-a\mu_Y)(\mu_X+a\mu_Y)\\&=\sigma_X^2-a^2\sigma_Y^2.\end{aligned}$$

由于 (W,V) 服从二维正态分布,W 与 V 相互独立的充要条件是 W 与 V 不相关,即 $\mathrm{Cov}(W,V)=0$,则 $\sigma_X^2-a^2\sigma_Y^2=0$,即 $a^2=\frac{\sigma_X^2}{\sigma_Y^2}$.

35. 设随机变量 (X,Y) 服从二维正态分布,且 $X\sim N(0,3)$, $Y\sim N(0,4)$,相关系数 $\rho_{XY}=-\frac{1}{4}$,试写出 X 和 Y 的联合概率密度.

解 $(X,Y)\sim N(\mu_1,\sigma_1^2;\mu_2,\sigma_2^2;\rho)$, 则 X,Y 的联合概率密度为

$$f(x,y)=\frac{1}{2\pi\sigma_1\sigma_2\sqrt{1-\rho^2}}\exp\left\{\frac{-1}{2(1-\rho^2)}\left[\frac{(x-\mu_1)^2}{\sigma_1^2}-2\rho\frac{(x-\mu_1)(y-\mu_2)}{\sigma_1\sigma_2}+\frac{(y-\mu_2)^2}{\sigma_2^2}\right]\right\}.$$

在题中 $\mu_1=0$, $\mu_2=0$, $\sigma_1=\sqrt{3}$, $\sigma_2=2$, $\rho=-\frac{1}{4}$,则

$$f(x,y)=\frac{1}{3\sqrt{5}\pi}\exp\left[-\frac{8}{15}\left(\frac{x^2}{3}+\frac{xy}{4\sqrt{3}}+\frac{y^2}{4}\right)\right].$$

36. 已知正常男性成人血液中,每一毫升所含白细胞数的均值是 7 300,均方差是 700,利用切比雪夫不等式估计每毫升含白细胞数在 5 200~9 400 的概率 p.

解 假设正常男性成人血液中每毫升白细胞数为 X,依题设 $E(X)=7\,300$,$D(X)=700^2$,于是

$$P\{5\,200<X<9\,400\}=P\{|X-7\,300|<2\,100\}\geqslant 1-\frac{700^2}{2\,100^2}=\frac{8}{9}.$$

即每毫升含白细胞数在 5 200~9 400 之间的概率不低于$\frac{8}{9}$.

37. 对于两个随机变量 V,W,若 $E(V^2)$,$E(W^2)$存在,证明$[E(VW)]^2\leqslant E(V^2)E(W^2)$. 这一不等式称为柯西—施瓦茨(Cauchy—Schwarz)不等式.

提示:考虑实变量 t 的函数

$$q(t)=E[(V+tW)^2]=E(V^2)+2tE(VW)+t^2E(W^2).$$

证 考虑变量 t 的二次函数

$$q(t)=E[(V+tW)^2]=E(V^2)+2tE(VW)+t^2E(W^2).$$

因为对一切 t,有$(V+tW)^2\geqslant 0$,所以 $q(t)\geqslant 0$,从而二次方程 $q(t)=0$ 或者没有实根,或者只有重根,因此二次方程 $q(t)=0$ 的判别式

$$4[E(VW)]^2-4E(V^2)E(W^2)\leqslant 0 \text{ 即 } [E(VW)]^2\leqslant E(V^2)E(W^2).$$

38. 分位数(分位点).

定义 设连续型随机变量 X 的分布函数为 $F(x)$,概率密度函数为 $f(x)$,

1°对于任意正数 $\alpha(0<\alpha<1)$,称满足条件

$$P\{X\leqslant x_{\underline{\alpha}}\}=F(x_{\underline{\alpha}})=\int_{-\infty}^{x_{\underline{\alpha}}}f(x)\mathrm{d}x=\alpha$$

的数 $x_{\underline{\alpha}}$ 为此分布的 α **分位数**或**下** α **分位数**.

2° 对于任意正数 $\alpha(0<\alpha<1)$,称满足条件

$$P\{X>x_\alpha\}=1-F(x_\alpha)=\int_{x_\alpha}^{\infty}f(x)\mathrm{d}x=\alpha$$

的数 x_α 为此分布的**上** α **分位数**.

特别,当 $\alpha=0.5$ 时,$F(x_{0.5})=F(x_{\underline{0.5}})=\int_{0.5}^{\infty}f(x)\mathrm{d}x=0.5$,$x_{0.5}$ 称为此分布的**中位数**.

下 α 分位数 $x_{\underline{\alpha}}$ 将概率密度曲线下的面积分为两部分,左侧的面积恰为 α[见图 4－4(a)]. 上 α 分位数 x_α 也将概率密度曲线下的面积分为两部分,右侧的面积恰为 α[见图 4－4(b)].

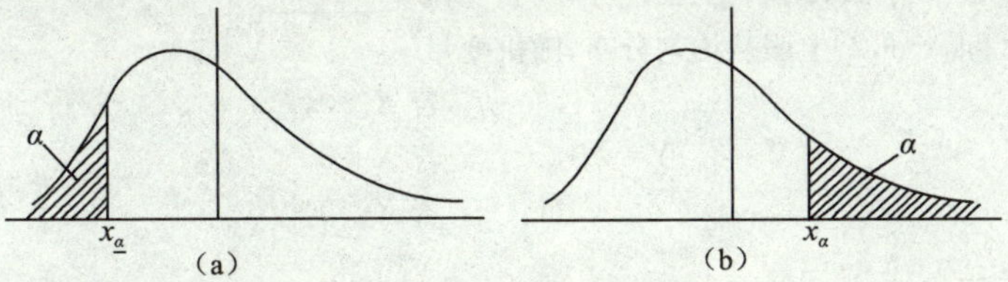

图 4－4

下 α 分位数与上 α 分位数有以下的关系:$x_\alpha=x_{\underline{1-\alpha}}$,$x_{\underline{\alpha}}=x_{1-\alpha}$.

类似地,可定义离散型随机变量 X 的分位数.

定义 对于任意正数 $\alpha(0<\alpha<1)$,称满足条件 $P\{X<x_{\underline{\alpha}}\}\leqslant\alpha$ 且 $P\{X\leqslant x_{\underline{\alpha}}\}\geqslant\alpha$ 的数 $x_{\underline{\alpha}}$ 为此分布的 α **分位数**或**下** α **分位数**.

(1) 设 X 的概率密度为 $f(x)=\begin{cases}2\mathrm{e}^{-2x}, & x\geqslant 0,\\ 0, & \text{其他}.\end{cases}$ 试求 X 的中位数 M.

(2) 设 X 服从柯西分布,其概率密度为 $f(x)=\dfrac{b}{\pi[(x-a)^2+b^2]}$,$b>0$. 试求 X 的中位数 M.

解 设 $F(x)$ 为分布函数.

(1)M 应满足 $F(M)=\frac{1}{2}$.

即$\dfrac{1}{2}=F(M)=P\{X\leqslant M\}=\int_0^M 2e^{-2x}dx=-e^{-2x}\Big|_0^M=1-e^{-2M}$,

故 $e^{-2M}=\dfrac{1}{2}$, $e^{2M}=2$,得 $M=\dfrac{1}{2}\ln 2$.

此即为所求的中位数.

(2) 由

$$\frac{1}{2}=F(M)=P\{X\leqslant M\}=\int_{-\infty}^{M}\frac{b}{\pi[(x-a)^2+b^2]}dx$$

$$=\frac{1}{\pi}\arctan\frac{x-a}{b}\Big|_{-\infty}^{M}=\frac{1}{\pi}\arctan\frac{M-a}{b}+\frac{1}{2},$$

得 $M-a=0$,即知中位数 $M=a$.

另外,易知 X 的概率密度 $f(x)$ 的图形关于直线 $x=a$ 是对称的.即知

$$P\{X\leqslant a\}=\int_{-\infty}^{a}f(x)dx=\frac{1}{2}.$$

故中位数为 $M=a$.

第四章自测题

一、填空题

1. 设随机变量 X 服从参数为 1 的泊松分布,则 $P\{X=E(X)^2\}=$______.

2. 设随机变量 X 的概率密度为

$$f(x)=\begin{cases}a+bx^2, & 0<x<1,\\ 0, & \text{其他}.\end{cases}$$

已知 $E(X)=\dfrac{3}{5}$,则 $D(X)=$______.

3. 设随机变量 X 和 Y 的相关系数为 0.5, $E(X)=E(Y)=0$, $E(X^2)=E(Y^2)=2$, 则$E(X+Y)^2=$______.

4. 随机变量$(X,Y)\sim N(0,1;0,4;\rho)$, $D(2X-Y)=1$, 则 $\rho=$______.

5. 设随机变量 X 在区间$[-1,2]$上服从均匀分布,随机变量

$$Y=\begin{cases}1, & \text{若 } X>0,\\ 0, & \text{若 } X=0,\\ -1, & \text{若 } X<0,\end{cases}$$

则方差 $D(Y)=$______.

6. 设已知 $2X+3Y=7$, 则 $\rho_{XY}=$______.

二、选择题

1. 已知随机变量 X 服从二项分布,且 $E(X)=2.4$, $D(X)=1.44$, 则二项分布的参数 n,p 的值为(　　).

(A)$n=4$, $p=0.6$　　(B)$n=6$, $p=0.4$　　(C)$n=8$, $p=0.3$　　(D)$n=24$, $p=0.1$

2. 设随机变量 X 和 Y 的方差存在且不等于 0,则 $D(X+Y)=D(X)+D(Y)$是 X 和 Y(　　).

(A)不相关的充分条件,但不是必要条件　　(B)独立的必要条件,但不是充分条件

(C)不相关的充分必要条件　　(D)独立的充分必要条件

3. 设 X 是一随机变量,$E(X)=\mu$, $D(X)=\sigma^2$ ($\mu,\sigma>0$ 常数),则对任意常数 c,必有(　　).

(A)$E(X-c)^2=E(X^2)-c^2$　　(B)$E(X-c)^2=E(X-\mu)^2$

(C)$E(X-c)^2<E(X-\mu)^2$　　(D)$E(X-c)^2\geqslant E(X-\mu)^2$

4. 设随机变量 $X\sim N(0,1)$，$Y\sim N(1,4)$ 且相关系数 $\rho_{XY}=1$，则(　　).

(A) $P\{Y=-2X-1\}=1$　　(B) $P\{Y=2X-1\}=1$

(C) $P\{Y=-2X+1\}=1$　　(D) $P\{Y=2X+1\}=1$

5. 设随机变量 X 和 Y 独立同分布，记 $U=X-Y$，$V=X+Y$，则随机变量 U 与 V 必然(　　).

(A)不独立　　(B)独立

(C)相关系数不为零　　(D)相关系数为零

6. 设二维随机变量 $(X,Y)\sim N(\mu_1,\sigma_1^2;\mu_2,\sigma_2^2;\rho)$，则下列结论中错误的是(　　).

(A) $X\sim N(\mu_1,\sigma_1^2)$，$Y\sim N(\mu_2,\sigma_2^2)$　　(B) X 与 Y 相互独立的充要条件是 $\rho=0$

(C) $E(X+Y)=\mu_1+\mu_2$　　(D) $D(X+Y)=\sigma_1^2+\sigma_2^2$

三、解答题

1. 设随机变量 X 的概率密度为

$$f(x)=\begin{cases}\dfrac{1}{2}\cos\dfrac{x}{2}, & 0\leqslant x<\pi,\\ 0, & \text{其他}.\end{cases}$$

对 X 独立地重复观察 4 次，用 Y 表示观察值大于 $\dfrac{\pi}{3}$ 的次数，求 Y^2 的数学期望.

2. 设 X,Y 是二个随机变量，已知 $D(X)=1$，$D(Y)=4$，$\mathrm{Cov}(X,Y)=1$，$U=X-2Y$，$V=2X-Y$，求 ρ_{UV}.

3. 设随机变量 X 和 Y 的联合分布在以点 $(0,1)$，$(1,0)$，$(1,1)$ 为顶点的三角形区域上服从均匀分布. 试求随机变量 $Z=X+Y$ 的方差.

4. 假设随机变量 Y 服从参数为 $\lambda=1$ 的指数分布，随机变量

$$X_k=\begin{cases}0, & Y\leqslant k,\\ 1, & Y>k.\end{cases}\quad (k=1,2)$$

(1)求 X_1 和 X_2 的联合概率分布；　(2)求 $E(X_1+X_2)$.

5. 设某种商品每周的需求量 X 是服从区间 $[10,30]$ 上均匀分布的随机变量，而经销商店进货数量为区间 $[10,30]$ 中的某一整数，商店每销售 1 单位商品可获利 500 元；若供大于求则削价处理，每处理 1 单位商品亏损 100 元；若供不应求，则可从外部调剂供应，此时每 1 单位商品仅获利 300 元，为使商店所获利润期望值不少于 9 280 元，试确定最少进货量.

6. 设 A,B 是二随机事件；随机变量

$$X=\begin{cases}1, & \text{若 } A \text{ 出现},\\ -1, & \text{若 } A \text{ 不出现},\end{cases}\qquad Y=\begin{cases}1, & \text{若 } B \text{ 出现},\\ -1, & \text{若 } B \text{ 不出现}.\end{cases}$$

试证明随机变量 X 和 Y 不相关的充分必要条件是 A 与 B 相互独立.

第四章自测题答案

一、填空题

1. $\dfrac{1}{2\mathrm{e}}$　**解**　因为 $X\sim P(1)$，故 $E(X)=D(X)=1$，则 $E(X^2)=D(X)+[E(X)]^2=2$.

所以 $P\{X=E(X^2)\}=P\{X=2\}=\dfrac{1^2\cdot \mathrm{e}^{-1}}{2!}=\dfrac{1}{2\mathrm{e}}$.

2. $\dfrac{2}{25}$　**解**　由 $1=\int_{-\infty}^{+\infty}f(x)\mathrm{d}x=\int_0^1(a+bx^2)\mathrm{d}x=a+\dfrac{1}{3}b$，得

$$3a+b=3. \qquad ①$$

再由 $\dfrac{3}{5}=E(X)=\int_{-\infty}^{+\infty}xf(x)\mathrm{d}x=\int_0^1(ax+bx^3)\mathrm{d}x=\dfrac{1}{2}a+\dfrac{1}{4}b$，得

$$2a+b=\frac{12}{5}. \qquad ②$$

联立①、②两式解得 $a=\frac{3}{5}$，$b=\frac{6}{5}$，代入 $f(x)$ 表达式中即得

$$D(X)=E(X^2)-[E(X)]^2=\int_{-\infty}^{+\infty}x^2f(x)\mathrm{d}x-\left(\frac{3}{5}\right)^2=\frac{3}{5}\int_0^1 x^2(1+2x^2)\mathrm{d}x-\frac{9}{25}=\frac{11}{25}-\frac{9}{25}=\frac{2}{25}.$$

3. 6　**解**　**方法一**　由已知 $E(X)=E(Y)=0$，$E(X^2)=E(Y^2)=2$，得到 $D(X)=E(X^2)-[E(X)]^2=2$. 同理 $D(Y)=2$. 所以 $\mathrm{Cov}(X,Y)=\rho_{XY}\sqrt{D(X)}\sqrt{D(Y)}=0.5\times2=1$，因此

$$E(X+Y)^2=D(X+Y)+[E(X+Y)]^2=D(X+Y)+[E(X)+E(Y)]^2.$$

由 $E(X)$，$E(Y)=0$，得

$$E(X+Y)^2=D(X+Y)=D(X)+D(Y)+2\mathrm{Cov}(X,Y)=2+2+2\times1=6.$$

方法二　$E(X+Y)^2=E(X^2)+2E(XY)+E(Y^2)=4+2[\mathrm{Cov}(X,Y)+E(X)\cdot E(Y)]$

$$=4+2\rho_{XY}\sqrt{D(X)}\sqrt{D(Y)}=4+2\times0.5\times2=6.$$

4. $\frac{7}{8}$　**解**　因为 $(X,Y)\sim N(0,1;\ 0,4;\rho)$，故 $E(X)=0$，$D(X)=1$，$E(Y)=0$，$D(Y)=4$.

而 $D(2X-Y)=4D(X)+D(Y)-4\mathrm{Cov}(X,Y)=1$，因此 $\mathrm{Cov}(X,Y)=\frac{7}{4}$，则

$$\rho_{XY}=\frac{\mathrm{Cov}(X,Y)}{\sqrt{D(X)}\cdot\sqrt{D(Y)}}=\frac{\frac{7}{4}}{2}=\frac{7}{8}.$$

5. $\frac{8}{9}$　**分析**　由 X 的分布得到 Y 的分布律进而求得期望，然后计算方差.

解　根据题意得

$$P\{Y=1\}=P\{X>0\}=\frac{2}{3},\quad P\{Y=0\}=P\{X=0\}=0,\quad P\{Y=-1\}=P\{X<0\}=\frac{1}{3},$$

所以

$$E(Y)=1\times\frac{2}{3}+(-1)\times\frac{1}{3}+0=\frac{1}{3},$$

$$E(Y)^2=1\times\frac{2}{3}+(-1)^2\times\frac{1}{3}+0=1,$$

$$D(Y)=E(Y^2)-[E(Y)]^2=1-\frac{1}{9}=\frac{8}{9}.$$

6. -1　**解**　因为 $Y=-\frac{2}{3}X+\frac{7}{3}$，$a=-\frac{2}{3}<0$，故由相关系数的性质知 $\rho_{XY}=-1$.

另外，也可以利用公式 $\rho_{XY}=\frac{\mathrm{Cov}(X,Y)}{\sqrt{D(X)}\sqrt{D(Y)}}$ 得到结论.

二、选择题

1. B　**解**　因为 X 服从二项分布，参数为 n,p，所以 $E(X)=np$，$D(X)=npq$，且

$$\begin{cases}np=2.4,\\np(1-p)=1.44,\end{cases}\quad 解方程组可得\quad \begin{cases}n=6,\\p=0.4.\end{cases}$$

2. C　**解**　由公式 $D(X+Y)=D(X)+D(Y)+2\mathrm{Cov}(X,Y)$，$D(X+Y)=D(X)+D(Y)$ 的充分必要条件是 $\mathrm{Cov}(X,Y)=0$.

3. D　**解**　由于 $E(X-c)^2=E(X-\mu+\mu-c)^2=E(X-\mu)^2+E(\mu-c)^2+2(\mu-c)E(X-\mu)$

$$=E(X-\mu)^2+(\mu-c)^2,$$

即有 $E(X-c)^2\geqslant E(X-\mu)^2$.

方法总结

因为 $D(X)=E[X-E(X)]^2=E(X-\mu)^2$，所以如果考生对于常见不等式 $D(X)\leqslant E(X-c)^2$ 比较熟悉的话可以直接选择(D).

4.D 解 由性质：$\rho_{XY}=1\Rightarrow P\{Y=aX+b\}=1(a>0)$. 可排除(A)(C).

因为 $X\sim N(0,1)$，所以 $2X-1\sim N(-1,4)$， $2X+1\sim N(1,4)$，而 $Y\sim N(1,4)$.

5.D 解
$$\begin{aligned}Cov(U,V)&=E(UV)-[E(U)E(V)]=E(X^2-Y^2)-[E(X)]^2+[E(Y)]^2\\&=E(X^2)-E(Y^2)-[E(X)]^2+[E(Y)]^2\\&=\{E(X^2)-[E(X)]^2\}-\{E(Y^2)-[E(Y)]^2\}=D(X)-D(Y)=0,\end{aligned}$$

所以 $\rho_{UV}=\dfrac{Cov(U,V)}{\sqrt{D(U)}\cdot\sqrt{D(V)}}=0$.

方法总结

当随机变量是线性函数时，求协方差用性质较为方便：

$$\begin{aligned}Cov(U,V)&=Cov(X-Y,X+Y)=Cov(X,X)+Cov(X,Y)-Cov(X,Y)-Cov(Y,Y)\\&=D(X)-D(Y)=0.\end{aligned}$$

6.D 解 因为 $D(X+Y)=D(X)+D(Y)+2Cov(X,Y)=\sigma_1^2+\sigma_2^2+2\rho\sigma_1\sigma_2$，故选项(D)错误.

由二维正态分布的结论可知：(A)(B)(C)选项正确.

三、解答题

1.解 **方法一** 由于 $P\left\{X>\dfrac{\pi}{3}\right\}=\int_{\frac{\pi}{3}}^{\pi}\dfrac{1}{2}\cos\dfrac{x}{2}dx=\dfrac{1}{2}$， $Y\sim B\left(4,\dfrac{1}{2}\right)$， 因此

$$E(Y)=4\times\frac{1}{2}=2,\quad D(Y)=4\times\frac{1}{2}\times\left(1-\frac{1}{2}\right)=1,$$

所以 $E(Y^2)=D(Y)+[E(Y)]^2=1+2^2=5$.

方法二 由于 $P\left\{X>\dfrac{\pi}{3}\right\}=\int_{\frac{\pi}{3}}^{\pi}\dfrac{1}{2}\cos\dfrac{x}{2}dx=\dfrac{1}{2}$， $Y\sim B\left(4,\dfrac{1}{2}\right)$，因此，$Y$ 的概率分布为

Y	0	1	2	3	4
P	$\frac{1}{16}$	$\frac{4}{16}$	$\frac{6}{16}$	$\frac{4}{16}$	$\frac{1}{16}$

所以 $E(Y^2)=\dfrac{1}{16}(0\times1+1\times4+2^2\times6+3^2\times4+4^2\times1)=5$.

2.解
$$D(U)=D(X-2Y)=D(X)+4D(Y)-4Cov(X,Y)=13,$$
$$D(V)=D(2X-Y)=4D(X)+D(Y)-4Cov(X,Y)=4,$$
$$\begin{aligned}Cov(U,V)&=Cov(X-2Y,2X-Y)=2Cov(X,X)-4Cov(Y,X)-Cov(X,Y)+2Cov(Y,Y)\\&=2D(X)-5Cov(X,Y)+2D(Y)=5.\end{aligned}$$
$$\rho_{UV}=\frac{Cov(U,V)}{\sqrt{D(U)}\cdot\sqrt{D(V)}}=\frac{5}{\sqrt{13}\cdot\sqrt{4}}=\frac{5\sqrt{13}}{26}.$$

3.解 **方法一** (X,Y)的联合密度为

$$f(x,y)=\begin{cases}2, & 0\leqslant x\leqslant1,\ 1-x\leqslant y\leqslant1,\\0, & 其他.\end{cases}$$

由随机变量函数期望公式 $E[g(X,Y)]=\int_{-\infty}^{+\infty}\int_{-\infty}^{+\infty}g(x,y)f(x,y)dxdy$ 可知

$$E(Z)=E(X+Y)=\int_{-\infty}^{+\infty}\int_{-\infty}^{+\infty}(x+y)f(x,y)\mathrm{d}x\mathrm{d}y=\int_0^1\mathrm{d}y\int_{1-y}^1 2(x+y)\mathrm{d}x$$
$$=\int_0^1(y^2+2y)\mathrm{d}y=\frac{4}{3},$$

而 $E(Z^2)=E(X+Y)^2=\int_{-\infty}^{+\infty}\int_{-\infty}^{+\infty}(x+y)^2f(x,y)\mathrm{d}x\mathrm{d}y=\int_0^1\mathrm{d}y\int_{1-y}^1 2(x^2+2xy+y^2)\mathrm{d}x$

$$=\int_0^1\left(2y+2y^2+\frac{3}{2}y^3\right)\mathrm{d}y=\frac{11}{6},$$

由方差的计算公式 $D(Z)=E(Z^2)-[E(Z)]^2=\frac{11}{6}-\frac{16}{9}=\frac{1}{18}$.

方法二 利用 $D(X+Y)=D(X)+D(Y)+2\mathrm{Cov}(X,Y)$.

以 $f_X(x)$ 表示 X 的概率密度，则当 $x\leqslant 0$ 或 $x\geqslant 1$ 时，$f_X(x)=0$；当 $0<x<1$ 时，有

$$f_X(x)=\int_{-\infty}^{+\infty}f(x,y)\mathrm{d}y=\int_{1-x}^1 2\mathrm{d}y=2x,$$

因此 $E(X)=\int_0^1 2x^2\mathrm{d}x=\frac{2}{3}$， $E(X^2)=\int_0^1 2x^3\mathrm{d}x=\frac{1}{2}$， $D(X)=E(X^2)-[E(X)]^2=\frac{1}{2}-\frac{4}{9}=\frac{1}{18}$.

同理可得 $E(Y)=\frac{2}{3}$， $D(Y)=\frac{1}{18}$.

现在求 X 和 Y 的协方差

$$E(XY)=\iint_G 2xy\mathrm{d}x\mathrm{d}y=2\int_0^1 x\mathrm{d}x\int_{1-x}^1 y\mathrm{d}y=\frac{5}{12},\mathrm{Cov}(X,Y)=E(XY)-E(X)\cdot E(Y)=\frac{5}{12}-\frac{4}{9}=-\frac{1}{36},$$

于是 $D(Z)=D(X+Y)=D(X)+D(Y)+2\mathrm{Cov}(X,Y)=\frac{1}{18}+\frac{1}{18}-\frac{2}{36}=\frac{1}{18}$.

方法三 由于 X,Y 服从均匀分布，所以当 $z<1$ 时，$F(z)=0$；

当 $z>2$ 时，$F(z)=1$；当 $1\leqslant z\leqslant 2$ 时，$F(z)=P\{X+Y\leqslant z\}=\frac{S_D'}{S_D}$，

因为 $S_D'=\frac{1}{2}-S_\Delta=\frac{1}{2}-\frac{1}{2}(2-z)^2$， $S_D=\frac{1}{2}$，所以 $F(z)=1-(2-z)^2$，

故 $f(z)=F'(z)=\begin{cases}2(2-z), & 1\leqslant z\leqslant 2,\\ 0, & \text{其他}.\end{cases}$

所以 $E(Z)=\frac{4}{3}$， $E(Z^2)=\frac{11}{6}$.

故 $D(Z)=D(X+Y)=E(Z^2)-[E(Z)]^2=\frac{1}{18}$.

方法总结

对本题而言，解法一最为简洁.

4. **解** (1)Y 的分布函数为 $F(y)=1-\mathrm{e}^{-y}(y>0)$， $F(y)=0(y\leqslant 0)$.

(X_1,X_2) 有四个可能值：(0,0)，(0,1)，(1,0)，(1,1). 易见

$$P\{X_1=0,X_2=0\}=P\{Y\leqslant 1,Y\leqslant 2\}=P\{Y\leqslant 1\}=1-\mathrm{e}^{-1},$$
$$P\{X_1=0,X_2=1\}=P\{Y\leqslant 1,Y>2\}=0,$$
$$P\{X_1=1,X_2=0\}=P\{Y>1,Y\leqslant 2\}=P\{1<Y\leqslant 2\}=\mathrm{e}^{-1}-\mathrm{e}^{-2},$$
$$P\{X_1=1,X_2=1\}=P\{Y>1,Y>2\}=P\{Y>2\}=\mathrm{e}^{-2}.$$

于是，X_1 和 X_2 的联合概率分布表如下：

X_2 \ P \ X_1	0	1
0	$1-e^{-1}$	$e^{-1}-e^{-2}$
1	0	e^{-2}

(2)易见，$X_k(k=1,2)$服从 0—1 分布：

$$X_k\sim\begin{bmatrix}0 & 1\\ P\{Y\leqslant k\} & P\{Y>k\}\end{bmatrix}=\begin{bmatrix}0 & 1\\ 1-e^{-k} & e^{-k}\end{bmatrix}.$$

因此 $E(X_k)=1\times e^{-k}=e^{-k}(k=1,2)$，则 $E(X_1+X_2)=E(X_1)+E(X_2)=e^{-1}+e^{-2}$.

5. **解**　设进货数量为 a，则利润为

$$Y=\begin{cases}500a+(X-a)300, & a<X\leqslant 30,\\ 500X-(a-X)100, & 10\leqslant X\leqslant a\end{cases}=\begin{cases}300X+200a, & a<X\leqslant 30,\\ 600X-100a, & 10\leqslant X\leqslant a.\end{cases}$$

利润期望 $E(Y)=\int_{-\infty}^{+\infty}g(x)f(x)\mathrm{d}x=\int_{10}^{30}\frac{1}{20}\cdot g(x)\mathrm{d}x$

$$=\frac{1}{20}\int_{10}^{a}(600x-100a)\mathrm{d}x+\frac{1}{20}\int_{a}^{30}(300x+200a)\mathrm{d}x$$

$$=\frac{1}{20}\left(600\frac{x^2}{2}-100ax\right)\Big|_{10}^{a}+\frac{1}{20}\left(300\frac{x^2}{2}+200ax\right)\Big|_{a}^{30}$$

$$=-7.5a^2+350a+5\,250.$$

依题意，有 $-7.5a^2+350a+5\,250\geqslant 9\,280$　即　$7.5a^2-350a+4\,030\leqslant 0$，解得 $20\frac{2}{3}\leqslant a\leqslant 26$.

故利润期望值不少于 9 280 元的最少进货量为 21 单位.

6. **证**　记 $P(A)=p_1$，$P(B)=p_2$，$P(AB)=p_{12}$，由数学期望的定义，可见

$$E(X)=P(A)-P(\overline{A})=2p_1-1,\quad E(Y)=2p_2-1.$$

现在求 $E(XY)$. 由于 XY 只有两个可能值 1 和 -1，可见

$$P\{XY=1\}=P(AB)+P(\overline{A}\,\overline{B})=2p_{12}-p_1-p_2+1,$$

$$P\{XY=-1\}=1-P\{XY=1\}=p_1+p_2-2p_{12},$$

$$E(XY)=P\{XY=1\}-P\{XY=-1\}=4p_{12}-2p_1-2p_2+1.$$

从而 $\mathrm{Cov}(X,Y)=E(XY)-E(X)\cdot E(Y)=4p_{12}-4p_1p_2$.

因此，$\mathrm{Cov}(X,Y)=0$ 当且仅当 $p_{12}=p_1p_2$，即 X 和 Y 不相关当且仅当事件 A 和 B 相互独立.

第五章 大数定律及中心极限定理

一、主要内容归纳

1. 切比雪夫不等式 假设随机变量 X 具有数学期望 $E(X)$ 及方差 $D(X)$，则对 $\forall \varepsilon>0$，有

$$P\{|X-E(X)|\geqslant\varepsilon\}\leqslant\frac{D(X)}{\varepsilon^2}.$$

或者有时候也可以写成 $P\{|X-E(X)|<\varepsilon\}\geqslant 1-\frac{D(X)}{\varepsilon^2}$.

2. 大数定律

(1)切比雪夫大数定律

如果随机变量序列 $\{X_n\}$ 相互独立，各随机变量的期望和方差都有限，而且方差有公共上界，即 $D(X_i)\leqslant l,\ i=1,2,\cdots$，其中 l 是与 i 无关的常数，则对 $\forall\varepsilon>0$，有

$$\lim_{n\to\infty}P\left\{\left|\frac{1}{n}\sum_{i=1}^{n}X_i-\frac{1}{n}\sum_{i=1}^{n}E(X_i)\right|<\varepsilon\right\}=1.$$

切比雪夫大数定律的特例：设随机变量 $X_1,X_2,\cdots,X_n,\cdots$ 相互独立，且 $E(X_i)=\mu$，$D(X_i)=\sigma^2\ (i=1,2,\cdots)$，则对 $\forall\varepsilon>0$，总有 $\lim\limits_{n\to\infty}P\left\{\left|\frac{1}{n}\sum_{i=1}^{n}X_i-\mu\right|<\varepsilon\right\}=1$.

在定律的条件下，当 n 充分大时，n 个独立随机变量的平均数的离散程度很小.

(2)伯努利大数定律

如果 u_n 是 n 次重复独立试验中事件 A 发生的次数，p 是事件 A 在每次试验中发生的概率，则对任意给定的 $\varepsilon>0$，有

$$\lim_{n\to\infty}P\left\{\left|\frac{u_n}{n}-p\right|<\varepsilon\right\}=1.$$

在试验条件不改变的情况下，将试验重复进行多次，则随机事件的频率在它发生的概率附近摆动.

(3)辛钦大数定律

如果 $\{X_n\}$ 是相互独立同分布的随机变量序列，其数学期望 $E(X_i)=\mu,\ i=1,2,\cdots$，则对任意给定的 $\varepsilon>0$，有

$$\lim_{n\to\infty}P\left\{\left|\frac{1}{n}\sum_{i=1}^{n}X_i-\mu\right|<\varepsilon\right\}=1.$$

对独立同分布的随机变量序列,只要验证数学期望是否存在,就可判定其是否服从大数定律.

3. 中心极限定理

(1)列维—林德伯格定理(独立同分布的中心极限定理)

设随机变量 $X_1,X_2,\cdots,X_n,\cdots$ 独立同分布,且 $E(X_i)=\mu$, $D(X_i)=\sigma^2<+\infty$ $(i=1,2,\cdots)$,则对任意实数 x,有 $\lim\limits_{n\to\infty}P\left\{\frac{\sum\limits_{i=1}^{n}X_i-n\mu}{\sqrt{n}\sigma}\leqslant x\right\}=\int_{-\infty}^{x}\frac{1}{\sqrt{2\pi}}\mathrm{e}^{-\frac{t^2}{2}}\mathrm{d}t=\Phi(x)$.

(2)李雅普诺夫定理

若随机变量序列 $\{X_n\}$ 相互独立,每个随机变量有期望值 $E(X_n)=\mu_n$ 及方差 $D(X_n)=\sigma_n^2<+\infty$, $n=1,2,\cdots$, 若每个 X_n 对总和 $\sum\limits_{n=1}^{m}X_n$ 影响不大,记 $S_m=\left(\sum\limits_{n=1}^{m}\sigma_n^2\right)^{\frac{1}{2}}$,则

$$\lim_{m\to\infty}\left\{\frac{1}{S_m}\sum_{n=1}^{m}(X_n-\mu_n)\leqslant x\right\}=\frac{1}{\sqrt{2\pi}}\int_{-\infty}^{x}\mathrm{e}^{-\frac{t^2}{2}}\mathrm{d}t=\Phi(x).$$

(3)棣莫弗—拉普拉斯定理

设随机变量 Y_n 服从参数为 n,p 的二项分布,则对于任何实数 x,有

$$\lim_{n\to\infty}P\left\{\frac{Y_n-np}{\sqrt{npq}}\leqslant x\right\}=\int_{-\infty}^{x}\frac{1}{\sqrt{2\pi}}\mathrm{e}^{-\frac{t^2}{2}}\mathrm{d}t=\Phi(x).$$

其中 $q=1-p$.

二、 经典例题解析及解题方法总结

【例 1】 一生产线生产的产品成箱包装,每箱的重量是随机的,假设每箱平均重 50 千克,标准差为 5 千克,若用最大载重量为 5 吨的汽车承运,试利用中心极限定理说明每辆车最多可以装多少箱,才能保障不超载的概率大于 0.977.($\Phi(2)=0.977$,其中的 $\Phi(x)$ 是标准正态分布函数)

解 设 X_i="装运的第 i 箱的重量(单位:千克)", $i=1,2,\cdots,n$. n 为箱数. 根据题意, $X_1,X_2,\cdots,X_n$ 独立同分布,而 n 箱的总重量可记为 $U_n=\sum\limits_{i=1}^{n}X_i$. 因 $E(X_i)=50$, $\sqrt{D(X_i)}=5$,故

$$E(U_n)=\sum_{i=1}^{n}E(X_i)=50n,\qquad \sqrt{D(U_n)}=\sqrt{\sum_{i=1}^{n}D(X_i)}=5\sqrt{n},$$

那么由列维—林德伯格中心极限定理知, U_n 近似服从于 $N(50n,25n)$. 而所求的箱数 n 取决于条件

$$P\{U_n\leqslant 5\ 000\}=P\left\{\frac{U_n-50n}{5\sqrt{n}}\leqslant\frac{5\ 000-50n}{5\sqrt{n}}\right\}\approx\Phi\left(\frac{1\ 000-10n}{\sqrt{n}}\right)>0.977=\Phi(2).$$

所以 $\frac{1\ 000-10n}{\sqrt{n}}>2$,即 $n<98.019\ 9$. 亦即每辆车最多可以装 98 箱.

【例 2】某单位设置一电话总机，共有 200 个电话分机，设每个电话分机有 5%的时间要使用外线通话，假设每个分机是否使用外线通话是相互独立的. 问总机要多少外线才能以 90%的概率保证每个分机要使用外线时可供使用.

解　设同时使用外线的分机的台数为 X，则 $X\sim B(n,p)$，其中 $n=200$，$p=0.05$，$np=10$，$\sqrt{np(1-p)}=3.08$.

又设该单位安装 N 条外线，依题意，求 $P\{X\leqslant N\}\geqslant 0.9$ 的最小 N，由棣莫弗一拉普拉斯中心极限定理

$$P\{X\leqslant N\}=P\left\{\frac{X-np}{\sqrt{np(1-p)}}\leqslant\frac{N-np}{\sqrt{np(1-p)}}\right\}\approx\Phi\left(\frac{N-10}{3.08}\right).$$

查标准正态分布表，可知 $\Phi(1.28)=0.9$，故 N 应满足

$$\frac{N-10}{3.08}\geqslant 1.28 \text{ 即 } \quad N\geqslant 10+1.28\times 3.08=13.94.$$

取 $N=14$，即至少要安装 14 条外线.

【例 3】设 $X_1,X_2,\cdots,X_n$ 为来自总体 X 的简单随机样本，其中 $P\{X=0\}=P\{X=1\}=\frac{1}{2}$，$\Phi(x)$ 表示标准正态分布函数，则利用中心极限定理可得 $P\left\{\sum_{i=1}^{100}X_i\leqslant 55\right\}$ 的近似值为(　　).

(A)$1-\Phi(1)$　　(B)$\Phi(1)$　　(C)$1-\Phi(0.2)$　　(D)$\Phi(0.2)$

解　由题意有

X	0	1
P	$\frac{1}{2}$	$\frac{1}{2}$

$E(X)=\frac{1}{2}$，$D(X)=\frac{1}{4}$，X_i 独立同分布，根据中心极限定理，$\sum_{i=1}^{100}X_i$ 近似服从正态分布 $N\left(100\times\frac{1}{2},100\times\frac{1}{4}\right)$，即 $N(50,25)$. 从而

$$P\left\{\sum_{i=1}^{100}X_i\leqslant 55\right\}=P\left\{\frac{\sum_{i=1}^{100}X_i-50}{\sqrt{25}}\leqslant\frac{55-50}{\sqrt{25}}\right\}\approx\Phi\left(\frac{55-50}{\sqrt{25}}\right)=\Phi(1),$$

故应选(B).

方法总结

中心极限定理常用来解决概率的近似计算问题，使用方法如下：

(1)列维一林德伯格定理用于随机变量之和或均值的概率的近似计算.

列维一林德伯格中心极限定理表明，当 n 充分大时，相互独立服从同一分布且存在有限期望与方差的随机变量之和近似服从正态分布，该定理实质上提供了计算独立同分布的

随机变量之和的概率的近似方法，若 $X_1,X_2,\cdots,X_n$ 独立同分布且 $E(X_i)=\mu$，$D(X_i)=\sigma^2$，$i=1,2,\cdots,n$，则 $S_n=\sum\limits_{i=1}^{n}X_i$ 近似服从 $N(n\mu,n\sigma^2)$，因此当 n 比较大时，求 $P\{a\leqslant S_n\leqslant b\}$ 需首先将 S_n 标准化，也就是说

$$P\{a\leqslant S_n\leqslant b\}=\left\{\frac{a-n\mu}{\sigma\sqrt{n}}\leqslant\frac{S_n-n\mu}{\sigma\sqrt{n}}\leqslant\frac{b-n\mu}{\sigma\sqrt{n}}\right\}\approx\Phi\left(\frac{b-n\mu}{\sigma\sqrt{n}}\right)-\Phi\left(\frac{a-n\mu}{\sigma\sqrt{n}}\right),$$

其中 $\Phi(x)$ 是标准正态分布函数. 例 1 使用的就是这种方法.

定理的另一种形式为：当 n 充分大时，$\overline{X}=\frac{1}{n}\sum\limits_{i=1}^{n}X_i$ 近似服从 $N\left(\mu,\frac{\sigma^2}{n}\right)$，该形式可近似计算关于均值的概率. 例 3 属于这种类型.

(2)棣莫弗一拉普拉斯定理用于二项分布的近似计算. 定理表明：设 $X\sim B(n,p)$，则当 n 充分大时，X 近似服从 $N[np,np(1-p)]$. 例 2 使用了这一结论.

【例 4】 设随机变量 $X_1,X_2,\cdots,X_n$ 独立同分布，且 X_i 的 4 阶矩存在. 设 $\mu_k=E(X_i^k)(k=1,2,3,4)$，则由切比雪夫不等式，对 $\forall\varepsilon>0$，有 $P\left\{\left|\frac{1}{n}\sum\limits_{i=1}^{n}X_i^2-\mu_2\right|\geqslant\varepsilon\right\}\leqslant($　　$)$.

(A) $\frac{\mu_4-\mu_2^2}{n\varepsilon^2}$　　(B) $\frac{\mu_4-\mu_2^2}{\sqrt{n}\varepsilon^2}$　　(C) $\frac{\mu_2-\mu_1^2}{n\varepsilon^2}$　　(D) $\frac{\mu_2-\mu_1^2}{\sqrt{n}\varepsilon^2}$

解　记 $X=\frac{1}{n}\sum\limits_{i=1}^{n}X_i^2$，则

$$E(X)=\frac{1}{n}\sum_{i=1}^{n}E(X_i^2)=\frac{1}{n}\sum_{i=1}^{n}\mu_2=\mu_2,$$

$$D(X)=\frac{1}{n^2}\sum_{i=1}^{n}D(X_i^2)=\frac{1}{n^2}\sum_{i=1}^{n}\{E(X_i^4)-[E(X_i^2)]^2\}=\frac{\mu_4-\mu_2^2}{n},$$

则 $P\left\{\left|\frac{1}{n}\sum\limits_{i=1}^{n}X_i^2-\mu_2\right|\geqslant\varepsilon\right\}=P\{|X-E(X)|\geqslant\varepsilon\}\leqslant\frac{D(X)}{\varepsilon^2}=\frac{\mu_4-\mu_2^2}{n\varepsilon^2}$.

故应选(A).

【例 5】 设随机变量序列 $X_1,X_2,\cdots,X_n,\cdots$ 独立同分布且 X_i 的概率密度为 $f(x)=\begin{cases}1-|x|, & |x|<1,\\ 0, & \text{其他},\end{cases}$ 则当 $n\to\infty$ 时，$\frac{1}{n}\sum\limits_{i=1}^{n}X_i^2$ 依概率收敛于(　　).

(A) $\frac{1}{8}$　　(B) $\frac{1}{6}$　　(C) $\frac{1}{3}$　　(D) $\frac{1}{2}$

解　随机变量序列 $X_1^2,X_2^2,\cdots,X_n^2,\cdots$ 也独立同分布.

$$E(X_i^2)=\int_{-\infty}^{+\infty}x^2f(x)\mathrm{d}x=2\int_0^1x^2(1-x)\mathrm{d}x=2\left(\frac{1}{3}x^3-\frac{1}{4}x^4\right)\Big|_0^1=\frac{1}{6},$$

根据辛钦大数定律，$\frac{1}{n}\sum\limits_{i=1}^{n}X_i^2$ 依概率收敛于 $E(X_i^2)=\frac{1}{6}$.

故应选(B).

本章教材习题全解

1. 据以往经验，某种电器元件的寿命服从均值为 100h 的指数分布，现随机地取 16 只，设它们的寿命是相互独立的. 求这 16 只元件的寿命的总和大于 1 920h 的概率.

解 记 16 只电气元件的寿命分别为 $X_1, X_2, \cdots, X_{16}$，则这 16 只元件的寿命之和为 $X=\sum_{i=1}^{16} X_i$，依题意，$E(X_i)=100$，$D(X_i)=100^2$，根据独立同分布的中心极限定理

$$Z=\frac{\sum_{i=1}^{16} X_i-16\times 100}{4\times 100}=\frac{X-1\,600}{400}$$

近似地服从 $N(0,1)$，于是

$$P\{X>1\,920\}=1-P\{X\leqslant 1\,920\}=1-P\left\{\frac{X-1\,600}{400}\leqslant\frac{1\,920-1\,600}{400}\right\}$$
$$\approx 1-\Phi(0.8)=0.211\,9.$$

2. (1)一保险公司有 10 000 个汽车投保人，每个投保人索赔金额的数学期望为 280 美元，标准差为 800 美元，求索赔总金额超过 2 700 000 美元的概率.

(2)一公司有 50 张签约保险单，各张保险单的索赔金额为 X_i，$i=1,2,\cdots,50$(以千美元计)服从韦布尔(Weibull)分布，均值 $E(X_i)=5$，方差 $D(X_i)=6$，求 50 张保险单索赔的合计金额大于 300 的概率(设各保险单索赔金额是相互独立的).

解 (1)记第 i 人的索赔金额为 X_i，则由已知条件

$$E(X_i)=280,\quad D(X_i)=800^2.$$

要计算 $p_1=P\left\{\sum_{i=1}^{10\,000} X_i>2\,700\,000\right\}=P\left\{\frac{1}{10\,000}\sum_{i=1}^{10\,000} X_i>270\right\}$，因各投保人索赔金额是独立的，$n=10\,000$ 很大. 故由中心极限定理，近似地有

$$\overline{X}=\frac{1}{10\,000}\sum_{i=1}^{10\,000} X_i\sim N\left(280,\frac{800^2}{100^2}\right),$$

故 $p_1=P\{\overline{X}>270\}\approx 1-\Phi\left(\frac{270-280}{8}\right)=1-\Phi\left(-\frac{5}{4}\right)=\Phi\left(\frac{5}{4}\right)=\Phi(1.25)=0.894\,4.$

(2)$E(X_i)=5$，$D(X_i)=6$，$n=50$，故 $\sum_{i=1}^{5} X_i$ 近似服从 $N(50\times 5,50\times 6)$，

$$p_2=P\left\{\sum_{i=1}^{50} X_i>300\right\}\approx 1-\Phi\left(\frac{300-50\times 5}{\sqrt{50\times 6}}\right)=1-\Phi\left(\frac{50}{\sqrt{300}}\right)=1-\Phi(2.89)=0.001\,9.$$

3. 计算器在进行加法时，将每个加数舍入最靠近它的整数，设所有舍入误差相互独立且在 $(-0.5,0.5)$ 上服从均匀分布.

(1)将 1 500 个数相加，问误差总和的绝对值超过 15 的概率是多少?

(2)最多可有几个数相加使得误差总和的绝对值小于 10 的概率不小于 0.90?

解 设每个加数的舍入误差为 $X_i(i=1,2,\cdots,1\,500)$，由题设知 X_i 独立同分布，且在 $(-0.5,0.5)$ 上服从均匀分布，从而

$$E(X_i)=\frac{-0.5+0.5}{2}=0,\quad D(X_i)=\frac{(0.5+0.5)^2}{12}=\frac{1}{12}.$$

(1)设 $X=\sum_{i=1}^{1\,500}X_i$，由独立同分布的中心极限定理有 $\dfrac{X-1\,500\times 0}{\sqrt{1\,500}\times\sqrt{\frac{1}{12}}}$ 近似地服从 $N(0,1)$，从而

$$P\{|X|>15\}=1-P\{|X|\leqslant 15\}=1-P\left\{-\frac{15}{\sqrt{125}}\leqslant\frac{X}{\sqrt{125}}\leqslant\frac{15}{\sqrt{125}}\right\}$$
$$\approx 2-2\Phi(1.34)=0.180\,2.$$

即误差总和的绝对值超过 15 的概率约为 0.180 2.

(2)记 $Y=\sum_{i=1}^{n}X_i$，要使 $P\{|Y|<10\}\geqslant 0.90$. 由独立同分布的中心极限定理，近似地有

$$P\{|Y|<10\}=P\{-10<Y<10\}=P\left\{\frac{-10}{\sqrt{\frac{n}{12}}}<\frac{Y}{\sqrt{\frac{n}{12}}}<\frac{10}{\sqrt{\frac{n}{12}}}\right\}\approx 2\Phi\left(\frac{10}{\sqrt{\frac{n}{12}}}\right)-1\geqslant 0.90,$$

即 $\Phi\left(\dfrac{10}{\sqrt{\frac{n}{12}}}\right)\geqslant 0.95$，查表得 $\dfrac{10}{\sqrt{\frac{n}{12}}}\geqslant 1.645$，故 $n\leqslant 443$. 即最多有 443 个数相加使得误差总和的绝对值小于 10 的概率不少于0.90.

4. 设各零件的质量都是随机变量，它们相互独立，且服从相同的分布，其数学期望为 0.5kg，均方差为 0.1kg，问 5 000 个零件的总质量超过 2 510kg 的概率是多少？

解 设各零件的质量为 $X_i,i=1,2,\cdots,5\,000$，$X=\sum_{i=1}^{5\,000}X_i$，由独立同分布的中心极限定理知 $\dfrac{X-5\,000\times 0.5}{\sqrt{5\,000}\times 0.1}$ 近似地服从 $N(0,1)$，从而

$$P\{X>2\,510\}=1-P\{X\leqslant 2\,510\}=1-P\left\{\frac{X-5\,000\times 0.5}{\sqrt{5\,000}\times 0.1}\leqslant\frac{2\,510-5\,000\times 0.5}{\sqrt{5\,000}\times 0.1}\right\}$$
$$\approx 1-\Phi(1.414)=0.078\,7.$$

5. 有一批建筑房屋用的木柱，其中 80% 的长度不小于 3m，现从这批木柱中随机地取 100 根，求其中至少有 30 根短于 3m 的概率.

解 记 X 为 100 根木柱中长度小于 3m 的木柱根数，则 $X\sim B(100,0.2)$. 由棣莫弗－拉普拉斯中心极限定理知

$$P\{X\geqslant 30\}=1-P\{X<30\}=1-P\left\{\frac{X-100\times 0.2}{\sqrt{100\times 0.2\times 0.8}}\leqslant\frac{30-100\times 0.2}{\sqrt{100\times 0.2\times 0.8}}\right\}$$
$$=1-\Phi\left(\frac{30-20}{10\times 0.4}\right)=1-\Phi(2.5)=1-0.993\,8=0.006\,2.$$

6. 一工人修理一台机器需两个阶段，第一阶段所需时间(以 h 计)服从均值为 0.2 的指数分布，第二阶段所需时间服从均值为 0.3 的指数分布，且与第一阶段独立. 现有 20 台机器需要修理，求他在 8h 内完成的概率.

解 设修理第 $i(i=1,2,\cdots,20)$ 台机器，第一阶段耗时 X_i，第二阶段为 Y_i，则共耗时 $Z_i=X_i+Y_i$. 今已知 $E(X_i)=0.2,E(Y_i)=0.3$，故

$$E(Z_i)=0.5,$$
$$D(Z_i)=D(X_i)+D(Y_i)=0.2^2+0.3^2=0.13.$$

20 台机器需要修理的时间可认为近似服从正态分布，即有

$$\sum_{i=1}^{20}Z_i\overset{\text{近似}}{\sim}N(20\times 0.5,20\times 0.13)=N(10,2.6),$$

所求概率

$$p=P\left\{\sum_{i=1}^{20}Z_i\leqslant 8\right\}\approx\Phi\left(\frac{8-20\times 0.5}{\sqrt{20\times 0.13}}\right)=\Phi\left(-\frac{2}{1.612\,5}\right)$$

$=\Phi(-1.24)=0.1075.$

即不大可能在8小时内完成全部工作.

7. 一食品店有三种蛋糕出售，由于售出哪一种蛋糕是随机的，因而售出一只蛋糕的价格是一个随机变量，它取1元、1.2元、1.5元各个值的概率分别为0.3,0.2,0.5.若售出300只蛋糕.

(1)求收入至少400元的概率.

(2)求售出价格为1.2元的蛋糕多于60只的概率.

解 (1)令X_i为售出第i只蛋糕的价格，$i=1,2,\cdots,300$，则

$$P\{X_i=1\}=0.3,\ P\{X_i=1.2\}=0.2,\ P\{X_i=1.5\}=0.5,$$

则$E(X_i)=1.29$，$D(X_i)=E(X_i^2)-[E(X_i)]^2=1.713-1.29^2=0.0489$，

由独立同分布的中心极限定理有

$$P\left\{\sum_{i=1}^{300}X_i\geqslant 400\right\}=P\left\{\frac{\sum\limits_{i=1}^{300}X_i-300\times 1.29}{\sqrt{300\times 0.0489}}\geqslant\frac{400-300\times 1.29}{\sqrt{300\times 0.0489}}\right\}$$

$$=1-\Phi(3.39)=0.0003.$$

(2)设Y为这天售出的1.2元的蛋糕只数，则$Y\sim B(300,0.2)$，由棣莫弗—拉普拉斯定理，Y近似服从$N(300\times 0.2,300\times 0.2\times 0.8)$，故

$$P\{Y\geqslant 60\}=P\left\{\frac{Y-300\times 0.2}{\sqrt{300\times 0.16}}\geqslant\frac{60-300\times 0.2}{\sqrt{300\times 0.16}}\right\}\approx 1-\Phi(0)=0.5.$$

8. 一复杂的系统由100个相互独立起作用的部件所组成，在整个运行期间每个部件损坏的概率为0.1.为了使整个系统起作用，至少必须有85个部件正常工作，求整个系统起作用的概率.

解 记X为正常工作的部件数，显然$X\sim B(100,0.9)$，由棣莫弗—拉普拉斯定理$\dfrac{X-100\times 0.9}{\sqrt{100\times 0.9\times 0.1}}$近似地服从$N(0,1)$，从而

$$P\{X>85\}=1-P\{X\leqslant 85\}=1-P\left\{\frac{X-100\times 0.90}{\sqrt{100\times 0.9\times 0.1}}\leqslant\frac{85-100\times 0.9}{\sqrt{100\times 0.9\times 0.1}}\right\}$$

$$\approx 1-\Phi\left(-\frac{5}{3}\right)=\Phi\left(\frac{5}{3}\right)=0.9525,$$

即整个系统起作用的概率为0.9525.

9. 已知在某十字路口，一周事故发生数的数学期望为2.2，标准差为1.4.

(1)以$\overline{X}$表示一年(以52周计)此十字路口事故发生数的算术平均，试用中心极限定理求$\overline{X}$的近似分布，并求$P\{\overline{X}<2\}$.

(2)求一年事故发生数小于100的概率.

解 (1)$E(\overline{X})=E(X)=2.2$，$D(\overline{X})=\dfrac{D(X)}{52}=\dfrac{1.4^2}{52}$，

由中心极限定理，可认为$\overline{X}\sim N\left(2.2,\dfrac{1.4^2}{52}\right)$.

$$P\{\overline{X}<2\}=\Phi\left(\frac{2-2.2}{\frac{1.4}{\sqrt{52}}}\right)=\Phi\left(\frac{-0.2\times\sqrt{52}}{1.4}\right)=\Phi(-1.030)$$

$$=1-\Phi(1.030)=1-0.8485=0.1515.$$

(2)一年52周，设各周事故发生数为$X_1,X_2,\cdots,X_{52}$.则需计算$p=P\left\{\sum\limits_{i=1}^{52}X_i<100\right\}$，即$P\{52\overline{X}<100\}$.用中心极限定理可知所求概率为

$$p=P\{52\overline{X}<100\}=P\left\{\overline{X}<\frac{100}{52}\right\}\approx\Phi\left(\frac{\left(\frac{100}{52}-2.2\right)\sqrt{52}}{1.4}\right)$$

$=\Phi(-1.426)=1-0.9230=0.0770.$

10. 某种小汽车氧化氮的排放量的数学期望为 0.9g/km，标准差为 1.9g/km，某汽车公司有这种小汽车 100 辆，以 $\overline{X}$ 表示这些车辆氧化氮排放量的算术平均，问当 L 为何值时 $\overline{X}>L$ 的概率不超过 0.01？

解 设以 $X_i(i=1,2,\cdots,100)$ 表示第 i 辆小汽车氧化氮的排放量，则 $\overline{X}=\frac{1}{100}\sum\limits_{i=1}^{100}X_i$.

由已知条件 $E(X_i)=0.9$，$D(X_i)=1.9^2$ 得 $E(\overline{X})=0.9$，$D(\overline{X})=\frac{1.9^2}{100}$.

各辆汽车氧化氮的排放量相互独立，故可认为近似地有 $\overline{X}\sim N\left(0.9,\frac{1.9^2}{100}\right)$.

需要计算的是满足 $P\{\overline{X}>L\}\leqslant 0.01$ 的最小值 L.

由中心极限定理

$$P\{\overline{X}>L\}=P\left\{\frac{\overline{X}-0.9}{0.19}>\frac{L-0.9}{0.19}\right\}\leqslant 0.01.$$

L 应为满足 $1-\Phi\left(\frac{L-0.9}{0.19}\right)\leqslant 0.01$ 的最小值，即

$$\Phi\left(\frac{L-0.9}{0.19}\right)\geqslant 0.99=\Phi(2.33),\quad 即\quad \frac{L-0.9}{0.19}\geqslant 2.33,$$

故 $L\geqslant 0.9+0.19\times 2.33=1.3427$，应取 $L=1.3427\text{g/km}$.

11. 随机地选取两组学生，每组 80 人，分别在两个实验室里测量某种化合物的 pH. 各人测量的结果是随机变量，它们相互独立，服从同一分布，数学期望为 5，方差为 0.3，以 $\overline{X}$，$\overline{Y}$ 分别表示第一组和第二组所得结果的算术平均.

(1)求 $P\{4.9<\overline{X}<5.1\}$.

(2)求 $P\{-0.1<\overline{X}-\overline{Y}<0.1\}$.

解 (1)令 X_i 表示第一组第 i 人测量结果，则 $E(X_i)=5$，$D(X_i)=0.3$，$(i=1,2,\cdots,80)$. 由中心极限定理

$$P\{4.9<\overline{X}<5.1\}=\left\{\frac{4.9-5}{\sqrt{\frac{0.3}{80}}}<\frac{\overline{X}-5}{\sqrt{\frac{0.3}{80}}}<\frac{5.1-5}{\sqrt{\frac{0.3}{80}}}\right\}\approx\Phi\left(\frac{4}{\sqrt{6}}\right)-\Phi\left(-\frac{4}{\sqrt{6}}\right)$$

$$=2\Phi(1.63)-1=0.8968.$$

(2)令 Y_j 表示第二组第 j 人测量结果，则 $E(Y_j)=5$，$D(Y_j)=0.3\quad(j=1,2,\cdots,80)$.

$$E(\overline{X})=E(\overline{Y})=5,\quad D(\overline{X})=D(\overline{Y})=\frac{0.3}{80}=\frac{3}{800},$$

$$E(\overline{X}-\overline{Y})=0,\qquad D(\overline{X}-\overline{Y})=D(\overline{X})+D(\overline{Y})=\frac{3}{400},$$

$$P\{-0.1<\overline{X}-\overline{Y}<0.1\}=P\left\{\frac{-0.1}{\sqrt{\frac{3}{400}}}<\frac{\overline{X}-\overline{Y}}{\sqrt{\frac{3}{400}}}<\frac{0.1}{\sqrt{\frac{3}{400}}}\right\}\approx\Phi\left(\frac{2}{\sqrt{3}}\right)-\Phi\left(-\frac{2}{\sqrt{3}}\right)$$

$$=2\Phi(1.15)-1=0.7498.$$

12. 一公寓有 200 户住户，一户住户拥有汽车辆数 X 的分布律为

X	0	1	2
p_k	0.1	0.6	0.3

问需要多少车位，才能使每辆汽车都具有一个车位的概率至少为 0.95？

解 设需要车位数为 n，且设第 $i(i=1,2,\cdots,200)$ 户有车辆数为 X_i，则由 X_i 的分布律知

$E(X_i)=0\times 0.1+1\times 0.6+2\times 0.3=1.2$,

$E(X_i^2)=0^2\times 0.1+1^2\times 0.6+2^2\times 0.3=1.8$,

故 $D(X_i)=E(X_i^2)-[E(X_i)]^2=1.8-1.2^2=0.36$.

因共有 200 户,各户占有车位数相互独立.从而近似地有

$$\sum_{i=1}^{200} X_i \sim N(200\times1.2,\ 200\times0.36).$$

今要求车位数 n 满足 $0.95\leqslant P\left\{\sum_{i=1}^{200} X_i\leqslant n\right\}$,由正态近似知,上式中 n 应满足

$$0.95\leqslant \Phi\left(\frac{n-200\times1.2}{\sqrt{200\times0.36}}\right)=\Phi\left(\frac{n-240}{\sqrt{72}}\right),$$

因 $0.95=\Phi(1.645)$,从而由 $\Phi(x)$ 的单调性知

$$\frac{n-240}{\sqrt{72}}\geqslant1.645,\ 故\ n\geqslant240+1.645\times\sqrt{72}=253.96.$$

由此知至少需 254 个车位.

13. 某种电子器件的寿命(以 h 计)具有数学期望 μ(未知),方差 $\sigma^2=400$. 为了估计 μ, 随机地取 n 只这种器件,在时刻 $t=0$ 投入测试(测试是相互独立的)直至失效,测得其寿命为 $X_1,X_2,\cdots,X_n$, 以 $\overline{X}=\frac{1}{n}\sum_{k=1}^{n}X_k$ 作为 μ 的估计,为使 $P\{|\overline{X}-\mu|<1\}\geqslant0.95$,问 n 至少为多少?

解　X_k 表示第 k 个器件寿命,$k=1,2,\cdots,n$,则

$$E(X_k)=\mu,\quad D(X_k)=400,\quad E(\overline{X})=\mu,\quad D(\overline{X})=\frac{D(X_k)}{n}=\frac{400}{n},$$

$$P\{|\overline{X}-\mu|<1\}=P\left\{\left|\frac{\overline{X}-\mu}{\sqrt{\frac{400}{n}}}\right|<\frac{1}{\sqrt{\frac{400}{n}}}\right\}\approx\Phi\left(\frac{\sqrt{n}}{20}\right)-\Phi\left(-\frac{\sqrt{n}}{20}\right)=2\Phi\left(\frac{\sqrt{n}}{20}\right)-1\geqslant0.95.$$

故 $\Phi\left(\frac{\sqrt{n}}{20}\right)\geqslant0.975=\Phi(1.96)$,　有 $\frac{\sqrt{n}}{20}\geqslant1.96$,　得 $n\geqslant1\ 536.64$.

因此 n 至少为 1 537.

14. 某药厂断言,该厂生产的某种药品对于医治一种疑难血液病的治愈率为 0.8,医院任意抽查 100 个服用此药品的患者,若其中多于 75 人治愈,就接受此断言,否则就拒绝此断言.

(1)若实际上此药品对这种疾病的治愈率为 0.8.问接受这一断言的概率是多少?

(2)若实际上此药品对这种疾病的治愈率为 0.7.问接受这一断言的概率是多少?

解　设 100 人中的治愈人数为 X,则 $X\sim B(100,p)$.

(1)$p=0.8$,即 $X\sim B(100,0.8)$.由中心极限定理,X 近似服从 $N(80,4^2)$.

则接受药厂断言的概率为

$$P\{X>75\}=1-P\{X\leqslant75\}\approx1-\Phi\left(\frac{75-80}{4}\right)=1-\Phi\left(-\frac{5}{4}\right)=\Phi(1.25)=0.894\ 4.$$

(2)$p=0.7$,即 $X\sim B(100,0.7)$.由中心极限定理,X 近似服从 $N(70,21)$.

则接受药厂断言的概率为

$$P\{X>75\}=1-P\{X\leqslant75\}\approx1-\Phi\left(\frac{75-70}{\sqrt{21}}\right)=1-\Phi(1.09)=1-0.862\ 1=0.137\ 9.$$

第五章自测题

一、填空题

1. 设随机变量 X 的方差为 2，则根据切比雪夫不等式估计 $P\{|X-E(X)|\geqslant 2\}\leqslant$______.

2. 设 $X_1,X_2,\cdots,X_n,\cdots$ 为相互独立的随机变量序列，且 $X_i(i=1,2,\cdots)$ 服从参数为 λ 的泊松分布，则

$$\lim_{n\to\infty}P\left\{\frac{\sum_{i=1}^{n}X_i-n\lambda}{\sqrt{n\lambda}}\leqslant x\right\}=\_\_\_\_\_\_.$$

3. 设 $X\sim U[-1,b]$，若由切比雪夫不等式有 $P\{|X-1|<\varepsilon\}\geqslant\frac{2}{3}$，则 $b=$______；$\varepsilon=$______.

4. 设随机变量 $X\sim B(100,0.2)$，应用中心极限定理可得 $P\{X\geqslant 30\}\approx$______.（已知 $\Phi(2.5)=0.993\,8$）

5. 设 $X_1,X_2,\cdots,X_n,\cdots$ 是独立同分布的随机变量序列，且

X_i	0	1
P	$1-p$	p

$i=1,2,\cdots,\quad 0<p<1$，

令 $Y_n=\sum_{i=1}^{n}X_i$，$n=1,2,\cdots$，$\Phi(x)$ 为标准正态分布函数，则 $\lim_{n\to\infty}P\left\{\frac{Y_n-np}{\sqrt{np(1-p)}}\leqslant 1\right\}=$______.

6. 某市有 50 个无线寻呼台，每个寻呼台在每分钟内收到的电话呼叫次数服从参数 $\lambda=0.05$ 的泊松分布，则该市在某时刻一分钟内的呼叫次数的总和大于 3 次的概率是______.

二、选择题

1. 设随机变量 $X_1,X_2,\cdots,X_n,\cdots$ 相互独立，且 X_i 都服从参数为 $\frac{1}{2}$ 的指数分布，则当 n 充分大时，随机变量 $Z_n=\frac{1}{n}\sum_{i=1}^{n}X_i$ 的概率分布近似服从(　　).

(A) $N(2,4)$　　(B) $N(2,\frac{4}{n})$　　(C) $N(\frac{1}{2},\frac{1}{4n})$　　(D) $N(2n,4n)$

2. 设 $\Phi(x)$ 为标准正态分布函数，$X_i=\begin{cases}0, & A\text{ 不发生},\\ 1, & A\text{ 发生}.\end{cases}$ $(i=1,2,\cdots,100)$，且 $P(A)=0.8$，$X_1,X_2,\cdots,X_{100}$ 相互独立. 令 $Y=\sum_{i=1}^{100}X_i$，则由中心极限定理知 Y 的分布函数 $F(y)$ 近似于(　　).

(A) $\Phi(y)$　　(B) $\Phi(\frac{y-80}{4})$　　(C) $\Phi(16y+8)$　　(D) $\Phi(4y+80)$

3. 假设随机变量 $X_1,X_2,\cdots,X_n,\cdots$ 独立同分布，且 $E(X_n)=0$，则 $\lim_{n\to\infty}P\left\{\sum_{i=1}^{n}X_i<n\right\}=$(　　).

(A) 0　　(B) $\frac{1}{4}$　　(C) $\frac{1}{2}$　　(D) 1

4. 设随机变量 $X_1,X_2,\cdots,X_n$ 相互独立，$S_n=X_1+X_2+\cdots+X_n$，则根据列维—林德伯格(Levy—Lindberg)中心极限定理，当 n 充分大时，S_n 近似服从正态分布，只要 $X_1,X_2,\cdots,X_n$ (　　).

(A) 有相同的数学期望　　(B) 有相同的方差

(C) 服从同一指数分布　　(D) 服从同一离散型分布

5. 设 $X_1,X_2,\cdots,X_n,\cdots$ 为独立同分布的随机变量序列，且均服从参数为 $\lambda(\lambda>1)$ 的指数分布，记 $\Phi(x)$ 为标准正态分布函数，则(　　).

(A) $\lim\limits_{n\to\infty} P\left\{\dfrac{\sum\limits_{i=1}^{n}X_i-n\lambda}{\lambda\sqrt{n}}\leqslant x\right\}=\Phi(x)$ (B) $\lim\limits_{n\to\infty} P\left\{\dfrac{\sum\limits_{i=1}^{n}X_i-n\lambda}{\sqrt{n\lambda}}\leqslant x\right\}=\Phi(x)$

(C) $\lim\limits_{n\to\infty} P\left\{\dfrac{\lambda\sum\limits_{i=1}^{n}X_i-n}{\sqrt{n}}\leqslant x\right\}=\Phi(x)$ (D) $\lim\limits_{n\to\infty} P\left\{\dfrac{\sum\limits_{i=1}^{n}X_i-\lambda}{\sqrt{n\lambda}}\leqslant x\right\}=\Phi(x)$

6. 设随机变量 $X_1,\cdots,X_n,\cdots$ 是独立同分布的随机变量,其分布函数为 $F(x)=A+\dfrac{1}{\pi}\arctan\dfrac{x}{B}$,其中 $B\neq0$,则辛钦大数定律对此序列(　　).

(A)适用　　(B)当常数 A、B 取适当数值时适用

(C)无法判断　　(D)不适用

三、解答题

1. 设某供电网有 10 000 盏灯,夜晚每一盏灯开灯的概率都是 0.7,而所有电灯开或关是彼此独立的,试用切比雪夫不等式估计夜晚同时开着的灯数在 6 800～7 200 的概率.

2. 某计算机系统有 120 个终端,每个终端在 1 小时内平均有 3 分钟使用打印机,假定各终端使用打印机与否是相互独立的,求至少有 10 个终端同时使用打印机的概率.

3. 调整某种仪表 200 台,调整无误的概率为 0,设调整过大或过小的概率都是 $\dfrac{1}{2}$,问调整过大的仪表在 95 台到 105 台之间的概率是多少?

4. 某商店出售某种贵重商品,根据经验,该商品每周销售量服从参数为 $\lambda=1$ 的泊松分布,假定各周的销售量是相互独立的,用中心极限定理计算该商店一年内(52 周)售出该商品件数在 50 件到 70 件之间的概率(用 $\Phi(x)$ 表示).

5. 对敌人的阵地进行 100 次射击,每次射击时命中目标的炮弹数是一个随机变量,其数学期望为 2,均方差为 1.5,求在 100 次射击中有 180 颗到 220 颗炮弹命中目标的概率.

6. 在一家保险公司里有 10 000 人参加保险,每人每年付 12 元保险费. 在一年内一个人死亡的概率为 0.006,死亡后家属可向保险公司领取 1 000 元. 试求:(1)保险公司亏本的概率;(2)保险公司一年的利润不少于 60 000 元的概率.

第五章自测题答案

一、填空题

1. $\dfrac{1}{2}$　解　根据切比雪夫不等式有 $P\{|X-E(X)|\geqslant2\}\leqslant\dfrac{D(X)}{2^2}=\dfrac{2}{4}=\dfrac{1}{2}$.

2. $\int_{-\infty}^{x}\dfrac{1}{\sqrt{2\pi}}e^{-\frac{t^2}{2}}dt$　或　$\Phi(x)$　解　$E(X_i)=\lambda$, $D(X_i)=\lambda$, 代入独立同分布的中心极限定理,即得

$$\lim_{n\to\infty} P\left\{\frac{\sum\limits_{i=1}^{n}X_i-n\lambda}{\sqrt{n\lambda}}\leqslant x\right\}=\int_{-\infty}^{x}\frac{1}{\sqrt{2\pi}}e^{-\frac{t^2}{2}}dt \quad 或 \quad \Phi(x).$$

3. 3,2　解　因为 $E(X)=\dfrac{b-1}{2}$, $D(X)=\dfrac{(b+1)^2}{12}$, 所以 $\dfrac{b-1}{2}=1$, $1-\dfrac{\frac{(b+1)^2}{12}}{\varepsilon^2}=\dfrac{2}{3}$,则　$b=3,\varepsilon=2$.

4. 0.006 2　解　因为 $X\sim B(100,0.2)$,由中心极限定理,$X\overset{近似}{\sim}N(20,16)$,则

$$P\{X\geqslant30\}=1-P\{X<30\}=1-\Phi\left(\frac{30-20}{4}\right)=1-\Phi(2.5)=1-0.993\ 8=0.006\ 2.$$

5. $\Phi(1)$　解　由中心极限定理　$\lim\limits_{n\to\infty} P\left\{\dfrac{Y_n-np}{\sqrt{np(1-p)}}\leqslant x\right\}=\Phi(x)$,　x 为任意实数

则$\lim\limits_{n\to\infty} P\left\{\dfrac{Y_n-np}{\sqrt{np(1-p)}}\leqslant 1\right\}=\Phi(1)$.

6.0.374 5 **解** 设第 i 个寻呼台在给定时刻一分钟内收到的呼叫次数为 $X_i(i=1,2,\cdots,50)$，则该市在此时刻一分钟内收到的呼叫总数为 $S=\sum\limits_{i=1}^{50} X_i$，且

$$\begin{aligned}E(X_i)&=\lambda=0.05,\\ D(X_i)&=\lambda=0.05,\end{aligned}\qquad (i=1,2,\cdots,50)$$

所以，根据独立同分布中心极限定理，有 S 近似服从 $N(50\times 0.05,\ 50\times 0.05)=N(2.5,\ 2.5)$.
于是，所求概率为

$$P\{S>3\}=1-P\{S\leqslant 3\}\approx 1-\Phi\left(\frac{3-2.5}{\sqrt{2.5}}\right)=1-\Phi(0.316\ 2)=0.374\ 5.$$

二、选择题

1.B **解** 因为 $X_i\sim E(\frac{1}{2})$，所以 $E(X_i)=2, D(X_i)=4$.

由中心极限定理，$\sum\limits_{i=1}^{n} X_i$ 近似服从 $N(2n,4n)$，或者$\dfrac{1}{n}\sum\limits_{i=1}^{n} X_i$ 近似服从 $N(2,\dfrac{4}{n})$(当 n 充分大时).

2.B **解** 由题意 Y 服从二项分布 $B(100,0.8)$，故

$$E(Y)=80,\qquad D(Y)=16,$$

故由中心极限定理可知，当 n 充分大时，Y 近似服从正态分布 $N(80,16)$，则 Y 的分布函数

$$F(y)\approx\Phi\left(\frac{y-80}{4}\right)\quad (\text{当 } n \text{ 充分大时}).$$

3.D **解** 由此题条件及所求概率，考虑用辛钦大数定律：

$$\text{对}\ \forall\,\varepsilon>0,\ \text{有}\lim_{n\to\infty} P\left\{\left|\frac{1}{n}\sum_{i=1}^{n} X_i-E(X_n)\right|<\varepsilon\right\}=1.$$

因为 $E(X_n)=0$，取 $\varepsilon=1$，则 $\lim\limits_{n\to\infty} P\left\{\left|\sum\limits_{i=1}^{n} X_i\right|<n\right\}=1$.

又 $\left\{\left|\sum\limits_{i=1}^{n} X_i\right|<n\right\}\subset\left\{\sum\limits_{i=1}^{n} X_i<n\right\}$，所以 $\lim\limits_{n\to\infty}\left\{\sum\limits_{i=1}^{n} X_i<n\right\}=1$.

4.C **分析** 列维－林德伯格定理成立的条件有三条：
(1)随机变量序列$\{X_n\}$相互独立；
(2)各随机变量服从同一分布；
(3)各随机变量的数学期望和方差存在.

要判定当 n 充分大时，$S_n=\sum\limits_{i=1}^{n} X_i$ 是否近似服从正态分布，只需验证随机变量序列$\{X_n\}$是否满足上述三个条件即可.

解 根据题意知，选项(A)(B)不能保证 $X_1,\cdots,X_n,\cdots$同分布；选项(D)不能保证数学期望存在.
因此应选(C).

5.C **解** 根据题意知，该随机变量序列满足列维－林德伯格中心极限定理. 因为

$$E\left(\sum_{i=1}^{n} X_i\right)=\sum_{i=1}^{n} E(X_i)=\frac{n}{\lambda},\quad D\left(\sum_{i=1}^{n} X_i\right)=\sum_{i=1}^{n} D(X_i)=\frac{n}{\lambda^2},$$

所以 $\dfrac{\sum\limits_{i=1}^{n} X_i-\dfrac{n}{\lambda}}{\sqrt{\dfrac{n}{\lambda^2}}}=\dfrac{\lambda\sum\limits_{i=1}^{n} X_i-n}{\sqrt{n}}$ 的极限分布为标准正态分布.

6.D **分析** 辛钦大数定律成立的条件有两条：

(1)随机变量序列$\{X_n\}$独立同分布；

(2)数学期望$E(X_n)$，$n=1,2,\cdots$存在.

判断随机变量序列是否服从辛钦大数定律，只要验证上述两个条件即可.

解 根据题意，只需判断$E(X_n)$是否存在，即广义积分$\int_{-\infty}^{+\infty}|xf(x)|\mathrm{d}x$是否收敛即可.

因为$f(x)=\frac{\mathrm{d}F(x)}{\mathrm{d}x}=\frac{B}{\pi(B^2+x^2)}$，那么

$$\begin{aligned}\int_{-\infty}^{+\infty}|xf(x)|\mathrm{d}x&=\int_{-\infty}^{+\infty}\frac{|B|\,|x|}{\pi(B^2+x^2)}\mathrm{d}x=\frac{2|B|}{\pi}\int_0^{+\infty}\frac{x}{B^2+x^2}\mathrm{d}x\\&=\frac{|B|}{\pi}\int_0^{+\infty}\frac{\mathrm{d}(B^2+x^2)}{B^2+x^2}=\frac{|B|}{\pi}\lim_{a\to+\infty}\int_0^a\frac{\mathrm{d}(B^2+x^2)}{B^2+x^2}\\&=\frac{|B|}{\pi}\lim_{a\to+\infty}\ln\left(1+\frac{a^2}{B^2}\right)=+\infty.\end{aligned}$$

即辛钦大数定律不满足.

三、解答题

1. **解** 设X表示同时开着的电灯数量，则$X\sim B(10\,000,0.7)$. 于是，

$$E(X)=np=7\,000,\ D(X)=np(1-p)=2\,100.$$

由切比雪夫不等式

$$P\{6\,800<X<7\,200\}=P\{|X-7\,000|<200\}\geqslant1-\frac{2\,100}{200^2}\approx0.95,$$

故夜晚同时开灯数在6 800～7 200的概率超过95%.

2. **解** 设X表示120个终端中使用打印机的数量，则$X\sim B(120,\frac{3}{60})$.

由中心极限定理，$X\overset{\text{近似}}{\sim}N(6,5.7)$，故

$$P\{X\geqslant10\}=1-P\{X<10\}\approx1-\Phi\left(\frac{10-6}{\sqrt{5.7}}\right)=1-\Phi(1.68)=1-0.953\,5=0.046\,5.$$

3. **解** 设X是调整过大的台数，则$X\sim B\left(200,\frac{1}{2}\right)$， $E(X)=np=100$， $D(X)=np(1-p)=50$.

应用中心极限定理，X近似服从$N(100,50)$. 则

$$\begin{aligned}P\{95\leqslant X\leqslant105\}&\approx\Phi\left(\frac{105-100}{\sqrt{50}}\right)-\Phi\left(\frac{95-100}{\sqrt{50}}\right)\\&=\Phi(0.707\,1)-\Phi(-0.707\,1)=2\Phi(0.707\,1)-1\\&\approx2\times0.760\,1-1=0.520\,2.\end{aligned}$$

4. **解** 设X_i为第i周的销售量，$i=1,2,\cdots,52$，则$X_1,X_2,\cdots,X_{52}$独立同分布，且$X_i\sim P(1)$，$E(X_i)=D(X_i)=1$.

根据中心极限定理，$\sum\limits_{i=1}^{52}X_i\overset{\text{近似}}{\sim}N(52,52)$. 故

$$P\left\{50\leqslant\sum_{i=1}^{52}X_i\leqslant70\right\}\approx\Phi\left(\frac{70-52}{\sqrt{52}}\right)-\Phi\left(\frac{50-52}{\sqrt{52}}\right)=\Phi(2.5)+\Phi(0.28)-1.$$

5. **解** 设X_i为第i次射击时命中目标的炮弹数($i=1,2,\cdots,100$). 则$\sum\limits_{i=1}^{100}X_i$为100次射击中命中目标的炮弹总数，且$X_1,X_2,\cdots,X_{100}$独立同分布，$E(X_i)=2$，$D(X_i)=1.5^2$.

由中心极限定理$\sum\limits_{i=1}^{100}X_i\overset{\text{近似}}{\sim}N(200,15^2)$. 故

$$P\{180\leqslant X\leqslant220\}\approx\Phi\left(\frac{220-200}{15}\right)-\Phi\left(\frac{180-220}{15}\right)=\Phi\left(\frac{4}{3}\right)-\Phi\left(-\frac{4}{3}\right)=2\Phi\left(\frac{4}{3}\right)-1=0.816\,5.$$

6.解 (1)设参加保险的10 000人中一年死亡的人数为X,则有

$$X \sim B(10\,000, 0.006),\ E(X)=60,\ D(X) \approx 7.72^2.$$

公司一年收保险费120 000元,付给死者家属1 000X元.当$1\,000X-120\,000>0$时,即$X>120$时公司就亏本了.所以亏本的概率为

$$P\{X>120\}=1-P\{X \leqslant 120\}.$$

由中心极限定理,X近似服从$N(60, 7.72^2)$.于是

$$P\{X>120\}=1-P\left\{\frac{X-60}{7.72} \leqslant \frac{120-60}{7.72}\right\}=1-P\left\{\frac{X-60}{7.72} \leqslant 7.77\right\}$$

$$\approx 1-\Phi(7.77) \approx 1-1=0.$$

(2)公司年利润不少于60 000元就是$120\,000-1\,000X \geqslant 60\,000$,即$0 \leqslant X \leqslant 60$,其概率为

$$P\{0 \leqslant X \leqslant 60\}=P\left\{\frac{0-60}{7.72} \leqslant \frac{X-60}{7.72} \leqslant \frac{60-60}{7.72}\right\}=P\left\{-7.77 \leqslant \frac{X-60}{7.72} \leqslant 0\right\}$$

$$\approx \Phi(0)-\Phi(-7.77) \approx 0.5-0=0.5.$$

第六章 样本及抽样分布

一、主要内容归纳

1. 总体 是指研究对象的某个性能指标的全体,通常用一随机变量 X 代表总体.

2. 个体 是指每一个研究对象.

3. 样本 从总体中取 n 个个体,称作来自总体的容量为 n 的样本.

简单随机样本 是指 n 个相互独立,而且与总体 X 同分布的随机变量 $X_1,X_2,\cdots,X_n$,简称随机样本,也常以随机向量$(X_1,X_2,\cdots,X_n)$表示.它们的一组观察值 $x_1,x_2,\cdots,x_n$ 称为样本值.

4. 统计量 称不含未知参数的样本函数 $g(X_1,X_2,\cdots,X_n)$为统计量.

常见统计量 $\overline{X}=\frac{1}{n}\sum_{i=1}^{n}X_i$ 为样本均值,

$S^2=\frac{1}{n-1}\sum_{i=1}^{n}(X_i-\overline{X})^2$ 为样本方差,

$S=\sqrt{S^2}$ 称为样本标准差,

$A_k=\frac{1}{n}\sum_{i=1}^{n}X_i^k$ 为 k 阶样本原点矩,

$B_k=\frac{1}{n}\sum_{i=1}^{n}(X_i-\overline{X})^k$ 为 k 阶样本中心矩.

5. 经验分布函数

从总体 X 中抽取一个容量为 n 的样本,将其观察值$(x_1,x_2,\cdots,x_n)$按大小顺序,重新排列如下

$$x_1^*\leqslant x_2^*\leqslant\cdots\leqslant x_n^*,$$

对于任意的实数 x,定义函数

$$F_n(x)=\begin{cases}0, & x<x_1^*,\\ \frac{k}{n}, & x_k^*\leqslant x<x_{k+1}^*, \quad k=1,2,\cdots,n-1,\\ 1, & x_n^*\leqslant x,\end{cases}$$

称 $F_n(x)$为总体 X 由 $x_1,x_2,\cdots,x_n$ 所决定的样本分布函数或经验分布函数.

格列汶科定理 当 $n\to\infty$时,$F_n(x)$依概率 1 关于 x 均匀地收敛于$F(x)$.即说明:当 n 很大时,样本分布函数 $F_n(x)$近似于总体分布函数 $F(x)$.

6. χ^2 分布

(1)**定义** 设随机变量 $X_1,\cdots,X_n$ 相互独立同分布 $N(0,1)$,若有 $\chi^2=\sum_{i=1}^{n}X_i^2$,则随机变

量 χ^2 的分布称为 n 个自由度的 χ^2 分布，即 $\chi^2\sim\chi^2(n)$. 其概率密度函数为

$$\varphi(x)=\begin{cases}\dfrac{1}{2^{\frac{n}{2}}\Gamma(\frac{n}{2})}x^{\frac{n}{2}-1}\mathrm{e}^{-\frac{x}{2}}, & x>0,\\ 0, & x\leqslant 0.\end{cases}$$

用图形表示其密度函数为图 6—1.

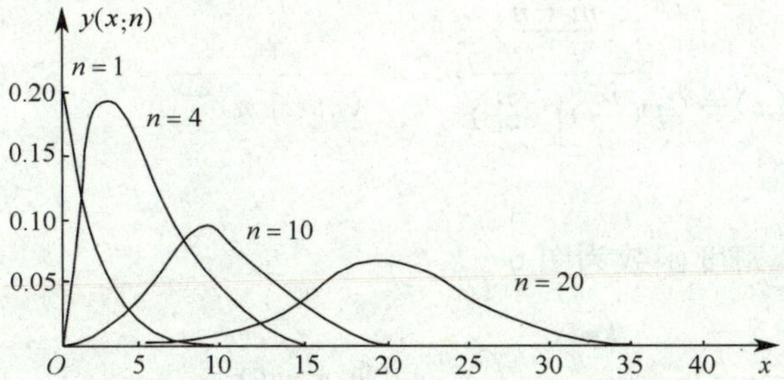

图 6—1

(2)**性质**　①$E[\chi^2(n)]=n, D[\chi^2(n)]=2n$.

②设 $X\sim\chi^2(m)$，$Y\sim\chi^2(n)$，且 X 与 Y 相互独立，则 $X+Y\sim\chi^2(m+n)$.

(3)上 α 分位点：对于给定的正数 $\alpha(0<\alpha<1)$，称满足条件 $P\{\chi^2>\chi_\alpha^2(n)\}=\alpha$ 的点 $\chi_\alpha^2(n)$ 为 χ^2 分布的上 α 分位点.

7. t 分布

(1)**定义**　设随机变量 X 与 Y 相互独立，$X\sim N(0,1)$，$Y\sim\chi^2(n)$，若 $T=\dfrac{X}{\sqrt{\dfrac{Y}{n}}}$，则随机变量 T 的分布称为 n 个自由度的 t 分布，即 $T\sim t(n)$，其概率密度函数为

$$\varphi(x)=\frac{\Gamma(\frac{n+1}{2})}{\sqrt{n\pi}\,\Gamma(\frac{n}{2})}\left(1+\frac{x^2}{n}\right)^{-\frac{n+1}{2}}\qquad(-\infty<x<+\infty).$$

用图形表示其概率密度为图 6—2.

(2)**性质**　①$E[t(n)]=0, D[t(n)]=\dfrac{n}{n-2}\quad(n>2)$；

②$\lim\limits_{n\to\infty}\varphi(x)=\dfrac{1}{\sqrt{2\pi}}\mathrm{e}^{-\frac{x^2}{2}}$，

故 n 足够大时，t 分布近似于 $N(0,1)$；

③若 $T\sim t(n)$，则 $T^2\sim F(1,n)$；(3)上 α 分位点：$t(n)$ 分布的上 α 分位点 $t_\alpha(n)$ 是指满足

$P\{T>t_\alpha(n)\}=\alpha\quad(0<\alpha<1)$　的点 $t_\alpha(n)$.

其中　$t_{1-\alpha}(n)=-t_\alpha(n)$.

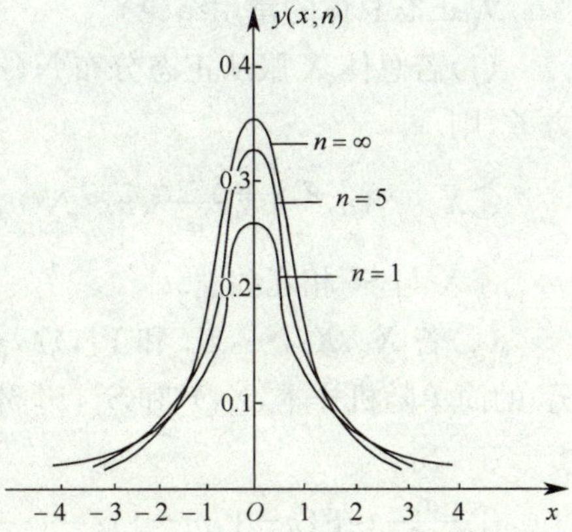

图 6—2

8. F 分布

(1)**定义** 设随机变量 X 与 Y 相互独立,且分别服从 $\chi^2(m)$ 和 $\chi^2(n)$ 分布,若 $F=\dfrac{\frac{X}{m}}{\frac{Y}{n}}$,则 F 服从自由度为 m,n 的 F 分布,即 $F\sim F(m,n)$,其概率密度函数为

$$\varphi(x)=\begin{cases}\dfrac{\Gamma(\frac{m+n}{2})}{\Gamma(\frac{m}{2})\Gamma(\frac{n}{2})}m^{\frac{m}{2}}n^{\frac{n}{2}}\dfrac{x^{\frac{m}{2}-1}}{(mx+n)^{\frac{m+n}{2}}}, & x>0,\\ 0, & x\leqslant 0.\end{cases}$$

用图形表示其概率密度函数为图 6－3.

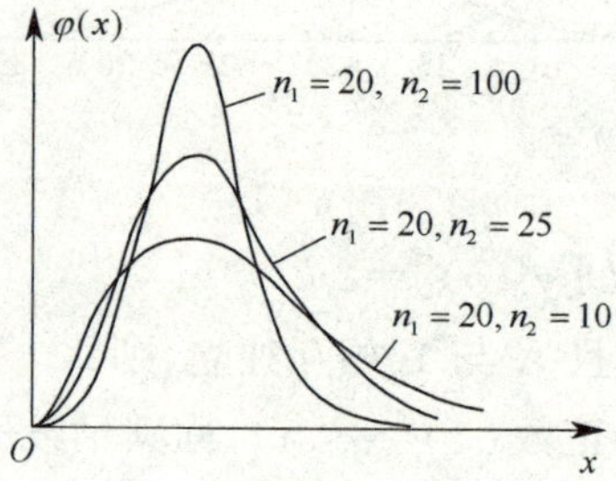

图 6－3

(2)**性质** ①若 $X\sim F(m,n)$,则

$$E(X)=\frac{n}{n-2}(n>2),\quad D(X)=\frac{n^2(2m+2n-4)}{m(n-2)^2(n-4)}(n>4);$$

②若 $X\sim F(m,n)$,则$\dfrac{1}{X}\sim F(n,m)$;

(3)**上 α 分位点** 满足 $P\{F>F_\alpha(m,n)\}=\alpha(0<\alpha<1)$ 的点 $F_\alpha(m,n)$称为上 α 分位点,且 $F_{1-\alpha}(m,n)=\dfrac{1}{F_\alpha(n,m)}$.

9. 正态总体的常用结论

(1)若总体 X 服从正态分布 $N(\mu,\sigma^2)$,$X_1,\cdots,X_n$ 是其样本,$\overline{X}$ 和 S^2 分别为样本均值和方差,则

①$\overline{X}\sim N(\mu,\dfrac{\sigma^2}{n})$或$\dfrac{\overline{X}-\mu}{\sigma}\sqrt{n}\sim N(0,1)$; ②$\dfrac{(n-1)S^2}{\sigma^2}\sim\chi^2(n-1)$; ③$\dfrac{\overline{X}-\mu}{S}\sqrt{n}\sim t(n-1)$;

④$\overline{X}$ 与 S^2 相互独立.

(2)若 $X_1,X_2,\cdots,X_n$ 和 $Y_1,Y_2,\cdots,Y_m$ 分别表示取自两个正态总体 $N(\mu_1,\sigma_1^2)$和 $N(\mu_2,\sigma_2^2)$的简单随机样本,$\overline{X}$,$\overline{Y}$ 和 S_1^2,S_2^2 分别表示其样本均值和方差,则有

①$\dfrac{\frac{S_1^2}{\sigma_1^2}}{\frac{S_2^2}{\sigma_2^2}}\sim F(n-1,m-1)$;

② $\sqrt{\dfrac{mn(n+m-2)}{n+m}}\,\dfrac{(\overline{X}-\overline{Y})-(\mu_1-\mu_2)}{\sqrt{(n-1)S_1^2+(m-1)S_2^2}}\sim t(n+m-2)$（当 $\sigma_1^2=\sigma_2^2$ 时）.

二、经典例题解析及解题方法总结

【例 1】设随机变量 X 和 Y 都服从标准正态分布，则（　　）.

(A) $X+Y$ 服从正态分布　　(B) X^2+Y^2 服从 χ^2 分布

(C) X^2 和 Y^2 都服从 χ^2 分布　　(D) $\dfrac{X^2}{Y^2}$ 服从 F 分布

分析　利用正态分布的性质和 χ^2 分布的表达式判断.

解　因为 X 与 Y 是否相互独立不确定，故 $X+Y$ 不一定服从正态分布，同理 X^2+Y^2 不一定服从 χ^2 分布，$\dfrac{X^2}{Y^2}$ 服从 F 分布也不确定. 而 $X^2\sim\chi^2(1)$，$Y^2\sim\chi^2(1)$.

故应选(C).

【例 2】设总体 X 服从正态分布 $N(0,2^2)$，而 $X_1,X_2,\cdots,X_{15}$ 是来自总体 X 的简单随机样本，则随机变量

$$Y=\frac{X_1^2+\cdots+X_{10}^2}{2(X_{11}^2+\cdots+X_{15}^2)}$$

服从______分布，参数为______.

分析　利用 χ^2 分布与 F 分布的定义可判断分布并解得参数.

解　由于 $X_1,X_2,\cdots,X_{15}$ 是简单随机样本，所以 $X_i(i=1,2,\cdots,15)$ 相互独立且服从 $N(0,2^2)$ 分布，因此 $X_1^2+\cdots+X_{10}^2$ 与 $X_{11}^2+\cdots+X_{15}^2$ 也相互独立，而

$$\frac{X_i}{2}\sim N(0,1)\quad(i=1,2,\cdots,15),$$

故

$$\left(\frac{X_1}{2}\right)^2+\cdots+\left(\frac{X_{10}}{2}\right)^2=\frac{1}{4}(X_1^2+\cdots+X_{10}^2)\sim\chi^2(10),$$

$$\left(\frac{X_{11}}{2}\right)^2+\cdots+\left(\frac{X_{15}}{2}\right)^2=\frac{1}{4}(X_{11}^2+\cdots+X_{15}^2)\sim\chi^2(5),$$

所以有

$$\frac{\frac{1}{4}(X_1^2+\cdots+X_{10}^2)\frac{1}{10}}{\frac{1}{4}(X_{11}^2+\cdots+X_{15}^2)\frac{1}{5}}=\frac{X_1^2+\cdots+X_{10}^2}{2(X_{11}^2+\cdots+X_{15}^2)}\sim F(10,5),$$

故 Y 服从 F 分布，参数为(10,5).

【例 3】设随机变量 X 和 Y 相互独立且都服从正态分布 $N(0,3^2)$，而 $X_1,\cdots,X_9$ 和 $Y_1,\cdots,Y_9$ 分别是来自总体 X 和 Y 的简单随机样本，则统计量 $U=\dfrac{X_1+X_2+\cdots+X_9}{\sqrt{Y_1^2+Y_2^2+\cdots+Y_9^2}}$ 服从______分布，参数为______.

分析 $X_1,\cdots,X_9$ 相互独立且与 X 同分布，所以$\frac{1}{9}(X_1+\cdots+X_9)\sim N(0,1)$，同理$\frac{1}{9}(Y_1^2+\cdots+Y_9^2)\sim\chi^2(9)$.

解 因为 $X_i\sim N(0,3^2)$ $(i=1,\cdots,9)$，所以 $X_1+X_2+\cdots+X_9\sim N(0,9^2)$，则 $\frac{X_1+X_2+\cdots+X_9}{9}\sim N(0,1)$.

因为$Y_i\sim N(0,3^2)$，所以 $\frac{Y_i}{3}\sim N(0,1)$，则$\frac{1}{9}(Y_1^2+Y_2^2+\cdots+Y_9^2)\sim\chi^2(9)$.

由 t 分布的定义可知$\frac{X_1+X_2+\cdots+X_9}{\sqrt{Y_1^2+Y_2^2+\cdots+Y_9^2}}=\frac{\frac{1}{9}(X_1+X_2+\cdots+X_9)}{\frac{1}{9}\sqrt{Y_1^2+Y_2^2+\cdots+Y_9^2}}\sim t(9)$，

因此U服从t 分布，参数为 9.

方法总结

判断统计量服从什么抽样分布是本章的重点题型之一. 例 1～例 3 属于该类型. 要做到判断准确，必须首先将 χ^2 分布，t 分布，F 分布的定义及性质熟记，其次正态总体下的抽样分布结论要掌握.

【例 4】 设 $X_1,X_2,\cdots,X_m$ 为来自二项分布总体$B(n,p)$的简单随机样本，$\overline{X}$ 和 S^2 分别为样本均值和样本方差. 记统计量 $T=\overline{X}-S^2$，则 $E(T)=$______.

解 因为 $X\sim B(n,p)$，则 $E(X)=np,D(X)=np(1-p)$.

则 $E(T)=E(\overline{X}-S^2)=E(\overline{X})-E(S^2)=E(X)-D(X)=np-np(1-p)=np^2$.

故应填 np^2.

【例 5】 设总体 X 服从正态分布 $N(\mu,\sigma^2)$ $(\sigma>0)$. 从该总体中抽取简单随机样本 X_1，$X_2,\cdots,X_{2n}(n\geqslant 2)$. 其样本均值为 $\overline{X}=\frac{1}{2n}\sum_{i=1}^{2n}X_i$，试求统计量 $Y=\sum_{i=1}^{n}(X_i+X_{n+i}-2\overline{X})^2$ 的数学期望 $E(Y)$.

解 **方法一** 由已知条件 $X_1,X_2,\cdots,X_{2n}$均服从 $N(\mu,\sigma^2)$且相互独立，

所以 $(X_1+X_{n+1}),(X_2+X_{n+2}),\cdots,(X_n+X_{2n})$ 相互独立且服从 $N(2\mu,2\sigma^2)$，故

$$(X_1+X_{n+1}),(X_2+X_{n+2}),\cdots,(X_n+X_{2n})$$

可作为来自总体 $N(2\mu,2\sigma^2)$的样本.

其样本均值为 $\frac{1}{n}\sum_{i=1}^{n}(X_i+X_{n+i})=\frac{1}{n}\sum_{i=1}^{2n}X_i=2\overline{X}$，

其样本方差为 $\frac{1}{n-1}\sum_{i=1}^{n}(X_i+X_{n+i}-2\overline{X})^2=\frac{1}{n-1}Y$，

因为 $E(S^2)=\sigma^2$，故 $E\left(\frac{1}{n-1}Y\right)=2\sigma^2$， 得 $E(Y)=2(n-1)\sigma^2$.

方法二 记 $\overline{X}'=\frac{1}{n}\sum_{i=1}^{n}X_i,\overline{X}''=\frac{1}{n}\sum_{i=1}^{n}X_{n+i}$，显然有 $2\overline{X}=\overline{X}'+\overline{X}''$. 因此

$$E(Y)=E[\sum_{i=1}^{n}(X_i+X_{n+i}-2\overline{X})^2]=E\{\sum_{i=1}^{n}[(X_i-\overline{X}')+(X_{n+i}-\overline{X}'')]^2\}$$
$$=E\{\sum_{i=1}^{n}[(X_i-\overline{X}')^2+2(X_i-\overline{X}')(X_{n+i}-\overline{X}'')+(X_{n+i}-\overline{X}'')^2]\}$$
$$=E[\sum_{i=1}^{n}(X_i-\overline{X}')^2]+0+E[\sum_{i=1}^{n}(X_{n+i}-\overline{X}'')^2]$$
$$=(n-1)\sigma^2+(n-1)\sigma^2=2(n-1)\sigma^2.$$

方法三 $Y=\sum_{i=1}^{n}(X_i+X_{n+i}-2\overline{X})^2$

$$=\sum_{i=1}^{n}(X_i^2+X_{n+i}^2+2X_iX_{n+i}-4\overline{X}X_i-4\overline{X}X_{n+i}+4\overline{X}^2)$$
$$=\sum_{i=1}^{2n}X_i^2+2\sum_{i=1}^{n}X_iX_{n+i}-4\overline{X}\sum_{i=1}^{2n}X_i+4n\overline{X}^2$$
$$=\sum_{i=1}^{2n}X_i^2+2\sum_{i=1}^{n}X_iX_{n+i}-4n\overline{X}^2.$$

又由 $D(\overline{X})=E(\overline{X}^2)-[E(\overline{X})]^2$ 可得，$E(\overline{X}^2)=\frac{\sigma^2}{2n}+\mu^2$.

同理 $E(X_i^2)=\mu^2+\sigma^2$.

因此 $E(Y)=\sum_{i=1}^{2n}E(X_i^2)+2\sum_{i=1}^{n}E(X_i)E(X_{n+i})-4nE(\overline{X}^2)$

$$=2n(\sigma^2+\mu^2)+2n\mu^2-4n\left(\frac{\sigma^2}{2n}+\mu^2\right)=2(n-1)\sigma^2.$$

方法总结

本题方法一和方法二都用到了 $E(S^2)=\sigma^2$ 这个结论，非常方便.

【例 6】 设 $X\sim N(0,0.3^2)$，$(X_1,X_2,\cdots,X_{10})$是取自 X 的一个样本，求 $P\{\sum_{i=1}^{10}X_i^2>1.44\}$.

解 由 $X_i\sim N(0,0.3^2)$知$\frac{X_i}{0.3}\sim N(0,1)$， $i=1,2,\cdots,10$，故

$$\sum_{i=1}^{10}\left(\frac{X_i}{0.3}\right)^2=\frac{1}{0.09}\cdot\sum_{i=1}^{10}X_i^2\sim\chi^2(10),$$

$$P\{\sum_{i=1}^{10}X_i^2>1.44\}=P\left\{\frac{1}{0.09}\sum_{i=1}^{10}X_i^2>\frac{1.44}{0.09}\right\}=P\left\{\frac{1}{0.09}\sum_{i=1}^{10}X_i^2>16\right\}=0.1.$$

【例 7】 设 $X_1,X_2,\cdots,X_n$ 为来自总体$N(\mu_1,\sigma^2)$的简单随机样本，$Y_1,Y_2,\cdots,Y_m$ 为来自总体 $N(\mu_2,2\sigma^2)$ 的简单随机样本，且两样本相互独立，记

$$\overline{X}=\frac{1}{n}\sum_{i=1}^{n}X_i,\qquad \overline{Y}=\frac{1}{m}\sum_{i=1}^{m}Y_i,$$

$$S_1^2=\frac{1}{n-1}\sum_{i=1}^{n}(X_i-\overline{X})^2,\quad S_2^2=\frac{1}{m-1}\sum_{i=1}^{m}(Y_i-\overline{Y})^2,$$

则(　　).

(A) $\frac{S_1^2}{S_2^2}\sim F(n,m)$　　(B) $\frac{S_1^2}{S_2^2}\sim F(n-1,m-1)$

(C) $\frac{2S_1^2}{S_2^2}\sim F(n,m)$　　(D) $\frac{2S_1^2}{S_2^2}\sim F(n-1,m-1)$

解　$X_1,X_2,\cdots,X_n$ 的样本方差 $S_1^2=\frac{1}{n-1}\sum_{i=1}^{n}(X_i-\overline{X})^2$,

$Y_1,Y_2,\cdots,Y_n$ 的样本方差 $S_2^2=\frac{1}{m-1}\sum_{i=1}^{m}(Y_i-\overline{Y})^2$,

则 $\frac{(n-1)S_1^2}{\sigma^2}\sim\chi^2(n-1)$, $\frac{(m-1)S_2^2}{2\sigma^2}\sim\chi^2(m-1)$,且两个样本相互独立.

所以

$$\frac{\dfrac{\frac{(n-1)S_1^2}{\sigma^2}}{(n-1)}}{\dfrac{\frac{(m-1)S_2^2}{2\sigma^2}}{(m-1)}}=\frac{\dfrac{S_1^2}{\sigma^2}}{\dfrac{S_2^2}{2\sigma^2}}=\frac{2S_1^2}{S_2^2}\sim F(n-1,m-1).$$

故应选(D).

本章教材习题全解

1. 在总体 $N(52,6.3^2)$ 中随机抽取一容量为 36 的样本,求样本均值 $\overline{X}$ 落在 50.8 到 53.8 之间的概率.

解 因 $\overline{X}\sim N(52,\frac{6.3^2}{36})$,所以

$$P\{50.8<\overline{X}<53.8\}=P\left\{\frac{50.8-52}{\frac{6.3}{6}}<\frac{\overline{X}-52}{\frac{6.3}{6}}<\frac{53.8-52}{\frac{6.3}{6}}\right\}=P\left\{-\frac{8}{7}<\frac{\overline{X}-52}{\frac{6.3}{6}}<\frac{12}{7}\right\}$$

$$=\Phi(\frac{12}{7})-\Phi(-\frac{8}{7})=\Phi(\frac{12}{7})+\Phi(\frac{8}{7})-1$$

$$\approx 0.956\,4+0.872\,9-1$$

$$=0.829\,3.$$

2. 在总体 $N(12,4)$ 中随机抽一容量为 5 的样本 X_1,X_2,X_3,X_4,X_5.

(1)求样本均值与总体均值之差的绝对值大于 1 的概率.

(2)求概率 $P\{\max\{X_1,X_2,X_3,X_4,X_5\}>15\}$,$P\{\min\{X_1,X_2,X_3,X_4,X_5\}<10\}$.

解 (1)因 $\overline{X}\sim N(12,\frac{4}{5})$,所以

$$P\{|\overline{X}-12|>1\}=P\left\{\left|\frac{\overline{X}-12}{\sqrt{\frac{4}{5}}}\right|>\frac{\sqrt{5}}{2}\right\}$$

$$=2-2\Phi(\frac{\sqrt{5}}{2})=2\times[1-\Phi(1.12)]=2\times(1-0.868\,6)=0.262\,8.$$

(2) $P\{\max\{X_1,X_2,X_3,X_4,X_5\}>15\}$

$$=1-P\{X_1\leqslant 15,X_2\leqslant 15,X_3\leqslant 15,X_4\leqslant 15,X_5\leqslant 15\}$$

$$=1-\prod_{i=1}^{5}P\{X_i\leqslant 15\}=1-\prod_{i=1}^{5}P\left\{\frac{X_i-12}{2}\leqslant\frac{15-12}{2}\right\}$$

$$=1-[\Phi(1.5)]^5=1-(0.933\,2)^5=0.292\,3.$$

$P\{\min\{X_1,X_2,X_3,X_4,X_5\}<10\}$

$$=1-P\{X_1\geqslant 10,X_2\geqslant 10,X_3\geqslant 10,X_4\geqslant 10,X_5\geqslant 10\}$$

$$=1-\prod_{i=1}^{5}P\{X_i\geqslant 10\}=1-\prod_{i=1}^{5}P\left\{\frac{X_i-12}{2}\geqslant\frac{10-12}{2}\right\}$$

$$=1-[1-\Phi(-1)]^5=1-[\Phi(1)]^5$$

$$=1-(0.841\,3)^5=0.578\,5.$$

3. 求总体 $N(20,3)$ 的容量分别为 10,15 的两独立样本均值差的绝对值大于 0.3 的概率.

解 记 $\overline{X}=\frac{1}{10}\sum_{i=1}^{10}X_i,\overline{Y}=\frac{1}{15}\sum_{i=1}^{15}Y_i$,$\overline{X}$ 与 $\overline{Y}$ 独立,且 $\overline{X}\sim N(20,\frac{3}{10})$,$\overline{Y}\sim N(20,\frac{3}{15})$,

则 $\overline{X}-\overline{Y}\sim N(0,\frac{1}{2})$,于是

$$P\{|\overline{X}-\overline{Y}|>0.3\}=\left\{\left|\frac{\overline{X}-\overline{Y}}{\frac{1}{\sqrt{2}}}\right|>0.3\times\sqrt{2}\right\}$$

$$=2\times[1-\Phi(0.3\times\sqrt{2})]\approx 2\times[1-\Phi(0.424\,3)]$$
$$=2\times(1-0.662\,8)=0.674\,4.$$

4. (1)设样本 $X_1,X_2,\cdots,X_6$ 来自总体 $N(0,1)$，$Y=(X_1+X_2+X_3)^2+(X_4+X_5+X_6)^2$，试确定常数 C 使 CY 服从 χ^2 分布.

(2)设样本 $X_1,X_2,\cdots,X_5$ 来自总体 $N(0,1)$，$Y=\dfrac{C(X_1+X_2)}{(X_3^2+X_4^2+X_5^2)^{\frac{1}{2}}}$，试确定常数 C 使 Y 服从 t 分布.

(3)已知总体 $X\sim t(n)$，求证 $X^2\sim F(1,n)$.

解 (1)因 $X_1,X_2,\cdots,X_6$ 是总体 $N(0,1)$ 的样本，故

$$X_1+X_2+X_3\sim N(0,3),\qquad X_4+X_5+X_6\sim N(0,3),$$
$$\frac{X_1+X_2+X_3}{\sqrt{3}}\sim N(0,1),\qquad \frac{X_4+X_5+X_6}{\sqrt{3}}\sim N(0,1),$$

且两者相互独立，按 χ^2 分布的定义

$$\frac{(X_1+X_2+X_3)^2}{3}+\frac{(X_4+X_5+X_6)^2}{3}\sim\chi^2(2),$$

则 $\dfrac{1}{3}Y\sim\chi^2(2)$，即知 $C=\dfrac{1}{3}$.

(2)因 $X_1,X_2,\cdots,X_5$ 是总体 $N(0,1)$ 的样本，故 $X_1+X_2\sim N(0,2)$，即有

$$\frac{X_1+X_2}{\sqrt{2}}\sim N(0,1),$$

而 $X_3^2+X_4^2+X_5^2\sim\chi^2(3)$，且 $\dfrac{X_1+X_2}{\sqrt{2}}$ 与 $X_3^2+X_4^2+X_5^2$ 相互独立，于是

$$\frac{\dfrac{X_1+X_2}{\sqrt{2}}}{\sqrt{\dfrac{X_3^2+X_4^2+X_5^2}{3}}}=\sqrt{\frac{3}{2}}\,\frac{X_1+X_2}{(X_3^2+X_4^2+X_5^2)^{\frac{1}{2}}}\sim t(3),$$

因此所求的常数 $C=\sqrt{\dfrac{3}{2}}$.

(3)因 $X\sim t(n)$，所以 X 具有如下结构：

$$X=\frac{U}{\sqrt{\dfrac{Y}{n}}},$$

其中 $U\sim N(0,1)$，$Y\sim\chi^2(n)$，且 U 与 Y 相互独立. 从而

$$X^2=\frac{U^2}{\dfrac{Y}{n}},$$

而 $U^2\sim\chi^2(1)$，且 U^2 与 Y 也相互独立，由定义 $X^2\sim F(1,n)$.

5. (1)已知某种能力测试的得分服从正态分布 $N(\mu,\sigma^2)$，随机取 10 个人参与这一测试. 求他们得分的联合概率密度，并求这 10 个人得分的平均值小于 μ 的概率.

(2)在(1)中设 $\mu=62,\sigma^2=25$，若得分超过 70 就能得奖，求至少有一人得奖的概率.

解 (1)10 个人的得分分别记为 $X_1,X_2,\cdots,X_{10}$. 它们的联合概率密度为

$$f(x_1,x_2,\cdots,x_{10})=\prod_{i=1}^{10}\frac{1}{\sqrt{2\pi}\sigma}\mathrm{e}^{\frac{-(x_i-\mu)^2}{2\sigma^2}},\quad \overline{X}=\frac{1}{10}\sum_{i=1}^{10}X_i\sim N\left(\mu,\frac{\sigma^2}{10}\right),$$

$$P\{\overline{X}<\mu\}=\Phi\left(\frac{\mu-\mu}{\dfrac{\sigma}{\sqrt{10}}}\right)=\Phi(0)=\frac{1}{2}.$$

(2)若一人得奖的概率为 p,则得奖人数 $Y\sim B(10,p)$. 此处 p 是随机选取一人,其考分 X 在 70 分以上的概率. 因 $X\sim N(62,25)$,故

$$p=P\{X>70\}=1-P(X\leqslant 70)=1-\Phi\left(\frac{70-62}{\sqrt{25}}\right)=1-\Phi(1.6)=1-0.945\,2=0.054\,8.$$

至少一人得奖的概率为

$$P(Y\geqslant 1)=1-P(Y<1)=1-(1-p)^{10}=1-(0.945\,2)^{10}=0.431.$$

6. 设总体 $X\sim b(1,p)$,$X_1,X_2,\cdots,X_n$ 是来自 X 的样本.

(1)求 $(X_1,X_2,\cdots,X_n)$ 的分布律.

(2)求 $\sum\limits_{i=1}^{n}X_i$ 的分布律.

(3) 求 $E(\overline{X}),D(\overline{X}),E(S^2)$.

解 (1) 由于 $X_1,X_2,\cdots,X_n$ 是来自 X 的样本,因此它们相互独立,故

$$\begin{aligned}&P\{X_1=x_1,X_2=x_2,\cdots,X_n=x_n\}\\&=P\{X_1=x_1\}P\{X_2=x_2\}\cdots P\{X_n=x_n\}\\&=p^{\sum\limits_{i=1}^{n}x_i}(1-p)^{n-\sum\limits_{i=1}^{n}x_i},\quad x_i=0,1;i=1,2,\cdots,n.\end{aligned}$$

(2) $X_1,X_2,\cdots,X_n$ 独立同服从 $B(1,p)$,则 $X=\sum\limits_{i=1}^{n}X_i\sim B(n,p)$,因此

$$P\{\sum_{i=1}^{n}X_i=k\}=C_n^k\,p^k(1-p)^{n-k},\quad (k=0,1,2,\cdots,n).$$

(3) 由于 $\sum\limits_{i=1}^{n}X_i\sim B(n,p)$,所以

$$E(\overline{X})=E(\frac{1}{n}\sum_{i=1}^{n}X_i)=\frac{1}{n}E(\sum_{i=1}^{n}X_i)=\frac{1}{n}\cdot np=p;$$

$$D(\overline{X})=D(\frac{1}{n}\sum_{i=1}^{n}X_i)=\frac{1}{n^2}D(\sum_{i=1}^{n}X_i)=\frac{1}{n^2}np(1-p)=\frac{p(1-p)}{n};$$

$$\begin{aligned}E(S^2)&=E[\frac{1}{n-1}\sum_{i=1}^{n}(X_i-\overline{X})^2]=\frac{1}{n-1}E(\sum_{i=1}^{n}X_i^2-n\overline{X}^2)\\&=\frac{1}{n-1}[\sum_{i=1}^{n}E(X_i^2)-nE(\overline{X}^2)]\\&=\frac{1}{n-1}\{\sum_{i=1}^{n}[D(X_i)+(E(X_i))^2]-n[D(\overline{X})+(E(\overline{X}))^2]\}\\&=\frac{n}{n-1}[p(1-p)+p^2-\frac{p(1-p)}{n}-p^2]=p(1-p).\end{aligned}$$

7. 设总体 $X\sim\chi^2(n)$,$X_1,X_2,\cdots,X_{10}$ 是来自 X 的样本,求 $E(\overline{X}),D(\overline{X}),E(S^2)$.

解 $E(X_i)=E(X)=n,D(X_i)=D(X)=2n$,则 $E(\overline{X})=E(\frac{1}{10}\sum\limits_{i=1}^{10}X_i)=\frac{1}{10}\sum\limits_{i=1}^{10}E(X_i)=n$.

$$D(\overline{X})=D(\frac{1}{10}\sum_{i=1}^{10}X_i)=\frac{1}{10^2}\sum_{i=1}^{10}D(X_i)=\frac{1}{100}\times 10\times 2n=\frac{n}{5}.$$

$$\begin{aligned}E(S^2)&=\frac{1}{10-1}E(\sum_{i=1}^{10}X_i^2-10\overline{X}^2)=\frac{1}{9}[\sum_{i=1}^{10}E(X_i^2)-10E(\overline{X}^2)]\\&=\frac{1}{9}\{\sum_{i=1}^{10}[D(X_i)+(E(X_i))^2]-10[D(\overline{X})+(E(\overline{X}))^2]\}\\&=\frac{1}{9}\times[10\times(2n+n^2)-10\times(\frac{n}{5}+n^2)]=2n.\end{aligned}$$

8. 设总体 $X \sim N(\mu,\sigma^2)$，$X_1,X_2,\cdots,X_{10}$ 是来自 X 的样本.

(1)写出 $X_1,X_2,\cdots,X_{10}$ 的联合概率密度.

(2)写出 $\overline{X}$ 的概率密度.

解 $X_1,X_2,\cdots,X_n$ 独立同分布，且 $X_i \sim N(\mu,\sigma^2)(i=1,2,\cdots,n)$.

(1) $f(x_1,x_2,\cdots,x_{10})=f_{X_1}(x_1)\cdot f_{X_2}(x_2)\cdot\cdots\cdot f_{X_{10}}(x_{10})=\left(\dfrac{1}{\sqrt{2\pi}\sigma}\right)^{10}\mathrm{e}^{-\sum\limits_{i=1}^{10}\frac{(x_i-\mu)^2}{2\sigma^2}}$.

(2) $\sum\limits_{i=1}^{n}X_i \sim N(n\mu,n\sigma^2)$，故

$$\overline{X}=\frac{1}{n}\sum_{i=1}^{n}X_i \sim N\left(\mu,\frac{\sigma^2}{n}\right),$$

因此

$$f_{\overline{X}}(x)=\frac{1}{\sqrt{2\pi}\,\frac{\sigma}{\sqrt{n}}}\mathrm{e}^{-\frac{(x-\mu)^2}{2\frac{\sigma^2}{n}}}=\frac{\sqrt{n}}{\sqrt{2\pi}\sigma}\mathrm{e}^{-\frac{(x-\mu)^2 n}{2\sigma^2}}.$$

当 $n=10$ 时，$f_{\overline{X}}(x)=\dfrac{\sqrt{5}}{\sqrt{\pi}\sigma}\mathrm{e}^{-\frac{5}{\sigma^2}(x-\mu)^2}$.

9. 设在总体 $N(\mu,\sigma^2)$ 中抽得一容量为 16 的样本，这里 μ,σ^2 均未知.

(1)求 $P\left\{\dfrac{S^2}{\sigma^2}\leqslant 2.041\right\}$，其中 S^2 为样本方差.

(2)求 $D(S^2)$.

解 (1)由样本来自总体 $N(\mu,\sigma^2)$ 知，$\dfrac{(16-1)S^2}{\sigma^2}\sim\chi^2(16-1)$. 从而

$P\left\{\dfrac{S^2}{\sigma^2}\leqslant 2.041\right\}=P\left\{\dfrac{15S^2}{\sigma^2}\leqslant 15\times 2.041\right\}=1-P\left\{\dfrac{15S^2}{\sigma^2}>30.615\right\}=1-P\{\chi^2(15)>30.615\}=0.99.$

(2)由 $(n-1)\dfrac{S^2}{\sigma^2}\sim\chi^2(n-1)$，有 $D\left[(n-1)\dfrac{S^2}{\sigma^2}\right]=2(n-1)$，即 $\dfrac{(n-1)^2}{\sigma^4}D(S^2)=2(n-1)$，故 $D(S^2)=\dfrac{2\sigma^4}{n-1}$，当 $n=16$ 时，$D(S^2)=\dfrac{2}{15}\sigma^4$.

10. 下面列出了 30 个美国 NBA 球员的体重(以磅计，1 磅=0.454kg)数据. 这些数据是从美国 NBA 球队 1990—1991 赛季的花名册中抽样得到的.

225	232	232	245	235	245	270	225	240	240
217	195	225	185	200	220	200	210	271	240
220	230	215	252	225	220	206	185	227	236

(1)画出这些数据的频率直方图[提示：最大和最小观察值分别为 271 和 185，区间[184.5,271.5]包含所有数据，将整个区间分为 5 等份，为计算方便，将区间调整为(179.5,279.5)].

(2)作出这些数据的箱线图.

解 最大和最小观察值分别为 271 和 185，考虑到这些数据是将实测数据经四舍五入后得到的，取区间 $I=[184.5,271.5]$ 使得所有实测数据都落在 I 上. 将区间 I 等分为若干小区间，小区间的个数与数据个数 n 有关，取为 $\sqrt{n}$ 左右为佳. 现在取小区间的个数为 5，故小区间的长度为 $\dfrac{271.5-184.5}{5}=17.4$. 这一长度使用起来不方便. 为此，将区间 I 的下限延伸至 179.5，上限延伸至 279.5，这样小区间的长度调整为

$$\Delta=\frac{279.5-179.5}{5}=20.$$

数出落在每小区间内的数据的个数 f_i，$i=1,2,3,4,5$，算出数据落在各个小区间的频率$\frac{f_i}{n}$（$n=30$，$i=1,2,3,4,5$），所得结果列表如下：

组　限	频数 f_i	频率$\frac{f_i}{n}$	累积频率
179.5～199.5	3	0.1	0.10
199.5～219.5	6	0.2	0.30
219.5～239.5	13	0.43	0.73
239.5～259.5	6	0.2	0.93
259.5～279.5	2	0.07	1

在每个小区间上作以对应的频率除以 Δ 为高(即以$\frac{\frac{f_i}{n}}{\Delta}$为高)以小区间为底的小长方形. 小长方形的面积就是$\left[\frac{\frac{f_i}{n}}{\Delta}\right]\times\Delta=\frac{f_i}{n}$. 画出图形，这就是所求的频率直方图(如图 6－4).

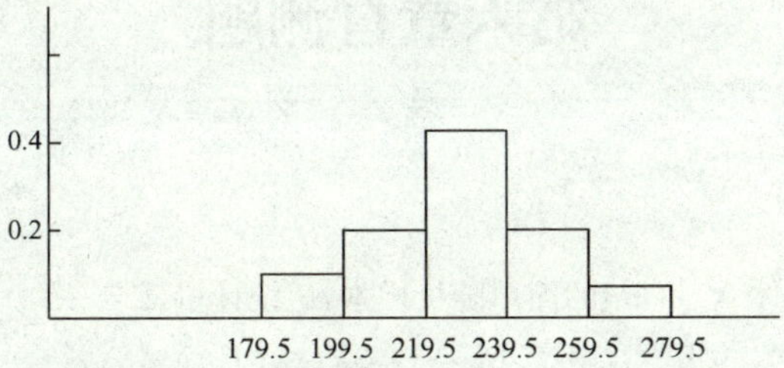

图 6－4

(2)将 $n=30$ 个数据按自小到大的次序排序得到

185	185	195	200	200	206	210	215	217	220
220	220	225	225	225	225	227	230	232	232
235	236	240	240	240	245	245	252	270	271

下面来求第一四分位数 Q_1，中位数 M，第三四分位数 Q_3.

当 $p=0.25$ 时，因 $np=30\times0.25=7.5$，故 Q_1 位于左起第$[7.5]+1=8$ 处，即有 $Q_1=215$.

当 $p=0.5$ 时，因 $np=30\times0.5=15$，故 $M=Q_2$ 是这 30 个数最中间两个数的平均值，即有

$$Q_2=M=\frac{1}{2}(225+225)=225.$$

当 $p=0.75$ 时，因 $np=30\times0.75=22.5$，故 Q_3 位于左起第$[22.5]+1=23$ 处，即有

$$Q_3=240.\text{ 又 }\min=185,\max=271.$$

根据 min，Q_1，M，Q_3，max 这 5 点作出箱线图如图(6－5)所示. 从上述两个图能看出数据的分布关于中心线比较对称.

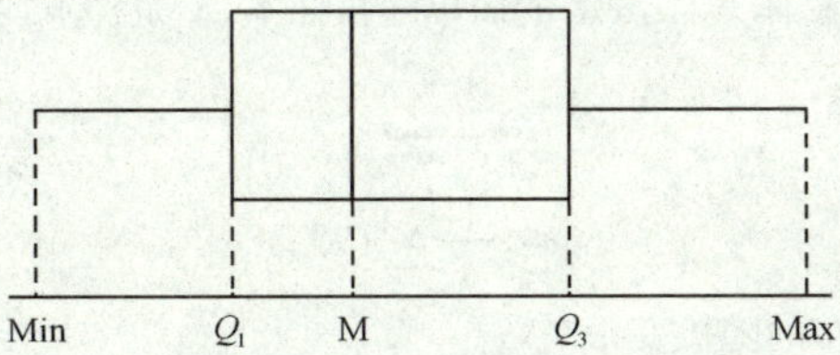

图 6－5

11. 截尾均值 设数据集包含 n 个数据，将这些数据自小到大排序为

$$x_{(1)}\leqslant x_{(2)}\leqslant\cdots\leqslant x_{(n)},$$

删去 $100\alpha\%$ 个数值小的数，同时删去 $100\alpha\%$ 个数值大的数，将留下的数据取算术平均，记为 $\bar{x}_\alpha$，即

$$\bar{x}_\alpha=\frac{x_{([n\alpha]+1)}+\cdots+x_{(n-[n\alpha])}}{n-2[n\alpha]},$$

其中 $[n\alpha]$ 是小于或等于 $n\alpha$ 的最大整数(一般取 α 为 0.1～0.2). $\bar{x}_\alpha$ 称为 $100\alpha\%$ 截尾均值. 例如对于第 10 题中的数据，取 $\alpha=0.1$，则有 $[n\alpha]=[30\times 0.1]=3$，得 $100\times 0.1\%$ 截尾均值为

$$\bar{x}_\alpha=\frac{200+200+\cdots+245+245}{30-6}=225.4167.$$

若数据来自某一总体的样本，则 $\bar{x}_\alpha$ 是一个统计量. $\bar{x}_\alpha$ 不受样本的极端值的影响. 截尾均值在实际应用问题中是常会用到的.

试求第 10 题的 30 个数据的 $\alpha=0.2$ 的截尾均值.

解 $\alpha=0.2$， $[n\alpha]=[30\times 0.2]=6$， $100\times 0.2\%$ 截尾均值为

$$\bar{x}_\alpha=\frac{210+215+\cdots+240+240}{30-12}=226.3333.$$

第六章自测题

一、填空题

1. 设 $X_1,X_2,\cdots,X_n$ 为来自总体 $N(\mu,\sigma^2)$ 的简单随机样本，记统计量 $T=\frac{1}{n}\sum_{i=1}^{n}X_i^2$，则 $E(T)=$______.

2. 设 X_1,X_2,X_3,X_4 是来自正态总体 $N(0,2^2)$ 的简单随机样本，

$$X=a(X_1-2X_2)^2+b(3X_3-4X_4)^2,$$

则当 $a=$______，$b=$______时，统计量 X 服从 χ^2 分布，其自由度为______.

3. 设 $X_1,X_2,\cdots,X_5$ 是取自正态分布 $N(0,\sigma^2)$ 的一个简单随机样本，若 $\frac{a(X_1+X_2)}{\sqrt{X_3^2+X_4^2+X_5^2}}$ 服从 t 分布，则 $a=$______.

4. 在天平上重复称量一重为 a 的物品，假设各次称量结果相互独立且同服从正态分布 $N(a,0.2^2)$. 若以 $\bar{X}_n$ 表示 n 次称量结果的算术平均值，则为使 $P\{|\bar{X}_n-a|<0.1\}\geqslant 0.95$，$n$ 的最小值应不小于自然数______.

5. 设总体 X 服从正态分布 $N(\mu_1,\sigma^2)$，总体 Y 服从正态分布 $N(\mu_2,\sigma^2)$，$X_1,X_2,\cdots,X_{n_1}$ 和 $Y_1,Y_2,\cdots,Y_{n_2}$ 分别是来自总体 X 和 Y 的简单随机样本，则

$$E\left[\frac{\sum_{i=1}^{n_1}(X_i-\bar{X})^2+\sum_{j=1}^{n_2}(Y_j-\bar{Y})^2}{n_1+n_2-2}\right]=\_\_\_\_\_\_.$$

6. 设总体 $X\sim N(\mu,2^2)$，$X_1,X_2,\cdots,X_n$ 为取自总体的一个样本，$\bar{X}$ 为样本均值，要使 $E(\bar{X}-\mu)^2\leqslant 0.1$ 成立，则样本容量 n 至少应取______.

二、选择题

1. 设 $X_1,X_2,\cdots,X_n$ 是来自正态总体 $N(\mu,\sigma^2)$ 的简单随机样本，$\bar{X}$ 是样本均值，记

$$S_1^2=\frac{1}{n-1}\sum_{i=1}^{n}(X_i-\bar{X})^2,\qquad S_2^2=\frac{1}{n}\sum_{i=1}^{n}(X_i-\bar{X})^2,$$

$$S_3^2=\frac{1}{n-1}\sum_{i=1}^{n}(X_i-\mu)^2,\qquad S_4^2=\frac{1}{n}\sum_{i=1}^{n}(X_i-\mu)^2,$$

则服从自由度为 $n-1$ 的 t 分布的随机变量是(　　).

(A)$t=\dfrac{\overline{X}-\mu}{\dfrac{S_1}{\sqrt{n-1}}}$　(B)$t=\dfrac{\overline{X}-\mu}{\dfrac{S_2}{\sqrt{n-1}}}$　(C)$t=\dfrac{\overline{X}-\mu}{\dfrac{S_3}{\sqrt{n}}}$　(D)$t=\dfrac{\overline{X}-\mu}{\dfrac{S_4}{\sqrt{n}}}$.

2. 设随机变量 $X\sim t(n)$ $(n>1)$,$Y=\dfrac{1}{X^2}$,则(　　).

(A)$Y\sim\chi^2(n)$　(B)$Y\sim\chi^2(n-1)$　(C)$Y\sim F(n,1)$　(D)$Y\sim F(1,n)$

3. 设 $X\sim F(n,n)$,$p_1=P\{X\geqslant 1\}$,$p_2=P\{X\leqslant 1\}$,则(　　).

(A)$p_1<p_2$　(B)$p_1=p_2$　(C)$p_1>p_2$　(D)p_1,p_2 无法比较

4. 设 $X_1,X_2,\cdots,X_n(n\geqslant 2)$为来自总体 $N(0,1)$的简单随机样本,$\overline{X}$ 为样本均值,S^2 为样本方差,则(　　).

(A)$n\overline{X}\sim N(0,1)$　(B)$nS^2\sim\chi^2(n)$

(C)$\dfrac{(n-1)\overline{X}}{S}\sim t(n-1)$　(D)$\dfrac{(n-1)X_1^2}{\sum\limits_{i=2}^{n}X_i^2}\sim F(1,n-1)$

5. 设总体 X 服从正态分布 $N(0,\sigma^2)$ (σ^2 已知),$X_1,\cdots,X_n$ 是取自总体 X 的简单随机样本,S^2 为样本方差,则(　　).

(A) $\sum\limits_{i=1}^{n}X_i^2\sim\chi^2(n)$　(B)$\left(\dfrac{X_i}{\sigma}\right)^2+\dfrac{(n-1)S^2}{\sigma^2}\sim\chi^2(n)$

(C) $\dfrac{1}{n}\sum\limits_{i=1}^{n}\left(\dfrac{X_i}{\sigma}\right)^2+\dfrac{(n-1)S^2}{\sigma^2}\sim\chi^2(n)$　(D) $\dfrac{1}{n}\left(\sum\limits_{i=1}^{n}\dfrac{X_i}{\sigma}\right)^2+\dfrac{(n-1)S^2}{\sigma^2}\sim\chi^2(n)$

6. 设 $X_1,X_2,\cdots,X_n$ 是取自 $N(0,\sigma^2)$的简单样本,$\overline{X}_k=\dfrac{1}{k}\sum\limits_{i=1}^{k}X_i$,$1\leqslant k\leqslant n$,则 $\mathrm{Cov}(\overline{X}_k,\overline{X}_{k+1})=$(　　).

(A)σ^2　(B)$\dfrac{\sigma^2}{k}$　(C)$\dfrac{\sigma^2}{k+1}$　(D)$\dfrac{\sigma^2}{k(k+1)}$

三、解答题

1. 从正态总体 $N(3.4,6^2)$中抽取容量为 n 的样本,如果要求其样本均值位于区间(1,4,5,4)内的概率不小于 0.95,问样本容量 n 至少应取多大?

附表:标准正态分布表

$$\Phi(z)=\int_{-\infty}^{z}\frac{1}{\sqrt{2\pi}}\mathrm{e}^{-\frac{t^2}{2}}\mathrm{d}t$$

z	1.28	1.645	1.96	2.33
$\Phi(z)$	0.900	0.950	0.975	0.990

2. 设对总体 X 得到一个容量为 10 的样本,样本值分别为

4.5, 2, 1, 1.5, 3.5, 4.5, 6.5, 5, 3.5, 4,

分别计算样本均值,样本方差和经验分布函数.

3. 设 $X_1,X_2,\cdots,X_n$ 是来自总体 $N(\mu,\sigma^2)$ 的样本,记 $Y=\dfrac{1}{n}\sum\limits_{i=1}^{n}|X_i-\mu|$,求 $E(Y)$,$D(Y)$.

4. 设 $X_1,X_2,\cdots,X_8$ 为 $N(0,0.2^2)$的一个样本,求 a,使 $P\{\sum\limits_{i=1}^{8}X_i^2<a\}=0.95$.

5. 设 $F\sim F(m,n)$,证明:$F_{1-\alpha}(m,n)=\dfrac{1}{F_\alpha(n,m)}$.

6. 设 $X_1,X_2,\cdots,X_9$ 是总体 X 的一个简单随机样本,X 服从正态分布

$$N(\mu,\sigma^2),Y_1=\frac{1}{6}(X_1+X_2+\cdots+X_6),Y_2=\frac{1}{3}(X_7+X_8+X_9),$$

$$S^2=\frac{1}{2}\sum_{i=7}^{9}(X_i-Y_2)^2,\ T=\frac{\sqrt{2}(Y_1-Y_2)}{S}.$$

证明 $T\sim t(2)$.

第六章自测题答案

一、填空题

1. $\sigma^2+\mu^2$　解　因为 $X_i\sim N(\mu,\sigma^2)$，所以 $E(X_i)=\mu,D(X_i)=\sigma^2$. 则

$$E(T)=E(\frac{1}{n}\sum_{i=1}^{n}X_i^2)=\frac{1}{n}\sum_{i=1}^{n}E(X_i^2)=\frac{1}{n}\sum_{i=1}^{n}\{D(X_i)+[E(X_i)]^2\}=\frac{1}{n}\sum_{i=1}^{n}(\sigma^2+\mu^2)=\sigma^2+\mu^2.$$

2. $\frac{1}{20},\frac{1}{100},2$　解　令 $Y_1=X_1-2X_2$，则 $\frac{Y_1}{\sqrt{20}}\sim N(0,1)$，所以 $a=\frac{1}{20}$ 时，$\sqrt{a}(X_1-2X_2)\sim N(0,1)$.

同样令 $Y_2=3X_3-4X_4$，则 $\frac{Y_2}{10}\sim N(0,1)$，所以 $b=\frac{1}{100}$ 时，$\sqrt{b}(3X_3-4X_4)\sim N(0,1)$，此时 $X=\frac{Y_1^2}{20}+\frac{Y_2^2}{100}\sim\chi^2(2)$.

3. $\sqrt{\frac{3}{2}}$　解　因为 $\frac{X_1+X_2}{\sqrt{2}\sigma}\sim N(0,1)$，$\frac{1}{\sigma^2}(X_3^2+X_4^2+X_5^2)\sim\chi^2(3)$，且 $\frac{X_1+X_2}{\sqrt{2}\sigma}$ 与 $\frac{1}{\sigma^2}(X_3^2+X_4^2+X_5^2)$ 独立，于是

$$\frac{\frac{X_1+X_2}{\sqrt{2}\sigma}}{\sqrt{\frac{\frac{1}{\sigma^2}(X_3^2+X_4^2+X_5^2)}{3}}}=\frac{\sqrt{\frac{3}{2}}(X_1+X_2)}{\sqrt{X_3^2+X_4^2+X_5^2}}\sim t(3)\Rightarrow a=\sqrt{\frac{3}{2}}.$$

4. 16　解　设 $X_1,X_2,\cdots,X_n$ 为相互独立的随机变量，且 $X_i\sim N(a,0.2^2)$，则 $\overline{X}_n=\frac{1}{n}\sum_{i=1}^{n}X_i\sim N\left(a,\frac{0.2^2}{n}\right)$，

有 $U=\frac{\overline{X}_n-a}{\frac{0.2}{\sqrt{n}}}\sim N(0,1)$，　$P\{|U|<1.96\}\geqslant0.95$，于是 $P\{|\overline{X}_n-a|<0.1\}=P\left\{\frac{\sqrt{n}\,|\overline{X}-a|}{0.2}<\frac{\sqrt{n}}{2}\right\}\geqslant0.95$，

得 $\frac{\sqrt{n}}{2}\geqslant1.96$，$n\geqslant15.3664$，则有 n 的最小值应不小于 16.

5. σ^2　解　因为 S^2 是 σ^2 的无偏估计，即 $E(S^2)=\sigma^2$.

所以 $E\left[\frac{1}{n_1-1}\sum_{i=1}^{n_1}(X_i-\overline{X})^2\right]=\sigma^2$，　$E\left[\frac{1}{n_2-1}\sum_{j=1}^{n_2}(Y_j-\overline{Y})^2\right]=\sigma^2$，

则 $E\left[\frac{\sum_{i=1}^{n_1}(X_i-\overline{X})^2+\sum_{j=1}^{n_2}(Y_j-\overline{Y})^2}{n_1+n_2-2}\right]=\sigma^2$.

6. $n\geqslant40$　解　$E(\overline{X}-\mu)^2=D(\overline{X})=\frac{1}{n}D(X)=\frac{1}{n}\cdot2^2\leqslant0.1$，得 $n\geqslant40$.

或

$$\begin{aligned}E(\overline{X}-\mu)^2&=E[(\overline{X})^2-2\mu(\overline{X})+\mu^2]=E[(\overline{X})^2]-2\mu E(\overline{X})+E(\mu^2)\\&=D(\overline{X})+[E(\overline{X})]^2-2\mu E(X)+\mu^2=\frac{D(X)}{n}+[E(X)]^2-2\mu^2+\mu^2\\&=\frac{2^2}{n}+\mu^2-2\mu^2+\mu^2=\frac{4}{n}\leqslant0.1.\end{aligned}$$

二、选择题

1. B　解　因为 $X_1,X_2,\cdots,X_n$ 服从 $N(\mu,\sigma^2)$ 分布，所以有

$$\frac{\overline{X}-\mu}{\sigma}\sqrt{n}\sim N(0,1),\quad\sum_{i=1}^{n}\frac{(X_i-\overline{X})^2}{\sigma^2}\sim\chi^2(n-1),\frac{\overline{X}-\mu}{\sqrt{\frac{1}{n-1}\sum_{i=1}^{n}(X_i-\overline{X})^2}}\sqrt{n}\sim t(n-1),$$

所以

$$\frac{(\overline{X}-\mu)\sqrt{n}}{\sqrt{\frac{1}{n-1}\sum_{i=1}^{n}(X_i-\overline{X})^2}}=\frac{\overline{X}-\mu}{\sqrt{\frac{1}{n}\cdot\frac{1}{n-1}\sum_{i=1}^{n}(X_i-\overline{X})^2}}=\frac{\overline{X}-\mu}{\frac{S_2}{\sqrt{n-1}}}\sim t(n-1).$$

2.C 解 **方法一** 利用 t 分布和 F 分布的性质求解.

因为 $X\sim t(n)$，由 t 分布性质可得 $X^2\sim F(1,n)$.

又根据 F 分布的性质 $\frac{1}{X^2}\sim F(n,1)$，故 $Y=\frac{1}{X^2}\sim F(n,1)$分布.

方法二 利用 t 分布和 F 分布的定义求解.

因 $X\sim t(n)$，所以 X 具有如下结构：

$$X=\frac{U}{\sqrt{\frac{V}{n}}},$$

其中 $U\sim N(0,1)$，$V\sim\chi^2(n)$，且 U 与 V 相互独立. 从而 $X^2=\frac{U^2}{\frac{V}{n}}$ 即 $\frac{1}{X^2}=\frac{\frac{V}{n}}{U^2}$.

$U^2\sim\chi^2(1)$，且 U^2 与 V 也相互独立，由定义知

$$\frac{1}{X^2}=\frac{\frac{V}{n}}{\frac{U^2}{1}}\sim F(n,1).$$

3.B 解 因为 $X\sim F(n,n)$，所以 $\frac{1}{X}\sim F(n,n)$，故 $p_1=P\{X\geqslant 1\}=P\left\{\frac{1}{X}\leqslant 1\right\}=P\{X\leqslant 1\}=p_2$.

4.D 解 因为 $X_1,X_2,\cdots,X_n$ 为总体 $N(0,1)$的简单随机样本，所以

$$\overline{X}\sim N(0,\frac{1}{n}),\qquad n\overline{X}\sim N(0,n),\ (n-1)S^2=\sum_{i=1}^{n}(X_i-\overline{X})^2\sim\chi^2(n-1),\ \frac{\overline{X}}{\frac{S}{\sqrt{n}}}=\frac{\sqrt{n}\,\overline{X}}{S}\sim t(n-1),$$

故(A)(B)(C)不正确.

$$\text{而 } X_1^2\sim\chi^2(1),\qquad \sum_{i=2}^{n}X_i^2\sim\chi^2(n-1),\qquad \frac{X_1^2}{\frac{\sum_{i=2}^{n}X_i^2}{n-1}}=\frac{(n-1)X_1^2}{\sum_{i=2}^{n}X_i^2}\sim F(1,n-1).$$

5.D 解 $X_i\sim N(0,\sigma^2)$，$\frac{X_i}{\sigma}\sim N(0,1)$，$\overline{X}\sim N(0,\frac{\sigma^2}{n})$，$\frac{(n-1)}{\sigma^2}S^2=\sum_{i=1}^{n}\left(\frac{X_i-\overline{X}}{\sigma}\right)^2\sim\chi^2(n-1)$，

$$\frac{\sqrt{n}\,\overline{X}}{\sigma}=\frac{1}{\sqrt{n}}\sum_{i=1}^{n}\frac{X_i}{\sigma}\sim N(0,1),$$

故有 $\frac{1}{n}\left(\sum_{i=1}^{n}\frac{X_i}{\sigma}\right)^2\sim\chi^2(1)$，由 $\overline{X}$ 与 S^2 独立，所以

$$n\left(\frac{\overline{X}}{\sigma}\right)^2+\frac{(n-1)S^2}{\sigma^2}=\frac{1}{n}\left(\sum_{i=1}^{n}\frac{X_i}{\sigma}\right)^2+\frac{(n-1)S^2}{\sigma^2}\sim\chi^2(n).$$

6.C 解

$$\begin{aligned}\mathrm{Cov}(\overline{X}_k,\overline{X}_{k+1})&=\frac{1}{k(k+1)}\mathrm{Cov}(\sum_{i=1}^{k}X_i,\sum_{i=1}^{k}X_i+X_{k+1})=\frac{1}{k(k+1)}\mathrm{Cov}(\sum_{i=1}^{k}X_i,\sum_{i=1}^{k}X_i)\\&=\frac{1}{k(k+1)}D(\sum_{i=1}^{k}X_i)=\frac{1}{k(k+1)}\cdot k\sigma^2=\frac{\sigma^2}{k+1}.\end{aligned}$$

三、解答题

1.解 以 $\overline{X}$ 表示该样本均值，则 $\overline{X}\sim N(3.4,\frac{6^2}{n})$，从而有

$$\begin{aligned}P\{1.4<\overline{X}<5.4\}&=P\{-2<\overline{X}-3.4<2\}=P\{|\overline{X}-3.4|<2\}\\&=P\left\{\frac{|\overline{X}-3.4|}{6}\sqrt{n}<\frac{2\sqrt{n}}{6}\right\}=2\Phi(\frac{\sqrt{n}}{3})-1\geqslant 0.95.\end{aligned}$$

故 $\Phi(\frac{\sqrt{n}}{3})\geqslant 0.975$， 由此得$\frac{\sqrt{n}}{3}\geqslant 1.96$. 即 $n\geqslant(1.96\times 3)^2\approx 34.57$，所以 n 至少应取 35.

2. 解　因为 $\overline{X}=\frac{1}{n}\sum\limits_{i=1}^{n}X_i$，所以 $\overline{x}=\frac{1}{10}\sum\limits_{i=1}^{10}x_i=3.6$. 因为 $S^2=\frac{1}{n-1}\sum\limits_{i=1}^{n}(X_i-\overline{X})^2$，所以

$$s^2=\frac{1}{9}\sum_{i=1}^{10}(x_i-\overline{x})^2 \quad 或 \quad \frac{1}{9}(\sum_{i=1}^{10}x_i^2-10\overline{x}^2)=2.88.$$

将10个样本值由小到大排序为 $1<1.5<2<3.5=3.5<4<4.5=4.5<5<6.5$，其经验分布函数为

$$F_n(x)=\begin{cases}0, & x<1,\\ \frac{1}{10}, & 1\leqslant x<1.5,\\ \frac{2}{10}, & 1.5\leqslant x<2,\\ \frac{3}{10}, & 2\leqslant x<3.5,\\ \frac{5}{10}, & 3.5\leqslant x<4,\\ \frac{6}{10}, & 4\leqslant x<4.5,\\ \frac{8}{10}, & 4.5\leqslant x<5,\\ \frac{9}{10}, & 5\leqslant x<6.5,\\ 1, & x\geqslant 6.5.\end{cases}$$

3. 分析　$Y_i=X_i-\mu\sim N(0,\sigma^2)$，$E(|Y_i|)=\frac{2}{\sqrt{2\pi}\sigma}\int_0^{+\infty}y\mathrm{e}^{-\frac{y^2}{2\sigma^2}}\mathrm{d}y$.

解　记 $Y_i=X_i-\mu$，得 $Y_i\sim N(0,\sigma^2)$，$i=1,2,\cdots,n$.

$$E(|X_i-\mu|)=E(|Y_i|)=\frac{1}{\sqrt{2\pi}\sigma}\int_{-\infty}^{+\infty}|y|\mathrm{e}^{-\frac{y^2}{2\sigma^2}}\mathrm{d}y=\frac{2}{\sqrt{2\pi}\sigma}\int_0^{+\infty}y\mathrm{e}^{-\frac{y^2}{2\sigma^2}}\mathrm{d}y$$

$$=-\frac{2\sigma}{\sqrt{2\pi}}\mathrm{e}^{-\frac{y^2}{2\sigma^2}}\Big|_0^{+\infty}=\sqrt{\frac{2}{\pi}}\sigma.$$

$$D(|X_i-\mu|)=D(|Y_i|)=E(Y_i^2)-[E(|Y_i|)]^2$$

$$=D(Y_i)+[E(Y_i)]^2-\left(\sqrt{\frac{2}{\pi}}\sigma\right)^2=\sigma^2+0-\frac{2}{\pi}\sigma^2=(1-\frac{2}{\pi})\sigma^2.$$

$$E(Y)=E(\frac{1}{n}\sum_{i=1}^{n}|X_i-\mu|)=\frac{1}{n}\sum_{i=1}^{n}E(|X_i-\mu|)=\frac{1}{n}\cdot n\sqrt{\frac{2}{\pi}}\sigma=\sqrt{\frac{2}{\pi}}\sigma,$$

$$D(Y)=D(\frac{1}{n}\sum_{i=1}^{n}|X_i-\mu|)=\frac{1}{n^2}\sum_{i=1}^{n}D(|X_i-\mu|)=(1-\frac{2}{\pi})\frac{\sigma^2}{n}.$$

4. 解　由 $X_1,X_2,\cdots,X_8$ 独立同服从 $N(0,0.2^2)$分布，知 $\sum\limits_{i=1}^{8}\left(\frac{X_i}{0.2}\right)^2=\frac{1}{0.2^2}\sum\limits_{i=1}^{8}X_i^2\sim\chi^2(8)$，因此

$$P\{\sum_{i=1}^{8}X_i^2<a\}=P\left\{\frac{1}{0.2^2}\sum_{i=1}^{8}X_i^2<\frac{a}{0.2^2}\right\}=P\left\{\chi^2(8)<\frac{a}{0.04}\right\}=0.95,$$

即 $P\left\{\chi^2(8)>\frac{a}{0.04}\right\}=0.05$， 故$\frac{a}{0.04}=\chi^2_{0.05}(8)=15.507$，则 $a=0.04\times 15.507=0.620\,28$.

5. 证　由分位点定义：

$$1-\alpha=P\{F>F_{1-\alpha}(m,n)\}=P\left\{\frac{1}{F}<\frac{1}{F_{1-\alpha}(m,n)}\right\}=1-P\left\{\frac{1}{F}>\frac{1}{F_{1-\alpha}(m,n)}\right\},$$

则 $P\left\{\frac{1}{F}>\frac{1}{F_{1-\alpha}(m,n)}\right\}=\alpha$，由 F 分布性质可知 $\frac{1}{F}\sim F(n,m)$，故 $\frac{1}{F_{1-\alpha}(m,n)}=F_{\alpha}(n,m)$，

即 $F_{1-\alpha}(m,n)=\frac{1}{F_{\alpha}(n,m)}$.

6. **证** 因为 $X\sim N(\mu,\sigma^2)$，$X_i\sim N(\mu,\sigma^2)$，所以 $Y_1\sim N\left(\mu,\frac{\sigma^2}{6}\right)$，$Y_2\sim N\left(\mu,\frac{\sigma^2}{3}\right)$，故 $Y_1-Y_2\sim N\left(0,\frac{\sigma^2}{2}\right)$，

因此有 $\frac{Y_1-Y_2}{\frac{\sigma}{\sqrt{2}}}=\frac{\sqrt{2}(Y_1-Y_2)}{\sigma}\sim N(0,1)$.

又由于 $S^2=\frac{1}{2}\sum_{i=7}^{9}(X_i-Y_2)^2=\frac{1}{3-1}\sum_{i=7}^{9}(X_i-Y_2)^2$，而 $\frac{(n-1)S^2}{\sigma^2}\sim\chi^2(n-1)$，所以 $\frac{2S^2}{\sigma^2}\sim\chi^2(2)$.

因为 Y_2 和 S^2 相互独立，而且 Y_1 与 Y_2，Y_1 与 S^2 也相互独立，所以 Y_1-Y_2 与 S^2 相互独立，则有 $\frac{\sqrt{2}(Y_1-Y_2)}{\sigma}$ 与 $\frac{2S^2}{\sigma^2}$ 相互独立.

那么

$$T=\frac{\sqrt{2}(Y_1-Y_2)}{S}=\frac{\frac{\sqrt{2}(Y_1-Y_2)}{\sigma}}{\sqrt{\frac{2S^2}{2\sigma^2}}}\sim t(2),$$

故 T 服从自由度为 2 的 t 分布.

第七章 参数估计

第一节 点 估 计

一、 主要内容归纳

1. 点估计

设 θ 是总体 X 的未知参数，用统计量 $\hat{\theta}=\hat{\theta}(X_1,X_2,\cdots,X_n)$ 来估计 θ，称 $\hat{\theta}$ 为 θ 的估计量. 对于样本的一组观察值 $x_1,x_2,\cdots,x_n$，代入 $\hat{\theta}$ 的表达式中所得的具体数值称为 θ 的估计值. 这样的方法称为参数的点估计.

2. 矩估计

用样本矩去估计相应总体矩，或者用样本矩的函数去估计总体矩的同一函数的估计方法就是矩估计.

设总体 X 的概率分布含有 m 个未知参数 $\theta_1,\theta_2,\cdots,\theta_m$，假定总体的 k 阶原点矩存在，记 $\mu_k=E(X^k)$ $(k=1,2,\cdots,m)$，$A_k=\dfrac{1}{n}\sum\limits_{i=1}^{n}X_i^k$ 为样本 k 阶矩，令

$$\mu_k(\theta_1,\theta_2,\cdots,\theta_m)=A_k(k=1,2,\cdots,m),$$

则此方程组的解 $(\hat{\theta}_1,\hat{\theta}_2,\cdots,\hat{\theta}_m)$ 称为参数 $(\theta_1,\theta_2,\cdots,\theta_m)$ 的矩估计量. 矩估计量的观察值称为矩估计值.

3. 最大似然估计(极大似然估计)

(1)设总体 X 的概率分布为 $p(x;\theta)$（当 X 为连续型时，其为概率密度函数，当 X 为离散型时，其为分布律），$\theta=(\theta_1,\theta_2,\cdots,\theta_m)$ 为未知参数，$x_1,\cdots,x_n$ 为样本观察值.

$$L(x_1,\cdots,x_n,\theta)=\prod_{i=1}^{n}p(x_i;\theta)=L(\theta),$$

称为 θ 的似然函数.

(2)对给定的 $x_1,\cdots,x_n$，使似然函数达到最大值的 $\hat{\theta}(x_1,\cdots,x_n)$ 称为 θ 的最大似然估计值，相应地 $\hat{\theta}(X_1,\cdots,X_n)$ 称为 θ 的最大似然估计量.

(3)最大似然估计的常用求解方法. 由于 $\ln L(\theta)$ 与 $L(\theta)$ 有相同的最大值点，若 $L(\theta)$ 可导，则可由方程组

$$\frac{\partial \ln L(\theta_1,\theta_2,\cdots,\theta_m)}{\partial \theta_i}=0 \quad (i=1,2,\cdots,m),$$

求出 θ_i 的最大似然估计量,需注意的是这一方法并不都是有效的,对于有些似然函数,其驻点或导数不存在,这时应考虑其他方法求似然函数的最大值点.

二、经典例题解析及解题方法总结

【例 1】设总体 X 的概率密度函数为

$$f(x;\theta)=\begin{cases}\theta x^{\theta-1}, & 0<x<1,\\ 0, & \text{其他}.\end{cases} \quad (\theta>0)$$

求未知参数 θ 的矩估计量.

分析　根据求矩估计量的求解步骤,先求出 X 的数学期望,得到参数 θ 与期望的关系,然后由样本均值替换总体期望,即是 θ 的矩估计.

解　$E(X)=\int_{-\infty}^{+\infty} x\cdot f(x;\theta)\mathrm{d}x=\int_0^1 x\theta x^{\theta-1}\mathrm{d}x=\frac{\theta}{\theta+1}$,

令 $E(X)=\overline{X}$,则 $\hat{\theta}=\frac{\overline{X}}{1-\overline{X}}$,其中 $\overline{X}=\frac{1}{n}\sum_{i=1}^{n}X_i$,则 $\hat{\theta}$ 即为参数 θ 的矩估计 .

【例 2】设总体 X 的概率密度为 $f(x,\sigma^2)=\begin{cases}\frac{A}{\sigma}\mathrm{e}^{-\frac{(x-\mu)^2}{2\sigma^2}}, & x\geqslant\mu,\\ 0, & x<\mu,\end{cases}$ 其中 μ 是已知参数,$\sigma>0$ 是未知参数,A 是常数,$X_1,X_2,\cdots,X_n$ 是来自总体 X 的简单随机样本.

(1) 求 A;

(2) 求 σ^2 的最大似然估计.

解　(1) $\int_{-\infty}^{+\infty} f(x,\sigma^2)\mathrm{d}x=\int_{\mu}^{+\infty}\frac{A}{\sigma}\mathrm{e}^{-\frac{(x-\mu)^2}{2\sigma^2}}\mathrm{d}x=\frac{A}{\sigma}\int_{\mu}^{+\infty}\mathrm{e}^{-\frac{(x-\mu)^2}{2\sigma^2}}\mathrm{d}x=\sqrt{2}A\frac{\sqrt{\pi}}{2}=1$,

可知 $A=\sqrt{\frac{2}{\pi}}$.

(2) 设 $x_1,x_2,\cdots,x_n$ 为 $X_1,X_2,\cdots,X_n$ 的观测值,则似然函数

$$L(x_1,\cdots,x_n;\sigma^2)=\prod_{i=1}^{n}f(x_i,\sigma^2)=\left(\frac{2}{\pi}\right)^{\frac{n}{2}}(\sigma^2)^{-\frac{n}{2}}\mathrm{e}^{-\frac{1}{2\sigma^2}\sum_{i=1}^{n}(x_i-\mu)^2}.$$

取对数可得

$$\ln L=\frac{n}{2}\ln\frac{2}{\pi}-\frac{n}{2}\ln\sigma^2-\frac{1}{2\sigma^2}\sum_{i=1}^{n}(x_i-\mu)^2,$$

$$\frac{\mathrm{d}\ln L}{\mathrm{d}\sigma^2}=-\frac{n}{2}\frac{1}{\sigma^2}+\frac{1}{2(\sigma^2)^2}\sum_{i=1}^{n}(x_i-\mu)^2,$$

令 $\frac{\mathrm{d}\ln L}{\mathrm{d}\sigma^2}=0$,可得 σ^2 的最大似然估计值为 $\hat{\sigma}^2=\frac{1}{n}\sum_{i=1}^{n}(x_i-\mu)^2$,则 σ^2 的最大似然估计量为 $\hat{\sigma}^2=\frac{1}{n}\sum_{i=1}^{n}(X_i-\mu)^2$.

【例 3】设总体 X 的概率密度为 $f(x)=\begin{cases}\dfrac{1}{\sqrt{\theta}}e^{-\frac{x-\beta}{\sqrt{\theta}}}, & x\geqslant\beta,\\ 0, & 其他\end{cases}$ $(\theta>0)$

$X_1,X_2,\cdots,X_n$ 为简单随机样本. 求未知参数 θ 和 β 的矩估计.

解 因为待估参数有两个,所以需求出两个矩.

$$E(X)=\int_{\beta}^{+\infty}\frac{x}{\sqrt{\theta}}e^{-\frac{x-\beta}{\sqrt{\theta}}}dx=\beta+\sqrt{\theta},$$

$$E(X^2)=\int_{\beta}^{+\infty}\frac{x^2}{\sqrt{\theta}}e^{-\frac{x-\beta}{\sqrt{\theta}}}dx=2\theta+2\sqrt{\theta}\beta+\beta^2,$$

令 $E(X)=\overline{X}$, $E(X^2)=A_2=\dfrac{1}{n}\sum\limits_{i=1}^{n}X_i^2$(或者 $D(X)=B_2=\dfrac{1}{n}\sum\limits_{i=1}^{n}(X_i-\overline{X})^2$),得

$$\hat{\theta}=B_2=\frac{1}{n}\sum_{i=1}^{n}(X_i-\overline{X})^2,\quad \hat{\beta}=\overline{X}-\sqrt{B_2}=\overline{X}-\sqrt{\frac{1}{n}\sum_{i=1}^{n}(X_i-\overline{X})^2}.$$

方法总结

因为需要估计两个参数 a,b,所以应该构造两个方程:

(1)求出期望 $E(X)$ 用 $\overline{X}$ 代替;

(2)求出方差 $D(X)$ 用 B^2 代替,也可以求出 $E(X^2)$ 用 $A_2=\dfrac{1}{n}\sum\limits_{i=1}^{n}X_i^2$ 代替,其中 $B_2=\dfrac{1}{n}\sum\limits_{i=1}^{n}(X_i-\overline{X})^2$ 为二阶样本中心距.

【例 4】设某种元件的使用寿命 X 的概率密度为 $f(x;\theta)=\begin{cases}2e^{-2(x-\theta)}, & x>\theta,\\ 0, & x\leqslant\theta,\end{cases}$

其中 $\theta>0$ 为未知参数,又设 $x_1,x_2,\cdots,x_n$ 是 X 的一组样本观测值,求参数 θ 的最大似然估计值.

分析 多数情况下,最大似然估计值可以由似然函数的驻点求得,但是在有些情况下,似然函数的驻点不存在,此时,可以通过参数的取值范围求最大似然估计.

解 由题意知,似然函数为

$$L(\theta)=L(x_1,x_2,\cdots,x_n;\theta)=\begin{cases}2^n e^{-2\sum\limits_{i=1}^{n}(x_i-\theta)}, & x_i>\theta\ (i=1,2,\cdots,n),\\ 0, & 其他.\end{cases}$$

当 $x_i>0$ 时,$L(\theta)>0$,两边取对数 $\ln L(\theta)=n\ln 2-2\sum\limits_{i=1}^{n}(x_i-\theta)$.

因为 $\dfrac{d\ln L(\theta)}{d\theta}=2n>0$,所以 $L(\theta)$ 单调增加.

因 θ 要满足 $\theta<x_i(i=1,2,\cdots,n)$,故当 θ 取 $x_1,x_2,\cdots,x_n$ 中的最小值时,$L(\theta)$ 取最大值.

故 θ 的最大似然估计值为 $\hat{\theta}=\min\{x_1,x_2,\cdots,x_n\}$.

【例 5】设总体 X 的概率分布为

X	0	1	2	3
P	θ^2	$2\theta(1-\theta)$	θ^2	$1-2\theta$

其中 $\theta(0<\theta<\frac{1}{2})$是未知参数，利用总体 X 的如下样本值 3，1，3，0，3，1，2，3，求 θ 的矩估计值和最大似然估计值.

分析　矩估计用基本求解方法即可. 对于最大似然估计，若似然函数出现多个驻点应该根据题意选择.

解　由离散型随机变量的期望公式

$E(X)=0\times\theta^2+1\times2\theta(1-\theta)+2\times\theta^2+3\times(1-2\theta)=2\theta-2\theta^2+2\theta^2+3-6\theta=3-4\theta.$

令 $E(X)=\overline{X}$，而由样本观测值可得 $\overline{X}=\frac{1}{8}(3+1+3+0+3+1+2+3)=\frac{1}{8}\times16=2$，

所以 θ 的矩估计值为 $\hat{\theta}=\frac{1}{4}(3-\overline{X})=\frac{1}{4}(3-2)=\frac{1}{4}$.

根据题意，似然函数为 $L(\theta)=4\theta^6(1-\theta)^2(1-2\theta)^4$，两边取对数可得

$$\ln L(\theta)=\ln 4+6\ln\theta+2\ln(1-\theta)+4\ln(1-2\theta),$$

$$\frac{\mathrm{d}\ln L(\theta)}{\mathrm{d}\theta}=\frac{6}{\theta}-\frac{2}{1-\theta}-\frac{8}{1-2\theta}=\frac{24\theta^2-28\theta+6}{\theta(1-\theta)(1-2\theta)},$$

令 $\frac{\mathrm{d}\ln L(\theta)}{\mathrm{d}\theta}=0$，得 $12\theta^2-14\theta+3=0$，解之得 $\theta=\frac{7-\sqrt{13}}{12}$ 或 $\frac{7+\sqrt{13}}{12}$.

因为已知 $0<\theta<\frac{1}{2}$，故 $\theta=\frac{7-\sqrt{13}}{12}$.

因此 θ 的最大似然估计值为 $\hat{\theta}=\frac{7-\sqrt{13}}{12}$.

方法总结

1. 求最大似然估计的一般步骤为：

(1)构造似然函数；(2)求似然函数的最大值点，此即所求最大似然估计.

2. 求最大似然估计的三种情形：

(1)解极大似然方程(组)；(2)利用定义 $L(\hat{\theta})=\max L(\theta)$；

(3)按照极大似然的不变性.

【例 6】设总体 X 的概率密度为 $f(x;\theta)=\begin{cases}\theta, & 0<x<1,\\ 1-\theta, & 1\leqslant x<2,\\ 0, & 其他,\end{cases}$

其中 θ 是未知参数$(0<\theta<1)$. $X_1,X_2,\cdots,X_n$ 为来自总体 X 的简单随机样本，记 N 为样本值 $x_1,x_2,\cdots,x_n$ 中小于 1 的个数. 求

(1)θ 的矩估计；　　(2)θ 的最大似然估计.

解　(1) $E(X)=\int_{-\infty}^{+\infty}xf(x;\theta)\mathrm{d}x=\int_0^1\theta x\,\mathrm{d}x+\int_1^2(1-\theta)x\mathrm{d}x=\frac{1}{2}\theta+\frac{3}{2}(1-\theta)=\frac{3}{2}-\theta.$

令 $\frac{3}{2}-\theta=\overline{X}$,解得 $\theta=\frac{3}{2}-\overline{X}$,所以参数 θ 的矩估计为 $\hat{\theta}=\frac{3}{2}-\overline{X}$.

(2)似然函数为 $L(\theta)=\prod_{i=1}^{n}f(x_i;\theta)=\theta^N(1-\theta)^{n-N}$，取对数得

$$\ln L(\theta)=N\ln\theta+(n-N)\ln(1-\theta),$$

两边对 θ 求导,得 $\frac{\mathrm{d}\ln L(\theta)}{\mathrm{d}\theta}=\frac{N}{\theta}-\frac{n-N}{1-\theta}$.

令 $\frac{\mathrm{d}\ln L(\theta)}{\mathrm{d}\theta}=0$,得 $\theta=\frac{N}{n}$,所以 θ 的最大似然估计为 $\hat{\theta}=\frac{N}{n}$.

第二节　基于截尾样本的最大似然估计

主要内容归纳

用截尾样本来进行统计推断是可靠性研究中常见的方法.

1. 定时截尾样本

在定时截尾寿命试验中,假设将随机抽取的 n 个产品在时间 $t=0$ 时同时投入试验,试验进行到事先规定的截尾时间 t_0 停止. 如试验截止时共有 m 个产品失效,它们的失效时间分别为

$$0\leqslant t_1\leqslant t_2\leqslant\cdots\leqslant t_m\leqslant t_0,$$

此时 m 是一个随机变量,所得的样本 $t_1,t_2,\cdots,t_m$ 称为定时截尾样本.

2. 定数截尾样本

在定数截尾寿命试验中,假设将随机抽取的 n 个产品在时间 $t=0$ 时同时投入试验,试验进行到有 m 个(m 是事先规定的,$m<n$)产品失效时停止. m 个产品失效时间分别为 $0\leqslant t_1\leqslant t_2\leqslant\cdots\leqslant t_m$,

这里 t_m 是第 m 个产品的失效时间,t_m 是随机变量,所得的样本 $t_1,t_2,\cdots,t_m$ 称为定数截尾样本.

3. 估计法

设产品的寿命分布是指数分布,其概率密度为 $f(t)=\begin{cases}\frac{1}{\theta}\mathrm{e}^{-\frac{t}{\theta}}, & t>0,\\ 0, & t\leqslant 0\end{cases}$　$\theta>0$ 未知.

(1)定数截尾试验

设有 n 个产品投入定数截尾试验,截尾数为 m,得定数截尾样本 $0\leqslant t_1\leqslant t_2\leqslant\cdots\leqslant t_m$,现在要利用这一样本来估计未知参数 θ(即产品的平均寿命).在时间区间$[0,t_m]$有 m 个产品失效,而有 $n-m$ 个产品在 t_m 时尚未失效,即有 $n-m$ 个产品的寿命超过 t_m,用最大似然估计法来估计 θ,取似然函数为

$$L(\theta)=\frac{1}{\theta^m}e^{-\frac{1}{\theta}[t_1+t_2+\cdots+t_m+(n-m)t_m]}.$$

对数似然函数为 $\ln L(\theta)=-m\ln\theta-\frac{1}{\theta}[t_1+t_2+\cdots+t_m+(n-m)t_m]$.

令

$$\frac{d}{d\theta}\ln L(\theta)=-\frac{m}{\theta}+\frac{1}{\theta^2}[t_1+t_2+\cdots+t_m+(n-m)t_m]=0.$$

于是得到 θ 的最大似然估计为

$$\hat{\theta}=\frac{s(t_m)}{m}.$$

其中 $s(t_m)=t_1+t_2+\cdots+t_m+(n-m)t_m$ 称为总试验时间,它表示直至时刻 t_m 为止 n 个产品的试验时间的总和.

(2)定时截尾试验

对于定时截尾样本 $0\leqslant t_1\leqslant t_2\leqslant\cdots\leqslant t_m\leqslant t_0$,(其中 t_0 是截尾时间),可得似然函数为 $L(\theta)=\frac{1}{\theta^m}e^{-\frac{1}{\theta}[t_1+t_2+\cdots+t_m+(n-m)t_0]}$,$\theta$ 的最大似然估计为

$$\hat{\theta}=\frac{s(t_0)}{m},$$

其中 $s(t_0)=t_1+t_2+\cdots+t_m+(n-m)t_0$ 称为总试验时间,它表示直至时刻 t_0 为止 n 个产品的试验时间的总和.

第三节　估计量的评选标准

一、主要内容归纳

1. 无偏性

设 $X_1,X_2,\cdots,X_n$ 为来自总体 X 的样本,$\hat{\theta}$为 θ 的一个估计量,如果 $E(\hat{\theta})=\theta$ 成立,则称估计量 $\hat{\theta}$为参数 θ 的无偏估计.

2. 有效性

设$\hat{\theta}_1$,$\hat{\theta}_2$ 都为参数 θ 的无偏估计量,若 $D(\hat{\theta}_1)\leqslant D(\hat{\theta}_2)$,则称 $\hat{\theta}_1$ 比 $\hat{\theta}_2$ 有效.

特别地，若对于 θ 的任一无偏估计 $\hat{\theta}$，有 $D(\hat{\theta}_1)\leqslant D(\hat{\theta})$，则称 $\hat{\theta}_1$ 是 θ 的最小方差无偏估计(最佳无偏估计).

3. 一致性

设 $\hat{\theta}$ 为未知参数 θ 的估计量，若对任意给定的 $\varepsilon>0$，都有 $\lim\limits_{n\to\infty}P\{|\hat{\theta}-\theta|<\varepsilon\}=1$，即 $\hat{\theta}$ 依概率收敛于参数 θ，则 $\hat{\theta}$ 称为 θ 的一致估计或相合估计.

二、经典例题解析及解题方法总结

【例 1】设 $X_1,X_2,\cdots,X_m$ 为来自二项分布总体 $B(n,p)$ 的简单随机样本，$\overline{X}$ 和 S^2 分别为样本均值和样本方差. 若 $\overline{X}+kS^2$ 为 np^2 的无偏估计量，则 $k=$______.

解　因为 $\overline{X}+kS^2$ 为 np^2 的无偏估计，所以 $E(\overline{X}+kS^2)=np^2$，而 $E(\overline{X}+kS^2)=E(\overline{X})+kE(S^2)=E(X)+kD(X)=np+knp(1-p)$，则 $k(1-p)=p-1$，即 $k=-1$.

【例 2】设 $(X_1,Y_1),(X_2,Y_2),\cdots,(X_n,Y_n)$ 为来自总体 $N(\mu_1,\mu_2;\sigma_1^2,\sigma_2^2;\rho)$ 的简单随机样本，令 $\theta=\mu_1-\mu_2,\overline{X}=\dfrac{1}{n}\sum\limits_{i=1}^{n}X_i,\overline{Y}=\dfrac{1}{n}\sum\limits_{i=1}^{n}Y_i,\hat{\theta}=\overline{X}-\overline{Y}$，则(　　).

(A) $\hat{\theta}$ 是 θ 的无偏估计，$D(\hat{\theta})=\dfrac{\sigma_1^2+\sigma_2^2}{n}$

(B) $\hat{\theta}$ 不是 θ 的无偏估计，$D(\hat{\theta})=\dfrac{\sigma_1^2+\sigma_2^2}{n}$

(C) $\hat{\theta}$ 是 θ 的无偏估计，$D(\hat{\theta})=\dfrac{\sigma_1^2+\sigma_2^2-2\rho\sigma_1\sigma_2}{n}$

(D) $\hat{\theta}$ 不是 θ 的无偏估计，$D(\hat{\theta})=\dfrac{\sigma_1^2+\sigma_2^2-2\rho\sigma_1\sigma_2}{n}$

解　因为 $E(\hat{\theta})=E(\overline{X}-\overline{Y})=E(\overline{X})-E(\overline{Y})=\mu_1-\mu_2=\theta$，所以 $\hat{\theta}$ 是 θ 的无偏估计.

$$D(\hat{\theta})=D(\overline{X}-\overline{Y})=D(\overline{X})+D(\overline{Y})-2\mathrm{Cov}(\overline{X},\overline{Y})=\frac{\sigma_1^2}{n}+\frac{\sigma_2^2}{n}-2\mathrm{Cov}\left(\frac{1}{n}\sum_{i=1}^{n}X_i,\frac{1}{n}\sum_{i=1}^{n}Y_i\right)$$

$$=\frac{\sigma_1^2}{n}+\frac{\sigma_2^2}{n}-\frac{2}{n}\mathrm{Cov}(X_i,Y_i)=\frac{\sigma_1^2}{n}+\frac{\sigma_2^2}{n}-\frac{2}{n}\rho\sigma_1\sigma_2=\frac{\sigma_1^2+\sigma_2^2-2\rho\sigma_1\sigma_2}{n}.$$

故应选(C).

【例 3】设总体 X 的概率密度为

$$f(x;\theta)=\begin{cases}\dfrac{1}{2\theta}, & 0<x<\theta,\\ \dfrac{1}{2(1-\theta)}, & \theta\leqslant x<1,\\ 0, & \text{其他},\end{cases}$$

其中参数 $\theta(0<\theta<1)$ 未知，$X_1,X_2,\cdots,X_n$ 是来自总体 X 的简单随机样本，$\overline{X}$ 是样本均值.

(1)求参数 θ 的矩估计量 $\hat{\theta}$；

(2)判断 $4\overline{X}^2$ 是否为 θ^2 的无偏估计量,并说明理由.

解 (1) $E(X)=\int_{-\infty}^{+\infty}xf(x;\theta)\mathrm{d}x=\int_0^\theta \frac{x}{2\theta}\mathrm{d}x+\int_\theta^1 \frac{x}{2(1-\theta)}\mathrm{d}x=\frac{1}{4}+\frac{\theta}{2}$.

令 $\overline{X}=E(X)$,即 $\overline{X}=\frac{1}{4}+\frac{\theta}{2}$,得 θ 的矩估计量为 $\hat{\theta}=2\overline{X}-\frac{1}{2}$.

(2)因 $E(4\overline{X}^2)=4E(\overline{X}^2)=4\{D(\overline{X})+[E(\overline{X})]^2\}=4\left[\frac{1}{n}D(X)+\left(\frac{1}{4}+\frac{1}{2}\theta\right)^2\right]$

$$=\frac{4}{n}D(X)+\frac{1}{4}+\theta+\theta^2,$$

又 $D(X)\geqslant0,\theta>0$, 所以 $E(4\overline{X}^2)>\theta^2$,即 $E(4\overline{X}^2)\neq\theta^2$,因此 $4\overline{X}^2$ 不是 θ^2 的无偏估计量.

【例 4】 设 X_1,X_2 为来自总体 $N(\mu,\sigma^2)$ 的简单随机样本,其中 $\sigma(\sigma>0)$是未知参数,若 $\hat{\sigma}=a|X_1-X_2|$ 为 σ 的无偏估计,则 $a=$(   ).

A. $\frac{\sqrt{\pi}}{2}$ B. $\frac{\sqrt{2\pi}}{2}$ C. $\sqrt{\pi}$ D. $\sqrt{2\pi}$

解 由题可知 $X_1-X_2\sim N(0,2\sigma^2)$. 令 $Y=X_1-X_2$,则 Y 的概率密度为

$$f(y)=\frac{1}{\sqrt{2\pi}\sqrt{2}\sigma}\mathrm{e}^{-\frac{y^2}{2\cdot2\sigma^2}}.$$

$$E(|Y|)=\int_{-\infty}^{+\infty}|y|\frac{1}{\sqrt{2\pi}\sqrt{2}\sigma}\mathrm{e}^{-\frac{y^2}{2\cdot2\sigma^2}}\mathrm{d}y=\frac{2}{\sqrt{2\pi}\sqrt{2}\sigma}\int_0^{+\infty}y\mathrm{e}^{-\frac{y^2}{4\sigma^2}}\mathrm{d}y=\frac{2\sigma}{\sqrt{\pi}},$$

$$E(a|X_1-X_2|)=aE(|Y|)=a\frac{2\sigma}{\sqrt{\pi}}.$$

由 $\hat{\sigma}=a|X_1-X_2|$ 为 σ 的无偏估计,有 $E(\hat{\sigma})=\sigma$,得 $a=\frac{\sqrt{\pi}}{2}$.

故选(A).

【例 5】 设总体 X 服从$[0,\theta]$上的均匀分布,θ 未知$(\theta>0)$,X_1,X_2,X_3 是取自 X 的一个样本.

(1)试证 $\hat{\theta}_1=\frac{4}{3}\max\limits_{1\leqslant i\leqslant3}X_i,\hat{\theta}_2=4\min\limits_{1\leqslant i\leqslant3}X_i$ 都是 θ 的无偏估计;

(2)上述两个估计中哪个更有效?

证 (1)设 $F(x)$是 X 的分布函数,则

$$F(x)=\begin{cases}1, & x>\theta,\\ \frac{x}{\theta}, & 0\leqslant x\leqslant\theta,\\ 0, & x<0,\end{cases}\quad Y=\max_{1\leqslant i\leqslant3}X_i,\quad Z=\min_{1\leqslant i\leqslant3}X_i,$$

$$F_Y(x)=[F(x)]^3,\quad f_Y(x,\theta)=\begin{cases}3\left(\frac{x}{\theta}\right)^2\cdot\frac{1}{\theta}, & 0\leqslant x\leqslant\theta,\\ 0, & \text{其他},\end{cases}$$

故 $E(Y)=\frac{3}{\theta^3}\int_0^\theta x^3\mathrm{d}x=\frac{3}{4}\theta$, 则 $E(\hat{\theta}_1)=E(\frac{4}{3}\max X_i)=\theta$,

同理 $E(Z)=\frac{3}{\theta^3}\int_0^\theta x(\theta-x)^2\mathrm{d}x=\frac{1}{4}\theta$, 则 $E(\hat{\theta}_2)=E(4\min X_i)=\theta$.

(2) $D(Y)=E(Y^2)-[E(Y)]^2=\frac{3}{\theta}\int_0^\theta x^2\left(\frac{x}{\theta}\right)^2\mathrm{d}x-\left(\frac{3}{4}\theta\right)^2=\frac{3}{80}\theta^2$,

故

$$D(\hat{\theta}_1)=D(\frac{4}{3}\max X_i)=\frac{16}{9}D(Y)=\frac{1}{15}\theta^2,$$

同理　$D(Z)=\frac{3}{80}\theta^2$，　故 $D(\hat{\theta}_2)=D(4\min X_i)=16D(Z)=\frac{3}{5}\theta^2>D(\hat{\theta}_1)$，故 $\hat{\theta}_1$ 更有效.

【例 6】设 $X_1,X_2,\cdots,X_n$ 是取自正态总体 $N(\mu,\sigma^2)$ 的样本，证明 S^2 是 σ^2 的一致估计.

证　**方法一**　由大数定律 $\lim\limits_{n\to\infty}P\left\{\left|\frac{1}{n}\sum\limits_{i=1}^n X_i-\mu\right|<\varepsilon\right\}=1$，所以 $\overline{X}$ 是 μ 的一致估计.

同理，因 $X_1^2,X_2^2,\cdots,X_n^2$ 也独立同分布，故 $\frac{1}{n}\sum\limits_{i=1}^n X_i^2$ 是 $E(X^2)$ 的一致估计.

$$S^2=\frac{1}{n-1}\sum_{i=1}^n(X_i-\overline{X})^2=\frac{n}{n-1}\left(\frac{1}{n}\sum_{i=1}^n X_i^2-\overline{X}^2\right),$$

故当 $n\to\infty$ 时，$\frac{n}{n-1}\to1$，　$\frac{1}{n}\sum\limits_{i=1}^n X_i^2\xrightarrow{P}E(X^2)$，　$\overline{X}^2\xrightarrow{P}\mu^2$，

即 $S^2\xrightarrow{P}E(X^2)-\mu^2=\sigma^2$，则 S^2 是 σ^2 的一致估计.

方法二　因为 $E(S^2)=\sigma^2$，$D(S^2)=\frac{2\sigma^4}{n-1}$，故 $\lim\limits_{n\to\infty}E(S^2)=\sigma^2$，$\lim\limits_{n\to\infty}D(S^2)=\lim\limits_{n\to\infty}\frac{2\sigma^4}{n-1}=0$，由定理可知，$S^2$ 是 σ^2 的一致估计.

方法总结

相合性的证明一般有两种方法：

方法一　利用定义证明，往往需要结合大数定律；

方法二　利用定理证明，结论如下：

设 $\hat{\theta}_n$ 是 θ 的一个估计量，若 $\lim\limits_{n\to\infty}E(\hat{\theta}_n)=\theta$，$\lim\limits_{n\to\infty}D(\hat{\theta}_n)=0$，则 $\hat{\theta}_n$ 是 θ 的相合估计.

第四节　区 间 估 计

一、主要内容归纳

1. 区间估计

设 θ 为总体的未知参数，$\hat{\theta}_1$ 和 $\hat{\theta}_2$ 均为估计量，若对于给定的 $\alpha(0<\alpha<1)$，满足 $P\{\hat{\theta}_1\leqslant\theta\leqslant\hat{\theta}_2\}=1-\alpha$，则称 $[\hat{\theta}_1,\hat{\theta}_2]$ 为 θ 的置信度为 $1-\alpha$ 的置信区间. 通过构造一个置信区间对未知

参数进行估计的方法称为区间估计.

2. 置信区间的求法

(1)寻求一个样本 $X_1,X_2,\cdots,X_n$ 的函数(枢轴变量)

$$W=W(X_1,X_2,\cdots,X_n;\theta),$$

它包含待估参数 θ,而不含其他未知参数,并且 W 的分布已知且不依赖于任何未知参数(当然不依赖于待估参数 θ);

(2)对于给定的置信水平 $1-\alpha$,定出两个常数 a,b,使

$$P\{a<W(X_1,X_2,\cdots,X_n;\theta)<b\}=1-\alpha;$$

(3)若能从 $a<W(X_1,X_2,\cdots,X_n;\theta)<b$ 得到等价的不等式 $\underline{\theta}<\theta<\overline{\theta}$,其中

$$\underline{\theta}=\underline{\theta}(X_1,X_2,\cdots,X_n),\quad \overline{\theta}=\overline{\theta}(X_1,X_2,\cdots,X_n)$$

都是统计量,那么 $(\underline{\theta},\overline{\theta})$ 就是 θ 的一个置信水平为 $1-\alpha$ 的置信区间.

函数 $W(X_1,X_2,\cdots,X_n;\theta)$ 的构造,通常可以从 θ 的点估计着手考虑,常用的正态总体参数的置信区间可以用上述步骤推得.

第五节　正态总体均值与方差的区间估计

一、主要内容归纳

1. 单个正态总体的区间估计

设 $X_1,X_2,\cdots,X_n$ 为来自 $N(\mu,\sigma^2)$ 的样本,则

(1)当 σ^2 已知时,μ 的置信度为 $1-\alpha$ 的置信区间为 $\left[\overline{X}-\frac{\sigma}{\sqrt{n}}u_{\frac{\alpha}{2}},\quad \overline{X}+\frac{\sigma}{\sqrt{n}}u_{\frac{\alpha}{2}}\right]$.

(2)当 σ^2 未知时,μ 的置信度为 $1-\alpha$ 的置信区间为 $\left[\overline{X}-\frac{S}{\sqrt{n}}t_{\frac{\alpha}{2}}(n-1),\quad \overline{X}+\frac{S}{\sqrt{n}}t_{\frac{\alpha}{2}}(n-1)\right]$.

(3)当 μ 已知时,σ^2 的置信度为 $1-\alpha$ 的置信区间为 $\left[\frac{\sum_{i=1}^{n}(X_i-\mu)^2}{\chi^2_{\frac{\alpha}{2}}(n)},\quad \frac{\sum_{i=1}^{n}(X_i-\mu)^2}{\chi^2_{1-\frac{\alpha}{2}}(n)}\right]$.

(4)当 μ 未知时,σ^2 的置信度为 $1-\alpha$ 的置信区间为 $\left[\frac{(n-1)S^2}{\chi^2_{\frac{\alpha}{2}}(n-1)},\quad \frac{(n-1)S^2}{\chi^2_{1-\frac{\alpha}{2}}(n-1)}\right]$.

2. 双正态总体的区间估计

设 $X\sim N(\mu_1,\sigma_1^2)$,$X_1,X_2,\cdots,X_{n_1}$ 为其样本,$Y\sim N(\mu_2,\sigma_2^2)$,$Y_1,Y_2,\cdots,Y_{n_2}$ 为其样本,且 X 与 Y 独立.

(1)σ_1^2,σ_2^2 都为已知:$\mu_1-\mu_2$ 的 $1-\alpha$ 置信区间为

$$\left[\overline{X}-\overline{Y}-u_{\frac{\alpha}{2}}\sqrt{\frac{\sigma_1^2}{n_1}+\frac{\sigma_2^2}{n_2}},\quad \overline{X}-\overline{Y}+u_{\frac{\alpha}{2}}\sqrt{\frac{\sigma_1^2}{n_1}+\frac{\sigma_2^2}{n_2}}\right].$$

(2)σ_1^2,σ_2^2 都未知

特殊情形：

①σ_1^2,σ_2^2 未知，但 n_1,n_2 较大时：$\mu_1-\mu_2$ 的 $1-\alpha$ 置信区间为

$$\left[\overline{X}-\overline{Y}-u_{\frac{\alpha}{2}}\sqrt{\frac{S_1^2}{n_1}+\frac{S_2^2}{n_2}},\quad \overline{X}-\overline{Y}+u_{\frac{\alpha}{2}}\sqrt{\frac{S_1^2}{n_1}+\frac{S_2^2}{n_2}}\right].$$

②$\sigma_1^2=\sigma_2^2=\sigma^2$ 未知：$\mu_1-\mu_2$ 的 $1-\alpha$ 置信区间为

$$\left[\overline{X}-\overline{Y}-t_{\frac{\alpha}{2}}S_w\sqrt{\frac{1}{n_1}+\frac{1}{n_2}},\quad \overline{X}-\overline{Y}+t_{\frac{\alpha}{2}}S_w\sqrt{\frac{1}{n_1}+\frac{1}{n_2}}\right],$$

其中 $S_w^2=\dfrac{(n_1-1)S_1^2+(n_2-1)S_2^2}{n_1+n_2-2}$，$t$ 分布为 $t(n_1+n_2-2)$.

(3)μ_1,μ_2 已知：$\dfrac{\sigma_1^2}{\sigma_2^2}$的 $1-\alpha$ 置信区间为

$$\left[\frac{\frac{1}{n_1}\sum_{i=1}^{n_1}(X_i-\mu_1)^2}{\frac{1}{n_2}\sum_{j=1}^{n_2}(Y_j-\mu_2)^2}F_{1-\frac{\alpha}{2}}(n_2,n_1),\quad \frac{\frac{1}{n_1}\sum_{i=1}^{n_1}(X_i-\mu_1)^2}{\frac{1}{n_2}\sum_{j=1}^{n_2}(Y_j-\mu_2)^2}F_{\frac{\alpha}{2}}(n_2,n_1)\right].$$

(4)μ_1,μ_2 未知：$\dfrac{\sigma_1^2}{\sigma_2^2}$的 $1-\alpha$ 置信区间为

$$\left[\frac{S_1^2}{S_2^2}F_{1-\frac{\alpha}{2}}(n_2-1,n_1-1),\quad \frac{S_1^2}{S_2^2}F_{\frac{\alpha}{2}}(n_2-1,n_1-1)\right].$$

二、 经典例题解析及解题方法总结

【例 1】 从长期生产实践知道，某厂生产的 100W 灯泡的使用寿命 $X\sim N(\mu,100^2)$（单位：h），现从某一批灯泡中抽取 5 只，测得使用寿命如下：

$$1\,455\quad 1\,502\quad 1\,370\quad 1\,610\quad 1\,430.$$

试求这批灯泡平均使用寿命 μ 的置信区间（α 分别为 0.1 和 0.05）.

解 由样本值得 $\overline{X}=\dfrac{1}{5}(1\,455+1\,502+1\,370+1\,610+1\,430)=1\,473.4$.

当 $\alpha=0.1$，查表得 $u_{\frac{\alpha}{2}}=1.64$，故

$$\overline{X}-u_{\frac{\alpha}{2}}\frac{\sigma}{\sqrt{n}}=1\,473.4-1.64\times\frac{100}{\sqrt{5}}=1\,400.1,$$

$$\overline{X}+u_{\frac{\alpha}{2}}\frac{\sigma}{\sqrt{n}}=1\,473.4+1.64\times\frac{100}{\sqrt{5}}=1\,546.7,$$

于是置信度 90% 下，平均使用寿命 μ 的置信区间为 [1 400.1, 1 546.7].

当 $\alpha=0.05$ 时，查表得 $u_{\frac{\alpha}{2}}=1.96$，故

$$\overline{X}-u_{\frac{\alpha}{2}}\frac{\sigma}{\sqrt{n}}=1\,473.4-1.96\times\frac{100}{\sqrt{5}}=1\,385.7,$$

$$\overline{X}+u_{\frac{\alpha}{2}}\frac{\sigma}{\sqrt{n}}=1\,473.4+1.96\times\frac{100}{\sqrt{5}}=1\,561.1,$$

于是置信度 95%下，平均使用寿命 μ 的置信区间为[1 385.7,1 561.1].

【例 2】设一批零件的长度服从正态分布 $N(\mu,\sigma^2)$，其中 μ,σ^2 均未知，现从中随机抽取 16 个零件，测得样本均值 $\overline{x}=20$(cm)，样本标准差 $s=1$(cm). 则 μ 的置信度为 0.90 的置信区间是(　　).

(A) $\left(20-\frac{1}{4}t_{0.05}(16),\quad 20+\frac{1}{4}t_{0.05}(16)\right)$　(B) $\left(20-\frac{1}{4}t_{0.1}(16),\quad 20+\frac{1}{4}t_{0.1}(16)\right)$

(C) $\left(20-\frac{1}{4}t_{0.05}(15),\quad 20+\frac{1}{4}t_{0.05}(15)\right)$　(D) $\left(20-\frac{1}{4}t_{0.1}(15),\quad 20+\frac{1}{4}t_{0.1}(15)\right)$

解　经过分析本题属于在方差未知情况下求正态总体期望的置信区间，其公式为

$$\left(\overline{X}-\frac{S}{\sqrt{n}}t_{\frac{\alpha}{2}}(n-1),\quad \overline{X}+\frac{S}{\sqrt{n}}t_{\frac{\alpha}{2}}(n-1)\right).$$

根据题意 $\overline{x}=20,s=1,n=16,\frac{\alpha}{2}=0.05$，代入公式.

故应选(C).

【例 3】冷抽铜丝的折断力服从正态分布. 从一批铜丝中任取 10 根，测试折断力，得数据(单位:kg)如下：

578，　572，　570，　568，　572，　570，　570，　596，　584，　572.

求方差 σ^2 和标准差 σ 的 90%的置信区间.

解　$\overline{X}=\frac{1}{10}(578+572+570+568+572+570+570+596+584+572)=575.2$，

$$S^2=\frac{1}{10-1}[(578-575.2)^2+(572-575.2)^2+(570-575.2)^2+(568-575.2)^2$$
$$+(572-575.2)^2+(570-575.2)^2+(570-575.2)^2+(596-575.2)^2$$
$$+(584-575.2)^2+(572-575.2)^2]=75.73.$$

查 χ^2 分布表得 $\chi^2_{\frac{\alpha}{2}}(9)=\chi^2_{0.05}(9)=16.919$，$\chi^2_{1-\frac{\alpha}{2}}(9)=\chi^2_{0.95}(9)=3.325$，故

$$\frac{(n-1)S^2}{\chi^2_{\frac{\alpha}{2}}(9)}=\frac{9\times75.73}{16.919}=40.28,\quad \frac{(n-1)S^2}{\chi^2_{1-\frac{\alpha}{2}}(9)}=\frac{9\times75.73}{3.325}=204.98,$$

于是得 σ^2 的 90%的置信区间为[40.28,240.98]，σ 的 90%置信区间为[6.35,14.32].

【例 4】从总体 $X_1\sim N(\mu_1,25)$ 中取出一容量为 $n_1=10$ 的样本，其样本均值 $\overline{X}_1=19.8$；从总体 $X_2\sim N(\mu_2,36)$ 中取出容量为 $n_2=12$ 的样本，其样本均值 $\overline{X}_2=24.0$，已知两个样本之间相互独立，求 $\mu_1-\mu_2$ 的 0.90 置信区间.

解　这是 σ_1^2,σ_2^2 都为已知时，求均值差的区间估计问题.

由于 $1-\alpha=0.90$，故 $\frac{\alpha}{2}=0.05$，$u_{\frac{\alpha}{2}}=1.645$.

又因为 $n_1=10,n_2=12,\sigma_1^2=25,\sigma_2^2=36$，所以

$$\sqrt{\frac{\sigma_1^2}{n_1}+\frac{\sigma_2^2}{n_2}}=\sqrt{\frac{25}{10}+\frac{36}{12}}=\sqrt{5.5}=2.345,$$

$$\overline{X}_1-\overline{X}_2-u_{\frac{\alpha}{2}}\sqrt{\frac{\sigma_1^2}{n_1}+\frac{\sigma_2^2}{n_2}}=19.8-24.0-1.645\times2.345$$

$$=-4.2-3.858=-8.06,$$

$$\overline{X}_1-\overline{X}_2+u_{\frac{\alpha}{2}}\sqrt{\frac{\sigma_1^2}{n_1}+\frac{\sigma_2^2}{n_2}}=-4.2+3.858=-0.34.$$

因此,所求的 $\mu_1-\mu_2$ 的 0.90 置信区间为[−0.86,−0.34].

【例 5】设有甲、乙两种安眠药,随机变量 X,Y 分别表示患者服用甲、乙药后睡眠时间的延长数,并假设 $X\sim N(\mu_1,\sigma^2)$,$Y\sim N(\mu_2,\sigma^2)$. 为比较两种药品的疗效,随机地从服用甲药的患者中选取 10 人,从服用乙药的患者中选取 10 人,分别测得睡眠延长时数的均值与方差:$\overline{x}=2.33, s_1^2=(1.9)^2$;$\overline{y}=0.75, s_2^2=(1.7)^2$. 试求方差未知情况下 $\mu_1-\mu_2$ 的 95%置信区间.

解　两正态总体的方差未知,但相等,小样本,故取统计量

$$T=\frac{(\overline{X}-\overline{Y})-(\mu_1-\mu_2)}{S_w\sqrt{\frac{1}{n_1}+\frac{1}{n_2}}}\sim t(n_1+n_2-2)\quad(这里\ n_1=n_2=10),$$

$$P\{|T|<t_{\frac{\alpha}{2}}(18)\}=1-\alpha\ (\alpha=0.05),$$

可得 $\mu_1-\mu_2$ 的置信区间为$(\overline{X}-\overline{Y})\pm t_{\frac{\alpha}{2}}(18)S_w\sqrt{\frac{1}{n_1}+\frac{1}{n_2}}$,查得 $t_{0.025}(18)=2.101$.

于是算得置信下限、上限分别为

$$(\overline{x}-\overline{y})-t_{0.025}(18)\cdot S_w\sqrt{\frac{1}{n_1}+\frac{1}{n_2}}$$

$$=(2.33-0.75)-2.101\times\sqrt{\frac{(1.9^2+1.7^2)\times 9}{18}}\times\sqrt{\frac{2}{10}}=1.58-1.68=-0.10,$$

$$(\overline{x}-\overline{y})+t_{0.025}(18)\cdot S_w\sqrt{\frac{1}{n_1}+\frac{1}{n_2}}=1.58+1.68=3.26,$$

从而得 $\mu_1-\mu_2$ 的 95%置信区间为(−0.10,3.26).

【例 6】某车间有两台自动机床加工一类套筒,假设套筒的直径服从正态分布. 现从两个班次的产品中分别检查了 5 个和 6 个套筒,得其直径数据如下(单位:cm):

1 班	5.06	5.08	5.03	5.00	5.07	
2 班	4.98	5.03	4.97	4.99	5.02	4.95

求两班加工的套筒直径方差比$\frac{\sigma_1^2}{\sigma_2^2}$的 0.95 置信区间.

解　$n_1=5, n_2=6, 1-\alpha=0.95$.

查表得　$F_{0.975}(4,5)=\frac{1}{F_{0.025}(5,4)}=\frac{1}{9.36}=0.1068$,　$F_{0.025}(4,5)=7.39$,

由数据算得　$s_1^2=0.00037$,　$s_2^2=0.00092$.

故$\frac{\sigma_1^2}{\sigma_2^2}$的置信区间为

$$\left(\frac{s_1^2}{s_2^2}\cdot\frac{1}{F_{\frac{\alpha}{2}}(n_1-1,n_2-1)},\quad\frac{s_1^2}{s_2^2}\cdot\frac{1}{F_{1-\frac{\alpha}{2}}(n_1-1,n_2-1)}\right)=(0.0544,3.7657).$$

第六节　(0—1)分布参数的区间估计

主要内容归纳

(0—1)分布参数的区间估计

设总体 $X\sim(0-1)$分布，$P\{X=1\}=p$，$P\{X=0\}=1-p$，求 p 的置信区间.

(1)选统计量　$U=\sqrt{\dfrac{n}{p(1-p)}}(\overline{X}-p)\sim N(0,1)$.

(2)对置信度 $1-\alpha$，有　$P\{|U|<u_{\frac{\alpha}{2}}\}=1-\alpha$.

(3)对上式分母中的 $p(1-p)$ 用 $\overline{X}(1-\overline{X})$ 近似，

$$P\left\{\overline{X}-u_{\frac{\alpha}{2}}\sqrt{\frac{\overline{X}(1-\overline{X})}{n}}<p<\overline{X}+u_{\frac{\alpha}{2}}\sqrt{\frac{\overline{X}(1-\overline{X})}{n}}\right\}=1-\alpha.$$

所以，p 的$(1-\alpha)$置信区间为$(\underline{p},\overline{p})=\left(\overline{X}-u_{\frac{\alpha}{2}}\sqrt{\dfrac{\overline{X}(1-\overline{X})}{n}},\ \overline{X}+u_{\frac{\alpha}{2}}\sqrt{\dfrac{\overline{X}(1-\overline{X})}{n}}\right)$.

注意：这种方法中要求 n 充分大，一般应大于 50.

第七节　单侧置信区间

主要内容归纳

1. 单侧置信区间

设 θ 为总体的未知参数，对于给定值 $\alpha(0<\alpha<1)$，若 $P\{\theta\geqslant\underline{\theta}\}=1-\alpha$，则称$[\underline{\theta},+\infty)$为 θ 的满足置信度 $1-\alpha$ 的单侧置信区间，$\underline{\theta}$ 称为单侧置信下限. 若 $P\{\theta\leqslant\overline{\theta}\}=1-\alpha$，则称$(-\infty,\overline{\theta}]$为 θ 的满足置信度 $1-\alpha$ 的单侧置信区间，$\overline{\theta}$ 称为单侧置信上限.

2. 单侧置信区间的求法

求置信度为 $1-\alpha$ 的单侧置信区间可通过求置信度为 $1-2\alpha$ 的双侧置信区间来解决. 欲求置信度为 $1-\alpha$ 的单侧置信区间$(\underline{\theta},+\infty)$或$(-\infty,\overline{\theta})$，可以先求置信度为 $1-2\alpha$ 的双侧置信区间$(\underline{\theta},\overline{\theta})$，由$(\underline{\theta},\overline{\theta})$自然就得出两个单侧置信区间$(-\infty,\overline{\theta})$和$(\underline{\theta},+\infty)$. 根据需要，取其中的一个，就是置信度为 $1-\alpha$ 的单侧置信区间.

例如，对于正态分布 $N(\mu,\sigma^2)$，σ^2 未知，可得 μ 的置信水平为 $1-\alpha$ 的单侧置信区间为

①$\left(-\infty,\overline{X}+t_\alpha(n-1)\dfrac{S}{\sqrt{n}}\right)$，单侧置信上限为 $\overline{\mu}=\overline{X}+t_\alpha(n-1)\dfrac{S}{\sqrt{n}}$.

②$\left(\overline{X}-t_\alpha(n-1)\dfrac{S}{\sqrt{n}},+\infty\right)$，单侧置信下限为 $\underline{\mu}=\overline{X}-t_\alpha(n-1)\dfrac{S}{\sqrt{n}}$.

也即只需将双侧置信区间的上下限中的“$\frac{\alpha}{2}$”改成“α”，就得到相应的单侧置信上下限了.

本章教材习题全解

1. 随机地取 8 只活塞环，测得它们的直径为(以 mm 计)

74.001　74.005　74.003　74.001

74.000　73.998　74.006　74.002

试求总体均值 μ 及方差 σ^2 的矩估计值，并求样本方差 s^2.

解　由矩法估计知 $\begin{cases} E(X)=\mu, \\ E(X^2)=D(X)+[E(X)]^2=\sigma^2+\mu^2. \end{cases}$

令 $\begin{cases} \mu=A_1, \\ \sigma^2+\mu^2=A_2, \end{cases}$ 解之得

$$\hat{\mu}=A_1=\overline{X}=\frac{1}{n}\sum_{i=1}^{n}X_i,\qquad \hat{\sigma}^2=A_2-A_1^2=\frac{1}{n}\sum_{i=1}^{n}X_i^2-\overline{X}^2=\frac{1}{n}\sum_{i=1}^{n}(X_i-\overline{X})^2.$$

由题中数据得　$\hat{\mu}=74.002$，$\hat{\sigma}^2=6\times10^{-6}$.

样本方差　$s^2=\dfrac{1}{n-1}\sum_{i=1}^{n}(x_i-\overline{x})^2=6.86\times10^{-6}$.

2. 设 $X_1,X_2,\cdots,X_n$ 为总体的一个样本，$x_1,x_2,\cdots,x_n$ 为一相应的样本值. 求下列各总体的概率密度或分布律中的未知参数的矩估计量和矩估计值.

(1) $f(x)=\begin{cases} \theta c^{\theta}x^{-(\theta+1)}, & x>c, \\ 0, & \text{其他}, \end{cases}$ 其中 $c>0$ 为已知，$\theta>1$，θ 为未知参数.

(2) $f(x)=\begin{cases} \sqrt{\theta}x^{\sqrt{\theta}-1}, & 0\leqslant x\leqslant 1, \\ 0, & \text{其他}, \end{cases}$ 其中 $\theta>0$，θ 为未知参数.

(3) $P\{X=x\}=C_m^x p^x(1-p)^{m-x}$，$x=0,1,2,\cdots,m$，其中 $0<p<1$，p 为未知参数.

解　(1) $\mu_1=\int_{-\infty}^{\infty}xf(x)\mathrm{d}x=\int_{c}^{\infty}x\theta c^{\theta}x^{-(\theta+1)}\mathrm{d}x=\theta c^{\theta}\int_{c}^{\infty}x^{-\theta}\mathrm{d}x=\left.\dfrac{\theta c^{\theta}x^{-\theta+1}}{-\theta+1}\right|_{c}^{+\infty}=\dfrac{c\theta}{\theta-1}.$

由此得　$$\theta=\frac{\mu_1}{\mu_1-c}.$$

在上式中以 $\overline{X}$ 代替 μ_1，得到 θ 的矩估计量和矩估计值分别为 $\hat{\theta}=\dfrac{\overline{X}}{\overline{X}-c}$，$\hat{\theta}=\dfrac{\overline{x}}{\overline{x}-c}$.

(2) $\mu_1=\int_0^1 x\sqrt{\theta}x^{\sqrt{\theta}-1}\mathrm{d}x=\int_0^1\sqrt{\theta}x^{\sqrt{\theta}}\mathrm{d}x=\dfrac{\sqrt{\theta}}{\sqrt{\theta}+1}.$

由此得　$$\theta=\left(\frac{\mu_1}{1-\mu_1}\right)^2.$$

在上式中以 $\overline{X}$ 代替 μ_1，得 θ 的矩估计量和矩估计值分别为 $\hat{\theta}=\left(\dfrac{\overline{X}}{1-\overline{X}}\right)^2$，$\hat{\theta}=\left(\dfrac{\overline{x}}{1-\overline{x}}\right)^2$.

(3) 因 $\mu_1=E(X)=mp$，得 $p=\dfrac{\mu_1}{m}$，以 $\overline{X}$ 代替 μ_1 得到 p 的矩估计量和矩估计值分别为

$$\hat{p}=\frac{\overline{X}}{m},\quad \hat{p}=\frac{\overline{x}}{m}.$$

3. 求上题中各未知参数的最大似然估计值和估计量.

解 (1)样本 $X_1,\cdots,X_n$ 的似然函数为

$$L(\theta)=\prod_{i=1}^{n}\theta\cdot c^{\theta}x_i^{-(\theta+1)}=\theta^n c^{n\theta}\prod_{i=1}^{n}x_i^{-(\theta+1)},$$

而 $\ln L(\theta)=n\ln\theta+n\theta\ln c-(\theta+1)\sum_{i=1}^{n}\ln x_i$， 令 $\frac{\mathrm{d}}{\mathrm{d}\theta}\ln L(\theta)=\frac{n}{\theta}+n\ln c-\sum_{i=1}^{n}\ln x_i=0$，

解得 θ 的最大似然估计值为 $\hat{\theta}=\frac{n}{\sum_{i=1}^{n}\ln x_i-n\ln c}$. 最大似然估计量为 $\hat{\theta}=\frac{n}{\sum_{i=1}^{n}\ln X_i-n\ln c}$.

(2)样本 $X_1,\cdots,X_n$ 的似然函数 $L(\theta)=\prod_{i=1}^{n}\sqrt{\theta}x_i^{\sqrt{\theta}-1}=\theta^{\frac{n}{2}}\prod_{i=1}^{n}x_i^{\sqrt{\theta}-1}$，

而 $\ln L(\theta)=\frac{n}{2}\ln\theta+(\sqrt{\theta}-1)\sum_{i=1}^{n}\ln x_i$， 令 $\frac{\mathrm{d}}{\mathrm{d}\theta}\ln L(\theta)=\frac{n}{2\theta}+\frac{\sum_{i=1}^{n}\ln x_i}{2\sqrt{\theta}}=0$，

解得 θ 的最大似然估计值为 $\hat{\theta}=\frac{n^2}{\left(\sum_{i=1}^{n}\ln x_i\right)^2}$， 估计量为 $\hat{\theta}=\frac{n^2}{\left(\sum_{i=1}^{n}\ln X_i\right)^2}$.

(3)样本 $X_i,\cdots,X_n$ 的似然函数为

$$L(p)=\prod_{i=1}^{n}C_{x_i}^{m}p^{x_i}(1-p)^{m-x_i}=p^{\sum_{i=1}^{n}x_i}(1-p)^{nm-\sum_{i=1}^{n}x_i}\prod_{i=1}^{n}C_{x_i}^{m},$$

$$\ln L(p)=\sum_{i=1}^{n}x_i\ln p+(nm-\sum_{i=1}^{n}x_i)\ln(1-p)+\sum_{i=1}^{n}\ln C_{x_i}^{m},$$

令 $\frac{\mathrm{d}}{\mathrm{d}p}\ln L(p)=\frac{\sum_{i=1}^{n}x_i}{p}+\frac{nm-\sum_{i=1}^{n}x_i}{1-p}\cdot(-1)=0$，

解得 p 的最大似然估计值为 $\hat{p}=\frac{\overline{x}}{m}$， 估计量为 $\hat{p}=\frac{\overline{X}}{m}$.

4. (1)设总体 X 具有分布律

X	1	2	3
p_k	θ^2	$2\theta(1-\theta)$	$(1-\theta)^2$

其中 $\theta(0<\theta<1)$ 为未知参数. 已知取得了样本值 $x_1=1,x_2=2,x_3=1$，试求 θ 的矩估计值和最大似然估计值.

(2)设 $X_1,X_2,\cdots,X_n$ 是来自参数为 λ 的泊松分布总体的一个样本，试求 λ 的最大似然估计量及矩估计量.

(3)设随机变量 X 服从以 r,p 为参数的负二项分布，其分布律为

$$P\{X=x_k\}=\binom{x_k-1}{r-1}p^r(1-p)^{x_k-r},\quad x_k=r,r+1,\cdots,$$

其中 r 已知，p 未知. 设有样本值 $x_1,x_2,\cdots,x_n$，试求 p 的最大似然估计值.

解 (1)矩估计

$$E(X)=1\times\theta^2+2\times2\theta(1-\theta)+3(1-\theta)^2=3-2\theta.$$

令 $E(X)=\overline{X}$，则有 $\hat{\theta}=\frac{3-\overline{X}}{2}$， 矩估计值为 $\hat{\theta}=\frac{3-\overline{x}}{2}=\frac{3-\frac{1}{3}(1+2+1)}{2}=\frac{5}{6}$.

最大似然估计

样本值 $x_1=1,x_2=2,x_3=1$，似然函数为

$L(\theta)=\theta^2\cdot2\theta(1-\theta)\cdot\theta^2=2\theta^5(1-\theta)$， $\ln L(\theta)=5\ln\theta+\ln(1-\theta)+\ln 2$，

$\frac{\mathrm{d}\ln L(\theta)}{\mathrm{d}\theta}=\frac{5}{\theta}-\frac{1}{1-\theta}\overset{令}{=}0$，得 $\hat{\theta}=\frac{5}{6}$.

(2)总体 X 的分布律为 $P\{X=x\}=\dfrac{\lambda^x e^{-\lambda}}{x!}$， $x=0,1,\cdots$.

样本 $X_1,X_2,\cdots,X_n$ 的似然函数为

$$L(\lambda)=\prod_{i=1}^{n}\frac{\lambda^{x_i}e^{-\lambda}}{x_i!}=\frac{\lambda^{\sum\limits_{i=1}^{n}x_i}e^{-n\lambda}}{\prod\limits_{i=1}^{n}x_i!},\qquad \ln L(\lambda)=\sum_{i=1}^{n}x_i\ln\lambda-n\lambda-\sum_{i=1}^{n}\ln(x_i!),$$

令 $\dfrac{d}{d\lambda}\ln L(\lambda)=\dfrac{\sum\limits_{i=1}^{n}x_i}{\lambda}-n=0$，解得 λ 的最大似然估计 $\hat{\lambda}=\dfrac{1}{n}\sum\limits_{i=1}^{n}X_i=\overline{X}$.

又因为 $E(X)=\lambda$，所以由矩估计的定义知 $\hat{\lambda}=\overline{X}$.

(3)似然函数为

$$L(p)=\prod_{k=1}^{n}P\{X=x_k\}=\prod_{k=1}^{n}C_{r-1}^{x_k-1}p^r(1-p)^{x_k-r}=\left(\prod_{k=1}^{n}C_{r-1}^{x_k-1}\right)p^{nr}(1-p)^{\sum\limits_{k=1}^{n}x_k-nr},$$

$$\ln L=\ln C+nr\ln p+\left(\sum_{k=1}^{n}x_k-nr\right)\ln(1-p)，C\text{ 为常数}.$$

令 $\dfrac{d}{dp}(\ln L)=\dfrac{nr}{p}-\dfrac{1}{1-p}\left(\sum\limits_{k=1}^{n}x_k-nr\right)=0$，得 p 的最大似然估计值为 $\hat{p}=\dfrac{r}{\overline{x}}$.

5. 设某种电子器件的寿命(以 h 计)T 服从双参数的指数分布，其概率密度为

$$f(t)=\begin{cases}\dfrac{1}{\theta}e^{-\frac{t-c}{\theta}}, & t\geqslant c,\\ 0, & \text{其他},\end{cases}$$

其中 $c,\theta(c,\theta>0)$ 为未知参数. 自一批这种器件中随机地取 n 件进行寿命试验. 设它们的失效时间依次为 $x_1\leqslant x_2\leqslant\cdots\leqslant x_n$.

(1)求 c 与 θ 的最大似然估计值.

(2)求 c 与 θ 的矩估计量.

解 (1) $L(\theta,c)=\dfrac{1}{\theta^n}e^{-\frac{1}{\theta}\sum\limits_{i=1}^{n}(x_i-c)}$， $x_i\geqslant c$，$\ln L(\theta,c)=-n\ln\theta-\dfrac{1}{\theta}\sum\limits_{i=1}^{n}(x_i-c)$，$\dfrac{\partial\ln L}{\partial c}=\dfrac{n}{\theta}\neq 0$，

因此 $c=\min\{x_1,\cdots,x_n\}=x_1$ 使 L 取最大值，按最大似然估计的定义，故 c 的最大似然估计为 $\hat{c}=x_1$.

$$\frac{\partial\ln L}{\partial\theta}=-\frac{n}{\theta}+\frac{\sum\limits_{i=1}^{n}(x_i-c)}{\theta^2}\overset{\text{令}}{=\!=}0\text{，得 }\theta\text{ 的最大似然估计值为 }\hat{\theta}=\overline{x}-\hat{c}=\overline{x}-x_1.$$

(2) $E(X)=\displaystyle\int_{-\infty}^{+\infty}xf(x)dx=\int_{c}^{+\infty}\frac{x}{\theta}e^{-\frac{x-c}{\theta}}dx=\theta+c$， $E(X^2)=\displaystyle\int_{c}^{+\infty}\frac{x^2}{\theta}e^{-\frac{x-c}{\theta}}dx=\theta^2+(\theta+c)^2$，

令 $E(X)=\overline{X}$，$E(X^2)=\dfrac{1}{n}\sum\limits_{i=1}^{n}X_i^2$，

那么 θ 和 c 的矩估计量为 $\hat{\theta}=\sqrt{\dfrac{1}{n}\sum\limits_{i=1}^{n}(X_i-\overline{X})^2}$， $\hat{c}=\overline{X}-\sqrt{\dfrac{1}{n}\sum\limits_{i=1}^{n}(X_i-\overline{X})^2}$.

6. 一地质学家为研究密歇根湖湖滩地区的岩石成分，随机地自该地区取 100 个样品，每个样品有 10 块石子，记录了每个样品中属石灰石的石子数. 假设这 100 次观察相互独立，并且由过去经验知，它们都服从参数为 $m=10$，p 的二项分布，p 是这地区一块石子是石灰石的概率，求 p 的最大似然估计值. 该地质学家所得的数据如下：

样品中属石灰石的石子数 i	0	1	2	3	4	5	6	7	8	9	10
观察到 i 块石灰石的样品个数	0	1	6	7	23	26	21	12	3	1	0

解 二项分布的分布律为 $P\{X=k\}=C_m^k p^k q^{m-k}$，$k=0,1,\cdots,m$.

由前面第3题的(3)知，p 的最大似然估计 $\hat{p}=\dfrac{\overline{X}}{m}$.

这里 $m=10$，$\bar{x}=\dfrac{1}{n}\sum\limits_{i=1}^{n}x_i=\dfrac{1}{100}(1\times1+2\times6+3\times7+\cdots+10\times0)=4.99$，

则 $\hat{p}=\dfrac{4.99}{10}=0.499$.

7. (1)设 $X_1,\cdots,X_n$ 是来自总体 X 的一个样本，且 $X\sim\pi(\lambda)$. 求 $P\{X=0\}$ 的最大似然估计值.

(2)某铁路局证实一个扳道员在五年内所引起的严重事故的次数服从泊松分布. 求一个扳道员在五年内未引起严重事故的概率 p 的最大似然估计值. 使用下面122个观察值. 下表中，r 表示一扳道员五年中引起严重事故的次数，s 表示观察到的扳道员人数.

r	0	1	2	3	4	5
s	44	42	21	9	4	2

解 (1)由前面第4题知泊松分布的最大似然估计值 $\hat{\lambda}=\bar{x}$，而 $P\{X=0\}=\dfrac{\lambda^0 e^{-\lambda}}{0!}=e^{-\lambda}$，因而 $\hat{p}=e^{-\bar{x}}$.

(2)在这里 $\bar{x}=\dfrac{1}{n}\sum\limits_{i=1}^{n}x_i=\dfrac{1}{222}(44\times0+42\times1+\cdots+2\times5)=1.123$.

则扳道员在5年内未引起严重事故的概率 p 的最大似然估计 $\hat{p}=e^{-1.123}\approx0.3253$.

8. (1)设 $X_1,X_2,\cdots,X_n$ 是来自概率密度为

$$f(x;\theta)=\begin{cases}\theta x^{\theta-1}, & 0<x<1,\\ 0, & \text{其他}\end{cases}$$

的总体的样本，θ 未知，求 $U=e^{-\frac{1}{\theta}}$ 的最大似然估计值.

(2)设 $X_1,X_2,\cdots,X_n$ 是来自正态总体 $N(\mu,1)$ 的样本，μ 未知，求 $\theta=P\{X>2\}$ 的最大似然估计值.

(3)设 $x_1,x_2,\cdots,x_n$ 是来自总体 $b(m,\theta)$ 的样本值，又 $\theta=\dfrac{1}{3}(1+\beta)$，求 β 的最大似然估计值.

解 (1)先求 θ 的最大似然估计. 似然函数为

$$L(\theta)=\prod_{i=1}^{n}\theta x_i^{\theta-1}=\theta^n\Big(\prod_{i=1}^{n}x_i\Big)^{\theta-1}\text{，即 }\ln L(\theta)=n\ln\theta+(\theta-1)\ln\Big(\prod_{i=1}^{n}x_i\Big).$$

令 $\dfrac{\mathrm{d}\ln L(\theta)}{\mathrm{d}\theta}=\dfrac{n}{\theta}+\sum\limits_{i=1}^{n}\ln x_i=0$，得 θ 的最大似然估计值为

$$\hat{\theta}=\frac{-n}{\sum\limits_{i=1}^{n}\ln x_i}. \tag{$*$}$$

$U=e^{-\frac{1}{\theta}}$ 具有单调反函数，故由最大似然估计的不变性知 U 的最大似然估计值为

$$\hat{U}=e^{-\frac{1}{\hat{\theta}}}，\quad \text{其中 }\hat{\theta}\text{ 由}(*)\text{所确定}.$$

(2)已知 μ 的最大似然估计为 $\hat{\mu}=\bar{x}$. 而 $\theta=P\{X>2\}=1-P\{X\leqslant2\}=1-\Phi(2-\mu)$ 具有单调反函数. 由最大似然估计的不变性得 $\theta=P\{X>2\}$ 的最大似然估计值为

$$\hat{\theta}=1-\Phi(2-\hat{\mu})=1-\Phi(2-\bar{x}).$$

(3)由本章习题第3题知二项分布 $X\sim B(m,\theta)$ 的参数 θ 的最大似然估计为 $\hat{\theta}=\dfrac{\bar{x}}{m}$. 由最大似然估计

的不变性得 $\beta=3\theta-1$ 的最大似然估计值为 $\hat{\beta}=3\hat{\theta}-1=\frac{3\overline{x}}{m}-1$.

9. (1)验证教材第六章§3 定理 5 中的统计量

$$S_W^2=\frac{n_1-1}{n_1+n_2-2}S_1^2+\frac{n_2-1}{n_1+n_2-2}S_2^2=\frac{(n_1-1)S_1^2+(n_2-1)S_2^2}{n_1+n_2-2}$$

是两总体公共方差 σ^2 的无偏估计量(S_W^2 称为 σ^2 的合并估计).

(2)设总体 X 的数学期望为 μ, $X_1,X_2,\cdots,X_n$ 是来自 X 的样本, $a_1,a_2,\cdots,a_n$ 是任意常数,验证

$$\frac{\sum_{i=1}^{n}a_iX_i}{\sum_{i=1}^{n}a_i}\quad (其中 \sum_{i=1}^{n}a_i\neq 0)$$

是 μ 的无偏估计量.

证 (1) $S_1^2=\frac{1}{n_1-1}\sum_{i=1}^{n_1}(X_i-\overline{X})^2$, $S_2^2=\frac{1}{n_2-1}\sum_{i=1}^{n_2}(Y_i-\overline{Y})^2$,则有 $E(S_1^2)=E(S_2^2)=\sigma^2$.

那么

$$\begin{aligned}E(S_W^2)&=\frac{1}{n_1+n_2-2}E[(n_1-1)S_1^2+(n_2-1)S_2^2]\\&=\frac{1}{n_1+n_2-2}[(n_1-1)E(S_1^2)+(n_2-1)E(S_2^2)]\\&=\frac{1}{n_1+n_2-2}[(n_1-1)\sigma^2+(n_2-1)\sigma^2]=\sigma^2,\end{aligned}$$

即 S_W^2 为 σ^2 的无偏估计.

(2)因 $E(X_i)=E(X)=\mu\ (i=1,2,\cdots,n)$, $E\left[\frac{\sum_{i=1}^{n}a_iX_i}{\sum_{i=1}^{n}a_i}\right]=\frac{1}{\sum_{i=1}^{n}a_i}\sum_{i=1}^{n}a_iE(X_i)=\frac{1}{\sum_{i=1}^{n}a_i}\sum_{i=1}^{n}(a_i\mu)=\mu$,

即 $\frac{\sum_{i=1}^{n}a_iX_i}{\sum_{i=1}^{n}a_i}$ 为 μ 的无偏估计量.

10. 设 $X_1,X_2,\cdots,X_n$ 是来自总体 X 的一个样本,设 $E(X)=\mu$, $D(X)=\sigma^2$.

(1)确定常数 c,使 $c\sum_{i=1}^{n-1}(X_{i+1}-X_i)^2$ 为 σ^2 的无偏估计.

(2)确定常数 c,使 $\overline{X}^2-cS^2$ 是 μ^2 的无偏估计($\overline{X}$, S^2 是样本均值和样本方差).

解 (1) $E[c\sum_{i=1}^{n-1}(X_{i+1}-X_i)^2]=c\sum_{i=1}^{n-1}E[(X_{i+1}-X_i)^2]$,

因为 $E[(X_{i+1}-X_i)^2]=D(X_{i+1}-X_i)+[E(X_{i+1}-X_i)]^2=D(X_{i+1})+D(X_i)=2\sigma^2$,

所以 $E[c\sum_{i=1}^{n-1}(X_{i+1}-X_i)^2]=c(n-1)\cdot 2\sigma^2$.

当 $2c(n-1)\sigma^2=\sigma^2$ 时, $c=\frac{1}{2(n-1)}$.

(2) $E[(\overline{X})^2-c\cdot S^2]=E(\overline{X})^2-c\cdot E(S^2)=\frac{\sigma^2}{n}+\mu^2-c\cdot\sigma^2$,

当 $E[\overline{X}^2-c\cdot S^2]=\mu^2$ 时, $\frac{\sigma^2}{n}+\mu^2-c\cdot\sigma^2=\mu^2$,得 $c=\frac{1}{n}$.

11. 设总体 X 的概率密度为

$$f(x;\theta)=\begin{cases}\frac{1}{\theta}x^{\frac{1-\theta}{\theta}}, & 0<x<1,\\ 0, & \text{其他},\end{cases}\quad 0<\theta<+\infty,$$

$X_1,X_2,\cdots,X_n$ 是来自总体 X 的样本.

(1)验证 θ 的最大似然估计量是 $\hat{\theta}=\frac{-1}{n}\sum_{i=1}^{n}\ln X_i$.

(2)证明 $\hat{\theta}$ 是 θ 的无偏估计量.

解 (1)似然函数为 $L(\theta)=\frac{1}{\theta^n}\prod_{i=1}^{n}x_i^{\frac{1-\theta}{\theta}}$，　$\ln L(\theta)=-n\ln\theta+\frac{1-\theta}{\theta}\ln\prod_{i=1}^{n}x_i$.

令 $\frac{\mathrm{d}}{\mathrm{d}\theta}\ln L(\theta)=-\frac{n}{\theta}+(\sum_{i=1}^{n}\ln x_i)(\frac{-1}{\theta^2})=0$，　得 $-n\theta=\sum_{i=1}^{n}\ln x_i$.

于是得到 θ 的最大似然估计量为 $\hat{\theta}=\frac{-1}{n}\sum_{i=1}^{n}\ln X_i$.

(2)因 $E(-\ln X)=\int_0^1(-\ln x)\cdot\frac{1}{\theta}x^{\frac{1}{\theta}-1}\mathrm{d}x=-x^{\frac{1}{\theta}}\ln x\Big|_0^1+\int_0^1\frac{1}{x}x^{\frac{1}{\theta}}\mathrm{d}x=\theta$,

从而知 $E(\hat{\theta})=\frac{1}{n}\sum_{i=1}^{n}E(-\ln X_i)=\frac{1}{n}\cdot n\theta=\theta$，故 $\hat{\theta}$ 为 θ 的无偏估计.

12. 设 X_1,X_2,X_3,X_4 是来自均值为 θ 的指数分布总体的样本，其中 θ 未知. 设有估计量

$T_1=\frac{1}{6}(X_1+X_2)+\frac{1}{3}(X_3+X_4)$，　$T_2=\frac{1}{5}(X_1+2X_2+3X_3+4X_4)$，　$T_3=\frac{1}{4}(X_1+X_2+X_3+X_4)$.

(1)指出 T_1,T_2,T_3 中哪几个是 θ 的无偏估计量.

(2)在上述 θ 的无偏估计中指出哪一个较为有效.

解 (1)$E(T_1)=\frac{1}{6}[E(X_1)+E(X_2)]+\frac{1}{3}[E(X_3)+E(X_4)]=\frac{1}{6}(\theta+\theta)+\frac{1}{3}(\theta+\theta)=\theta$,

$E(T_2)=\frac{1}{5}[E(X_1)+2E(X_2)+3E(X_3)+4E(X_4)]=\frac{1}{5}(\theta+2\theta+3\theta+4\theta)=2\theta$,

$E(T_3)=\frac{1}{4}[E(X_1)+E(X_2)+E(X_3)+E(X_4)]=\frac{1}{4}(\theta+\theta+\theta+\theta)=\theta$,

故 T_1,T_3 为 θ 的无偏估计量.

(2)$D(T_1)=\frac{1}{36}[D(X_1)+D(X_2))+\frac{1}{9}(D(X_3)+D(X_4)]=\frac{1}{36}(\theta^2+\theta^2)+\frac{1}{9}(\theta^2+\theta^2)=\frac{5}{18}\theta^2$,

$D(T_3)=\frac{1}{16}[D(X_1)+D(X_2)+D(X_3)+D(X_4)]=\frac{1}{16}(\theta^2+\theta^2+\theta^2+\theta^2)=\frac{1}{4}\theta^2$,

$D(T_1)>D(T_3)$,

故 T_3 较 T_1 更有效.

13. (1)设 $\hat{\theta}$ 是参数 θ 的无偏估计，且有 $D(\hat{\theta})>0$，试证 $\hat{\theta^2}=(\hat{\theta})^2$ 不是 θ^2 的无偏估计量.

(2)试证明均匀分布 $f(x)=\begin{cases}\frac{1}{\theta}, & 0<x\leqslant\theta,\\ 0, & \text{其他}\end{cases}$ 中未知参数 θ 的最大似然估计量不是无偏的.

证 (1)因为 $D(\hat{\theta})=E(\hat{\theta})^2-[E(\hat{\theta})]^2=E(\hat{\theta})^2-\theta^2>0$，所以 $E(\hat{\theta})^2-\theta^2\neq0$，即 $E(\hat{\theta})^2)\neq\theta^2$,

则 $(\hat{\theta})^2$ 不是 θ^2 的无偏估计.

(2)设 $x_1,\cdots,x_n$ 是总体 X 的样本值，其样本似然函数为

$$L(\theta)=\prod_{i=1}^{n}f(x_i)=\frac{1}{\theta^n},\ 0<x_i\leqslant\theta,i=1,2,\cdots,n.$$

因为 $L'(\theta)=-\frac{n}{\theta^{n+1}}<0$,故 $L(\theta)$ 单调减少. 则要使 $L(\theta)$ 最大,θ 必须取最小,所以 $\hat{\theta}=\max\limits_{1\leqslant i\leqslant n} X_i$ 为 θ 的最大似然估计.

由于 $\hat{\theta}$ 的分布函数为 $[F(x)]^n$,其中 $F(x)$ 为总体的分布函数. 则 $\hat{\theta}$ 的密度函数

$$f_{\hat{\theta}}(x)=n\cdot\frac{x^{n-1}}{\theta^n},\ 0<x\leqslant\theta,$$

$$E(\hat{\theta})=\int_0^\theta x\cdot n\cdot\frac{x^{n-1}}{\theta^n}\mathrm{d}x=\int_0^\theta n\cdot\frac{x^n}{\theta^n}\mathrm{d}x=\frac{n}{n+1}\theta,$$

可见,$\hat{\theta}$ 不是 θ 的无偏估计.

14. 设从均值为 μ,方差为 $\sigma^2>0$ 的总体中分别抽取容量为 n_1,n_2 的两独立样本. $\overline{X}_1$ 和 $\overline{X}_2$ 分别是两样本的均值. 试证:对于任意常数 $a,b(a+b=1)$,$Y=a\overline{X}_1+b\overline{X}_2$ 都是 μ 的无偏估计,并确定常数 a,b 使 $D(Y)$ 达到最小.

证　因为 $\overline{X}_1,\overline{X}_2$ 都是样本均值,则

$E(\overline{X}_1)=\mu,\ E(\overline{X}_2)=\mu,\quad E(Y)=E(a\overline{X}_1+b\overline{X}_2)=aE(\overline{X}_1)+bE(\overline{X}_2)=a\mu+b\mu=\mu(a+b)=\mu$,

即 $Y=a\overline{X}_1+b\overline{X}_2$ 是 μ 的无偏估计.

由于 $D(\overline{X}_1)=\frac{\sigma^2}{n_1},\quad D(\overline{X}_2)=\frac{\sigma^2}{n_2}$,且 $\overline{X}_1$ 与 $\overline{X}_2$ 相互独立.

所以 $D(Y)=D(a\overline{X}_1+b\overline{X}_2)=a^2D(\overline{X}_1)+b^2D(\overline{X}_2)=\frac{a^2\sigma^2}{n_1}+\frac{b^2\sigma^2}{n_2}$.

利用拉格朗日乘数法解决极值问题,可得当 $a=\frac{n_1}{n_1+n_2}$,$b=\frac{n_2}{n_1+n_2}$ 时,$D(Y)$ 取最小值 $\frac{\sigma^2}{n_1+n_2}$.

15. 设有 k 台仪器,已知用第 i 台仪器测量时,测定值总体的标准差为 $\sigma_i\,(i=1,\cdots,k)$. 用这些仪器独立地对某一物理量 θ 各观察一次,分别得到 $X_1,X_2,\cdots,X_k$. 设仪器都没有系统误差,即 $E(X_i)=\theta\ (i=1,2,\cdots,k)$. 问 $a_1,a_2,\cdots,a_k$ 取何值,方能使使用 $\hat{\theta}=\sum\limits_{i=1}^{n}a_iX_i$ 估计 θ 时,$\hat{\theta}$ 是无偏的,并且 $D(\hat{\theta})$ 最小?

解
$$E(\hat{\theta})=E\left(\sum_{i=1}^{n}a_iX_i\right)=\sum_{i=1}^{k}a_iE(X_i)=\sum_{i=1}^{k}a_i\theta=\theta\sum_{i=1}^{k}a_i.$$

要使 $\hat{\theta}$ 是 θ 的无偏估计,即 $\theta\sum\limits_{i=1}^{k}a_i=\theta$,则须 $\sum\limits_{i=1}^{k}a_i=1$.

$$D(\hat{\theta})=D\left(\sum_{i=1}^{k}a_iX_i\right)=\sum_{i=1}^{k}a_i^2D(X_i)=\sum_{i=1}^{k}a_i^2\cdot\sigma_i^2.$$

要求 $D(\hat{\theta})$ 的最小值,根据拉格朗日乘数法,设 $F(a_1,\cdots,a_k,\lambda)=\sum\limits_{i=1}^{k}a_i^2\sigma_i^2-\lambda\left(\sum\limits_{i=1}^{k}a_i-1\right)$,则

$$\begin{cases}\dfrac{\partial F}{\partial a_1}=2a_1\sigma_1^2-\lambda=0,\\ \cdots\cdots\\ \dfrac{\partial F}{\partial a_k}=2a_k\sigma_k^2-\lambda=0,\\ \dfrac{\partial F}{\partial\lambda}=\sum\limits_{i=1}^{k}a_i-1=0,\end{cases}$$

解之得,当 $a_i=\frac{\sigma_0^2}{\sigma_i^2},\quad \frac{1}{\sigma_0^2}=\sum\limits_{i=1}^{k}\frac{1}{\sigma_i^2}$,$i=1,\cdots,k$ 时,$D(\hat{\theta})$ 取最小值.

16. 设某种清漆的 9 个样品,其干燥时间(以 h 计)分别为

6.0　5.7　5.8　6.5　7.0　6.3　5.6　6.1　5.0

设干燥时间总体服从正态分布 $N(\mu,\sigma^2)$. 在下述情况下,求 μ 的置信水平为 0.95 的置信区间,

(1)若由以往经验知 $\sigma=0.6(\mathrm{h})$. (2)若 σ 为未知.

解 (1)当方差 σ^2 已知时,μ 的置信水平为 0.95 的置信区间为

$$\left[\overline{X}-\frac{\sigma}{\sqrt{n}}u_{\frac{\alpha}{2}},\quad \overline{X}+\frac{\sigma}{\sqrt{n}}u_{\frac{\alpha}{2}}\right],$$

这里,$1-\alpha=0.95,\alpha=0.05,\frac{\alpha}{2}=0.025,n=9,\sigma=0.6,\overline{x}=\frac{1}{9}(6.0+5.7+\cdots+5.0)=6$,

查正态分布表得 $u_{\frac{\alpha}{2}}=1.96$.

将这些值代入置信区间公式得(5.608,6.392).

(2)当方差 σ^2 未知时,μ 的置信水平为 0.95 的置信区间为

$$\left[\overline{X}-\frac{S}{\sqrt{n}}t_{\frac{\alpha}{2}}(n-1),\quad \overline{X}+\frac{S}{\sqrt{n}}t_{\frac{\alpha}{2}}(n-1)\right],$$

这里,$1-\alpha=0.95,\alpha=0.05,\frac{\alpha}{2}=0.025,n-1=8$.

查表得 $t_{\frac{\alpha}{2}}(n-1)=2.3060,\overline{x}=\frac{1}{9}(6.0+5.7+\cdots+5.0)=6,s^2=\frac{1}{n-1}\sum_{i=1}^{n}(x_i-\overline{x})^2=0.33$.

将这些值代入区间公式得(5.558,6.442).

17. 分别使用金球和铂球测定引力常数(以 $10^{-11}\mathrm{m}^3\cdot\mathrm{kg}^{-1}\cdot\mathrm{s}^{-2}$ 计).

(1)用金球测定观察值为

6.683 6.681 6.676 6.678 6.679 6.672

(2)用铂球测定观察值为

6.661 6.661 6.667 6.667 6.664

设测定值总体为 $N(\mu,\sigma^2)$,μ,σ^2 均为未知. 试就(1),(2)两种情况分别求 μ 的置信水平为0.9的置信区间,并求 σ^2 的置信水平为 0.9 的置信区间.

解 (1)μ,σ^2 均未知时,μ 的置信水平为 0.9 的置信区间为

$$\left[\overline{X}-\frac{S}{\sqrt{n}}t_{\frac{\alpha}{2}}(n-1),\quad \overline{X}+\frac{S}{\sqrt{n}}t_{\frac{\alpha}{2}}(n-1)\right],$$

这里$1-\alpha=0.9,\alpha=0.1,\frac{\alpha}{2}=0.05,n_1=6,n_2=5,n_1-1=5,n_2-1=4$.

$$\overline{x}_1=\frac{1}{6}\sum_{i=1}^{6}x_i=\frac{1}{6}(6.683+\cdots+6.672)=6.678,$$

$$s_1^2=\frac{1}{5}\sum_{i=1}^{6}(x_i-\overline{x}_1)^2=0.15\times10^{-4},$$

$$\overline{x}_2=\frac{1}{5}\sum_{i=1}^{5}x_i=\frac{1}{5}(6.661+\cdots+6.664)=6.664,$$

$$s_2^2=\frac{1}{4}\sum_{i=1}^{5}(x_i-\overline{x}_2)^2=0.9\times10^{-5},$$

$t_{\frac{\alpha}{2}}(5)=2.0150,\ t_{\frac{\alpha}{2}}(4)=2.1318$.

代入得,用金球测定时,μ 的置信区间是(6.675,6.681).

用铂球测定时,μ 的置信区间为(6.661,6.667).

(2)μ,σ^2 均未知时,σ^2 的置信水平为 0.9 的置信区间为

$$\left[\frac{(n-1)S^2}{\chi^2_{\frac{\alpha}{2}}(n-1)},\ \frac{(n-1)S^2}{\chi^2_{1-\frac{\alpha}{2}}(n-1)}\right],$$

这里 $n_1-1=5,n_2-1=4,\frac{\alpha}{2}=0.05$.

查表得:$\chi^2_{\frac{\alpha}{2}}(5)=11.071,\chi^2_{\frac{\alpha}{2}}(4)=9.488,\chi^2_{1-\frac{\alpha}{2}}(5)=1.145,\chi^2_{1-\frac{\alpha}{2}}(4)=0.711$.

将这些值以及上面(1)中算得的 S_1^2,S_2^2 代入上区间得

用金球测定时，σ^2 的置信区间是$[6.8\times10^{-6},6.5\times10^{-5}]$.

用铂球测定时，σ^2 的置信区间是$[3.8\times10^{-6},5.06\times10^{-5}]$.

18. 随机地取某种炮弹 9 发做试验，得炮口速度的样本标准差 $s=11\text{m/s}$. 设炮口速度服从正态分布. 求这种炮弹的炮口速度的标准差 σ 的置信水平为 0.95 的置信区间.

解 σ 的置信水平为 0.95 的置信区间为

$$\left[\frac{\sqrt{n-1}S}{\sqrt{\chi^2_{\frac{\alpha}{2}}(n-1)}},\ \frac{\sqrt{n-1}S}{\sqrt{\chi^2_{1-\frac{\alpha}{2}}(n-1)}}\right].$$

在这里 $S=11,n-1=8,1-\alpha=0.95,\alpha=0.05,\frac{\alpha}{2}=0.025$.

查表得 $\chi^2_{\frac{\alpha}{2}}(8)=17.535,\chi^2_{1-\frac{\alpha}{2}}(8)=2.180$.

将这些值代入上区间中得到(7.4,21.1).

19. 设 $X_1,X_2,\cdots,X_n$ 是来自分布 $N(\mu,\sigma^2)$的样本，μ 已知，σ 未知.

(1)验证 $\sum\limits_{i=1}^{n}\frac{(X_i-\mu)^2}{\sigma^2}\sim\chi^2(n)$. 利用这一结果构造 σ^2 的置信水平为 $1-\alpha$ 的置信区间.

(2)设 $\mu=6.5$，且有样本值 7.5,2.0,12.1,8.8,9.4,7.3,1.9,2.8,7.0,7.3. 试求 σ 的置信水平为 0.95 的置信区间.

解 (1)因 $X_i\sim N(\mu,\sigma^2)$，故 $\frac{X_i-\mu}{\sigma}\sim N(0,1),\quad i=1,2,\cdots,n$.

由 $\frac{X_1-\mu}{\sigma},\frac{X_2-\mu}{\sigma},\cdots,\frac{X_n-\mu}{\sigma}$ 相互独立，得 $\sum\limits_{i=1}^{n}\left(\frac{X_i-\mu}{\sigma}\right)^2\sim\chi^2(n)$.

于是有

$$P\left\{\chi^2_{1-\frac{\alpha}{2}}(n)<\sum_{i=1}^{n}\frac{(X_i-\mu)^2}{\sigma^2}<\chi^2_{\frac{\alpha}{2}}(n)\right\}=1-\alpha,$$

即有

$$P\left\{\frac{\sum\limits_{i=1}^{n}(X_i-\mu)^2}{\chi^2_{\frac{\alpha}{2}}(n)}<\sigma^2<\frac{\sum\limits_{i=1}^{n}(X_i-\mu)^2}{\chi^2_{1-\frac{\alpha}{2}}(n)}\right\}=1-\alpha.$$

得 σ^2 的置信水平为 $1-\alpha$ 的置信区间为

$$\left[\frac{\sum\limits_{i=1}^{n}(X_i-\mu)^2}{\chi^2_{\frac{\alpha}{2}}(n)},\quad\frac{\sum\limits_{i=1}^{n}(X_i-\mu)^2}{\chi^2_{1-\frac{\alpha}{2}}(n)}\right].$$

(2)现在 $n=10,\mu=6.5,1-\alpha=0.95,\alpha=0.05$，由样本值经计算得 $\sum\limits_{i=1}^{10}(X_i-\mu)^2=102.69$,

查表知，$\chi^2_{0.025}(10)=20.483,\chi^2_{0.975}(10)=3.247$.

于是 σ^2 的置信水平为 0.95 的置信区间为(5.013,31.626)，σ 的置信水平为 0.95 的置信区间为(2.239,5.624).

20. 在第 17 题中，设用金球和用铂球测定时测定值总体的方差相等. 求两个测定值总体均值差的置信水平为 0.90 的置信区间.

解 由题意知：总体均值差的置信水平为 0.90 的置信区间为

$$\left[\overline{X}_1-\overline{X}_2-t_{\frac{\alpha}{2}}(n_1+n_2-2)S_w\sqrt{\frac{1}{n_1}+\frac{1}{n_2}},\ \overline{X}_1-\overline{X}_2+t_{\frac{\alpha}{2}}(n_1+n_2-2)S_w\sqrt{\frac{1}{n_1}+\frac{1}{n_2}}\right],$$

这里 $S_w^2=\frac{(n_1-1)S_1^2+(n_2-1)S_2^2}{n_1+n_2-2}$.

此题中 $1-\alpha=0.90,\alpha=0.10,\frac{\alpha}{2}=0.05;n_1=6,n_2=5;n_1+n_2-2=9$.

查表得 $t_{\frac{\alpha}{2}}=1.8331$. $S_w^2=1.233\times10^{-5}$, $S_w=\sqrt{S_w^2}=3.512\times10^{-3}$,

代入公式得总体均值差的置信水平为 0.90 的置信区间为(0.010,0.018).

21. 随机地从 A 批导线中抽 4 根，又从 B 批导线中抽 5 根，测得电阻(以 Ω 计)为

A 批导线：0.143　0.142　0.143　0.137

B 批导线：0.140　0.142　0.136　0.138　0.140

设测定数据分别来自分布 $N(\mu_1,\sigma^2)$，$N(\mu_2,\sigma^2)$，且两样本相互独立. 又 μ_1,μ_2,σ^2 均为未知. 试求 $\mu_1-\mu_2$ 的置信水平为 0.95 的置信区间.

解　$\mu_1-\mu_2$ 的置信区间为

$$\left[\overline{X}-\overline{Y}-t_{\frac{\alpha}{2}}(n_1+n_2-2)S_w\sqrt{\frac{1}{n_1}+\frac{1}{n_2}},\ \ \overline{X}-\overline{Y}+t_{\frac{\alpha}{2}}(n_1+n_2-2)S_w\sqrt{\frac{1}{n_1}+\frac{1}{n_2}}\right],$$

在这里 $\overline{X}=\frac{1}{4}\sum_{i=1}^{4}Xi=\frac{1}{4}(0.143+\cdots+0.137)=0.1413$,

$\overline{Y}=\frac{1}{5}(0.140+\cdots+0.140)=0.1392$,

$n_1=4,n_2=5,n_1+n_2-2=7;1-\alpha=0.95,\alpha=0.05,\frac{\alpha}{2}=0.025$.

查表得 $t_{\frac{\alpha}{2}}(7)=2.3646$,

$$S_w^2=\frac{(n_1-1)s_1^2+(n_2-1)s_2^2}{n_1+n_2-2}=6.509\times10^{-6},$$

$$S_w=\sqrt{6.509\times10^{-6}}=2.551\times10^{-3}.$$

将这些值代入上区间得(−0.002,0.006).

22. 研究两种固体燃料火箭推进器的燃烧率. 设两者都服从正态分布，并且已知燃烧率的标准差均近似地为 0.05cm/s，取样本容量为 $n_1=n_2=20$. 得燃烧率的样本均值分别为 $\overline{x}_1=18\text{cm/s}$，$\overline{x}_2=24\text{cm/s}$，设两样本独立. 求两燃烧率总体均值差 $\mu_1-\mu_2$ 的置信水平为 0.99 的置信区间.

解　在此题中，$\sigma_1=\sigma_2=0.05$，因此 $\mu_1-\mu_2$ 的置信水平为 0.99 的置信区间为

$$\left(\overline{X}_1-\overline{X}_2-u_{\frac{\alpha}{2}}\sigma\sqrt{\frac{1}{n_1}+\frac{1}{n_2}},\ \ \overline{X}_1-\overline{X}_2+u_{\frac{\alpha}{2}}\sigma\sqrt{\frac{1}{n_1}+\frac{1}{n_2}}\right),$$

这里 $n_1=n_2=20,\alpha=0.01,\frac{\alpha}{2}=0.005$.

查表得 $u_{\frac{\alpha}{2}}=2.58$. 代入上区间得(−6.04,−5.96).

23. 设两位化验员 A,B 独立地对某种聚合物含氯量用相同的方法各做 10 次测定，其测定值的样本方差依次为 $s_A^2=0.5419$，$s_B^2=0.6065$. 设 σ_A^2,σ_B^2 分别为 A,B 所测定的测定值总体的方差. 设总体均为正态的，且两样本独立，求方差比 $\frac{\sigma_A^2}{\sigma_B^2}$ 的置信水平为 0.95 的置信区间.

解　$\frac{\sigma_A^2}{\sigma_B^2}$ 的置信区间为

$$\left[\frac{s_A^2}{s_B^2}\frac{1}{F_{\frac{\alpha}{2}}(n_1-1,n_2-1)},\ \frac{s_A^2}{s_B^2}\frac{1}{F_{1-\frac{\alpha}{2}}(n_1-1,n_2-1)}\right],$$

这里 $1-\alpha=0.95,\alpha=0.05,\frac{\alpha}{2}=0.025$. 查表得 $F_{\frac{\alpha}{2}}(9,9)=4.03$，$F_{1-\frac{\alpha}{2}}(9,9)=\frac{1}{4.03}$.

代入上式得(0.222,3.601).

24. 在一批货物的容量为 100 的样本中，经检验发现有 16 只次品，试求这批货物次品率的置信水平为 0.95 的置信区间.

解　次品率 p 是(0—1)分布的参数，p 的近似置信水平为 0.95 的置信区间为

$$\left[\frac{1}{2a}(-b-\sqrt{b^2-4ac}),\quad \frac{1}{2a}(-b+\sqrt{b^2-4ac})\right],$$

此处 $n=100$，$\bar{x}=\frac{16}{100}=0.16$，$1-\alpha=0.95$，$\alpha=0.05$，$\frac{\alpha}{2}=0.025$.

查表得 $u_{\frac{\alpha}{2}}=1.96$，

$$a=n+u_{\frac{\alpha}{2}}^2=100+1.96^2=103.84,$$

$$b=-(2n\bar{x}+u_{\frac{\alpha}{2}}^2)=-(2\times100\times0.16+1.96^2)=-35.84,$$

$$c=n\bar{x}^2=100\times0.16^2=2.56,\quad \sqrt{b^2-4ac}=14.89,$$

将这些值代入上区间得 p 的置信水平为 0.95 的近似置信区间为(0.101，0.244).

25. (1)求第 16 题中 μ 的置信水平为 0.95 的单侧置信上限.

(2)求第 21 题中 $\mu_1-\mu_2$ 的置信水平为 0.95 的单侧置信下限.

(3)求第 23 题中方差比$\frac{\sigma_A^2}{\sigma_B^2}$的置信水平为 0.95 的单侧置信上限.

解　(1)σ^2 已知时，此时$\frac{\overline{X}-\mu}{\frac{\sigma}{\sqrt{n}}}\sim N(0,1)$，于是

$$P\left\{\frac{\overline{X}-\mu}{\frac{\sigma}{\sqrt{n}}}>u_{1-\alpha}\right\}=1-\alpha,\text{则 }P\left\{\frac{\overline{X}-\mu}{\frac{\sigma}{\sqrt{n}}}>-u_\alpha\right\}=1-\alpha.$$

于是，μ 的置信度为 $1-\alpha$ 的单侧置信区间为$\left(-\infty,\overline{X}+u_\alpha\cdot\frac{\sigma}{\sqrt{n}}\right)$.

则 $\overline{X}+u_\alpha\cdot\frac{\sigma}{\sqrt{n}}$为其单侧置信上限，此时 $\alpha=0.05$，查表得 $u_\alpha=1.65$，$\overline{X}=6$，$\sigma=0.6$，$n=9$.

代入上式得 $\bar{x}+u_\alpha\cdot\frac{\sigma}{\sqrt{n}}=6.329$.

方差 σ^2 未知，此时$\frac{\overline{X}-\mu}{\frac{S}{\sqrt{n}}}\sim t(n-1)$. 于是 $P\left\{\frac{\overline{X}-\mu}{\frac{S}{\sqrt{n}}}>t_{1-\alpha}(n-1)\right\}=1-\alpha$，得

$$\frac{\overline{X}-\mu}{\frac{S}{\sqrt{n}}}>t_{1-\alpha}(n-1),\quad \mu<\overline{X}-t_{1-\alpha}(n-1)\frac{S}{\sqrt{n}}=\overline{X}+t_\alpha(n-1)\frac{S}{\sqrt{n}}.$$

此处 $\overline{X}=6$，$S^2=0.33$，$n=9$. 查表得 $t_{0.05}(8)=1.8595$，代入上式得 $\bar{x}+t_\alpha(n-1)\cdot\frac{s}{\sqrt{n}}=6.356$.

(2)σ 未知，此时

$$\frac{\overline{X}-\overline{Y}-(\mu_1-\mu_2)}{S_w\sqrt{\frac{1}{n_1}+\frac{1}{n_2}}}\sim t(n_1+n_2-2),$$

$$P\left\{\frac{\overline{X}-\overline{Y}-(\mu_1-\mu_2)}{S_w\sqrt{\frac{1}{n_1}+\frac{1}{n_2}}}<t_\alpha(n_1+n_2-2)\right\}=1-\alpha=0.95,$$

由此得 $\mu_1-\mu_2$ 的置信度为 0.95 的单侧置信下限为

$$\overline{X}-\overline{Y}-S_w\sqrt{\frac{1}{n_1}+\frac{1}{n_2}}\cdot t_\alpha(n_1+n_2-2).$$

将 21 题中的 $\overline{X},\overline{Y},S_w$ 代入上式，其中 $t_\alpha(n_1+n_2-2)=1.8946$，得

$$\bar{x}-\bar{y}-S_w\sqrt{\frac{1}{n_1}+\frac{1}{n_2}}\cdot t_\alpha(n_1+n_2-2)=-0.0012.$$

(3)此时$\dfrac{\frac{S_1^2}{\sigma_1^2}}{\frac{S_2^2}{\sigma_2^2}}\sim F(n_1-1,n_2-1)$，于是 $P\left\{\dfrac{\frac{S_1^2}{\sigma_1^2}}{\frac{S_2^2}{\sigma_2^2}}>F_{1-\alpha}(n_1-1,n_2-1)\right\}=1-\alpha$，

由此得$\dfrac{\sigma_1^2}{\sigma_2^2}$的置信度为0.95的单侧置信上限为 $\dfrac{S_1^2}{S_2^2}\cdot F_\alpha(n_2-1,n_1-1)$

查表得 $F_\alpha(n_2-1,n_1-1)=3.18$，

将23题中的 S_1^2，S_2^2 值及 $F_\alpha(n_2-1,n_1-1)$代入上式得上限为2.84.

26. 为研究某种汽车轮胎的磨损特性，随机地选择16只轮胎，每只轮胎行驶到磨坏为止，记录所行驶的路程(以km计)如下：

41 250　40 187　43 175　41 010　39 265　41 872　42 654　41 287

38 970　40 200　42 550　41 095　40 680　43 500　39 775　40 400

假设这些数据来自正态总体 $N(\mu,\sigma^2)$，其中 μ,σ^2 未知，试求 μ 的置信水平为0.95的单侧置信下限.

解　σ未知，此时

$$\frac{\overline{X}-\mu}{\frac{S}{\sqrt{n}}}\sim t(n-1),\quad P\left\{\frac{\overline{X}-\mu}{\frac{S}{\sqrt{n}}}<t_\alpha(n-1)\right\}=1-\alpha,$$

由此得 μ 的置信水平为 $1-\alpha$ 的单侧置信下限为

$$\overline{X}-t_\alpha(n-1)\cdot\frac{S}{\sqrt{n}},$$

这里 $\bar{x}=\dfrac{1}{16}(41\ 250+\cdots+40\ 400)=41\ 117$，$s=1\ 347$，查表得 $t_{0.05}(15)=1.753\ 1$，

代入上式得

$$\bar{x}-t_\alpha(n-1)\cdot\frac{s}{\sqrt{n}}=40\ 526.$$

27. 科学上的重大发现往往是由年轻人做出的. 下面列出了自16世纪初期至20世纪早期的十二项重大发现的发现者和他们发现时的年龄：

发现内容	发现者	发现时期/年	年龄/岁
1. 地球绕太阳运转	哥白尼(Copernicus)	1513	40
2. 望远镜、天文学的基本定律	伽利略(Galileo)	1600	36
3. 运动原理、重力、微积分	牛顿(Newton)	1665	22
4. 电的本质	富兰克林(Franklin)	1746	40
5. 燃烧是与氧气联系着的	拉瓦锡(Lavoisier)	1774	31
6. 地球是渐进过程演化成的	莱尔(Lyell)	1830	33
7. 自然选择控制演化的证据	达尔文(Darwin)	1858	49
8. 光的场方程	麦克斯韦(Maxwell)	1864	33

（续表）

发现内容	发现者	发现时期/年	年龄/岁
9. 放射性	居里夫人(Marie Curie)	1898	31
10. 量子论	普朗克(Planck)	1901	43
11. 狭义相对论，$E=mc^2$	爱因斯坦(Einstein)	1905	26
12. 量子论的数学基础	薛定谔(Schroedinger)	1926	39

设样本来自正态总体，试求发现者的平均年龄 μ 的置信水平为 0.95 的单侧置信上限.

解 样本服从正态分布，方差 σ^2 未知，因而

$$\frac{\overline{X}-\mu}{\frac{S}{\sqrt{n}}}\sim t(n-1),\quad P\left\{\frac{\overline{X}-\mu}{\frac{S}{\sqrt{n}}}>t_{1-\alpha}(n-1)\right\}=1-\alpha,$$

由此解得 μ 的置信水平为 0.95 的单侧置信上限为

$$\overline{X}+\frac{S}{\sqrt{n}}t_{\alpha}(n-1).$$

这里 $\overline{x}=35.25$，$s=7.48$. 查表得：$t_{0.05}(n-1)=1.7959$，故平均年龄的置信上限为

$$\overline{x}+\frac{s}{\sqrt{n}}t_{\alpha}(n-1)=39.13.$$

第七章自测题

一、填空题

1. 设总体 X 的概率密度为

$$f(x;\theta)=\begin{cases}e^{-(x-\theta)}, & 若\ x\geqslant\theta,\\ 0, & 若\ x<\theta,\end{cases}$$

而 $X_1,X_2,\cdots,X_n$ 是来自总体 X 的简单随机样本，则未知参数 θ 的矩估计量为______.

2. 设由来自正态总体 $X\sim N(\mu,0.9^2)$ 容量为 9 的简单随机样本，得样本均值 $\overline{X}=5$，则未知参数 μ 的置信度为 0.95 的置信区间是______.

3. 设总体 $X\sim N(\mu,\sigma^2)$，已知 σ^2. 则样本容量 n 至少为______时，才能保证 μ 的置信度 $1-\alpha$ 的置信区间长度不大于 d.

4. 设总体 $X\sim N(\mu,8)$，$(X_1,\cdots,X_{36})$ 为其简单随机样本，若 $[\overline{X}-1,\overline{X}+1]$ 作为 μ 的置信区间，则置信度为______.

5. 设总体 $X\sim N(\mu,\sigma^2)$，X_1,X_2,X_3 是来自 X 的样本，则当 $a=$______时，$\hat{\mu}=\frac{1}{7}X_1+aX_2+\frac{4}{7}X_3$ 是未知参数 μ 的无偏估计.

6. 设总体 X 的概率密度为

$$f(x;\lambda)=\begin{cases}\lambda\alpha x^{\alpha-1}e^{-\lambda x^{\alpha}}, & x>0,\\ 0, & x\leqslant 0,\end{cases}$$

其中 $\lambda>0$ 是未知参数，$\alpha>0$ 是已知常数，根据来自总体 X 的简单随机样本 $X_1,X_2,\cdots,X_n$，λ 的最大似然估计量 $\hat{\lambda}=$______.

二、选择题

1. 设 $X\sim N(\mu,\sigma^2)$，σ^2 已知，若样本容量 n 和置信度 $1-\alpha$ 均不变，则对于不同的样本观测值，μ 的置信区间长度(　　).

(A)变长　　(B)变短　　(C)保持不变　　(D)不能确定

2. 设总体 $X\sim N(\mu,4)$，其中 μ 为未知参数，X_1,X_2,X_3 为样本，下面四个关于 μ 的无偏估计中，采用有效性这一标准来衡量，最好的一个是(　　).

(A) $\frac{1}{6}X_1+\frac{1}{3}X_2+\frac{1}{2}X_3$　　(B) $\frac{1}{5}X_1+\frac{2}{5}X_2+\frac{2}{5}X_3$

(C) $\frac{2}{7}X_1+\frac{5}{7}X_2$　　(D) $\frac{1}{3}X_1+\frac{1}{3}X_2+\frac{1}{3}X_3$

3. 设总体 $X\sim N(\mu,\sigma^2)$，则 μ 的置信区间长度 L 与置信度 $1-\alpha$ 的关系是(　　).

(A) $1-\alpha$ 减小时，L 变小　　(B) $1-\alpha$ 减小时，L 增大

(C) $1-\alpha$ 减小时，L 不变　　(D) $1-\alpha$ 减小时，L 增减不定

4. 设总体 X 服从参数为 λ 的泊松分布，$X_1,\cdots,X_n$ 是其简单随机样本，均值为 $\overline{X}$，方差为 S^2. 已知 $\hat{\lambda}=a\overline{X}+(2-3a)S^2$ 为 λ 的无偏估计，则 $a=$(　　).

(A) -1　　(B) 0　　(C) $\frac{1}{2}$　　(D) 1

5. 设总体 X 的数学期望 μ 与方差 σ^2 存在，$X_1,X_2,\cdots,X_n$ 是 X 的样本，则可以作为 σ^2 的无偏估计的是(　　).

(A)当 μ 已知时，$\frac{1}{n}\sum_{i=1}^{n}(X_i-\mu)^2$　　(B)当 μ 已知时，$\frac{1}{n-1}\sum_{i=1}^{n}(X_i-\mu)^2$

(C)当 μ 未知时，$\frac{1}{n}\sum_{i=1}^{n}(X_i-\mu)^2$　　(D)当 μ 未知时，$\frac{1}{n-1}\sum_{i=1}^{n}(X_i-\mu)^2$

6. 设总体 $X\sim N(\mu,\sigma^2)$，μ,σ^2 为未知参数，$X_1,X_2,\cdots,X_n$ 为样本，则 μ 的置信度为 $1-\alpha$ 的置信区间为(　　).

(A) $\left(\overline{X}-u_{\frac{\alpha}{2}}\frac{\sigma}{\sqrt{n}},\overline{X}+u_{\frac{\alpha}{2}}\frac{\sigma}{\sqrt{n}}\right)$　　(B) $\left(\overline{X}-t_{\frac{\alpha}{2}}(n)\frac{S}{\sqrt{n}},\overline{X}+t_{\frac{\alpha}{2}}(n)\frac{S}{\sqrt{n}}\right)$

(C) $\left(\overline{X}-t_{\frac{\alpha}{2}}(n-1)\frac{S}{\sqrt{n}},\overline{X}+t_{\frac{\alpha}{2}}(n-1)\frac{S}{\sqrt{n}}\right)$　　(D) $\left(\frac{(n-1)S^2}{\chi^2_{\frac{\alpha}{2}}(n-1)},\frac{(n-1)S^2}{\chi^2_{1-\frac{\alpha}{2}}(n-1)}\right)$

三、解答题

1. 设总体 X 的概率密度为

$$f(x)=\begin{cases}\frac{6x}{\theta^3}(\theta-x), & 0<x<\theta,\\ 0, & \text{其他},\end{cases}$$

$X_1,X_2,\cdots,X_n$ 是取自总体 X 的简单随机样本.

(1)求 θ 的矩估计量 $\hat{\theta}$；(2)求 $\hat{\theta}$ 的方差 $D(\hat{\theta})$.

2. 设总体 X 的概率密度为

$$f(x)=\begin{cases}2e^{-2(x-\theta)}, & x>\theta,\\ 0, & x\leqslant\theta,\end{cases}$$

其中 $\theta>0$ 是未知参数，从总体中抽取简单随机样本 $X_1,X_2,\cdots,X_n$. 记 $\hat{\theta}=\min(X_1,X_2,\cdots,X_n)$.

(1)求总体 X 的分布函数 $F(x)$；(2)求统计量 $\hat{\theta}$ 的分布函数 $F_{\hat{\theta}}(x)$；

(3)如果用$\hat{\theta}$作为θ的估计量,讨论它是否具有无偏性.

3. 设随机变量 X 的分布函数为

$$F(x;\alpha,\beta)=\begin{cases}1-\left(\dfrac{\alpha}{x}\right)^{\beta}, & x>\alpha,\\ 0, & x\leqslant\alpha,\end{cases}$$

其中参数 $\alpha>0,\beta>1$,设 $X_1,X_2,\cdots,X_n$ 为来自总体 X 的简单随机样本.

(1)当 $\alpha=1$ 时,求未知参数 β 的矩估计量;

(2)当 $\alpha=1$ 时,求未知参数 β 的最大似然估计量;

(3)当 $\beta=2$ 时,求未知参数 α 的最大似然估计量.

4. 若在某学校中,随机抽取 25 名同学测量身高数据,假设所测身高近似服从正态分布,算得平均高为 170cm,标准差为 12cm,试求该班学生身高标准差 σ 的 0.95 置信区间.

5. 设总体 $X\sim N(\mu,\sigma^2)$,$x_1,x_2,\cdots,x_{15}$ 是其一组样本值,已知

$$\sum_{i=1}^{15}x_i=8.7,\qquad \sum_{i=1}^{15}x_i^2=25.05,$$

求置信水平为 0.95 的 μ 和 σ^2 的置信区间.

6. 假如 0.50, 1.25, 0.80, 2.00 是来自总体 X 的简单随机样本值,已知 $Y=\ln X$ 服从正态分布 $N(\mu,1)$.

(1)求 X 的数学期望 $E(X)$[记 $E(X)$ 为 b];

(2)求 μ 的置信度为 0.95 的置信区间;

(3)利用上述结果求 b 的置信度为 0.95 的置信区间.

第七章自测题答案

一、填空题

1. $\hat{\theta}=\overline{X}-1=\dfrac{1}{n}\sum\limits_{i=1}^{n}X_i-1$　**解**　$E(X)=\int_0^{+\infty}x\mathrm{e}^{-(x-\theta)}\mathrm{d}x=\theta+1$,即 $\theta=E(X)-1$.

因此 θ 的矩估计量为 $\hat{\theta}=\overline{X}-1=\dfrac{1}{n}\sum\limits_{i=1}^{n}X_i-1$.

2. [4.412,5.588]　**分析**　本题是一个正态总体在方差已知的情况下求期望值 μ 的置信区间的问题,可用公式

$$\left[\overline{X}-\frac{\sigma}{\sqrt{n}}u_{\frac{\alpha}{2}},\quad \overline{X}+\frac{\sigma}{\sqrt{n}}u_{\frac{\alpha}{2}}\right].$$

解　由置信度 $1-\alpha=0.95$ 可得 $\alpha=0.05$. 查 $N(0,1)$ 分布表得到 $u_{0.025}=1.96$.

代入 $\overline{X}=5,n=9,\sigma=0.9$ 得 $\left[5-\dfrac{0.9}{\sqrt{9}}\times1.96,\quad 5+\dfrac{0.9}{\sqrt{9}}\times1.96\right]$,因此参数 μ 置信度 0.95 的置信区间为 [4.412,5.588].

3. $n\geqslant\left(\dfrac{2u_{\frac{\alpha}{2}}\sigma}{d}\right)^2$　**解**　因为 μ 的置信区间为 $\left[\overline{X}-u_{\frac{\alpha}{2}}\dfrac{\sigma}{\sqrt{n}},\quad \overline{X}+u_{\frac{\alpha}{2}}\dfrac{\sigma}{\sqrt{n}}\right]$,所以区间长度为 $2u_{\frac{\alpha}{2}}\dfrac{\sigma}{\sqrt{n}}$,则 $2u_{\frac{\alpha}{2}}\dfrac{\sigma}{\sqrt{n}}\leqslant d$,故 $n\geqslant\left(\dfrac{2u_{\frac{\alpha}{2}}\sigma}{d}\right)^2$.

4. $1-\alpha=0.966$　**解**　本题属于已知 σ^2,估计 μ 的类型.

μ 的满足置信度为 $1-\alpha$ 的置信区间应为

$$\left[\overline{X}-u_{\frac{\alpha}{2}}\frac{\sigma}{\sqrt{n}},\quad \overline{X}+u_{\frac{\alpha}{2}}\frac{\sigma}{\sqrt{n}}\right].$$

由题意，$u_{\frac{\alpha}{2}}\dfrac{\sigma}{\sqrt{n}}=1$，且 $\sigma=\sqrt{8}$，$n=36$. 故 $u_{\frac{\alpha}{2}}=2.12$，查表可得置信度 $1-\alpha=0.966$.

5. $\dfrac{2}{7}$　解　因为$\hat{\mu}$是 μ 的无偏估计，则 $E(\hat{\mu})=\mu$，即 $E\left(\dfrac{1}{7}X_1+aX_2+\dfrac{4}{7}X_3\right)=\left(\dfrac{5}{7}+a\right)\mu=\mu$.

故$\dfrac{5}{7}+a=1$，所以 $a=\dfrac{2}{7}$.

6. $\dfrac{n}{\sum\limits_{i=1}^{n}X_i^{\alpha}}$　解　由已知条件可得似然函数为 $L(x_1,x_2,\cdots,x_n;\lambda)=\prod\limits_{i=1}^{n}f(x_i;\lambda)=(\lambda\alpha)^n e^{-\lambda\sum\limits_{i=1}^{n}x_i^{\alpha}}\prod\limits_{i=1}^{n}x_i^{\alpha-1}$.

当 $x_i>0$ 时，$L>0$，且有 $\ln L=n\ln(\lambda\alpha)+\ln\prod\limits_{i=1}^{n}x_i^{\alpha-1}-\lambda\sum\limits_{i=1}^{n}x_i^{\alpha}$，根据对数似然方程

$$\frac{\mathrm{d}\ln L}{\mathrm{d}\lambda}=\frac{n}{\lambda}-\sum_{i=1}^{n}x_i^{\alpha}=0,$$

解得 λ 的最大似然估计

$$\hat{\lambda}=\frac{n}{\sum\limits_{i=1}^{n}x_i^{\alpha}}.$$

则 λ 的最大似然估计量为

$$\hat{\lambda}=\frac{n}{\sum\limits_{i=1}^{n}X_i^{\alpha}}.$$

二、选择题

1. C　解　μ 的置信区间是$\left[\overline{X}-u_{\frac{\alpha}{2}}\dfrac{\sigma}{\sqrt{n}},\quad \overline{X}+u_{\frac{\alpha}{2}}\dfrac{\sigma}{\sqrt{n}}\right]$，因 n 和 $1-\alpha$ 不变，故长度 $l=2u_{\frac{\alpha}{2}}\dfrac{\sigma}{\sqrt{n}}$保持不变.

2. D　解　由有效性的定义可知，在无偏估计量中，方差小的估计量更有效.

本题四个无偏估计量中，$\hat{\mu}=\dfrac{1}{3}(X_1+X_2+X_3)$的方差最小，为 $D(\hat{\mu})=\dfrac{4}{3}$是最好的.

3. A　解　无论 σ^2 是否已知，由标准正态分布或 t 分布的几何意义都可看出，当样本容量 n 固定时，置信度提高，则置信区间长度变大，反之，则长度减少(由公式也能得出同样结论). 因此(A)正确.

4. C　解　因为 $X\sim P(\lambda)$，所以 $E(X)=D(X)=\lambda$，则 $E(\overline{X})=E(X)=\lambda$，$E(S^2)=D(X)=\lambda$.

又 $E(\hat{\lambda})=\lambda$，则 $a\lambda+(2-3a)\lambda=\lambda$，解得 $a=\dfrac{1}{2}$.

5. A　解　当 μ 未知时，$\dfrac{1}{n}\sum\limits_{i=1}^{n}(X_i-\mu)^2$ 与$\dfrac{1}{n-1}\sum\limits_{i=1}^{n}(X_i-\mu)^2$ 都不是统计量，因而不能作为 σ^2 的估计量，故(C)(D)不正确.

当 μ 已知时，$\dfrac{1}{n}\sum\limits_{i=1}^{n}(X_i-\mu)^2$ 与$\dfrac{1}{n-1}\sum\limits_{i=1}^{n}(X_i-\mu)^2$ 都是统计量，其中

$$E\left[\frac{\sum\limits_{i=1}^{n}(X_i-\mu)^2}{n}\right]=\frac{E\left[\sum\limits_{i=1}^{n}(X_i-\mu)^2\right]}{n}=\frac{\sum\limits_{i=1}^{n}E(X_i-\mu)^2}{n}=\frac{\sum\limits_{i=1}^{n}D(X_i)}{n}=\frac{\sum\limits_{i=1}^{n}\sigma^2}{n}=\sigma^2.$$

$$E\left[\frac{\sum\limits_{i=1}^{n}(X_i-\mu)^2}{n-1}\right]=\frac{n}{n-1}\sigma^2,$$

则$\dfrac{1}{n}\sum\limits_{i=1}^{n}(X_i-\mu)^2$ 是 σ^2 的无偏估计量.

6. C　解　σ^2 未知时，μ 的置信区间应为$\left(\overline{X}-t_{\frac{\alpha}{2}}(n-1)\frac{S}{\sqrt{n}},\overline{X}+t_{\frac{\alpha}{2}}(n-1)\frac{S}{\sqrt{n}}\right)$，

三、解答题

1. 解　(1) $E(X)=\int_{-\infty}^{+\infty}xf(x)\mathrm{d}x=\int_0^\theta\frac{6x^2}{\theta^3}(\theta-x)\mathrm{d}x=\int_0^\theta\left(\frac{6x^2}{\theta^2}-\frac{6x^3}{\theta^3}\right)\mathrm{d}x=\frac{\theta}{2}$，

因此 $\theta=2E(X)$，所以 θ 的矩估计量为 $\hat{\theta}=2\overline{X}$.

(2)由(1)可知，$E(X)=\frac{\theta}{2}$，$E(X^2)=\int_0^\theta\frac{6x^3}{\theta^3}(\theta-x)\mathrm{d}x=\frac{6\theta^2}{20}$，

故 $D(X)=E(X^2)-[E(X)]^2=\frac{6\theta^2}{20}-\left(\frac{\theta}{2}\right)^2=\frac{\theta^2}{20}$，

因此 $D(\hat{\theta})=D(2\overline{X})=4D(\overline{X})=\frac{4}{n}D(X)=\frac{4}{n}\times\frac{\theta^2}{20}=\frac{\theta^2}{5n}$.

2. 解　(1)由总体 X 的概率密度可得 $F(x)=\int_{-\infty}^{x}f(t)\mathrm{d}t=\begin{cases}1-\mathrm{e}^{-2(x-\theta)}, & x\geqslant\theta,\\0, & x<\theta.\end{cases}$

(2) $F_{\hat{\theta}}(x)=P\{\hat{\theta}\leqslant x\}=P\{\min(X_1,X_2,\cdots,X_n)\leqslant x\}$

$=1-P\{\min(X_1,X_2,\cdots,X_n)>x\}=1-P\{X_1>x,X_2>x,\cdots,X_n>x\}$

$=1-P\{X_1>x\}P\{X_2>x\}\cdots P\{X_n>x\}$.

由于 $P\{X_i>x\}=1-P\{X_i\leqslant x\}=1-F(x)$，因此 $F_{\hat{\theta}}(x)=1-[1-F(x)]^n$.

即 $F_{\hat{\theta}}(x)=\begin{cases}1-\mathrm{e}^{-2n(x-\theta)}, & x\geqslant\theta,\\0, & x<\theta.\end{cases}$

(3)由 $F_{\hat{\theta}}(x)=\begin{cases}1-\mathrm{e}^{-2n(x-\theta)}, & x\geqslant\theta,\\0, & x<\theta,\end{cases}$ 可得 $\hat{\theta}$ 的概率密度为 $f_{\hat{\theta}}(x)=F'_{\hat{\theta}}(x)=\begin{cases}2n\mathrm{e}^{-2n(x-\theta)}, & x\geqslant\theta,\\0, & x<\theta.\end{cases}$

则 $E(\hat{\theta})=\int_{-\infty}^{\infty}xf_{\hat{\theta}}(x)\mathrm{d}x=\int_\theta^\infty 2nx\mathrm{e}^{-2n(x-\theta)}\mathrm{d}x=\theta+\frac{1}{2n}$，故 $E(\hat{\theta})\neq\theta$. 因此 $\hat{\theta}$ 不是 θ 的无偏估计.

3. 解　(1)由已知 X 的分布函数可得其概率密度为

$$f(x;\alpha,\beta)=\begin{cases}\frac{\beta\alpha^\beta}{x^{\beta+1}}, & x>\alpha,\\0, & x\leqslant\alpha.\end{cases}$$

当 $\alpha=1$ 时，X 的概率密度为

$$f(x;\beta)=\begin{cases}\frac{\beta}{x^{\beta+1}}, & x>1,\\0, & x\leqslant1.\end{cases}$$

$$E(X)=\int_{-\infty}^{+\infty}xf(x;\beta)\mathrm{d}x=\int_1^{+\infty}\frac{\beta}{x^\beta}\mathrm{d}x=\frac{\beta}{\beta-1}.$$

令 $\frac{\beta}{\beta-1}=\overline{X}$，解得 $\beta=\frac{\overline{X}}{\overline{X}-1}$，所以 β 的矩估计量为 $\hat{\beta}=\frac{\overline{X}}{\overline{X}-1}$，其中 $\overline{X}=\frac{1}{n}\sum_{i=1}^{n}X_i$.

(2)对于总体 X 的样本值 $x_1,x_2,\cdots,x_n$，似然函数为

$$L(\beta)=\begin{cases}\frac{\beta^n}{(x_1x_2\cdots x_n)^{\beta+1}}, & x_i>1\ (i=1,2,\cdots,n),\\0, & \text{其他}.\end{cases}$$

当 $x_i>1$ 时，两边取对数得

$$\ln L(\beta)=n\ln\beta-(\beta+1)\sum_{i=1}^{n}\ln x_i,\quad \frac{\mathrm{d}\ln L(\beta)}{\mathrm{d}\beta}=\frac{n}{\beta}-\sum_{i=1}^{n}\ln x_i,$$

令$\frac{\mathrm{d}\ln L(\beta)}{\mathrm{d}\beta}=0$，解之得$\beta=\frac{n}{\sum\limits_{i=1}^{n}\ln x_i}$. 故$\beta$的最大似然估计量为$\hat{\beta}=\frac{n}{\sum\limits_{i=1}^{n}\ln X_i}$.

(3)当$\beta=2$时，X的概率密度为

$$f(x;\alpha)=\begin{cases}\frac{2\alpha^2}{x^3}, & x>\alpha,\\ 0, & x\leqslant\alpha.\end{cases}$$

对于总体X的样本值$x_1,x_2,\cdots,x_n$，其似然函数为$L(\alpha)=\begin{cases}\frac{2^n\alpha^{2n}}{(x_1x_2\cdots x_n)^3}, & x_i>\alpha\ (i=1,2,\cdots,n),\\ 0, & \text{其他}.\end{cases}$

$$\ln L(\alpha)=n\ln 2+2n\ln\alpha-3\sum_{i=1}^{n}\ln x_i,\qquad \frac{\mathrm{d}\ln L(\alpha)}{\mathrm{d}\alpha}=\frac{2n}{\alpha}>0,$$

所以$L(\alpha)$单调递增. 当$x_i>\alpha\ (i=1,2,\cdots,n)$时，$\alpha$越大，$L(\alpha)$就越大，因此$\alpha$的最大似然估计值为

$$\hat{\alpha}=\min\{x_1,x_2,\cdots,x_n\}.$$

则α的最大似然估计量为$\hat{\alpha}=\min\{X_1,X_2,\cdots,X_n\}$.

4.分析　根据题意分析，本题属于正态总体μ未知，求方差σ^2的区间估计，其置信区间公式为

$$\left(\frac{(n-1)S^2}{\chi^2_{\frac{\alpha}{2}}(n-1)},\ \frac{(n-1)S^2}{\chi^2_{1-\frac{\alpha}{2}}(n-1)}\right).$$

解　取统计量$\chi^2=\frac{(n-1)S^2}{\sigma^2}\sim\chi^2(n-1)$，根据$P\{\chi^2>\chi^2_{\frac{\alpha}{2}}(n-1)\}=P\{\chi^2<\chi^2_{1-\frac{\alpha}{2}}(n-1)\}=\frac{\alpha}{2}$.

经过查χ^2分布表，得

$$\chi^2_{1-\frac{\alpha}{2}}(n-1)=\chi^2_{0.975}(24)=12.401,$$

$$\chi^2_{\frac{\alpha}{2}}(n-1)=\chi^2_{0.025}(24)=39.364,$$

因此参数σ^2的置信度为$1-\alpha=0.95$的置信区间为

$$\left(\frac{(n-1)S^2}{\chi^2_{\frac{\alpha}{2}}(n-1)},\ \frac{(n-1)S^2}{\chi^2_{1-\frac{\alpha}{2}}(n-1)}\right)=(87.80,278.69),$$

故σ的0.95的置信区间为$(\sqrt{87.80},\sqrt{278.69})\approx(9.34,16.69)$.

5.解　$\overline{x}=\frac{1}{15}\sum\limits_{i=1}^{15}x_i=\frac{1}{15}\times 8.7=0.58$，$S^2=\frac{1}{14}\sum\limits_{i=1}^{15}(x_i-\overline{x})^2=\frac{1}{14}\left(\sum\limits_{i=1}^{15}x_i^2-15\,\overline{x}^2\right)=1.429$，

查表得

$$t_{\frac{\alpha}{2}}(n-1)=t_{0.025}(14)=2.1448,$$

$$\chi^2_{1-\frac{\alpha}{2}}(n-1)=\chi^2_{0.975}(14)=5.629,\quad \chi^2_{\frac{\alpha}{2}}(n-1)=\chi^2_{0.025}(14)=26.119,$$

代入公式可得置信区间为

$$\mu:\left[\overline{X}\pm t_{\frac{\alpha}{2}}(n-1)\frac{S}{\sqrt{n}}\right]=[-0.082,1.242],$$

$$\sigma^2:\left[\frac{(n-1)S^2}{\chi^2_{\frac{\alpha}{2}}(n-1)},\ \frac{(n-1)S^2}{\chi^2_{1-\frac{\alpha}{2}}(n-1)}\right]=[0.766,3.554].$$

6.分析　本题是一个正态总体方差已知时求期望值μ的置信区间问题. 在μ的置信区间解得的情况下，利用b的表达式中含有μ这一特点，代入μ的置信区间即可得b的置信区间.

解　(1)由题意知Y的概率密度为$f(y)=\frac{1}{\sqrt{2\pi}}\mathrm{e}^{-\frac{(y-\mu)^2}{2}}$.

又由$Y=\ln X$，得$X=\mathrm{e}^Y$，故

$$b=E(X)=E(\mathrm{e}^Y)=\int_{-\infty}^{+\infty}\frac{1}{\sqrt{2\pi}}\mathrm{e}^y\mathrm{e}^{-\frac{(y-\mu)^2}{2}}\mathrm{d}y=\mathrm{e}^{\mu+\frac{1}{2}}\int_{-\infty}^{+\infty}\frac{1}{\sqrt{2\pi}}\mathrm{e}^{-\frac{1}{2}[y-(\mu+1)]^2}\mathrm{d}y=\mathrm{e}^{\mu+\frac{1}{2}}.$$

(2)经过分析,μ 的置信区间公式为$\left(\overline{Y}-\frac{\sigma}{\sqrt{n}}u_{\frac{\alpha}{2}},\overline{Y}+\frac{\sigma}{\sqrt{n}}u_{\frac{\alpha}{2}}\right)$.

由 $1-\alpha=0.95$,查表得 $u_{\frac{\alpha}{2}}=1.96$.

代入 $\sigma=1,n=4,\bar{y}=\frac{1}{4}(\ln 0.5+\ln 1.25+\ln 0.8+\ln 2)=0$,得$\left(-\frac{1}{2}\times 1.96,\ \frac{1}{2}\times 1.96\right)$.

故 μ 的置信度为 0.95 的置信区间为$(-0.98,0.98)$.

(3)由(1)可知,$b=E(X)=e^{\mu+\frac{1}{2}}$,又由(2)知,$\mu$ 的置信区间为$(-0.98,0.98)$.

因为 e^x 为严格增函数,所以 b 的置信区间为$(e^{-0.98+\frac{1}{2}},\ e^{0.98+\frac{1}{2}})$,即为 $(e^{-0.48},\ e^{1.48})$.

第八章 假设检验

第一节 假设检验

一、主要内容归纳

1. 假设检验

对总体的分布类型或分布中的某些未知参数作出假设，然后抽取样本并选择一个合适的检验统计量，利用检验统计量的观察值和预先给定的误差 α，对所作假设成立与否作出定性判断，这种统计推断称为假设检验. 若总体分布已知，只对分布中未知参数提出假设并作检验，这种检验称为参数检验.

2. 假设检验基本思想的依据是小概率原理

小概率原理是指概率很小的事件在试验中发生的频率也很小，因此小概率事件在一次试验中几乎不可能发生.

当对问题提出待检假设 H_0，并要检验它是否可信时，先假定 H_0 正确. 在这个假定下，经过一次抽样，若小概率事件发生了，就作出拒绝 H_0 的决定；否则，若小概率事件未发生，则接受 H_0.

3. 假设检验基本概念

在显著性水平 α 下，检验假设

$$H_0: \mu=\mu_0, \qquad H_1: \mu\neq\mu_0.$$

H_0 称为原假设或零假设. H_1 称为备择假设.

当检验统计量取某个区域 C 中的值时，我们拒绝原假设 H_0，则称区域 C 为拒绝域（或否定域）.

4. 假设检验过程

(1)提出原假设和备择假设；

(2)选取检验统计量；

(3)确定拒绝原假设的域；

(4)计算检验统计量的观察值并作出判断.

5. 两类错误

人们作出判断的依据是一个样本，样本是随机的，因而人们进行假设检验判断 H_0 可信

与否时，不免发生误判而犯两类错误.

第一类错误：H_0 为真，而检验结果将其否定，这称为"弃真"错误；

第二类错误：H_0 不真，而检验结果将其接受，这称为"取伪"错误.

分别记犯第一、二类错误的概率为 α,β，即 $\alpha=P\{拒绝 H_0 | H_0 为真\}$，$\beta=P\{接受 H_0 | H_0 不真\}$. 当样本容量 n 固定时，α 越小，β 就越大. 一般采取的原则是：固定 α，通过增加样本容量 n 降低 β.

6. 假设检验与区间估计的联系

假设检验与区间估计是从不同角度来对同一问题的回答，其解决问题的途径相通.

下面以正态总体 $N(\mu,\sigma_0^2)$，其中 σ_0^2 已知，关于 μ 的假设检验和区间估计为例加以说明：

假设 $H_0:\mu=\mu_0$，当 H_0 为真时，则 $U=\dfrac{\overline{X}-\mu_0}{\frac{\sigma}{\sqrt{n}}}\sim N(0,1)$，对于给定的显著性水平 α，$P\left\{|U|\leqslant u_{\frac{\alpha}{2}}\right\}=1-\alpha$，那么 H_0 的接受域为$\left(\overline{X}\pm u_{\frac{\alpha}{2}}\dfrac{\sigma_0}{\sqrt{n}}\right)$，即认为以 $1-\alpha$ 的概率接受 H_0，事实上这个接受域也是 μ 的置信度为 $1-\alpha$ 的置信区间. 这充分说明两者解决问题的途径相同，假设检验判断的是结论是否成立，而参数估计解决的是范围问题.

二、 经典例题解析及解题方法总结

【例 1】 对假设检验，显著性水平 $\alpha=0.05$，其意义是(　　).

(A)原假设不成立，经过检验而被拒绝的概率

(B)原假设成立，经过检验而被拒绝的概率

(C)原假设不成立，经过检验不能拒绝的概率

(D)原假设成立，经过检验不能拒绝的概率

解　应选(B)，α 即第一类错误"弃真"的概率.

【例 2】 设总体 $X\sim N(\mu,\sigma^2)$，$x_1,x_2,\cdots,x_n$ 是取自总体 X 的简单随机样本，据此样本检验假设：$H_0:\mu=\mu_0$，$H_1:\mu\neq\mu_0$，则(　　).

(A) 如果在检验水平 $\alpha=0.05$ 下拒绝 H_0，那么在检验水平 $\alpha=0.01$ 下必拒绝 H_0

(B) 如果在检验水平 $\alpha=0.05$ 下拒绝 H_0，那么在检验水平 $\alpha=0.01$ 下必接受 H_0

(C) 如果在检验水平 $\alpha=0.05$ 下接受 H_0，那么在检验水平 $\alpha=0.01$ 下必拒绝 H_0

(D) 如果在检验水平 $\alpha=0.05$ 下接受 H_0，那么在检验水平 $\alpha=0.01$ 下必接受 H_0

解　因为检验水平从 0.05 变为 0.01，导致拒绝域变小，从而接受域变大，在 $\alpha=0.05$ 下接受 H_0，那么在 $\alpha=0.01$ 下必接受 H_0.

故应选(D).

【例 3】 设 $X_1,X_2,\cdots,X_{16}$ 是来自总体 $N(\mu,4)$ 的简单随机样本，考虑假设检验问题：

$$H_0:\mu\leqslant 10,H_1:\mu>10,$$

若该检验问题的拒绝域为 $W=\{\overline{X}\geqslant 11\}$，则 $\mu=11.5$ 时，该检验犯第二类错误的概率

为(　　).

(A)$1-\Phi(0.5)$　　(B)$1-\Phi(1)$

(C)$1-\Phi(1.5)$　　(D)$1-\Phi(2)$

解　犯第二类错误的概率为

$\beta=P\{$接受 $H_0\mid H_0$ 不真$\}=P\{$接受 $H_0\mid H_1$ 为真$\}=P\{\overline{X}<11\mid\mu=11.5\}$.

由于 $\mu=11.5$,此时 $\overline{X}\sim N\left(11.5,\frac{1}{4}\right)$,故

$$\beta=P\{\overline{X}<11\}=\Phi\left(\frac{11-11.5}{\frac{1}{2}}\right)=\Phi(-1)=1-\Phi(1).$$

故应选(B).

第二节　正态总体均值的假设检验

一、主要内容归纳

1. 单个正态总体均值的假设检验

设 $X\sim N(\mu,\sigma^2)$,$(X_1,X_2,\cdots,X_n)$为其样本,

(1)σ^2 已知,检验假设 $H_0:\mu=\mu_0$;$H_1:\mu\neq\mu_0$.

检验步骤为:

①提出待检假设 $H_0:\mu=\mu_0$(μ_0 已知);

②选取样本$(X_1,X_2,\cdots,X_n)$的统计量 $U=\dfrac{\overline{X}-\mu_0}{\frac{\sigma_0}{\sqrt{n}}}$($\sigma_0$ 已知),在 H_0 成立时,$U\sim N(0,1)$;

③对给定的显著性水平 α,查表确定临界值 $u_{\frac{\alpha}{2}}$,使得 $P\left\{|U|>u_{\frac{\alpha}{2}}\right\}=\alpha$,计算检验统计量 U 的观察值并与临界值 $u_{\frac{\alpha}{2}}$ 比较;

④作出判断:若$|U|>u_{\frac{\alpha}{2}}$,则拒绝 H_0;若$|U|<u_{\frac{\alpha}{2}}$,则接受 H_0.

(2)σ^2 未知,检验假设 $H_0:\mu=\mu_0$;$H_1:\mu\neq\mu_0$.

选取统计量 $T=\dfrac{\overline{X}-\mu_0}{\frac{S}{\sqrt{n}}}$,其中 $S^2=\dfrac{1}{n-1}\sum\limits_{i=1}^{n}(X_i-\overline{X})^2$,当 H_0 为真时,$T\sim t(n-1)$.

拒绝域为$|T|>t_{\frac{\alpha}{2}}(n-1)$.

2. 两个正态总体均值差的假设检验

设 $X\sim N(\mu_1,\sigma_1^2)$,$Y\sim N(\mu_2,\sigma_2^2)$,$(X_1,X_2,\cdots,X_{n_1})$和$(Y_1,Y_2,\cdots,Y_{n_2})$分别是来自总体 X 和 Y 的样本,$\overline{X}$,S_1^2 和 $\overline{Y}$,S_2^2 是相应的样本的均值和方差,

(1)σ_1^2,σ_2^2 已知,检验假设 $H_0:\mu_1=\mu_2$;$H_1:\mu_1\neq\mu_2$.

选取统计量 $U=\dfrac{\overline{X}-\overline{Y}}{\sqrt{\dfrac{\sigma_1^2}{n_1}+\dfrac{\sigma_2^2}{n_2}}}\sim N(0,1)$，拒绝域为 $|U|>u_{\frac{\alpha}{2}}$.

(2)σ_1^2,σ_2^2 未知，检验假设 $H_0:\mu_1=\mu_2;H_1:\mu_1\neq\mu_2$. 常见的三种特殊情形：

①当 n_1,n_2 较大时：

选取统计量 $U=\dfrac{\overline{X}-\overline{Y}}{\sqrt{\dfrac{S_1^2}{n_1}+\dfrac{S_2^2}{n_2}}}\overset{\text{近似}}{\sim}N(0,1)$，拒绝域为 $|U|>u_{\frac{\alpha}{2}}$.

②$\sigma_1^2=\sigma_2^2$ 时：

选取检验统计量 $T=\dfrac{\overline{X}-\overline{Y}}{\sqrt{\dfrac{(n_1-1)S_1^2+(n_2-1)S_2^2}{n_1+n_2-2}}\sqrt{\dfrac{1}{n_1}+\dfrac{1}{n_2}}}$，

当 H_0 为真时，$T\sim t(n_1+n_2-2)$，显著性水平为 α 的拒绝域为 $|T|>t_{\frac{\alpha}{2}}(n_1+n_2-2)$.

3. 单侧检验

在假设检验中，如果只关心总体参数是否偏大或偏小，此时可将拒绝域确定在某一侧，这种检验称为单侧检验. 单侧检验可由双侧检验修改转化而得到. 常用基本类型举例：

(1)σ^2 已知，检验假设 $H_0:\mu\leqslant\mu_0;H_1:\mu>\mu_0$（有时也写成 $H_0:\mu=\mu_0$；$H_1:\mu>\mu_0$）.

选取 $U=\dfrac{\overline{X}-\mu_0}{\frac{\sigma}{\sqrt{n}}}$，拒绝域为 $U>u_\alpha$.

(2)σ^2 已知，检验假设 $H_0:\mu\geqslant\mu_0;H_1:\mu<\mu_0$.

选取 $U=\dfrac{\overline{X}-\mu_0}{\frac{\sigma}{\sqrt{n}}}$，拒绝域为 $U<-u_\alpha$.

(3)σ^2 未知，检验假设 $H_0:\mu\leqslant\mu_0;H_1:\mu>\mu_0$.

选取 $T=\dfrac{\overline{X}-\mu_0}{\frac{S}{\sqrt{n}}}$，拒绝域为 $T>t_\alpha(n-1)$.

(4)σ^2 未知，检验假设 $H_0:\mu\geqslant\mu_0;H_1:\mu<\mu_0$.

选取 $T=\dfrac{\overline{X}-\mu_0}{\frac{S}{\sqrt{n}}}$，拒绝域为 $T<-t_\alpha(n-1)$.

二、 经典例题解析及解题方法总结

【例 1】某厂应用某种钢生产钢筋，根据长期资料的分析，知道这种钢筋强度 X 服从正态分布，今随机抽取六根钢筋进行试验，测得强度 X（单位：kg/mm^2）为

48.5 49.0 53.5 56.0 52.5 49.5

能否认为这种钢筋的平均强度为 52.0（$\alpha=0.05$）？

解 设 $X \sim N(\mu,\sigma^2)$， $H_0:\mu=52.0$.

这里 σ^2 未知，故在 H_0 成立的条件下所寻求的统计量为

$$T=\frac{\overline{X}-52.0}{\frac{S}{\sqrt{n}}}\sim t(n-1).$$

已知给定 $\alpha=0.05$，自由度 $=6-1=5$ 查表得 $t_{\frac{\alpha}{2}}(n-1)=2.571$.

根据样本值计算得

$$\overline{X}=51.5,\quad S^2=8.9,\quad t=\frac{51.5-52.0}{\frac{\sqrt{8.9}}{\sqrt{6}}}\approx -0.41.$$

因为 $|t|\approx 0.41<2.571$，所以接受 H_0，即认为这种钢筋的平均强度为 52.0kg/mm^2.

【例 2】 已知某炼铁厂铁水含碳量服从正态分布 $N(4.55,0.108^2)$，现在测定了 9 种铁水，其平均含碳量为 4.84. 若估计方差没有变化，可否认为现在生产的铁水平均含碳量仍为 4.55($\alpha=0.05$)？

解 根据题意，建立检验假设 $H_0:\mu=\mu_0=4.55$，$H_1:\mu\neq\mu_0$.

由于已知 $\sigma^2=0.108^2$，故在 H_0 成立条件下选取统计量

$$U=\frac{\overline{X}-\mu_0}{\frac{\sigma_0}{\sqrt{n}}}\sim N(0,1).$$

已知 $\alpha=0.05$，查表知 $u_{\frac{\alpha}{2}}=1.96$.

由于 $\overline{X}=4.84$，$n=9$，$\sigma=0.108$. 故 U 的观测值为 $|U|=1.833<1.96=u_{\frac{\alpha}{2}}$.

因此接受 H_0，即认为现在生产的铁水平均含碳量仍为 4.55.

【例 3】 用甲、乙两种方法生产同一种药品，其成品得率的方差分别为 $\sigma_1^2=0.46$，$\sigma_2^2=0.37$. 现测得甲方法生产的药品得率的 25 个数据，$\overline{X}=3.81$；乙方法生产的药品得率的 30 个数据，$\overline{Y}=3.56$. 设得率服从正态分布. 问甲、乙两种方法的平均得率是否有显著的差异？($\alpha=0.05$)

解 根据题意，建立检验假设 $H_0:\mu_1=\mu_2$，$H_1:\mu_1\neq\mu_2$.

由于方差已知，故在 H_0 成立时，选取统计量

$$U=\frac{\overline{X}-\overline{Y}}{\sqrt{\frac{\sigma_1^2}{n_1}+\frac{\sigma_2^2}{n_2}}}\sim N(0,1).$$

$\alpha=0.05$，查表得 $u_{0.025}=1.96$.

计算 $|u|=\left|\dfrac{3.81-3.56}{\sqrt{\frac{0.46}{25}+\frac{0.37}{30}}}\right|=1.426<1.96.$

因此接受 H_0，即认为两种方法的平均得率没有显著差异.

【例 4】 某烟厂生产甲、乙两种香烟，独立地随机抽取容量大小相同的烟叶标本，测量尼

古丁含量的毫克数，一实验室分别做了 6 次测定，数据记录如下：

甲	25	28	23	26	29	22
乙	28	23	30	25	21	27

假定尼古丁含量服从正态分布且具有相同的方差，试问在显著性水平 $\alpha=0.05$ 下，这两种香烟的尼古丁含量有无显著差异？

解 提出待检假设 $H_0:\mu_1=\mu_2$，$H_1:\mu_1\neq\mu_2$. 由于 σ_1^2,σ_2^2 未知，但相等.

选取统计量

$$T=\frac{\overline{X}-\overline{Y}}{\sqrt{\frac{(n_1-1)S_1^2+(n_2-1)S_2^2}{n_1+n_2-2}}\sqrt{\frac{1}{n_1}+\frac{1}{n_2}}},$$

其中 $n_1=n_2=6$，当 H_0 为真时，$T\sim t(6+6-2)=t(10)$；

对 $\alpha=0.05$，拒绝域为 $|T|\geqslant t_{\frac{0.05}{2}}(10)=2.2281$，且 $\overline{X}=25.5$，$\overline{Y}=25.67$，$S_1^2=7.5$，$S_2^2=11.07$，那么

$$|T|=\left|\frac{25.5-25.67}{\sqrt{\frac{5\times(7.5+11.07)}{10}}\sqrt{\frac{1}{6}+\frac{1}{6}}}\right|\approx0.099,$$

因为 $|T|\approx0.099<2.2281=t_{0.025}(10)$，从而接受 H_0，即认为两种香烟的尼古丁含量无显著差异.

【例 5】 某厂生产的一种铜丝，它的主要质量指标是折断力大小. 根据以往资料分析，可以认为折断力 X 服从正态分布，且数学期望 $\mu=570\text{kg}$，标准差 $\sigma=8\text{kg}$，今换了原材料新生产一批铜丝，并从中抽出 10 个样品，测得折断力为(单位：kg)

578　572　568　570　572　570　570　572　596　584

从性质上看，估计折断力的方差不会变化，问这批铜丝的折断力是否比以往生产的铜丝的折断力较大($\alpha=0.05$)？

解 依题意，假设 $H_0:\mu\leqslant570$，$H_1:\mu>570$.

易算出 $\overline{X}=575.2$，因此

$$\frac{\overline{X}-570}{\frac{\sigma}{\sqrt{n}}}=\frac{575.2-570}{\frac{8}{\sqrt{10}}}=2.055.$$

当 $\alpha=0.05$ 时，查标准正态分布表得 $u_\alpha=1.645$，因为 $\dfrac{\overline{X}-570}{\frac{\sigma}{\sqrt{n}}}=2.055>1.645=u_\alpha$，故拒绝假设 H_0，即接受 H_1，认为新生产的铜丝的折断力比以往生产铜丝的折断力要大.

【例 6】 设总体 $X\sim N(\mu,3.6^2)$，检验假设为

$$H_0:\mu=\mu_0,\ H_1:\mu\neq\mu_0,\ \mu=\mu_1.$$

若取接受域为 $\{67<\overline{X}<69\}$，当 $\mu_0=68$，$\mu_1=70$，$n=36$ 时，求犯两类错误的概率.

解 σ^2 已知,检验 μ 时,应选取统计量

$$U=\frac{\overline{X}-\mu}{\frac{\sigma}{\sqrt{n}}}\sim N(0,1),$$

$$\alpha=P\{弃真\}=P\{拒绝\ H_0\,|\,H_0\ 正确\}=P\{\overline{X}<67\ 或\ \overline{X}>69\,|\,\mu=68\}$$

$$=P\left\{\frac{\overline{X}-68}{\frac{3.6}{\sqrt{36}}}<\frac{67-68}{\frac{3.6}{\sqrt{36}}}\right\}+P\left\{\frac{\overline{X}-68}{\frac{3.6}{\sqrt{36}}}>\frac{69-68}{\frac{3.6}{\sqrt{36}}}\right\}$$

$$=2-2\Phi(1.67)=2-2\times0.952\,5=0.095,$$

$$\beta=P\{取伪\}=P\{接受\ H_0\,|\,H_0\ 不真,H_1\ 正确\}=P\{67<\overline{X}<69\,|\,\mu=70\}$$

$$=P\left\{\frac{67-70}{\frac{3.6}{\sqrt{36}}}<\frac{\overline{X}-70}{\frac{3.6}{\sqrt{36}}}<\frac{69-70}{\frac{3.6}{\sqrt{36}}}\right\}$$

$$=\Phi(-1.67)-\Phi(-5)\approx\Phi(-1.67)=1-\Phi(1.67)=1-0.952\,5=0.047\,5.$$

第三节　正态总体方差的假设检验

一、主要内容归纳

1. 单个正态总体方差的假设检验

设 $X\sim N(\mu,\sigma^2)$,$(X_1,X_2,\cdots,X_n)$为其样本.

(1)μ 已知,检验假设 $H_0:\sigma^2=\sigma_0^2;H_1:\sigma^2\neq\sigma_0^2$.

选取统计量 $\chi^2=\dfrac{\sum\limits_{i=1}^{n}(X_i-\mu_0)^2}{\sigma_0^2}\sim\chi^2(n)$,拒绝域为 $\chi^2>\chi^2_{\frac{\alpha}{2}}(n)$ 或 $\chi^2<\chi^2_{1-\frac{\alpha}{2}}(n)$.

(2)μ 未知,检验假设 $H_0:\sigma^2=\sigma_0^2;H_1:\sigma^2\neq\sigma_0^2$.

选取统计量 $\chi^2=\dfrac{(n-1)S^2}{\sigma_0^2}$.当 H_0 为真时,$\chi^2\sim\chi^2(n-1)$,拒绝域为 $\chi^2>\chi^2_{\frac{\alpha}{2}}(n-1)$ 或 $\chi^2<\chi^2_{1-\frac{\alpha}{2}}(n-1)$.

2. 两个正态总体方差比的假设检验

设 $X\sim N(\mu_1,\sigma_1^2)$,$Y\sim N(\mu_2,\sigma_2^2)$,$(X_1,X_2,\cdots,X_{n_1})$和$(Y_1,Y_2,\cdots,Y_{n_2})$分别是来自总体 X 和 Y 的样本,$\overline{X}$,S_1^2 和 $\overline{Y}$,S_2^2 是相应的样本的均值和方差,

(1)μ_1,μ_2 已知,检验假设 $H_0:\sigma_1^2=\sigma_2^2;H_1:\sigma_1^2\neq\sigma_2^2$.

选取统计量

$$F=\frac{\dfrac{\sum_{i=1}^{n_1}(X_i-\mu_1)^2}{n_1}}{\dfrac{\sum_{j=1}^{n_2}(Y_j-\mu_2)^2}{n_2}}\sim F(n_1.n_2),$$

拒绝域为 $F>F_{\frac{\alpha}{2}}(n_1,n_2)$ 或 $F<F_{1-\frac{\alpha}{2}}(n_1,n_2)$.

(2)μ_1,μ_2 未知,检验假设 $H_0:\sigma_1^2=\sigma_2^2;H_1:\sigma_1^2\neq\sigma_2^2$.

选取检验统计量 $F=\frac{S_1^2}{S_2^2}$,当 H_0 为真时 $F\sim F(n_1-1,n_2-1)$,显著性水平为 α 的拒绝域为 $F>F_{\frac{\alpha}{2}}(n_1-1,n_2-1)$ 或 $F<F_{1-\frac{\alpha}{2}}(n_1-1,n_2-1)$.

3. 单侧检验

(1)μ 未知,检验假设 $H_0:\sigma^2\leqslant\sigma_0^2;H_1:\sigma^2>\sigma_0^2$.

选取 $\chi^2=\frac{(n-1)S^2}{\sigma_0^2}$,拒绝域为 $\chi^2>\chi_\alpha^2(n-1)$.

(2)μ 未知,检验假设 $H_0:\sigma^2\geqslant\sigma_0^2;H_1:\sigma^2<\sigma_0^2$.

选取 $\chi^2=\frac{(n-1)S^2}{\sigma_0^2}$,拒绝域为 $\chi^2<\chi_{1-\alpha}^2(n-1)$.

(3)μ_1,μ_2 未知,检验假设 $H_0:\sigma_1^2\leqslant\sigma_2^2;H_1:\sigma_1^2>\sigma_2^2$.

选取 $F=\frac{S_1^2}{S_2^2}$,拒绝域为 $F>F_\alpha(n_1-1,n_2-1)$.

(4)μ_1,μ_2 未知,检验假设 $H_0:\sigma_1^2\geqslant\sigma_2^2;H_1:\sigma_1^2<\sigma_2^2$.

选取 $F=\frac{S_1^2}{S_2^2}$,拒绝域为 $F<F_{1-\alpha}(n_1-1,n_2-1)$.

二、经典例题解析及解题方法总结

【例 1】已知某炼铁厂的铁水含碳量 X 在正常情况下服从正态分布 $N(\mu,0.108^2)$. 现在测了 5 炉铁水,其含碳量分别为 4.48, 4.40, 4.46, 4.50, 4.44,问:总体的方差是否有显著的变化($\alpha=0.05$)?

解 根据题意要检验假设 $H_0:\sigma^2=\sigma_0^2=0.108^2$, $H_1:\sigma^2\neq0.108^2$.

选取统计量 $K=\frac{(n-1)S^2}{\sigma_0^2}\sim\chi^2(n-1)$,因为 $n=5$,所以 $K\sim\chi^2(4)$,对于给定的显著性水平 $\alpha=0.05$,查表,在

$$P\{K<\chi_{0.975}^2\}=0.025 \quad 和 \quad P\{K>\chi_{0.025}^2\}=0.025$$

成立下得到 k 的临界值 $\chi_{0.975}^2=0.484$ 和 $\chi_{0.025}^2=11.1$.

现在根据所给的样本值,计算统计量 K 的值 k.

$$\overline{X}=\frac{1}{5}(4.48+4.40+4.46+4.50+4.44)=4.456,$$

$$\sum_{i=1}^{5}(X_i-\overline{X})^2=0.024^2+0.056^2+0.004^2+0.044^2+0.016^2=0.005\ 92,$$

$$k=\frac{(n-1)S^2}{\sigma_0^2}=\frac{0.005\ 92}{0.108^2}=0.508.$$

从而有 $\chi^2_{0.975}=0.484<k=0.508<11.1=\chi^2_{0.025}$.

于是接受 H_0，即认为总体方差无显著差异.

【例 2】已知维尼纶纤度在正常条件下服从正态分布 $N(\mu,0.048^2)$. 某日抽取 5 根纤维，测得其纤度为 1.32，1.55，1.36，1.40，1.44. 若规定加工精度 σ^2 不能超过 0.048^2，试在 $\alpha=0.05$ 下检验该日产品的精度是否正常？

解　建立检验假设 $H_0:\sigma^2\leqslant\sigma_0^2=0.048^2$，$H_1:\sigma^2>0.048^2$.

（或者 $H_0:\sigma^2=\sigma_0^2=0.048^2$，$H_1:\sigma^2>0.048^2$）

由于 μ 未知，当 H_0 成立时 $\chi^2=\frac{(n-1)S^2}{\sigma_0^2}\sim\chi^2(n-1)$，$\alpha=0.05$，自由度为 $n-1=5-1=4$. 查 χ^2 分布表得 $\chi^2_{0.05}(4)=9.488$，其中

$$(n-1)S^2=\sum_{i=1}^{5}(x_i-\overline{x})^2=0.031\ 42,$$

则 $\frac{(n-1)S^2}{\sigma_0^2}=\frac{0.031\ 42}{0.048^2}\approx13.64>9.488=\chi^2_{0.05}(4)$.

因此拒绝 H_0，认为这一天产品的精度不正常.

【例 3】某一橡胶配方中，原用氧化锌 5 克，现减为 1 克，若分别用两种配方做一批试验. 5 克配方测 9 个橡胶伸长率，其样本方差为 $s_1^2=63.86$. 1 克配方测 10 个橡胶伸长率，其样本方差为 $s_2^2=236.8$. 设橡胶伸长率遵从正态分布，问两种配方伸长率的总体标准差有无显著差异？（$\alpha=0.10$，$\alpha=0.05$）.

解　设 X,Y 分别为 5 克配方，1 克配方的橡胶伸长率，

$$X\sim N(\mu_1,\sigma_1^2),\quad Y\sim N(\mu_2,\sigma_2^2),\quad n_1=9,\quad n_2=10.$$

假设为 $H_0:\sigma_1^2=\sigma_2^2$，$H_1:\sigma_1^2\neq\sigma_2^2$. 应选取的检验统计量为 $F=\frac{S_1^2}{S_2^2}$.

当 H_0 成立时，F 服从自由度为(n_1-1,n_2-1)的 F 分布，查 $F(8,9)$分布表得

$$\alpha=0.10\text{ 时},\quad F_{\frac{0.10}{2}}(8,9)=3.23,\quad F_{1-\frac{0.10}{2}}(8,9)=0.295,$$

$$\alpha=0.05\text{ 时},\quad F_{\frac{0.05}{2}}(8,9)=4.10,\quad F_{1-\frac{0.05}{2}}(8,9)=0.229\ 4,$$

所以

当 $\alpha=0.10$ 时，否定域为　$F\geqslant3.23$　或　$F\leqslant0.295$，

当 $\alpha=0.05$ 时，否定域为　$F\geqslant4.10$　或　$F\leqslant0.229\ 4$，

由题设中条件，计算得 $F=0.269\ 7$，故在 $\alpha=0.10$ 时，否定 H_0；在 $\alpha=0.05$ 时，不能否定 H_0.

第四节　置信区间与假设检验之间的关系

主要内容归纳

1. 建立假设　设 $x_1,x_2,\cdots,x_n$ 是一个来自总体的样本，$x_1,x_2,\cdots,x_n$ 是相应的样本值，Θ 是参数 θ 的可能取值范围. 设$[\underline{\theta}(x_1,x_2,\cdots,x_n),\overline{\theta}(x_1,x_2,\cdots,x_n)]$是参数 θ 的一个置信水平为 $1-\alpha$ 的置信区间.

2. 置信区间与双边检验的关系　考虑显著性水平为 α 的双边检验

$$H_0:\theta=\theta_0,H_1:\theta\neq\theta_0.$$

按显著性水平为 α 的假设检验，双边检验的拒绝域为

$$\theta_0\leqslant\underline{\theta}(x_1,x_2,\cdots,x_n)\text{或}\ \theta_0\geqslant\overline{\theta}(x_1,x_2,\cdots,x_n).$$

接受域为

$$\underline{\theta}(x_1,x_2,\cdots,x_n)<\theta_0<\overline{\theta}(x_1,x_2,\cdots,x_n).$$

因此，在考查双边检验时，先求出 θ 的置信水平为 $1-\alpha$ 的置信区间$(\underline{\theta},\overline{\theta})$，然后判断区间$(\underline{\theta},\overline{\theta})$是否包含 θ_0. 若 $\theta_0\in(\underline{\theta},\overline{\theta})$，则授受原假设 H_0. 若 $\theta_0\notin(\underline{\theta},\overline{\theta})$，则拒绝原假设 H_0，选择备选假设 H_1.

反之，对于任意 $\theta_0\in\Theta$，考虑显著性水平为 α 的假设检验

$$H_0:\theta=\theta_0,H_1:\theta\neq\theta_0,$$

假设接受域为

$$\underline{\theta}(x_1,x_2,\cdots,x_n)<\theta_0<\overline{\theta}(x_1,x_2,\cdots,x_n),$$

则$[\underline{\theta}(x_1,x_2,\cdots,x_n),\overline{\theta}(x_1,x_2,\cdots,x_n)]$是参数 θ 的一个置信水平为 $1-\alpha$ 的置信区间.

因此，为求出参数 θ 的置信水平为 $1-\alpha$ 的置信区间，先求出显著性水平为 α 的假设检验问题

$$H_0:\theta=\theta_0,H_1:\theta\neq\theta_0$$

的接受域

$$\underline{\theta}(x_1,x_2,\cdots,x_n)<\theta_0<\overline{\theta}(x_1,x_2,\cdots,x_n),$$

则$[\underline{\theta}(x_1,x_2,\cdots,x_n),\overline{\theta}(x_1,x_2,\cdots,x_n)]$即为 θ 的置信水平为 $1-\alpha$ 的置信区间.

3. 置信区间与左边检验的关系　置信水平为 $1-\alpha$ 的单侧置信区间$[-\infty,\overline{\theta}(x_1,x_2,\cdots,x_n)]$与显著性水平为 α 的左边检验问题

$$H_0:\theta\geqslant\theta_0,H_1:\theta<\theta_0$$

有类似对应关系.

即若已求得单侧置信区间$[-\infty,\overline{\theta}(x_1,x_2,\cdots,x_n)]$，则

当 $\theta_0\in[-\infty,\overline{\theta}(x_1,x_2,\cdots,x_n)]$时接受原假设 H_0，

当 $\theta_0 \notin [-\infty, \bar{\theta}(x_1, x_2, \cdots, x_n)]$ 时拒绝原假设 H_0，接受备选假设 H_1.

反之，若已求得检验问题

$$H_0: \theta \geqslant \theta_0, H_1: \theta < \theta_0$$

的接受域为 $-\infty < \theta_0 \leqslant \bar{\theta}(x_1, x_2, \cdots, x_n)$，则可得 θ 的一个单侧置信区间为 $[-\infty, \bar{\theta}(x_1, x_2, \cdots, x_n)]$.

4. 置信区间与右边检验的关系 置信水平为 $1-\theta$ 的单侧置信区间 $[\underline{\theta}(x_1, x_2, \cdots, x_n), \infty]$ 与显著性水平为 α 的右边检验问题

$$H_0: \theta \leqslant \theta_0, H_1: \theta > \theta_0$$

有类似对应关系.

即若已求得单侧置信区间 $[\underline{\theta}(x_1, x_2, \cdots, x_n), \infty]$，则当时接受原假设 H_0.

当 $\theta_0 \in [\underline{\theta}(x_1, x_2, \cdots, x_n), \infty]$ 时接受原假设 H_0，

当 $\theta_0 \notin [\underline{\theta}(x_1, x_2, \cdots, x_n), \infty]$ 时拒绝原假设 H_0，接受备选假设 H_1，

反之，若已求得检验问题

$$H_0: \theta \leqslant \theta_0, H_1: \theta > \theta_0$$

的接受域为 $\underline{\theta}(x_1, x_2, \cdots, x_n) \leqslant \theta_0 < \infty$，则可得 θ 的一个单侧置信区间 $[\underline{\theta}(x_1, x_2, \cdots, x_n), \infty]$.

第五节　样本容量的选取

主要内容归纳

1. 施行特征函数 若 C 是参数 θ 的某检验问题的一个检验法.

$$\beta(\theta) = P_\theta(\text{接受 } H_0)$$

称为检验法 C 的施行特征函数或 OC 函数，其图形称为 OC 曲线，函数 $1-\beta(\theta)$ 称为检验法 C 的功效函数.

当 $\theta^* \in H_1$ 时，值 $1-\beta(\theta^*)$ 称为检验法 C 在点 θ^* 的功效，它表示当参数 θ 的真值为 θ^* 时，检验法 C 作出正确判断的概率.

2. 正态总体均值检验法的 OC 函数及其性质 右边检验问题 $H_0: \mu \leqslant \mu_0, H_1: \mu > \mu_0$ 的 OC 函数是

$$\beta(\mu) = P_\mu(\text{接受 } H_0) = P_\mu\left\{\frac{\overline{X}-\mu_0}{\sigma\sqrt{n}} < z_\alpha\right\} = P_\mu\left\{\frac{\overline{X}-\mu}{\sigma\sqrt{n}} < z_\alpha - \frac{\mu-\mu_0}{\sigma\sqrt{n}}\right\} = \Phi(z_\alpha - \lambda).$$

其中参数

$$\lambda = \frac{\mu-\mu_0}{\sigma\sqrt{n}}.$$

OC 函数 $\beta(\mu)$ 具有如下性质：

(1)它是参数 $\lambda = \dfrac{\mu-\mu_0}{\sigma\sqrt{n}}$ 的单调递减连续函数.　(2) $\lim\limits_{\mu \to \mu_1^+} \beta(\mu) = 1-\alpha, \lim\limits_{\mu \to \infty} \beta(\mu) = 0$.

3. 样本容量的选取 可以使用 OC 函数 $\beta(\mu)$ 以确定样本容量 n，使当真值 $\mu \geqslant \mu_0+\delta$（$\delta>0$ 为取定的值）时，犯第Ⅱ类错误的概率不超过给定的 β，即只要满足

$$\sqrt{n} \geqslant \frac{(z_\alpha+z_\beta)\sigma}{\delta},$$

就能使当 $\mu \in H_1$ 且 $\mu \geqslant \mu_0+\delta$ 时（即真值 $\mu \geqslant \mu_0+\delta$ 时）犯第Ⅱ类错误的概率不超过 β.

类似地，左边检验问题 $H_0: \mu \geqslant \mu_0, H_1: \mu<\mu_0$ 的 OC 函数为

$$\beta(\mu)=\Phi(z_\alpha+\lambda), \lambda=\frac{\mu-\mu_0}{\sigma\sqrt{n}}.$$

只要样本容量 n 满足

$$\sqrt{n} \geqslant \frac{(z_\alpha+z_\beta)\sigma}{\delta},$$

就能使当 $\mu \in H_1$ 且 $\mu \leqslant \mu_0-\delta$（$\delta>0$ 为取定的值）时，犯第Ⅱ类错误的概率不超过给定的值 β.

双边检验问题 $H_0: \mu=\mu_0, H_1: \mu \neq \mu_0$ 的 OC 函数为

$$\beta(\mu)=\Phi(z_{\alpha/2}-\lambda)+\Phi(z_{\alpha/2}+\lambda)-1.$$

其中 $\lambda=\dfrac{\mu-\mu_0}{\sigma\sqrt{n}}$，只要样本容量 n 满足 $\sqrt{n} \geqslant (z_{\alpha/2}+z_\beta) \cdot \dfrac{\sigma}{\delta}$，就能使当 $\mu \in H_1$，且 $|\mu-\mu_0| \geqslant \delta$（$\delta>0$ 为取定的值）时，犯第Ⅱ类错误的概率不超过给定的值 β.

第六节 分布拟合检验

主要内容归纳

1. 建立假设 若总体 X 是离散型的，则建立待检假设 H_0：总体 X 的分布律为 $P\{X=x_i\}=p_i, i=1,2,\cdots$.

若总体 X 是连续型的，则建立待检假设 H_0：总体 X 的概率密度为 $f(x)$.

2. χ^2 拟合检验法 可按照下面的五个步骤进行检验：

(1)建立待检假设 H_0：总体 X 的分布函数为 $F(x)$；

(2)在数轴选取 $k-1$ 个分点 $t_1, t_2, \cdots, t_{k-1}$，将数轴分成 k 个区间：$(-\infty, t_1], (t_1, t_2], \cdots, (t_{k-2}, t_{k-1}], (t_{k-1}, +\infty)$，令 P_i 为分布函数 $F(x)$ 的总体 X 在第 i 个区间内取值的概率，设 m_i 为 n 个样本观察值中落入第 i 个区间上的个数，也称为组频数；

(3)选取统计量 $\chi^2=\sum\limits_{i=1}^{k} \dfrac{(m_i-np_i)^2}{np_i}$，如果 H_0 为真，则 $\chi^2 \sim \chi^2(k-1-r)$，其中 r 为分布函数 $F(x)$ 中未知参数的个数；

(4)对于给定的显著性水平 α，确定 χ_α^2，使其满足 $P\{\chi^2>\chi_\alpha^2\}=\alpha$，并且依据样本计算统计量 χ^2 的观察值；

(5)作出判断：若 $\chi^2<\chi_\alpha^2$，则接受 H_0；否则拒绝 H_0，即不能认为总体 X 的分布函数为 $F(x)$.

第七节　假设检验问题的 p 值法

主要内容归纳

1. p 值定义

假设检验问题的 p 值(probability value)是由检验统计量的样本观察值得出的原假设可被拒绝的最小显著性水平.

2. p 值求法

任一检验问题的 p 值可以根据检验统计量的样本观察值以及检验统计量在 H_0 下一个特定的参数值(一般是 H_0 与 H_1 所规定的参数的分界点)对应的分布求出.

以 Z 检验法为例:

在正态总体 $N(\mu,\sigma^2)$ 均值的检验中,当 σ 已知时,可采用检验统计量

$$Z=\frac{\overline{X}-\mu_0}{\frac{\sigma}{\sqrt{n}}},$$

在以下三个检验问题中,当 $\mu=\mu_0$ 时,$Z\sim N(0,1)$. 如果由样本求得统计量 Z 的观察值为 z_0,那么在检验问题

(1)$H_0:\mu\leqslant\mu_0, H_1:\mu>\mu_0$ 中,p 值$=P\{Z\geqslant z_0\}=1-\Phi(z_0)$;

(2)$H_0:\mu\geqslant\mu_0, H_1:\mu<\mu_0$ 中,p 值$=P\{Z\leqslant z_0\}=\Phi(z_0)$;

(3)$H_0:\mu=\mu_0, H_1:\mu\neq\mu_0$ 中,p 值$=P\{|Z|\geqslant|z_0|\}=2[1-\Phi(|z_0|)]$.

其他检验法中,p 值求法类似,一般可通过查表或计算机软件得出.

3. p 值检验法

按 p 值的定义,对于任意指定的显著性水平 α,就有

(1)若 p 值$\leqslant\alpha$,则在显著性水平 α 下拒绝 H_0.

(2)若 p 值$>\alpha$,则在显著性水平 α 下接受 H_0.

有了这两条结论就能方便地确定 H_0 的拒绝域. 这种利用 p 值来确定检验拒绝域的方法,称为 p 值检验法.

本章教材习题全解

1. 某批矿砂的 5 个样品中的镍含量(以%计),经测定为

3.25　3.27　3.24　3.26　3.24

设测定值总体服从正态分布,但参数均未知,问在 $\alpha=0.01$ 下能否接受假设:这批矿砂的镍含量的均值为 3.25?

解　1° 按题意需检验 $H_0:\mu=3.25$, $H_1:\mu\neq3.25$.

2° 此题 σ^2 未知,此检验问题的拒绝域为 $|t|=\left|\dfrac{\bar{x}-3.25}{\frac{s}{\sqrt{n}}}\right|\geqslant t_{\frac{\alpha}{2}}(n-1)$.

3° 这里 $n=5,\alpha=0.01,\dfrac{\alpha}{2}=0.005$,查表得 $t_{\frac{\alpha}{2}}(n-1)=4.6041$,计算得

$$\bar{x}=3.252,s^2=170\times10^{-6},s=0.013,$$

$$|t|=\left|\frac{3.252-3.25}{\frac{0.013}{\sqrt{n}}}\right|=0.343<4.6041.$$

4° t 不落在拒绝域中,故接受 H_0,即认为这批矿砂的镍含量的均值为 3.25.

2. 如果一个矩形的宽度 w 与长度 l 的比 $\dfrac{w}{l}=\dfrac{1}{2}(\sqrt{5}-1)\approx0.618$,这样的矩形称为黄金矩形.这种尺寸的矩形使人们看上去有良好的感觉.现代的建筑构件(如窗架)、工艺品(如图片镜框),甚至司机的执照、商业的信用卡等常常都是采用黄金矩形.下面列出某工艺品工厂随机取的 20 个矩形的宽度与长度的比值:

0.693　0.749　0.654　0.670　0.662　0.672　0.615　0.606　0.690　0.628

0.668　0.611　0.606　0.609　0.601　0.553　0.570　0.844　0.576　0.933

设这一工厂生产的矩形的宽度与长度的比值总体服从正态分布,其均值为 μ,方差为 σ^2,μ,σ^2 均未知.试检验假设(取 $\alpha=0.05$)$H_0:\mu=0.618$, $H_1:\mu\neq0.618$.

解　1° $H_0:\mu=0.618$, $H_1:\mu\neq0.618$.

2° 此题方差 σ^2 未知,因此检验问题的拒绝域为 $|t|=\left|\dfrac{\bar{x}-\mu_0}{\frac{s}{\sqrt{n}}}\right|\geqslant t_{\frac{\alpha}{2}}(n-1)$.

3° $n=20,\alpha=0.05,\dfrac{\alpha}{2}=0.025$,查表得 $t_{\frac{\alpha}{2}}(n-1)=2.0930$,计算得

$$\bar{x}=0.6605,s^2=85.58\times10^{-4},s=0.0925,$$

$$|t|=\left|\frac{0.6605-0.618}{\frac{0.0925}{\sqrt{20}}}\right|=2.0548<2.0930.$$

4° t 不落在拒绝域之内,故接受 H_0.

3. 要求一种元件平均使用寿命不得低于 1 000h,生产者从一批这种元件中随机抽取 25 件,测得其寿命的平均值为 950h.已知该种元件寿命服从标准差为 $\sigma=100$h 的正态分布.试在显著性水平 $\alpha=0.05$ 下判断这批元件是否合格?设总体均值为 μ,μ 未知.即需检验假设 $H_0:\mu\geqslant1000$,$H_1:\mu<1000$.

解　1° $H_0:\mu\geqslant1000$,　$H_1:\mu<1000$.

2° 此题中，$\sigma^2=10\ 000$ 为已知，因此此检验问题的拒绝域为 $U=\dfrac{\overline{X}-\mu_0}{\frac{\sigma}{\sqrt{n}}}\leqslant -u_\alpha$（单边检验，$\alpha$ 不分半）.

3° 计算 $\alpha=0.05, \bar{x}=950, \sigma=100, n=25, u_{0.05}=1.645$,

$$u=\frac{950-1\ 000}{\frac{100}{\sqrt{25}}}=-2.5<-1.645.$$

4° u 落在拒绝域中，所以拒绝 H_0，即认为这批元件不合格.

4. 下面列出的是某工厂随机选取的 20 只部件的装配时间 c（以 min 计）:

9.8　10.4　10.6　9.6　9.7　9.9　10.9　11.1　9.6　10.2

10.3　9.6　9.9　11.2　10.6　9.8　10.5　10.1　10.5　9.7

设装配时间的总体服从正态分布 $N(\mu,\sigma^2)$，μ,σ^2 均未知. 是否可以认为装配时间的均值 μ 显著大于 10（取 $\alpha=0.05$）?

解　1° 需要检验的假设为 $H_0:\mu\leqslant 10$, $H_1:\mu>10$.

2° σ^2 未知，因此，拒绝域的形式为 $T=\dfrac{\bar{x}-\mu_0}{\frac{s}{\sqrt{n}}}\geqslant t_\alpha(n-1)$.

现在 $n=20, \alpha=0.05$，查表得 $t_\alpha(n-1)=1.729\ 1$.

3° 算得 $\bar{x}=10.2, s^2=0.26, s=0.51$.

$$t=\frac{10.2-10}{\frac{0.51}{\sqrt{20}}}=1.753\ 7>1.729\ 1.$$

4° 因为 t 落在拒绝域之内，故应拒绝 H_0，即认为装配时间的均值显著大于 10（分）.

5. 按规定，100g 罐头番茄汁中的平均维生素 C 含量不得少于 21mg/g. 现从工厂的产品中抽取 17 个罐头，其 100g 番茄汁中，测得维生素 C 含量（以 mg/g 计）记录如下：

16　25　21　20　23　21　19　15　13　23　17　20　29　18　22　16　22

设维生素 C 含量服从正态分布 $N(\mu,\sigma^2)$，μ,σ^2 均未知，问这批罐头是否符合要求（取显著性水平 $\alpha=0.05$）?

解　1° 本题需检验假设：$H_0:\mu\geqslant 21$, $H_1:\mu<21$.

2° σ^2 未知，因此拒绝域的形式为　$t=\dfrac{\bar{x}-\mu_0}{\frac{s}{\sqrt{n}}}<-t_\alpha(n-1)$.

3° 现在 $n=17, \bar{x}=20, s=3.984, t_{0.05}(16)=1.745\ 9, t=\dfrac{20-21}{\frac{3.984}{\sqrt{17}}}=-1.035>-1.745\ 9$.

4° t 不落在拒绝域内，故接受 H_0，认为这批罐头是符合规定的.

6. 下表分别给出两位文学家马克·吐温（Mark Twain）的 8 篇小品文以及斯诺特格拉斯（Snodgrass）的 10 篇小品文中由 3 个字母组成的单词的比例：

马克·吐温	0.225	0.262	0.217	0.240	0.230	0.229	0.235	0.217		
斯诺特格拉斯	0.209	0.205	0.196	0.210	0.202	0.207	0.224	0.223	0.220	0.201

设两组数据分别来自正态总体，且两总体方差相等，但参数均未知. 两样本相互独立. 问两位作家所写的小品文中包含由 3 个字母组成的单词的比例是否有显著的差异（取 $\alpha=0.05$）?

解　1° 需要检验的假设为 $H_0:\mu_1-\mu_2=0$, $H_1:\mu_1-\mu_2\neq 0$.

2° 这里 $\sigma_1^2=\sigma_2^2$ 未知，该检验的拒绝域为 $|t|=\left|\dfrac{\bar{x}-\bar{y}}{s_w\sqrt{\dfrac{1}{n_1}+\dfrac{1}{n_2}}}\right|\geqslant t_{\frac{\alpha}{2}}(n_1+n_2-2)$，

这里 $n_1=8,n_2=10,\alpha=0.05,\dfrac{\alpha}{2}=0.025$，查表知 $t_{\frac{\alpha}{2}}(n_1+n_2-2)=2.119\,9$.

3° 计算 $\bar{x}=0.232,\bar{y}=0.209\,7,s_1^2=0.000\,215,s_2^2=0.000\,094$，

$$s_w^2=\frac{(n_1-1)s_1^2+(n_2-1)s_2^2}{n_1+n_2-2}=145.32\times10^{-6},\quad s_w=0.012\,1,$$

$$即|t|=\left|\frac{0.232-0.209\,7}{0.012\,1\sqrt{\dfrac{1}{8}+\dfrac{1}{10}}}\right|=3.918>2.119\,9.$$

4° t 落在拒绝域中，因而拒绝 H_0，即有显著差异.

7. 在 20 世纪 70 年代后期人们发现，在酿造啤酒时，麦芽在干燥过程中形成致癌物质N-亚硝基二甲胺(NDMA). 到了 20 世纪 80 年代初期开发了一种新的麦芽干燥过程. 下面分别给出新老两种过程中形成的 NDMA 含量(以 10 亿份中的份数计)：

老过程	6	4	5	5	6	5	5	6	4	6	7	4
新过程	2	1	2	2	1	0	3	2	1	0	1	3

设两样本分别来自正态总体，且两总体的方差相等，但参数均未知. 两样本独立)，分别以 μ_1,μ_2 记对应于老、新过程的总体的均值，试检验假设($\alpha=0.05$) $H_0:\mu_1-\mu_2\leqslant2,\ H_1:\mu_1-\mu_2>2$.

解 1° $H_0:\mu_1-\mu_2\leqslant2,\ H_1:\mu_1-\mu_2>2$.

2° σ_1^2,σ_2^2 未知，该检验的拒绝域为 $t=\dfrac{\bar{x}-\bar{y}-2}{s_w\sqrt{\dfrac{1}{n_1}+\dfrac{1}{n_2}}}\geqslant t_\alpha(n_1+n_2-2)$，

$n_1=12,n_2=12,\alpha=0.05$. 查表知 $t_\alpha(n_1+n_2-2)=1.7171$.

3° 计算得 $\bar{x}=5.25,\quad \bar{y}=1.5$，

$$s_w^2=\frac{(n_1-1)s_1^2+(n_2-1)s_2^2}{n_1+n_2-2}=\frac{10.252+11}{22}=(0.982\,8)^2,$$

$$t=\frac{5.25-1.5-2}{0.982\,8\sqrt{\dfrac{1}{12}+\dfrac{1}{12}}}=4.362>1.7171.$$

4° t 在拒绝域中，故应拒绝 H_0.

8. 随机地选了 8 个人，分别测量了他们早晨起床时和晚上就寝时的身高(以 cm 计)，得到以下数据：

序号	1	2	3	4	5	6	7	8
早上(x_i)	172	168	180	181	160	163	165	177
晚上(y_i)	172	167	177	179	159	161	166	175

设各对数据的差 $D_i=X_i-Y_i(i=1,2,\cdots,8)$ 是来自正态总体 $N(\mu_D,\sigma_D^2)$ 的样本，μ_D,σ_D^2 均未知. 问是否可以认为早晨的身高比晚上的身高要高(取 $\alpha=0.05$)?

解 设总体 X 表示早晨起床时身高，Y 表示晚上就寝时身高，$D=X-Y,D_i=X_i-Y_i,D\sim N(\mu_D,\sigma_D^2)$，$\sigma_D^2$ 未知，用 t—检验法.

1° 检验假设 $H_0:\mu_D\leqslant0,\ H_1:\mu_D>0$.

作差 $d_i=x_i-y_i$，得

序号	1	2	3	4	5	6	7	8
d	0	1	3	2	1	2	-1	2

H_0 为真时 $t=\dfrac{\overline{d}-0}{\frac{s_D}{\sqrt{n}}}\sim t(n-1)$.

2° 拒绝域为 $t\geqslant t_\alpha(n-1)$，而 $n=8,\alpha=0.05$，$t_{0.05}(7)=1.8946$.

3° 计算得 $\overline{d}=1.25$，

$$s^2=\frac{1}{7}\left(\sum_{i=1}^{8}d_i^2-8\overline{d}^2\right)=\frac{1}{7}(24-12.5)=1.643,\qquad s=1.282,$$

$$t=\frac{1.25}{\frac{1.282}{\sqrt{8}}}=2.758>1.8946.$$

4° t 落在拒绝域中，因而拒绝 H_0，故接受 H_1，即认为早晨的身高比晚上高.

9. 为了比较用来做鞋子后跟的两种材料的质量，选取了 15 名男子(他们的生活条件各不相同)，每人穿一双新鞋，其中一只是以材料 A 做后跟，另一只以材料 B 做后跟，其厚度均为 10mm. 过了一个月再测量厚度，得到数据(以 mm 计)如下：

男子	1	2	3	4	5	6	7	8	9	10	11	12	13	14	15
材料 $A(x_i)$	6.6	7.0	8.3	8.2	5.2	9.3	7.9	8.5	7.8	7.5	6.1	8.9	6.1	9.4	9.1
材料 $B(y_i)$	7.4	5.4	8.8	8.0	6.8	9.1	6.3	7.5	7.0	6.5	4.4	7.7	4.2	9.4	9.1

设 $D_i=X_i-Y_i(i=1,2,\cdots,15)$ 是来自正态总体 $N(\mu_D,\sigma_D^2)$ 的样本，μ_D,σ_D^2 均未知. 问是否可以认为以材料 A 制成的后跟比材料 B 的耐穿(取 $\alpha=0.05$)?

解 成对试验 $D=X-Y\sim N(\mu_D,\sigma_D^2)$，$D_i=X_i-Y_i$.

1° 检验假设 $H_0:\mu_D\leqslant 0$，$H_1:\mu_D>0$.

2° 因 σ_D^2 未知，拒绝域为 $t=\dfrac{\overline{D}-0}{\frac{S_D}{\sqrt{n}}}\geqslant t_\alpha(n-1)$，这里 $n=15,\alpha=0.05,t_{0.05}(14)=1.7613$.

3° 计算得 $\overline{D}=0.553,S_D^2=(1.0225)^2$，于是 $t=\dfrac{0.553-0}{\frac{1.0225}{\sqrt{15}}}=2.0958>1.7613$.

4° t 落在拒绝域中，拒绝 H_0，认为 A 比 B 耐穿.

10. 为了试验两种不同的某谷物的种子的优劣，选取了 10 块土质不同的土地，并将每块土地分为面积相同的两部分，分别种植这两种种子. 设在每块土地的两部分人工管理等条件完全一样. 下面给出各块土地上的单位面积产量：

土地编号 i	1	2	3	4	5	6	7	8	9	10
种子 $A(x_i)$	23	35	29	42	39	29	37	34	35	28
种子 $B(y_i)$	26	39	35	40	38	24	36	27	41	27

设 $D_i=X_i-Y_i(i=1,2,\cdots,10)$ 是来自正态总体 $N(\mu_D,\sigma_D^2)$ 的样本，μ_D,σ_D^2 均未知. 问以这两种种子种植的谷物的产量是否有显著的差异(取 $\alpha=0.05$)?

解 设 $D=X-Y\sim N(\mu_D,\sigma_D^2)$，$D_i=X_i-Y_i$.

1° 检验假设 $H_0:\mu_D=0$，$H_1:\mu_D\neq 0$.

2° 该检验的拒绝域为 $|t|=\left|\dfrac{\overline{d}-0}{\frac{s}{\sqrt{n}}}\right|\geqslant t_{\frac{\alpha}{2}}(n-1)$,

此处 $\alpha=0.05,\dfrac{\alpha}{2}=0.025,n=10$， 查表知 $t_{\frac{\alpha}{2}}(n-1)=2.2622$.

3° 计算得 $\overline{d}=-0.2,s^2=19.822,s=4.45$,于是 $|t|=\left|\dfrac{-0.2-0}{\frac{4.45}{\sqrt{10}}}\right|=0.1424<2.2622$.

4° t 没落在拒绝域,故接受 H_0,认为没有显著差异.

11. 一种混杂的小麦品种,株高标准差为 $\sigma_0=14\text{cm}$,经提纯后随机抽取 10 株,它们的株高(以 cm 计)为

90 105 101 95 100 100 101 105 93 97

考察提纯后的群体是否比原群体整齐? 取显著性水平 $\alpha=0.01$,并设小麦株高服从 $N(\mu,\sigma^2)$.

解 1° 需假设检验($\alpha=0.01$),$H_0:\sigma\geqslant\sigma_0$, $H_1:\sigma<\sigma_0\ (\sigma_0=14)$.

2° 采用 χ^2 检验法. 拒绝域为 $\chi^2=\dfrac{(n-1)s^2}{\sigma_0^2}\leqslant\chi^2_{1-\alpha}(9)$,现在 $n=10,\chi^2_{1-0.01}(9)=2.088,s^2=24.233$.

3° $\chi^2=\dfrac{(n-1)s^2}{\sigma_0^2}=\dfrac{218.1}{14^2}=1.11<2.088$.

4° 落在拒绝域内,故拒绝 H_0,认为提纯后的群体比原群体整齐.

12. 某种导线,要求其电阻的标准差不得超过 0.005Ω,今在生产的一批导线中取样品 9 根,测得 $s=0.007\Omega$,设总体为正态分布,参数均未知. 问在显著性水平 $\alpha=0.05$ 下能否认为这批导线的标准差显著偏大?

解 1° 需检验的假设为 $H_0:\sigma\leqslant0.005$, $H_1:\sigma>0.005$.

2° 该检验的拒绝域为 $\chi^2=\dfrac{(n-1)s^2}{\sigma_0^2}\geqslant\chi^2_\alpha(n-1)$,这里 $\alpha=0.05,n=9$,查表得 $\chi^2_\alpha(n-1)=15.507$.

3° $\chi^2=\dfrac{8\times0.007^2}{0.005^2}=15.68>15.507$.

4° χ^2 落在拒绝域内,故应拒绝 H_0,即认为在水平 $\alpha=0.05$ 下这批导线的标准差显著偏大.

13. 在第 2 题中记总体的标准差为 σ,试检验假设(取 $\alpha=0.05$)$H_0:\sigma^2=0.11^2$, $H_1:\sigma^2\neq0.11^2$.

解 在第 2 题中,$X\sim N(\mu,\sigma^2)$,μ,σ^2 均未知,关于 σ^2 的检验要用 χ^2—检验法.

1° 检验假设 $H_0:\sigma^2=\sigma_0^2$, $H_1:\sigma^2\neq\sigma_0^2$.

H_0 为真时,检验统计量: $\chi^2=\dfrac{(n-1)S^2}{\sigma_0^2}\sim\chi^2(n-1)$.

2° 拒绝域为: $\chi^2\geqslant\chi^2_{\frac{\alpha}{2}}(n-1)$ 或 $\chi^2\leqslant\chi^2_{1-\frac{\alpha}{2}}(n-1)$.

3° 计算:$s^2=0.0925^2,n=20,\sigma_0^2=0.11^2$ 得 $\chi^2=13.435$.

查表:$\alpha=0.05\Rightarrow\chi^2_{\frac{\alpha}{2}}(n-1)=\chi^2_{0.025}(19)=32.852,\chi^2_{1-\frac{\alpha}{2}}(n-1)=\chi^2_{0.975}(19)=8.907$.

4° 因为 $8.907<13.435<32.852$,χ^2 落在拒绝域之外,接受 H_0.

14. 测定某种溶液中的水分,它的 10 个测定值给出 $s=0.037\%$,设测定值总体为正态分布,σ^2 为总体方差,σ^2 未知. 试在显著性水平 $\alpha=0.05$ 下检验假设 $H_0:\sigma\geqslant0.04\%$, $H_1:\sigma<0.04\%$.

解 1° $H_0:\sigma\geqslant0.0004$, $H_1:\sigma<0.0004$.

2° 此题 μ 未知,故拒绝域为 $\chi^2=\dfrac{(n-1)S^2}{\sigma_0^2}\leqslant\chi^2_{1-\alpha}(n-1)$,

这里 $\alpha=0.05,n=10$,查表 $\chi^2_{1-\alpha}(9)=\chi^2_{0.95}(9)=3.325$.

3° 计算 $\chi^2=\dfrac{9\times(0.00037)^2}{(0.0004)^2}=7.7006>3.325$.

4° χ^2 没落在拒绝域内,故应接受 H_0.

15. 在第 6 题中分别记两个总体的方差为 σ_1^2 和 σ_2^2. 试检验假设(取 $\alpha=0.05$)

$$H_0:\sigma_1^2=\sigma_2^2,\ H_1:\sigma_1^2\neq\sigma_2^2,$$

以说明在第 6 题中我们假设 $\sigma_1^2=\sigma_2^2$ 是合理的.

解 1° $H_0:\sigma_1^2=\sigma_2^2,\ H_1:\sigma_1^2\neq\sigma_2^2$.

2° μ_1,μ_2 未知. H_0 为真时 $F=\dfrac{s_1^2}{s_2^2}\sim F(n_1-1,n_2-1)$,拒绝域为

$$F\geqslant F_{\frac{\alpha}{2}}(n_1-1,n_2-1)\quad 或\quad F\leqslant F_{1-\frac{\alpha}{2}}(n_1-1,n_2-1),$$

这里 $n_1=8,n_2=10,\alpha=0.05,F_{0.025}(7,9)=4.20,F_{0.975}(7,9)=\dfrac{1}{F_{0.025}(9,7)}=\dfrac{1}{4.82}=0.207$,

由习题 6 知 $s_1^2=(0.0146)^2,\ s_2^2=(0.0097)^2$.

3° 计算得 $F=\dfrac{(0.0146)^2}{(0.0097)^2}=2.265$.

4° $0.207<F<4.20$,故应接受 H_0.

16. 在第 7 题中分别记两个总体的方差为 σ_1^2 和 σ_2^2. 试检验假设(取 $\alpha=0.05$)

$$H_0:\sigma_1^2=\sigma_2^2,\ H_1:\sigma_1^2\neq\sigma_2^2,$$

以说明在第 7 题中我们假设 $\sigma_1^2=\sigma_2^2$ 是合理的.

解 1° $H_0:\sigma_1^2=\sigma_2^2,\ H_1:\sigma_1^2\neq\sigma_2^2$

2° μ_1,μ_2 未知,H_0 为真时 $F=\dfrac{S_1^2}{S_2^2}\sim F(n_1-1,n_2-1)$,拒绝域为

$F\geqslant F_{\frac{\alpha}{2}}(n_1-1,n_2-1)$ 或 $F\leqslant F_{1-\frac{\alpha}{2}}(n_1-1,n_2-1)$,

这里 $n_1=12,n_2=12,n_1-1=n_2-1=11,\alpha=0.05,\dfrac{\alpha}{2}=0.025$,

查表知 $F_{\frac{\alpha}{2}}(n_1-1,n_2-1)=3.48$,

$$F_{1-\frac{\alpha}{2}}(n_1-1,n_2-1)=\frac{1}{F_{\frac{\alpha}{2}}(n_2-1,n_1-1)}=\frac{1}{3.48}=0.287.$$

3° 计算得 $s_1^2=0.932,s_2^2=1,F=\dfrac{0.932}{1}=0.932,\quad 0.287<0.932<3.48$.

4° 因此 F 不在拒绝域中,故应接受 H_0.

17. 两种小麦品种从播种到抽穗所需的天数如下:

x	101	100	99	99	98	100	98	99	99	99
y	100	98	100	99	98	99	98	98	99	100

设两样本依次来自正态总体 $N(\mu_1,\sigma_1^2),N(\mu_2,\sigma_2^2),\mu_i,\sigma_i(i=1,2)$ 均未知,两样本相互独立.

(1)试检验假设 $H_0:\sigma_1^2=\sigma_2^2,\ H_1:\sigma_1^2\neq\sigma_2^2$(取 $\alpha=0.05$).

(2)若能接受 H_0,接着检验假设 $H'_0:\mu_1=\mu_2,\ H'_1:\mu_1\neq\mu_2$(取 $\alpha=0.05$).

解 本题需检验

$H_0:\sigma_1^2=\sigma_2^2,\ H_1:\sigma_1^2\neq\sigma_2^2(\alpha=0.05)$;

$H'_0:\mu_1=\mu_2,\ H'_1:\mu_1\neq\mu_2(\alpha=0.05)$.

令 $n_1=10,n_2=10,\bar{x}_1=99.2,s_1^2=0.84,\bar{x}_2=98.9,s_2^2=0.77$.

(1)$\dfrac{s_1^2}{s_2^2}=1.09$,而 $F_{0.025}(9,9)=4.03,F_{0.975}(9,9)=\dfrac{1}{4.03},\dfrac{1}{4.03}<1.09<4.03$.

故接受 H_0,认为两者方差相等.

(2) $s_w^2=\dfrac{9\times0.84+9\times0.77}{18}=0.805$,

$$|t|=\frac{99.2-98.9}{\sqrt{0.805}\left(\sqrt{\frac{1}{10}+\frac{1}{10}}\right)}=0.748<t_{0.025}(18)=2.1009.$$

故接受 H'_0，认为所需天数相同.

18. 用一种叫"混乱指标"的尺度去衡量工程师的英语文章的可理解性，对混乱指标的打分越低表示可理解性越高. 分别随机选取 13 篇刊载在工程杂志上的论文，以及 10 篇未出版的学术报告，对它们的打分列于下表：

工程杂志上的论文(数据Ⅰ)	未出版的学术报告(数据Ⅱ)
1.79　1.75　1.67　1.65	2.39　2.51　2.86
1.87　1.74　1.94	2.56　2.29　2.49
1.62　2.06　1.33	2.36　2.58
1.96　1.69　1.70	2.62　2.41

设数据Ⅰ，Ⅱ分别来自正态总体 $N(\mu_1,\sigma_1^2)$，$N(\mu_2,\sigma_2^2)$，$\mu_1,\mu_2,\sigma_1^2,\sigma_2^2$ 均未知，两样本相互独立.

(1)试检验假设 $H_0:\sigma_1^2=\sigma_2^2$，$H_1:\sigma_1^2\neq\sigma_2^2$(取 $\alpha=0.1$).

(2)若能接受 H_0，接着检验假设 $H'_0:\mu_1=\mu_2$，$H'_1:\mu_1\neq\mu_2$(取 $\alpha=0.1$).

解　(1) $n_1=13,n_2=10,s_1^2=0.034,s_2^2=0.0264,\alpha=0.1,F_{0.05}(12,9)=3.07$,

$$F_{1-0.05}(12,9)=\frac{1}{F_{0.05}(9,12)}=\frac{1}{2.80}=0.357,\ \frac{s_1^2}{s_2^2}=1.288.$$

由于 $0.357<\frac{s_1^2}{s_2^2}<3.07$，故接受 H_0，认为两总体方差相等.

(2)由(1)可认为 $\sigma_1^2=\sigma_2^2$，接着来检验 $H'_0:\mu_1=\mu_2$，$H'_1:\mu_1\neq\mu_2$.

经计算 $\overline{x}_1=1.752,\overline{x}_2=2.507,s_w^2=\frac{12\times0.034+9\times0.0264}{13+10-2}=0.0307$,

$$|t|=\left|\frac{1.752-2.507}{\sqrt{0.0307}\left(\sqrt{\frac{1}{13}+\frac{1}{10}}\right)}\right|=10.244.$$

而 $t_{0.05}(13+10-2)=t_{0.05}(21)=1.7207$，故拒绝 H'_0，认为杂志上刊载的论文与未出版的学术报告的可理解性有显著差异.

19. 有两台机器生产金属部件，分别在两台机器所生产的部件中各取一容量 $n_1=60,n_2=40$ 的样本，测得部件重量(以 kg 计)的样本方差分别为 $s_1^2=15.46$，$s_2^2=9.66$. 设两样本相互独立，两总体分别服从 $N(\mu_1,\sigma_1^2)$，$N(\mu_2,\sigma_2^2)$分布 $\mu_i,\sigma_i^2(i=1,2)$均未知. 试在显著性水平 $\alpha=0.05$ 下检验假设 $H_0:\sigma_1^2\leqslant\sigma_2^2$，$H_1:\sigma_1^2>\sigma_2^2$.

解　1° 检验假设 $H_0:\sigma_1^2\leqslant\sigma_2^2$，$H_1:\sigma_1^2>\sigma_2^2$.

2° 由于两总体均服从正态分布，又 $\mu_1,\sigma_1^2,\mu_2,\sigma_2^2$ 未知，H_0 为真时检验统计量

$$F=\frac{S_1^2}{S_2^2}\sim F(n_1-1,n_2-1),$$

拒绝域为$F\geqslant F_\alpha(n_1-1,n_2-1)$，$n_1=60,n_2=40,F_\alpha(n_1-1,n_2-1)=F_{0.05}(59,39)=1.64$.

3° 计算 $F=\frac{15.46}{9.66}=1.60$.

4° 因为 $F=1.60<1.64$，故应接受 H_0，可以认为 $\sigma_1^2\leqslant\sigma_2^2$.

20. 设需要对某一正态总体的均值进行假设检验

$$H_0:\mu\geqslant15,\ H_1:\mu<15.$$

已知 $\sigma^2=2.5$. 取 $\alpha=0.05$. 若要求当 H_1 中的 $\mu\leqslant13$ 时犯第Ⅱ类错误的概率不超过 $\beta=0.05$，求所需的样本容量.

解 该检验的接受域为$\frac{\overline{X}-\mu_0}{\frac{\sigma}{\sqrt{n}}}>-u_\alpha$. 在数学期望为$\mu$条件下，该事件的概率

$$P(\mu)=P_\mu\left\{\frac{\overline{X}-\mu_0}{\frac{\sigma}{\sqrt{n}}}>-u_\alpha\right\}=P_\mu\left\{\overline{X}>-u_\alpha\frac{\sigma}{\sqrt{n}}+\mu_0\right\}$$

$$=P_\mu\left\{\frac{\overline{X}-\mu}{\frac{\sigma}{\sqrt{n}}}>-u_\alpha+\frac{\mu_0-\mu}{\frac{\sigma}{\sqrt{n}}}\right\}\leqslant\beta,$$

则 $-u_\alpha+\frac{\mu_0-\mu}{\frac{\sigma}{\sqrt{n}}}\geqslant u_\beta$， $(\mu_0-\mu)\sqrt{n}\geqslant(u_\beta+u_\alpha)\sigma$， $\sqrt{n}\geqslant\frac{u_\beta+u_\alpha}{\mu_0-\mu}\sigma$，

代入计算$\sqrt{n}\geqslant\frac{1.645+1.645}{15-13}\sqrt{2.5}$，即$n\geqslant6.765$. 取$n\geqslant7$即可.

21. 电池在货架上滞留的时间不能太长. 下面给出某商店随机选取的8只电池的货架滞留时间(以天计)：108 124 124 106 138 163 159 134. 设数据来自正态总体$N(\mu,\sigma^2)$，μ,σ^2未知.

(1)试检验假设$H_0:\mu\leqslant125$，$H_1:\mu>125$，取$\alpha=0.05$.

(2)若要求在上述H_1中$\frac{\mu-125}{\sigma}\geqslant1.4$时，犯第Ⅱ类错误的概率不超过$\beta=0.1$，求所需的样本容量.

解 (1)1° $H_0:\mu\leqslant125$，$H_1:\mu>125$.

2° 拒绝域为$\frac{\overline{x}-\mu_0}{\frac{s}{\sqrt{n}}}\geqslant t_\alpha(n-1)$，这里$\alpha=0.05$，查表知$t_\alpha(n-1)=1.895$.

3° 算得$\overline{x}=132$，$s^2=444.286$，$S=21.08$，$t=\frac{132-125}{\frac{21.08}{\sqrt{8}}}=0.939<t_\alpha(n-1)=1.895$.

4° 因此t没落在否定域之内，故应接受H_0.

(2)此题中$\alpha=0.05$，$\beta=0.1$，$\delta=\frac{\mu-\mu_0}{\sigma}=1.4$，

查课本406页附表7可得$n=7$. 故所需样本容量$n\geqslant7$.

22. 一药厂生产一种新的止痛片，厂方希望验证服用新药片后至开始起作用的时间间隔较原有止痛片至少缩短一半，因此厂方提出需检验假设

$$H_0:\mu_1\leqslant2\mu_2，H_1:\mu_1>2\mu_2.$$

此处μ_1，μ_2分别是服用原有止痛片和服用新止痛片后至起作用的时间间隔的总体的均值. 设两总体均为正态且方差分别为已知值σ_1^2，σ_2^2. 现分别在两总体中取一样本$X_1,X_2,\cdots,X_{n_1}$和$Y_1,Y_2,\cdots,Y_{n_2}$，设两个样本独立. 试给出上述假设H_0的拒绝域，取显著性水平为α.

解 $X\sim N(\mu_1,\sigma_1^2)$，$Y\sim N(\mu_2,\sigma_2^2)$表示原药与新药起作用时间，且相互独立，$\sigma_1^2$，$\sigma_2^2$已知，则

$$\overline{X}\sim N\left(\mu_1,\frac{\sigma_1^2}{n_1}\right),\quad \overline{Y}\sim N\left(\mu_2,\frac{\sigma_2^2}{n_2}\right),\quad \overline{X}-2\overline{Y}\sim N\left(\mu_1-2\mu_2,\frac{\sigma_1^2}{n_1}+\frac{4\sigma_2^2}{n_2}\right),$$

故

$$\frac{\overline{X}-2\overline{Y}-(\mu_1-2\mu_2)}{\sqrt{\frac{\sigma_1^2}{n_1}+\frac{4\sigma_2^2}{n_2}}}\sim N(0,1).$$

H_0为真时$U=\frac{\overline{X}-\overline{Y}}{\sqrt{\frac{\sigma_1^2}{n_1}+\frac{4\sigma_2^2}{n_2}}}\sim N(0,1)$，由样本观察值计算$U$.

H_0的拒绝域为$u\geqslant u_\alpha$.

23. 检查了一本书的100页，记录各页中印刷错误的个数，其结果为

错误个数 f_i	0	1	2	3	4	5	6	≥7
含 f_i 个错误的页数	36	40	19	2	0	2	1	0

问能否认为一页的印刷错误的个数服从泊松分布(取 $\alpha=0.05$)?

解 由题意,需检验假设 H_0:总体 X 服从泊松分布 $P\{X=i\}=\dfrac{e^{-\lambda}\lambda^i}{i!}$.

因在 H_0 中参数 λ 未具体给出,所以先估计 λ 值,由极大似然估计法得 $\hat{\lambda}=\overline{X}=1$,则 $P\{X=i\}$ 有估计

$$\hat{p}_i=\hat{p}\{X=i\}=\frac{e^{-1}1}{i!}=\frac{e^{-1}}{i!},\ i=0,1,\cdots,$$

此检验的拒绝域为

$$\chi^2=\sum_{i=1}^{k}\frac{(f_i-np_i)^2}{n\hat{p}_i}\geqslant\chi_\alpha^2(k-r-1).$$

算得 $\hat{p}_0=\hat{p}\{X=0\}=\dfrac{1}{e}=0.367\ 879$, $\hat{p}_1=\hat{p}\{X=1\}=\dfrac{1}{e}=0.367\ 879$,

$\hat{p}_2=\hat{p}\{X=2\}=\dfrac{1}{2!\ e}=0.183\ 94$,… ,$\hat{p}_7=\hat{p}\{X\geqslant 7\}=1-\sum\limits_{i=0}^{6}\hat{p}_i=0.000\ 083$.

列 χ^2 检验计算表如下:

错误个数	页数 f_i	$\hat{p}_i$	$n\hat{p}_i$		$f_i-\hat{p}_i$	$\dfrac{(f_i-n\hat{p}_i)^2}{np_i}$
0	36	0.367 879	36.787 9		−0.787 9	0.016 87
1	40	0.367 879	36.787 9		3.212 1	0.280 46
2	19	0.183 94	18.394		0.606	0.019 96
3	2	0.061 3	6.13		−4.13	2.782 5
4	0	0.015 328	1.532 8	1.898 8	1.101 2	0.638 6
5	2	0.030 66	0.306 6			
6	1	0.000 511	0.051 1			
≥7	0	0.000 083	0.008 3			
						$\sum=3.738\ 3$

查表 $\chi_{0.05}^2(k-r-1)=\chi_{0.05}^2(3)=7.815>3.738\ 3$.

χ^2 没落在拒绝域中,故接受 H_0 认为 X 服从泊松分布.

24. 在一批灯泡中抽取300只做寿命试验,其结果如下:

寿命 t(h)	$0\leqslant t\leqslant 100$	$100<t\leqslant 200$	$200<t\leqslant 300$	$t>300$
灯泡数	121	78	43	58

取 $\alpha=0.05$,试检验假设 H_0:灯泡寿命服从指数分布 $f(t)=\begin{cases}0.005e^{-0.005t}, & t\geqslant 0,\\ 0, & t<0.\end{cases}$

解 在这里 t 为连续型随机变量,将 t 可能取值的区间$[0,\infty)$分为 $k=4$ 个互不重叠的子区间$[a_i,a_{i+1}]$, $i=1,2,3,4$. 取 $A_i=\{a_i<t\leqslant a_{i+1}\}$, $i=1,\cdots,4$,在 H_0 为真条件下,变量的分布函数

$$F(t)=\begin{cases}1-e^{-0.005t}, & t\geqslant 0,\\ 0, & t<0.\end{cases}$$

$P\{0<t\leqslant 100\}=1-e^{-0.5}=0.393\ 469$, $P\{100<t\leqslant 200\}=e^{-0.5}-e^{-1}=0.238\ 65$,….

将计算结果列表如下:

A_i	f_i	p_i	np_i	f_i-p_i	$\frac{(nf_i-f_i)^2}{np_i}$
$0\leqslant t\leqslant 100$	121	0.393 5	118.05	2.95	0.073 7
$100<t\leqslant 200$	78	0.238 7	71.61	6.39	0.570 2
$200<t\leqslant 300$	43	0.144 7	43.41	−0.41	0.003 9
$t>300$	58	0.223 1	66.93	−8.93	1.191 5
$\sum$					1.839 3

因为 $\chi^2_{0.05}(k-1)=\chi^2_{0.05}(3)=7.815>1.8393$，故在 $\alpha=0.05$ 下接受 H_0. 认为服从指数分布.

25. 下面给出了随机选取的某大学一年级学生(200 名)一次数学考试的成绩.
(1)画出数据的直方图.(2)试取 $\alpha=0.1$ 检验数据来自正态总体 $N(60,15^2)$.

分数 x	$20\leqslant x\leqslant 30$	$30<x\leqslant 40$	$40<x\leqslant 50$	$50<x\leqslant 60$
学生数	5	15	30	51
分数 x	$60<x\leqslant 70$	$70<x\leqslant 80$	$80<x\leqslant 90$	$90<x\leqslant 100$
学生数	60	23	10	6

解　(1)由已知即可得频率分别为 0.025　0.075　0.015　0.255　0.30　0.115　0.05　0.03.
直方图如图 8−1.

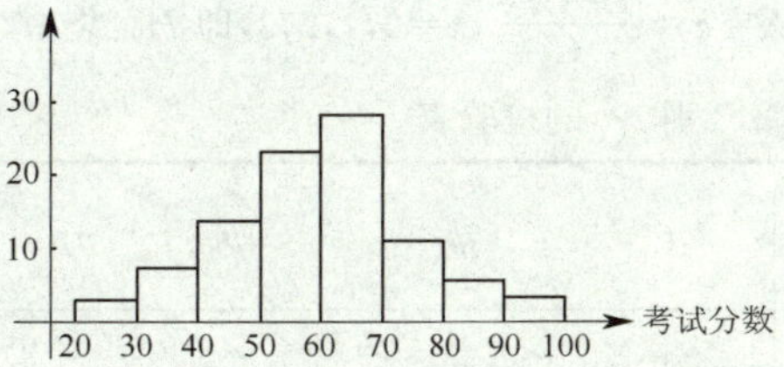

图 8−1

(2)检验 $H_0: X\sim N(60,15^2)$.
作 χ^2 检验表.

A_i	f_i	$\hat{p}_i$	$n\hat{p}_i$	$\frac{f_i^2}{n\hat{p}_i}$
$A_1: -\infty<x\leqslant 30$	5	0.022 8	4.56	5.482 5
$A_2: 30<x\leqslant 40$	15	0.069 0	13.80	16.304 3
$A_3: 40<x\leqslant 50$	30	0.159 6	31.92	28.195 5
$A_4: 50<x\leqslant 60$	51	0.248 6	49.72	52.313 0
$A_5: 60<x\leqslant 70$	60	0.248 6	49.72	72.405 5
$A_6: 70<x\leqslant 80$	23	0.159 6	31.92	16.572 7
$A_7: 80<x\leqslant 90$	10	0.069 0	13.80	7.246 4
$A_8: 90<x\leqslant +\infty$	6	0.228	4.56	7.894 7
$\sum$				206.414 6

其中 $\hat{p}_1=P\{-\infty\leqslant X\leqslant 30\}=\Phi\left(\frac{30-60}{15}\right)=0.022\ 8$,

$\hat{p}_2=P\{30<X\leqslant 40\}=\Phi\left(\frac{40-60}{15}\right)-\Phi\left(\frac{30-60}{15}\right)=0.069\ 0$,

$\hat{p}_3=0.159\ 6$, $\quad\hat{p}_4=0.248\ 6$,

$\hat{p}_5=\hat{p}_4$, $\quad\hat{p}_6=\hat{p}_3$, $\quad\hat{p}_7=\hat{p}_2$, $\quad\hat{p}_8=\hat{p}_1$.

从而 $\chi^2=206.414\ 6-200=6.414\ 6$,因为 $\chi^2_{0.1}(k-r-1)=\chi^2_{0.1}(8-0-1)=\chi^2_{0.1}(7)=12.017>6.414\ 6$,故在 $\alpha=0.1$ 水平下接受 H_0,即认为数据来自正态总体 $N(60,15^2)$.

26. 袋中装有 8 只球,其中红球数未知.在其中任取 3 只,记录红球的只数 X,然后放回,再任取 3 只,记录红球的只数,然后放回.如此重复进行了 112 次,其结果如下:

X	0	1	2	3
次数	1	31	55	25

试取 $\alpha=0.05$ 检验假设

H_0:X 服从超几何分布

$$P\{X=k\}=\frac{C_5^k C_3^{3-k}}{C_8^3},k=0,1,2,3,$$

即检验假设 H_0:红球的只数为 5.

解 H_0:X 的分布列为:$P\{X=k\}=\dfrac{C_5^k C_3^{3-k}}{C_8^3}$,$k=0,1,2,3$,即 H_0:袋中红球为 5 只.

以 $A=$"$X=i$",$i=0,1,2,3$.作 χ^2 的检验表

A_i	f_i	p_i	np_i	np_i-f_i	$\frac{(np_i-f_i)^2}{np_i}$
A_0	1	$\frac{1}{56}$	2	1	$\frac{1}{2}$
A_1	31	$\frac{15}{56}$	30	-1	$\frac{1}{30}$
A_2	55	$\frac{30}{56}$	60	5	$\frac{25}{60}$
A_3	25	$\frac{10}{56}$	20	-5	$\frac{25}{20}$
$\sum$					2.2

因 $\chi^2_\alpha(k-1)=\chi^2_{0.05}(3)=7.815>2.2$,故在水平 0.05 下接受 H_0,可以认为红球只数为 5.

27. 一农场 10 年前在一鱼塘中按比例 20∶15∶40∶25 投放了四种鱼:鲑鱼、鲈鱼、竹夹鱼和鲇鱼的鱼苗,现在在鱼塘里获得一样本如下:

序号	1	2	3	4	
种类	鲑鱼	鲈鱼	竹夹鱼	鲇鱼	
数量(条)	132	100	200	168	$\sum=600$

试取 $\alpha=0.05$,检验各类鱼数量的比例较 10 年前是否有显著的改变.

解 以 X 记鱼种类的序号,按题意需检验假设

H_0:X 的分布律为

X	1	2	3	4
p_k	0.20	0.15	0.40	0.25

X	1	2	3	4	
种类	鲑鱼	鲈鱼	竹夹鱼	鲇鱼	
数量(条)	132	100	200	168	$\sum=600$
A_i	A_1	A_2	A_3	A_4	

将在 H_0 下，X 可能取值的全体分成 4 个两两不相交的子集 A_1,A_2,A_3,A_4（以一鱼种作为一个子集）. 所需计算列表如下（下表中 $n=600$）：

A_i	f_i	p_i	np_i	$\frac{f_i^2}{np_i}$
A_1	132	0.20	120	145.20
A_2	100	0.15	90	111.11
A_3	200	0.40	240	166.67
A_4	168	0.25	150	188.13
				$\sum=611.14$

现在 $\chi^2=611.14-600=11.14$，$k=4$，$r=0$，$\chi^2_{0.05}(k-r-1)=\chi^2_{0.05}(3)=7.815<11.14$.

故拒绝 H_0，认为各鱼类数量之比相对于 10 年前有显著的改变.

28. 某种鸟在起飞前，双足齐跳的次数 X 服从几何分布，其分布律为

$$P\{X=x\}=p^{x-1}(1-p),\ x=1,2,\cdots.$$

今获得一样本如下：

x	1	2	3	4	5	6	7	8	9	10	11	12	$\geqslant 13$
观察到 x 的次数	48	31	20	9	6	5	4	2	1	1	2	1	0

(1)求 p 的最大似然估计值.

(2)取 $\alpha=0.05$，检验假设 H_0：数据来自总体 $P\{X=x\}=p^{x-1}(1-p)$，$x=1,2,\cdots$.

解 (1)设 $x_1,x_2,\cdots,x_n$ 是一个样本值，似然函数为

$$L=L(x_1,x_2,\cdots,x_n;p)=\prod_{i=1}^{n}\left[p^{x_i-1}(1-p)\right]=(1-p)^n\,p^{\sum\limits_{i=1}^{n}x_i-n},$$

$$\ln L=n\ln(1-p)+\left(\sum_{i=1}^{n}x_i-n\right)\ln p,$$

令 $\frac{\mathrm{d}}{\mathrm{d}p}\ln L=\frac{-n}{1-p}+\frac{\sum\limits_{i=1}^{n}x_i-n}{p}=0$，得 p 的最大似然估计值为

$$\hat{p}=\frac{\sum\limits_{i=1}^{n}x_i-n}{\sum\limits_{i=1}^{k}x_i}=1-\frac{1}{\bar{x}}.$$

本题中 $n=48+31+20+9+6+5+4+2+1+1+2+1=130$，

$$\sum_{i=1}^{k}x_i=1\times48+2\times31+3\times20+4\times9+5\times6+6\times5+7\times4+8\times2+9\times1$$

$$+10\times1+11\times2+12\times1=363.$$

$$\bar{x}=\frac{363}{130}.$$

得 p 的最大似然估计值为 $\hat{p}=1-\frac{1}{\bar{x}}=1-\frac{130}{363}=0.641\,9$.

(2)检验假设($\alpha=0.05$)

H_0:数据来自总体

$$P\{X=x\}=p^{x-1}(1-p),\ x=1,2,\cdots.$$

在 X 服从几何分布的假设下,X 的所有可能取值为 $\Omega=\{1,2,\cdots\}$,将 Ω 分成两两不相交的 7 个部分:$A_1=\{1\},A_2=\{2\},\cdots,A_6=\{6\},A_7=\{7,8,\cdots\}$,利用估计式

$$\hat{p}_i=\hat{p}\{X=i\}=\hat{p}^{i-1}(1-\hat{p}),\ i=1,2,\cdots,6.$$

来计算有关概率的估计,得到

$$\hat{p}_1=0.358\,1,\quad \hat{p}_2=0.229\,9,\quad \hat{p}_3=0.147\,5,\quad \hat{p}_4=0.094\,7,$$

$$\hat{p}_5=0.060\,8,\quad \hat{p}_6=0.039\,0,\quad \hat{p}_7=1-\sum_{i=1}^{6}\hat{p}_i=0.070\,0.$$

所需计算列表如下(下表中 $n=130$):

A_i	f_i	$\hat{p}_i$	$n\hat{p}_i$	$\frac{f_i^2}{n\hat{p}_i}$
A_1	48	0.358 1	46.553	49.492
A_2	31	0.229 9	29.887	32.154
A_3	20	0.147 5	19.175	20.860
A_4	9	0.094 7	12.311	6.579
A_5	6	0.060 8	7.904	4.555
A_6	5	0.039 0	5.07	4.931
A_7	11	0.070 0	9.1	13.297
				$\sum=131.868$

于是 $\chi^2=131.868-130=1.868$,因为 $\chi^2_{0.05}(k-r-1)=\chi^2_{0.05}(7-1-1)=\chi^2_{0.05}(5)$,

查表 $\chi^2_{0.05}(5)=11.071>1.868$,从而接受 H_0.

29. (1)设总体服从 $N(\mu,100)$,μ 未知,现有样本 $n=16$,$\bar{x}=13.5$,试检验假设 $H_0:\mu\leqslant10$, $H_1:\mu>10$,(i)取 $\alpha=0.05$,(ii)取 $\alpha=0.10$,(iii)H_0 可被拒绝的最小显著性水平.

(2)考察生长在老鼠身上的肿块的大小.以 X 表示在老鼠身上生长了 15 天的肿块的直径(以 mm 计),设 $X\sim N(\mu,\sigma^2)$,μ,σ^2 均未知.今随机地取 9 只老鼠(它们身上的肿块都长了 15 天),测得 $\bar{x}=4.3$, $s=1.2$,试取 $\alpha=0.05$,用 p 值法检验假设 $H_0:\mu=4.0$, $H_1:\mu\neq4.0$,求出 p 值.

(3)用 p 值法检验 §2 例 4 的检验问题.

(4)用 p 值法检验第 27 题中的检验问题.

解 (1)用 Z 检验法.检验问题的拒绝域为

$$Z=\frac{\overline{X}-\mu_0}{\frac{\sigma}{\sqrt{n}}}\geqslant z_\alpha.$$

现在 $n=16$, $\mu_0=10$, $\bar{x}=13.5$, $\sigma=10$, 得拒绝域为

$$z=\frac{\overline{x}-\mu_0}{\frac{\sigma}{\sqrt{n}}}=1.4\geqslant z_\alpha.$$

①当 $\alpha=0.05$ 时，$z_\alpha=1.645>1.4$，故接受 H_0.

②当 $\alpha=0.1$ 时，$z_\alpha=1.28<1.4$，故拒绝 H_0.

③p 值 $=P\{Z\geqslant 1.4\}=1-\Phi(1.4)=1-0.919\,2=0.080\,8$.

因而拒绝 H_0 的最小显著性水平为 0.080 8.

(2)用 t 检验法，检验统计量为

$$t=\frac{\overline{X}-\mu_0}{\frac{S}{\sqrt{n}}}.$$

当 H_0 为真时，$t\sim t(n-1)$，现在 $n=9$，$\overline{x}=4.3$，$s=1.2$，得检验统计量的观察值为

$$t_0=\frac{4.3-4}{\frac{1.2}{\sqrt{9}}}=0.75.$$

此为双边检验，由计算得 p 值 $=2\times P\{t>0.75\}=0.4747>\alpha=0.05$，故接受 H_0.

(3)用 t 检验法，检验统计量为 $t=\dfrac{\overline{D}-0}{\frac{s_D}{\sqrt{n}}}$.

当 H_0 为真时，$t\sim t(n-1)$，现在 $n=8$，$\overline{d}=-0.062\,5$，$s_d=0.076\,5$，得统计量的观察值为

$$t_0=-2.311.$$

此为单边检验，由计算得

$$p\text{ 值}=P\{t<-2.311\}=P\{t>2.311\}=0.027\,1<\alpha=0.05,$$

故拒绝 H_0.

(4)用 χ^2 检验法，检验统计量为 $\chi^2=\sum\limits_{i=1}^{k}\dfrac{f_i^2}{np_i}-n$.

当 H_0 为真时，$\chi^2\sim\chi^2(3)$. 以数据代入检验统计量的观察值为 $\chi_0^2=11.14$.

此为右边检验，由计算得

p 值 $=P\{\chi^2\geqslant 11.14\}=0.011\,0<\alpha=0.05$，

故拒绝 H_0.

第八章自测题

一、填空题

1. 设 $X_1,X_2,\cdots,X_n$ 是来自正态总体 $N(\mu,\sigma^2)$ 的简单随机样本，其中参数 μ 和 σ^2 未知，记

$$\overline{X}=\frac{1}{n}\sum_{i=1}^{n}X_i,\qquad Q^2=\sum_{i=1}^{n}(X_i-\overline{X})^2,$$

则假设 $H_0:\mu=0$ 的 t 检验需使用统计量______.

2. 已知总体 $X\sim N(\mu,\sigma^2)$，其中 μ 是未知参数，$X_1,X_2,\cdots,X_{16}$ 是其样本，$\overline{X}$ 为样本均值，若对检验 $H_0:\mu=\mu_0$，取拒绝域 $\{|\overline{X}-\mu_0|>k\}$，则 $k=$______ $(\alpha=0.05)$.

3. 设总体 $X\sim N(\mu,8)$，$X_1,\cdots,X_n$ 是其样本，如果在 $\alpha=0.05$ 水平上检验 $H_0:\mu=\mu_0$，$H_1:\mu\neq\mu_0$，其拒绝域为 $|\overline{X}-\mu_0|\geqslant 1.96$，则样本容量 $n=$______.

4. 设总体 $X \sim N(\mu,16)$，X_1,X_2,X_3,X_4 为其样本，检验假设 $H_0:\mu=5$，$H_1:\mu\neq5$，$\alpha=0.05$，则 $\overline{X}$ 的接受域为______. 若 $\mu=6$，犯第二类错误的概率 $\beta=$______.

5. 设 α,β 分别是假设检验中犯第一类、第二类错误的概率，且 H_0,H_1 分别为原假设和备则假设，则 $P\{$接受 $H_0 \mid H_0$ 为真$\}=$______.

6. 设总体 $X \sim N(\mu,\sigma^2)$，其中 μ 未知，$X_1,X_2,\cdots,X_n$ 为其样本. 若假设检验问题为 $H_0:\sigma^2=1$；$H_1:\sigma^2\neq1$，则采用的检验统计量应为______.

二、选择题

1. 在假设检验中，H_0 表示原假设，H_1 为备择假设，则称为犯第二类错误是(　　).

(A) H_1 不真，接受 H_1　　(B) H_1 不真，接受 H_0

(C) H_0 不真，接受 H_1　　(D) H_0 不真，接受 H_0

2. 设总体 $X \sim N(\mu,\sigma^2)$，现对 μ 进行假设检验，如在显著性水平 $\alpha=0.05$ 下接受了 $H_0:\mu=\mu_0$，则在显著性水平 $\alpha=0.01$ 下(　　).

(A) 接受 H_0　　(B) 拒绝 H_0

(C) 可能接受，可能拒绝 H_0　　(D) 第一类错误概率变大

3. 设总体 $X \sim N(\mu_1,\sigma_1^2)$，$Y \sim N(\mu_2,\sigma_2^2)$，检验假设 $H_0:\sigma_1^2=\sigma_2^2$，$H_1:\sigma_1^2\neq\sigma_2^2$，$\alpha=0.10$. 从 X,Y 分别抽取容量为 $n_1=12,n_2=10$ 的样本，算得 $S_1^2=118.4$，$S_2^2=31.93$. 则正确的检验为(　　).

(A) 用 t 检验法，拒绝 H_0　　(B) 用 t 检验法，接受 H_0

(C) 用 F 检验法，拒绝 H_0　　(D) 用 F 检验法，接受 H_0

4. 假设总体 $X \sim N(\mu,\sigma_0^2)$，其中 σ_0^2 已知，检验假设 $H_0:\mu=\mu_0$，$H_1:\mu>\mu_0$. 如果取 H_0 的拒绝域为 $\{(x_1,\cdots,x_n):\overline{X}>c\}$，其中 $\overline{X}$ 为样本均值. 那么对固定的样本容量 n，犯第一类错误的概率 α(　　).

(A) 随 c 的增大而减小　　(B) 随 c 的增大而增大

(C) 随 c 的增大保持不变　　(D) 随 c 的增大增减性不定

5. 设总体 $X \sim N(\mu,\sigma^2)$，其中 σ^2 未知，检验假设 $H_0:\mu\leqslant\mu_0$；$H_1:\mu>\mu_0$，则拒绝域为(　　)

(A) $t\geqslant t_\alpha(n)$　　(B) $|t|\geqslant t_{\frac{\alpha}{2}}(n-1)$　　(C) $t\geqslant t_\alpha(n-1)$　　(D) $t\leqslant -t_\alpha(n-1)$

6. 设总体 $X \sim N(\mu_1,\sigma_1^2)$，$Y \sim N(\mu_2,\sigma_2^2)$，其中 μ_1,μ_2 未知，检验假设为 $H_0:\sigma_1^2\geqslant\sigma_2^2$；$H_1:\sigma_1^2<\sigma_2^2$，此时应该用 F 检验，拒绝域为

(A) $F>F_{\frac{\alpha}{2}}(n_1-1,n_2-1)$　　(B) $F<F_{1-\frac{\alpha}{2}}(n_1-1,n_2-1)$

(C) $F<F_{1-\alpha}(n_1-1,n_2-1)$　　(D) $F>F_\alpha(n_1-1,n_2-1)$

三、解答题

1. 某种零件的尺寸方差 $\sigma^2=1.21$，对一批这类零件检查 6 件，测得数据尺寸如下(单位：mm)：

32.56　29.66　31.64　30.00　31.87　31.03

当显著性水平 $\alpha=0.05$ 时，能否认为这批零件的平均尺寸为 32.50mm(假设零件尺寸服从正态分布).

2. 设某次考试的考生成绩服从正态分布，从中随机地抽取 36 位考生的成绩，算得平均成绩为 66.5 分，标准差为 15 分. 问在显著性水平 0.05 下，是否可以认为这次考试全体考生的平均成绩为 70 分？并给出检验过程.

3. 现有甲、乙两箱灯泡，今从甲箱中抽取 13 只进行寿命测定，算得样本标准差是 380h，同样从乙箱中抽取 9 只，算得样本标准差是 423h，在显著性水平 $\alpha=0.05$ 下，假定甲、乙两箱灯泡寿命服从正态分布且相互独立，试问这两箱灯泡寿命的方差是否相等？

4. 食品厂用自动装罐机装食品罐头，规定标准重量为 500 克，且标准差不得超过 8 克，每天定时检查机器装罐情况，现抽取 25 罐，测得其平均重量为 $\overline{X}=502$ 克，样本标准差为 8 克，假定罐头重量服从正态分布，试

问机器工作是否正常？（$\alpha=0.05$）

5. 设总体 $X\sim N(\mu,2^2)$，$X_1,\cdots,X_{16}$ 是一组样本值，已知假设 $H_0:\mu=0$，$H_1:\mu\neq 0$ 在显著性水平 α 下的拒绝域是 $|\overline{X}|>1.29$，问此检验的显著性水平 α 的值是多少？犯第一类错误的概率是多少？

6. 设总体 $X\sim N(\mu,\sigma^2)$，σ^2 已知，$X_1,X_2,\cdots,X_n$ 为其样本，对假设检验 $H_0:\mu=\mu_0$，$H_1:\mu=\mu_1(\mu_1>\mu_0)$. 已知拒绝域为

$$\left\{\frac{\overline{X}-\mu_0}{\frac{\sigma}{\sqrt{n}}}>1.64\right\}\quad(\alpha=0.05),$$

求犯第二类错误的概率 β（用 $\Phi(x)$ 表示）.

第八章自测题答案

一、填空题

1. $\frac{\overline{X}}{Q}\sqrt{n(n-1)}$　**解**　因为 σ^2 未知，故取统计量 $T=\frac{\overline{X}-\mu_0}{\frac{S}{\sqrt{n}}}$，由 $\mu=0$，$S^2=\frac{Q^2}{n-1}$，得 $T=\frac{\overline{X}}{Q}\sqrt{n(n-1)}$.

2. 0.49σ　**解**　$P\{|\overline{X}-\mu_0|>k\}=0.05$，则 $P\left\{\left|\frac{\overline{X}-\mu_0}{\frac{\sigma}{\sqrt{n}}}\right|>k\cdot\frac{\sqrt{n}}{\sigma}\right\}=0.05$，即 $k\cdot\frac{4}{\sigma}=u_{0.025}=1.96$，从而 $k=0.49\sigma$.

3. $n=\sigma^2=8$　**解**　当 $\sigma^2=8$ 时，检验 $H_0:\mu=\mu_0$，$H_1:\mu\neq\mu_0$，拒绝域应为 $|U|\geqslant u_{\frac{\alpha}{2}}$，即

$$\left|\frac{\overline{X}-\mu_0}{\frac{\sigma}{\sqrt{n}}}\right|\geqslant u_{0.025}=1.96.$$

由题意 $\frac{\sigma}{\sqrt{n}}=1$，故 $n=\sigma^2=8$.

4. $(1.08,8.92)$　$0.920\,9$　**解**　因为 $U=\frac{\overline{X}-\mu}{\frac{\sigma}{\sqrt{n}}}\sim N(0,1)$，所以接受域为 $|U|<u_{\frac{\alpha}{2}}$，即 $|\overline{X}-5|<u_{\frac{\alpha}{2}}\frac{\sigma}{\sqrt{n}}=3.92$，

故 $\overline{X}$ 的接受域为 $(1.08,8.92)$.

而 $\mu=6$ 相当于 H_0 不真，此时 $\frac{\overline{X}-6}{\frac{\sigma}{\sqrt{n}}}\sim N(0,1)$，所以

$$\beta=P\{接受\ H_0\,|\,H_0\ 不真\}=P\{1.08<\overline{X}<8.92\}=\Phi(1.46)-\Phi(-2.46)=0.920\,9.$$

5. $1-\alpha$　**解**　因为 $P\{拒绝\ H_0\,|\,H_0\ 为真\}=\alpha$，所以 $P\{接受\ H_0\,|\,H_0\ 为真\}=1-P\{拒绝\ H_0\,|\,H_0\ 为真\}=1-\alpha$.

6. $\chi^2=(n-1)S^2$　或　$\sum\limits_{i=1}^{n}(X_i-\overline{X})^2$　**解**　μ 未知时，检验假设 $H_0:\sigma^2=1$；$H_1:\sigma^2\neq 1$. 应选统计量

$\chi^2=\frac{(n-1)S^2}{\sigma_0^2}\sim\chi^2(n-1)$，即 $\chi^2=(n-1)S^2$　或　$\sum\limits_{i=1}^{n}(X_i-\overline{X})^2$.

二、选择题

1. D　**解**　第二类错误为“取伪”.

2. A　**解**　无论 σ^2 已知或未知，即无论选取 U 统计量还是 T 统计量，当 α 变小时，拒绝域更小，在原显著性水平下能接受 H_0，现在也能接受.

3. C　解　μ_1,μ_2 未知,检验两个正态总体方差相等,应选 F 检验法.

$$F=\frac{S_1^2}{S_2^2}\sim F(n_1-1,n_2-1),$$

因为$\frac{S_1^2}{S_2^2}=\frac{118.4}{31.93}=3.71$, $F_{0.05}(11,9)=3.10$,所以 $f>F_{0.05}(11,9)$,应拒绝 H_0.

4. A　解　当 H_0 成立时 $X\sim N(\mu_0,\sigma_0^2)$, $\overline{X}\sim N(\mu_0,\frac{\sigma_0^2}{n})$,那么犯第一类错误的概率为

$$\alpha=P\{弃真\}=P\{\overline{X}>c\mid H_0 成立\}=P\{\overline{X}>c\}=1-P\{\overline{X}\leqslant c\}$$

$$=1-\Phi\left(\frac{\sqrt{n}(c-\mu_0)}{\sigma_0}\right),$$

固定 n,μ_0 和 σ_0, $\Phi\left(\frac{\sqrt{n}(c-\mu_0)}{\sigma_0}\right)$关于 c 递增,从而 α 关于 c 递减.

5. C　解　σ^2 未知时检验 μ,选取的统计量为 $T=\frac{\overline{X}-\mu_0}{\frac{S}{\sqrt{n}}}\sim t(n-1)$,此时拒绝域由假设而定,本题为单侧检验,拒绝域应该是 $t\geqslant t_\alpha(n-1)$.

6. C　解　μ_1,μ_2 未知时检验 σ_1^2,σ_2^2,此时选取统计量 $F=\frac{S_1^2}{S_2^2}\sim F(n_1-1,n_2-1)$.

拒绝域由假设而定,因为本题为单侧检验,拒绝域应为 $F<F_{1-\alpha}(n_1-1,n_2-1)$.

三、解答题

1. 解　$H_0:\mu=32.50$, $H_1:\mu\neq 32.50$

因 $\sigma^2=1.21$ 已知,故可取检验统计量 $U=\frac{\overline{X}-\mu}{\frac{\sigma}{\sqrt{n}}}$.

当 H_0 成立时,$U\sim N(0,1)$,其拒绝域为 $|u|>u_{\frac{\alpha}{2}}$.

因 $\alpha=0.05$,查表得 $u_{\frac{\alpha}{2}}=u_{0.025}=1.96$,而 $\overline{x}=31.127$,于是

$$u=\frac{\overline{x}-\mu}{\frac{\sigma}{\sqrt{n}}}=\frac{31.127-32.50}{\frac{1.1}{\sqrt{6}}}\approx-3.057,\quad |u|=3.057>1.96,$$

故拒绝 H_0. 即在 $\alpha=0.05$ 时,不能认为这批零件的平均尺寸是 32.50mm.

2. 解　设该次考试的考生成绩为 X,则 $X\sim N(\mu,\sigma^2)$,且 σ^2 未知.

根据题意建立假设 $H_0:\mu=70$, $H_1:\mu\neq 70$,选取检验统计量 $T=\frac{\overline{X}-\mu_0}{\frac{S}{\sqrt{n}}}$,

当 H_0 成立时,有 $T=\frac{\overline{X}-70}{S}\sqrt{36}\sim t(35)$,计算 $\overline{X}=66.5$, $S=15$,从而 $t=\frac{66.5-70}{15}\sqrt{36}=-1.4$.

查表可得 $t_{0.025}(35)=2.0301$. 因为 $|t|=1.4<2.0301$,所以接受 H_0.

即在显著性水平 0.05 下可以认为这次考试全体考生的平均成绩为 70 分.

3. 解　按题意,这时两个正态总体,均值 μ_1,μ_2 未知,检验假设 $H_0:\sigma_1^2=\sigma_1^2$, $H_1:\sigma_1^2\neq\sigma_1^2$.

已知 $S_1=380$, $n_1=13$, $S_2=423$, $n_2=9$,选取统计量 $F=\frac{S_1^2}{S_2^2}$,并算出它的值 $f=\frac{423^2}{380^2}=1.24$.

对于给定 $\alpha=0.05$,自由度 $n_1-1=13-1=12$, $n_2-1=9-1=8$,查 F 分布即 $F\sim F(8,12)$的临界值表,得 $F_{0.025}=3.51$,由于 $f=1.24<3.51$,所以接受假设 H_0,即认为两箱灯泡寿命的方差相等.

4. **解** 机器正常有两个标准，一是罐头重量的均值为 500 克，另一是标准差不超过 8 克，又知罐头重量 $X\sim N(\mu,\sigma^2)$. 因此，这时一个正态总体的如下的两个假设检验问题.

(1)方差未知，$H_0:\mu=\mu_0$，$H_1:\mu\neq\mu_0$；(2)期望未知，$H_0':\sigma^2\leqslant\sigma_0^2$，$H_1':\sigma^2>\sigma_0^2$.

先检验 $H_0:\mu=\mu_0$.

用 T—检验法，在 H_0 成立条件下

$$T=\frac{\overline{X}-500}{\frac{S}{\sqrt{25}}}\sim t(25-1).$$

由 $\alpha=0.05$，查得 $t_{0.025}(24)=2.064$.

由题设，$\overline{X}=502$，$S=8$，算得

$$|t|=\left|\frac{\overline{X}-500}{\frac{S}{\sqrt{25}}}\right|=\frac{502-500}{\frac{8}{5}}=1.25,$$

由于 $|t|=1.25<t_{0.025}(24)=2.064$，所以可以认为罐头重量均值 $\mu=500$ 克.

再检验 $H_0':\sigma^2\leqslant 8^2$.

用 χ^2-检验，在 $\sigma^2=8^2$ 条件下统计量

$$\chi^2=\frac{24S^2}{8^2}\sim\chi^2(25-1).$$

对 $\alpha=0.05$，由

$$P\left\{\frac{24S^2}{8^2}>\chi^2_{0.05}\right\}=0.05,$$

查表得 $\chi^2_{0.05}(24)=36.4$，即否定域为 $\frac{24S^2}{8^2}>36.4$.

由题设 $S^2=8^2$，算得 $\frac{24S^2}{8^2}=24$. 由于 $\frac{24S^2}{8^2}=24<\chi^2_{0.05}(24)=36.4$，所以不拒绝原假设.

因为以上两个假设都被接受，所以可以认为机器正常工作.

5. **解** σ^2 已知检验 μ，应选统计量 $U=\frac{\overline{X}-\mu}{\frac{\sigma}{\sqrt{n}}}\sim N(0,1)$，拒绝域为 $|U|>u_{\frac{\alpha}{2}}$，故

$$\left|\frac{\overline{X}-0}{\frac{2}{\sqrt{16}}}\right|>u_{\frac{\alpha}{2}}\text{，即}|\overline{X}|>\frac{u_{\frac{\alpha}{2}}}{2},$$

由题意知 $u_{\frac{\alpha}{2}}=2\times1.29=2.58$，则 $\Phi(2.58)=1-\frac{\alpha}{2}=0.995$，故 $\alpha=0.01$.

犯第一类错误的概率即 $\alpha=0.01$.

6. **解** $\beta=P\{\text{接受 }H_0\mid H_0\text{ 为真}\}$

$$=P\left\{\frac{\overline{X}-\mu_0}{\frac{\sigma}{\sqrt{n}}}\leqslant1.64\mid\mu=\mu_1\right\}=P\left\{\frac{\overline{X}-\mu_1}{\frac{\sigma}{\sqrt{n}}}\leqslant1.64-\frac{\mu_1-\mu_0}{\frac{\sigma}{\sqrt{n}}}\right\}=\Phi\left(1.64-\frac{\mu_1-\mu_0}{\frac{\sigma}{\sqrt{n}}}\right).$$

第九章 方差分析及回归分析

主要内容归纳

1. 方差分析

(1) **概念**　在实际中试验的指标往往要受到一种或多种因素的影响，方差分析就是通过对试验数据进行分析，检验方差相同的多个(多于两个) 正态总体的均值是否相等，用以判断各因素对试验指标的影响是否显著. 方差分析按影响试验指标的因素的个数分为单因素方差分析、双因素方差分析和多因素方差分析.

(2) **步骤**　方差分析本质上讲是一种假设检验，它的一般步骤为：

① 列出因素分析表；

② 计算相关的偏差的平方和；

③ 提出待检假设；

④ 列出方差分析表，计算检验统计量的观察值；

⑤ 与临界值比较，作出接受或拒绝原假设的判断.

(3) **方法**　仅介绍单因素试验的方差分析：

设因素 A 有 s 个水平 $A_1,A_2,\cdots,A_s$，在水平 $A_j(j=1,2,\cdots,s)$ 下，进行 $n_j(n_j\geqslant 2)$ 次独立试验，得出如表 9－1 的结果.

表 9－1

观察结果	因素水平			
	A_1	A_2	$\cdots$	A_s
试验批号	X_{11}	X_{12}	$\cdots$	X_{1s}
	X_{21}	X_{22}	$\cdots$	X_{2s}
	$\vdots$	$\vdots$		$\vdots$
	$X_{n_1 1}$	$X_{n_2 2}$	$\cdots$	$X_{n_s s}$
样本总和 $T_{\cdot j}$	$T_{\cdot 1}$	$T_{\cdot 2}$	$\cdots$	$T_{\cdot s}$
样本均值 $\overline{X}_{\cdot j}$	$\overline{X}_{\cdot 1}$	$\overline{X}_{\cdot 2}$	$\cdots$	$\overline{X}_{\cdot s}$
总体均值	μ_1	μ_2	$\cdots$	μ_s

其中 X_{ij} 表示第 j 个等级进行第 i 次试验的可能结果，记 $n=n_1+n_2+\cdots+n_s$.

$$\overline{X}_{\cdot j}=\frac{1}{n_j}\sum_{i=1}^{n_j}X_{ij},T_{\cdot j}=\sum_{i=1}^{n_j}X_{ij},$$

$$\overline{X}=\frac{1}{n}\sum_{j=1}^{s}\sum_{i=1}^{n_j}X_{ij},T_{\cdot\cdot}=\sum_{j=1}^{s}\sum_{i=1}^{n_j}X_{ij}=n\overline{X}.$$

(1) **方差分析的假设前提**

① 对变异因素的某一个水平，例如第 j 个水平，进行试验，把得到的观察值 $X_{1j},X_{2j},\cdots,X_{nj}$ 可以看成是从正态总体 $N(\mu_j,\sigma^2)$ 中取得的一个容量为 n_j 的样本，且 μ_j,σ^2 未知；

② 对于表示 s 个水平的 s 个正态总体的方差认为是相等的；

③ 由不同总体中抽取的样本相互独立.

(2) **统计假设**

提出待检假设 $H_0:\mu_1=\mu_2=\cdots=\mu_s=\mu$.

(3) **检验方法**

设$S_T=\sum_{j=1}^{s}\sum_{i=1}^{n_j}(X_{ij}-\overline{X})^2=\sum_{j=1}^{s}\sum_{i=1}^{n_j}x_{ij}^2-\frac{T_{\cdot\cdot}^2}{n}$,

$$S_E=\sum_{j=1}^{s}\sum_{i=1}^{n_j}(X_{ij}-\overline{X}_{\cdot j})^2=\sum_{j=1}^{s}\sum_{i=1}^{n_j}x_{ij}^2-\sum_{j=1}^{s}\frac{T_{\cdot j}^2}{n_j},S_A=S_T-S_E.$$

若 H_0 为真，则检验统计量 $F=\frac{(n-s)S_A}{(s-1)S_E}\sim F(s-1,n-s)$，对于给定的显著性水平 α，查表确定临界值 F_α，使得 $P\left\{\frac{(n-s)S_A}{(s-1)S_E}>F_\alpha\right\}=\alpha$，依据样本值计算检验统计量 F 的观察值，并与 F_α 比较，最后下结论：若检验统计量 F 的观察值大于临界值 F_α，则拒绝原假设 H_0；若 F 的值小于 F_α，则接受 H_0.

2. 回归分析

(1) **概念**　回归分析是研究自变量为一般变量(非随机变量)，因变量为随机变量时两者之间的相关关系的统计分析方法. 设随机变量 Y(因变量) 与自变量 x(一般变量) 存在着相关关系，为了研究这种关系. 作为一种近似转而去研究 Y 的数学期望 $E(Y)=\mu(x)$ 与 x 的确定性关系，即函数关系，这里 $\mu(x)$ 叫做 Y 关于 x 的回归函数.

(2) **方法及步骤**　仅介绍一元线性回归：

一元线性回归是研究 $\mu(x)$ 为 x 的线性函数$\mu(x)=a+bx$ 的情况. 一元线性回归模型为

$$Y=a+bx+\varepsilon,\varepsilon\sim N(0,\sigma^2).$$

其中 a,b 及 σ 都不依赖于 x，且 a,b,σ^2 均未知.

① 利用样本值 $(x_1,y_1),(x_2,y_2),\cdots,(x_n,y_n)$ 来估计 a,b，从而得到 $\mu(x)$ 的最大似然估 $\hat{\mu}(x)=\hat{a}+\hat{b}x$，记 $\hat{y}=\hat{a}+\hat{b}x$，我们称 $\hat{y}=\hat{a}+\hat{b}x$ 为回归方程，其图形称为回归直线.

② 求出误差 ε 的方差 $D(\varepsilon)=\sigma^2$ 的无偏估计：$\hat{\sigma}^2=\frac{Q_e}{n-2}$.

其中 $Q_e=\sum_{i=1}^{n}(y_i-\hat{a}-\hat{b}x_i)^2=S_{yy}-\hat{b}S_{xy}$ 为残差平方和.

③ 作线性假设 $H_0:b=0$, $H_1:b\neq 0$ 的显著性检验. H_0 的拒绝域为

$$|t|=\frac{|\hat{b}|}{\hat{\sigma}}\sqrt{S_{xx}}\geqslant t_{\alpha/2}(n-2)(\alpha\text{ 为显著性水平}).$$

如果拒绝 H_0，认为回归效果是显著的；否则，则认为回归效果不显著，此时不宜用线性回归模型，需另行研究.

④ 求出回归系数 b 的置信水平为 $1-\alpha$ 的置信区间为

$$\left(\hat{b}\pm t_{\alpha/2}(n-2)\frac{\hat{\sigma}}{\sqrt{S_{xx}}}\right).$$

⑤ 求出回归函数 $\mu(x)$ 在点 x_0 处的函数值 $\mu(x_0)$ 的置信水平为 $1-\alpha$ 的置信区间

$$(\hat{a}+\hat{b}_0x_0\pm t_{\alpha/2}(n-2)\hat{\sigma}\sqrt{1/n+(x_0-\overline{x})^2/S_{xx}}).$$

⑥ 以 x_0 处的回归值 $\hat{y}_0=\hat{a}+\hat{b}x_0$ 作为 Y 在 x_0 处的观察值 $Y_0=a+bx_0+\varepsilon_0$ 的预测值，求出 Y_0 的置信水平为 $1-\alpha$ 的预测区间为

$$(\hat{a}+\hat{b}x_0\pm t_{\alpha/2}(n-2)\hat{\sigma}\sqrt{1+1/n+(x_0-\overline{x})^2/S_{xx}}).$$

对随机变量 Y 的观察值进行预测是回归方程最重要的应用.

本章教材习题全解

以下约定各个习题均符合涉及的方差分析模型或回归分析模型所要求的条件.

1. 今有某种型号的电池三批,它们分别是 A,B,C 三个工厂所生产的. 为评比其质量,各随机抽取 5 只电池为样品,经试验得其寿命(以 h 计) 如下:

A		B		C	
40	42	26	28	39	50
48	45	34	32	40	50
38		30		43	

试在显著性水平 0.05 下检验电池的平均寿命有无显著的差异. 若差异是显著的,试求均值差 $\mu_A-\mu_B$, $\mu_A-\mu_C$ 和 $\mu_B-\mu_C$ 的置信水平为 95% 的置信区间.

解 以 μ_A,μ_B,μ_C 依次表示由工厂 A,B,C 生产的电池的平均寿命.

本题是单因素方差分析问题,要求在 $\alpha=0.05$ 下检验假设

$$H_0:\mu_A=\mu_B=\mu_C,\quad H_1:\mu_A,\mu_B,\mu_C \text{ 不全相等}.$$

由题意可知 $s=3, n_1=n_2=n_3=5, n=n_1+n_2+n_3=15$,代入数据计算如下:

$$T_{\cdot 1}=\sum_{i=1}^{5}x_{i1}=213,\quad T_{\cdot 2}=\sum_{i=1}^{5}x_{i2}=150,$$

$$T_{\cdot 3}=\sum_{i=1}^{5}x_{i3}=222,\quad T_{\cdot\cdot}=\sum_{j=1}^{3}\sum_{i=1}^{5}x_{ij}=585.$$

$$S_T=\sum_{j=1}^{3}\sum_{i=1}^{n_j}x_{ij}^2-\frac{T_{\cdot\cdot}^2}{n}=23\,647-22\,815=832,$$

$$S_A=\sum_{j=1}^{3}\frac{T_{\cdot j}^2}{n_j}-\frac{T_{\cdot\cdot}^2}{n}=23\,430.6-22\,815=615.6,$$

$$S_E=S_T-S_A=216.4,$$

S_T,S_A,S_E 的自由度分别为 $n-1=15-1=14, s-1=2, n-s=15-3=12$,从而得方差分析表如下:

方差来源	平方和	自由度	均方	F 比($\alpha=0.05$)
因素 A	615.6	$s-1=2$	$\overline{S}_A=307.8$	$\dfrac{\overline{S}_A}{\overline{S}_E}=17.068\,4$
误差 E	216.4	$n-s=12$	$\overline{S}_E=18.033\,3$	$F_{0.05}(2,12)=3.89$
总和 T	832	$n-1=14$		$F=17.068\,4>3.89$,拒绝 H_0

故在显著性水平 0.05 下,认为平均寿命的差异是显著的.

由 $T=\dfrac{\overline{X}_{\cdot j}-\overline{X}_{\cdot k}-(\mu_j-\mu_k)}{\sqrt{\overline{S}_E}\sqrt{\dfrac{1}{n_j}+\dfrac{1}{n_k}}}\sim t(n_1+n_2+n_3-3)=t(12),(j,k)=(1,2),(1,3),(2,3)$,

置信水平为 0.95 的置信区间为

$$\left(\overline{X}_{\cdot j}-\overline{X}_{\cdot k}-t_{\frac{\alpha}{2}}(n-s)\sqrt{\overline{S}_E\left(\frac{1}{n_j}+\frac{1}{n_k}\right)},\overline{X}_{\cdot j}-\overline{X}_{\cdot k}+t_{\frac{\alpha}{2}}(n-s)\sqrt{\overline{S}_E\left(\frac{1}{n_j}+\frac{1}{n_k}\right)}\right),$$

$$\overline{X}_{\cdot 1}-\overline{X}_{\cdot 2}=2.6+10=12.6,\overline{X}_{\cdot 1}-\overline{X}_{\cdot 3}=2.6-4.4=-1.8,$$

$$\overline{X}_{\cdot 2}-\overline{X}_{\cdot 3}=-10-4.4=-14.4,$$

$$t_{0.025}(12)=2.1788,$$

$$\sqrt{\overline{S}_E\left(\frac{1}{n_j}+\frac{1}{n_k}\right)}=\sqrt{18.033\times\frac{2}{5}}=2.685765,$$

从而 $\mu_A-\mu_B$ 的置信水平为 0.95 的置信区间为

$$(12.6\pm 2.1788\times 2.685765)=(12.6\pm 5.852),\text{即}(6.75,18.45).$$

$\mu_A-\mu_C$ 的置信水平为 0.95 的置信区间为(-1.8 ± 5.852)，即$(-7.652,4.052)$.

$\mu_B-\mu_C$ 的置信水平为 0.95 的置信区间为(-14.4 ± 5.852)，即$(-20.252,-8.548)$.

2. 为了寻找飞机控制板上仪器表的最佳布置，试验了三个方案，观察领航员在紧急情况的反应时间（以 $\frac{1}{10}s$ 计），随机地选择 28 名领航员，得到他们对于不同的布置方案的反应时间如下：

方案Ⅰ	14	13	9	15	11	13	14	11				
方案Ⅱ	10	12	7	11	8	12	9	10	13	9	10	9
方案Ⅲ	11	5	9	10	6	8	8	7				

试在显著性水平 0.05 下检验各个方案的反应时间有无显著差异. 若有差异，试求 $\mu_1-\mu_2,\mu_1-\mu_3,\mu_2-\mu_3$ 的置信水平为 0.95 的置信区间.

解 记第 i 种方案为 $A_i,i=1,2,3$. 各方案构成的总体平均反应时间为 μ_1,μ_2,μ_3，则本题属于单因素方差分析问题、要求在显著性水平 $\alpha=0.05$ 下，检验假设

$$H_0:\mu_1=\mu_2=\mu_3,H_1:\mu_1,\mu_2,\mu_3\text{ 不全相等}.$$

本题中，$n_1=8,n_2=12,n_3=8,n=28,s=3$，代入数据计算得 $T_{\cdot 1}=100,T_{\cdot 2}=120,T_{\cdot 3}=64,T_{\cdot\cdot}=284$.

$$S_T=\sum_{j=1}^{3}\sum_{i=1}^{n_i}x_{ij}^2-\frac{T_{\cdot\cdot}^2}{n}=3052-\frac{284^2}{28}=171.43,$$

$$S_A=\sum_{j=1}^{3}\frac{T_{\cdot j}^2}{n_j}-\frac{T_{\cdot\cdot}^2}{n}=2962-2880.57=81.43,$$

$$S_E=S_T-S_A=90.$$

又 S_T,S_A,S_E 的自由度分别为

$$n-1=28-1=27,s-1=3-1=2,n-s=28-3=25.$$

从而得方差分析表如下：

方差来源	平方和	自由度	均方	F 比$(\alpha=0.05)$
因素 A	81.43	2	40.715	$F_A=\frac{\overline{S}_A}{\overline{S}_E}=11.3$
误差 E	90	25	3.6	
总和 T	171.43	27		

因 $F_{0.05}(2,25)=3.39,F_A=11.3>3.39$. 故在显著性水平 $\alpha=0.05$ 下拒绝 H_0，认为差异是显著的. 下面来求 $\mu_1-\mu_2,\mu_1-\mu_3,\mu_2-\mu_3$ 的置信水平为 $1-\alpha=0.95$ 的置信区间，今有

$$n_1=n_3=8,n_2=12,t_{0.025}(25)=2.0595,$$

$$t_{\frac{\alpha}{2}}(25)\times\sqrt{\overline{S}_E\left(\frac{1}{n_1}+\frac{1}{n_2}\right)}=t_{\frac{\alpha}{2}}(25)\times\sqrt{\overline{S}_E\left(\frac{1}{n_2}+\frac{1}{n_3}\right)}=2.0595\times\sqrt{3.6\left(\frac{1}{8}+\frac{1}{12}\right)}=1.78,$$

$$t_{\frac{\alpha}{2}}(25)\times\sqrt{\overline{S}_E\left(\frac{1}{n_1}+\frac{1}{n_3}\right)}=2.0595\times\sqrt{3.6\left(\frac{1}{8}+\frac{1}{8}\right)}=1.95,$$

$$\hat{\mu}_1=\bar{x}_{\cdot 1}=\frac{T_{\cdot 1}}{8}=12.5,\hat{\mu}_2=\bar{x}_{\cdot 2}=\frac{T_{\cdot 2}}{12}=10,\hat{\mu}_3=\bar{x}_{\cdot 3}=\frac{T_{\cdot 3}}{8}=8,$$

利用公式分别得 $\mu_1-\mu_2,\mu_1-\mu_3,\mu_2-\mu_3$ 的一个置信水平为 0.95 的置信区间为

$$(\hat{\mu}_1-\hat{\mu}_2\pm 1.78)=(0.72,4.28),$$
$$(\hat{\mu}_1-\hat{\mu}_3\pm 1.95)=(2.55,6.45),$$
$$(\hat{\mu}_2-\hat{\mu}_3\pm 1.78)=(0.22,3.78).$$

3. 某防治站对 4 个林场的松毛虫密度进行调查,每个林场调查 5 块地得资料如下表:

地点	松毛虫密度(头/标准地)				
A_1	192	189	176	185	190
A_2	190	201	187	196	200
A_3	188	179	191	183	194
A_4	187	180	188	175	182

判断 4 个林场松毛虫密度有无显著差异,取显著性水平 $\alpha=0.05$.

解　记 A_i 林场的平均松毛虫密度为 $\mu_i,i=1,2,3,4$,则本题要求在显著性水平 $\alpha=0.05$ 下检验假设 $H_0:\mu_1=\mu_2=\mu_3=\mu_4,H_1:\mu_1,\mu_2,\mu_3,\mu_4$ 不全相等.

本题中 $s=4,n_1=n_2=n_3=n_4=5,n=20$,代入已知数据计算如下:

$$T_{\cdot 1}=932,T_{\cdot 2}=974,T_{\cdot 3}=935,T_{\cdot 4}=912,T_{\cdot\cdot}=3\,753.$$

$$S_T=\sum_{j=1}^{4}\sum_{i=1}^{5}x_{ij}^2-\frac{T^2}{n}=705\,225-\frac{3\,753^2}{20}=974.55.$$

$$S_A=\sum_{j=1}^{4}\frac{T_{\cdot j}^2}{5}-\frac{T^2}{n}=704\,653.8-704\,250.45=403.35.$$

$$S_E=S_T-S_A=571.2.$$

S_T,S_A,S_E 的自由度分别为 $n-1=19,s-1=3,n-s=20-4=16$,从而得方差分析表如下:

方差来源	平方和	自由度	均方	F 比
因素 A	403.35	3	134.45	$F_A=\dfrac{\bar{S}_A}{\bar{S}_E}=3.766$
误差 E	571.2	16	35.7	
总和 T	974.55	19		

因 $F_{0.05}(3,16)=3.24,F_A=3.766>3.24$,故在显著性水平为 0.05 下拒绝 H_0,认为差异是显著的.

4. 一试验用来比较 4 种不同药品解除外科手术后疼痛的延续时间(以 h 计),结果如下表:

药品	时间长度(h)				
A	8	6	4	2	
B	6	6	4	4	
C	8	10	10	10	12
D	4	4	2		

试在显著性水平 $\alpha=0.05$ 下检验各种药品对解除疼痛的延续时间有无显著差异.

解　以 μ_i 表示第 i 号药品的平均解除疼痛的延续时间,$i=1,2,3,4$,则本题要求在显著性水平 $\alpha=0.05$ 下,检验假设 $H_0:\mu_1=\mu_2=\mu_3=\mu_4,H_1:\mu_1,\mu_2,\mu_3,\mu_4$ 不全相等.

本题中 $n_1=n_2=4,n_3=5,n_4=3,n=16,s=4,T_{\cdot j}$ 及 $T_{\cdot\cdot}$ 见下表,

药品编号	时间长度(h)					$T_{\cdot j}$
1	8	6	4	2		20
2	6	6	4	4		20
3	8	10	10	10	12	50
4	4	4	2			10
					$T_{\cdot\cdot}$	100

于是

$$S_T=\sum_{i=1}^{4}\sum_{i=1}^{n_j}x_{ij}^2-\frac{T_{\cdot\cdot}^2}{n}=768-625=143.$$

$$S_A=\sum_{j=1}^{4}\frac{T_{\cdot j}^2}{n_j}-\frac{T_{\cdot\cdot}^2}{n}=733.33-625=108.33.$$

$$S_E=S_T-S_A=34.67.$$

S_T,S_A,S_E 的自由度分别为 $n-1=15,s-1=3,n-s=12$,从而得方差分析表如下:

方差来源	平方和	自由度	均方	F 比
因素 A	108.33	3	36.11	$F_A=\frac{\overline{S}_A}{\overline{S}_E}=12.49$
误差 E	34.67	12	2.89	
总和 T	143	15		

因 $F_{0.05}(3,12)=3.49,F_A=12.49>3.49$,故在显著性水平 0.05 下,认为药品效果的差异是显著的.

5. 将抗生素注入人体会产生抗生素与血浆蛋白质结合的现象,以致减少了药效.下表列出 5 种常用的抗生素注入牛的体内时,抗生素与血浆蛋白质结合的百分比(以 % 计).

青霉素	四环素	链霉素	红霉素	氯霉素
29.6	27.3	5.8	21.6	29.2
24.3	32.6	6.2	17.4	32.8
28.5	30.8	11.0	18.3	25.0
32.0	34.8	8.3	19.0	24.2

试在显著性水平 $\alpha=0.05$ 下检验这些百分比的均值有无显著的差异.

解 分别以 $\mu_1,\mu_2,\mu_3,\mu_4,\mu_5$ 表示青霉素,四环素,链霉素,红霉素,氯霉素的百分比的均值.本题要求在显著性水平 $\alpha=0.05$ 下检验.假设 $H_0:\mu_1=\mu_2=\mu_3=\mu_4=\mu_5$,$H_1:\mu_1,\mu_2,\mu_3,\mu_4,\mu_5$ 不全相等.

现在 $s=5,n_1=n_2=n_3=n_4=n_5=4,n=20$.

接原题表计算,结果如下表所示.

	A_1	A_2	A_3	A_4	A_5	$\sum$
	…	…	…	…	…	
$T_{\cdot j}$	114.4	125.5	31.3	76.3	111.2	$T_{\cdot\cdot}=458.7$
$T_{\cdot j}^2$	13 087.36	15 750.25	979.69	5 821.69	12 365.44	48 004.43
$\sum_{i=1}^{n_j}X_{ij}^2$	3 302.90	3 967.73	261.97	1 465.21	3 139.12	$\sum\sum X_{ij}^2=12\ 136.9$

$$S_T = \sum_{j=1}^{5}\sum_{i=1}^{n_j} X_{ij}^2 - \frac{T_{\cdot\cdot}^2}{n} = 1\ 616.62,$$

$$S_A = \sum_{j=1}^{S} n_j \overline{X}_{\cdot j}^2 - n\overline{X}^2 = \sum_{j=1}^{s}\frac{T_{\cdot j}^2}{n_j} - \frac{T_{\cdot\cdot}^2}{n} = 1\ 480.83,$$

$$S_E = S_T - S_A = 135.79.$$

S_T, S_E, S_A 的自由度分别为

$$n-1 = 20-1 = 19, n-s = 20-5 = 15, s-1 = 5-1 = 4,$$

$$\overline{S}_A = 370.32,$$

$$\overline{S}_E = \frac{S_E}{n-s} = \frac{135.79}{15} = 9.053,$$

$$F = \frac{\overline{S}_A}{\overline{S}_E} = 40.89, F_{0.05}(4,15) = 3.06,$$

因 $F > F_{0.05}(4,15)$，故拒绝 H_0，即认为百分比的均值有显著的差异.

6. 下表给出某种化工过程在三种浓度、四种温度水平下得率(以 % 计) 的数据:

浓度(因素 A)	温度(因素 B)			
	10℃	24℃	38℃	52℃
2%	14 10	11 11	13 9	10 12
4%	9 7	10 8	7 11	6 10
6%	5 11	13 14	12 13	14 10

试在显著性水平 $\alpha = 0.05$ 下检验:在不同浓度下得率的均值是否有显著差异,在不同温度下得率的均值是否有显著差异,交互作用的效应是否显著.

解 本题属于双因素试验的方差分析,以 A 表示因素“浓度”,以 $\alpha_1, \alpha_2, \alpha_3$ 表示相应水平的效应;以 B 表示因素“温度”,各水平的效应记为 $\beta_1, \beta_2, \beta_3, \beta_4$;以 γ_{ij} $(i = 1,2,3, j = 1,2,3,4)$ 表示交互作用 $A\times B$ 的效应. 本题是在 $\alpha = 0.05$ 下检验假设

$$\begin{cases} H_{01}: \alpha_1 = \alpha_2 = \alpha_3 = 0, \\ H_{11}: \alpha_1, \alpha_2, \alpha_3 \text{ 不全为 } 0. \end{cases} \quad \begin{cases} H_{02}: \beta_1 = \beta_2 = \beta_3 = \beta_4 = 0, \\ H_{12}: \beta_1, \beta_2, \beta_3, \beta_4 \text{ 不全为 } 0. \end{cases} \quad \begin{cases} H_{03}: \gamma_{11} = \gamma_{12} = \cdots = \gamma_{34} = 0, \\ H_{13}: \gamma_{11}, \gamma_{12}, \cdots, \gamma_{34} \text{ 不全为 } 0. \end{cases}$$

将计算结果列表如下.

浓度(%) 因素 A	温度(℃) 因素 B					
	10	24	38	52	$T_{i\cdot\cdot}$	$T_{i\cdot\cdot}^2$
2	14 10 (24)	11 11 (22)	13 9 (22)	10 12 (22)	90	8 100
4	9 8 (16)	10 8 (18)	7 11 (18)	6 10 (16)	68	4 624
6	5 11 (16)	13 14 (27)	12 13 (25)	14 10 (24)	92	8 464
$T_{\cdot j\cdot}$	56	67	65	62		
$T_{\cdot j\cdot}^2$	3 136	4 489	4 225	3 844	$T_{\cdot\cdot\cdot} = \sum_{j=1}^{4} T_{\cdot j\cdot} = 250, \sum_{j=1}^{4} T_{\cdot j\cdot}^2 = 15\ 694,$	
$\sum_{i=1}^{3} T_{ij\cdot}^2$	1 088	1 537	1 433	1 316	$\sum_{i=1}^{3} T_{i\cdot\cdot}^2 = 21\ 188, \sum_{i=1}^{3}\sum_{j=1}^{4}\sum_{k=1}^{2} X_{ijk}^2 = 2\ 752$	

$r = 3, s = 4, t = 2, \alpha = 0.05.$

$$S_T = \sum_{i=1}^{3}\sum_{j=1}^{4}\sum_{k=1}^{2} X_{ijk}^2 - \frac{T_{\cdots}^2}{rst} = 2\ 752 - \frac{250^2}{24} = 147.83,$$

$$S_A = \frac{1}{st}\sum_{i=1}^{3} T_{i..}^2 - \frac{T_{...}^2}{rst} = \frac{1}{8}\times 211\,888 - \frac{250^2}{24} = 44.33,$$

$$S_B = \frac{1}{rt}\sum_{j=1}^{4} T_{.j.}^2 - \frac{T_{...}^2}{rst} = \frac{1}{6}\times 15\,694 - \frac{250^2}{24} = 11.5,$$

$$S_{A\times B} = \left(\frac{1}{t}\sum_{i=1}^{3}\sum_{j=1}^{4} T_{ij.}^2 - \frac{T_{...}^2}{rst}\right) - S_A - S_B$$

$$= \frac{1}{2}(1\,088 + 1\,537 + 1\,433 + 1\,326) - \frac{250^2}{24} - 44.33 - 11.5$$

$$= 26.999\,7,$$

$$S_E = S_T - S_A - S_B - S_{A\times B} = 65.000\,3.$$

从而得方差分析表如下：

方差来源	平方和	自由度	均方	F 比($\alpha = 0.05$)
浓度(A)	44.33	$r-1=2$	$\overline{S}_A = 22.166$	$\frac{\overline{S}_A}{\overline{S}_E} = 4.09$ $F_{0.05}(2,12) = 3.89$
温度(B)	11.5	$s-1=3$	$\overline{S}_B = 3.833$	$\frac{\overline{S}_B}{\overline{S}_E} = 0.707\,7$ $F_{0.05}(3,12) = 3.49$
交互作用 $A\times B$	26.997	$(r-1)\cdot(s-1)=6$	$\overline{S}_{A\times B} = 4.5$	$\frac{\overline{S}_{A\times B}}{\overline{S}_E} = 0.830\,8$ $F_{0.05}(6,12) = 3.00$
误差 E	65.000 3	$rs(t-1)=12$	$\overline{S}_E = 5.417$	
总和 T	147.83	$rst-1=23$	拒绝 H_{01}，接受 H_{02} 及 H_{03}	

由此可见浓度因素的效应是显著的，而温度效应以及交互作用效应均不显著.

7. 为了研究某种金属管防腐蚀的功能，考虑了 4 种不同的涂料涂层. 将金属管埋设在 3 种不同性质的土壤中，经历了一定时间，测得金属管腐蚀的最大深度如下表所示(以 mm 计)：

涂层(因素 A)	土壤类型(因素 B)		
	1	2	3
1	1.63	1.35	1.27
2	1.34	1.30	1.22
3	1.19	1.14	1.27
4	1.30	1.09	1.32

试取显著性水平 $\alpha = 0.05$ 检验在不同涂层下腐蚀的最大深度的平均值有无显著差异，在不同土壤下腐蚀的最大深度的平均值有无显著差异. 设两因素间没有交互作用效应.

解　本题属于双因素试验的方差分析问题，分别以 a_1, a_2, a_3, a_4 表示 4 种不同的涂料涂层下腐蚀的最大深度的均值，以 $\beta_1, \beta_2, \beta_3$ 表示三种不同土壤下腐蚀的最大深度的均值，检验假设

$$\begin{cases} H_{01}: a_1 = a_2 = a_3 = a_4, \\ H_{11}: a_1, a_2, a_3, a_4 \text{ 不全相等}, \end{cases} \begin{cases} H_{02}: \beta_1 = \beta_2 = \beta_3, \\ H_{12}: \beta_1, \beta_2, \beta_3 \text{ 不全相等}, \end{cases} r = 4, s = 3.$$

	B_1	B_2	B_3	$T_{i\cdot}$	$T_{i\cdot}^2$
A_1	1.63	1.35	1.27	4.25	18.06
A_2	1.34	1.30	1.22	3.86	14.90
A_3	1.19	1.14	1.27	3.60	12.96
A_4	1.30	1.09	1.32	3.71	13.764
$T_{\cdot j}$	5.46	4.88	5.08		
$T_{\cdot j}^2$	29.816	23.814	25.806		

$T_{\cdot\cdot}=15.42,\sum_{i=1}^{4}\sum_{j=1}^{3}X_{ij}^2=20.015,$

$S_T=\sum_{i=1}^{4}\sum_{j=1}^{3}X_{ij}^2-\frac{T_{\cdot\cdot}^2}{rs}=20.015-\frac{15.42^2}{12}=0.2007,$

$S_A=\frac{1}{s}\sum_{i=1}^{4}T_{i\cdot}^2-\frac{T_{\cdot\cdot}^2}{rs}=19.8947-\frac{15.42^2}{12}=0.0808,$

$S_B=\frac{1}{r}\sum_{j=1}^{3}T_{\cdot j}^2-\frac{T_{\cdot\cdot}^2}{rs}=\frac{1}{4}(29.816+23.814+25.806)-\frac{15.42^2}{12}=0.0434,$

$S_E=S_T-S_A-S_B=0.0766,$

得方差分析表如下：

方差来源	平方和	自由度	均方	F 比
因素 A	$S_A=0.0808$	3	0.0269	$F_A=\frac{\overline{S}_A}{\overline{S}_E}=2.1065$
因素 B	$S_B=0.0434$	2	0.0217	$F_B=\frac{\overline{S}_B}{\overline{S}_E}=1.6997$
误差	$S_E=0.0766$	6	0.01277	
总和	$S_r=0.2007$	11		

因为

$$F_\alpha[r-1,(r-1)(s-1)]=F_{0.05}(3,6)=4.76>2.1065,$$
$$F_\alpha[s-1,(r-1)(s-1)]=F_{0.05}(2,6)=5.14>1.6997.$$

故在水平 $\alpha=0.05$ 下，接受 H_{01},H_{02}，即认为两种因素的影响均不显著.

8. 下表数据是退火温度 x(以 ℃ 计) 对黄铜延性 Y 效应的试验结果，Y 是以延长度计算的.

x(℃)	300	400	500	600	700	800
y(%)	40	50	55	60	67	70

画出散点图并求 Y 对于 x 的线性回归方程.

解　散点图如图 9－1 所示.

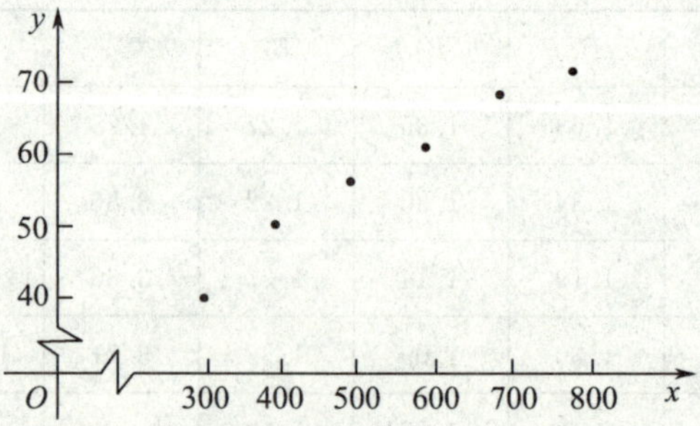

图 9—1

下面求 Y 对 x 的线性回归方程 $\hat{y}=\hat{a}+\hat{b}x$，利用题目已知数据计算得：

$$\bar{y}=\frac{1}{6}(40+50+55+60+67+70)=\frac{342}{6}=57,$$

$$S_{xx}=\sum_{i=1}^{n}x_i^2-\frac{1}{n}\left(\sum_{i=1}^{n}x_i\right)^2=1\ 990\ 000-\frac{1}{6}\times(3\ 300)^2=175\ 000,$$

$$S_{yy}=\sum_{i=1}^{n}y_i^2-\frac{1}{n}\left(\sum_{i=1}^{n}y_i\right)^2=20\ 114-\frac{1}{6}\times(342)^2=620,$$

$$S_{xy}=\sum_{i=1}^{n}x_iy_i-\frac{1}{n}\left(\sum_{i=1}^{n}x_i\right)\left(\sum_{i=1}^{n}y_i\right)=198\ 400-\frac{1}{6}\times330\times342=10\ 300,$$

则 $\hat{b}=\frac{S_{xy}}{S_{xx}}=\frac{10\ 300}{175\ 000}=0.058\ 86$，$\hat{a}=\bar{y}-\hat{b}\bar{x}=57-0.058\ 86\times\frac{1}{6}\times3\ 300\approx24.627$，

故得线性回归方程为 $\hat{y}=24.627+0.058\ 86x$.

9. 在钢线碳含量对于电阻的效应的研究中，得到以下的数据：

碳含量 x(%)	0.10	0.30	0.40	0.55	0.70	0.80	0.95
20℃ 时电阻 $y(\mu\Omega)$	15	18	19	21	22.6	23.8	26

(1) 画出散点图.
(2) 求线性回归方程 $\hat{y}=\hat{a}+\hat{b}x$.
(3) 求 ε 的方差 σ^2 的无偏估计.
(4) 检验假设 $H_0:b=0$，$H_1:b\neq0$.
(5) 若回归效果显著，求 b 的置信水平为 0.95 的置信区间.
(6) 求 $x=0.50$ 处 $\mu(x)$ 的置信水平为 0.95 的置信区间.
(7) 求 $x=0.50$ 处观察值 Y 的置信水平为 0.95 的预测区间.

解　(1) 作散点图如图 9—2 所示.

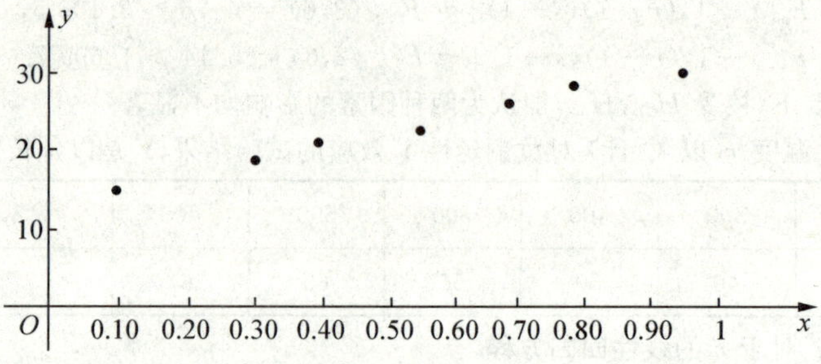

图 9—2

(2) 设回归方程为 $\hat{y}=\hat{a}+\hat{b}x$，利用已知数据计算得：

$S_{xx}=\sum_{i=1}^{n}x_i^2-\frac{1}{n}\left(\sum_{i=1}^{n}x_i\right)^2=2.595-\frac{1}{7}\times(3.8)^2=0.532\,14$，

$S_{yy}=\sum_{i=1}^{n}y_i^2-\frac{1}{n}\left(\sum_{i=1}^{n}y_i\right)^2=3\,104.2-\frac{1}{7}\times(145.4)^2=84.034$，

$S_{xy}=\sum_{i=1}^{n}x_iy_i-\frac{1}{n}\left(\sum_{i=1}^{n}x_i\right)\left(\sum_{i=1}^{n}y_i\right)=85.61-\frac{1}{7}\times3.8\times145.4=6.678\,6$，

$\hat{b}=\frac{S_{xy}}{S_{xx}}=\frac{6.678\,6}{0.532\,1}\approx12.550\,3$，

$\hat{a}=\bar{y}-\hat{b}\bar{x}=\frac{1}{7}\times145.4-12.550\,3\times\frac{1}{7}\times3.8=13.958\,4$，

故线性回归方程为

$$\hat{y}=13.958\,4+12.550\,3x.$$

(3) σ^2 的无偏估计：

$$\hat{\sigma}^2=\frac{Q_e}{n-2}=\frac{1}{n-2}\sum_{i=1}^{n}(y_i-\hat{y}_i)^2=\frac{1}{n-2}[S_{yy}-(\hat{b})^2S_{xx}],$$

将数据代入得 σ^2 的无偏估计值为

$$\hat{\sigma}^2=\frac{1}{5}[84.034-(12.550\,3)^2\times0.532\,14]=0.043\,2.$$

(4) 检验假设 $H_0:b=0,H_1:b\neq0$，拒绝域 $|t|=\frac{|\hat{b}|}{\hat{\sigma}}\sqrt{S_{xx}}\geqslant t_{0.025}(5)=2.570\,6$，

因 $|t|=\frac{12.550\,3}{0.213}\sqrt{0.532\,1}=42.98>2.570\,6$，故拒绝假设 $H_0:b=0$，即认为回归方程是显著的.

(5) b 的置信水平为 0.95 的置信区间为 $\left(\hat{b}\pm t_{\frac{\alpha}{2}}(n-2)\frac{\hat{\sigma}}{\sqrt{S_{xx}}}\right)$，即

$$\left(12.550\,3\pm2.570\,6\times\sqrt{\frac{0.043\,2}{0.532\,14}}\right)=(11.82,13.28).$$

(6) 当 $x=0.5$ 时，所求置信区间为

$$\left(\hat{y}_0\pm\hat{\sigma}\sqrt{\frac{1}{n}+\frac{(0.5-\bar{x})^2}{S_{xx}}}t_\alpha(n-2)\right),$$

其中 $\hat{y}_0=\hat{a}+0.5\hat{b}=13.958\,4+0.5\times12.550\,3\approx20.234$，$t_{0.025}(5)=2.570\,6$，计算得所求置信区间为 (20.234 ± 0.209)，即 $(20.025,20.443)$.

(7) 当 $x=0.50$ 时，所求预测区间为

$$\left[\hat{y}_0\pm t_{\frac{\alpha}{2}}(n-2)\hat{\sigma}\sqrt{1+\frac{1}{n}+(x_0-\hat{x})^2\frac{(x_0-\bar{x})^2}{S_{xx}}}\right],$$

而

$$t_{\frac{\alpha}{2}}(n-2)\hat{\sigma}\sqrt{1+\frac{1}{n}+\frac{(x_0-\bar{x})^2}{S_{xx}}}=2.570\,6\times\sqrt{0.043\,2\times\left[1+\frac{1}{7}+\frac{\left(0.50-\frac{3.8}{7}\right)^2}{0.532\,14}\right]}=0.575,$$

得预测区间为

$$(20.234\pm0.575)=(19.66,20.81).$$

10. 下表列出了 18 名 5～8 岁儿童的体重(这是容易测得的)和体积(这是难以测量的).

体重 x(kg)	17.1	10.5	13.8	15.7	11.9	10.4	15.0	16.0	17.8
体积 y(dm^3)	16.7	10.4	13.5	15.7	11.6	10.2	14.5	15.8	17.6
体重 x(kg)	15.8	15.1	12.1	18.4	17.1	16.7	16.5	15.1	15.1
体积 y(dm^3)	15.2	14.8	11.9	18.3	16.7	16.6	15.9	15.1	14.5

(1) 画出散点图.

(2) 求 Y 关于 x 的线性回归方程 $\hat{y}=\hat{a}+\hat{b}x$.

(3) 求 $x=14.0$ 时 Y 的置信水平为 0.95 的预测区间.

解　(1) 散点图如图 9－3 所示.

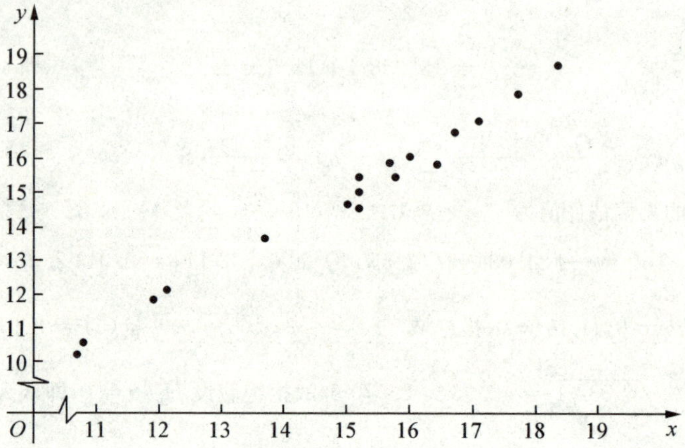

图 9－3

(2) 由已知数据计算,得:

$$S_{xx}=\sum_{i=1}^{n}x_i^2-\frac{1}{n}\left(\sum_{i=1}^{n}x_i\right)^2=96.389\,44,\quad S_{yy}=\sum_{i=1}^{n}y_i^2-\frac{1}{n}\left(\sum_{i=1}^{n}y_i\right)^2=94.751\,11,$$

$$S_{xy}=\sum_{i=1}^{n}x_iy_i-\frac{1}{n}\left(\sum_{i=1}^{n}x_i\right)\left(\sum_{i=1}^{n}y_i\right)=95.237\,78,\quad \hat{b}=\frac{S_{xy}}{S_{xx}}=0.988\,1,$$

$$\hat{a}=\frac{1}{n}\left(\sum_{i=1}^{n}y_i\right)-\left(\frac{1}{n}\sum_{i=1}^{n}x_i\right)\hat{b}=-0.104\,05,$$

故线性回归方程为 $\hat{y}=-0.104\,05+0.988\,1x$.

(3) 当 $x=14.0$ 时,$\hat{y}_0=-0.104\,05+0.988\,1\times14.0=13.729\,4$,所求的置信水平为 0.95 的预测区间为

$$\left(\hat{y}_0\pm t_{0.025}(n-2)\hat{\sigma}\sqrt{1+\frac{1}{n}+\frac{(x_0-\overline{x})^2}{S_{xx}}}\right)=(13.29,14.17).$$

11. 蟋蟀用一个翅膀在另一翅膀上快速地滑动,从而发出吱吱喳喳的叫声.生物学家知道叫声的频率 x 与气温 Y 具有线性关系.下表列出了 15 对频率与气温间的对应关系的观察结果:

频率 x_i(叫声数/s)	20.0	16.0	19.8	18.4	17.1	15.5	14.7	17.1
气温 y_i(℃)	31.4	22.0	34.1	29.1	27.0	24.0	20.9	27.8
频率 x_i(叫声数/s)	15.4	16.2	15.0	17.2	16.0	17.0	14.4	
气温 y_i(℃)	20.8	28.5	26.4	28.1	27.0	28.6	24.6	

试求 Y 关于 x 的线性回归方程.

解　将需要的数据及计算列表如下：

x	y	x^2	xy
20.0	31.4	400	628
16.0	22.0	256	352
19.8	34.1	392.04	675.18
18.4	29.1	338.56	535.44
17.1	27.0	292.41	461.7
15.5	24.0	240.25	372
14.7	20.9	216.09	307.23
17.1	27.8	292.41	475.38
15.4	20.8	237.16	320.32
16.2	28.5	262.44	461.7
15.0	26.4	225	396
17.2	28.1	295.84	483.32
16.0	27.0	256	432
17.0	28.6	289	486.2
14.4	24.6	207.36	354.24
$\sum$ 249.8	400.3	4 200.56	6 740.71

利用以上数据可得

$$S_{xx}=\sum x_i^2-\frac{1}{n}\left(\sum x_i\right)^2=4\ 200.56-\frac{1}{15}\times 249.8^2=40.557,$$

$$S_{xy}=\sum x_iy_i-\frac{1}{n}\sum x_i\sum y_i=6\ 740.71-\frac{1}{15}\times 249.8\times 400.3=74.381,$$

$$\hat{b}=\frac{S_{xy}}{S_{xx}}=1.834,$$

$$\hat{a}=\frac{1}{n}\sum y_i-\frac{\hat{b}}{n}\sum x_i=\frac{1}{15}\times 400.3-\frac{1}{15}\times 1.834\times 249.8=-3.855,$$

故线性回归方程为 $\hat{y}=-3.855+1.834x$.

12. 下面列出了自 1952—2004 年各届奥林匹克运动会男子 10 000m 赛跑的冠军的成绩(时间以 min 计).

年份(x)	1952	1956	1960	1964	1968	1972	1976
成绩(y)	29.3	28.8	28.5	28.4	29.4	27.6	27.7
年份(x)	1980	1984	1988	1992	1996	2000	2004
成绩(y)	27.7	27.8	27.4	27.8	27.1	27.3	27.1

(1) 求 Y 关于 x 的线性回归方程 $\hat{y}=\hat{a}+\hat{b}x$.

(2) 检验假设 $H_0:b=0,H_1:b\neq 0$(显著性水平 $\alpha=0.05$).

(3) 求 2008 年冠军成绩的预测值.

解　本题求出的是成绩关于奥运届次数的回归方程.

首先对数据作变换.

① 时间 x 取值改为 $1,2,3,\cdots$(即自 1952 年算作奥运万米的第一次记录,其后第二次,第三次等).

② 把万米记录均减去 20(min) 来算 (这样在使用经验回归方程时,得到的时间加上 20 就是实际所要求的时间),得经整理的数据及计算如下表：

x	y	x^2	y^2	xy
1	9.3	1	86.49	9.3
2	8.8	4	77.44	17.6
3	8.5	9	72.25	25.5
4	8.4	16	70.56	33.6
5	9.4	25	88.36	47
6	7.6	36	57.76	45.6
7	7.7	49	59.29	53.9
8	7.7	64	59.29	61.6
9	7.8	81	60.84	70.2
10	7.4	100	54.76	74
11	7.8	121	60.84	85.8
12	7.1	144	50.41	85.2
13	7.3	169	53.29	94.9
14	7.1	196	50.41	99.4
$\sum$ 105	111.9	1 015	901.99	803.6

$$S_{xx}=\sum x_i^2-\frac{1}{n}\left(\sum x_i\right)^2=1\,015-\frac{1}{14}\times 105^2=227.5,$$

$$S_{xy}=\sum x_iy_i-\frac{1}{n}\sum x_i\sum y_i=803.6-\frac{1}{14}\times 105\times 111.9=-35.65,$$

$$S_{yy}=\sum y_i^2-\frac{1}{n}\left(\sum y_i\right)^2=901.99-\frac{1}{14}\times 111.9^2=7.589\,285\,7.$$

(1) 设所要求的回归函数为 $\hat{a}+\hat{b}x$，则

$$\hat{b}=\frac{S_{xy}}{S_{xx}}=-0.156\,7,$$

$$\hat{a}=\frac{1}{n}\sum y_i-\frac{\hat{b}}{n}\sum x_i=9.168.$$

故线性回归方程为

$$\hat{y}=9.168-0.156\,7x.$$

(2) 假设 $H_0:b=0,H_1:b\neq 0$.

计算得

$$Q_e=S_{yy}-\hat{b}S_{xy}=7.589\,285\,7-(-0.156\,7)(-35.65)=2.002\,93,$$

$$\hat{\sigma}^2=\frac{Q_e}{n-2}=0.166\,910.$$

查表得知 $t_{0.025}(12)=2.178\,8$，因为

$$|t|=\frac{|\hat{b}|}{\hat{\sigma}}\sqrt{S_{xx}}=5.785\,2>2.178\,8.$$

故在显著性水平 $\alpha=0.05$ 下拒绝 H_0，认为回归效果是显著的.

(3)2008 年相当于第 15 次，则利用回归方程得

$$\hat{y}\Big|_{x=15}=9.168-0.156\,7\times 15=6.82(\text{min}).$$

因为上述计算中将历届记录的成绩都减去 20min，因此，2008 年万米冠军成绩的预测值是 6.82 + 20 = 26.82(min).

13. 以 x 与 Y 分别表示人的脚长与手长(均以英寸计,1 英寸 = 2.54 厘米),下面列出了 15 名女子的脚的长度 x 与手的长度 Y 的样本值.

x	9.00	8.50	9.25	9.75	9.00	10.00	9.50	9.00
y	6.50	6.25	7.25	7.00	6.75	7.00	6.50	7.00
x	9.25	9.50	9.25	10.00	10.00	9.75	9.50	
y	7.00	7.00	7.00	7.50	7.25	7.25	7.25	

(1) 试求 Y 关于 x 的线性回归方程 $\hat{y} = \hat{a} + \hat{b}x$.

(2) 求 b 的置信水平为 0.95 的置信区间.

解 数据整理及计算如下表:

x	y	x^2	y^2	xy
9.00	6.50	81	42.25	58.5
8.50	6.25	72.25	39.062 5	53.125
9.25	7.25	85.562 5	52.562 5	67.062 5
9.75	7.00	95.062 5	52.562 5	67.062 5
9.00	6.75	81	45.562 5	60.75
10.00	7.00	100	49	70
9.50	6.50	90.25	42.25	61.75
9.00	7.00	81	49	63
9.25	7.00	85.562 5	49	64.75
9.00	7.00	81	49	63
9.25	7.00	85.562 5	49	64.75
9.50	7.00	90.25	49	66.5
9.25	7.00	85.562 5	49	64.75
10.00	7.50	100	56.25	75
10.00	7.25	100	52.562 5	72.5
9.75	7.25	95.062 5	52.562 5	70.687 5
9.50	7.25	90.25	52.562 5	68.875
$\sum$ 141.25	104.5	1 332.812 5	729.625	985.5

$$S_{xx} = \sum x_i^2 - \frac{1}{n}(\sum x_i)^2 = 1\,332.812\,5 - \frac{1}{15} \times 141.25^2 = 2.708\,333,$$

$$S_{xy} = \sum x_i y_i - \frac{1}{n}\sum x_i \sum y_i = 985.5 - \frac{1}{15} \times 141.25 \times 104.5 = 1.458\,333,$$

$$S_{yy} = \sum y_i^2 - \frac{1}{n}(\sum y_i)^2 = 729.625 - \frac{1}{15} \times 104.5^2 = 1.608\,333.$$

(1) 由以上数据计算可得 $\hat{b} = \frac{S_{xy}}{S_{xx}} = 0.538\,46$,

$$\hat{a} = \frac{1}{n}\sum y_i - \frac{\hat{b}}{n}\sum x_i = \frac{1}{15} \times 104.5 - \frac{\hat{b}}{15} \times 141.25 = 1.896.$$

故所求的回归方程为 $\hat{y} = 1.896 + 0.538\,46x$.

(2) $Q_e = S_{yy} - \hat{b}S_{xy} = 1.608\,333 - 0.538\,46 \times 1.458\,333 = 0.823\,079$.

因 $n = 15$,故 $\hat{\sigma}^2 = \frac{Q_e}{(n-2)} = 0.063\,31$.

查表得 $t_{0.025}(13) = 2.160\,4$,所以 b 的置信水平为 0.95 的置信区间为

$$\left(\hat{b}\pm t_{\frac{\alpha}{2}}(n-2)\frac{\hat{\sigma}}{\sqrt{S_{xx}}}\right)=\left(0.538\,46\pm 2.160\,4\times\frac{\sqrt{0.063\,31}}{\sqrt{2.708\,333}}\right)$$
$$=(0.538\,46\pm 0.330\,31)$$
$$=(0.208,0.869).$$

14. 槲寄生是一种寄生在大树上部树枝上的寄生植物，它喜欢寄生在年轻的大树上. 下面给出在一定条件下完成的试验中采集的数据：

大树的年龄 x(年)	3	4	9	15	40
每株大树上槲寄生的株数 y	28	10	15	6	1
	33	36	22	14	1
	22	24	10	9	

(1) 作出(x_i,y_i)的散点图.

(2) 令 $z_i=\ln y_i$，作出(x_i,z_i)的散点图.

(3) 以模型 $Y=ae^{bx}\varepsilon,\ln\varepsilon\sim N(0,\sigma^2)$ 拟合数据，其中 a,b,σ^2 与 x 无关. 试求曲线回归方程

$$\hat{y}=\hat{a}\exp\{\hat{b}x\}.$$

解 (1) 作(x_i,y_i)的散点图如图 9－4 所示.

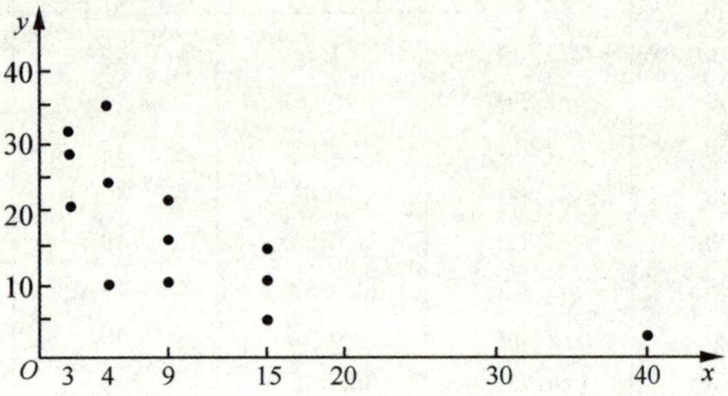

图 9－4

(2) 令 $z_i=\ln y_i$，得数据如下表：

x_i	3	4	9	15	40
z_i	3.33	2.30	2.71	1.79	0
	3.50	3.58	3.09	2.64	0
	3.09	3.18	2.30	2.20	

由此作(x_i,z_i)的散点图如图 9－5.

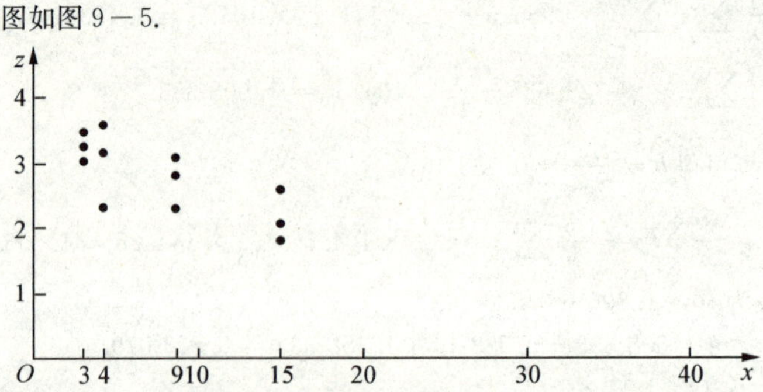

图 9－5

(3) 将 $Y = ae^{bx}\varepsilon$ 取对数，得 $\ln Y = \ln a + bx + \ln \varepsilon$.

令 $Z = \ln Y$，则回归模型为 $Z = \ln a + bx + \ln \varepsilon$，其中 $\ln \varepsilon \sim N(0,\sigma^2)$.

令 $n = 14, \sum x_i = 173, \sum x_i^2 = 4\,193$(其中 $\sum$ 表示 $\sum\limits_{i=1}^{n}$)，则

$$\sum z_i = 33.713\,631\,51,\quad S_{xx} = 2\,055.214\,286,$$

$$\sum x_i z_i = 238.351\,615\,4,\quad S_{xz} = -178.252\,545\,4,\quad \hat{b} = -0.086\,731\,854,$$

$$\widehat{\ln a} = 3.479\,874\,45, e^{\widehat{\ln a}} = 32.455\,647\,01,$$

得曲线回归方程为

$$\hat{y} = 32.455\,6e^{-0.086\,732x}.$$

15. 一种合金在某种添加剂的不同浓度之下，各做三次试验，得数据如下：

浓度 x	10.0	15.0	20.0	25.0	30.0
抗压强度 y	25.2 27.3 28.7	29.8 31.1 27.8	31.2 32.6 29.7	31.7 30.1 32.3	29.4 30.8 32.8

(1) 作散点图.

(2) 以模型 $Y = b_0 + b_1 x + b_2 x^2 + \varepsilon, \varepsilon \sim N(0,\sigma^2)$ 拟合数据，其中 b_0, b_1, b_2, σ^2 与 x 无关. 求回归方程 $\hat{y} = \hat{b}_0 + \hat{b}_1 x + \hat{b}_2 x^2$.

解 (1) 散点图如图 9－6 所示.

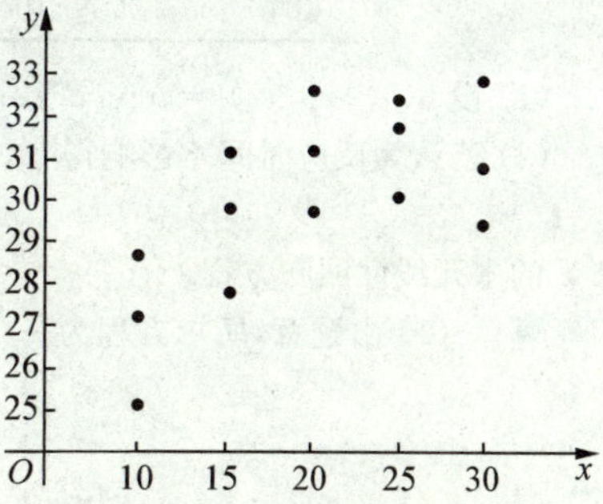

图 9－6

(2) 令 $x_1 = x, x_2 = x^2$，则题中假设的模型可写为

$$Y = b_0 + b_1 x_1 + b_2 x_2 + \varepsilon, \varepsilon \sim N(0,\sigma^2).$$

引入矩阵

$$\boldsymbol{X} = \begin{bmatrix} 1 & 10 & 100 \\ 1 & 10 & 100 \\ 1 & 10 & 100 \\ 1 & 15 & 225 \\ 1 & 15 & 225 \\ 1 & 15 & 225 \\ 1 & 20 & 400 \\ 1 & 20 & 400 \\ 1 & 20 & 400 \\ 1 & 25 & 625 \\ 1 & 25 & 625 \\ 1 & 25 & 625 \\ 1 & 30 & 900 \\ 1 & 30 & 900 \\ 1 & 30 & 900 \end{bmatrix}, \boldsymbol{Y} = \begin{bmatrix} 25.2 \\ 27.3 \\ 28.7 \\ 29.8 \\ 31.1 \\ 27.8 \\ 31.2 \\ 32.6 \\ 29.7 \\ 31.7 \\ 30.1 \\ 32.3 \\ 29.4 \\ 30.8 \\ 32.8 \end{bmatrix}, \boldsymbol{B} = \begin{bmatrix} b_0 \\ b_1 \\ b_2 \end{bmatrix}.$$

经计算得

$$\boldsymbol{X}^{\mathrm{T}}\boldsymbol{X} = \begin{bmatrix} 15 & 300 & 6\,750 \\ 300 & 6\,750 & 165\,000 \\ 6\,750 & 165\,000 & 4\,263\,750 \end{bmatrix} = 15\begin{bmatrix} 1 & 20 & 450 \\ 20 & 450 & 11\,000 \\ 450 & 11\,000 & 284\,250 \end{bmatrix},$$

$$\boldsymbol{X}^{\mathrm{T}}\boldsymbol{Y}=\begin{bmatrix}450.5\\9\,155\\207\,990\end{bmatrix},(\boldsymbol{X}^{\mathrm{T}}\boldsymbol{X})^{-1}=\frac{1}{26\,250}\begin{bmatrix}138\,250 & -14\,700 & 350\\-14\,700 & 1\,635 & -40\\350 & -40 & 1\end{bmatrix},$$

$$\hat{\boldsymbol{B}}=\begin{bmatrix}\hat{b}_0\\\hat{b}_1\\\hat{b}_2\end{bmatrix}=(\boldsymbol{X}^{\mathrm{T}}\boldsymbol{X})^{-1}\boldsymbol{X}^{\mathrm{T}}\boldsymbol{Y}=\begin{bmatrix}19.033\,33\\1.008\,57\\-0.020\,38\end{bmatrix}.$$

故回归方程为

$$\hat{y}=19.033\,3+1.008\,57x_1-0.020\,38x_2,$$

即

$$\hat{y}=19.033\,3+1.008\,57x-0.020\,38x^2.$$

16. 某种化工产品的得率 Y 与反应温度 x_1，反应时间 x_2 及某反应物浓度 x_3 有关. 今得试验结果如下表所示，其中 x_1,x_2,x_3 均为二水平且均以编码形式表达.

x_1	-1	-1	-1	-1	1	1	1	1
x_2	-1	-1	1	1	-1	-1	1	1
x_3	-1	1	-1	1	-1	1	-1	1
得率	7.6	10.3	9.2	10.2	8.4	11.1	9.8	12.6

(1) 设 $\mu(x_1,x_2,x_3)=b_0+b_1x_1+b_2x_2+b_3x_3$，求 Y 的多元线性回归方程.

(2) 若认为反应时间不影响得率，即认为

$$\mu(x_1,x_2,x_3)=\beta_0+\beta_1x_1+\beta_3x_3,$$

求 Y 的多元线性回归方程.

解 (1) 由题意，所求方程为一个三元线性回归模型.

$$\text{设 }\boldsymbol{X}=\begin{bmatrix}1 & -1 & -1 & -1\\1 & -1 & -1 & 1\\1 & -1 & 1 & -1\\1 & -1 & 1 & 1\\1 & 1 & -1 & -1\\1 & 1 & -1 & 1\\1 & 1 & 1 & -1\\1 & 1 & 1 & 1\end{bmatrix},\boldsymbol{X}^{\mathrm{T}}\boldsymbol{X}=\begin{bmatrix}8 & 0 & 0 & 0\\0 & 8 & 0 & 0\\0 & 0 & 8 & 0\\0 & 0 & 0 & 8\end{bmatrix},$$

$$(\boldsymbol{X}^{\mathrm{T}}\boldsymbol{X})^{-1}=\begin{bmatrix}\frac{1}{8} & 0 & 0 & 0\\0 & \frac{1}{8} & 0 & 0\\0 & 0 & \frac{1}{8} & 0\\0 & 0 & 0 & \frac{1}{8}\end{bmatrix},\boldsymbol{Y}=\begin{bmatrix}7.6\\10.3\\9.2\\10.2\\8.4\\11.1\\9.8\\12.6\end{bmatrix},\boldsymbol{X}^{\mathrm{T}}\boldsymbol{Y}=\begin{bmatrix}79.2\\4.6\\4.4\\9.2\end{bmatrix},$$

求得回归系数为

$$\hat{\boldsymbol{b}}=\begin{bmatrix}\hat{b}_0\\\hat{b}_1\\\hat{b}_2\\\hat{b}_3\end{bmatrix}=(\boldsymbol{X}^{\mathrm{T}}\boldsymbol{X})^{-1}\boldsymbol{X}^{\mathrm{T}}\boldsymbol{Y}=\begin{bmatrix}\frac{1}{8}&0&0&0\\0&\frac{1}{8}&0&0\\0&0&\frac{1}{8}&0\\0&0&0&\frac{1}{8}\end{bmatrix}\begin{bmatrix}79.2\\4.6\\4.4\\9.2\end{bmatrix}=\begin{bmatrix}9.9\\0.575\\0.550\\1.15\end{bmatrix},$$

故得回归方程为 $\hat{y}=9.9+0.575x_1+0.550x_2+1.15x_3$.

(2) 所求方程为一个二元线性回归模型. 设

$$\boldsymbol{X}=\begin{bmatrix}1&-1&-1\\1&-1&1\\1&-1&-1\\1&-1&1\\1&1&-1\\1&1&1\\1&1&-1\\1&1&1\end{bmatrix},\boldsymbol{X}^{\mathrm{T}}\boldsymbol{Y}=\begin{bmatrix}79.2\\4.6\\9.2\end{bmatrix},\boldsymbol{X}^{\mathrm{T}}\boldsymbol{X}=\begin{bmatrix}8&0&0\\0&8&0\\0&0&8\end{bmatrix},(\boldsymbol{X}^{\mathrm{T}}\boldsymbol{X})^{-1}=\frac{1}{8}\begin{bmatrix}1&0&0\\0&1&0\\0&0&1\end{bmatrix},$$

求得回归系数为

$$\hat{\boldsymbol{\beta}}=\begin{bmatrix}\hat{\beta}_0\\\hat{\beta}_1\\\hat{\beta}_3\end{bmatrix}=(\boldsymbol{X}^{\mathrm{T}}\boldsymbol{X})^{-1}\boldsymbol{X}^{\mathrm{T}}\boldsymbol{Y}=\begin{bmatrix}\frac{1}{8}&0&0\\0&\frac{1}{8}&0\\0&0&\frac{1}{8}\end{bmatrix}\begin{bmatrix}79.2\\4.6\\9.2\end{bmatrix}=\begin{bmatrix}9.9\\0.575\\1.15\end{bmatrix},$$

故所求回归方程为 $\hat{y}=9.9+0.575x_1+1.15x_3$.

第十章 bootstrap方法(自助法)

主要内容归纳

1. bootstrap 方法(自助法)

自助法是一种用来估计数据 X 和未知分布 F 的函数 η 的概率特征的方法. 即假设我们感兴趣的是 $\eta(X,F)$ 的均值、分位数或一些其他特征. 自助法的第一步就是用和已知分布 F 有些类似的分布 $\hat{F}$ 来代替 F. 然后,用 $\hat{F}$ 中的样本数据 X^* 代替 X. 最后,计算 $\eta(X^*,\hat{F})$ 的均值、分位数和其他特征,作为自助法估计. 除了在最简单的情形,一般最后一步都是需要模拟. 基于 $\hat{F}$ 的不同选择,有两个不同的自助法. 在非参数自助法中,用经验分布函数作为 $\hat{F}$. 在参数自助法中,F 被假定为来自某个参数族,并且将分布 F 中未知的参数用它的极大似然估计或其他估计代替来得到 $\hat{F}$.

2. 非参数 bootstrap 方法

设总体的分布 F 未知,但已经有一个容量为 n 的来自分布 F 的数据样本,自这一样本按放回抽样的方法抽取一个容量为 n 的样本,这种样本称为 bootstrap 样本或称为自助样本. 相继地、独立地自原始样本中取很多个 bootstrap 样本,利用这些样本对总体 F 进行统计推断. 这种方法称为非参数 bootstrap 方法.

常见类型:

(1) 估计量的标准误差的 bootstrap 估计

在估计总体未知参数 θ 时,人们不但要给出 θ 的估计量 $\hat{\theta}$,还需指出这一估计量 $\hat{\theta}$ 的精度. 通常我们用估计量 $\hat{\theta}$ 的标准差 $\sqrt{D(\hat{\theta})}$ 来度量估计的精度. 估计量 $\hat{\theta}$ 的标准差 $\sigma_{\hat{\theta}}=\sqrt{D(\hat{\theta})}$ 也称为估计量 $\hat{\theta}$ 的标准误差.

(2) bootstrap 置信区间

求未知参数 θ 的 bootstrap 置信区间.

3. 参数 bootstrap 方法

假设所研究的总体的分布函数 $F(x;\beta)$ 的形式已知,但其中包含未知参数 β(β 可以是向量). 现在已知有一个来自 $F(x;\beta)$ 的样本 $X_1,X_2,\cdots,X_n$.

利用这一样本求出 β 的最大似然估计 $\hat{\beta}$. 在 $F(x;\beta)$ 中以 $\hat{\beta}$ 代替 β 得到 $F(x;\hat{\beta})$,接着在 $F(x;\hat{\beta})$ 中产生容量为 n 的样本 $X_1^*,X_2^*,\cdots,X_n^*\sim F(x;\hat{\beta})$.

这种样本可以产生很多个,如产生 B 个($B\geqslant 1\ 000$),就可以利用这些样本对总体进行统计推断,其做法与非参数 bootstrap 方法一样. 这种方法称为参数 bootstrap 法.

本章教材习题全解

注：抽样的随机性使得 bootstrap 估值不唯一，本章最终估值仅供参考.

1. 生物学家随机地选取 20 只某种雄性绿蜘蛛(这种蜘蛛不织网而以追赶或跳跃去捕食)，测量它们前腿的长度，得到以下的原始样本(以 mm 计)：

15.10	13.55	15.75	20.00	15.45	13.60	16.45	14.05	16.95	19.05
16.40	17.05	15.25	16.65	16.25	17.75	15.40	16.80	17.55	19.05

设前腿长度总体是具有分布函数 F 的连续型随机变量，F 未知. 总体中位数 θ 是未知参数，以原始样本中位数作为总体中位数 θ 的估计 $\hat{\theta}$. 试求估计量的标准误差 $\sqrt{D(\hat{\theta})}$ 的 bootstrap 估计.

解　R语言程序及运行结果如下：

```
> x <- c(15.10,13.55,15.75,20.00,15.45,13.60,16.45,14.05,16.95,19.05,
+   16.40,17.05,15.25,16.65,16.25,17.75,15.40,16.80,17.55,19.05)
> median(x)# 计算 x 的中位数
[1]  16.425
> n = length(x);n# 计算 x 的长度
[1]  20
> N = 10000;k = 0# 循环数,计数器清零
> theta <- numeric(N)# 确定 theta 的容量以便存储
> for(i in 1:N){
+   xB <- sample(x,n,replace = TRUE)# 用函数 sample( ) 作放回抽样产生 xB
+   theta[i] <- median(xB)# 将 xB 的中位数存入 theta[i]
+   k <- k + median(xB)# 累加中位数
+   }
> thetabar = k/N; thetabar # 计算平均值获得 thetabar
[1]  16.36637
> squ <- 0.0
> for(i in 1:N){
+   squ <- squ + (theta[i] - thetabar) - 2
+   }
> sigma,theta <- sqrt(squ/9999) ; sigma. theta # 计算标准误差获得 sigma,theta
[1]  0.4137141
```

以原始样本中位数作为总体中位数的估计 $\hat{\theta} = 16.425$，估计量的标准误差的 bootstrap 估计为 $\sqrt{D(\hat{\theta})} = 0.413\ 714\ 1$. 抽样的随机性使得标准误差的 bootstrap 估计值不唯一.

2. 据美国国家运输安全委员会报道，美国在 1983 年 ～ 2006 年的飞机事故的次数为

23	16	21	24	34	30	28	24	26	18	23	23
36	37	49	50	51	56	46	41	54	30	40	31

(1) 以样本中位数 $M = M(x)$ 作为总体中位数 θ 的估计，按分位数法求 θ 的置信水平为 0.95 的 bootstrap 置信区间(取 $B = 10\ 000$).

(2) 以样本均值 $\bar{x}$ 作为总体均值 μ 的估计，按分位数法求 μ 的置信水平为 0.95 的 bootstrap 置信区间

(取 $B=10\,000$).

解　R语言程序及运行结果如下：

```
> y <- c(23,16,21,24,34,30,28,24,26,18,23,23,36,37,49,50,51,56,46,41,54,30,40,31)
> sort(y)# 对样本数据进行排序
[1]16  18  21  23  23  23  24  24  26  28  30  30  31  34  36  37  40  41  46
49  50  51  54  56
> x <- sort(y)
> n = length(x);n# 计算样本 x 的长度
[1]  24
> mean(x)# 计算样本 x 的均值
[1]  33.79167
> median(x)# 计算样本 x 的中位数
[1]  30.5
> N = 10000
> medianxB <- numeric(N)
> trimmedmeanBB <- numeric(N)
> for(i in 1:N){
+   xB <- sample(x,n,replace = TRUE)# 用函数 sample( ) 作放回抽样产生 xB
+   medianxB[i] = median(xB)
+   sortB <- sort(xB)
+   }
> quantile[medianxB,prob = c(0.025,0.05,0.10,0.90,0.95,0.975)]
2.5%  5%  10%  90%  95%  97.5%
24.0  25.5  27.0  36.5  38.5  40.0
> quantile[medianxB,prob = c(0.025,0.975)]
2.5%  97.5%
 24     40
> meanxB <- numeric(N)
> for(i in 1:N){
+   xB <- sample(x,n,replace = TRUE)
+   sortB <- sort(xB)
+   meanxB[i] = mean(xB)
+   }
> quantile [meanxB,prob = c(0.025,0.975)]
    2.5%    97.5%
29.16667  38.66667
```

(1) 以样本中位数作为总体中位数 θ 的估计为 30.5，取 $B=10\,000$，按分位数法求中位数 θ 的置信水平为 0.95 的 bootstrap 置信区间为(24,40).

(2) 以样本均值 $\bar{x}$ 作为总体均值 μ 的估计为 33.791 67，取 $B=10\,000$，按分位数法求均值 μ 的置信水平为 0.95 的 bootstrap 置信区间为(29.166 67,38.666 67).

3. 下面给出某个班级 20 个学生数理统计课程期终考试的得分：

88	67	64	76	86	85	82	39	75	34
90	63	89	90	84	81	96	100	70	96

(1) 以样本中位数 $M = M(x)$ 作为总体中位数 θ 的估计，按分位数法求 θ 的置信水平为 0.95 的 bootstrap 置信区间(取 $B = 10\ 000$).

(2) 以样本均值 $\bar{x}$ 作为总体均值 μ 的估计，按分位数法求 μ 的置信水平为 0.95 的 bootstrap 置信区间(取 $B = 10\ 000$).

(3) 以样本 10% 截尾均值作为总体 10% 截尾均值 μ_t 的估计，按分位数法求 μ_t 的置信水平为 0.95 的 bootstrap 量信区间(取 $B = 10\ 000$).

(4) 以样本标准差 s 作为总体标准差 σ 的估计，按分位数法求 σ 的置信水平为 0.95 的 bootstrap 置信区间(取 $B = 10\ 000$).

解 R 语言程序及运行结果如下：

```
> y <- c(88,67,64,76,86,85,82,39,75,34,90,63,89,90,84,81,96,100,70,96)
> x <- sort(y)# 对原始样本排序并赋值为样本 x
> x
[1]  34  39  63  64  67  70  75  76  81  82  84  85  86  88  89
+  90  90  96  96  100
> n = length(x);n# 计算 x 的长度
[1]  20
> median(x)# 计算样本 x 的中位数
[1]  83
> mean(x)# 计算样本 x 的均值
[1]  77.75
> sd(x)# 计算样本 x 的标准差
[1]  17.60644
n1 = round(n * 0.1);n1# 计算标本 10% 截尾数
[1]  2
> trimmedmeanx <- mean(sortx[(n1 + 1):(n - n1)])# 计算 10% 截尾样本均值
> trimmedmeanx
[1]  80.375
> N = 10000# 循环数
> medianxB <- numeric(N)
> meanxB <- numeric(N)
> sdxB <- numeric(N)
> trimmedmeanxB <- numeric(N)
> for(i in 1:N){
+   xB <- sample(x,n,replace = TRUE)   用函数 sample( ) 作放回抽样产生 xB
+   medianxB[i] = median(xB)
+   meanxB[i] = mean(xB)
+   sdxB[i] = sd(xB)
+   sortB <- sort(xB)# 将 xB 排序
+   trimmedmeanxB[i] = mean(sortB[(n1 + 1):(n - n1)])# 计算样本 10% 截尾均值
+ }
> quantile [medianxB,prob = c(0.025,0.975)]
  2.5%   97.5%
  72.5   88.5
```

```
[1]  1.35
> v = mx - my;v
[1]  2.09
> z <- c(x,y);z
[1]  3.1  5.3  1.4  4.6  2.8  1.9  0.5  0.9  2.1
> B = 10000;k = 0.0
> for (i in 1:B){
+   xb <- sample(z,nx,replace = TRUE )
+   yb <- sample(z,ny,replace = TRUE )
+   vb = mean(xb) - mean(yb)
+   if (vb > v)k <- k+1
+ }
> k/B
[1]  0.0188
```

因为0.018 8<0.05,拒绝 H_0,所以认为这种血清对于白血病是有抑制作用的.

7. 一家工厂的经理主张:一名新来的雇员在参加某种工作之前至少需要培训 200 h 才能成为独立工作者. 为了检验这个主张的合理性,随机地选取 10 名雇员询问他们在独立工作前所经历的培训时间(以 h 计)并记录如下:

208 180 234 168 212 208 254 229 230 181

试取 $\alpha=0.05$ 检验假设 $H_0:\mu=200, H_1:\mu>200$.

解 R语言程序及运行结果如下:

```
> x <- c(208,180,234,168,212,208,254,229,230,181)
> mx = mean(x);mx;n = length(x);n
[1]  210.4
[1]  10
> mv = 200
> z = x - mx + mv;z
[1]  197.6  169.6  223.6  157.6  201.6  197.6  243.6  218.6  219.6  170.6
> B = 10000;k = 0.0
> for (i in 1:B){
+  xB <- sample(z,n,replace = TRUE )
+  if (mean(xB) > mx)k = k+1
+ }
> k/B
[1]  0.1046
```

因为0.104 6>0.05,所以接受 H_0,拒绝 H_1,认为参加这种工作之前培训时间不大于200 h,能成为独立工作者.

8. 以 X 表示服用一定剂量的某种药物使服用者脉搏每分钟增加的次数,记录的数据为

13 15 14 10 8 12 18 9 20

试检验假设 $H_0:\mu=\mu_0=10, H_1:\mu>10(\alpha=0.05)$,其中 μ 为脉搏每分钟增加的次数的均值.

解 R语言程序及运行结果如下:

```
> x <- c(13,15,14,10,8,12,18,9,20)
> mx = mean(x);n = length (x);mx;n
```

```
[1]  13.22222
[1]  9
> mv = 10
> z = x - mx + mv;z
[1]  9.777778  11.777778  10.777778  6.777778  4.777778  8.777778  14.777778
[8]  5.777778  16.777778
> B = 10000,k = 0.0
> for(i in 1:B){
+    xB <- sample(z,n,replace = TRUE)
+    if(mean(xB) > mx)   k = k+1
+ }
> k/B
[1]  0.007
```

因为 $0.007 < 0.05$,所以拒绝 H_0,接受 H_1,认为服用这种药物者脉搏每分钟增加的次数大于 10 次.

第十一章 在数理统计中应用R软件

主要内容归纳

概率论与数理统计是一门应用性很强的数学学科，在实际应用中，经常会遇到比较繁琐的计算，在这种情况下，可以借助计算机编程计算. 在本章中结合概率统计教学，具体介绍 R 软件的使用方法.

R 软件的界面与 Windows 的其他编程软件类似，由一些菜单和快捷按钮组成. 快捷按钮下面的窗口便是命令输入窗口，它也是运算结果的输出窗口.

主窗口上方的一些文字是运行 R 软件时出现的一些说明和指引. 文字下的“>”符号便是 R 软件的命令提示符，在其后可以输入命令. R 软件一般采用交互式工作方式，在命令提示符后输入命令，回车后便会输出计算结果，当然也可将所有的命令建立成一个文件，运行这个文件的全部或部分来执行相应的命令，从而得到相应的结果.

对于一些陌生的命令，可以通过单击主窗口中的【帮助】菜单查找其具体的命令格式及含义. 在命令的后面加一个“#”号，那么“#”号后面的内容为注释.

1. R 软件中的常用函数

函数功能	在 R 软件中的名称
赋值	c(　　)
最大值	max(　　)
最小值	min(　　)
开平方	sqrt(　　)
求和	sum(　　)
单变量排序	sort(　　)
多变量数据框排序	order(　　)
查看长度	length(　　)
查看模式	mode(　　)
列表	list(　　)
列表转化为向量	unlist(　　)
数据框	data. frame(　　)

2. R 软件中常见概率分布的函数

分布	R 软件中的名称	括号中附加参数
(0－1) 分布 $b(1,p)$	binom	$1,p$
二项分布 $b(n,p)$	binom	n,p
泊松分布 $\pi(\lambda)$	pois	λ
超几何分布 $h(n,M,N)$	hyper	$M,N\text{-}M,n$
均匀分布 $U(a,b)$	unif	a,b
指数分布 $E\text{xp}(\lambda)$	exp	λ
正态分布 $N(\mu,\sigma)$	norm	μ,σ
卡方分布 $\chi^2(n)$	chisq	n
t 分布 $t(n)$	t	n
F 分布 $F(m,n)$	f	m,n

在分布名称的前面加上 p,d,q,r 分别表示分布函数、密度函数、下侧分位数和生成随机数.

3. R 软件中常见分布的数理统计分析

函数功能	在 R 软件中的名称
随机抽样	sample(　　)
样本中位数	median(　　)
样本均值	mean(　　)
样本方差	var(　　)
样本标准差	sd(　　)
计算百分位数	quantile(　　)
协方差	cov(　　)
相关矩阵	cor(　　)
最大似然估计	optimize(　　)
正态总体的均值置信区间或假设检验	t. test(　　)
两个正态总体方差比的置信区间或假设检验	var. test(　　)
方差分析	aov(　　)

（续表）

函数功能	在 R 软件中的名称
预测值与预测区间	predict(　　)
线性回归分析	lm(　　)
描述统计摘要，诊断信息	summary(　　)
分布拟合检验	chisq. test(　　)
秩和检验	wilcox. test(　　)
散点图	plot(　　)
箱线图	boxplot(　　)

本章教材习题全解

1. 为比较某一地区种植的 4 种谷物（大麦、小麦、玉米、燕麦）的维生素 B 的含量 A,B,C,D(以 μg/g 计)，今依次在总体 A,B,C,D 中各取一样本：

A：5.2　4.5　6.0　6.1　6.7　5.8

B：6.5　8.0　6.1　7.5　5.9　5.6

C：5.8　4.7　6.4　4.9　6.0　5.2

D：8.3　6.1　7.9　7.0　5.5　7.2

设总体 A,B,C,D 依次服从正态分布 $N(\mu_i,\sigma^2)(i=1,2,3,4)$，并设各样本相互独立. 试画出各个样本数据的箱线图，并取显著性水平 $\alpha=0.05$ 检验各种谷物的维生素 B 含量的均值是否有显著差异.

解　画出各个样本数据的箱线图 R 语言程序及运行结果如下：

```
> A <- c(5.2,4.5,6.0,6.1,6.7,5.8)
> B <- c(6.5,8.0,6.1,7.5,5.9,5.6)
> C <- c(5.8,4.7,6.4,4.9,6.0,5.2)
> D <- c(8.3,6.1,7.9,7.0,5.5,7.2)
> boxplot[A,B,C,D,names = c('A','B','C','D')]
```

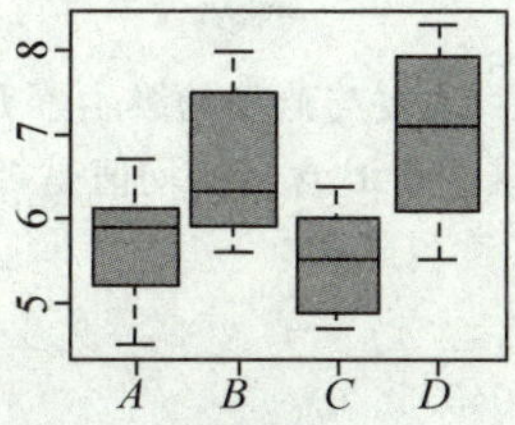

图 11－1

方法一　两两检验.

检验假设 $H_0:\mu_1=\mu_2,H_1:\mu_1\neq\mu_2$，取显著性水平 $\alpha=0.05$ 检验各种谷物的维生素 B 含量的均值是否有显著差异，R 语言程序如下：

```
> A <- c(5.2,4.5,6.0,6.1,6.7,5.8)
> B <- c(6.5,8.0,6.1,7.5,5.9,5.6)
> C <- c(5.8,4.7,6.4,4.9,6.0,5.2)
> D <- c(8.3,6.1,7.9,7.0,5.5,7.2)
> t. test(A,B)# 检验大麦与小麦的维生素 B 含量的均值是否有显著差异
    Welch Two Sample t-test
data:A and B
t =-1.7704,df = 9.5759,p-value = 0.1084
alternative hypothesis: true difference in means is not equal to 095 percent confidence interval:
-2.0017583  0.2350916
sample estimates:
```

mean of x mean of y

5.716667　6.600000

p 值 $=0.1084>\alpha=0.05$，接受 H_0，大麦与小麦的维生素 B 含量的均值没有显著差异.

> t. test(A,C)# 检验大麦与玉米的维生素 B 含量的均值是否有显著差异

Welch Two Sample t-test

data:A and C

t = 0.521,df = 9.817,p-value = 0.6139

alternative hypothesis: true difference in means is not equal to 095 percent confidence interval:

−0.7122867　1.1456200

sample estimates:

mean of x mean of y

5.716667　5.500000

p 值 $=0.6139>\alpha=0.05$，接受 H_0，大麦与玉米的维生素 B 含量的均值没有显著差异.

> t. test(A,D)# 检验大麦与燕麦的维生素 B 含量的均值是否有显著差异

Welch Two Sample t-test

data:A and D

t =−2.4041,df = 9.1222,p-value = 0.03928

alternative hypothesis: true difference in means is not equal to 095 percent confidence interval:

−2.48841498　−0.07825169

sample estimates:

mean of x mean of y

5.716667　7.000000

p 值 $=0.03928<\alpha=0.05$，拒绝 H_0，大麦与燕麦的维生素 B 含量的均值存在显著差异.

> t. test(B,C)# 检验小麦与玉米的维生素 B 含量的均值是否有显著差异

Welch Two Sample t-test

data: B and C

t = 2.3173,df = 8.9786,p-alue = 0.04575

alternative hypothesis: true difference in means is not equal to 095 percent confidence interval:

0.02578024　2.17421976

sample estimates:

mean of x mean of y

6.6　5.5

p 值 $=0.04575<\alpha=0.05$，拒绝 H_0，小麦与玉米的维生素 B 含量的均值存在显著差异.

> t. test(B,D) # 检验小麦与燕麦的维生素 B 含量的均值是否有显著差异

Welch Two Sample t-test

data:B and D

t =−0.6887,df = 9.8874,p-value = 0.5068

alternative hypothesis: true difference in means is not equal to 095 percent confidence interval:

−1.6961126　0.8961126

sample estimates:

mean of x mean of y

6.6　7.0

p 值 $=0.5068>\alpha=0.05$，接受 H_0，小麦与燕麦的维生素 B 含量的均值没有显著差异.

```
> t. test(C,D)# 检验玉米与燕麦的维生素 B 含量的均值是否有显著差异
    Welch Two Sample t-test
data: C and D
t =-2.9342,df = 8.4483,p-value = 0.0178
alternative hypothesis: true difference in means is not equal to 095 percent confidence interval:
-2.6680475    -0.3319525
sample estimates:
mean of x mean of y
    5.5         7.0
```

p 值 $=0.0178<\alpha=0.05$，拒绝 H_0，玉米与燕麦的维生素 B 含量的均值存在显著差异.

方法二 单因素方差分析.

检验假设 $H_0:\mu_1=\mu_2=\mu_3=\mu_4$，$H_1:\mu_1,\mu_2,\mu_3,\mu_4$ 不全相等，取显著性水平 $\alpha=0.05$ 检验各种谷物的维生素 B 含量的均值是否有显著差异，R 语言程序及运行结果如下：

```
> X <- c(5.2,4.5,6.0,6.1,6.7,5.8,
+   6.5,8.0,6.1,7.5,5.9,5.6,
+   5.8,4.7,6.4,4.9,6.0,5.2,
+   8.3,6.1,7.9,7,0,5.5,7.2)
> A <- factor [rep(1:4,each = 6)]
> contents <- data. frame (X,A)
> aov. cont <- aov (X ~ A, data = contents )
> summary (aov. cont)
            Df Sum Sq Mean Sq F value Pr(> F)
A            3   9.141   3.0471   3.981   0.0224   *
Residuals   20   15.308   0.7654
---
Signif. codes: 0 '***'0.001 '**'0.01 '*'0.05 '.' 0.1 ''0.1
```

p 值 $=0.0224<\alpha=0.05$，拒绝 H_0，各种谷物的维生素 B 含量的均值存在显著差异.

2. 求解第九章习题第 4 题的方差分析问题.

解 检验假设 H_0：无显著差异，H_1：有显著差异，取显著性水平 $\alpha=0.05$，检验 4 种药品对解除疼痛的延续时间有无显著差异，R 语言程序及运行结果如下：

```
> time <- data. frame [X <- c(8,6,4,2,6,6,4,4,8,10,10,10,12,4,4,2)]
> A = factor {c[rep(1,4),rep(2,4),rep(3,5),rep(4,3)]}
> time. aov <- aov(X ~ A, data = time)
> summary (time, aov)
                 Df Sum Sq Mean Sq F value Pr(> F)
A                3   108. 33   36.11   12.5   0.00053   ***
Residuals       12   34.67   2.89
---
Signif. codes:0 '***' 0.001 '**' 0.01 '*' 0.05 '.' 0.1 '' 1
```

p 值 $=0.00053<\alpha=0.05$，拒绝 H_0，4 种药品对解除疼痛的延续时间存在显著差异.

3. 有人做过一项试验，检测被测试者在英文文献中搜索到特定单词所需的时间（以 s 计），搜索内容是在文献中找出含字母 k 的由 4 个字符组成的单词，得到以下的数据：

单词所在的行序(x)	9	11	15	17	19	21	24	25	29	32	34	36	39	41
找到该单词所需的时间(y)	8	8	7	9	14	13	14	16	17	19	21	21	26	27

设题目符合线性回归模型 $Y=\beta_0+\beta_1x+\varepsilon,\varepsilon\sim N(0,1)$ 所要求的条件.

(1) 给出数据的散点图.

(2) 作 y 关于 x 的一元线性方程 $y=\hat{\beta}_0+\hat{\beta}_1x$.

解 R语言程序及运行结果如下:

```
> plot (Y ~ X); abline (lm. reg)
> Y <- c(8,8,7,9,14,13,14,16,17,19,21,21,26,27)
> X <- c(9,11,15,17,19,21,24,25,29,32,34,36,39,41)
> lm. reg <- lm(formula = Y ~ X)
> summary (lm. reg)
Call:
lm(formula = Y ~ X)
Residuals:
  Min       1Q       Median    3Q      Max
-2.4755  -1.0679  -0.1641  1.3953  2.2151
Coefficients:
              EstimateS td. Error t value Pr(>| t |)
(Intercept)   0.24912   1.14458   0.218   0.831
X             0.61509   0.04233   14.532  5.58e-09 * * *
Signif. codes:0 '* * * '0.001 '* * '0.01 '* '0.05 '. '0.1 ' '1
Residual standard error: 1.577 on 12 degrees of freedom
Multiple R-squared: 0.9462, Adjusted R-squared: 0.9418
F-statistic: 211.2 on 1 and 12 DF, p-value:5.58e-09
> plot(Y ~ X); abline(lm. reg) # 画出数据的散点图及线性回归线
```

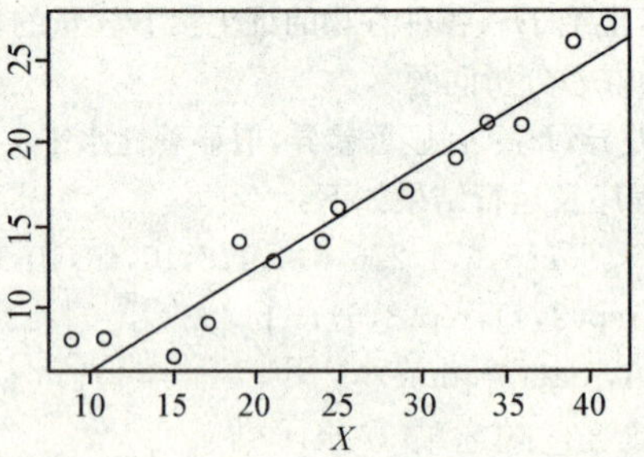

图 11-2

数据的散点图如图 11-2 所示,一元线性方程为 $y=0.249\,12+0.615\,09x$.

第十二章 随机过程

主要内容归纳

1. 随机过程

随机过程的研究对象是随时间演变的随机现象. 简单地说，随机过程就是依赖于参数 t 的一族(无限多个) 随机变量，记为$\{X(t), t \in T\}$，T 为参数集. 把 t 看作时间，固定 t，称随机变量 $X(t)$ 为随机过程在 t 时的状态. 对于一切 $t \in T$，状态的所有可能取的值的全体称为随机过程的状态空间. 当参数集 T 为非负整数时，随机过程又称为随机序列.

2. 随机过程的数字特征

计算随机过程$\{X(t), t \in T\}$ 的各种数字特征的方法与概率论中的方法完全一样，只要把出现的参数 t, t_1, t_2 等视为常数即可. 随机过程最重要的数字特征是均值函数 $\mu_X(t) = E[X(t)], t \in T$ 和自相关函数 $R_X(t_1, t_2) = E[X(t_1)X(t_2)], t_1, t_2 \in T$. 其他的数字特征，如均方值函数、方差函数、标准差函数和自协方差函数都可用均值函数和自相关函数表出. 计算数字特征在随机过程的理论和应用中仍占重要地位. 希望读者重温并熟练掌握第四章 §1 中有关均值(数学期望) 运算的种种性质.

3. 泊松过程和维纳过程

泊松过程$\{N(t), t \geqslant 0\}$ 和维纳过程$\{W(t), t \geqslant 0\}$ 是两个都具有独立增量过程属性的具体模型：当 $0 \leqslant s < t$ 时，前者的增量是 $N(t) - N(s) \sim \pi[\lambda(t-s)]$；后者的增量是 $W(t) - W(s) \sim N[0, \sigma^2(t-s)]$.

它们的增量的分布都只与时间差 $t-s$ 有关(即增量具有平稳性)，所以实际上它们都属于齐次独立增量过程.

需研究，在 $X(0) = 0$ 的条件下，怎样利用增量的独立性，从独立增量过程$\{X(t), t \geqslant 0\}$ 的已知方差函数 $D_X(t)$，推演出它的自协方差函数

$$C_X(s,t) = D_X(\min\{s,t\}), s,t \geqslant 0,$$

并由此获得泊松过程和维纳过程的自协方差函数(自相关函数).

3. 设随机过程 $X(t)=e^{-At},t>0$，其中 A 是在区间 $(0,a)$ 上服从均匀分布的随机变量，试求 $X(t)$ 的均值函数和自相关函数.

解 由于 $A\sim U(0,a)$，则 $f_A(u)=\begin{cases}\dfrac{1}{a}, & 0<u<a,\\ 0, & 其他.\end{cases}$

设 $X(t)$ 的均值函数为 $\mu_X(t)$，即求随机变量的数学期望，则

$$\mu_X(t)=E[X(t)]=\int_0^a e^{-ut}\frac{1}{a}du=\frac{1}{a}\left(-\frac{1}{t}e^{-ut}\right)\Big|_0^a=\frac{1}{at}(1-e^{-at}),t>0.$$

$X(t)$ 的自相关函数为

$$\begin{aligned}R_X(t_1,t_2)&=E[X(t_1)X(t_2)]=E(e^{-At_1}e^{-At_2})=E[e^{-A(t_1+t_2)}]\\&=\int_0^a e^{-(t_1+t_2)u}\frac{1}{a}du=\frac{1}{a}\left[-\frac{1}{(t_1+t_2)}e^{-(t_1+t_2)u}\right]\Big|_0^a\\&=\frac{1}{a(t_1+t_2)}[1-e^{-a(t_1+t_2)}],t_1>0,t_2>0.\end{aligned}$$

4. 设随机过程 $X(t)\equiv X$，其中 X 是一随机变量，$E(X)=a,D(X)=\sigma^2(\sigma>0)$，试求 $X(t)$ 的均值函数和协方差函数.

解 $X(t)$ 的均值函数 $\mu_X(t)=E[X(t)]=E(X)=a.$

$X(t)$ 的协方差函数

$$\begin{aligned}C_X(t_1,t_2)&=\mathrm{Cov}[X(t_1),X(t_2)]=E[(X(t_1)-\mu_X(t_1))(X(t_2)-\mu_X(t_2))]\\&=E[(X-a)^2]=D(X)=\sigma^2.\end{aligned}$$

此题中，随机过程 $X(t)\equiv X$，与 t 无关的随机过程就是一个随机变量.

5. 已知随机过程 $\{X(t),t\in T\}$ 的均值函数 $\mu_X(t)$ 和协方差函数 $C_X(t_1,t_2)$，$\varphi(t)$ 是普通的函数. 试求随机过程 $Y(t)=X(t)+\varphi(t)$ 的均值函数和协方差函数.

解 本题讨论随机过程与普通函数之和的期望与协方差问题.

因 $\varphi(t)$ 是一普通函数，故 $E[\varphi(t)]=\varphi(t)$.

因而 $Y(t)$ 的均值函数和协方差函数为

$$\mu_Y(t)=E[Y(t)]=E[X(t)+\varphi(t)]=E[X(t)]+E[\varphi(t)]=\mu_X(t)+\varphi(t),$$

$$\begin{aligned}C_Y(t_1,t_2)&=E\{[Y(t_1)-\mu_Y(t_1)][Y(t_2)-\mu_Y(t_2)]\}\\&=E\{[X(t_1)-\mu_X(t_1)][X(t_2)-\mu_X(t_2)]\}\\&=C_X(t_1,t_2).\end{aligned}$$

6. 给定一随机过程 $\{X(t),t\in T\}$ 和常数 a，试以 $X(t)$ 的自相关函数表示出随机过程 $Y(t)=X(t+a)-X(t),t\in T$ 的自相关函数.

解 设随机过程 $\{X(t),t\in T\}$ 的自相关函数为 $R_X(t_1,t_2)$，随机过程 $\{Y(t),t\in T\}$ 的自相关函数为 $R_Y(t_1,t_2)$. 则

$$\begin{aligned}R_Y(t_1,t_2)&=E\{[X(t_1+a)-X(t_1)][X(t_2+a)-X(t_2)]\}\\&=E[X(t_1+a)X(t_2+a)]-E[X(t_1+a)X(t_2)]-E[X(t_1)X(t_2+a)]+E[X(t_1)X(t_2)]\\&=R_X(t_1+a,t_2+a)-R_X(t_1+a,t_2)-R_X(t_1,t_2+a)+R_X(t_1,t_2).\end{aligned}$$

7. 设 $Z(t)=X+Yt,t\in(-\infty,\infty)$. 若已知二维随机变量 (X,Y) 的协方差矩阵为

$$\begin{bmatrix}\sigma_1^2 & \rho\sigma_1\sigma_2\\ \rho\sigma_1\sigma_2 & \sigma_2^2\end{bmatrix},$$

试求随机过程 $Z(t)$ 的协方差函数.

解 设 $\mu_X=E(X),\mu_Y=E(Y)$，由题意知 $D(X)=\sigma_1^2,D(Y)=\sigma_2^2$，

$$\mathrm{Cov}(X\cdot Y)=\rho\sigma_1\sigma_2，且\ \mu_Z(t)=E(X+Yt)=\mu_X+\mu_Y.$$

$Z(t)$ 的协方差函数

$$
\begin{aligned}
C_Z(t_1,t_2) &= E\{[(X+Yt_1)-(\mu_X+\mu_Y t_1)][(X+Yt_2)-(\mu_X+\mu_Y t_2)]\} \\
&= E\{[(X-\mu_X)+(Yt_1-\mu_Y t_1)][(X-\mu_X)+(Yt_2-\mu_Y t_2)]\} \\
&= E[(X-\mu_X)(X-\mu_X)]+E[(X-\mu_X)t_2(Y-\mu_Y)] \\
&\quad +E[t_1(Y-\mu_Y)(X-\mu_X)]+E[t_1(Y-\mu_Y)t_2(Y-\mu_Y)] \\
&= C_{XX}+t_2C_{XY}+t_1C_{YX}+t_1t_2C_{YY} \\
&= \sigma_1^2+(t_1+t_2)\rho\sigma_1\sigma_2+t_1t_2\sigma_2^2.
\end{aligned}
$$

8. 设 $X(t)=At+B,t\in(-\infty,\infty)$，式中 A,B 是相互独立且服从正态 $N(0,\sigma^2)$ 的随机变量. 试证明 $X(t)$ 是一正态过程，并求出它的相关函数(协方差函数).

解 由题中条件，对任意 n 个时刻 $t_1,t_2,\cdots,t_n\in T$ 和任意一组实数 $u_1,u_2,\cdots,u_n$ 的和式 $\sum\limits_{i=1}^{n}u_iX(t_i)=A\sum\limits_{i=1}^{n}u_it_i+B\sum\limits_{i=1}^{n}u_i$ 是独立正态变量A,B的线性组合，故它也是正态变量，由n维正态变量的性质知，$(X(t_1),X(t_2),\cdots,X(t_n))$ 服从 n 维正态分布，由定义 $X(t)$ 是正态过程，而 $X(t)$ 的相关函数(协方差函数) 为

$$
\begin{aligned}
R_X(t_1,t_2) = C_X(t_1,t_2) &= E[(At_1+B)(At_2+B)] \\
&= t_1t_2E(A^2)+t_1E(AB)+t_2E(BA)+E(B^2).
\end{aligned}
$$

由于 $E(A)=0,E(A^2)=D(A)=\sigma^2,E(B)=0,E(B^2)=D(B)=\sigma^2,E(AB)=E(A)\cdot E(B)=0$，所以 $R_X(t_1,t_2)=(t_1t_2+1)\sigma^2$.

9. 设随机过程 $X(t)$ 与 $Y(t),t\in T$ 不相关，试用它们的均值函数和协方差函数来表示随机过程

$$Z(t)=a(t)X(t)+b(t)Y(t)+c(t),t\in T$$

的均值函数和自协方差函数，其中 $a(t),b(t),c(t)$ 是普通的函数.

解 $Z(t)$ 的均值函数为

$$
\begin{aligned}
\mu_Z(t) = E[Z(t)] &= E[a(t)X(t)+b(t)Y(t)+c(t)] \\
&= a(t)E[X(t)]+b(t)E[Y(t)]+E[c(t)] \\
&= a(t)\mu_X(t)+b(t)\mu_Y(t)+c(t),t\in T.
\end{aligned}
$$

$Z(t)$ 的自协方差函数为

$$
\begin{aligned}
C_Z(t_1,t_2) &= \mathrm{Cov}(Z(t_1),Z(t_2)) \\
&= \mathrm{Cov}[(a(t_1)X(t_1)+b(t_1)Y(t_1)+c(t_1)),(a(t_2)X(t_2)+b(t_2)Y(t_2)+c(t_2))] \\
&= a(t_1)a(t_2)\mathrm{Cov}(X(t_1),X(t_2))+a(t_1)b(t_2)\mathrm{Cov}(X(t_1),Y(t_2)) \\
&\quad +a(t_1)\mathrm{Cov}(X(t_1),c(t_2))+b(t_1)a(t_2)\mathrm{Cov}[Y(t_1),X(t_2)] \\
&\quad +b(t_1)b(t_2)\mathrm{Cov}[Y(t_1),Y(t_2)]+b(t_1)\mathrm{Cov}[Y(t_1),c(t_2)] \\
&\quad +a(t_2)\mathrm{Cov}[c(t_1),X(t_2)]+b(t_2)\mathrm{Cov}[c(t_1),Y(t_2)] \\
&\quad +\mathrm{Cov}[c(t_1),c(t_2)].
\end{aligned}
$$

由题设 $X(t)$ 与 $Y(t)$ 不相关，则 $\mathrm{Cov}[X(t),Y(t)]=0$；而且不难验证，$A(t),B(t)$ 中有一个为普通函数，则 $\mathrm{Cov}[A(t),B(t)]=0$.

故 $C_Z(t_1,t_2)=a(t_1)a(t_2)C_X(t_1,t_2)+b(t_1)b(t_2)C_Y(t_1,t_2),t_1,t_2\in T$.

10. 设 $X(t)$ 和 $Y(t),t>0$ 是两个相互独立的，分别具有强度 λ 和 μ 的泊松过程，试证

$$S(t)=X(t)+Y(t)$$

是具有强度 $\lambda+\mu$ 的泊松过程.

证 用强度为 λ 的泊松过程定义进行证明，过程分三步：

(1) 证明 $S(0)=0$，因为 $X(0)=0,Y(0)=0\Rightarrow S(0)=X(0)+Y(0)=0$.

(2) 证明 $S(t)$ 为独立增量过程.

对 $0\leqslant t_0<t_1<t_2<\cdots<t_n$，则 $S(t)$ 的增量为

$$
\begin{aligned}
S(t_i)-S(t_{i-1}) &= [X(t_i)+Y(t_i)]-[X(t_{i-1})+Y(t_{i-1})] \\
&= [X(t_i)-X(t_{i-1})]+[Y(t_i)-Y(t_{i-1})],
\end{aligned}
$$

由题设知 $S(t_i)-S(t_{i-1}),i=1,2,\cdots,n$ 为相互独立.

(3) 证明对任意 $t>t_0\geqslant 0,S(t)-S(t_0)\sim\pi[(\lambda+\mu)(t-t_0)]$.

已知 $X(t)-X(t_0)\sim\pi[\lambda(t-t_0)],Y(t)-Y(t_0)\sim\pi[\mu(t-t_0)]$,且 $X(t)$ 与 $Y(t)$ 相互独立,由泊松分布的可加性有

$$[X(t)-X(t_0)]+[Y(t)-Y(t_0)]\sim\pi[(\lambda+\mu)(t-t_0)],$$

由(1),(2),(3) 知:$S(t)$ 为强度为 $\lambda+\mu$ 的泊松过程.

11. 设$\{W(t),t\geqslant 0\}$ 是以 σ^2 为参数的维纳过程,求下列过程的协方差函数:

(1)$W(t)+At$,A 为常数.

(2)$W(t)+Xt$,X 为与$[W(t),t\geqslant 0]$ 相互独立的标准正态随机变量.

(3)$aW\left(\frac{t}{a^2}\right)$,$a$ 为正常数.

解 (1) 设$U(t)=W(t)+At$,则均值为

$$E[U(t)]=E[W(t)+At]=E[W(t)]+E(At)=At,$$

因而协方差为

$$\begin{aligned}C_U(t_1,t_2)&=E[(W(t_1)+At_1-At_1)(W(t_2)+At_2-At_2)]\\&=E[W(t_1)W(t_2)]=\sigma^2\min\{t_1,t_2\},t_1,t_2\geqslant 0.\end{aligned}$$

(2) 令$U(t)=W(t)+Xt$,则均值为

$$E[U(t)]=E[W(t)+Xt]=E[W(t)]+tE(X)=0,$$

因而协方差函数为

$$\begin{aligned}C_U(t_1,t_2)&=E[(W(t_1)+Xt_1)(W(t_2)+Xt_2)]\\&=E[W(t_1)W(t_2)]+E[W(t_1)Xt_2]+E[Xt_1W(t_2)]+E[Xt_1Xt_2]\\&=\sigma^2\min\{t_1t_2\}+t_1t_2,t_1,t_2\geqslant 0,\end{aligned}$$

其中,利用独立性得 $E[W(t_1)Xt_2]=0$,

$$E[XX]=D(X)+[E(X)]^2=1+0=1.$$

(3) 令$U(t)=aW\left(\frac{t}{a^2}\right)$,则均值函数为

$$E[U(t)]=E\left[aW\left(\frac{t}{a^2}\right)\right]=aE\left[W\left(\frac{t}{a^2}\right)\right]=0.$$

因而协方差函数为

$$\begin{aligned}C_U(t_1,t_2)&=E\left[aW\left(\frac{t_1}{a^2}\right)aW\left(\frac{t_2}{a^2}\right)\right]=a^2E\left[W\left(\frac{t_1}{a^2}\right)W\left(\frac{t_2}{a^2}\right)\right]\\&=a^2\sigma^2\min\left\{\frac{t_1}{a^2},\frac{t_2}{a^2}\right\}=\sigma^2\min\{t_1,t_2\},t_1,t_2\geqslant 0.\end{aligned}$$

第十三章　马尔可夫链

主要内容归纳

1. 马尔可夫链

设状态空间为有限集或可列集的随机过程$\{X_t, t=0,1,\cdots\}$，对任意的一列状态$i_0, i_1, \cdots, i_{t-1}, i, j$，$X_t$满足性质

$$P\{X_{t+1}=j \mid X_0=i_0, \cdots, X_{t-1}=i_{t-1}, X_t=i\}=P\{X_{t+1}=j \mid X_t=i\},$$

则称X_t为马尔可夫链. 定义中时间参数t看成现在时刻，$0,1,\cdots,t-1$表示过去时刻，$t+1$表示将来时刻. 则过程将来状态概率与过程过去经历状态无关，即马尔可夫过程的特点是具有无后效性.

设$\{X_t, t=0,1,2,\cdots\}$为一个马尔可夫链，如果条件概率$P\{X_{t+1}=j \mid X_t=i\}=p_{ij}$与$t$无关，则称$\{X_t, t=0,1,2,\cdots\}$为时齐的马尔可夫链，称$p_{ij}$为系统由状态$i$经过一步转移到状态$j$的转移概率.

2. 转移矩阵

对一个马尔可夫链，其以m步转移概率$p_{ij}(m)$为元素的矩阵$\boldsymbol{P}(m)=[p_{ij}(m)]$称为马尔可夫链的$m$步转移矩阵. 当$m=1$时，$\boldsymbol{P}(1)=\boldsymbol{P}$为马尔可夫链的一步转移矩阵或转移矩阵，其性质为：

(1) 对状态空间中一切的i,j，$0 \leqslant p_{ij}(m) \leqslant 1$.

(2) 对状态空间中任意的i，$\sum\limits_{j=0}^{\infty} p_{ij}(m)=1$.

(3) 对状态空间中一切的i,j，$p_{ij}(0)=p_{ij}=\begin{cases}1, & i=j, \\ 0, & i \neq j.\end{cases}$

3. 科尔莫戈罗夫－切普曼定理

设$\{X_t, t=0,1,2,\cdots\}$是一个时齐马尔可夫链，其状态空间$I=\{1,2,\cdots\}$，则对任意正整数m,n有

$$p_{ij}(m+n)=\sum_{k=0}^{\infty} p_{ik}(n) p_{kj}(m).$$

矩阵形式为$\boldsymbol{P}(m+n)=\boldsymbol{P}(n)\boldsymbol{P}(m)$，若$\boldsymbol{P}=(p_{ij})$，则$\boldsymbol{P}^n=\boldsymbol{P}(n)=[p_{ij}(n)]$.

马尔可夫链的关键问题是确定n步转移概率，由公式$\boldsymbol{P}(n)=[\boldsymbol{P}(1)]^n=\boldsymbol{P}^n$可知其$n$步转移概率完全由一步转移概率来确定.

4. 极限概率分布

设$\{X_t, t=0,1,2,\cdots\}$是一个马尔可夫链，$\boldsymbol{I},\boldsymbol{P}$分别为马尔可夫链的状态空间与转移矩阵. 对$i,j\in I$，若存在正整数$n\geqslant 1$，使得$p_{ij}(n)>0$，则称状态$i$可以达到状态$j$，记为$i\to j$. 若$i\to j$，且$j\to i$，则称状态$i$和$j$是互通的，可写为$i\leftrightarrow j$.

若状态空间的一个子集中的状态都是相通的，则称此子集为一个状态类. 如果马尔可夫链的状态空间是一个状态类，则马尔可夫链不可约.

设$\{X_t, t=0,1,2,\cdots\}$是一马尔可夫链，$\boldsymbol{I},\boldsymbol{P}$分别为其状态空间与转移矩阵，$i,j\in I$，若$i\leftrightarrow j$，把满足$p_{ij}(n)>0$的所有的$n$的最大公约数记作$d_i$. 若$d_i>1$，则状态$i$是周期的，$d_i$为状态$i$的周期；若$d_i=1$，则状态$i$是非周期的.

5. 马尔可夫链的遍历性

定义(遍历性)　设时齐马尔可夫链的状态空间为I，若对于所有$i,j\in I$，转移概率$p_{ij}(n)$存在极限

$$\pi_j=\lim_{n\to\infty}p_{ij}(n),$$

则称此链具有遍历性. 又若$\sum\limits_j \pi_j=1$，则同时称行向量$\pi=(\pi_0,\pi_1,\cdots)$为该链的极限分布.

定理(遍历性的充分条件)　设时齐马尔可夫链$\{X_t,t\geqslant 0\}$的状态空间为$I=\{0,1,2,\cdots,N\}$，$\boldsymbol{P}$是它的一步转移概率矩阵，如果存在正整数m，使对任意$i,j\in I$，都有

$$p_{ij}(m)>0, i,j\in I,$$

则此链具有遍历性. 而且其极限分布$\boldsymbol{\pi}=(\pi_0,\pi_1,\cdots,\pi_N)$是矩阵方程$\boldsymbol{\pi}=\boldsymbol{\pi P}$或即

$$\pi_j=\sum_{i=0}^{N}\pi_i p_{ij}, j=0,1,2,\cdots,N$$

的满足条件

$$\pi_j>0, \sum_{j=0}^{N}\pi_j=1$$

的唯一解.

6. 马尔可夫链的极限概率的计算和是否有遍历性的验证步骤

(1) 确定其概率转移矩阵.

(2) 根据状态空间的互通来确定状态空间是一个状态类.

(3) 确定各状态的非周期性.

(4) 由极限概率分布定理求极限概率.

本章教材习题全解

1. 从数 $1,2,\cdots,N$ 中任取一数,记为 X_1;再从 $1,2,\cdots,X_1$ 中任取一数,记为 X_2;如此继续,从 $1,2,\cdots,X_{n-1}$ 中任取一数,记为 X_n. 说明 $\{X_n,n\geqslant 1\}$ 构成一个时齐马尔可夫链,并写出它的状态空间和一步转移概率矩阵.

解　随机序列 $\{X_n,n\geqslant 1\}$ 的状态空间 $I=\{1,2,\cdots,N\}$, X_n 在 $1,2,\cdots,X_{n-1}$ 中均匀取值. 对于任意整数 $1\leqslant i_{n-1}\leqslant\cdots\leqslant i_2\leqslant i_1\leqslant N$,有

$$
\begin{aligned}
&P\{X_n=i_n \mid X_{n-1}=i_{n-1},X_{n-2}=i_{n-2},\cdots,X_2=i_2,X_1=i_1\}\\
&=\begin{cases}\dfrac{1}{i_{n-1}}, & i_n=1,2,\cdots,i_{n-1},\\ 0, & i_n \text{ 为其他值}\end{cases}\\
&=P\{X_n=i_n \mid X_{n-1}=i_{n-1}\},
\end{aligned}
$$

故 $\{X_n,n\geqslant 1\}$ 具有无后效性,即它是一个马尔可夫链.

按题意,一步转移概率

$$
p_{ij}=P\{X_{m+1}=j \mid X_m=i\}=\begin{cases}\dfrac{1}{i}, & 1\leqslant j\leqslant i,\\ 0, & j>i,\end{cases}\quad i=1,2,\cdots,N.
$$

p_{ij} 都只与 i,j 有关而与起始时刻 m 无关,因此 $\{X_n,n\geqslant 1\}$ 是时齐马尔可夫链,它的一步转移概率矩阵为

$$
\boldsymbol{P}=\begin{bmatrix}
1 & & & & \\
\frac{1}{2} & \frac{1}{2} & & \boldsymbol{0} & \\
\vdots & \vdots & \ddots & & \\
\frac{1}{i} & \frac{1}{i} & \cdots & \frac{1}{i} & \\
\vdots & \vdots & & \vdots & \ddots \\
\frac{1}{N} & \frac{1}{N} & \cdots & \frac{1}{N} & \cdots & \frac{1}{N}
\end{bmatrix}.
$$

2. 设 $X_0=1,X_1,X_2,\cdots,X_n,\cdots$ 是相互独立且都以概率 $p(0<p<1)$ 取值 1,以概率 $q=1-p$ 取值 0 的随机变量序列. 令 $S_n=\sum\limits_{k=0}^{n}X_k$,证明 $\{S_n,n\geqslant 0\}$ 构成一个马尔可夫链,并写出它的状态空间和一步转移概率矩阵.

解　$S_n=\sum\limits_{k=0}^{n}X_k$, $\{S_n,n\geqslant 0\}$ 所有可能取值为 $1,2,\cdots$,所以 $\{S_n,n\geqslant 0\}$ 的状态空间为 $I=\{1,2,\cdots\}$.

引入随机变量

X_i	0	1
P_k	q	p

, $S_n=S_{n-1}+X_n$,由此可知,在 S_{n-1} 给定的条件下, S_n 的取值仅依赖于 X_n,又由于 $X_1,X_2,\cdots,X_n$ 相互独立,故 S_n 的取值与 $(S_1,S_2,\cdots,S_{n-2})$ 的取值相互独立,即对于任意整数 $1\leqslant i_1\leqslant i_2\leqslant\cdots\leqslant i_n$,有

$$
\begin{aligned}
&P\{S_n=i_n \mid S_{n-1}=i_{n-1},S_{n-2}=i_{n-2},\cdots,S_1=i_1\}\\
&=P\{S_{n-1}+X_n=i_n \mid S_{n-1}=i_{n-1},S_{n-2}=i_{n-2},\cdots,S_1=i_1\}\\
&=P\{X_n=i_n-i_{n-1} \mid S_{n-1}=i_{n-1},S_{n-2}=i_{n-2},\cdots,S_1=i_1\}
\end{aligned}
$$

$$= P\{X_n = i_n - i_{n-1} \mid S_{n-1} = i_{n-1}\}$$
$$= P\{X_n + S_{n-1} = (i_n - i_{n-1}) + i_{n-1} \mid S_{n-1} = i_{n-1}\}$$
$$= P\{S_n = i_n \mid S_{n-1} = i_{n-1}\},$$

故$\{S_n, n \geqslant 0\}$具有无后效性. 所以$\{S_n, n \geqslant 0\}$是一个马尔可夫链.

又由$X_1, X_2, \cdots$的独立性知一步转移概率为

$$\begin{aligned} p_{ij} &= P\{S_{m+1} = j \mid S_m = i\} = P\{S_m + X_{m+1} = j \mid S_m = i\} \\ &= P\{X_{m+1} = j - i \mid S_m = i\} = P\{X_{m+1} = j - i\} \\ &= \begin{cases} p, & j = i+1, \\ q, & j = i, \quad i = 1,2,\cdots. \\ 0, & \text{其他}, \end{cases} \end{aligned}$$

因p_{ij}只与i,j有关面与起始时刻m无关,因此它是时齐马尔可夫链. 一步转移概率矩阵为

$$\boldsymbol{P} = \begin{bmatrix} q & p & 0 & 0 & 0 & \cdots \\ 0 & q & p & 0 & 0 & \cdots \\ 0 & 0 & q & p & 0 & \cdots \\ \vdots & \vdots & \vdots & \vdots & \vdots & \ddots \end{bmatrix}.$$

3. (传染模型) 考虑某种传染病在N个人中传染病. 假设

(1) 在每个单位时间内此N个人中恰有两人互相接触,且一切成对的接触是等可能的.

(2) 当健康人与患者接触时,被传染上的概率为α.

(3) 患者康复的概率是0,健康人如不与患者接触,得病的概率也是0.

以X_n表示第n个单位时间内的患者人数. 试说明这种传染过程,即$\{X_n, n \geqslant 0\}$是一马尔可夫链,并写出它的状态空间和一步转移概率矩阵.

解　根据题意可知X_n最小可能取值为0,最大可能取值为N,而且可能取值还包括0与N之间的所有值,因此其状态空间为$I = \{0,1,2,\cdots,N\}$. 由于X_n的取值概率只与X_{n-1}的值有关,与X_{n-1}之前的X_i的取值无关,因此$\{X_n, n \geqslant 0\}$是马尔可夫链.

故其一步转移概率和一步转移概率矩阵分别为

$$P\{X_{n+1} = j \mid X_n = i\} = \begin{cases} 1, & i = j = 0, \\ \dfrac{2i(N-i)}{N(N-1)}\alpha, & j = i+1, \\ 1 - \dfrac{2i(N-i)}{N(N-1)}\alpha, & j = i, \\ 0, & \text{其他}. \end{cases}$$

$$\boldsymbol{P} = \begin{bmatrix} 1 & 0 & 0 & 0 & \cdots & 0 & 0 \\ 0 & 1-\alpha_1 & \alpha_1 & 0 & \cdots & 0 & 0 \\ 0 & 0 & 1-\alpha_2 & \alpha_2 & \cdots & 0 & 0 \\ \vdots & \vdots & \vdots & \vdots & & \vdots & \vdots \\ 0 & 0 & 0 & 0 & \cdots & 1-\alpha_{N-1} & \alpha_{N-1} \\ 0 & 0 & 0 & 0 & \cdots & 0 & 1 \end{bmatrix},$$

其中$\alpha_i = \dfrac{2i(N-i)}{N(N-1)}, i = 1,2,\cdots,N-1.$

4. 设马尔可夫链$\{X_n, n \geqslant 0\}$的状态空间为$I = \{1,2,3\}$,初始分布为$p_1(0) = \dfrac{1}{4}, p_2(0) = \dfrac{1}{2}, p_3(0) = \dfrac{1}{4}$,一步转移概率矩阵为

$$\boldsymbol{P}=\begin{bmatrix}\frac{1}{4} & \frac{3}{4} & 0\\ \frac{1}{3} & \frac{1}{3} & \frac{1}{3}\\ 0 & \frac{1}{4} & \frac{3}{4}\end{bmatrix}.$$

(1) 计算 $P\{X_0=1,X_1=2,X_2=2\}$.

(2) 证明 $P\{X_1=2,X_2=2\mid X_0=1\}=p_{12}p_{22}$.

(3) 计算 $p_{12}(2)=P\{X_2=2\mid X_0=1\}$.

(4) 计算 $p_2(2)=P\{X_2=2\}$.

解　(1) 因 $p_1(0)=P\{X_0=1\}$,即有

$$\begin{aligned}&P\{X_0=1,X_1=2,X_2=2\}\\ =&P\{X_0=1\}P\{X_1=2\mid X_0=1\}P\{X_2=2\mid X_0=1,X_1=2\}\\ =&P\{X_0=1\}P\{X_1=2\mid X_0=1\}P\{X_2=2\mid X_1=2\}\\ =&p_1(0)p_{12}p_{22}=\frac{1}{4}\times\frac{3}{4}\times\frac{1}{3}=\frac{1}{16}.\end{aligned}$$

(2)$P\{X_1=2,X_2=2\mid X_0=1\}=P\{X_0=1,X_1=2,X_2=2\}/P\{X_0=1\}$

$$\xlongequal{\text{由(1)}}\frac{p_1(0)p_{12}p_{22}}{p_1(0)}=p_{12}p_{22}.$$

(3) 求其二步转移概率矩阵.

$$\boldsymbol{P}_{ij}(1+1)=\begin{bmatrix}\frac{1}{4} & \frac{3}{4} & 0\\ \frac{1}{3} & \frac{1}{3} & \frac{1}{3}\\ 0 & \frac{1}{4} & \frac{3}{4}\end{bmatrix}\begin{bmatrix}\frac{1}{4} & \frac{3}{4} & 0\\ \frac{1}{3} & \frac{1}{3} & \frac{1}{3}\\ 0 & \frac{1}{4} & \frac{3}{4}\end{bmatrix}=\begin{bmatrix}\frac{5}{16} & \frac{7}{16} & \frac{1}{4}\\ \frac{7}{36} & \frac{4}{9} & \frac{13}{36}\\ \frac{1}{12} & \frac{13}{48} & \frac{31}{48}\end{bmatrix},$$

故 $p_{12}(2)=\frac{7}{16}$.

$$\begin{aligned}(4)p_2(2)&=P\{X_2=2\}=P\{X_0=1,X_2=2\}+P\{X_0=2,X_2=2\}+P\{X_0=3,X_2=3\}\\ &=p_1(0)p_{12}(2)+p_2(0)p_{22}(2)+p_3(0)p_{32}(2)\\ &=\frac{1}{4}\times\frac{7}{16}+\frac{1}{2}\times\frac{4}{9}+\frac{1}{4}\times\frac{13}{48}=\frac{115}{288}.\end{aligned}$$

5. 说明如何得到 §1 例 4 中的转移概率 p_{23} 和 p_{34}.

解　转移概率 p_{23} 和 p_{34} 都代表系统中有顾客接受服务但还没有离开,同时有一个新顾客进入了系统中. 因为顾客接受服务但还没有离开的概率为 $1-p$,一个新顾客进入系统中的概率为 q,所以可求出 $p_{23}=p_{34}=(1-p)q$.

6. 用 §1 例 4 中转移概率 $p_{ij}(i\neq j)$ 导出转移概率 p_{ii}.

解　设系统当前处于状态 i,则下一步有两种可能,一种是仍处于状态 i,其转移概率为 p_{ii};另一种是转移到其他状态 $j(j\neq i)$,其转移概率为 $\sum\limits_{i\neq j}p_{ij}$,这两种可能对应的转移概率之和为 1,即 $p_{ii}+\sum\limits_{i\neq j}p_{ij}=1$,可导出 $p_{ii}=1-\sum\limits_{i\neq j}p_{ij}$.

7. 证明公式(3.1).

(公式 3.1,$\boldsymbol{P}(n)=\boldsymbol{P}^n=\begin{bmatrix}p_{00}(n) & p_{01}(n)\\ p_{10}(n) & p_{11}(n)\end{bmatrix}=\frac{1}{a+b}\begin{bmatrix}b & a\\ b & a\end{bmatrix}+\frac{(1-a-b)^n}{a+b}\begin{bmatrix}a & -a\\ -b & b\end{bmatrix},n=1,2,\cdots$)

证　**方法一**　对于两个状态的马尔可夫链的一步转移矩阵为

$$\boldsymbol{P}=\begin{bmatrix}1-a & a\\ b & 1-b\end{bmatrix},0<a,b<1.$$

此题即为求 $\boldsymbol{P}(n)=\boldsymbol{P}^n$，以下用将 $\boldsymbol{P}$ 相似化为对角形方法证明.

令 $|\lambda\boldsymbol{I}-\boldsymbol{P}|=\begin{vmatrix}\lambda-(1-a) & -a\\ -b & \lambda-(1-b)\end{vmatrix}=0$，解得特征值为 $\lambda_1=1,\lambda_2=1-a-b$.

对应于 $\lambda_1=1$，由 $(\boldsymbol{I}-\boldsymbol{P})\boldsymbol{X}=\begin{bmatrix}a & -a\\ -b & b\end{bmatrix}\boldsymbol{X}=\boldsymbol{0}$ 得一特征向量 $\boldsymbol{e}_1=\begin{bmatrix}1\\1\end{bmatrix}$.

对应于 $\lambda_2=1-a-b$，由 $\begin{bmatrix}-b & -a\\ -b & -a\end{bmatrix}\boldsymbol{X}=\boldsymbol{0}$ 得一特征向量 $\boldsymbol{e}_2=\begin{bmatrix}-a\\b\end{bmatrix}$

令 $\boldsymbol{H}=\begin{bmatrix}1 & -a\\ 1 & b\end{bmatrix}$，$\boldsymbol{H}^{-1}=\dfrac{1}{a+b}\begin{bmatrix}b & a\\ -1 & 1\end{bmatrix}$，则 $\boldsymbol{P}=\boldsymbol{H}\begin{bmatrix}1 & 0\\ 0 & 1-a-b\end{bmatrix}\boldsymbol{H}^{-1}$.

从而

$$\begin{aligned}\boldsymbol{P}^n&=\boldsymbol{H}\begin{bmatrix}1 & 0\\ 0 & 1-a-b\end{bmatrix}^n\boldsymbol{H}^{-1}=\boldsymbol{H}\begin{bmatrix}1 & 0\\ 0 & (1-a-b)^n\end{bmatrix}\boldsymbol{H}^{-1}\\&=\boldsymbol{H}\left\{\begin{bmatrix}1 & 0\\ 0 & 0\end{bmatrix}+\begin{bmatrix}0 & 0\\ 0 & (1-a-b)^n\end{bmatrix}\right\}\boldsymbol{H}^{-1}\\&=\begin{bmatrix}1 & -a\\ 1 & b\end{bmatrix}\begin{bmatrix}1 & 0\\ 0 & 0\end{bmatrix}\cdot\frac{1}{a+b}\begin{bmatrix}b & a\\ -1 & 1\end{bmatrix}+\begin{bmatrix}1 & -a\\ 1 & b\end{bmatrix}\begin{bmatrix}0 & 0\\ 0 & (-a-b)^n\end{bmatrix}\frac{1}{a+b}\begin{bmatrix}b & a\\ -1 & 1\end{bmatrix}\\&=\frac{1}{a+b}\begin{bmatrix}b & a\\ b & a\end{bmatrix}+\frac{(1-a-b)^n}{a+b}\begin{bmatrix}a & -a\\ -b & b\end{bmatrix},\end{aligned}$$

证毕.

方法二　用数学归纳法证明.

当 $n=1$ 时，有 $\boldsymbol{P}(1)=\dfrac{1}{a+b}\begin{bmatrix}b & a\\ b & a\end{bmatrix}+\dfrac{1-a-b}{a+b}\begin{bmatrix}a & -a\\ -b & b\end{bmatrix}=\begin{bmatrix}1-a & a\\ b & 1-b\end{bmatrix}=\boldsymbol{P}$，即当 $n=1$ 时，公式 (3.1) 成立.

假设 $n-1$ 时公式 (3.1) 成立，下面计算 $\boldsymbol{P}(n)$.

$$\begin{aligned}\boldsymbol{P}(n)&=\boldsymbol{P}^n=\boldsymbol{P}(n-1)\boldsymbol{P}\\&=\left\{\frac{1}{a+b}\begin{bmatrix}b & a\\ b & a\end{bmatrix}+\frac{(1-a-b)^{n-1}}{a+b}\begin{bmatrix}a & -a\\ -b & b\end{bmatrix}\right\}\begin{bmatrix}1-a & a\\ b & 1-b\end{bmatrix}\\&=\frac{1}{a+b}\begin{bmatrix}b & a\\ b & a\end{bmatrix}\begin{bmatrix}1-a & a\\ b & 1-b\end{bmatrix}+\frac{(1-a-b)^{n-1}}{a+b}\begin{bmatrix}a & -a\\ -b & b\end{bmatrix}\begin{bmatrix}1-a & a\\ b & 1-b\end{bmatrix}\\&=\frac{1}{a+b}\begin{bmatrix}b & a\\ b & a\end{bmatrix}+\frac{(1-a-b)^n}{a+b}\begin{bmatrix}a & -a\\ -b & b\end{bmatrix},\end{aligned}$$

即公式(3.1) 当 n 时也成立.

由数学归纳法可证明公式 (3.1) 对一切正整数都成立.

8. 设任意相继的两天中，雨天转晴天的概率为 $\frac{1}{3}$，晴天转雨天的概率为 $\frac{1}{2}$，任一天晴或雨互为逆事件. 以 0 表示晴天状态，以 1 表示雨天状态，X_n 表示第 n 天的状态(0 或 1). 试写出马尔可夫链 $\{X_n,n\geqslant 1\}$ 的一步转移概率矩阵. 又若已知 5 月 1 日为晴天，问 5 月 3 日为晴天，5 月 5 日为雨天的概率各等于多少？

解　因为任一天晴或雨天是互为逆事件，而且雨天的概率为 $\frac{1}{3}$，晴转雨的概率为 $\frac{1}{2}$，所以其一步转移概率和一步转移概率矩阵分别为

$$\boldsymbol{P}\{X_n=j\mid X_{n-1}=i\}=\begin{cases}\dfrac{1}{3}, & i=1,j=0,\\[2mm] \dfrac{2}{3}, & i=1,j=1,\\[2mm] \dfrac{1}{2}, & i=0,j=0,\\[2mm] \dfrac{1}{2}, & i=0,j=1.\end{cases}$$

$$P=\begin{bmatrix}\frac{1}{2} & \frac{1}{2}\\ \frac{1}{3} & \frac{2}{3}\end{bmatrix},$$

因此
$$P^2=\begin{bmatrix}\frac{5}{12} & \frac{7}{12}\\ \frac{7}{18} & \frac{11}{18}\end{bmatrix}.$$

所以5月1日是晴天,5月3日是晴天的概率为 $p_{00}(2)=\frac{5}{12}=0.4167$.

又由 $P^4=\begin{bmatrix}0.4005 & 0.5995\\ 0.3997 & 0.6003\end{bmatrix}$,故5月1日为晴天,5月5日为雨天的概率为 $p_{01}(4)=0.5995$.

9. 在一计算系统中,每一循环具有误差的概率取决于先前一个循环是否有误差.以0表示误差状态,以1表示无误差状态.设状态的一步转移概率矩阵为

$$P=\begin{bmatrix}0.75 & 0.25\\ 0.5 & 0.5\end{bmatrix},$$

试证明相应的时齐马尔可夫链具有遍历性,并求其极限分布.

(1) 用定义解.　(2) 利用遍历性定理解.

解　已知时齐马尔可夫链的一步转移概率矩阵为 $P=\begin{bmatrix}0.75 & 0.25\\ 0.5 & 0.5\end{bmatrix}$.

(1) 在此运用教材公式(3.1)(教材第330页),现在 $a=0.25, b=0.5$,即有

$$P(n)=P^n=\frac{1}{0.75}\begin{bmatrix}0.5 & 0.25\\ 0.5 & 0.25\end{bmatrix}+\frac{(1-0.25-0.5)^n}{0.75}\begin{bmatrix}0.25 & -0.25\\ -0.5 & 0.5\end{bmatrix}, n=1,2,\cdots.$$

故 $\lim\limits_{n\to+\infty}P(n)=\begin{bmatrix}\frac{2}{3} & \frac{1}{3}\\ \frac{2}{3} & \frac{1}{3}\end{bmatrix}$,即 $\lim\limits_{n\to+\infty}P_{10}(n)=\frac{2}{3}, \lim\limits_{n\to+\infty}P_{11}(n)=\frac{1}{3}$.

由定义知此时齐马尔可夫链是遍历的,其极限分布为 $\pi=\left(\frac{2}{3},\frac{1}{3}\right)$.

(2) 因存在 $m=1$,使对于所有 i,j, $P_{ij}(1)=p_{ij}>0$(即 $P(1)$ 无零元),按定理知相应的马尔可夫链是遍历的,其极限分布 $\pi=(\pi_1,\pi_2)$ 满足方程组 $\pi=\pi P$,即

$$(\pi_1,\pi_2)=(\pi_1,\pi_2)\begin{bmatrix}0.75 & 0.25\\ 0.5 & 0.5\end{bmatrix}=(0.75\pi_1+0.5\pi_2, 0.25\pi_1+0.5\pi_2),\text{且 }\pi_1+\pi_2=1.$$

由此得方程组

$$\frac{1}{4}\pi_1-\frac{1}{2}\pi_2=0, -\frac{1}{4}\pi_1+\frac{1}{2}\pi_2=0,\text{且 }\pi_1+\pi_2=1,$$

故得 $\pi_1=\frac{2}{3}, \pi_2=\frac{1}{3}$,即其极限分布为 $\pi=\left(\frac{2}{3},\frac{1}{3}\right)$.

10. 设时齐马尔可夫链的一步转移概率矩阵为 $P=\begin{bmatrix}q & p & 0\\ q & 0 & p\\ 0 & q & p\end{bmatrix}$, $q=1-p, p\in(0,1)$.

试证明此链具有遍历性,并求其极限分布.

解　已知时齐马尔可夫链的一步转移概率矩阵为

$$P=\begin{bmatrix}q\\ q\\ 0\end{bmatrix}, q=1-p, p\in(0,1).$$

对于各态历经的过程，按定义可从一样本函数 $x(t)$ 获得数字特征{若参数集为$[0,+\infty)$}

$$\mu_X=\lim_{T\to+\infty}\frac{1}{T}\int_0^T x(t)\mathrm{d}t,R_X(\tau)=\lim_{T\to+\infty}\frac{1}{T}\int_0^T x(t)x(t+\tau)\mathrm{d}t.$$

5. 相关函数是平稳过程在时间域上的主要数字特征，常用的性质有 $R_X(0)=E[X^2(t)]\geqslant 0,R_X(-\tau)=R_X(\tau),R_{XY}(-\tau)=R_{YX}(\tau)$ 以及 $|R_X(\tau)|\leqslant R_X(0)$ 等.

$\Psi_X^2=R_X(0)$ 表示平稳过程 $X(t)$ 的平均功率，而由平均功率的谱表示式 $\Psi_X^2=\frac{1}{\pi}\int_0^{+\infty}S_X(\omega)\mathrm{d}\omega$

我们引入了平稳过程 $X(t)$ 在频率域上的数字特征——功率谱(谱密度)$S_X(\omega)$.

6. 谱密度 $S_X(\omega)$ 是 ω 的实的、非负的偶函数，它与自相关函数在 $R_X(\tau)$ 构成傅里叶变换(FT)对，即

$$S_X(\omega)=\int_{-\infty}^{+\infty}R_X(\tau)\mathrm{e}^{-i\omega\tau}\mathrm{d}\tau=2\int_0^{+\infty}R_X(\tau)\cos\omega\tau\mathrm{d}\tau,$$

$$R_X(\tau)=\frac{1}{2\pi}\int_{-\infty}^{+\infty}S_X(\omega)\mathrm{e}^{i\omega\tau}\mathrm{d}\omega=\frac{1}{\pi}\int_0^{+\infty}S_X(\omega)\cos\omega\tau\mathrm{d}\omega.$$

它们统称为维纳—辛钦公式. 除了 $S_X(\omega)\geqslant 0$ 外，读者可从维纳—辛钦公式自行导出 $S_X(\omega)$ 的性质及平均功率谱表示式，由此认识该公式的重要性. 维纳—辛钦公式揭示了时间域上相关函数与频率域上谱密度之间的转换关系.

本章教材习题全解

1. 设有随机过程 $X(t)=A\cos(\omega t+\Theta),t\in(-\infty,\infty)$，其中 A 是服从瑞利分布的随机变量，其概率密度为

$$f(a)=\begin{cases}\frac{a}{\sigma^2}e^{-\frac{a^2}{2\sigma^2}}, & a>0,\\ 0, & a\leqslant 0.\end{cases}$$

Θ 是在 $(0,2\pi)$ 上服从均匀分布且与 A 相互独立的随机变量，ω 是一常数. 问 $X(t)$ 是不是平稳过程?

解　按平稳过程定义求解.

因

$$E(A)=\int_0^{+\infty}\frac{a^2}{\sigma^2}e^{-\frac{a^2}{2\sigma^2}}da=\int_0^{+\infty}e^{-\frac{a^2}{2\sigma^2}}da=\sigma\sqrt{\frac{\pi}{2}},$$

$$E(A^2)=\int_0^{+\infty}\frac{a^2}{\sigma^2}e^{-\frac{a^2}{2\sigma^2}}da=\int_0^{+\infty}2ae^{-\frac{a^2}{2\sigma^2}}da=2\sigma^2.$$

1° 均值函数 $E[A\cos(\omega t+\Theta)]=E(A)\cdot E[\cos(\omega t+\Theta)]=0$ 与 t 无关.

2° 自相关函数

$$\begin{aligned}R_X(t,t+\tau)&=E[X(t)X(t+\tau)]\\&=E[A^2\cos(\omega t+\Theta)\cos(\omega(t+\tau)+\Theta)]\\&=2\sigma^2E[\cos(\omega t+\Theta)\cos(\omega(t+\tau)+\Theta)]\\&=2\sigma^2\frac{1}{2\pi}\int_0^{2\pi}\cos(\omega t+\theta)\cos(\omega t+\omega\tau+\theta)d\theta\\&=\frac{\sigma^2}{\pi}\int_0^{2\pi}\frac{1}{2}[\cos(\omega\tau)+\cos(2\omega t+\omega\tau+2\theta)]d\theta\\&=\sigma^2\cos(\omega\tau)\end{aligned}$$

与 t 无关.

于是由宽平稳过程的定义知 $\{X(t),t\in T\}$ 是平稳过程.

2. 设 $X(t)$ 与 $Y(t)$ 是相互独立的平稳过程. 试证以下随机过程也是平稳过程:

(1) $Z_1(t)=X(t)Y(t)$.

(2) $Z_2(t)=X(t)+Y(t)$.

证　以下将分别证明 $Z_1(t),Z_2(t)$ 的均值函数是常数，自相关函数只与时间差 τ 有关.

已知 $X(t),Y(t)$ 为平稳过程，则 $\forall\, t,t+\tau\in T$(参数集)，有

$$\mu_X(t)=E[X(t)]=\mu_X,R_X(t,t+\tau)=E[X(t)X(t+\tau)]=R_X(\tau),$$
$$\mu_Y(t)=E[Y(t)]=\mu_Y,R_Y(t,t+\tau)=E[Y(t)Y(t+\tau)]=R_Y(\tau).$$

(1) $Z_1(t)$ 的均值函数为

$$\mu Z_1(t)=E[Z_1(t)]=E[X(t)Y(t)]\xlongequal{\text{独立}}E[X(t)]E[Y(t)]=\mu X\mu Y,$$

即 $Z_1(t)$ 的均值函数为常数.

$Z_1(t)$ 的自相关函数为

$$\begin{aligned}R_{Z_1}(t,t+\tau)&=E[Z_1(t)Z_1(t+\tau)]=E[X(t)Y(t)X(t+\tau)Y(t+\tau)]\\&\xlongequal{\text{独立}}E[X(t)X(t+\tau)]E[Y(t)Y(t+\tau)]\end{aligned}$$

$$= R_X(\tau)R_Y(\tau),$$

即 $Z_1(t)$ 的自相关函数只与 τ 有关,故 $Z_1(t)$ 是平稳过程.

(2)$Z_2(t)$ 的均值函数是

$$\mu_{Z_2}(t) = E[Z_2(t)] = E[X(t)+Y(t)] = \mu_X + \mu_Y,$$

即 $Z_2(t)$ 的均值函数为常数.

$Z_2(t)$ 的自相关函数为

$$\begin{aligned} R_{Z_2}(t,t+\tau) &= E[Z_2(t)Z_2(t+\tau)] \\ &= E\{[X(t)+Y(t)][X(t+\tau)+Y(t+\tau)]\} \\ &= E[X(t)X(t+\tau)]+E[X(t)Y(t+\tau)]+E[Y(t)X(t+\tau)]+E[Y(t)Y(t+\tau)] \\ &\xlongequal{\text{独立}} R_X(\tau)+\mu_X\mu_Y+\mu_X\mu_Y+R_Y(\tau) \\ &= R_X(\tau)+R_Y(\tau)+2\mu_X\mu_Y, \end{aligned}$$

即 $Z_2(t)$ 的自相关函数只与 τ 有关. 故 $Z_2(t)$ 是平稳过程.

3. 设$\{X(t),t\in(-\infty,\infty)\}$ 是平稳过程,$R_X(\tau)$ 是其自相关函数,a 是常数,试问随机过程

$$Y(t) = X(t+a) - X(t)$$

是不是平稳过程? 为什么?

解　由已知 $X(t)$ 是平稳过程,则有

$$\mu_X(t) = E[X(t)] = \mu_X, R_X(t,t+\tau) = E[X(t)X(t+\tau)] = R_X(\tau).$$

从而 $Y(t)$ 的均值函数为

$$\mu_Y(t) = E[Y(t)] = E[X(t+a)-X(t)] = \mu_X-\mu_X = 0,\text{为常数}.$$

又 $Y(t)$ 的自相关函数为

$$\begin{aligned} R_Y(t,t+\tau) &= E[Y(t)Y(t+\tau)] \\ &= E\{[X(t+a)-X(t)][X(t+\tau+a)-X(t+\tau)]\} \\ &= E[X(t+a)X(t+a+\tau)]-E[X(t+a)X(t+\tau)]- \\ &\quad E[X(t)X(t+\tau+a)]+E[X(t)X(t+\tau)] \\ &= R_X(\tau)-R_X(\tau-a)-R_X(\tau+a)+R_X(\tau), \end{aligned}$$

只与时间差 τ 有关. 因而知 $Y(t)$ 是平稳过程.

4. 设$\{N(t),t\geqslant 0\}$ 是强度为 λ 的泊松过程,定义随机过程 $Y(t) = N(t+L)-N(t)$,其中常数 $L>0$. 试求 $Y(t)$ 的均值函数和自相关函数,并问 $Y(t)$ 是否是平稳过程?

解　因为$\{N(t),t\geqslant 0\}$ 是强度为 λ 的泊松过程,于是

$$E[N(t+L)] = \lambda(t+L), E[N(t)] = \lambda t.$$

$Y(t)$ 的均值函数为

$$\mu_Y(t) = E[Y(t)] = E[N(t+L)]-E[N(t)] = \lambda(t+L)-\lambda t = \lambda L\text{ 为常数}.$$

由已知有 $N(t)$ 的自相关函数为

$$E[N(t_1)N(t_2)] = \lambda^2 t_1 t_2 + \lambda\min\{t_1,t_2\}, t_1,t_2\geqslant 0.$$

从而有 $Y(t)$ 的自相关函数为

$$\begin{aligned} &R_Y(t_1,t_2) \\ &= E[Y(t_1)Y(t_2)] = E[(N(t_1+L)-N(t_1))(N(t_2+L)-N(t_2))] \\ &= E[N(t_1+L)N(t_2+L)]+E[N(t_1)N(t_2)]-E[N(t_1+L)N(t_2)]-E[N(t_1)N(t_2+L)] \\ &= \lambda^2(t_1+L)(t_2+L)+\lambda\min\{(t_1+L),(t_2+L)\}+\lambda^2 t_1 t_2+\lambda\min\{t_1,t_2\}-\lambda^2(t_1+L)t_2- \\ &\quad \lambda\min\{(t_1+L),t_2\}-\lambda^2 t_1(t_2+L)-\lambda\min\{t_1,(t_2+L)\} \\ &= \lambda^2L^2+\lambda[\min\{(t_1+L),(t_2+L)\}+\min\{t_1,t_2\}-\min\{(t_1+L),t_2\}-\min\{t_1,(t_2+L)\}]. \end{aligned}$$

又 $R_Y(t_1,t_2) = R_Y(t_2,t_1)$,设 $\tau = t_2-t_1$,则有

$$R_Y(t_1,t_2)=\begin{cases}\lambda^2L^2+\lambda(L-|\tau|), & |\tau|\leqslant L,\\ \lambda^2L^2, & |\tau|>L,\end{cases}$$

因此 $R_Y(t_1,t_2)$ 只与时间差 τ 有关. 故 $Y(t)$ 是平稳过程.

5. 设平稳过程 $\{X(t),t\in(-\infty,\infty)\}$ 的自相关函数为 $R_X(\tau)=\mathrm{e}^{-a|\tau|}(1+a|\tau|)$,其中常数 $a>0$,而 $E[X(t)]=0$. 试问 $X(t)$ 的均值是否具有各态历经性? 为什么?

解 由教材第十四章 §2 定理 1:由均值各态历经定理知平稳过程 $X(t)$ 的均值具有各态历经性充要条件是

$$\lim_{T\to+\infty}\frac{1}{T}\int_0^{2T}\left(1-\frac{\tau}{2T}\right)[R_X(\tau)-\mu_X^2]\mathrm{d}\tau=0.$$

由已知 $\mu_X=E[X(t)]=0,R_X(\tau)=\mathrm{e}^{-a|\tau|}(1+a|\tau|)$ 代入上式左端,有

$$\begin{aligned}&\lim_{T\to+\infty}\frac{1}{T}\int_0^{2T}\left(1-\frac{\tau}{2T}\right)[\mathrm{e}^{-a|\tau|}(1+a|\tau|)]\mathrm{d}\tau\\&=\lim_{T\to+\infty}\frac{1}{T}\int_0^{2T}\left(1-\frac{\tau}{2T}\right)[\mathrm{e}^{-a\tau}(1+a\tau)]\mathrm{d}\tau\\&\xlongequal{\text{令 } a\tau=u}\lim_{T\to+\infty}\frac{1}{T}\int_0^{2aT}\left(1-\frac{u}{2aT}\right)(1+u)\mathrm{e}^{-u}\frac{1}{a}\mathrm{d}u\\&=\lim_{T\to+\infty}\frac{1}{Ta}\int_0^{2aT}\left[1+\left(1-\frac{1}{2aT}\right)u-\frac{u^2}{2aT}\right]\mathrm{e}^{-u}\mathrm{d}u\\&=\lim_{T\to+\infty}\frac{1}{Ta}\left[\int_0^{2aT}\mathrm{e}^{-u}\mathrm{d}u+\int_0^{2aT}\left(1-\frac{1}{2aT}\right)u\mathrm{e}^{-u}\mathrm{d}u-\int_0^{2aT}\frac{u^2}{2aT}\mathrm{e}^{-u}\mathrm{d}u\right]\\&=\lim_{T\to+\infty}\frac{1}{Ta}\left[\left(1+\frac{3}{2aT}\right)\mathrm{e}^{-aT}+2-\frac{3}{2aT}\right]=0,\end{aligned}$$

故 $\langle X(t)\rangle$ 以概率 1 等于 μ_X,即 $P\{\langle X(t)\rangle=\mu_X\}=1$. 故 $X(t)$ 的均值具有各态历经性.

6. 第 1 题中的随机过程 $X(t)=A\cos(\omega t+\Theta)$ 是否是各态历经过程? 为什么?

解 不是. 下面给出详细讨论.

在第 1 题中已经求出 $X(t)$:$\mu_X=0,R_X(\tau)=\sigma^2\cos(\omega\tau)$.

由教材第十四章 §2 定理 1(均值各态历经定理)知平稳过程 $X(t)$ 的均值具有各态历经性的充要条件是

$$\lim_{T\to+\infty}\frac{1}{T}\int_0^{2T}\left(1-\frac{\tau}{2T}\right)[R_X(\tau)-\mu_X^2]\mathrm{d}\tau=0.$$

由于

$$\begin{aligned}&\lim_{T\to+\infty}\frac{1}{T}\int_0^{2T}\left(1-\frac{\tau}{2T}\right)\sigma^2\cos(\omega\tau)\mathrm{d}\tau\\&=\lim_{T\to+\infty}\frac{\sigma^2}{T}\left[\int_0^{2T}\cos(\omega\tau)\mathrm{d}\tau-\frac{1}{2T}\int_0^{2T}\tau\cos(\omega\tau)\mathrm{d}\tau\right]\\&=\lim_{T\to+\infty}\frac{\sigma^2}{T}\left[\frac{1}{\omega}\sin(2\omega T)-\frac{1}{2T}\left(\frac{2T}{\omega}\sin(2\omega T)+\frac{1}{\omega^2}\cos(2\omega T)-\frac{\pi}{2\omega^2}\right)\right]\\&=\lim_{T\to+\infty}\frac{\sigma^2}{T}\left[-\frac{1}{2\omega^2T}\cos(2\omega T)+\frac{\pi}{4\omega^2T}\right]=0,\end{aligned}$$

故 $X(t)$ 的均值具有各态历经性.

但下面将验证:$X(t)$ 的自相关函数不具有各态历经性.

对实数 τ,$X(t)$ 的时间相关函数为

$$\begin{aligned}\langle X(t)X(t+\tau)\rangle&=\lim_{T\to+\infty}\frac{1}{2T}\int_{-T}^{T}A^2\cos(\omega t+\Theta)\cos(\omega(t+\tau)+\Theta)\mathrm{d}t\\&=\lim_{T\to+\infty}\frac{A^2}{4T}\int_{-T}^{T}[\cos(\omega\tau)+\cos(2(\omega t+\Theta)+\omega\tau)]\mathrm{d}t\end{aligned}$$

$$=\frac{A^2}{2}\cos(\omega\tau).$$

又由于 $P\{A^2=2\sigma^2\}\neq 1$，故 $X(t)X(t+2)$ 不能以概率 1 等于 $R_X(\tau)$.

故 $X(t)$ 的自相关函数不具有各态历经性.

综上，$X(t)$ 不是各态历经过程.

7. (1) 设 $C_X(\tau)$ 是平稳过程 $X(t)$ 的协方差函数. 试证若 $C_X(\tau)$ 绝对可积，即

$$\int_{-\infty}^{+\infty}|C_x(\tau)|\,d\tau<\infty,$$

则 $X(t)$ 的均值具有各态历经性.

(2) 证明本章 §1 例 1 中的随机相位周期过程 $X(t)=s(t+\Theta)$ 是各态历经过程.

证　(1) 设 $\int_{-\infty}^{+\infty}|C_X(\tau)|\,d\tau=M<+\infty$ 且 $M>0$，记

$$L(T)=\frac{1}{T}\int_0^{2T}\left(1-\frac{\tau}{2T}\right)[R_X(\tau)-\mu_X^2]\,d\tau=\frac{1}{T}\int_0^{2T}\left(1-\frac{\tau}{2T}\right)C_X(\tau)\,d\tau,$$

则有

$$\begin{aligned}|L(T)|&=\left|\frac{1}{T}\int_0^{2T}\left(1-\frac{\tau}{2T}\right)[R_X(\tau)-\mu_X^2]\,d\tau\right|\\&\leqslant\frac{1}{T}\int_0^{2T}\left|1-\frac{\tau}{2T}\right||R_X(\tau)-\mu_X^2|\,|\,d\tau\,|\\&\leqslant\frac{1}{T}\int_0^{2T}|C_X(\tau)|\,d\tau\leqslant\frac{1}{T}\int_0^{+\infty}|C_X(\tau)|\,d\tau\leqslant\frac{M}{T},\end{aligned}$$

从而有 $\lim\limits_{T\to+\infty}L(T)=\lim\limits_{T\to+\infty}\frac{M}{T}=0$(由夹逼定理).

根据教材第十四章 §2 中的均值各态历经定理知 $X(t)$ 的均值具有各态历经性.

(2) $\langle X(t)\rangle=\lim\limits_{G\to+\infty}\frac{1}{2G}\int_{-G}^{G}X(t)\,dt=\lim\limits_{G\to+\infty}\frac{1}{2G}\int_{-G}^{G}s(t+\Theta)\,dt.$

因对于任意正数 G，总存在正整数 n，使 $nT\leqslant G<(n+1)T$，故

$$\frac{1}{2G}\int_{-G}^{G}s(t+\Theta)\,dt=\frac{1}{2nT}\frac{nT}{G}\left(\int_{-nT}^{nT}+\int_{-G}^{-nT}+\int_{nT}^{G}\right)s(t+\Theta)\,dt.$$

注意到

$$\lim_{n\to+\infty}\frac{nT}{G}=1,\ \lim_{n\to+\infty}\frac{1}{2nT}\int_{-G}^{-nT}s(t+\Theta)\,dt=0,$$

$$\lim_{n\to+\infty}\frac{1}{2nT}\int_{nT}^{G}s(t+\Theta)\,dt=0,$$

得到

$$\begin{aligned}\langle X(t)\rangle&=\lim_{n\to+\infty}\frac{1}{2nT}\int_{-nT}^{nT}s(t+\Theta)\,dt=\lim_{n\to+\infty}\frac{1}{2nT}\sum_{i=-n}^{n-1}\int_{iT}^{(i+1)T}s(t+\Theta)\,dt\\&=\frac{1}{T}\int_0^{T}s(t+\Theta)\,dt=\frac{1}{T}\int_{\Theta}^{\Theta+T}s(u)\,du=\frac{1}{T}\int_0^{T}s(u)\,du(\text{由周期性}).\end{aligned}$$

在第十四章 §1 例 1 中已知 $E[X(t)]=\frac{1}{T}\int_0^{T}s(u)\,du$，故有 $\langle X(t)\rangle=E[X(t)]$.

同样可证

$$\langle X(t)X(t+\tau)\rangle=E[X(t)X(t+\tau)]=R_X(\tau),$$

因此 $X(t)$ 的均值和自相关函数都具有各态历经性，从而得 $X(t)$ 是各态历经过程.

8. 设 $X(t)$ 是随机相位周期过程，下图表示它的一个样本函数 $x(t)$，其中周期 T 和波幅 A 都是常数；而相位 t_0 是在 $(0,T)$ 上服从均匀分布的随机变量.

(1) 求 μ_X,Ψ_X^2.

(2) 求$\langle X(t)\rangle$和$\langle X^2(t)\rangle$.

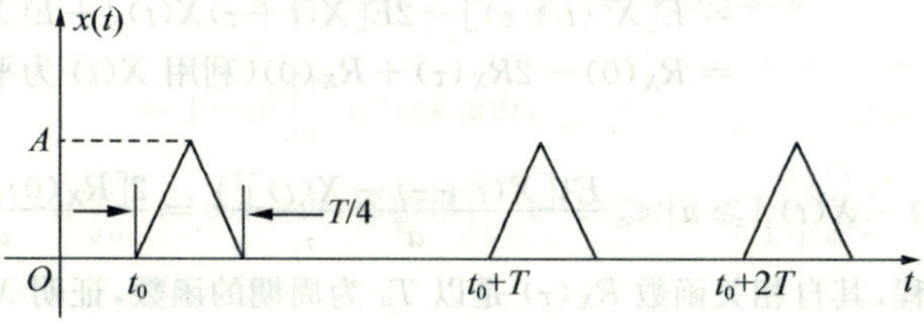

图 14－1

解 (1) 由图 14－1 可得

$$X(t)=\begin{cases}\dfrac{8A}{T}(t-t_0), & t_0\leqslant t<t_0+\dfrac{T}{8},\\ -\dfrac{8A}{T}\left(t-t_0-\dfrac{T}{4}\right), & t_0+\dfrac{T}{8}<t\leqslant t_0+\dfrac{T}{4},\\ 0, & t_0+\dfrac{T}{4}<t<t_0+T.\end{cases}$$

令$t-t_0=u$,则有

$$\mu_X=E[X(t)]=\int_0^T\frac{1}{T}X(t-t_0)\mathrm{d}t_0=-\int_t^{t-T}\frac{1}{T}X(u)\mathrm{d}u$$

$$=\int_0^T\frac{1}{T}X(u)\mathrm{d}u=\frac{1}{T}\int_0^{\frac{T}{8}}\frac{8A}{T}u\,\mathrm{d}u+\frac{1}{T}\int_{\frac{T}{8}}^{\frac{T}{4}}\frac{-8A}{T}\left(u-\frac{T}{4}\right)\mathrm{d}u$$

$$=\frac{A}{16}+\frac{A}{16}=\frac{A}{8}.$$

$$\Psi_X^2=E[X^2(t)]=\int_0^T\frac{1}{T}X^2(t-t_0)\mathrm{d}t_0\xlongequal{t-t_0=u}\int_0^T\frac{1}{T}X^2(u)\mathrm{d}u$$

$$=\frac{1}{T}\int_0^{\frac{T}{8}}\left(\frac{8A}{T}u\right)^2\mathrm{d}u+\frac{1}{T}\int_{\frac{T}{8}}^{\frac{T}{4}}\left[\frac{-8A}{T}\left(u-\frac{T}{4}\right)\right]^2\mathrm{d}u=\frac{A^2}{12}.$$

(2) 时间均值为

$$\langle X(t)\rangle=\lim_{T_1\to+\infty}\frac{1}{2T_1}\int_{-T_1}^{T_1}X(t)\mathrm{d}t.$$

对于T_1存在自然数n,使$nT\leqslant T_1<(n+1)T$,故

$$\langle X(t)\rangle=\lim_{\substack{n\to+\infty\\T_1\to+\infty}}\frac{1}{2nT}\cdot\frac{nT}{T_1}\left[\int_{-T_1}^{-nT}X(t)\mathrm{d}t+\int_{-nT}^{nT}X(t)\mathrm{d}t+\int_{nT}^{T_1}X(t)\mathrm{d}t\right]$$

$$=0+\lim_{n\to+\infty}\frac{1}{2nT}\int_{-nT}^{nT}X(t)\mathrm{d}t+0$$

$$=\lim_{n\to+\infty}\frac{1}{2nT}2n\int_0^T X(t)\mathrm{d}t\quad(\text{因为 }X(t)\text{ 以 }T\text{ 为周期})$$

$$=\frac{1}{T}\int_0^T X(t)\mathrm{d}t\xlongequal{\text{由(1)}}\frac{A}{8}.$$

同理时间均方值为

$$\langle X^2(t)\rangle=\lim_{T_1\to+\infty}\frac{1}{2T_1}\int_{-T_1}^{T_1}X^2(t)\mathrm{d}t=\lim_{\substack{T_1\to+\infty\\n\to+\infty}}\frac{1}{2nT}2n\int_0^T X^2(t)\mathrm{d}t$$

$$=\frac{1}{T}\int_0^T X^2(t)\mathrm{d}t\xlongequal{\text{由(1)}}\frac{A^2}{12}.$$

9. 设平稳过程$X(t)$的自相关函数为$R_X(\tau)$,证明:

$$P\{|X(t+\tau)-X(t)|\geqslant a\}\leqslant 2[R_X(0)-R_X(\tau)]/a^2,a>0.$$

证 因$X(t)$为平稳过程,故

$$E[X(t+\tau)-X(t)]=E(x+\tau)-E(x)=0,$$

求 $X(t)$ 的自相关函数.

解 由维纳－辛钦公式知自相关函数是谱密度的傅里叶逆变换，由教材(4.15)式，$X(t)$ 的自相关函数为

$$R_X(\tau)=\frac{1}{2\pi}\int_{-\infty}^{+\infty}8\delta(\omega)e^{i\omega\tau}d\omega+\frac{1}{\pi}\int_0^{10}20\left(1-\frac{|\omega|}{10}\right)\cos(\omega\tau)d\omega$$

$$=\frac{4}{\pi}+\frac{20}{\pi}\left[\int_0^{10}\cos(\omega\tau)d\omega-\int_0^{10}\frac{\omega}{10}\cos(\omega\tau)d\omega\right]$$

$$=\frac{4}{\pi}+\frac{20}{\pi}\left[\frac{1}{\tau}\sin(\omega\tau)\Big|_0^{10}-\frac{\omega}{10\tau}\sin(\omega\tau)\Big|_0^{10}+\int_0^{10}\frac{\sin(\omega\tau)}{10\tau}d\omega\right]$$

$$=\frac{4}{\pi}+\frac{20}{\pi}\left[-\frac{1}{10\tau^2}\cos(\omega\tau)\Big|_0^{10}\right]=\frac{4}{\pi}+\frac{2}{\pi\tau^2}[1-\cos(10\tau)]$$

$$=\frac{4}{\pi}+\frac{4}{\pi\tau^2}\sin^2(5\tau).$$

16. 记随机过程

$$Y(t)=X(t)\cos(\omega_0t+\Theta),t\in(-\infty,\infty),$$

其中 $X(t)$ 是平稳过程，Θ 为在区间 $(0,2\pi)$ 上均匀分布的随机变量，ω_0 为常数，且 $X(t)$ 与 Θ 相互独立. 记 $X(t)$ 的自相关函数为 $R_X(\tau)$，功率谱密度为 $S_X(\omega)$. 试证：

(1) $Y(t)$ 是平稳过程，且它的自相关函数

$$R_Y(\tau)=\frac{1}{2}R_X(\tau)\cos\omega_0\tau.$$

(2) $Y(t)$ 的功率谱密度为

$$S_Y(\omega)=\frac{1}{4}[S_X(\omega-\omega_0)+S_X(\omega+\omega_0)].$$

解 因为 $X(t)$ 是平稳过程，于是 $\mu_X(t)=E[X(t)]=\mu_X$ 为常数，$R_X(t,t+\tau)=R_X(\tau)$ 只与 τ 有关，又因为 $\Theta\sim U(0,2\pi)$，即

$$f_\theta(\theta)=\begin{cases}\frac{1}{2\pi}, & 0<\theta<2\pi,\\ 0, & \text{其他}.\end{cases}$$

(1) 注意到 $X(t)$ 与 Θ 相互独立，故

$$\mu_Y(t)=E[Y(t)]E[X(t)\cos(\omega_0t+\Theta)]=E[X(t)]E[\cos(\omega_0t+\Theta)],$$

$$E[\cos(\omega_0t+\Theta)]=\int_{-\infty}^{+\infty}\cos(\omega_0t+\theta)f_\Theta(\theta)d\theta=\int_0^{2\pi}\cos(\omega_0t+\theta)\frac{1}{2\pi}d\theta$$

$$=\frac{1}{2\pi}[\sin(\omega_0t+\theta)]\Big|_0^{2\pi}=0,$$

故 $\mu_Y(t)=\mu_X\cdot 0=0$，从而 $Y(t)$ 的自相关函数为

$$R_Y(t,t+\tau)=E[Y(t)Y(t+\tau)]=E[X(t)\cos(\omega_0t+\Theta)X(t+\tau)\cos(\omega_0(t+\tau)+\Theta)]$$

$$\xlongequal{\text{独立}}E[X(t)X(t+\tau)]E[\cos(\omega_0t+\Theta)\cos(\omega_0(t+\tau)+\Theta)]$$

$$=R_X(\tau)E[\cos(\omega_0t+\Theta)\cos(\omega_0(t+\tau)+\Theta)],$$

其中

$$E[\cos(\omega_0t+\Theta)\cos(\omega_0(t+\tau)+\Theta)]$$

$$=\int_{-\infty}^{+\infty}\cos(\omega_0t+\theta)\cos(\omega_0(t+\tau)+\theta)f_\theta(\theta)d\theta$$

$$=\frac{1}{2\pi}\int_0^{2\pi}\cos(\omega_0t+\theta)\cos(\omega_0t+\omega_0\tau+\theta)d\theta=\frac{1}{2}\cos(\omega_0\tau).$$

从而 $R_Y(t,t+\tau)=R_X(\tau)\cdot\frac{1}{2}\cos(\omega_0\tau)$ 只与 τ 有关.

综上，$Y(t)$ 是平稳过程，且自相关函数为 $R_Y(\tau)=\frac{1}{2}R_X(\tau)\cos(\omega_0 t)$.

(2) 用维纳－辛钦公式计算 $Y(t)$ 的功率谱密度：

$$\begin{aligned}S_Y(\omega)&=\int_{-\infty}^{+\infty}R_Y(\tau)e^{i(\omega\tau)}d\tau=\int_{-\infty}^{+\infty}\frac{1}{2}R_X(\tau)\cos(\omega_0\tau)\ e^{-i(\omega\tau)}d\tau\\&=\frac{1}{2}\int_{-\infty}^{+\infty}R_X(\tau)\frac{e^{i\omega_0\tau}+e^{-i\omega_0\tau}}{2}e^{i\omega\tau}d\tau\\&=\frac{1}{4}\left[\int_{-\infty}^{+\infty}R_X(\tau)e^{-i(\omega-\omega_0)\tau}d\tau+\int_{-\infty}^{+\infty}R_X(\tau)e^{-i(\omega+\omega_0)\tau}d\tau\right]\\&=\frac{1}{4}[S_X(\omega-\omega_0)+S_X(\omega+\omega_0)],\end{aligned}$$

即 $$S_Y(\omega)=\frac{1}{4}[S_X(\omega-\omega_0)+S_X(\omega+\omega_0)].$$

17. 设平稳过程 $X(t)$ 的谱密度为 $S_X(\omega)$，证明 $Y(t)=X(t)+X(t-T)$ 的谱密度是

$$S_Y(\omega)=2S_X(\omega)1+\cos\omega T.$$

证　先求得 $Y(t)$ 的自相关函数 $R_Y(t,t+\tau)$.

$X(t)$ 为平稳过程，则 $R_X(t,t+\tau)=R_X(\tau)$.

$$\begin{aligned}R_Y(t,t+\tau)&=E[Y(t)Y(t+\tau)]\\&=E[X(t)+X(t-T)][X(t+\tau)+X(t+\tau-T)]\\&=E[X(t)X(t+\tau)+X(t)X(t+\tau-T)+X(t-T)X(t+\tau)+X(t-T)X(t+\tau-T)]\\&=E[X(t)X(t+\tau)]+E[X(t)X(t+\tau-T)]+E[X(t-T)X(t+\tau)]+E[X(t-T)X(t+\tau-T)]\\&=R_X(\tau)+R_X(\tau-T)+R_X(\tau+T)+R_X(\tau),\end{aligned}$$

即 $R_Y(\tau)=2R_X(\tau)+R_X(\tau-T)+R_X(\tau+T)$.

用维纳－辛钦公式计算谱密度.

即对自相关函数进行傅里叶变换，注意到由已知 $S_X(\omega)=\int_{-\infty}^{+\infty}R_X(\tau)e^{-i\omega\tau}d\tau$，有

$$\begin{aligned}S_Y(\omega)&=\int_{-\infty}^{+\infty}R_Y(\tau)e^{-i\omega\tau}d\tau=\int_{-\infty}^{+\infty}[2R_X(\tau)+R_X(\tau-T)+R_X(\tau+T)e^{-i\omega\tau}]d\tau\\&=2S_X(\omega)+e^{-i\omega T}\int_{-\infty}^{+\infty}R_X(\tau-T)e^{-i\omega(\tau-T)}d\tau+e^{i\omega T}\int_{-\infty}^{+\infty}R_X(\tau+T)e^{-i\omega(\tau+T)}d\tau\\&=2S_X(\omega)+e^{-i\omega T}S_X(\omega)+e^{i\omega T}S_X(\omega)\\&=2S_X(\omega)\left(1+\frac{e^{-i\omega T}+e^{i\omega\tau}}{2}\right)=2S_X(\omega)[1+\cos(\omega T)],\end{aligned}$$

即 $S_Y(\omega)=2S_X(\omega)[1+\cos(\omega T)]$.

第十五章 时间序列分析

主要内容归纳

时间序列分析是根据系统观测得到的时间序列数据，通过曲线拟合和参数估计来建立数学模型的理论和方法. 它一般采用曲线拟合和参数估计方法（如非线性最小二乘法）进行. 时间序列分析常用在国民经济宏观控制、区域综合发展规划、企业经营管理、市场潜量预测、气象预报、水文预报、地震前兆预报、农作物病虫灾害预报、环境污染控制、生态平衡、天文学和海洋学等方面.

时间序列建模基本步骤：

① 用观测、调查、统计、抽样等方法取得被观测系统时间序列动态数据.

② 根据动态数据作相关图，进行相关分析，求自相关函数.

③ 辨识合适的随机模型，进行曲线拟合，即用通用随机模型去拟合时间序列的观测数据. 对于短的或简单的时间序列，可用趋势模型和季节模型加上误差来进行拟合，对于平稳时间序列，可使用通用的 ARMA 模型（自回归滑动平均模型）及其特殊情况的自回归模型、滑动平均模型或组合 —ARMA 模型等来进行拟合. 当观测值多于 50 个时，一般都采用 ARMA 模型. 对于非平稳时间序列，则要先将观测到的时间序列进行差分运算，化为平稳时间序列，再用适当的模型去拟合这个差分序列. 本章仅介绍平稳时间序列.

1. 平稳时间序列

若时间序列$\{X_t, t=0,\pm1,\pm2,\cdots\}$满足条件

(1)$E(X_t)=\mu$;

(2)$E(X_tX_{t+k})$ 均与 t 无关.

则称之为平稳时间序列. 平稳时间序列是平稳随机过程的一个特例.

2. 自相关函数

称 $\rho_k=\gamma_k/\gamma_0$ 为自协方差函数，其中 $\gamma_k=E[(X_t-\mu)(X_{t+k}-\mu)], k=0,\pm1,\pm2,\cdots$. 可知当$\{X_t, t=0,\pm1,\pm2,\cdots\}$为平稳时间序列时，$\gamma_k, \rho_k$ 都与 t 无关并具有下列性质：

(1) **对称性**　$\gamma_k=\gamma_{-k}$.

(2) **非负定性**　对任意正整数 k，

$$\boldsymbol{R}_k=\begin{bmatrix}1 & \rho_1 & \rho_2 & \cdots & \rho_{k-1}\\ \rho_1 & 1 & \rho_1 & \cdots & \rho_{k-2}\\ \vdots & \vdots & \vdots & & \vdots\\ \rho_{k-1} & \rho_{k-2} & \rho_{k-3} & \cdots & 1\end{bmatrix}$$

是非负定矩阵.

(3) **满足柯西不等式** $|\gamma_k| \leqslant \gamma_0$, $|\rho_k| \leqslant 1$.

自相关函数描述 X_t 与 X_{t+k} 之间的相关性.

3. 偏相关函数

用 X_t 的前 k 个时刻的值 $X_{t-1},\cdots,X_{t-k}$ 对 X_t 作最小方差估计，即求 $a_{k1},a_{k2},\cdots,a_{kk}$ 使得 $E\left[\left(X_t-\sum\limits_{i=1}^{k}a_{ki}X_{t-i}\right)^2\right]$最小. 当$\{X_t,t=0,\pm1,\pm2,\cdots\}$ 为平稳时间序列时，a_{kk} 与 t 无关，a_{kk} 称为该时间序列的偏相关函数.

偏相关函数描述 X_t 与 $X_{t-1},\cdots,X_{t-k}$ 的联系.

4. 白噪声序列

设时间序列$\{\varepsilon_t,t=0,1,\cdots\}$ 满足：(1)$E(\varepsilon_t)=0$，(2)$E(\varepsilon_t\varepsilon_s)=\sigma_\varepsilon^2\delta_{ts}$，其中

$$\delta_{ts}=\begin{cases}1, & t=s,\\ 0, & t\neq s.\end{cases}$$

易知$E(\varepsilon_t\varepsilon_{t+k})=\sigma_\varepsilon^2\delta_{k0}$ 与 t 无关，因此$\{\varepsilon_t,t=0,1,\cdots\}$ 为平稳时间序列，称$\{\varepsilon_t,t=0,1,\cdots\}$ 为白噪声序列.

5. 平稳时间序列的延迟

对给定的平稳时间序列$(X_t,t=0,\pm1,\pm2,\cdots\}$ 和正整数 d，定义它的 d 步延迟序列$\{Y_t=X_{t-d},t=0,\pm1,\pm2,\cdots\}$，易知$E(Y_t)=E(X_{t-d})=\mu$ 和$E(Y_tY_{t+k})=E(X_{t-d}X_{t+k-d})$ 均与 t 无关，因此$(Y_t,t=0,\pm1,\pm2,\cdots\}$ 也是平稳时间序列.

6. 延迟算子

设$\{X_t,t=0,\pm1,\pm2,\cdots\}$ 为时间序列，算子 B 满足等式 $BX_t=X_{t-1}$，称它为一步延迟算子. 用 B^k 表示连续应用一步延迟算子 k 次，并称之为 k 步延迟算子，则有 $B^kX_t=X_{t-k}$.

7. 线性自回归滑动平均模型

模型	自相关系数(ACF)	偏自相关系数(PACF)
$\mathrm{AR}(p):X_t=\sum\limits_{i=1}^{p}\varphi_iX_{t-i}+\varepsilon_t$	拖尾	p 阶截尾
$\mathrm{MA}(q):X_t=\varepsilon_t-\sum\limits_{i=1}^{q}\theta_i\varepsilon_{t-i}$	q 阶截尾	拖尾
$\mathrm{ARMA}(p,q):X_t-\sum\limits_{i=1}^{p}\varphi_iX_{t-i}=\varepsilon_t-\sum\limits_{i=1}^{q}\theta_i\varepsilon_{t-i}$	p 阶拖尾	q 阶拖尾

本章教材习题全解

1. 用延迟算子表示下列模型:

(1)$X_t-0.5X_{t-1}=\varepsilon$.

(2)$X_t=\varepsilon_t-0.7\varepsilon_{t-1}-0.24\varepsilon_{t-2}$.

(3)$X_t-0.5X_{t-1}=\varepsilon_t-0.7\varepsilon_{t-1}-0.24\varepsilon_{t-2}$.

(4)$X_t-1.5X_{t-1}+0.5X_{t-2}=\varepsilon_t$.

(5)$X_t-X_{t-1}=\varepsilon_t-0.5\varepsilon_{t-1}$.

解　因为延迟算子 B 满足 $B^kX_t=X_{t-k}$(k 步延迟),所以以上模型可以用延迟算子 B 表示为

(1)$(1-0.5B)X_t=\varepsilon_t$.

(2)$X_t=(1-0.7B-0.24B^2)\varepsilon_t$.

(3)$(1-0.5B)X_t=(1-0.7B-0.24B^2)\varepsilon_t$.

(4)$(1-1.5B+0.5B^2)X_t=\varepsilon_t$.

(5)$(1-B)X_t=(1-0.5B)\varepsilon_t$.

2. 将上题中的模型(1)—(5)按 ARMA(p,q)分类.

解　若均值为零的平稳时间序列$\{X_t,t=0,\pm1,\pm2,\cdots\}$满足等式:

$$X_t-\varphi_1X_{t-1}-\varphi_2X_{t-2}-\cdots-\varphi_pX_{t-p}=\varepsilon_t-\theta_1\varepsilon_{t-1}-\theta_2\varepsilon_{t-2}-\cdots-\theta_q\varepsilon_{t-q},$$

其中$\{\varepsilon_t,t=0,\pm1,\pm2,\cdots\}$为白噪声序列,则称之为 p 阶自回归 q 阶滑动平均时间序列,简称 ARMA(p,q)序列,利用上题延迟算子表达式,可以确定 ARMA(p,q)分类为:

(1)ARMA(1,0).　(2)ARMA(0,2).　(3)ARMA(1,2).　(4)ARMA(2,0).　(5)ARMA(1,1).

3. 证明自相关函数的性质:(1)$\rho_k=\rho_{-k}$ 和(2)$|\rho_k|\leqslant1$.

证　(1)$\rho_k=\rho_{-k}$.

当$\{X_t,t=0,\pm1,\pm2,\cdots\}$为平稳时间序列时,有 $E(X_t)=\mu$,且 $E(X_tX_{t+k})$ 均与 t 无关.

又因为自相关函数

$$\rho_k=\frac{\gamma_k}{\gamma_0}=\frac{E[(X_t-\mu)(X_{t+k}-\mu)]}{E[(X_t-\mu)^2]},k=0,\pm1,\pm2,\cdots,$$

$$\rho_{-k}=\frac{\gamma_{-k}}{\gamma_0}=\frac{E[(X_t-\mu)(X_{t-k}-\mu)]}{E[(X_t-\mu)^2]},$$

$$E[(X_t-\mu)(X_{t+k}-\mu)]=E[(X_tX_{t+k}-\mu X_t-\mu X_{t+k}+\mu^2)]=E(X_tX_{t+k})-\mu^2,$$

$$E[(X_t-\mu)(X_{t-k}-\mu)]=E[(X_tX_{t-k}-\mu X_t-\mu X_{t-k}+\mu^2)]=E(X_tX_{t-k})-\mu^2.$$

令 $t-k=u$,则 $t=u+k$,有 $E(X_tX_{t-k})=E(X_{u+k}X_u)$.

因为 $E(X_tX_{t+k})$,$k=0,\pm1,\pm2,\cdots$ 均与 t 无关,即可证明 $\rho_k=\rho_{-k}$.

(2)$|\rho_k|\leqslant1$.

当 $\gamma_k=0$ 时,则 $\rho_k=0$,此时满足不等式 $|\rho_k|\leqslant1$.

当 $\gamma_k\neq0$ 时,由$\{X_t,t=0,\pm1,\pm2,\cdots\}$为平稳时间序列可知

$$E[(X_t-\mu)^2]=E[(X_{t+k}-\mu)^2]=\gamma_0.$$

对任意实数 a,有

$$0\leqslant E\{[(X_t-\mu)-a(X_{t+k}-\mu)]^2\}=E[(X_t-\mu)^2-2a(X_t-\mu)(X_{t+k}-\mu)+a^2(X_{t+k}-\mu)^2]$$
$$=\gamma_0-2a\gamma_k+a^2\gamma_0.$$

令 $a=\dfrac{\gamma_0}{\gamma_k}=\dfrac{1}{\rho_k}$,有 $\gamma_0-2\dfrac{\gamma_0}{\gamma_k}\gamma_k+\dfrac{1}{\rho_k^2}\gamma_0=-\gamma_0+\dfrac{1}{\rho_k^2}\gamma_0\geqslant0$,即可解出 $\rho_k^2\leqslant1$,即可证明$|\rho_k|\leqslant1$.

4. 求 $X_t=\varepsilon_t-0.5\varepsilon_{t-1}-0.24\varepsilon_{t-2}$ 的自相关函数.

解 由 $X_t=(1-0.5B-0.24B^2)\varepsilon_t$，可判断出本题是系数分别为 $\theta_1=0.5,\theta_2=0.24$ 的 MA(2) 模型，MA(2) 模型的自相关系数计算公式为

$$\rho_k=\begin{cases}1, & k=0,\\ \dfrac{-\theta_k+\sum\limits_{i=1}^{q-k}\theta_i\theta_{i+k}}{1+\sum\limits_{i=1}^{q}\theta_i^2}, & 1\leqslant k\leqslant q,\\ 0, & k>q.\end{cases}$$

即可求出

$$\rho_k=\begin{cases}1, & k=0,\\ \dfrac{-\theta_1+\theta_1\theta_2}{1+\theta_1^2+\theta_2^2}, & k=1,\\ \dfrac{-\theta_2}{1+\theta_1^2+\theta_2^2}, & k=2,\\ 0, & k>2,\end{cases}$$

代入对应系数值可得

$$\rho_k=\begin{cases}1, & k=0,\\ \dfrac{-0.5+0.5\times0.24}{1+0.5^2+0.24^2}\approx0.29, & k=1,\\ \dfrac{-0.24}{1+0.5^2+0.24^2}\approx-0.18, & k=2,\\ 0, & k>2.\end{cases}$$

5. 将 §2 例中运用的 R 程序用于下列模型：

(1) $X_t-0.5X_{t-1}=\varepsilon_t$.

(2) $X_t=\varepsilon_t-0.7\varepsilon_{t-1}-0.24\varepsilon_{t-2}$.

解 模拟生成 $n=200$ 项对应于模型的时间序列.

(1) 将 $X_t-0.5X_{t-1}=\varepsilon_t$ 变形为 $X_t=0.5X_{t-1}+\varepsilon_t$，利用 ar = c(0.5) 设定 AR 部分的系数值.

(2) $X_t=\varepsilon_t-0.7\varepsilon_{t-1}-0.24\varepsilon_{t-2}$，利用 ma = c(−0.7，−0.24) 设定 MA 部分的系数值.

安装程序包 fBasics 与 TSA 后，R 语言程序及运行结果如下：

```
> library(fBasics) # 请注意 R 语言区分大小写
> library(TSA)
> sim.ar <- arima.sim(list(ar = c(0.5)),n = 200) # 对应 5-(1)
> sim.ma <- arima.sim(list(ma = c(-0.7,-0.24)),n = 200) # 对应 5-(2)
> par(mfrow = c(2,2))
> acf(sim.ar, main = "ACF of AR(1)") # 画 ACF 图
> acf(sim.ma, main = "ACF of MA(2)") # 画 ACF 图
> pacf(sim.ar, main = "PACF of AR(1)") # 画 PACF 图
> pacf(sim.ma, main = "PACF of MA(2)") # 画 PACF 图
```

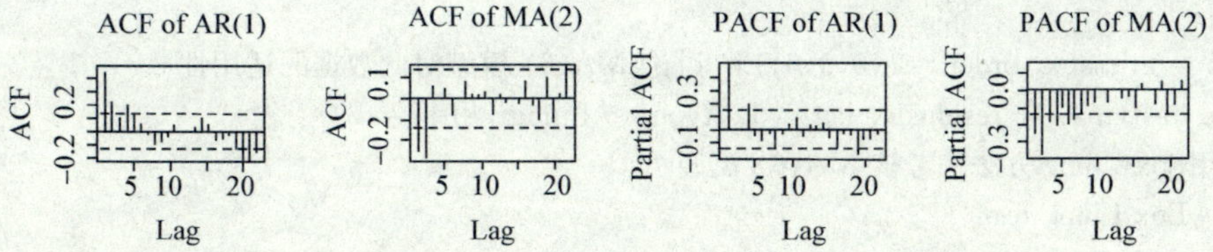

图 15－1

由于每次模拟生成的序列不一样，作出的 ACF 和 PACF 图会有所不同.

6. 反复运行 § 3 例 2 中的 arima. sim() 和 eacf() 至少 100 次，函数正确识别模型的频率有多大？与同学的结果作综合比较，这个频率稳定吗？

解　模拟生成 $n=120$ 项对应于模型的时间序列，调整指令 arima. sim() 中的参数设置，用 order(p,0,q) 给定 AR 部分的阶数 p 和 MA 部分的阶数 q，中间的 0 是指差分阶数，反复运行下面的指令：

```
> library(fBasics) # 请注意 R 语言区分大小写
> library(TSA)
> x <- arima. sim(list(order = c(2,0,1),ar = c(0.3, -0.7),ma = c(0.5)),n = 120)
> eacf(x,ar. max = 6,ma max = 6)# 用 eacf() 函数来识别模型
```

列举三次运行结果：

```
AR/MA              AR/MA              AR/MA
  0 1 2 3 4 5 6      0 1 2 3 4 5 6      0 1 2 3 4 5 6
0 ×××××××          0 ××○×○○○          0 ×××××○×
1 ××××××○          1 ××××○○○          1 ×××××○×
2 ××○○○○○          2 ×○○○○○○          2 ×○○○○○○
3 ××○○○○○          3 ××○○×○○          3 ××○○○○○
4 ××○○○○○          4 ×○○○○○×          4 ××○○○○○
5 ××○○○○○          5 ○×○×○○×          5 ××○○○○○
6 ×○×○○○○          6 ○×××○○×          6 ××○○○○○
```

由于时间序列的随机性，应用 eacf() 函数于一组特定的观察值并不一定能保证正确地识别模型. 反复运行上述两条指令可发现 eacf() 函数只是以比较大的概率正确地识别模型，误判是可能发生的.

7. 讨论 MA(1) 和 MA(6) 模型对 § 3 例 3 中 10 年期国债利率的一阶差分时间序列的适用性.

解　调用 arima() 函数时对应 MA(1) 和 MA(6) 模型，设定 order = c(0,0,1) 和 order = c(0,0,6) R 语言程序及运行结果如下：

```
> setwd("D:/R-example") # 下载数据文件 shuju. csv，存入子目录 D:/R-example
> bond10 = read. csv(file = "shuju,csv",head = TRUE,sep = ",")
> 1 = length(bond 10 $ Yield) # 计算序列长度
> x <- diff(bond10 $ Yield) # 计算利率差分序列
> mal = arima(x,order = c(0,0,1))
> # 用 arima() 估计参数，讨论 MA(1) 模型对此数据的适用性
> Box,test (mal $ residuals, lag = 12,type = 'Ljung', fitdf = 1)
> # 用Box-Ljung 方法来考核 MA(1) 模型
        Box-Ljung test
data：mal $ residuals
X-squared = 11.042,df = 11,p-value = 0.4398
```

p 值为 0.439 9，远大于拒绝假设的显著性水平 0.05，因此按 0.05 的显著性水平，这个 MA(1) 模型可以通过考核.

```
> ma6 = arima(x, order = c(0,0,6))# 讨论 MA(6) 模型对此数据的适用性
> Box. test(ma6 $ residuals, lag = 12,type = 'Ljung', fitdf = 6)
> # 用Box-Ljung 方法来考核 MA(6) 模型
        Box-Ljung test
data：ma6 $ residuals
X-squared = 7.5551,df = 6,p-value = 0.2725
```

p 值为 0.272 5，大于拒绝假设的显著性水平 0.05，因此按 0.05 的显著性水平，MA(6) 模型通过考核.

第十六章 选做习题

本章教材习题全解

1. 一打靶场备有5支某种型号的枪，其中3支已经校正，2支未经校正. 某人使用已校正的枪击中目标的概率为p_1，使用未经校正的枪击中目标的概率为p_2. 他随机地取一支枪进行射击，已知他射击了5次，都未击中，求他使用的是已校正的枪的概率(设各次射击的结果相互独立).

解　设A表示事件“取得的枪是已经校正的”，设B表示事件“射击5次均未击中”，则

$$P(A)=\frac{3}{5},P(\overline{A})=\frac{2}{5},P(B\mid A)=(1-p_1)^5,P(B\mid\overline{A})=(1-p_2)^5,$$

由贝叶斯公式

$$P(A\mid B)=\frac{P(B\mid A)P(A)}{P(B\mid A)P(A)+P(B\mid\overline{A})P(\overline{A})}$$

$$=\frac{(1-p_1)^5\times\frac{3}{5}}{(1-p_1)^5\times\frac{3}{5}+(1-p_2)^5\times\frac{2}{5}}=\frac{3(1-p_1)^5}{3(1-p_1)^5+2(1-p_2)^5}.$$

2. 某人共买了11个水果，其中有3个是二级品，8个是一级品. 随机地将水果分给A,B,C三人，各人分别得到4个、6个、1个.

(1) 求C未拿到二级品的概率.

(2) 已知C未拿到二级品，求A,B均拿到二级品的概率.

(3) 求A,B均拿到二级品而C未拿到二级品的概率.

解　以A,B,C分别表示事件“A,B,C取到二级品”，则$\overline{A},\overline{B},\overline{C}$分别表示事件“$A,B,C$未取到二级品”.

(1) 由古典概率$P(\overline{C})=\frac{8}{4+6+1}=\frac{8}{11}$.

(2) 已知C未取到二级品，这时A,B将7个一级品和3个二级品全部分掉. 而A,B均取到二级品，只需A取到1个至2个二级品，其他的为一级品. 于是由古典概率

$$P(AB\mid\overline{C})=\frac{C_3^1\cdot C_7^3+C_3^2\cdot C_7^2}{C_{10}^4}=\frac{4}{5}.$$

(3) 由乘法公式$P(AB\overline{C})=P(AB\mid\overline{C})P(\overline{C})=\frac{4}{5}\times\frac{8}{11}=\frac{32}{55}$.

3. 一系统L由两个只能传输字符0和1的独立工作的子系统L_1与L_2串联而成(如图16－1)，每个子系统输入为0输出为0的概率为$p(0<p<1)$；而输入为1输出为1的概率也是p. 今在图中a端输入字符1，求系统L的b端输出字符0的概率.

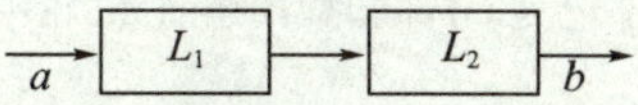

图16－1

解　设$L(1\to0)$表示事件“系统L的输入为1输出为0”，$L_i(1\to1)$表示事件“L_i输入为1输出为1”，$i=1,2$，其余记号含义类似，则

$$L(1\to0)=L_1(1\to1)L_2(1\to0)\cup L_1(1\to0)L_2(0\to0).$$

于是由子系统工作的独立性得

$$\begin{aligned}P\{L(1\to0)\}&=P\{L_1(1\to1)L_2(1\to0)\}+P\{L_1(1\to0)L_2(0\to0)\}\\&=P\{L_1(1\to1)\}P\{L_2(1\to0)\}+P\{L_1(1\to0)\}P\{L_2(0\to0)\}\\&=p(1-p)+(1-p)p=2p(1-p).\end{aligned}$$

4. 甲、乙两人轮流掷一颗骰子，每轮掷一次，谁先掷得6点谁得胜，从甲开始掷，问甲、乙得胜的概率各为多少？

解　以A_i表示事件"第i次投掷时投掷者才得6点". 事件A_i发生，表示在前$i-1$次甲或乙均未得6点，而在第i次投掷时甲或乙得6点. 因各次投掷相互独立，故有

$$P(A_i)=\left(\frac{5}{6}\right)^{i-1}\frac{1}{6}.$$

因甲为首掷，故甲掷奇数轮次，从而甲胜的概率为

$$\begin{aligned}P\{甲胜\}&=P(A_1\cup A_3\cup A_5\cup\cdots)\\&=P(A_1)+P(A_3)+P(A_5)+\cdots(因A_1,A_2,\cdots两两不相容)\\&=\frac{1}{6}\left[1+\left(\frac{5}{6}\right)^2+\left(\frac{5}{6}\right)^4+\cdots\right]\\&=\frac{1}{6}\frac{1}{1-\left(\frac{5}{6}\right)^2}=\frac{6}{11}.\end{aligned}$$

因为"甲胜"与"乙胜"相互对立，所以，乙胜的概率为

$$P\{乙胜\}=1-P\{甲胜\}=\frac{5}{11}.$$

5. 将一颗骰子掷两次，考虑事件$A=$"第一次掷得点数2或5"，$B=$"两次点数之和至少为7"，求$P(A)$，$P(B)$，并问事件A,B是否相互独立.

解　将骰子掷一次共有6种等可能结果，故$P(A)=\frac{2}{6}=\frac{1}{3}$.

因将骰子掷两次共有36个样本点，其中$\overline{B}$有$=2,3,4,5,6$共5种情况，分别含有1,2,3,4,5个样本点，故

$$P(B)=1-P(\overline{B})=1-\frac{1+2+3+4+5}{36}=1-\frac{5}{12}=\frac{7}{12}.$$

因为AB共有(2,5)，(2,6)，(5,2)，(5,3)，(5,4)，(5,5)，(5,6)这7个样本点，故$P(AB)=\frac{7}{36}$.

今有$P(A)P(B)=P(AB)$，故A,B相互独立.

6. A,B两人轮流射击，每次每人射击一枪，射击的次序为$A,B,A,B,A,\cdots$，射击直至击中两枪为止. 设每人击中的概率均为p，且各次击中与否相互独立. 求击中的两枪是由同一人射击的概率.（提示：分别考虑两枪是由A击中的与两枪是由B击中的两种情况，若两枪是由A击中的，则射击必然在奇数次结束. 又当$|x|<1$时，$1+2x+3x^2+\cdots=\frac{1}{(1-x)^2}$）

解　设A表示事件"A击中两枪"，B表示事件"B击中两枪". 以A_{2n+1}表示事件"A在第$2n+1$轮（$n=1,2,\cdots$）射击时又一次击中，射击在此时结束". A_{2n+1}发生表示"前$2n$轮中A共射击n枪而其中击中一枪，且A在第$2n+1$轮时击中第二枪"（这一事件记为C），同时"B在前$2n$轮中共射击n枪但一枪未中"（这一事件记为D），因此

$$P(A_{2n+1})=P(CD)=P(C)P(D)=[C_n^1p(1-p)^{n-1}p](1-p)^n=np^2(1-p)^{2n-1}.$$

则
$$P(A)=P\left(\bigcup_{n=1}^{\infty}A_{2n+1}\right)=\sum_{n=1}^{\infty}P(A_{2n+1})=\sum_{n=1}^{\infty}np^2(1-p)^{2n-1}$$

$$= p^2(1-p)\sum_{n=1}^{\infty} n\left[(1-p)^2\right]^{n-1}$$

$$= p^2(1-p)\frac{1}{\left[1-(1-p)^2\right]^2} = \frac{1-p}{(2-p)^2}.$$

以$B_{2(n+1)}$ 表示事件"B在第 $2(n+1)$ 轮($n=1,2,\cdots$) 射击时又一次击中，射击在此时结束". $B_{2(n+1)}$ 发生表示在前 $2n+1$ 轮中 B 射击 n 枪，其中有一枪击中，且 B 在第 $2(n+1)$ 轮时击中第二枪，同时 A 在前 $2n+1$ 轮中共射击 $n+1$ 枪，但一枪未中. 则

$$P(B) = P(\bigcup_{n=1}^{\infty} B_{2(n+1)}) = \sum_{n=1}^{\infty} C_n^1 p(1-p)^{n-1} p(1-p)^{n+1}$$

$$= \sum_{n=1}^{\infty} np^2(1-p)^{2n} = p^2(1-p)^2\sum_{n=1}^{\infty} n\left[(1-p)^2\right]^{n-1}$$

$$= p^2(1-p)^2\frac{1}{\left[1-(1-p)^2\right]^2} = \frac{(1-p)^2}{(2-p)^2}.$$

因此由一人击中两枪的概率为

$$P(A\cup B) = P(A)+P(B) = \frac{1-p}{(2-p)^2}+\frac{(1-p)^2}{(2-p)^2} = \frac{1-p}{2-p}.$$

7. 有3个独立工作的元件1、元件2、元件3，它们的可靠性分别为p_1, p_2, p_3. 设由它们组成一个"3个元件取2个元件的表决系统"，记为 $2/3[G]$. 这一系统的运行方式是当且仅当3个元件中至少有2个正常工作时这一系统正常工作. 求这一 $2/3[G]$ 系统的可靠性.

解　以A_i 表示事件"第 i 个元件正常工作"，以 B 表示事件"$2/3[G]$ 系统正常工作"，则

$$B = A_1A_2\overline{A_3}\cup A_1\overline{A_2}A_3\cup\overline{A_1}A_2A_3\cup A_1A_2A_3.$$

由于A_1, A_2, A_3 相互独立，所以

$$P(B) = P(A_1A_2\overline{A_3})+P(A_1\overline{A_2}A_3)+P(\overline{A_1}A_2A_3)+P(A_1A_2A_3)$$

$$= P(A_1)P(A_2)P(\overline{A_3})+P(A_1)P(\overline{A_2})P(A_3)+P(\overline{A_1})P(A_2)P(A_3)+P(A_1)P(A_2)P(A_3)$$

$$= p_1p_2(1-p_3)+p_1(1-p_2)p_3+(1-p_1)p_2p_3+p_1p_2p_3.$$

8. 在如图16－2所示的桥式结构的电路中，第 i 个继电器触点闭合的概率为p_i，$i=1,2,3,4,5$. 各继电器工作相互独立. 求：

(1) 以继电器触点 1 是否闭合为条件，求 A 到 B 之间为通路的概率.

(2) 已知 A 到 B 为通路的条件下，继电器触点 3 是闭合的概率.

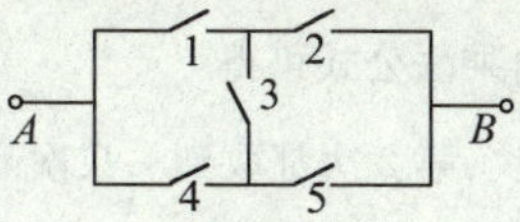

图 16－2

解　以 F 表示事件"A点到 B 点为通路"，以C_i 表示事件"继电器触点 i 闭合"，$i=1,2,3,4,5$，各继电器工作相互独立.

(1) 得 $P(F) = P(F\mid C_1)P(C_1)+P(F\mid\overline{C_1})P)\overline{C_1}) = P(F\mid C_1)\,p_1+P(F\mid C_1)(1-p_1)$.

其中 $P(F\mid C_1) = P(C_2\cup C_3C_5\cup C_4C_6)$

$$= P(C_2)+P(C_3C_5)+P(C_4C_6)-P(C_2C_3C_5)-P(C_2C_4C_5)-P(C_3C_4C_5)$$

$$+P(C_2C_3C_4C_5)$$

$$= p_2+p_3p_5+p_4p_5-p_2p_3p_5-p_2p_4p_5-p_3p_4p_5+p_2p_3p_4p_5,$$

$$P(F\mid\overline{C_1}) = P(C_4C_5\cup C_2C_3C_4) = p_4p_5+p_2p_3p_4-p_2p_3p_4p_5,$$

(2) 令$q_i = 1-p_i$，则

$$P(C_3\mid F) = \frac{P(F\mid C_3)P(C_3)}{P(F)} = \frac{\left[1-P(\overline{C_1}\,\overline{C_4}\cup\overline{C_2}\,\overline{C_5})\right]P(C_3)}{P(F)}$$

$$= \frac{(1-q_1 q_4 - q_2 q_5 + q_1 q_2 q_4 q_5) p_3}{P(F)}.$$

其中 $P(F)$ 的表达式由(1) 决定.

9. 进行非学历考试，规定考甲、乙两门课程，每门课程考试第一次未通过都只允许考第二次. 考生仅在课程甲通过后才能考课程乙，如两门课程都通过可获得一张资格证书. 设某考生通过课程甲的各次考试的概率为p_1，通过课程乙的各次考试的概率为p_2，设各次考试的结果相互独立. 又设考生参加考试直至获得资格证书或者不准予再考为止. 以 X 表示考生总共需考试的次数，求 X 的分布律.

解　由题意可知 X 的取值为 2,3,4. 以A_i 表示事件"课程甲在考第 i 次时通过"，$i=1,2$；以B_i 表示事件"课程乙在考第 i 次时通过"，$i=1,2$.

事件$\{X=2\}$ 表示考生总共考 2 次，这一事件只在下列两种互不相容的情况下发生，一种是课程甲、乙都在第一次考试时通过，亦即$A_1 B_1$ 发生(此时他得到证书)；另一种是课程甲在第一次、第二次考试均未通过，亦即$\overline{A}_1 \overline{A}_2$ 发生(此时他不准再考). 故

$$\begin{aligned} P\{X=2\} &= P(A_1 B_1 \cup \overline{A}_1 \overline{A}_2) = P(A_1 B_1) + P(\overline{A}_1 \overline{A}_2) \\ &= P(A_1)P(B_1) + P(\overline{A_1})P(\overline{A}_2) \\ &= p_1 p_2 + (1-p_1)(1-p_1); \end{aligned}$$

同理可得

$$\begin{aligned} P\{X=3\} &= P(A_1 \overline{B}_1 B_2 \cup \overline{A}_1 A_2 B_1 \cup A_1 \overline{B}_1 \overline{B}_2) \\ &= P(A_1 \overline{B}_1 \cup \overline{A}_1 A_2 B_1) \\ &= p_1(1-p_2) + (1-p_1)p_1 p_2; \end{aligned}$$

$$P\{X=4\} = P(\overline{A}_1 A_2 \overline{B}_1 B_2 \cup \overline{A}_1 A_2 \overline{B}_1 \overline{B}_2) = P(\overline{A}_1 A_2 \overline{B}_1) = (1-p_1)p_1(1-p_2).$$

则 X 的分布律为

X	2	3	4
P	$p_1p_2+(1-p_1)^2$	$p_1(1-p_2)+(1-p_1)p_1p_2$	$(1-p_1)p_1(1-p_2)$

10. (1)5 只电池，其中有 2 只是次品，每次取一只测试，直至将 2 只次品都找到. 设第 2 只次品在第 $X(X=2,3,4,5)$ 次找到，求 X 的分布律(注:实际上第 5 次检测可无须进行).

(2)5 只电池中 2 只是次品，每次取一只，直到找出 2 只次品或 3 只正品为止. 写出需要测试的次数的分布律.

解　(1)X 的可能取值为 2,3,4,5. 由乘法公式可得

$$P\{X=2\} = P\{第 1 次、第 2 次都取到一只次品\} = \frac{2}{5} \times \frac{1}{4} = \frac{1}{10}.$$

$$\begin{aligned} P\{X=3\} &= P\{(前两次取到一只次品) \cap (第 3 次取到一只次品)\} \\ &= P\{第 3 次取到一只次品 \mid 前两次取到一只次品\} \times P\{前两次取到一只次品\} \\ &= \frac{1}{3} \times \left(\frac{2}{5} \times \frac{3}{4} + \frac{3}{5} \times \frac{2}{4}\right) = \frac{2}{10}. \end{aligned}$$

$$\begin{aligned} P\{X=4\} &= P\{(前 3 次取到一只次品) \cap (第 4 次取到一只次品)\} \\ &= P\{第 4 次取到一只次品 \mid 前 3 次取到一只次品\} \times P\{前 3 次取到一只次品\} \\ &= \frac{1}{2} \times \left(\frac{2}{5} \times \frac{3}{4} \times \frac{2}{3} + \frac{3}{5} \times \frac{2}{4} \times \frac{2}{3} + \frac{3}{5} \times \frac{2}{4} \times \frac{2}{3}\right) \\ &= \frac{3}{10}. \end{aligned}$$

由性质得

$$P\{X=5\} = 1 - P\{X=2\} - P\{X=3\} - P\{X=4\} = \frac{4}{10}.$$

故 X 的分布律为

X	2	3	4	5
p_k	$\frac{1}{10}$	$\frac{2}{10}$	$\frac{3}{10}$	$\frac{4}{10}$

(2) 以 Y 表示所需测试的次数，则 Y 的可能取值为 2,3,4.

$$P\{Y=2\}=P\{X=2\}=\frac{1}{10}.$$

$\{Y=3\}$ 表示"前 3 次取到都是正品"或"第二只次品在第 3 次取到"，故

$$\begin{aligned}P\{Y=3\}&=P\{\text{前 3 次取到的都是正品}\}+P\{X=3\}\\&=\frac{3}{5}\times\frac{2}{4}\times\frac{1}{3}+\frac{2}{10}=\frac{3}{10}.\end{aligned}$$

$$P\{Y=4\}=1-P\{Y=2\}-P\{Y=3\}=\frac{6}{10}.$$

Y 的分布律为

Y	2	3	4
p_k	$\frac{1}{10}$	$\frac{3}{10}$	$\frac{6}{10}$

11. 向某一目标发射炮弹，设炮弹弹着点离目标的距离为 R(以 10 m 计)，R 服从瑞利分布，其概率密度为

$$f_R(r)=\begin{cases}\frac{2r}{25}\mathrm{e}^{-r^2/25}, & r>0,\\0, & r\leqslant 0.\end{cases}$$

若弹着点离目标不超过 5 个单位时，目标被摧毁.

(1) 求发射一枚炮弹能摧毁目标的概率.

(2) 为使至少有一枚炮弹能摧毁目标的概率不少于 0.94，问：最少需要独立发射多少枚炮弹？

解　(1) 所求概率为

$$P\{R\leqslant 5\}=\int_{-\infty}^{5}f_R(r)\mathrm{d}r=\int_0^5\frac{2r}{25}\mathrm{e}^{-r^2/25}\mathrm{d}r=-\mathrm{e}^{-r^2/25}\Big|_0^5=1-\mathrm{e}^{-1}=0.632.$$

(2) 设发射 n 枚炮弹，则这 n 枚炮弹都不能摧毁目标的概率为 $(1-0.632)^n$，故至少有一枚炮弹能摧毁目标的概率为 $1-(1-0.632)^n$.

令

$$1-(1-0.632)^n\geqslant 0.94.$$

即

$$0.368^n\leqslant 0.06,$$

$$n\geqslant\frac{\ln 0.06}{\ln 0.368}=2.81.$$

故最少需要独立发射 3 枚炮弹.

12. 设一枚深水炸弹击沉一艘潜水艇的概率为 $\frac{1}{3}$，击伤的概率为 $\frac{1}{2}$，击不中的概率为 $\frac{1}{6}$，并设击伤两次也会导致潜水艇下沉. 求释放 4 枚深水炸弹能击沉潜水艇的概率(提示：先求击不沉的概率).

解　击不沉潜艇仅出现于下述两种不相容的情况：(1)4 枚深水炸弹全击不中潜艇(这一事件记为 A). (2) 一枚击伤潜艇而另三枚击不中潜艇(这一事件记为 B). 各枚炸弹袭击效果被认为是相互独立的，故有

$$P(A)=\left(\frac{1}{6}\right)^4, P(B)=C_4^1\frac{1}{2}\times\left(\frac{1}{6}\right)^3.$$

又 A,B 是互不相容的，于是，击不沉的概率为

$$P(A\cup B)=P(A)+P(B)=\frac{13}{6^4}.$$

因此,击沉潜艇的概率为

$$p=1-P(A\cup B)=1-\frac{13}{6^4}=0.98997.$$

13. 一盒中装有 4 只白球,8 只黑球,从中取 3 只球,每次一只,作不放回抽样.

(1) 求第 1 次和第 3 次都取到白球的概率(提示:考虑第 2 次的抽取).

(2) 求在第 1 次取到白球的条件下,前 3 次都取到白球的概率.

解 以A_1,A_2,A_3 分别表示 1,2,3 次取到白球.

(1) 利用加法公式和乘法公式.

$$\begin{aligned}P(A_1A_3)&=P(A_1A_2A_3\cup A_1\overline{A_2}A_3)=P(A_1A_2A_3)+P(A_1\overline{A_2}A_3)\\&=P(A_3\mid A_1A_2)P(A_2\mid A_1)P(A_1)+P(A_3\mid A_1\overline{A_2})P(\overline{A_2}\mid A_1)P(A_1)\\&=\frac{2}{10}\times\frac{3}{11}\times\frac{4}{12}+\frac{3}{10}\times\frac{8}{11}\times\frac{4}{12}=\frac{1}{11}.\end{aligned}$$

(2) 利用条件概率.

$$P(A_1A_2A_3\mid A_1)=\frac{P(A_1A_2A_3)}{P(A_1)}=\frac{\frac{4}{12}\times\frac{3}{11}\times\frac{2}{10}}{\frac{4}{12}}=\frac{6}{110}=\frac{3}{55}.$$

14. 设元件的寿命 T(以 h 计) 服从指数分布,分布函数为

$$F(t)=\begin{cases}1-e^{-0.03t}, & t>0,\\0, & t\leqslant 0.\end{cases}$$

(1) 已知元件至少工作了 30 h,求它能再至少工作 20 h 的概率.

(2) 由3个独立工作的此种元件组成一个2/3[G]系统(参见第7题).求这一系统的寿命$X>20$的概率.

解 (1) 由指数分布的无记忆性知所求概率为

$$p=P\{T>50\mid T>30\}=P\{T>20\}=1-F(20)=e^{-0.6}=0.5488.$$

(2) 由第 7 题知 2/3[G] 系统的寿命 $X>20$ 的概率为

$$P\{X>20\}=3p^2(1-p)+p^3=p^2(3-2p)=0.5730.$$

15. (1) 已知随机变量 X 的概率密度为$f_X(x)=\frac{1}{2}e^{-|x|}$,$-\infty<x<\infty$,求 X 的分布函数.

(2) 已知随机变量 X 的分布函数为$F_X(x)$,另有随机变量

$$Y=\begin{cases}1, & X>0,\\-1, & X\leqslant 0,\end{cases}$$

试求 Y 的分布律和分布函数.

解 (1) 当 $x<0$ 时,分布函数

$$F_X(x)=\int_{-\infty}^{x}f_X(x)dx=\int_{-\infty}^{x}\frac{1}{2}e^{x}dx=\frac{1}{2}e^{x}\Big|_{-\infty}^{x}=\frac{1}{2}e^{x};$$

当 $x\geqslant 0$ 时,分布函数

$$\begin{aligned}F_X(x)&=\int_{-\infty}^{x}f_X(x)dx=\int_{-\infty}^{0}\frac{1}{2}e^{x}dx+\int_{0}^{x}\frac{1}{2}e^{-x}dx\\&=\frac{1}{2}+\frac{1}{2}-\frac{1}{2}e^{-x}=1-\frac{1}{2}e^{-x}.\end{aligned}$$

故所求分布函数为

$$F_X(x)=\begin{cases}\frac{1}{2}e^{x}, & x<0,\\1-\frac{1}{2}e^{-x}, & x\geqslant 0.\end{cases}$$

(2)
$$P\{Y=-1\}=P\{X\leqslant 0\}=F_X(0)=\frac{1}{2},$$
$$P\{Y=1\}=1-P\{Y=-1\}=1-\frac{1}{2}=\frac{1}{2}.$$

分布律为

Y	-1	1
p_k	$\frac{1}{2}$	$\frac{1}{2}$

分布函数为

$$F_Y(y)=P\{Y\leqslant y\}=\begin{cases}0, & y<-1,\\ \frac{1}{2}, & -1\leqslant y<1,\\ 1, & y\geqslant 1.\end{cases}$$

16. (1) 设随机变量 X 服从泊松分布,其分布律为
$$P\{X=k\}=\frac{\lambda^k e^{-\lambda}}{k!},k=0,1,2,\cdots,$$
问当 k 取何值时 $P\{X=k\}$ 为最大?

(2) 设随机变量 X 服从二项分布,其分布律为
$$P\{X=k\}=C_n^k p^k(1-p)^{n-k},k=0,1,2,\cdots,n,$$
问当 k 取何值时 $P\{X=k\}$ 为最大?

解 (1) 因为 $\frac{P\{X=k\}}{P\{X=k-1\}}=\frac{\lambda^k e^{-\lambda}}{k!}\frac{(k-1)!}{\lambda^{k-1}e^{-\lambda}}=\frac{\lambda}{k}\begin{cases}>1, & 当 k<\lambda,\\ =1, & 当 k=\lambda,k=1,2,\cdots,\\ <1, & 当 k>\lambda,\end{cases}$

所以,当 $k<\lambda$ 时,$P\{X=k\}$ 随 k 增大而递增;当 $k>\lambda$ 时,$P\{X=k\}$ 随 k 增大而递减.从而,若 λ 为正整数时,$P\{X=\lambda\}=P\{X=\lambda-1\}$ 为概率的最大值,即当 $k=\lambda$ 或 $k=\lambda-1$ 时概率都取到最大值.若 λ 不是正整数,令 $k_0=[\lambda]$(即 k_0 是 λ 的整数部分),则 $k_0<\lambda<k_0+1$,此时有
$$P\{X=k_0-1\}<P\{X=k_0\},P\{X=k_0\}>P\{X=k_0+1\},$$
因此,可推得 $P\{X=k_0\}=P\{X=[\lambda]\}$ 为概率的最大值.

(2) 由 $\frac{P\{X=k\}}{P\{X=k-1\}}=\frac{C_n^k p^k(1-p)^{n-k}}{C_n^{k-1}p^{k-1}(1-p)^{n-k+1}}=\frac{(n-k+1)p}{k(1-p)}=1+\frac{(n+1)p-k}{k(1-p)}$
$$\begin{cases}>1, & k<(n+1)p,\\ =1, & k=(n+1)p,k=1,2,\cdots,n,\\ <1, & k>(n+1)p,\end{cases}$$

知道,当 $k<(n+1)p$ 时,$P\{X=k\}$ 随 k 增大而递增;当 $k>(n+1)p$ 时,$P\{X=k\}$ 随 k 增大而递减.从而,若 $(n+1)p$ 为正整数时,$P\{X=(n+1)p\}=P\{X=(n+1)p-1\}$ 为概率的最大值,即当 $k=(n+1)p$ 或 $k=(n+1)p-1$ 时概率都取到最大值.若 $(n+1)p$ 不是正整数,令 $k_0=[(n+1)p]$,则 $k_0<(n+1)p<k_0+1$,此时有
$$P\{X=k_0-1\}<P\{X=k_0\},$$
$$P\{X=k_0\}>P\{X=k_0+1\},$$
可推得 $P\{X=k_0\}=P\{X=[(n+1)p]\}$ 为概率的最大值.

17. 若离散型随机变量 X 具有分布律

X	1	2	…	n
p_k	$\frac{1}{n}$	$\frac{1}{n}$	…	$\frac{1}{n}$

称 X 服从取值为 $1,2,\cdots,n$ 的离散型均匀分布. 对于任意非负实数 x,记 $[x]$ 为不超过 x 的最大整数. 设随机变量 $U\sim U(0,1)$,试证 $X=[nU]+1$ 服从取值为 $1,2,\cdots,n$ 的离散型均匀分布.

证明　对于 $k=1,2,\cdots,n$,

$$P\{X=k\}=P\{[nU]+1=k\}=P\{[nU]=k-1\}=P\{k-1\leqslant nU<k\}$$
$$=P\left\{\frac{k-1}{n}\leqslant U<\frac{k}{n}\right\}=\frac{1}{n}.$$

证毕.

18. 设随机变量 $X\sim U(-1,2)$,求 $Y=|X|$ 的概率密度.

解　X 的概率密度为

$$f_X(x)=\begin{cases}\dfrac{1}{3}, & -1<x<2,\\ 0, & \text{其他}.\end{cases}$$

记 X 的分布函数为 $F_X(x)$,先来求 Y 的分布函数 $F_Y(y)$.

当 $y\leqslant 0$ 时,$F_Y(y)=P\{Y\leqslant y\}=0$;

当 $y>0$ 时,$F_Y(y)=P\{|X|\leqslant y\}=P\{-y\leqslant X\leqslant y\}=F_X(y)-F_X(-y)$.

则 Y 的概率密度 $f_Y(y)$ 为:

$$f_Y(y)=F'_y(y)=\begin{cases}f_X(y)+f_X(-y), & y>0,\\ 0, & \text{其他}.\end{cases}$$

当 $0<y<1$ 时,$-1<-y<0$,因而 $f_X(y)=\dfrac{1}{3}$,$f_X(-y)=\dfrac{1}{3}$,此时

$$f_Y(y)=\frac{1}{3}+\frac{1}{3}=\frac{2}{3}.$$

当 $1<y<2$ 时,$-2<-y<-1$,因而 $f_X(y)=\dfrac{1}{3}$,$f_X(-y)=0$,此时

$$f_Y(y)=\frac{1}{3}.$$

当 $y>2$ 时,$f_X(y)=0$,$f_X(-y)=0$,因而 $f_Y(y)=0$. 故

$$f_Y(y)=\begin{cases}\dfrac{2}{3}, & 0<y<1,\\ \dfrac{1}{3}, & 1\leqslant y<2,\\ 0, & \text{其他}.\end{cases}$$

19. 设随机变量 X 的概率密度为

$$f_X(x)=\begin{cases}0, & x<0,\\ \dfrac{1}{2}, & 0\leqslant x<1,\\ \dfrac{1}{2x^2}, & 1\leqslant x<\infty.\end{cases}$$

求 $Y=\dfrac{1}{X}$ 的概率密度.

解　因函数 $y=g(x)=\dfrac{1}{x}$,严格单调减少,它的反函数为 $h(y)=\dfrac{1}{y}$. 当 $0<x<\infty$ 时,$0<y<\infty$.

由第二章公式(5.2)得 Y 的概率密度为

$$f_Y(y)=\begin{cases}f_X[h(y)]\cdot|h'(y)|, & 0<y<\infty,\\ 0, & y\leqslant 0\end{cases}=\begin{cases}f_X\left(\dfrac{1}{y}\right)\dfrac{1}{y^2}, & 0<y<\infty,\\ 0, & y\leqslant 0.\end{cases}$$

因而

$$f_Y(y)=\begin{cases}0, & y\leqslant 0,\\ \dfrac{1}{2}\dfrac{1}{y^2}, & 0<\dfrac{1}{y}<1,\\ \dfrac{1}{2}\dfrac{1}{\left(\dfrac{1}{y}\right)^2}\dfrac{1}{y^2}, & 1\leqslant\dfrac{1}{y}<\infty.\end{cases}=\begin{cases}0, & y\leqslant 0,\\ \dfrac{1}{2}, & 0<y\leqslant 1,\\ \dfrac{1}{2y^2}, & 1<y<\infty.\end{cases}$$

20. 设随机变量 X 服从参数为$\dfrac{1}{\lambda}$ 的指数分布. 验证随机变量 $Y=[X]$ 服从参数为 $1-e^{-\lambda}$ 的几何分布. 这一事实表明连续型随机变量的函数可以是离散型随机变量.

解　因为X的值域为$(0,\infty)$,故$Y=[X]$的值域是$\{0,1,2,\cdots\}$,Y是离散型随机变量. 对于任意非负整数 y 有

$$\begin{aligned}P\{Y=y\}&=P\{[X]=y\}=P\{y\leqslant X<y+1\}\\&=F_x(y+1)-F_x(y)=e^{-\lambda y}-e^{-\lambda(y+1)}=(1-e^{-\lambda})(e^{-\lambda})^y\\&=(1-e^{-\lambda})[1-(1-e^{-\lambda})]^y, y=0,1,2,\cdots.\end{aligned}$$

这就是说Y服从以 $1-e^{-\lambda}$ 为参数的几何分布. 这表示一个连续型随机变量经变换变成了离散型随机变量.

21. 投掷一枚硬币直至正面出现为止,引入随机变量

$$X=\text{投掷总次数}.$$

$$Y=\begin{cases}1, & \text{若首次投掷得到正面},\\ 0, & \text{若首次投掷得到反面}.\end{cases}$$

(1) 求 X 和 Y 的联合分布律及边缘分布律.

(2) 求条件概率 $P\{X=1\mid Y=1\}$,$P\{Y=2\mid X=1\}$.

解　(1)Y 的可能值是 $0,1$,X 的可能值是 $1,2,3,\cdots$. 利用乘法公式可得:

$$P\{X=1,Y=1\}=P\{Y=1\mid X=1\}P\{X=1\}=1\times\frac{1}{2}=\frac{1}{2}.$$

$$P\{X=1,Y=0\}=P\{Y=0\mid X=1\}P\{X=1\}=0\times\frac{1}{2}=0.$$

若 $k>1$,

$$P\{X=k,Y=1\}=P\{Y=1\mid X=k\}P\{X=k\}=0\times\frac{1}{2^k}=0.$$

当 $k>1$,

$$P\{X=k,Y=0\}=P\{Y=0\mid X=k\}P\{X=k\}=1\times\frac{1}{2^k}=\frac{1}{2^k},k=2,3,\cdots.$$

综上,得(X,Y) 的分布律及边缘分布律如下:

Y \ X	1	2	3	4	…	$P\{Y=j\}$
0	0	$\frac{1}{2^2}$	$\frac{1}{2^3}$	$\frac{1}{2^4}$	…	$\frac{1}{2}$
1	$\frac{1}{2}$	0	0	0	…	$\frac{1}{2}$
$P\{X=i\}$	$\frac{1}{2}$	$\frac{1}{2^2}$	$\frac{1}{2^3}$	$\frac{1}{2^4}$	…	1

(2) 因为$\{X=1\mid Y=1\}$ 为必然事件,$\{Y=2\mid X=1\}$ 为不可能事件,故

$$P\{X=1\mid Y=1\}=1,P\{Y=2\mid X=1\}=0.$$

22. 设随机变量 $X\sim\pi(\lambda)$，随机变量 $Y=\max\{X,2\}$. 求 X 和 Y 的联合分布律及边缘分布律.

解 X 的分布律为

$$P\{X=k\}=\frac{\lambda^k\mathrm{e}^{-\lambda}}{k!},k=0,1,2,\cdots.$$

X 的可能值是 $0,1,2,\cdots$；Y 的可能值为 $2,3,4,\cdots$. 由乘法公式得：

$$P\{X=0,Y=2\}=P\{Y=2\mid X=0\}P\{X=0\}=1\cdot P\{X=0\}=\mathrm{e}^{-\lambda}.$$

$$P\{X=1,Y=2\}=P\{Y=2\mid X=1\}P\{X=1\}=1\cdot P\{X=1\}=\lambda\mathrm{e}^{-\lambda}.$$

当 $i\geqslant 2$ 时

$$P\{X=i,Y=j\}=P\{Y=j\mid X=i\}P\{X=i\}=\begin{cases}1\cdot P\{X=i\}, & j=i,\\ 0\cdot P\{X=i\}, & j\neq i\end{cases}$$

$$=\begin{cases}\dfrac{\lambda^i\mathrm{e}^{-\lambda}}{i!}, & j=i,\\ 0, & j\neq i,\end{cases}\quad j=2,3,4,\cdots.$$

即得 X,Y 的联合分布律及边缘分布律为

$Y \backslash X$	0	1	2	3	4	5	$\cdots$	$P\{Y=j\}$
2	$\mathrm{e}^{-\lambda}$	$\lambda\mathrm{e}^{-\lambda}$	$\frac{\lambda^2\mathrm{e}^{-\lambda}}{2!}$	0	0	0	$\cdots$	$\sum\limits_{i=0}^{2}\frac{\lambda^i\mathrm{e}^{-\lambda}}{i!}$
3	0	0	0	$\frac{\lambda^3\mathrm{e}^{-\lambda}}{3!}$	0	0	$\cdots$	$\frac{\lambda^{3-\lambda}}{3!}$
4	0	0	0	0	$\frac{\lambda^4\mathrm{e}^{-\lambda}}{4!}$	0	$\cdots$	$\frac{\lambda^4\mathrm{e}^{-\lambda}}{4!}$
$\vdots$	$\vdots$	$\vdots$	$\vdots$	$\vdots$	$\vdots$	$\vdots$	$\vdots$	$\vdots$
$P\{X=i\}$	$\mathrm{e}^{-\lambda}$	$\lambda\mathrm{e}^{-\lambda}$	$\frac{\lambda^2\mathrm{e}^{-\lambda}}{2!}$	$\frac{\lambda^3\mathrm{e}^{-\lambda}}{3!}$	$\frac{\lambda^4\mathrm{e}^{-\lambda}}{4!}$	$\cdots$	$\cdots$	1

23. 设 X,Y 是相互独立的泊松随机变量，参数分别为 λ_1,λ_2，求给定 $X+Y=n$ 的条件下 X 的条件分布.

解 因为 $X+Y$ 服从参数 $\lambda_1+\lambda_2$ 的泊松分布，所以

$$P\{X=k\mid X+Y=n\}=\frac{P\{X=k,X+Y=n\}}{P\{X+Y=n\}}=\frac{P\{X=k,Y=n-k\}}{P\{X+Y=n\}}$$

$$\xlongequal{\text{由独立性}}\frac{P\{X=k\}P\{Y=n-k\}}{P\{X+Y=n\}}$$

$$=\frac{\lambda_1^k\mathrm{e}^{-\lambda_1}}{k!}\cdot\frac{\lambda_2^{n-k}\mathrm{e}^{-\lambda_2}}{(n-k)!}\left[\frac{(\lambda_1+\lambda_2)^n\mathrm{e}^{-(\lambda_1+\lambda_2)}}{n!}\right]^{-1}$$

$$=\frac{n!}{(n-k)!k!}\frac{\lambda_1^k\lambda_2^{n-k}}{(\lambda_1+\lambda_2)^n}$$

$$=\mathrm{C}_n^k\frac{\lambda_1^k\lambda_2^{n-k}}{(\lambda_1+\lambda_2)^n}=\mathrm{C}_n^k\left(\frac{\lambda_1}{\lambda_1+\lambda_2}\right)^k\left(\frac{\lambda_2}{\lambda_1+\lambda_2}\right)^{n-k}.$$

这就是说给定条件 $X+Y=n$ 下 X 的条件分布为以 $n,\lambda_1/(\lambda_1+\lambda_2)$ 为参数的二项分布.

24. 一位教授将两篇论文分别交给两个打字员打印，以 X,Y 分别表示第一篇和第二篇论文的打印错误. 设 $X\sim\pi(\lambda)$，$Y\sim\pi(\mu)$，X,Y 相互独立.

(1) 求 X,Y 的联合分布律.

(2) 求两篇论文总共至多 1 个打印错误的概率.

解 (1)X,Y 的联合分布律为

$$P\{X=x,Y=y\}=P\{X=x\}P\{Y=y\}=\frac{\lambda^x\mathrm{e}^{-\lambda}}{x!}\cdot\frac{\mu^y\mathrm{e}^{-\mu}}{y!}=\frac{\lambda^x\mu^y\mathrm{e}^{-(\lambda+\mu)}}{x!y!},x,y=0,1,2,\cdots.$$

(2) 两篇论文总共至多 1 个错误的概率为

$$\begin{aligned}P\{X+Y\leqslant 1\}&=P\{X=0,Y=0\}+P\{X=1,Y=0\}+P\{X=0,Y=1\}\\&=\mathrm{e}^{-(\lambda+\mu)}+\lambda\,\mathrm{e}^{-(\lambda+\mu)}+\mu\,\mathrm{e}^{-(\lambda+\mu)}=\mathrm{e}^{-(\lambda+\mu)}(1+\lambda+\mu).\end{aligned}$$

25. 一个等边三角形 ROT（如图 16－3）的边长为 1，在三角形内随机地取点 $Q(X,Y)$（意指随机点 (X,Y) 在三角形 ROT 内均匀分布）.

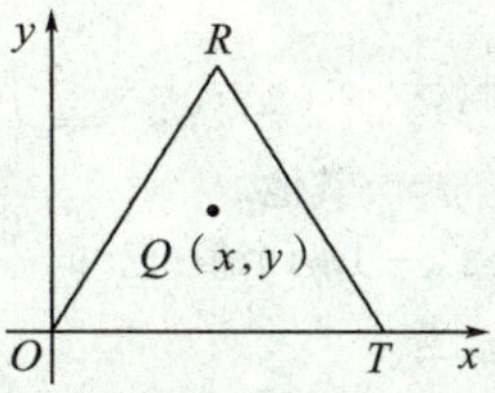

图 16－3

(1) 写出随机变量 (X,Y) 的概率密度.

(2) 求点 Q 到底边 OT 的距离的分布函数.

解 (1) 因三角形 ROT 的面积为$\frac{\sqrt{3}}{4}$，故 (X,Y) 的概率密度为

$$f(x,y)=\begin{cases}\frac{4}{\sqrt{3}}, & \frac{\sqrt{3}}{3}y\leqslant x\leqslant 1-\frac{\sqrt{3}}{3}y,0<y\leqslant\frac{\sqrt{3}}{2},\\0, & \text{其他}.\end{cases}$$

(2) 点 $Q(X,Y)$ 到底边 OT 的距离就是 Y，因而求 Q 到 OT 的距离的分布函数，就是求 (X,Y) 关于 Y 的边缘分布函数，Y 的分布函数为

$$F_Y(y)=F(+\infty,y)=\int_{-\infty}^{+\infty}\int_{-\infty}^{y}f(u,v)\mathrm{d}u\mathrm{d}v=\begin{cases}0, & y<0,\\\frac{4}{\sqrt{3}}y-\frac{4}{3}y^2, & 0\leqslant y<\frac{\sqrt{3}}{2},\\1, & y\geqslant\frac{\sqrt{3}}{2}.\end{cases}$$

26. 设随机变量 (X,Y) 具有概率密度

$$f(x,y)=\begin{cases}x\,\mathrm{e}^{-x(y+1)}, & x>0,y>0,\\0, & \text{其他}.\end{cases}$$

(1) 求边缘概率密度 $f_X(x),f_Y(y)$.

(2) 求条件概率密度 $f_{X|Y}(x\mid y),f_{Y|X}(y\mid x)$.

解 (1) 当 $x\leqslant 0$ 时，$f_X(x)=\int_{-\infty}^{+\infty}f(x,y)\mathrm{d}y=0$；

当 $x>0$ 时，$f_X(x)=\int_0^{\infty}x\,\mathrm{e}^{-x(y+1)}\mathrm{d}y=\mathrm{e}^{-x}(-\mathrm{e}^{-xy})\Big|_0^{\infty}=\mathrm{e}^{-x}$；

当 $y\leqslant 0$ 时，$f_Y(y)=\int_{-\infty}^{+\infty}f(x,y)\mathrm{d}x=0$；

当 $y>0$ 时，$f_Y(y)=\int_0^{\infty}x\,\mathrm{e}^{-x(y+1)}\mathrm{d}x=\frac{-x\,\mathrm{e}^{-x(y+1)}}{y+1}\Big|_0^{\infty}+\frac{1}{y+1}\int_0^{\infty}\mathrm{e}^{-x(y+1)}\mathrm{d}x$

$$=\frac{-\mathrm{e}^{-x(y+1)}}{(y+1)^2}\Big|_0^{\infty}=\frac{1}{(y+1)^2}.$$

故边缘概率密度分别为

$$f_X(x)=\begin{cases}e^{-x}, & x>0,\\ 0, & 其他.\end{cases}\quad f_Y(y)=\begin{cases}\dfrac{1}{(y+1)^2}, & y>0,\\ 0, & 其他.\end{cases}$$

(2) 条件概率密度.

当 $x>0$ 时,

$$f_{Y|X}(y\mid x)=\begin{cases}\dfrac{x\,e^{-x(y+1)}}{e^{-x}}, & y>0,\\ 0, & 其他\end{cases}=\begin{cases}x\,e^{-xy}, & y>0,\\ 0, & 其他.\end{cases}$$

当 $y>0$ 时,

$$f_{X|Y}(x\mid y)=\begin{cases}\dfrac{x\,e^{-x(y+1)}}{1/(y+1)^2}, & x>0,\\ 0, & 其他\end{cases}=\begin{cases}x(y+1)^2\,e^{-x(y+1)}, & x>0,\\ 0, & 其他.\end{cases}$$

27. 设有随机变量 U 和 V,它们都仅取 $1,-1$ 两个值.已知

$$P\{U=1\}=\frac{1}{2},$$

$$P\{V=1\mid U=1\}=\frac{1}{3}=P\{V=-1\mid U=-1\}.$$

(1) 求 U 和 V 的联合分布律.

(2) 求 x 的方程 $x^2+Ux+V=0$ 至少有一个实根的概率.

(3) 求 x 的方程 $x^2+(U+V)x+U+V=0$ 至少有一个实根的概率.

解　(1) 由乘法公式得

$$P\{U=1,V=1\}=P\{V=1\mid U=1\}P\{U=1\}=\frac{1}{3}\times\frac{1}{2}=\frac{1}{6}.$$

$$\begin{aligned}P\{U=-1,V=-1\}&=P\{V=-1\mid U=-1\}P\{U=-1\}\\&=\frac{1}{3}\times(1-P\{U=1\})=\frac{1}{3}\times\frac{1}{2}=\frac{1}{6}.\end{aligned}$$

$$\begin{aligned}P\{U=1,V=-1\}&=P\{V=-1\mid U=1\}P\{U=1\}=(1-P\{V=1\mid U=1\})P\{U=1\}\\&=\frac{2}{3}\times\frac{1}{2}=\frac{1}{3}.\end{aligned}$$

$$P\{U=-1,V=1\}=1-\frac{1}{6}-\frac{1}{6}-\frac{2}{6}=\frac{1}{3}.$$

U 和 V 的联合分布律为

U \ V	-1	1
-1	$\frac{1}{6}$	$\frac{1}{3}$
1	$\frac{1}{3}$	$\frac{1}{6}$

(2) 方程 $x^2+Ux+V=0$ 当且仅当在 $\Delta=U^2-4V\geqslant 0$ 时,至少有一实根,因而所求的概率为

$$P\{\Delta\geqslant 0\}=P\{U^2-4V\geqslant 0\}=P\{V=-1\}=\frac{1}{2}.$$

(3) 方程 $x^2+(U+V)x+U+V=0$ 当且仅当在 $\Delta=(U+V)^2-4(U+V)\geqslant 0$ 时至少有一实根,因而所求的概率为

$$\begin{aligned}P\{\Delta\geqslant 0\}&=P\{U+V\leqslant 0\text{ 或 }U+V\geqslant 4\}\\&=P\{U=-1,V=-1\}+P\{U=-1,V=1\}+P\{U=1,V=-1\}\\&=\frac{5}{6}.\end{aligned}$$

28. 某图书馆一天的读者人数 $X \sim \pi(\lambda)$，任一读者借书的概率为 p，各读者借书与否相互独立. 记一天读者借书的人数为 Y，求 X 和 Y 的联合分布律.

解　读者借书人数的可能值为 $Y=0,1,2,\cdots,Y\leqslant X$，

利用乘法公式及二项分布可得

$$P\{X=k,Y=i\}=P\{Y=i\mid X=k\}P\{X=k\}$$
$$=C_k^i p^i(1-p)^{k-i}\frac{\lambda^k e^{-\lambda}}{k!},k=0,1,2,\cdots,i=0,1,2,\cdots,k.$$

29. 设随机变量 X,Y 相互独立，且都服从均匀分布 $U(0,1)$，求两变量之一至少为另一变量之值之两倍的概率.

解　按题意知，

$$f(x,y)=f_X(x)f_Y(y)=\begin{cases}1, & 0<x<1,0<y<1,\\ 0, & 其他.\end{cases}$$

即 (X,Y) 在区域：$G=\{(x,y)\mid 0<x<1,0<y<1\}$ 上服从均匀分布，

所求概率为

$$p=P\{Y>2X\}+P\{X>2Y\}$$
$$=\iint\limits_{G_1}f(x,y)\mathrm{d}x\mathrm{d}y+\iint\limits_{G_2}f(x,y)\mathrm{d}x\mathrm{d}y$$
$$=G_1\text{ 的面积}+G_2\text{ 的面积}=\frac{1}{2}.$$

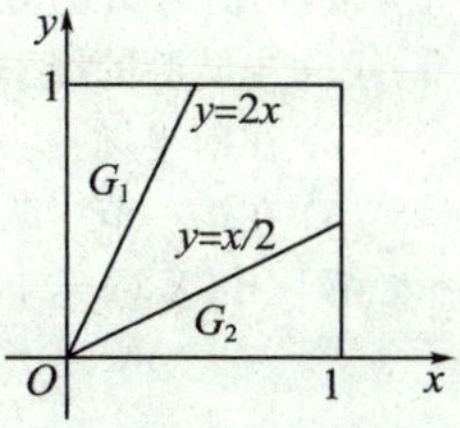

图 16－4

G_1,G_2 见图 16－4.

30. 一家公司有一份保单招标，两家保险公司竞标. 规定标书的保险费必须在 20 万元至 22 万元之间. 若两份标书保险费相差 2 000 元或 2 000 元以上，招标公司将选择报价低者，否则就重新招标. 设两家保险公司的报价是相互独立的，且都在 20 万至 22 万之间均匀分布. 试求招标公司需重新招标的概率.

解　设以 X,Y 分别表示两家保险公司提出的保费.

由题意可知 X 和 Y 的概率密度均为

$$f(u)=\begin{cases}\frac{1}{2}, & 20<u<22,\\ 0, & 其他.\end{cases}$$

因 X,Y 相互独立，故 (X,Y) 的概率密度为

$$f(x,y)=f_X(x)f_Y(y)=\begin{cases}\frac{1}{4}, & 20<x<22,20<y<22,\\ 0, & 其他.\end{cases}$$

按题意需求概率 $P\{|X-Y|\leqslant 0.2\}$. 因为 (x,y) 服从均匀分布，故可以利用几何概率（面积之比）计算. 画出区域：

$\{(x,y)\mid |x-y|<0.2\}$，以及矩形 $\{(x,y)\mid 20<x<22,20<y<22\}$（如图 16－5）它们公共部分的面积 G 为

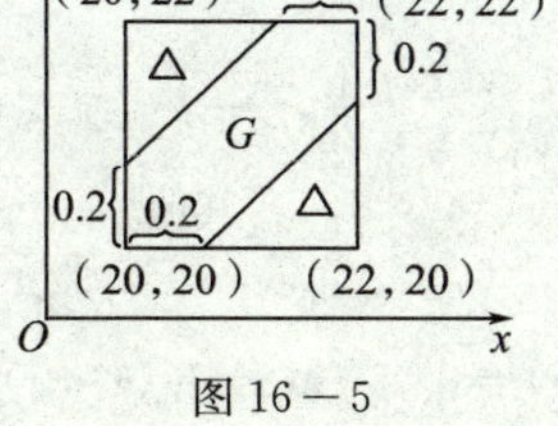

图 16－5

$G=$ 正方形面积 $-2\times$ 三角形面积 $=4-1.8\times1.8=0.76$.

所求概率 $p=\dfrac{0.76}{2\times2}=0.19$.

31. 设随机变量 $X\sim N(0,\sigma_1^2)$, $Y\sim N(0,\sigma_2^2)$，且 X,Y 相互独立，求概率

$$P\{0<\sigma_2X-\sigma_1Y<2\sigma_1\sigma_2\}.$$

解 因 X,Y 相互独立，故 $\sigma_2X-\sigma_1Y\sim N(0,2\sigma_1^2\sigma_2^2)$. 因而

$$P\{0<\sigma_2X-\sigma_1Y<2\sigma_1\sigma_2\}=P\left\{0<\frac{\sigma_2X-\sigma_1Y-0}{\sqrt{2\sigma_1^2\sigma_2^2}}\leqslant\frac{2\sigma_1\sigma_2-0}{\sqrt{2\sigma_1^2\sigma_2^2}}\right\}$$

$$=\Phi\left(\frac{2\sigma_1\sigma_2}{\sqrt{2\sigma_1^2\sigma_2^2}}\right)-\Phi(0)=\Phi(\sqrt{2})-0.5$$

$$=0.9207-0.5=0.4207.$$

32. NBA 篮球赛中有这样的规律，两支实力相当的球队比赛时，每节主队得分与客队得分之差为正态随机变量，均值为 1.5，方差为 6，并且假设四节的比分差是相互独立的. 问：

(1) 主队胜的概率有多大?

(2) 在前半场主队落在 5 分的情况下，主队得胜的概率有多大?

(3) 在第一节主队赢 5 分的情况下，主队得胜的概率有多大?

解 以 $X_i(i=1,2,3,4)$ 记主队在第 i 节的得分与客队在第 i 节的得分之差，则有

$$X_i\sim N(1.5,6),\ \sum_{i=1}^{4}X_i\sim N(4\times1.5,4\times6).$$

(1) $P\left\{\sum_{i=1}^{4}X_i>0\right\}=P\left\{\dfrac{\sum_{i=1}^{4}X_i-4\times1.5}{\sqrt{4\times6}}>\dfrac{-6}{\sqrt{4\times6}}\right\}=\Phi(1.2247)=0.8897.$

(2) 由独立性

$$P\left\{\sum_{i=1}^{4}X_i>0\,\middle|\,\sum_{i=1}^{2}X_i=-5\right\}=P\{X_3+X_4>5\}=P\left\{\frac{X_3+X_4-3}{\sqrt{2\times6}}>\frac{5-3}{\sqrt{12}}\right\}$$

$$=1-\Phi(0.5775)=0.2818.$$

(3) $P\left\{\sum_{i=1}^{4}X_i>0\,\middle|\,X_1=5\right\}=P\{5+X_2+X_3+X_4>0\}=P\{X_2+X_3+X_4>-5\}$

$$=P\left\{\frac{X_2+X_3+X_4-4.5}{\sqrt{3\times6}}>\frac{-5-4.5}{\sqrt{18}}\right\}$$

$$=\Phi(2.239)=0.9874.$$

33. 产品的某种性能指标的测量值 X 是随机变量，设 X 的概率密度为

$$f_X(x)=\begin{cases}x\,\mathrm{e}^{-\frac{1}{2}x^2}, & x>0,\\ 0, & \text{其他}.\end{cases}$$

测量误差 $Y\sim U(-\varepsilon,\varepsilon)$，$X,Y$ 相互独立. 求 $Z=X+Y$ 的概率密度 $f_Z(z)$，并验证

$$P\{Z>\varepsilon\}=\frac{1}{2\varepsilon}\int_0^{2\varepsilon}\mathrm{e}^{-u^2/2}\mathrm{d}u.$$

解 (1) Y 的概率密度为

$$f_Y(y)=\begin{cases}\dfrac{1}{2\varepsilon}, & -\varepsilon<y<\varepsilon,\\ 0, & \text{其他}.\end{cases}$$

故 $Z=X+Y$ 的概率密度为

$$f_Z(z)=\int_{-\infty}^{+\infty}f_X(x)f_Y(z-x)\mathrm{d}x,$$

仅当$\begin{cases} x>0, \\ -\varepsilon<z-x<\varepsilon, \end{cases}$即$\begin{cases} x>0, \\ z-\varepsilon<x<z+\varepsilon \end{cases}$时上述积分的被积函数不等于零(如图 16－6),得

$$f_Z(z)=\begin{cases} \dfrac{1}{2\varepsilon}\displaystyle\int_0^{z+\varepsilon} x e^{-\frac{1}{2}x^2}\mathrm{d}x, & -\varepsilon<z<\varepsilon, \\ \dfrac{1}{2\varepsilon}\displaystyle\int_{z-\varepsilon}^{z+\varepsilon} x e^{-\frac{1}{2}x^2}\mathrm{d}x, & z\geqslant\varepsilon, \\ 0, & \text{其他} \end{cases}$$

$$=\begin{cases} \dfrac{1}{2\varepsilon}[1-e^{-\frac{1}{2}(z+\varepsilon)^2}], & -\varepsilon<z<\varepsilon, \\ \dfrac{1}{2\varepsilon}[e^{-\frac{1}{2}(z-\varepsilon)^2}-e^{-\frac{1}{2}(z+\varepsilon)^2}], & z\geqslant\varepsilon, \\ 0, & \text{其他}. \end{cases}$$

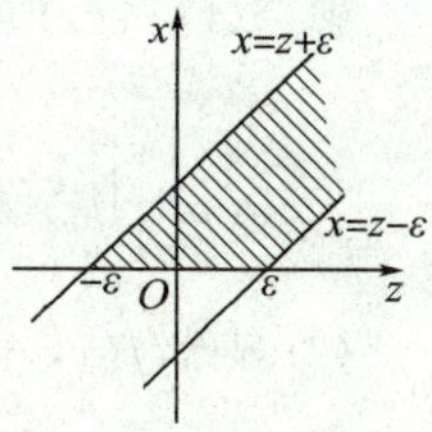

图 16－6

(2)$P\{Z>\varepsilon\}=\int_\varepsilon^{+\infty} f_Z(z)\mathrm{d}z=\frac{1}{2\varepsilon}\left[\int_\varepsilon^{+\infty} e^{-\frac{1}{2}(z-\varepsilon)^2}\mathrm{d}z-\int_\varepsilon^{+\infty} e^{-\frac{1}{2}(z+\varepsilon)^2}\mathrm{d}z\right]$,

其中

$$\int_\varepsilon^{+\infty} e^{-\frac{1}{2}(z-\varepsilon)^2}\mathrm{d}z \xlongequal{\text{令 } z-\varepsilon=u} \int_0^{+\infty} e^{-\frac{1}{2}u^2}\mathrm{d}u,$$

$$\int_\varepsilon^{+\infty} e^{-\frac{1}{2}(z+\varepsilon)^2}\mathrm{d}z \xlongequal{\text{令 } z+\varepsilon=u} \int_{2\varepsilon}^{+\infty} e^{-\frac{1}{2}u^2}\mathrm{d}u.$$

于是

$$P\{Z>\varepsilon\}=\frac{1}{2\varepsilon}\int_0^{2\varepsilon} e^{-\frac{1}{2}u^2}\mathrm{d}u.$$

34. 在一化学过程中,产品中有份额 X 为杂质,而在杂质中有份额 Y 是有害的,而其余部分不影响产品的质量. 设 $X\sim U(0,0.1)$,$Y\sim U(0,0.5)$,且 X 和 Y 相互独立. 求产品中有害杂质份额 Z 的概率密度.

解 因 $Z=XY$,$X\sim U(0,0.1)$,$Y\sim U(0,0.5)$ 且 X,Y 相互独立. 于是 Z 的概率密度为

$$f_Z(z)=\int_{-\infty}^{+\infty}\frac{1}{|x|}f_X(x)f_Y\left(\frac{z}{x}\right)\mathrm{d}x,$$

其中,$f_X(x)=\begin{cases} 10, & 0<x<0.1, \\ 0, & \text{其他}, \end{cases}$ $f_Y(x)=\begin{cases} 2, & 0<x<0.5, \\ 0, & \text{其他}. \end{cases}$

易知仅当

$$\begin{cases} 0<x<0.1, \\ 0<z/x<0.5, \end{cases} \text{即} \begin{cases} 0<x<0.1, \\ 0<2z<x \end{cases}$$

时上述积分中的被积函数不等于零,如图 16－7 即得

$$f_Z(z)=\begin{cases} \displaystyle\int_{2z}^{0.1} 10\cdot 2\cdot\frac{1}{x}\mathrm{d}x, & 0<z<0.05, \\ 0, & \text{其他} \end{cases}$$

$$=\begin{cases} -20\ln(20z), & 0<z<0.05, \\ 0, & \text{其他}. \end{cases}$$

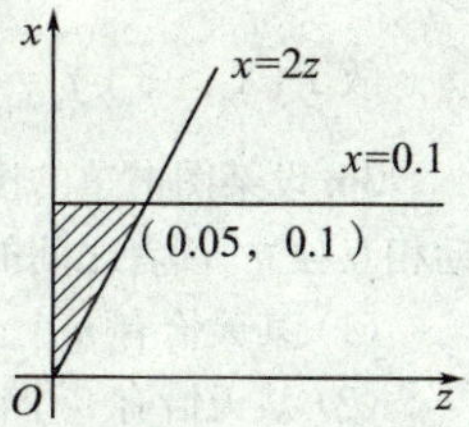

图 16－7

35. 设随机变量(X,Y)的概率密度为

$$f(x,y)=\begin{cases} e^{-y}, & 0<x<y, \\ 0, & \text{其他}. \end{cases}$$

(1) 求(X,Y)的边缘概率密度.

(2) 问 X,Y 是否相互独立.

(3) 求 $X+Y$ 的概率密度$f_{X+Y}(z)$.

(4) 求条件概率密度$f_{X|Y}(x\mid y)$.

(5) 求条件概率 $P\{X>3\mid Y<5\}$.

(6) 求条件概率 $P\{X>3 \mid Y=5\}$.

解 (1) $f_X(x)=\begin{cases}\int_x^{\infty} e^{-y}dy=e^{-x}, & x>0,\\ 0, & \text{其他}.\end{cases}$

$f_Y(y)=\begin{cases}\int_0^{y} e^{-y}dx=ye^{-y}, & y>0,\\ 0, & \text{其他}.\end{cases}$

(2) 显然，$f(x,y)\not\equiv f_X(x)f_Y(y)$，即 X,Y 不是相互独立的.

(3) $f_{X+Y}(z)=\int_{-\infty}^{\infty}f(z-y,y)dy$.

仅当 $0<z-y<y$，即$\begin{cases}2y>z,\\ y>0,\\ y<z\end{cases}$时被积函数不为零.

如图 16－8 得

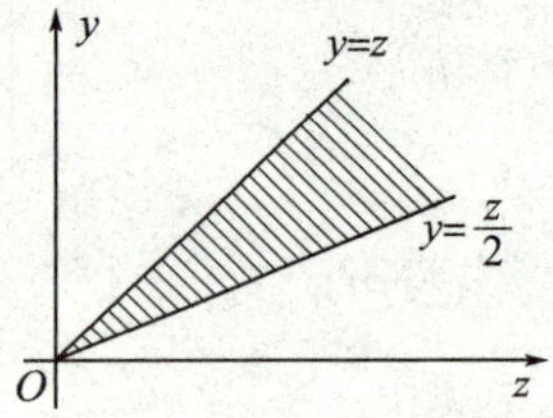

图 16－8

$$f_{X+Y}(z)=\begin{cases}\int_{z/2}^{z}e^{-y}dy=e^{-\frac{z}{2}}-e^{-z}, & z>0,\\ 0, & \text{其他}.\end{cases}$$

(4) 对于 $y>0$，

$$f_{X|Y}(x\mid y)=\begin{cases}\dfrac{e^{-y}}{ye^{-y}}=\dfrac{1}{y}, & 0<x<y,\\ 0, & \text{其他}.\end{cases}$$

(5) 如图 16－9 条件概率为

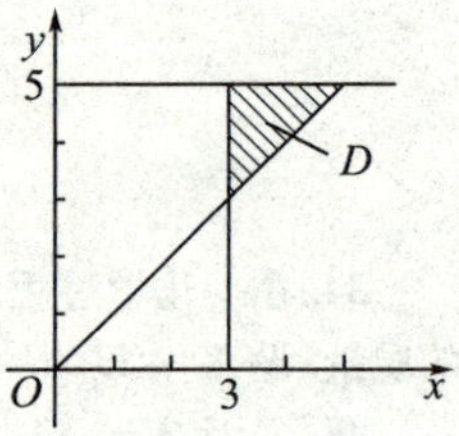

图 16－9

$$P\{X>3\mid Y<5\}=\frac{P\{X>3,Y<5\}}{P\{Y<5\}}=\frac{\iint\limits_D e^{-y}dxdy}{\int_0^5 f_Y(y)dy},=\frac{-3e^{-5}+e^{-3}}{-6e^{-5}+1}$$

$$=0.030\,82.$$

(6) $f_{X|Y}(x\mid 5)=\begin{cases}\dfrac{1}{5}, & 0<x<5,\\ 0, & \text{其他}.\end{cases}$

故 $P\{X>3\mid Y=5\}=\int_3^5\frac{1}{5}dx=\frac{2}{5}$.

36. 设某图书馆的读者借阅甲种图书的概率为 p，借阅乙种图书的概率为 α，设每人借阅甲、乙图书的行动相互独立，读者之间的行动也相互独立.

(1) 某天恰有 n 个读者，求借阅甲种图书的人数的数学期望.

(2) 某天恰有 n 个读者，求甲、乙两种图书中至少借阅一种的人数的数学期望.

解 (1) 以 X 表示某天读者中借阅甲种图书的人数，因各人借阅甲种图书的概率均为 p，且由题设各人是否借阅相互独立，故 $X\sim b(n,p)$，因此 $E(X)=np$.

(2) **方法一** 以 A 表示事件“读者借阅甲种图书”，以 B 表示事件“读者借阅乙种图书”，则就该读者而言，有

$$P(A\cup B)=P(A)+P(B)-P(AB).$$

借阅两种图书的行动相互独立，故 $P(AB)=P(A)P(B)$，按题设

$$P(A\cup B)=P(A)+P(B)-P(A)P(B)=p+\alpha-p\alpha.$$

以 Y 表示至少借阅一种图书的人数，由题设各人是否借阅相互独立，知 $Y\sim b(n,p+\alpha-p\alpha)$，故

$$E(Y)=n(p+\alpha-p\alpha).$$

方法二 引入随机变量

$$Z_i=\begin{cases}1, & \text{若第 } i \text{ 个读者至少借阅甲、乙两种图书的一种,}\\ 0, & \text{若第 } i \text{ 个读者不借阅甲、乙两种图书的任一种,}\end{cases}\quad i=1,2,\cdots,n.$$

则
$$Y=\sum_{i=1}^{n}Z_i,$$
$$E(Y)=E\left(\sum_{i=1}^{n}Z_i\right)=\sum_{i=1}^{n}E(Z_i)=n(p+\alpha-p\alpha).$$

37. 某种鸟在某时间区间$(0,t_0]$下蛋数为$1\sim5$只,下r只蛋的概率与r成正比.一个拾蛋人在时刻t_0去收集鸟蛋,但他仅当鸟窝中多于3只蛋时才从中取走一只蛋.在某处有这种鸟的鸟窝6个(每个鸟窝保存完好,各鸟窝中蛋的只数相互独立).

(1) 写出一个鸟窝中鸟蛋只数X的分布律.

(2) 对于指定的一个鸟窝,求拾蛋人在该鸟窝中拾到一只蛋的概率.

(3) 求拾蛋人在6个鸟窝中拾到蛋的总数Y的分布律及数学期望.

(4) 求$P\{Y<4\}$,$P\{Y>4\}$.

(5) 当一个拾蛋人在这6个鸟窝中拾过蛋后,紧接着又有一个拾蛋人到这些鸟窝中拾蛋,也仅当鸟窝中多于3只蛋时,拾取一只蛋,求第二个拾蛋人拾得蛋数Z的数学期望.

解 (1) 设该种鸟在$(0,t_0]$内下蛋数为X,按题意$P\{X=r\}=Cr$,$r=1,2,3,4,5$,其中,C为待定常数.因$\sum\limits_{r=1}^{5}P\{X=r\}=1$,即有$\sum\limits_{r=1}^{5}Cr=15C=1$,所以$C=\dfrac{1}{15}$,因此,$X$的分布律为

$$P\{X=r\}=\frac{1}{15}r,r=1,2,3,4,5.$$

(2) 拾蛋人在该窝中拾取一只蛋的概率为

$$P\{X>3\}=P\{X=4\}+P\{X=5\}=\frac{4}{15}+\frac{5}{15}=\frac{3}{5}.$$

(3) 记拾蛋人在6个鸟窝中拾到蛋的总数为Y,则$Y\sim b\left(6,\dfrac{3}{5}\right)$,故

$$E(Y)=6\times\frac{3}{5}=\frac{18}{5}.$$

(4) $P\{Y<4\}=1-P\{Y=4\}-P\{Y=5\}-P\{Y=6\}$

$$=1-C_6^4\left(\frac{3}{5}\right)^4\left(\frac{2}{5}\right)^2-C_6^6\left(\frac{3}{5}\right)^5\left(\frac{2}{5}\right)-\left(\frac{3}{5}\right)^6=0.456,$$

$P\{Y>4\}=P\{Y=5\}+P\{Y=6\}=0.233.$

(5) 在第2个拾蛋人仅当鸟窝中最初有5只蛋时,他才能从该窝中拾到一只蛋,故他在一个鸟窝中拾到一只蛋的概率为$p=P\{X=5\}=\dfrac{1}{3}$.以Z记第2个拾蛋人拾到蛋的总数,则$Z\sim b\left(6,\dfrac{1}{3}\right)$,故有$E(Z)=6\times\dfrac{1}{3}=2$.

38. 设袋中有r只白球,$N-r$只黑球.在袋中取球$n(n\leqslant r)$次,每次任取一只作不放回抽样,以Y表示取到白球的只数,求$E(Y)$.(提示:引入随机变量$X_i=\begin{cases}1, & \text{若第 } i \text{ 次取到白球,}\\ 0, & \text{若第 } i \text{ 次取到黑球,}\end{cases}\quad i=1,2,\cdots,n$,则$Y=X_1+X_2+\cdots+X_n$)

解 引入随机变量

$$X_i=\begin{cases}1, & \text{若第 } i \text{ 次取到白球,}\\ 0, & \text{若第 } i \text{ 次取到黑球,}\end{cases}\quad i=1,2,\cdots,n,$$

则n次取球得到的白球数

$$Y=X_1+X_2+\cdots+X_n.$$

而 $$P\{X_i=1\}=P\{\text{第 } i \text{ 次取到白球}\}=\frac{r}{N},$$

$X_i(i=1,2,\cdots,n,)$ 的分布律为

X_i	0	1
p_k	$1-\frac{r}{N}$	$\frac{r}{N}$

即知X_i 的数学期望为$E(X_i)=\frac{r}{N}$. 于是得 Y 的数学期望为

$$E(Y)=E\left(\sum_{i=1}^{n}X_i\right)=\sum_{i=1}^{n}E(X_i)=n\times\frac{r}{N}=\frac{nr}{N}.$$

39. 抛一颗骰子直到所有点数全部出现为止,求所需投掷次数 Y 的数学期望.(提示:令 $X_1=1,X_2=$ "第一个点数得到后,等待第二个不同点数所需的等待次数",$X_3=$"第一、二两点数得到后,等待第三个不同点数所需的等待次数",X_4,X_5,X_6 类似,则$Y=X_1+X_2+\cdots+X_6$. 又几何分布$P\{X=k\}=(1-p)^{k-1}p$, $k=1,2,\cdots$ 的数学期望 $E(X)=\frac{1}{p}$)

解 引入随机变量$X_i,i=1,2,3,4,5,6$,如下:

$X_1=1$,

$X_2=$ 第一个点数得到后,等待第二个不同点数所需等待次数,

$X_3=$ 第一、第二两点数得到后,等待第三个不同点数所需等待次数,

X_4,X_5,X_6 的意义类似.

则所需投掷的总次数为

$$Y=X_1+X_2+\cdots+X_6.$$

因第一个点数得到后,掷一次得第二个不相同点数的概率为$\frac{5}{6}$,因此X_2 的分布律为

$$P\{X_2=k\}=\frac{5}{6}\left(\frac{1}{6}\right)^{k-1},k=1,2,\cdots,$$

即X_2 服从参数 $p=\frac{5}{6}$ 的几何分布.

同理X_3 服从参数 $p=\frac{4}{6}$ 的几何分布,X_4 服从参数 $p=\frac{3}{6}$ 的几何分布,X_5 服从参数 $p=\frac{2}{6}$ 的几何分布,X_6 服从参数 $p=\frac{1}{6}$ 的几何分布.

因几何分布 $P\{X=k\}=p(1-p)^{k-1},k=1,2,\cdots$ 的数学期望为

$$E(X)=\frac{1}{p}.$$

所以

$$E(Y)=E\left(\sum_{i=1}^{6}X_i\right)=E(X_1)+\sum_{i=2}^{6}E(X_i)=1+\left(\frac{6}{5}+\frac{6}{4}+\frac{6}{3}+\frac{6}{2}+\frac{6}{1}\right)=14.7.$$

40. 设随机变量 X,Y 相互独立. 且 X,Y 分别服从以$\frac{1}{\alpha},\frac{1}{\beta}$ 为均值的指数分布,求 $E(X^2+Ye^{-X})$.

解 $$E(X^2+Ye^{-X})=E(X^2)+E(Y)E(e^{-X})=D(X)+[E(X)]^2+E(Y)\cdot\int_0^{\infty}e^{-t}\cdot\alpha e^{-t}dt$$

$$=\frac{1}{\alpha^2}+\frac{1}{\alpha^2}+\frac{1}{\beta}\int_0^{\infty}\alpha e^{-(\alpha+1)t}dt=\frac{2}{\alpha^2}+\frac{\alpha}{\beta(\alpha+1)}.$$

41. 一家酒吧柜台前有 6 张凳子,服务员预测,如若两个陌生人进来就座的话,他们之间至少相隔两张凳子.(提示:先列出两人之间至少隔两张凳子的不同情况)

(1) 若真有两个陌生人入内,他们随机就座,则服务员预言为真的概率是多少?

(2) 设两位顾客是随机就座的,求顾客之间凳子数的数学期望.

解　(1) 根据古典概型,将凳子按自左至右编号,设服务员预言为真. ① 若第一位顾客就座于1号,则另一位顾客可坐4或5或6共三种坐标;② 若第一位顾客就座于2号,则另一位顾客可坐在5或6号共两种坐法;③ 若第一位顾客就座于3号,则另一位顾客只可就座于6号,只有一种坐法. 综合①,②,③ 三种情况共计6种坐法. 同样,若第一位顾客分别就座于6号、5号、4号,则另一位顾客也有6种坐法,因此两人共有 $6\times2=12$ 种坐法,若两人随机就座共有 $A_6^2=30$ 种坐法,故服务员预言为真的概率是

$$p=\frac{12}{30}=\frac{2}{5}.$$

(2) 若两位顾客是随机就座的,以 Y 记两顾客间的凳子数,则 Y 可能取的值为 0,1,2,3,4,可知 Y 的分布律为

Y	0	1	2	3	4
p_k	$\frac{1}{3}$	$\frac{4}{15}$	$\frac{1}{5}$	$\frac{2}{15}$	$\frac{1}{15}$

于是

$$E(Y)=0\times\frac{1}{3}+1\times\frac{4}{15}+2\times\frac{1}{5}+3\times\frac{2}{15}+4\times\frac{1}{15}=\frac{4}{3}.$$

42. 设随机变展 $X_1,X_2,\cdots,X_{100}$ 相互独立,且都服从 $U(0,1)$,又设 $Y=X_1\cdot X_2\cdot\cdots\cdot X_{100}$,求概率 $P\{Y<10^{-40}\}$ 的近似值.

解　所求概率为

$$\begin{aligned}P\{Y<10^{-40}\}&=P\{\ln Y<-40\ln 10\}\\&=P\left\{\ln\prod_{i=1}^{100}X_i<-40\ln 10\right\}\\&=P\left\{\sum_{i=1}^{100}\ln X_i<-92.1\right\}.\end{aligned}$$

因 $X_1,X_2,\cdots,X_n$ 相互独立且都服从 $U(0,1)$ 分布,知 $\ln X_1,\ln X_2,\cdots,\ln X_n$ 也相互独立,且服从同一分布,又 $X_i\sim U(0,1)$,其概率密度为

$$f(x)=\begin{cases}1, & 0<x<1,\\0, & \text{其他},\end{cases}$$

故有 $E(\ln X_i)=\int_0^1\ln x\mathrm{d}x=-1$,$E(\ln^2X_i)=\int_0^1\ln^2x\mathrm{d}x=2$,$D(\ln X_i)=2-1=1$.

由中心极限定理知 $\sum\limits_{i=1}^{100}\ln X_i$ 近似服从 $N(-100,100)$,故

$$\begin{aligned}P\left\{\sum_{i=1}^{100}\ln X_i<-92.1\right\}&=P\left\{\frac{\sum\limits_{i=1}^{100}\ln X_i+100}{\sqrt{100}}<\frac{-92.1+100}{\sqrt{100}}\right\}\\&\approx\Phi\left(\frac{-92.1+100}{\sqrt{100}}\right)\\&=\Phi(0.79)=0.785\ 2.\end{aligned}$$

43. 来自某个城市的长途电话呼唤的持续时间 X(以 min 计) 是一个随机变量,它的分布函数是

$$F(x)=\begin{cases}1-\frac{1}{2}\mathrm{e}^{-\frac{x}{3}}-\frac{1}{2}\mathrm{e}^{-\left[\frac{x}{3}\right]}, & x\geqslant0.\\0, & x<0\end{cases}$$

(其中 $\left[\frac{x}{3}\right]$ 是不大于 $\frac{x}{3}$ 的最大整数).

(1) 画出 $F(x)$ 的图形.

(2) 说明 X 是什么类型的随机变量.

(3) 求 $P\{X=4\}, P\{X=3\}, P\{X<4\}, P\{X>6\}$.［提示：$P\{X=a\}=F(a)-F(a-0)$］.

解 (1)

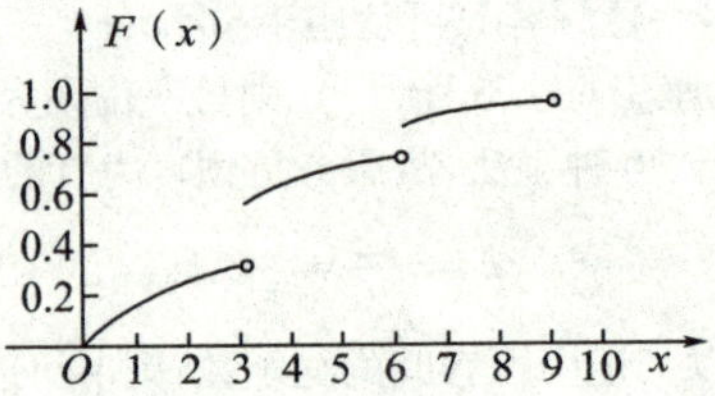

图 16－10

(2) 如图 16－10 所示，因为 $F(x)$ 不是分段阶梯函数，故 X 不是离散型随机变量. 又由于 $F(x)$ 不是连续函数，故 X 也不是连续型随机变量.

(3)
$$P\{X=4\}=0.$$
$$\begin{aligned}P\{X=3\}&=F(3)-F(3-0)\\&=\left(1-\frac{1}{2}e^{-1}-\frac{1}{2}e^{-1}\right)-\left[1-\frac{1}{2}e^{-1}-\frac{1}{2}e^{-(1-1)}\right]\\&=\frac{1}{2}(1-e^{-1})=0.316.\end{aligned}$$
$$P\{X<4\}=F(4-0)=1-\frac{1}{2}e^{-\frac{4}{3}}-\frac{1}{2}e^{-1}=0.684.$$
$$P\{X>6\}=1-F(6)=1-\left(1-\frac{1}{2}e^{-2}-\frac{1}{2}e^{-2}\right)=e^{-2}=0.135.$$

44. 一汽车保险公司分析一组（250 人）签约的客户中的赔付情况，据历史数据分析，在未来的一周中一组客户中至少提出一项索赔的客户数 X 占 10%. 写出 X 的分布，并求 $X>250\times0.12$（即 $X>30$）的概率，设各客户是否提出索赔相互独立.

解 按题意知 $X\sim b(250,0.1)$. 现在需要求
$$P\{X>30\}=\sum_{x=31}^{250}C_{250}^{x}0.10^{x}\,0.90^{250-x},$$
由拉普拉斯定理得 X 近似服从 $N(250\times0.1,250\times0.1\times0.9)$，则
$$P\{X>30\}\approx1-\Phi\left(\frac{30-250\times0.1}{\sqrt{250\times0.1\times0.9}}\right)=1-\Phi(1.054)=1-0.8531=0.1469.$$

45. 在区间 $(0,1)$ 随机地取一点 X，定义 $Y=\min\{X,0.75\}$.

(1) 求随机变量 Y 的值域.

(2) 求 Y 的分布函数，并画出它的图形.

(3) 说明 Y 不是连续型随机变量，Y 也不是离散型随机变量.

解 (1) 因 $Y=\min\{X,0.75\}$，故 $Y\leqslant X$ 且 $Y\leqslant0.75$. 又由于 X 的值域是 $(0,1)$，知 Y 的值域为 $(0,0.75]$.

(2) 当 $y<0$ 时，$F_Y(y)=P\{Y\leqslant y\}=0$，当 $y\geqslant0.75$ 时，有
$$F_Y(y)=P\{Y\leqslant y\}=1.$$
当 $0\leqslant y<0.75$ 时，事件 $\{Y\leqslant y\}$ 表示 X 是在 $(0,y]$ 随机取得一点，由几何概率可得 $F_Y(y)=y$，故有

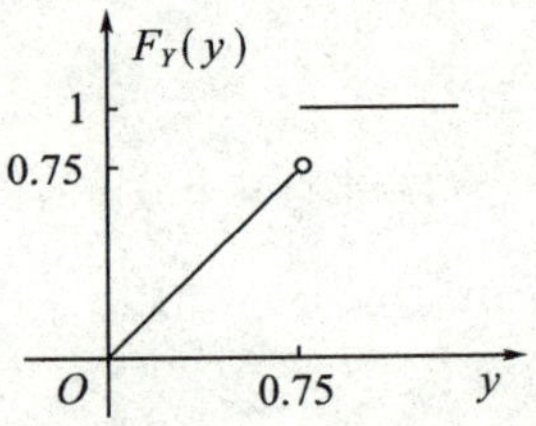

图 16－11

$$F_Y(y)=\begin{cases}0, & y<0,\\ y, & 0\leqslant y<0.75,\\ 1, & y\geqslant 0.75.\end{cases}$$

$F_Y(y)$ 的图形如图 16－11 所示.

(3) 从图 16－11 看出，$F_Y(y)$ 在点 $y=0.75$ 处不连续，故它不是连续型随机变量. 且 $F_Y(y)$ 也不是阶梯函数，故 Y 不是离散型随机变量.

46. 设 X_1,X_2 是数学期望为 θ 的指数分布总体 X 的容量为 2 的样本，$Y=\sqrt{X_1X_2}$，试证明 $E\left(\frac{4Y}{\pi}\right)=\theta$.

证　X 的概率密度为

$$f(x)=\begin{cases}\frac{1}{\theta}\mathrm{e}^{-x/\theta}, & x>0,\\ 0, & 其他,\end{cases}\quad \theta>0$$

$$E(\sqrt{X})=\int_0^\infty\sqrt{x}f(x)\mathrm{d}x=\int_0^\infty\frac{\sqrt{x}}{\theta}\mathrm{e}^{-x/\theta}\mathrm{d}x$$

$$\xlongequal{令\ x/\theta=u}\int_0^\infty\sqrt{\theta}\,u^{\frac{1}{2}}\,\mathrm{e}^{-u}\mathrm{d}u=\sqrt{\theta}\Gamma\left(\frac{3}{2}\right)$$

$$=\sqrt{\theta}\,\frac{1}{2}\Gamma\left(\frac{1}{2}\right)=\frac{1}{2}\sqrt{\theta}\sqrt{\pi}=\frac{1}{2}\sqrt{\theta\pi}.$$

因 X_1,X_2 相互独立，从而 $\sqrt{X_1}$，$\sqrt{X_2}$ 相互独立，且

$$E(\sqrt{X_1})=E(\sqrt{X_2})=E(\sqrt{X}).$$

故

$$E\left(\frac{4Y}{\pi}\right)=\frac{4}{\pi}E(\sqrt{X_1}\sqrt{X_2})=\frac{4}{\pi}E(\sqrt{X_1})E(\sqrt{X_2})=\frac{4}{\pi}\left(\frac{1}{2}\sqrt{\theta\pi}\right)^2=\theta.$$

47. 设总体 $X\sim N(\mu,\sigma^2)$，$X_1,X_2,\cdots,X_n$ 是一个样本，$\overline{X}$，S^2 分别为样本均值和样本方差，试证

$$E[(\overline{X}S^2)^2]=\left(\frac{\sigma^2}{n}+\mu^2\right)\left(\frac{2\sigma^4}{n-1}+\sigma^4\right).$$

证　由正态总体的性质可得，$\overline{X}$ 与 S^2 相互独立，故 $\overline{X}^2$ 与 $(S^2)^2$ 也相互独立. 从而

$$E[(\overline{X}S^2)^2]=E[\overline{X}^2]E[(S^2)^2]=\{D(\overline{X})+[E(\overline{X})]^2\}\{D(S^2)+[E(S^2)]^2\},$$

其中

$$E(\overline{X})=\mu,D(X)=\frac{\sigma^2}{n}.$$

因为

$$\frac{(n-1)S^2}{\sigma^2}\sim\chi^2(n-1).$$

由 χ^2 分布的性质知，

$$E\left[\frac{(n-1)S^2}{\sigma^2}\right]=n-1,D\left[\frac{(n-1)S^2}{\sigma^2}\right]=2(n-1),$$

得

$$E(S^2)=\sigma^2,D(S^2)=\frac{2\sigma^4}{n-1}.$$

故

$$E[(\overline{X}S^2)^2]=\left(\frac{\sigma^2}{n}+\mu^2\right)\left(\frac{2\sigma^4}{n-1}+\sigma^4\right).$$

48. 设总体 X 具有概率密度

$$f(x)=\begin{cases}\frac{1}{\theta^2}x\,\mathrm{e}^{-x/\theta}, & x>0,\\ 0, & x\leqslant 0,\end{cases}$$

其中 $\theta>0$ 为未知参数，$X_1,X_2,\cdots,X_n$ 是来自 X 的样本，$x_1,x_2,\cdots,x_n$ 是相应的样本观察值.

(1) 求 θ 的最大似然估计量.

(2) 求 θ 的矩估计量.

(3) 问:求得的估计量是否是无偏估计量?

解 (1) 似然函数为

$$L=L(x_1,x_2,\cdots,x_n;\theta)=\prod_{i=1}^{n}\left(\frac{1}{\theta^2}x_i\,\mathrm{e}^{-x_i/\theta}\right)=\frac{1}{\theta^{2n}}\left(\prod_{i=1}^{n}x_i\right)\mathrm{e}^{-\sum\limits_{i=1}^{n}\frac{x_i}{\theta}},$$

两边取对数
$$\ln L=-2n\ln\theta+\ln\left(\prod_{i=1}^{n}x_i\right)-\frac{1}{\theta}\sum_{i=1}^{n}x_i.$$

令
$$\frac{\mathrm{d}}{\mathrm{d}\theta}\ln L=\frac{-2n}{\theta}+\frac{1}{\theta^2}\sum_{i=1}^{n}x_i=0,$$

得 θ 的最大似然估计值为 $\hat{\theta}=\frac{1}{2n}\sum\limits_{i=1}^{n}x_i=\frac{1}{2}\overline{x}$.

故 θ 的最大似然估计量为 $\hat{\theta}=\frac{1}{2}\overline{X}$.

(2) $E(X)=\int_{-\infty}^{\infty}xf(x)\mathrm{d}x=\int_0^{\infty}\frac{1}{\theta^2}x^2\,\mathrm{e}^{-x/\theta}\mathrm{d}x\xrightarrow{\text{令}x/\theta=u}\int_0^{\infty}u^2\mathrm{e}^{-u}\mathrm{d}u=2\theta.$

令 $E(X)=\overline{X}$，得 θ 的矩估计量为 $\hat{\theta}=\frac{1}{2}\overline{X}$.

(3) 因 $E(\hat{\theta})=\frac{1}{2}E(\overline{X})=\frac{1}{2}E(X)=\frac{1}{2}\times2\theta=\theta.$

故 $\hat{\theta}=\frac{1}{2}\overline{X}$ 是 θ 的无偏估计量.

49. 设 $X_1,X_2,\cdots,X_{n_1}$ 以及 $Y_1,Y_2,\cdots,Y_{n_2}$ 为分别来自总体 $N(\mu_1,\sigma^2)$ 与 $N(\mu_2,\sigma^2)$ 的样本，且它们相互独立. μ_1,μ_2,σ^2 均未知，求 μ_1,μ_2,σ^2 的最大似然估计量.

解 设给定的两独立样本的相应样本值分别为 $x_1,x_2,\cdots,x_{n_1};y_1,y_2,\cdots,y_{n_2}$，得似然函数为

$$\begin{aligned}&L(x_1,x_2,\cdots,x_{n_1},y_1,y_2,\cdots,y_{n_2};\mu_1,\mu_2,\sigma^2)\\&=\left[\prod_{i=1}^{n_1}\frac{1}{\sqrt{2\pi}\sigma}\mathrm{e}^{-(x_i-\mu_1)^2/(2\sigma^2)}\right]\left[\prod_{j=1}^{n_2}\frac{1}{\sqrt{2\pi}\sigma}\mathrm{e}^{-(y_j-\mu_2)^2/(2\sigma^2)}\right],\end{aligned}$$

$$\ln L=(n_1+n_2)\ln\frac{1}{\sqrt{2\pi}}-\frac{n_1+n_2}{2}\ln\sigma^2-\frac{1}{2\sigma^2}\left[\sum_{i=1}^{n_1}(x_i-\mu_1)^2+\sum_{j=1}^{n_2}(y_j-\mu_2)^2\right].$$

$$\text{令}\begin{cases}\dfrac{\partial\ln L}{\partial\mu_1}=\dfrac{1}{\sigma^2}\sum\limits_{i=1}^{n_1}(x_i-\mu_1)=0,\\[2ex]\dfrac{\partial\ln L}{\partial\mu_2}=\dfrac{1}{\sigma^2}\sum\limits_{j=1}^{n_2}(y_j-\mu_2)=0,\\[2ex]\dfrac{\partial\ln L}{\partial\sigma^2}=-\dfrac{n_1+n_2}{2}\dfrac{1}{\sigma^2}+\dfrac{1}{2(\sigma^2)^2}\left[\sum\limits_{i=1}^{n_1}(x_i-\mu_1)^2+\sum\limits_{j=1}^{n_2}(y_j-\mu_2)^2\right]=0,\end{cases}$$

得 μ_1,μ_2,σ^2 的最大似然估计值为

$$\hat{\mu}_1=\frac{1}{n_1}\sum_{i=1}^{n_1}x=\overline{x},\hat{\mu}_2=\frac{1}{n_2}\sum_{j=1}^{n_2}y_j=\overline{y},$$

$$\hat{\sigma}^2=\frac{\sum\limits_{i=1}^{n_1}(x_i-\overline{x})^2+\sum\limits_{j=1}^{n_2}(y_j-\overline{y})^2}{n_1+n_2}.$$

故 μ_1,μ_2,σ^2 的最大似然估计量为

$$\hat{\mu}_1=\overline{X},\hat{\mu}_2=\overline{Y},\hat{\sigma}^2=\frac{\sum_{i=1}^{n_1}(X_i-\overline{X})^2+\sum_{j=1}^{n_2}(Y_j-\overline{Y})^2}{n_1+n_2}.$$

50. 为了研究一批贮存着的产品的可靠性，在产品投入贮存时，即在时刻$t_0=0$时，随机地选定n件产品，然后在预先规定的时刻$t_1,t_2,\cdots,t_k$取出来进行检测(检测时确定已失效的去掉，将未失效的继续投入贮存)，今得到以下的寿命试验数据：

检测时刻(月)	t_1	t_2	$\cdots$	t_k		
区间$(t_{i-1},t_i]$	$(0,t_1]$	$(t_1,t_2]$	$\cdots$	$(t_{k-1},t_k]$	(t_k,∞)	
在$(t_{i-1},t_i]$的失效数	d_1	d_2	$\cdots$	d_k	s	$\sum_{i=1}^{k}d_i+s=n$

这种数据称为区间数据. 设产品寿命T服从指数分布，其概率密度为

$$f(t)=\begin{cases}\lambda e^{-\lambda t}, & t>0,\\ 0, & \text{其他},\end{cases}\quad \lambda>0\text{ 未知}.$$

(1) 试基于上述数据写出λ的对数似然方程.(提示：考虑事件“n只产品分别在区间$(0,t_1]$，$(t_1,t_2]$，$\cdots$，$(t_{k-1},t_k]$失效$d_1,d_2,\cdots,d_k$只，而直至t_k还有s只未失效”的概率)

(2) 设$d_1<n,s<n$，我们可以用数值解法求得λ的最大似然估计值，在计算机上计算是容易的. 特别，取检测时间是等间隔的，即取$t_i=it_1,i=1,2,\cdots,k$. 验证，此时可得λ的最大似然估计为

$$\hat{\lambda}=\frac{1}{t_1}\ln\left[1+\frac{n-s}{\sum_{i=2}^{k}(i-1)d_i+sk}\right].$$

解 (1) 由假设产品寿命T服从指数分布，其分布函数为

$$F(t)=\begin{cases}1-e^{-\lambda t}, & t>0,\\ 0, & \text{其他}.\end{cases}$$

则产品在区间$(t_{i-1},t_i]$失效的概率为

$$P\{t_{i-1}<T\leqslant t_i\}=F(t_i)-F(t_{i-1})=e^{-\lambda t_{i-1}}-e^{-\lambda t_i},$$

这里$t_0=0,i=1,2,\cdots,k$.

产品直至t_k未失效的概率为

$$P\{T>t_k\}=1-F(t_k)=e^{-\lambda t_k}.$$

似然函数即事件“n件产品分别在区间$(0,t_1]$，$(t_1,t_2]$，$\cdots$，$(t_{k-1},t_k]$失效$d_1,d_2,\cdots,d_k$件，而直至t_k还有s件未失效”的概率为

$$L(\lambda)=\left\{\prod_{i=1}^{k}[F(t_i)-F(t_{i-1})]^{d_i}\right\}[1-F(t_k)]^s=\left\{\prod_{i=1}^{k}(e^{-\lambda t_{i-1}}-e^{-\lambda t_i})^{d_i}\right\}(e^{-\lambda t_k})^s,$$

取对数得

$$\ln L(\lambda)=\sum_{i=1}^{k}d_i\ln(e^{-\lambda t_{i-1}}-e^{-\lambda t_i})-st_k\lambda.$$

对数似然方程为$\frac{d}{d\lambda}\ln L(\lambda)=0$，即为

$$\frac{d}{d\lambda}\ln L(\lambda)=\sum_{i=1}^{k}\frac{d_i[e^{-\lambda t_{i-1}}(-t_{i-1})-e^{-\lambda t_i}(-t_i)]}{e^{-\lambda t_{i-1}}-e^{-\lambda t_i}}-st_k=0,$$

整理得对数似然方程为

$$\sum_{i=1}^{k}\frac{d_i(t_i-t_{i-1})}{e^{\lambda(t_i-t_{i-1})}-1}-\sum_{i=2}^{k}d_i t_{i-1}-s_k=0.$$

(2) 若$t_i=it_1, i=1,2,\cdots$，则上述方程化为

$$\sum_{i=1}^{k}\frac{d_i}{e^{\lambda t_1}-1}-\sum_{i=2}^{k}(i-1)d_i-sk=0,$$

即
$$e^{\lambda t_1}=1+\frac{\sum_{i=1}^{k}d_i}{\sum_{i=2}^{k}(i-1)d_i+sk}=1+\frac{n-s}{\sum_{i=2}^{k}(i-1)d_i+sk}.$$

从而得λ的最大似然估计为

$$\hat{\lambda}=\frac{1}{t_1}\ln\left[1+\frac{n-s}{\sum_{i=2}^{k}(i-1)d_i+sk}\right].$$

51. 设某种电子器件的寿命(以 h 计)T服从指数分布，概率密度为

$$f(t)=\begin{cases}\lambda e^{-\lambda t}, & t>0,\\ 0, & \text{其他},\end{cases}$$

其中$\lambda>0$未知. 从这批器件中任取n只在时刻$t=0$时投入独立寿命试验. 试验进行到预定时间T_0结束. 此时，有$k(0<k<n)$只器件失效，试求λ的最大似然估计.（提示：考虑“试验直至时刻T_0为止，有k只器件失效，而有$n-k$只未失效”这一事件的概率，从而写出λ的似然方程）

解　考虑事件$A=$“试验直至时间T_0为止，有k只器件失效，而有$n-k$只未失效”的概率，记T的分布函数为$F(t)$，则

$$F(t)=\begin{cases}1-e^{-\lambda t}, & t>0,\\ 0, & \text{其他}.\end{cases}$$

一只器件在$t=0$时投入试验，在时间T_0以前失效的概率为$P\{T\leqslant T_0\}=F(T_0)=1-e^{-\lambda T_0}$；而在时间$T_0$未失效的概率为$P\{T>T_0\}=1-F(T_0)=e^{-\lambda T_0}$. 似然函数为

$$L(\lambda)=C_n^k(1-e^{-\lambda T_0})^k(e^{-\lambda T_0})^{n-k},$$

取对数得

$$\ln L(\lambda)=\ln C_n^k+k\ln(1-e^{-\lambda T_0})+(n-k)(-\lambda T_0),$$

令
$$\frac{d\ln L(\lambda)}{d\lambda}=\frac{kT_0e^{-\lambda T_0}}{1-e^{-\lambda T_0}}-(n-k)T_0=0,$$

即
$$ne^{-\lambda T_0}=n-k.$$

解得λ的最大似然估计为

$$\hat{\lambda}=\frac{1}{T_0}\ln\frac{n}{n-k}.$$

52. 设系统由两个独立工作的成败型元件串联而成(成败型元件只有两种状态：正常工作或失效). 元件1、元件2的可靠性分别为p_1,p_2，它们均未知. 随机地取N个系统投入试验，当系统中至少有一个元件失效时系统失效，现得到以下的试验数据：n_1表示仅元件1失效的系统数；n_2表示仅元件2失效的系统数；n_{12}表示元件1、元件2至少有一个失效的系统数；s表示未失效的系统数. $n_1+n_2+n_{12}+s=N$. 这里n_{12}为隐蔽数据，也就是只知系统失效，但不能知道是由元件1或元件2单独失效引起的，还是由元件1,2失效引起的，设隐蔽与系统失效的真正原因独立.

(1) 试写出p_1,p_2的似然函数.

(2) 设有系统寿命试验数据$N=20, n_1=5, n_2=3, n_{12}=1, s=11$. 试求$p_1,p_2$的最大似然估计.（提示：

p_1 应满足方程$(p_1-1)(12p_1^2+11p_1-14)=0$)

解 (1) 似然函数即样本的概率. 因共有 N 个系统,故似然函数是 N 个因子的乘积,其中

对应于n_1 个仅元件 1 失效的系统有n_1 个因子:$[(1-p_1)p_2]^{n_1}$;

对应于n_2 个仅元件 2 失效的系统有n_2 个因子:$[(1-p_2)p_1]^{n_2}$;

对应于n_{12} 个元件 1,2 至少有一个失效的系统有n_{12} 个因子:$(1-p_1p_2)^{n_{12}}$;

对应于 s 个未失效的系统有 s 个因子:$(p_1p_2)^s$.

故得似然函数为

$$\begin{aligned}L(p_1,p_2)&=[(1-p_1)p_2]^{n_1}[(1-p_2)p_1]^{n_2}(1-p_1p_2)^{n_{12}}(p_1p_2)^s\\&=(1-p_1)^{n_1}(1-p_2)^{n_2}(1-p_1p_2)^{n_{12}}p_1^{n_2+s}p_2^{n_1+s}.\end{aligned}$$

(2) 以 $N=20,n_1=5,n_2=3,n_{12}=1,s=11$ 代入上式,得似然函数为

$$L(p_1,p_2)=(1-p_1)^5(1-p_2)^3(1-p_1p_2)^1p_1^{14}p_2^{16}.$$

$$\ln L(p_1,p_2)=5\ln(1-p_1)+3\ln(1-p_2)+\ln(1-p_1p_2)+14\ln p_1+16\ln p_2.$$

令

$$\begin{cases}\dfrac{\partial\ln L}{\partial p_1}=\dfrac{-5}{1-p_1}+\dfrac{14}{p_1}-\dfrac{p_2}{1-p_1p_2}=0,\\[2ex]\dfrac{\partial\ln L}{\partial p_2}=\dfrac{-3}{1-p_2}+\dfrac{16}{p_2}-\dfrac{p_1}{1-p_1p_2}=0,\end{cases}$$

解得$p_1=1$(不合理,舍去),$p_1=0.7150$,于是

$$p_2=\frac{1}{5}(2+3p_1)=0.8290.$$

即得p_1,p_2 的最大似然估计值为

$$\hat{p}_1=0.7150,\hat{p}_2=0.8290.$$

53. (1) 设总体 X 具有分布律

X	1	2	3
p_k	θ	θ	$1-2\theta$

$\theta>0$ 未知,今有样本

1 1 1 3 2 1 3 2 2 1 2 2 3 1 1 2

试求 θ 的最大似然估计值和矩估计值.

(2) 设总体 X 服从 Γ 分布,其概率密度为

$$f(x)=\begin{cases}\dfrac{1}{\beta^\alpha\Gamma(\alpha)}x^{\alpha-1}\mathrm{e}^{-x/\beta}, & x>0,\\0, & \text{其他}.\end{cases}$$

其形状参数 $\alpha>0$ 为已知,尺度参数 $\beta>0$ 未知. 今有样本值$x_1,x_2,\cdots,x_n$,求 β 的最大似然估计值.

解 (1)$n=16$,样本值 1 出现 7 次,2 出现 6 次,3 出现 3 次,故似然函数为

$$L=\theta^7\cdot\theta^6\cdot(1-2\theta)^3=\theta^{13}(1-2\theta)^3.$$

$$\ln L=13\ln\theta+3\ln(1-2\theta).$$

令$\dfrac{\mathrm{d}}{\mathrm{d}\theta}\ln L=\dfrac{13}{\theta}-\dfrac{6}{1-2\theta}=0$,得 θ 的最大似然估计值为$\hat{\theta}=\dfrac{13}{32}$.

下面来求矩估计,

$$E(X)=1\cdot\theta+2\cdot\theta+3\cdot(1-2\theta)=3-3\theta,$$

令 $E(X)=\overline{x}$，则 θ 的矩估计值为

$$\hat{\theta}=1-\frac{1}{3}\overline{x}=1-\frac{1}{3}\times\frac{7}{4}=\frac{5}{12}.$$

(2) 似然函数为

$$L=L(x_1,x_2,\cdots,x_n;\beta)=\prod_{i=1}^{n}\frac{1}{\beta^{\alpha}\Gamma(\alpha)}x_i^{\alpha-1}\mathrm{e}^{-x_i/\beta}=\frac{1}{\beta^{n\alpha}[\Gamma(\alpha)]^n}\left(\prod_{i=1}^{n}x_i\right)^{\alpha-1}\mathrm{e}^{-\frac{1}{\beta}\sum\limits_{i=1}^{n}x_i}.$$

$$\ln L=-n\alpha\ln\beta-n\ln\Gamma(\alpha)+(\alpha-1)\ln\prod_{i=1}^{n}x_i-\frac{1}{\beta}\sum_{i=1}^{n}x_i.$$

令 $\dfrac{\mathrm{d}\ln L}{\mathrm{d}\beta}=\dfrac{-n\alpha}{\beta}+\dfrac{1}{\beta^2}\sum\limits_{i=1}^{n}x_i=0$，得参数 β 的最大似然估计值为

$$\hat{\beta}=\frac{1}{\alpha n}\sum_{i=1}^{n}x_i=\frac{\overline{x}}{\alpha}.$$

54. (1) 设随机变量 $Z=\ln X\sim N(\mu,\sigma^2)$，即 X 服从对数正态分布，验证

$$E(X)=\exp\left(\mu+\frac{1}{2}\sigma^2\right).$$

(2) 设自(1)中总体 X 中取一容量为 n 的样本 $x_1,x_2,\cdots,x_n$，求 $E(X)$ 的最大似然估计. 此处设 μ,σ^2 均为未知.

(3) 已知在文学家萧伯纳的 An Intelligent Woman's Guide To Socialism To Capitalism 一书中，一个句子的单词数近似地服从对数正态分布，设 μ 及 σ^2 为未知. 今自该书中随机地取 20 个句子，这些句子中的单词数分别为

52	24	15	67	15	22	63	26	16	32
7	33	28	14	7	29	10	6	59	30

问：这本书中，一个句子单词数均值的最大似然估计值等于多少？

解　(1) 由 $Z=\ln X$ 得 $X=\mathrm{e}^Z$，而 $Z\sim N(\mu,\sigma^2)$，故

$$\begin{aligned}E(X)=E(\mathrm{e}^Z)&=\int_{-\infty}^{\infty}\mathrm{e}^z\frac{1}{\sqrt{2\pi}\sigma}\mathrm{e}^{-\frac{(z-\mu)^2}{2\sigma^2}}\mathrm{d}z=\frac{1}{\sqrt{2\pi}\sigma}\int_{-\infty}^{\infty}\mathrm{e}^{-\frac{(z-\mu)^2}{2\sigma^2}+z}\mathrm{d}z.\\&=\frac{1}{\sqrt{2\pi}\sigma}\int_{-\infty}^{\infty}\mathrm{e}^{-(z-\mu-\sigma^2)^2/(2\sigma^2)}\cdot\mathrm{e}^{\mu+\sigma^2/2}\mathrm{d}z\\&=\mathrm{e}^{\mu+\sigma^2/2}\frac{1}{\sqrt{2\pi}\sigma}\int_{-\infty}^{\infty}\mathrm{e}^{-(z-\mu-\sigma^2)^2/(2\sigma^2)}\mathrm{d}z\\&=\mathrm{e}^{\mu+\sigma^2/2}.\end{aligned}$$

(2) 需先求 μ,σ^2 的最大似然估计. 再利用最大似然估计的不变性得到 $E(X)=\mathrm{e}^{\mu+\sigma^2/2}$ 的最大似然估计. 由 $X=\mathrm{e}^Z$，而 $Z\sim N(\mu,\sigma^2)$. 记 Z 的概率密度为 $f_Z(z)$，由公式得 X 的概率密度为

$$f_X(x)=\begin{cases}f_Z(\ln x)\cdot|(\ln x)'|, & x>0,\\0, & \text{其他}\end{cases}=\begin{cases}\dfrac{1}{\sqrt{2\pi}\sigma}\dfrac{1}{x}\exp\left[-\dfrac{1}{2\sigma^2}(\ln x-\mu)^2\right], & x>0,\\0, & \text{其他}.\end{cases}$$

对于样本值 $x_1,x_2,\cdots,x_n$，似然函数为

$$L=\left(\frac{1}{\sqrt{2\pi}\sigma}\right)^n\left(\prod_{i=1}^{n}\frac{1}{x_i}\right)\exp\left[-\frac{1}{2\sigma^2}\sum_{i=1}^{n}(\ln x_i-\mu)^2\right],$$

$$\ln L=n\ln\frac{1}{\sqrt{2\pi}}-\frac{n}{2}\ln\sigma^2+\ln\left(\prod_{i=1}^{n}\frac{1}{x_i}\right)-\frac{1}{2\sigma^2}\sum_{i=1}^{n}(\ln x_i-\mu)^2.$$

令

$$\begin{cases}\dfrac{\partial}{\partial\mu}\ln L=\dfrac{1}{\sigma^2}\sum\limits_{i=1}^{n}(\ln x_i-\mu)=0,\\ \dfrac{\partial}{\partial\sigma^2}\ln L=-\dfrac{n}{2\sigma^2}+\dfrac{1}{2(\sigma^2)^2}\sum\limits_{i=1}^{n}(\ln x_i-\mu)^2=0,\end{cases}$$

得 μ,σ^2 的最大似然估计值分别为

$$\begin{cases}\hat{\mu}=\dfrac{1}{n}\sum\limits_{i=1}^{n}\ln x_i,\\ \hat{\sigma}^2=\dfrac{1}{n}\sum\limits_{i=1}^{n}(\ln x_i-\hat{\mu})^2.\end{cases}$$

注意 $E(X)=e^{\mu+\sigma^2/2}$，由最大似然估计量的不变性知 $E(X)$ 的最大似然估计为

$$\widehat{E(X)}=e^{\hat{\mu}+\hat{\sigma}^2/2}=\exp\left\{\frac{1}{n}\sum_{i=1}^{n}\ln x_i+\frac{1}{2n}\sum_{i=1}^{n}\left(\ln x_i-\frac{1}{n}\sum_{j=1}^{n}\ln x_j\right)^2\right\}.$$

(3) 将所给的 20 个数取对数，经计算得到 $\hat{\mu}$ 和 $\hat{\sigma}^2$ 分别为

$$\hat{\mu}=3.089\,033,\hat{\sigma}^2=0.508\,131.$$

故 $\widehat{E(X)}=\exp\left(3.089\,033+\dfrac{1}{2}\times0.508\,131\right)=28.306\,7.$

55. 考虑进行定数截尾寿命试验，假设将随机抽取的 n 件产品在时间 $t=0$ 时同时投入试验，试验进行到 m 件($m<n$) 产品失效时停止，m 件失效产品的失效时间分别为

$$0\leqslant t_1\leqslant t_2\leqslant\cdots\leqslant t_m.$$

t_m 是第 m 件产品的失效时间. 设产品的寿命分布为韦布尔分布，其概率密度为

$$f(t)=\begin{cases}\dfrac{\beta}{\eta^\beta}t^{\beta-1}e^{-\left(\frac{t}{\eta}\right)^\beta}, & x>0,\\ 0, & \text{其他},\end{cases}$$

其中参数 $\beta>0$ 已知. 求参数 η 的最大似然估计.

解 $f(t)=\begin{cases}\dfrac{\beta}{\eta^\beta}t^{\beta-1}e^{-\left(\frac{t}{\eta}\right)^\beta}, & x>0,\beta>0,\\ 0, & \text{其他}.\end{cases}$ β 已知，使用定数截尾数据，截尾数为 $m(<n)$，则似然方程为

$$L=\left[C_n^m\prod_{i=1}^{m}\frac{\beta}{\eta^\beta}t_i^{\beta-1}e^{-\left(\frac{t_i}{\eta}\right)^\beta}\right]e^{-\left(\frac{t_m}{\eta}\right)^{\beta(n-m)}}=C_n^m\left(\frac{\beta}{\eta^\beta}\right)^m\left(\prod_{i=1}^{m}t_i^{\beta-1}\right)\exp\left[-\sum_{i=1}^{m}\left(\frac{t_i}{\eta}\right)^\beta-\left(\frac{t_m}{\eta}\right)^\beta(n-m)\right].$$

$$\ln L=\ln\left[C_n^m\beta^m\prod_{i=1}^{m}t_i^{\beta-1}\right]-m\beta\ln\eta-\frac{1}{\eta^\beta}\left[\sum_{i=1}^{m}t_i^\beta-(n-m)t_m^\beta\right]=\ln\left[C_n^m\beta^m\prod_{i=1}^{m}t_i^{\beta-1}\right]-m\beta\ln\eta-\frac{T_m}{\eta^\beta},$$

其中 $T_m=\sum\limits_{i=1}^{m}t_i^\beta+(n-m)t_m^\beta$.

令 $\dfrac{d\ln L}{d\eta}=-\dfrac{m\beta}{\eta}+\dfrac{\beta T_m}{\eta^{\beta+1}}=0$，得 $\eta^\beta=\dfrac{T_m}{m}$.

于是得 η 的最大似然估计为 $\hat{\eta}=\left(\dfrac{T_m}{m}\right)^{1/\beta}$，其中 $T_m=\sum\limits_{i=1}^{m}t_i^\beta+(n-m)t_m^\beta$.

56. 设某大城市郊区的一条林荫道两旁开设了许多小商店，这些商店的开设延续时间(以月计) 是一个随机变量，现随机地取 30 家商店，将它们的延续时间按自小到大排序，选其中前 8 家商店，它们的延续时间分别是

3.2　3.9　5.9　6.5　16.5　20.3　40.4　50.9

假设商店开设延续时间的长度是韦布尔随机变量. 其概率密度为

$$f(x)=\begin{cases}\dfrac{\beta}{\eta^{\beta}}x^{\beta-1}\mathrm{e}^{-\left(\frac{x}{\eta}\right)^{\beta}}, & x>0,\\ 0, & \text{其他},\end{cases}$$

其中 $\beta=0.8$.

(1) 试用上题结果,写出 η 的最大似然估计.

(2) 按(1) 的结果求商店开设延续时间至少为 2 年的概率的估计.

解 (1) 现在 $n=30,m=8,\beta=0.8,x_m=50.9$,

$$\begin{aligned}T_m&=\sum_{i=1}^{8}x_i^{0.8}+22\times(50.9)^{0.8}\\&=2.536+2.971+4.137+4.470+9.419+11.117+19.280+23.190+22\times(50.9)^{0.8}\\&=587.392.\end{aligned}$$

$$\hat{\eta}=\left(\frac{T_m}{m}\right)^{1/0.8}=\left(\frac{587.392}{8}\right)^{1/0.8}=214.930.$$

(2)2 年 = 24 个月. 韦布尔分布的分布函数为

$$F(x)=\begin{cases}1-\mathrm{e}^{-(x/\eta)^{\beta}}, & x>0,\\ 0, & \text{其他}.\end{cases}$$

于是商店开设延续时间至少为 24 个月的概率为

$$p=P\{X>24\}=1-F(24)=\mathrm{e}^{-(x/\eta)^{\beta}}\Big|_{x=24}=\mathrm{e}^{-(24/214.93)^{0.8}}\approx 0.841.$$

57. 设分别自总体 $N(\mu_1,\sigma^2)$ 和 $N(\mu_2,\sigma^2)$ 中抽取容量n_1,n_2 的两独立样本,其样本方差分别为S_1^2,S_2^2. 试证,对于任意常数 $a,b(a+b=1)$,$Z=aS_1^2+bS_2^2$ 都是σ^2 的无偏估计,并确定常数 a,b,使 $D(Z)$ 达到最小.

解 因 $E(S_1^2)=\sigma^2,E(S_2^2)=\sigma^2$,且 $a+b=1$,于是

$$E(aS_1^2+bS_2^2)=aE(S_1^2)+bE(S_2^2)=a\sigma^2+b\sigma^2=\sigma^2(a+b)=\sigma^2.$$

故对于任意常数 a,b,只要 $a+b=1,Z=aS_1^2+bS_2^2$ 都是σ^2 的无偏估计.

利用S_1^2 与S_2^2 相互独立,以及 x^2 分布的性质可得

$$\begin{aligned}D(Z)&=D(aS_1^2+bS_2^2)=D(aS_1^2)+D(bS_2^2)\\&=D\left(\frac{a\sigma^2}{n_1-1}\frac{(n_1-1)S_1^2}{\sigma^2}\right)+D\left(\frac{b\sigma^2}{n_2-1}\frac{(n_2-1)S_2^2}{\sigma^2}\right)\\&=\left(\frac{a\sigma^2}{n_1-1}\right)^2D\left(\frac{(n_1-1)S_1^2}{\sigma^2}\right)+\left(\frac{b\sigma^2}{n_2-1}\right)^2D\left(\frac{(n_2-1)S_2^2}{\sigma^2}\right)\\&=\frac{a^2\sigma^4}{(n_1-1)^2}\cdot 2(n_1-1)+\frac{b^2\sigma^4}{(n_2-1)^2}\cdot 2(n_2-1)\\&=2\sigma^4\left(\frac{a^2}{n_1-1}+\frac{b^2}{n_2-1}\right).\end{aligned}$$

记 $F(a,b)=\dfrac{a^2}{n_1-1}+\dfrac{b^2}{n_2-1}$,由 $a+b=1$,$F(a,b)$ 可化成

$$F(a,1-a)=\frac{a^2}{n_1-1}+\frac{(1-a)^2}{n_2-1}.$$

令
$$\frac{\mathrm{d}}{\mathrm{d}a}F(a,1-a)=\frac{2a}{n_1-1}-\frac{2(1-a)}{n_2-1}=0,$$

得
$$a=\frac{n_1-1}{n_1+n_2-2},$$

即当 $a=\frac{n_1-1}{n_1+n_2-2}, b=\frac{n_2-1}{n_1+n_2-2}$ 时 $D(Z)$ 取到最小值.

58. 设总体 $X\sim N(\mu,\sigma^2)$，$X_1,X_2,\cdots,X_n$ 是来自 X 的样本. 已知样本方差 $S^2=\frac{1}{n-1}\sum_{i=1}^{n}(X_i-\overline{X})^2$ 是 σ^2 的无偏估计，验证样本标准差 S 不是标准差 σ 的无偏估计.（提示：记 $Y=\frac{(n-1)S^2}{\sigma^2}$，则 $Y\sim\chi^2(n-1)$，而 $S=\frac{\sigma}{\sqrt{n-1}}\sqrt{Y}$ 是 Y 的函数，利用 $\chi^2(n-1)$ 的概率密度可得 $E(S)=\sqrt{\frac{2}{n-1}}\frac{\Gamma(n/2)\sigma}{\Gamma((n-1)/2)}\neq\sigma$）

证明　因 $Y=\frac{(n-1)S^2}{\sigma^2}\sim\chi^2(n-1)$，而 $S=\frac{\sigma}{\sqrt{n-1}}\sqrt{Y}$ 是 Y 的函数，故

$$E(S)=E\left(\frac{\sigma}{\sqrt{n-1}}Y^{\frac{1}{2}}\right)=\int_0^{\infty}\frac{\sigma}{\sqrt{n-1}}y^{\frac{1}{2}}f_{\chi^2(n-1)}(y)\mathrm{d}y,$$

其中 $f_{\chi^2(n-1)}(y)$ 是 $\chi^2(n-1)$ 分布的概率密度. 将 $f_{\chi^2(n-1)}(y)$ 的表达式代入上式右边，得到

$$\begin{aligned}E(S)&=\frac{\sigma}{\sqrt{n-1}}\int_0^{\infty}y^{\frac{1}{2}}\frac{1}{2^{(n-1)/2}\Gamma\left(\frac{n-1}{2}\right)}y^{(n-1)/2-1}\mathrm{e}^{-y/2}\mathrm{d}y\\&=\frac{\sigma}{\sqrt{n-1}\Gamma\left(\frac{n-1}{2}\right)2^{(n-1)/2}}\int_0^{\infty}y^{n/2-1}\mathrm{e}^{-y/2}\mathrm{d}y\\&\xlongequal{\text{令 } y/2=t}\frac{\sqrt{2}\sigma}{2^{\frac{n}{2}}\sqrt{n-1}\Gamma\left(\frac{n-1}{2}\right)}\int_0^{\infty}t^{n/2-1}\mathrm{e}^{-t}\mathrm{d}t\\&=\sqrt{\frac{2}{n-1}}\frac{\Gamma\left(\frac{n}{2}\right)}{\Gamma\left(\frac{n-1}{2}\right)}\sigma\left[\text{因}\int_0^{\infty}t^{\frac{n}{2}-1}\mathrm{e}^{-t}\mathrm{d}t=\Gamma\left(\frac{n}{2}\right)\right].\end{aligned}$$

因此，$E(S)\neq\sigma$，即 S 不是 σ 的无偏估计.

59. 设总体 X 服从指数分布，其概率密度为

$$f(x)=\begin{cases}\frac{1}{\theta}\mathrm{e}^{-x/\theta}, & x>0,\\0, & \text{其他}.\end{cases}$$

$\theta>0$ 未知. 现从总体中抽取一容量为 n 的样本 $X_1,X_2,\cdots,X_n$.

(1) 证明 $\frac{2n\overline{X}}{\theta}\sim\chi^2(2n)$.

(2) 求 θ 的置信水平为 $1-\alpha$ 的单侧置信下限.

(3) 某种元件的寿命(以 h 计) 服从上述指数分布，现从中抽得一容量 $n=16$ 的样本，测得样本均值为 5 010 h，试求元件的平均寿命的置信水平为 0.90 的单侧置信下限.

解　(1) 令 $Z=\frac{2X}{\theta}$，由公式知 Z 的概率密度为

$$f_Z(z)=\begin{cases}f\left(\frac{\theta}{2}z\right)\left|\left(\frac{\theta}{2}z\right)'\right|=\frac{1}{2}\mathrm{e}^{-z/2}, & z>0,\\0, & \text{其他}.\end{cases}$$

它是 $\chi^2(2)$ 分布的概率密度，也就是说 $\frac{2X}{\theta}\sim\chi^2(2)$.

$X_1,X_2,\cdots,X_n$ 是来自 X 的样本，因此 $X_1,X_2,\cdots,X_n$ 相互独立，且都与 X 有相同的分布，这样就有

$$\frac{2X_i}{\theta} \sim \chi^2(2), i=1,2,\cdots,n.$$

再由χ^2 分布的可加性，得

$$\frac{2n\overline{X}}{\theta} = \sum_{i=1}^{n} \frac{2X_i}{\theta} \sim \chi^2(2n).$$

(2) 因 $$P\left\{\frac{2n\overline{X}}{\theta} < \chi_\alpha^2(2n)\right\} = 1-\alpha,$$

即有 $$P\left\{\frac{2n\overline{X}}{\chi_\alpha^2(2n)} < \theta\right\} = 1-\alpha,$$

故 θ 的置信水平为 $1-\alpha$ 的单侧置信下限是 $\underline{\theta} = \dfrac{2n\overline{X}}{\chi_\alpha^2(2n)}$.

(3) 今 $n=16, \bar{x}=5\,010, 1-\alpha=0.90, \alpha=0.10, \chi_\alpha^2(2n)=\chi_{0.1}^2(32)=42.585$，故

$$\underline{\theta} = 2\times 16\times \frac{5\,010}{42.585} = 3\,764.7.$$

60. 设总体 $X \sim U(0,\theta)$，$X_1, X_2, \cdots, X_n$ 是来自 X 的样本.

(1) 验证 $Y=\max\{X_1, X_2, \cdots, X_n\}$ 的分布函数为

$$F_Y(y) = \begin{cases} 0, & y<0, \\ \dfrac{y^n}{\theta^n}, & 0 \leqslant y < \theta, \\ 1, & y \geqslant 0. \end{cases}$$

(2) 验证 $U=\dfrac{Y}{\theta}$ 的概率密度为

$$f_U(u) = \begin{cases} nu^{n-1}, & 0 \leqslant u \leqslant 1, \\ 0, & \text{其他}. \end{cases}$$

(3) 给定正数 $\alpha, 0<\alpha<1$，求 U 的分布的上 $\dfrac{\alpha}{2}$ 分位数 $h_{\alpha/2}$ 以及上 $1-\dfrac{\alpha}{2}$ 分位数 $h_{1-\alpha/2}$.

(4) 利用(2)，(3) 求参数 θ 的置信水平为 $1-\alpha$ 的置信区间.

(5) 设某人上班的等车时间 $X \sim U(0,\theta)$，θ 未知. 现在有样本 $x_1=4.2, x_2=3.5, x_3=1.7, x_4=1.2, x_5=2.4$，求 θ 的置信水平为 0.95 的置信区间.

解 (1) $X \sim U(0,\theta)$，它的分布函数为

$$F(x) = \begin{cases} 0, & x<0, \\ \dfrac{x}{\theta}, & 0 \leqslant x < \theta, \\ 1, & x \geqslant \theta. \end{cases}$$

因 $X_1, X_2, \cdots, X_n$ 是来自 X 的样本，故它们相互独立，且都与 X 有相同的分布. 从而 $Y=\max\{X_1, X_2, \cdots, X_n\}$ 的分布函数为

$$F_Y(y) = [F(y)]^n = \begin{cases} 0, & y<0, \\ \dfrac{y^n}{\theta^n}, & 0 \leqslant y < \theta, \\ 1, & y \geqslant \theta. \end{cases}$$

(2) $U=\dfrac{Y}{\theta}$ 的分布函数为

$$F_U(u)=P\{U\leqslant u\}=P\{Y\leqslant \theta u\}=F_Y(\theta u)=\begin{cases}0, & u<0,\\ u^n, & 0\leqslant u<1,\\ 1, & u\geqslant 1.\end{cases}$$

将$F_U(u)$关于u求导得U的概率密度为

$$f_U(u)=\begin{cases}nu^{n-1}, & 0\leqslant u<1,\\ 0, & \text{其他}.\end{cases}$$

(3) 如图 16－12，上$\frac{\alpha}{2}$分位数$h_{\alpha/2}$应满足

$$P\{U>h_{\alpha/2}\}=\frac{\alpha}{2},$$

即
$$1-F_U(h_{\alpha/2})=\frac{\alpha}{2},$$

也即
$$1-(h_{\alpha/2})^n=\frac{\alpha}{2},$$

因而
$$h_{\alpha/2}=\left(1-\frac{\alpha}{2}\right)^{\frac{1}{n}}.$$

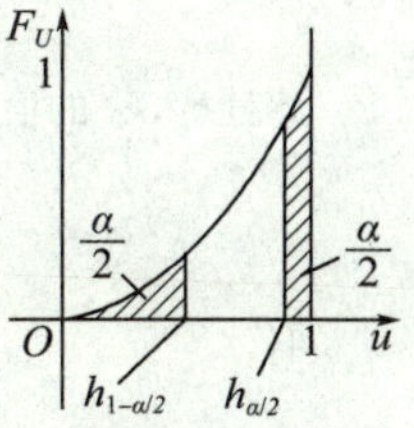

图 16－12

同样，$h_{1-\alpha/2}$应满足

$$P\{U<h_{1-\alpha/2}\}=\frac{\alpha}{2},$$

即
$$F_U(h_{1-\alpha/2})=\frac{\alpha}{2},\text{或}(h_{1-\alpha/2})^n=\frac{\alpha}{2},$$

因而
$$h_{1-\alpha/2}=\left(\frac{\alpha}{2}\right)^{\frac{1}{n}}.$$

(4) 考虑到
$$P\{h_{1-\alpha/2}<U<h_{\alpha/2}\}=1-\alpha,$$

即
$$P\left\{h_{1-\alpha/2}<\frac{Y}{\theta}<h_{\alpha/2}\right\}=1-\alpha,$$

因此
$$P\{Y/h_{\alpha/2}<\theta<Y/h_{1-\alpha/2}\}=1-\alpha.$$

即

$$P\left\{\frac{\max\{X_1,X_2,\cdots,X_n\}}{\left(1-\frac{\alpha}{2}\right)^{\frac{1}{n}}}<\theta<\frac{\max\{X_1,X_2,\cdots,X_n\}}{\left(\frac{\alpha}{2}\right)^{\frac{1}{n}}}\right\}=1-\alpha.$$

故得总体$X\sim U(0,\theta)$的未知参数θ的一个置信水平为$1-\alpha$的置信区间为

$$\left(\left(1-\frac{\alpha}{2}\right)^{-\frac{1}{n}}\max\{X_1,X_2,\cdots,X_n\},\left(\frac{\alpha}{2}\right)^{-\frac{1}{n}}\max\{X_1,X_2,\cdots,X_n\}\right).$$

(5) 现在$n=5,\max\{x_1,x_2,x_3,x_4,x_5\}=4.2,1-\alpha=0.95,\frac{\alpha}{2}=0.025$，所求$\theta$的置信水平为0.95的置信区间为

$$[(0.975)^{-1/5}\times 4.2,(0.025)^{-1/5}\times 4.2]=(4.22,8.78).$$

61. 设总体X服从指数分布，概率密度为

$$f(x)=\begin{cases}\frac{1}{\theta}\mathrm{e}^{-x/\theta}, & x>0,\\ 0, & \text{其他},\end{cases}\quad \theta>0.$$

设$X_1,X_2,\cdots,X_n$是来自X的一个样本.试取第59题中当$\theta=\theta_0$时的统计量$\chi^2=\frac{2n\overline{X}}{\theta_0}$作为检验统计量，

检验假设$H_0:\theta=\theta_0$，$H_1:\theta\neq\theta_0$. 取显著性水平为α[注意：$E(\overline{X})=\theta$].

设某种电子元件的寿命(以 h 计) 服从均值为θ的指数分布，随机取 12 只元件测得它们的寿命分别为

340 430 560 920 1 380 1 520 1 660 1 770 2 100 2 320 2 350 2 650

试取显著性水平$\alpha=0.05$，检验假设$H_0:\theta=1\ 450$，$H_1:\theta\neq1\ 450$.

解 检验假设(取显著性水平为α) $H_0:\theta=\theta_0$，$H_1:\theta\neq\theta_0$. 取检验统计量$\chi^2=\dfrac{2n\overline{X}}{\theta_0}$，当$H_0$为真时，由于$E(\overline{X})=E(X)=\theta_0$，$\chi^2=\dfrac{2n\overline{X}}{\theta_0}$与$2n$接近，而当$H_1$为真时，$\chi^2=\dfrac{2n\overline{X}}{\theta_0}$倾向于偏离$2n$，因此拒绝域具有以下的形式

$$\frac{2n\overline{X}}{\theta_0}\leqslant k_1 \text{ 或 } \frac{2n\overline{X}}{\theta_0}\geqslant k_2,$$

此处k_1，k_2的值由下式确定：

$$P\{\text{当}H_0\text{为真拒绝}H_0\}=P_{\theta_0}\left\{\left(\frac{2n\overline{X}}{\theta_0}\leqslant k_1\right)\cup\left(\frac{2n\overline{X}}{\theta_0}\geqslant k_2\right)\right\}=\alpha,$$

取

$$P_{\theta_0}\left\{\frac{2n\overline{X}}{\theta_0}\leqslant k_1\right\}=\frac{\alpha}{2},P_{\theta_0}\left\{\frac{2n\overline{X}}{\theta_0}\geqslant k_2\right\}=\frac{\alpha}{2},$$

由第 59 题当H_0为真时，$\dfrac{2n\overline{X}}{\theta_0}\sim\chi^2(2n)$. 故$k_1=\chi^2_{1-\alpha/2}(2n)$，$k_2=\chi^2_{\alpha/2}(2n)$. 于是拒绝域为

$$\chi^2=\frac{2n\overline{X}}{\theta_0}\leqslant\chi^2_{1-\alpha/2}(2n) \text{ 或 } \chi^2=\frac{2n\overline{X}}{\theta_0}\geqslant\chi^2_{\alpha/2}(2n).$$

现在要检验假设$H_0:\theta=\theta_0=1\ 450$，$H_1:\theta\neq1\ 450$.

今$\alpha=0.05$，$n=12$，$\overline{x}=1\ 500$，$\chi^2_{\alpha/2}(2n)=\chi^2_{0.025}(24)=39.364$，$\chi^2_{1-\alpha/2}(24)=\chi^2_{0.975}(24)=12.401$，$\dfrac{2n\overline{x}}{\theta_0}=2\times12\times\dfrac{1\ 500}{1\ 450}=24.828$. 即有$12.401<24.828<39.364$，故接受$H_0$，认为这批电子元件寿命的均值$\theta=1\ 450$ h.

62. 经过十一年的试验，达尔文于 1876 年得到 15 对玉米样品的数据如下表，每对作物除授粉方式不同外，其他条件都是相同的. 试用逐对比较法检验不同授粉方式对玉米高度是否有显著的影响($\alpha=0.05$). 问应增设什么条件才能用逐对比较法进行检验？

授粉方式	1	2	3	4	5	6	7
异株授粉的作物高度(x_i)	$23\frac{1}{8}$	12	$20\frac{3}{8}$	22	$19\frac{1}{8}$	$21\frac{4}{8}$	$22\frac{1}{8}$
同株授粉的作物高度(y_i)	$27\frac{3}{8}$	21	20	20	$19\frac{3}{8}$	$18\frac{5}{8}$	$15\frac{5}{8}$

授粉方式	8	9	10	11	12	13	14	15
异株授粉的作物高度(x_i)	$20\frac{3}{8}$	$18\frac{2}{8}$	$21\frac{5}{8}$	$23\frac{2}{8}$	21	$22\frac{1}{8}$	23	12
同株授粉的作物高度(y_i)	$15\frac{2}{8}$	$16\frac{4}{8}$	18	$16\frac{2}{8}$	18	$12\frac{6}{8}$	$15\frac{4}{8}$	18

解 计算x_i与y_i的差：$d_i=x_i-y_i$，得到

$$-4.25,-9,0.375,2,-0.25,2.875,3.5,$$

$$5.125, 1.75, 3.625, 7, 3, 9.375, 7.5, -6.$$

今要求在显著性水平 $\alpha = 0.05$ 下检验假设 $H_0: \mu_D = 0, H_1: \mu_D \neq 0$.

现在 $n = 15, \alpha = 0.05, t_{\alpha/2}(n-1) = t_{0.025}(14) = 2.1448$，由已知数据得 $\overline{d} = 1.725, s_D = 5.069$.

$$|t| = \left|\frac{\overline{d}}{s_D/\sqrt{n}}\right| = 1.3180 < 2.1448 = t_{0.025}(14).$$

故接受 H_0，即认为两种授粉方式对玉米高度无显著影响.

63. 一名内科医生声称，如果患者每天傍晚聆听一种特殊的轻音乐会降低血压(舒张压，以 mmHg 计，1mmHg = 133.322 4Pa). 今选取 10 个患者，在试验之前和试验之后分别测量了血压，得到以下的数据：

患者	1	2	3	4	5	6	7	8	9	10
试验之前(x_i)	86	92	95	84	80	78	98	95	94	96
试验之后(y_i)	84	83	81	78	82	74	86	85	80	82

设 $D_i = X_i - Y_i (i = 1, 2, \cdots, 10)$ 为来自正态总体 $N(\mu_D, \sigma_D^2)$ 的样本，μ_D, σ_D^2 均未知. 试检验是否可以认为该医生的意见是对的(取 $\alpha = 0.05$).

解 检验假设 $H_0: \mu_D \leqslant 0, H_1: \mu_N > 0$，检验统计量为 $t = \dfrac{\overline{D}}{S_D/\sqrt{n}}$，当 t 的观察值 $t \geqslant t_\alpha(n-1)$ 时拒绝 H_0. 当 $n = 10$ 时，$D_i = X_i - Y_i$ 的观察值为： 2 9 14 6 −2 4 12 10 14 14，得 $\overline{d} = 8.3, s_D = 5.6184$，查表 $t_\alpha(n-1) = t_{0.05}(9) = 1.8331$，检验统计量 t 的观察值

$$t = \frac{8.3}{\frac{5.6184}{\sqrt{10}}} = 4.67 > t_\alpha(n-1) = 1.8331,$$

从而在显著性水平 0.05 下拒绝 H_0，认为医生的意见是对的.

64. 以下是各种颜色的汽车的销售情况：

颜色	红	黄	蓝	绿	棕
车辆数	40	64	46	36	14

试检验顾客对这些颜色是否有偏爱，即检验销售情况是否是均匀的(取 $\alpha = 0.05$).

解 以 $P(\times)$ 表示一顾客买一辆 $\times$ 色的汽车的概率. 本题要求根据销售记录，在显著性水平 $\alpha = 0.05$ 下检验假设

$$H_0: P(红) = P(黄) = P(蓝) = P(绿) = P(棕) = 0.2.$$

现在 $n = 200$，所需数据及计算列表如下：

车辆颜色	f_i	p_i	np_i	$f_i^2/(np_i)$
红	40	0.2	40	40
黄	64	0.2	40	102.4
蓝	46	0.2	40	52.9
绿	36	0.2	40	32.4
棕	14	0.2	40	4.9
				$\sum = 232.6$

$$\chi_{\alpha}^{2}(k-r-1)=\chi_{0.05}^{2}(5-0-1)=\chi_{0.05}^{2}(4)=9.488.$$

而观察值$\chi^2=232.6-200=32.6>9.488$,故在$\alpha=0.05$下拒绝$H_0$,认为顾客对颜色是有偏爱的.

65. 某种闪光灯,每盏灯装4节电池,随机取150盏灯,经检测得到以下的数据:

一盏灯损坏的电池数 x	0	1	2	3	4
灯的盏数	26	51	47	16	10

试取$\alpha=0.05$检验一盏灯损坏的电池数$X\sim b(4,\theta)$(θ未知).

解 检验假设$H_0:X\sim b(4,\theta)$,此处θ为未知,故需在H_0下用最大似然估计法估计θ.

由$X\sim b(4,\theta)$知θ的最大似然估计值为$\hat{\theta}=\frac{\overline{x}}{4}$(见第七章第3题),即有

$$\hat{\theta}=\frac{1}{4}\times\frac{0\times26+1\times51+2\times47+3\times16+4\times10}{150}=\frac{233}{600}.$$

其余所需的计算列表如下

A_i	f_i	$\hat{p}_i$	$n\hat{p}_i$	$f_i^2/(n\hat{p}_i)$
$X=0$	26	0.139 978	20.996 7	32.195 6
$X=1$	51	0.355 475	53.321 25	48.77 98
$X=2$	47	0.338 524	50.778 6	43.505 6
$X=3$	16 }	0.143 281	21.492 15 }	27.145 0
$X=4$	10 }	0.022 741	3.411 15 }	
				$\sum=151.623$

$$\chi_{\alpha}^{2}(k-r-1)=\chi_{0.05}^{2}(4-1-1)=\chi_{0.05}^{2}(2)=5.991.$$

而观察值$\chi^2=151.623-150=1.623<5.991$,故接受$H_0$,认为$X\sim b(4,\theta)$.

66. 临界闪烁频率(cff)是人眼对于闪烁光源能够分辨出它在闪烁的最高频率(以Hz计).超过cff的频率,即使光源实际是在闪烁的,而人看起来是连续的(不闪烁的).一项研究旨在判定cff的均值是否与人眼的虹膜颜色有关,所得数据如下:

虹膜颜色	棕色	绿色	蓝色
临界闪烁频率(cff)	26.8　26.3	26.4　29.1	25.7　29.4
	27.9　24.8	24.2	27.2　28.3
	23.7　25.7	28.0	29.9
	25.0　24.5	26.9	28.5

试在显著性水平0.05下,检验各种虹膜颜色相应的cff的均值有无显著的差异.设各个总体服从正态分布,且方差相等,不同颜色下的样本之间相互独立.

解 将棕色、绿色、蓝色虹膜的cff均值分别记作μ_1,μ_2,μ_3.检验假设$H_0:\mu_1=\mu_2=\mu_3$,$H_1:\mu_1,\mu_2,\mu_3$不全相等.

代入数据计算:

$$n_1=8,n_2=5,n_3=6,n=n_1+n_2+n_3=19,s=3,$$

$$T_{\cdot 1}=204.7, T_{\cdot 2}=134.6, T_{\cdot 3}=169, T_{\cdot\cdot}=508.3.$$

$$S_T=\sum x_{ij}^2-T_{\cdot\cdot}^2/n=13\,659.67-13\,598.326\,63=61.307\,37,$$

$$S_A=\sum T_{\cdot j}^2/n_j-T_{\cdot\cdot}^2/n=13\,621.359\,92-13\,598.362\,63=22.997\,29,$$

$$S_E=S_T-S_A=38.310\,08.$$

S_T, S_A, S_E 的自由度分别为 $n-1=18, s-1=2, n-s=16$. 经计算得方差分析表如下：

方差来源	平方和	自由度	均方	F 比($\alpha=0.05$)
因素 A	22.997 29	2	$\overline{X}_A=11.498\,645$	$\overline{S}_A/\overline{S}_E=4.802$
误差 E	38.310 08	16	$\overline{S}_E=2.394\,38$	
总和 T	61.307 37	18		

而 $F_{0.05}(2,16)=3.63<F_{比}=4.802$，故拒绝 H_0，认为有显著差异.

67. 下面列出了挪威人自 1938 ~ 1947 年间年人均脂肪消耗量与患动脉粥样硬化症而死亡的死亡率之间相关的一组数据.

年份	1938	1939	1940	1941	1942	1943	1944	1945	1946	1947
脂肪消耗量 x(kg/人年)	14.4	16.0	11.6	11.0	10.0	9.6	9.2	10.4	11.4	12.5
死亡率 y($1/(10^5$ 人年))	29.1	29.7	29.2	26.0	24.0	23.1	23.0	23.1	25.2	26.1

设对于给定的 x，Y 为正态变量，且方差与 x 无关.

(1) 求回归直线方程 $\hat{y}=\hat{a}+\hat{b}x$.

(2) 在显著性水平 $\alpha=0.05$ 下检验假设 $H_0: b=0, H_1: b\neq 0$.

(3) 求 $\hat{y}|_{x=13}$.

(4) 求 $x=13$ 处 $\mu(x)$ 置信水平为 0.95 的置信区间.

(5) 求 $x=13$ 处 Y 的新观察值 Y_0 的置信水平为 0.95 的预测区间.

解 (1) 代人数据计算：$n=10, \sum x_i=116.1, \sum y_i=258.5, \sum x_i y_i=3\,046.09$,

$$\sum x_i^2=1\,390.09, \sum y_i^2=6\,746.01, S_{xx}=\sum x_i^2=\frac{1}{n}\left(\sum x_i\right)^2=42.169,$$

$$S_{yy}=\sum y_i^2-\frac{1}{n}\left(\sum y_i\right)^2=63.785, S_{xy}=\sum x_i y_i-\frac{1}{n}\left(\sum x_i\right)\left(\sum y_i\right)=44.905.$$

$$\hat{b}=\frac{S_{xy}}{S_{xx}}=1.064\,881\,8, \hat{a}=\hat{y}-\overline{x}\hat{b}=13.486\,722\,3,$$

故线性回归方程为

$$\hat{y}=13.487+1.065x.$$

(2) 要检验假设 $H_0: b=0, H_1: b\neq 0$.

现在 $Q_e=S_{yy}-\hat{b}S_{xy}=15.966\,483, \hat{\sigma}^2=\dfrac{Q_e}{n-2}=1.995\,810, \hat{\sigma}=1.412\,732$.

查表得 $t_{0.05/2}(n-2)=t_{0.025}(8)=2.306$，$H_0$ 的拒绝域为 $|t|=\dfrac{|\hat{b}|}{\hat{\sigma}}\times\sqrt{S_{xx}}\geqslant 2.306$.

$|t|$ 的观察值为 $|t|=4.894\,8>2.306$，故在显著性水平 $\alpha=0.05$ 下拒绝 H_0，认为回归效果是显著的.

(3) $x=13$ 处 y 的回归函数值为

$$\hat{y}\,|_{x=13} = 13.487 + 1.065 \times 13 = 27.332.$$

(4) $1-\alpha = 0.95, \frac{\alpha}{2} = 0.025, t_{\alpha/2}(n-2) = t_{0.025}(8) = 2.3060$，从而

$$t_{\alpha/2}(n-2)\hat{\sigma}\sqrt{1/n + (x_0 - \overline{x})^2 / S_{xx}} = 1.244.$$

故在 $x = 13$ 处 $\mu(x)$ 的一个置信水平为 0.95 的置信区间是 $(27.332 \pm 1.244) = (26.088, 28.576)$.

(5) $t_{\alpha/2}(n-2)\hat{\sigma}\sqrt{1 + 1/n + (x_0 - \overline{x})^2 / S_{xx}} = 3.487$，故在 $x = 13$ 处 Y 的新观察值 Y_0 的一个置信水平为 0.95 的预测区间为

$$(27.332 \pm 3.487) = (23.845, 30.817).$$

68. 下面给出1924—1992年奥林匹克运动会女子100m仰泳的最佳成绩(以s计)(其中1940年及1944年未举行奥运会)：

年份	1924	1928	1932	1936	1948	1952	1956	1960
成绩	83.2	82.2	79.4	78.9	74.4	74.3	72.9	69.3
年份	1964	1968	1972	1976	1980	1984	1988	1992
成绩	67.7	66.2	65.8	61.8	60.9	62.6	60.9	60.7

(1) 画出散点图.

(2) 求成绩关于年份的线性回归方程.

(3) 检验回归效果是否显著(取 $\alpha = 0.05$).

解 (1) 散点图如图 16－13 所示.

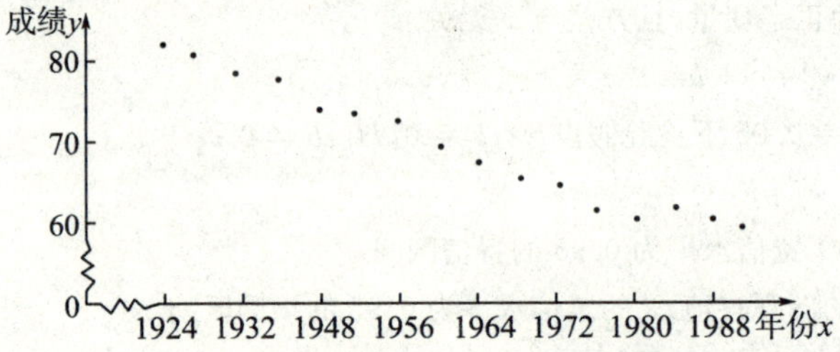

图 16－13

(2) 代入数据计算：$\sum x_i = 31360, \sum y_i = 1121.2, n = 16,$

$$S_{xx} = 7168, S_{xy} = -2574.4, S_{yy} = 948.79,$$

故线性回归方程为

$$\hat{y} = 774.0125 - 0.35915x.$$

(3) 因为 $|t| = 23.13 > t_{0.025}(14) = 2.1448$，故拒绝 H_0，说明回归效果是非常显著的.